James Lord
Alberto Giacometti

James Lord
Alberto Giacometti
Biographie

Aus dem Amerikanischen von
Dieter Mulch

Mit einem Geleitwort von
Bruno Giacometti

Scheidegger & Spiess
Zürich

Vom Autor und vom Übersetzer erweiterte und überarbeitete Neuausgabe
Umschlagbild von Ernst Scheidegger: Alberto Giacometti in seinem Pariser Atelier, um 1963
Gestaltung: Guido Widmer

Titel der englischen Originalausgabe: «Giacometti – A Biography»
© 1983, 1985 by James Lord

Alle deutschsprachigen Rechte
beim Scherz Verlag, Bern und München
Lizenzausgabe mit Genehmigung des Scherz Verlag,
Bern und München

© 2001 by Verlag Scheidegger & Spiess AG, 8001 Zürich
ISBN 3-85881-131-9

Inhalt

Geleitwort
von Bruno Giacometti
7

Vorwort
9

Erster Teil: 1901–1922
13

Zweiter Teil: 1922–1935
63

Dritter Teil: 1935–1945
137

Vierter Teil: 1945–1956
207

Fünfter Teil: 1956–1966
305

Dank
429

Quellenangaben
432

Bibliographie
447

Bildnachweis
458

Namensregister
459

Werkregister
462

In Erinnerung an die beiden Brüder

Alberto Giacometti hat James Lord porträtiert, was dieser in seinem Buch «Alberto Giacometti – Ein Portrait» eindrücklich geschildert hat.

James Lord gibt uns seinerseits mit diesem Buch ein zutreffendes Bild von Alberto: von seinem Leben, seinen Zweifeln, seinen Widersprüchen. Ohne das tiefe Verständnis, das Alberto Giacometti und James Lord verband, wäre diese Biographie nicht so genau und zuverlässig.

Mir ist, als würde ich beim Lesen dieser Seiten die Stimme Albertos in den langen Gesprächen mit James Lord hören, und die Gegenwart meines Bruders bleibt immer lebendig.

Ich danke dem Autor, der unsere Vergangenheit und Alberto wieder aufleben lässt, den wir geliebt haben.

All jenen, die sich für ihn interessieren und ihn nicht gekannt haben, gibt das Buch die Möglichkeit, seiner Person, die vollständig mit seinem Werk verbunden ist, näherzukommen.

Ich bin überzeugt, daß Alberto sich darüber gefreut hätte, wenn er dieses Buch hätte lesen können und dabei an die vielen Einzelheiten aus seinem Leben erinnert worden wäre.

Entstanden aus einer engen Bekanntschaft mit dem Künstler, kommt dieses Buch einer Autobiographie gleich.

Bruno Giacometti
April 1998

Vorwort

An einem Februarabend des Jahres 1952 schlenderte ich in Paris in das Café Aux Deux Magots auf der Suche nach jemandem, mit dem ich mich unterhalten konnte. Ich traf dort einen Bekannten, der mich seinem Gesprächspartner vorstellte: Alberto Giacometti. Wie fast jeder, der ihm zum erstenmal begegnete, spürte ich sofort, daß dieser Mann, dem ich da gegenüberstand, zutiefst von anderen Menschen verschieden war. Die Anziehungskraft, die er ausübte, war für mich um so stärker, als sie von einem Künstler ausging, dessen Werk ich bereits kannte und sehr bewunderte. Mit entwaffnender Freundlichkeit und Unkompliziertheit begegnete Giacometti den lästigen, oft ungeschickten und indiskreten Aufmerksamkeiten von Möchtegernverehrern, zu denen auch ich gehörte. Es war nicht schwer für mich, Zutritt zu seinem Atelier zu erhalten und meine Besuche zu einer Gewohnheit werden zu lassen. Dabei ging er stets höflich und aufmerksam auf den Besucher ein. Ich wurde den Menschen vorgestellt, die sein Leben am engsten mit ihm teilten, seinem Bruder Diego und seiner Frau Annette. Manchmal aßen wir zusammen im Restaurant, gingen ins Kino oder besuchten spät nachts irgendeine Bar. Ich schrieb einige Artikel über seine Arbeit, und da ich ziemlich oft gerade in der Nähe war, diente ich ihm hin und wieder auch als Modell für Zeichnungen. Als er im Herbst 1964 mein Porträt malte, sammelte ich während der Sitzungen ausführliche Notizen, auf denen mein kleines Buch A *Giacometti Portrait* (deutsch *Alberto Giacometti – Ein Portrait*) beruhte, das 1965 vom Museum of Modern Art in New York veröffentlicht wurde. Auch zu anderen Zeiten machte ich Notizen, sowohl vor dem Porträt als auch nachher. Sie stellten sich ebenfalls als nützlich heraus. Genaugenommen haben sich alle Aspekte meiner Bekanntschaft mit dem Künstler als hilfreich für die Vorbereitung dieses Buches erwiesen.

Freilich war es nie mehr als eine Bekanntschaft. Es wäre falsch und anmaßend, wollte ich andeuten, wir seien enge Freunde gewesen. Ich wurde Zeuge mancher Facette in Giacomettis Leben, aber nichts an diesem Leben hätte anders ausgesehen, wenn wir uns nie begegnet wären, weshalb ich auch keinen Platz in seiner Biographie habe. Hingegen hat diese Biographie, abgesehen von der langsam heraufdämmernden Erkenntnis ihrer Bedeutung, mein eigenes Leben unermeßlich beeinflußt, allein schon dadurch, daß ich dieser Lebensbeschreibung fünfzehn Jahre gewidmet habe. Während dieser ganzen Zeit fand ich bei sehr vielen Leuten Rat, Hilfe und Ermutigung. Nur eine einzige Person stand meinem Vorhaben von Anfang an ablehnend gegenüber und sperrte sich allein schon gegen die Idee, über das Leben des Künstlers berichten zu wollen. Sie war der Mensch, der – nach dem Künstler selbst – am schlimmsten unter der unerbittlichen Berührung mit dem Genie zu leiden hatte: seine Witwe. Ihre Einstellung war weder unerklärlich noch dem Buch abträglich. Selbst dem flüchtigen Leser wird sie begreiflich sein. Der aufmerksame Leser aber wird, so hoffe ich, genau wie ich nicht nur Verständnis für, sondern auch Bedauern über Annette Giacomettis Haltung empfinden. Das Genie jedoch folgt eigenen Gesetzen, und eines davon ist, daß es bekannt werden muß, so gründlich, so persönlich und so offen wie möglich. Giacometti zuckte vor keiner Enthüllung zurück. Wir sind es ihm schuldig, so gut es geht, seinem Beispiel zu folgen, und es ist nur recht und billig, daß diejenigen darin am weitesten gehen, denen er am meisten bedeutet hat. Im übrigen hat jede Zeit ein Recht darauf, ihre großen Menschen genau zu betrachten, besonders dann, wenn es ihrer so wenige gibt.

Wenn Annette Giacomettis Widerstand dem Lebensbericht auch nicht schadete, so erwies er sich doch als erschwerend. Da der Künstler ohne Testament verstarb, erhielt seine Witwe als Haupterbin Vollmacht darüber, wie die künstlerische Hinterlassenschaft verwaltet und eingeschätzt werden muß. Die Art, wie sie dieses Recht ausübte, war mehr als entschieden, um nicht zu sagen – übertrieben. So hat sie untersagt, in der Biographie ihres Mannes irgendwelche unveröffentlichten Texte zu verwenden, also Briefe, Tagebücher oder andere Aufzeichnungen. Das ist schade, weil Giacometti viel und bewundernswert gut geschrieben hat. Interessierte Leser können jedoch die bereits veröffentlichten Quellen ausführlich studieren, während alle Dokumente, Briefe, Notizen und andere Materialien, die auf irgendeine Weise zur Vorbereitung des Buches beigetragen haben, in der Bibliothek der Yale University in New Haven, Connecticut, deponiert und für eine vertiefende Lektüre jederzeit verfügbar sind. Glücklicherweise hat auch die Macht der Zensur ihre Grenzen. Giacometti hat nicht nur wunderschön geschrieben, er hat auch viel und wunderschön gesprochen. Zahlreiche Leute, die das Glück hatten, ihm zuhören zu können, waren gescheit genug, seine mündlich geäußerten Gedanken aufzuzeichnen.

Ein einziger Mensch wäre befugt gewesen, ein moralisches Recht in bezug auf den Inhalt dieses Buches in Anspruch zu nehmen, weil er Albertos Biographen genauso selbstlos half, wie er auch Alberto stets geholfen hatte. Dieser Mann, der in der Vornehmheit seines Geistes wie in der Unbezwinglichkeit seines Durchhaltevermögens seinem Bruder Alberto glich, war Diego. Auch er glaubte, daß nichts der Kunst mehr diene als die Leidenschaft zur Wahrheit.

Die Aufregung über die Niederschrift oder die Veröffentlichung seiner Lebensbeschreibung wäre von Giacometti mit Spott und Hohn bedacht worden. Er hätte gesagt, daß das Leben jedes x-beliebigen Mannes von der Straße Stoff für eine ebenso interessante und ungewöhnliche Geschichte wie die seine bieten würde. Natürlich hätte er damit recht gehabt. Meistens hatte er recht. Aber gleichzeitig war er viel zu aufrichtig, um nicht zuzugeben, daß gerade er sehr tief in seinem Inneren danach geforscht hat, was die Einmaligkeit jedes Menschen ausmacht. Mit unermüdlichem Eifer hat er ein halbes Jahrhundert daran gearbeitet, den Beweis zu erbringen, daß es der Mühe wert war, was er erschaut hatte. Er hat dies auf eine Weise getan, die ihn für alle interessant werden ließ, die ihm begegneten oder ihn auch bloß sahen. Deshalb habe ich versucht, die Worte zu finden, mit denen sich seine Lebensgeschichte erzählen läßt.

Erster Teil

1901–1922

I

Das Bergell liegt im südöstlichen Teil der Schweiz. Das tief eingeschnittene Tal war bereits zur römischen Zeit ein bedeutender Verbindungsweg, ein Ort, wo Nord und Süd aufeinandertrafen. Dennoch hat dieses Tal einen ganz eigenen Charakter bewahrt, was sich nicht zuletzt darin zeigt, daß seine Bewohner strenggläubige Protestanten in einem sonst katholischen Landesteil sind. Vom Fuß des Malojapasses fällt das Tal auf einer Strecke von achtzehn Kilometern rasch ab bis hin zur italienischen Grenze bei Castasegna. Die Gegend ist gekennzeichnet von steilen Hängen, zackigen Bergspitzen, eiskalten Gebirgsbächen, Bergwiesen und schlichten Dörfern – eine rauhe und karge Schönheit. Noch ehe der erste Winterschnee den Boden des Tals bedeckt, hat sich die Sonne bereits daraus zurückgezogen. Von Anfang November bis Mitte Februar lassen die fast senkrecht aufragenden Felswände keinen Sonnenstrahl herein, und nicht etwa in der Nacht, sondern um die Mittagszeit herrscht der grimmigste Frost, wenn eisige Fallwinde die Kälte in die erstarrte Tiefe drücken.

«Es ist eine Art Vorhölle», hat Diego manchmal gesagt.

Dies war der Lebensraum, in dem alles begann für den Bildhauer und Maler Alberto Giacometti. Dort machten die Lebensumstände aus ihm einen Künstler, dort gewannen sie für ihn ihre vollste Bedeutung.

Das Leben im Bergell war hart in jenen Jahren vor der Einführung von Elektrizität und Automobil. Vergnügungen und Dinge, die das Leben angenehm machen, waren selten, und häufig verließen die Männer Haus und Hof, um ihr Glück in Gegenden mit weniger hartem Klima zu machen. Zogen sie auch oft in die Fremde, so kehrten sie doch gewöhnlich früher oder später zurück, entweder für immer oder wenigstens zu regelmäßigen Besuchen. So herb und rauh es in dem Tal auch sein mag – und vielleicht gerade deswegen –, es hat etwas, was den Menschen ans Herz wächst und sich ihrem inneren Auge so einprägt, daß andere Orte und Gegenden daneben verblassen. Daher war es keineswegs ungewöhnlich, daß im Jahre 1860 ein gewisser Alberto Giacometti nach Aufenthalten in Warschau und Bergamo in das Bergdörfchen Stampa zurückkehrte. Am 15. November 1863 heiratete er dort ein Mädchen namens Ottilia Santi.

Die Giacomettis waren damals bereits seit langem im Bergell ansässig. Ursprünglich stammten sie aus Mittelitalien, wo der Name nicht selten ist. Zu Wohlstand allerdings hatten es die Giacomettis nicht gebracht. Die Santis dagegen waren reich. Ottilias Mitgift brachte nicht nur materiellen Besitz in die Ehe ein, sondern auch das Gefühl einer gesicherten Existenz. Ihre Familie besaß unter anderem das Wirtshaus von Stampa, das Piz Duan, das nach einem Dreitausender benannt war, der die Nordseite des Tals überragt. Ottilias Ehemann übernahm den Gasthof.

Abgesehen von seinen sonstigen Fähigkeiten war Giacometti auch ein tüchtiger Ehemann. Von den acht von ihm gezeugten Kindern waren sieben Söhne. Der dritte, der am 7. März 1868 das Licht der Welt erblickte, wurde auf den Namen Giovanni getauft. Er wuchs heran als ein sanfter, träumerischer und nachdenklich veranlagter Junge und hatte früh Lust am Zeichnen. Schon in der Schule wünschte er sich, Maler zu werden. Der Gastwirt ermutigte seinen Sohn in diesem Streben und unterstützte ihn, wenn er konnte, mit Geld, um ihm ein Studium in Paris zu ermöglichen.

Giovanni Giacometti war kräftig und von mittlerer Größe, Haare und Bart waren rot, seine Augen blau. In seiner freundlich zartfühlenden, ehrlichen Art ging er liebenswürdig auf seine Mitmenschen ein und war bei ihnen dementsprechend beliebt. Sein künstlerisches Werk entsprach seinem Wesen. Wie er selbst haben seine Bilder eine gewisse Würde.

Anfangs war seine Karriere voller Mühsal und Beschwerlichkeit. Gelegentlich konnte der Vater helfen; aber oft mußte sich Giovanni durchhungern. Nach Beendigung seiner Studien in Paris ging er 1893 nach Italien und verbrachte den Sommer in Torre del Greco an der Bucht von Neapel, nicht weit von Pompeji. Dies war die schwierigste Zeit seines Lebens, von der er in späteren Jahren oft erzählte. Regelmäßig kehrte er ins Bergell zurück. Der Tod des Vaters zu Beginn des Jahres 1900 war für ihn ein schmerzlicher Verlust. Der Gastwirt, der weitblickend genug gewesen war, die künstlerischen Ambitionen seines Sohnes zu verstehen und zu fördern, durfte den Erfolg nicht mehr erleben. Das muß Giovanni zusätzlich betrübt haben. Daher mag es auch mehr als ein bloßer Zufall sein, daß sich der inzwischen zweiunddreißigjährige Giovanni noch im selben Jahr entschloß, eine Ehe einzugehen.

Annetta Stampa war keine Schönheit – aber sie sah gut aus. Bereits diese Unterscheidung ist wichtig für die Beschreibung dieser tatkräftigen und ungewöhnlichen Frau. Sie war ungefähr gleich groß wie ihr Mann, konnte kräftig zupacken, und unter den schwarzen, drahtigen Haaren fielen in ihrem Gesicht die vorspringende Nase und die schwarzen Augen auf. Es ging etwas Beherrschendes von ihr aus, obwohl sie zugleich offen und warmherzig den Mitmenschen begegnete. Ihr ganzes, ungewöhnlich langes Leben hindurch beeindruckte sie ihre Umgebung, insbesondere natürlich die Mitglieder ihrer eigenen Familie.

Die Stampas waren wohlhabende Leute. Sie besaßen Häuser und Ländereien. So heiratete denn Giovanni – wie einst sein Vater – eine begüterte Frau, die seine Lebensverhältnisse merklich verbessern konnte. Annetta war eine ausgezeichnete Köchin, eine fabelhafte Hausfrau und stets darauf bedacht, das Geld zusammenzuhalten. Auf diese Weise konnte sie das Wohlergehen der Familie auch während jener Jahre sichern, als sich Giovannis Bilder noch nicht leicht verkaufen ließen. In ihrer Entschlossenheit und in ihren Grundsätzen war Annetta unanfechtbar. Sie besuchte regelmäßig den Gottesdienst und hatte strenge Vorstellungen von einem rechtschaffenen Leben, ohne im mindesten engstirnig oder provinziell zu sein. Sie las Zeitung, und ihr Haus war reichlich mit Büchern ausgestattet. Sie liebte Gespräche, besonders wenn die Meinungen aufeinanderprallten, und sie hatte Sinn für Humor. Da sie sich über die meisten Dinge, auch über die Kunst, eine eigene Meinung bildete, zögerte sie nicht, ihre Ansichten zu vertreten.

Borgonovo, «der neue Weiler», liegt an einem sanften Hang nicht weit von Stampa talaufwärts. Dort war Annetta geboren. Ihre Eltern lebten noch in dem Ort. Hier in der Kirche San Giorgio fand am 4. Oktober 1900 die Trauung statt zwischen Giovanni Giacometti und Annetta, geborene Stampa. Das junge Paar ließ sich zunächst in Borgonovo nieder.

So sanft, gemäßigt und unaufdringlich Giovanni seinem Charakter nach war, als Ehemann erwies er sich aktiv wie sein Vater. Drei Monate nach der Eheschließung wurde seine Frau schwanger, und am 10. Oktober 1901 um ein Uhr gebar sie ihren ersten Sohn. Die glücklichen Eltern nannten ihn Giovanni Alberto. Da auch der Vater den Vornamen Giovanni trug, wurde Alberto der übliche Rufname des Kindes, sowohl in der Familie als auch außerhalb. Dieser Vorname paßte wirklich gut zu ihm; denn er bedeutet soviel wie «durch edle Gesinnung ausgezeichnet». Mit der Zeit geriet sein erster Vorname Giovanni – wohl auch für ihn selbst – in Vergessenheit, aber die Tatsache, daß er diesen Vornamen trug – und ihre tiefere Bedeutung – blieb natürlich bestehen.

2

Die ersten Monate im Leben Alberto Giacomettis waren die, in denen das Tal im Schatten lag. Bald schon geschah ein Ereignis im Leben der Eltern und des Kindes, das die spätere Lebensauffassung Albertos – und da er ein Genie war, auch unsere Sicht der Dinge – entscheidend prägen sollte.

Der Schatten war kaum aus dem Tal gewichen, als Annetta bereits wieder schwanger wurde. Wegen der erneuten Schwangerschaft mußte die Mutter ihren Erstgeborenen abstillen. Nun ist das Abstillen nach sechs Monaten nichts Ungewöhnliches, doch führt es wohl in jedem Alter zum Verlust jenes Grundvertrauens, jenes Gefühls von Geborgenheit und Wohlbehagen, die ein Kind im Kontakt mit dem Körper der Mutter erfährt.

Am 15. November 1902 wurde den Eltern Giacometti ein zweiter Sohn geboren, den sie Diego nannten, eine Anspielung auf Velázquez, den der Vater verehrte. Fast als Ironie des Schicksals widerfuhr es dem zweiten Sohn, daß er die normale kindliche Erfahrung an der Brust seiner Mutter nicht machen konnte. Er vertrug ihre Milch nicht, und Annetta mußte ihm eine Ersatznahrung geben.

Die früheste Erinnerung, die Alberto aus seiner Kindheit ins Erwachsenendasein mitnahm, war ein Bild seiner Mutter. Viele Jahre später schrieb er: «Ihr langes schwarzes Kleid, das bis zum Boden reichte, beunruhigte mich wie ein Geheimnis; es schien ein Bestandteil des Körpers zu sein, und das verursachte mir ein Gefühl von Angst und Verwirrung; alles andere an ihr war undeutlich, entging meiner Aufmerksamkeit.»

Als sich ihm dieses Bild einprägte, muß Alberto zumindest ein Jahr oder älter gewesen sein. Annetta war damals zweiunddreißig. Die Reaktion des Kindes ist überraschend. Verwirrung und Angst sind nicht Gefühle, die die meisten Menschen mit Kindheitserinnerungen an die Mutter verbinden. Gewiß können mächtige seelische Kräfte in späteren Lebensabschnitten nachträglich eine Erinnerung, die aus der Kindheit übriggeblieben schien, färben und umformen, und wenn auch Kinder im Gedächtnis behalten, was wirklich für sie wichtig war, so wird diese Erinnerung doch oft von einer symbolischen Darstellung überlagert, die mit dem Symbolismus in Tagträumen und Traumphantasien vergleichbar ist.

Im Kleinkindalter, fast noch als Säugling – aber Diego war bereits geboren –, wurde Alberto oft ins Atelier des Vaters gebracht. Für die Mutter war es leichter, sich nicht um beide Kinder gleichzeitig kümmern zu müssen, und für Giovanni war es eine kleine Mühe, während der Arbeit ein Auge auf seinen Sohn zu haben. Daher verband sich für Alberto das aufkeimende Bewußtsein von der Welt, in der er sich einen Platz erobern mußte, mit der typischen Arbeitsatmosphäre eines Berufsmalers. Hier im Atelier des Vaters vollbrachte Alberto eine erste künstlerische Leistung, deren Umstände in der Familie nie vergessen wurden. Eigentlich war es eine eher zerstörerische denn eine kreative Handlung; denn Alberto verdarb eines von Giovannis Bildern, indem er Farbe aus den Tuben des Vaters auf das Bild schmierte. Er benutzte aber nicht nur Farben: wie es oft bei Kleinkindern vorkommt, spielte auch Alberto mit den eigenen Exkrementen, und durch ihre Verwendung erhielt die Verwüstung des väterlichen Werks fast eine symbolische Bedeutung. Natürlich wurde Alberto nicht bestraft, zumal man keine böse Absicht in der Tat entdecken konnte. Was geschehen war, wurde in der Familie dem frühkindlichen Alter zugeschrieben; doch hat sich die Erinnerung daran stets erhalten. Wenn die Sache erwähnt wurde, geschah es nie ohne Ironie, aber immer mit der vernünftigen Einsicht, daß Kinder eben Kinder sind, und nichts weiter.

Diego war noch kein Jahr alt, als seine Mutter zum drittenmal schwanger wurde. Anscheinend war dieses Geschehen für ihn ohne traumatische Wirkung; aber es entwickelte sich daraus ein praktisches Problem. Am 31. Mai 1904 wurde eine Tochter geboren, die nach der Mutter väterlicherseits den Namen Ottilia erhielt. Jetzt waren die Giacomettis eine fünfköpfige Familie geworden, und die Wohnung in Borgonovo reichte nicht mehr aus. Giovanni zog daher im Spätherbst des Jahres 1904 mit seiner Familie talabwärts nach Stampa.

Am Umzugstag geschah etwas, woran sich Diegos früheste Erinnerung knüpft: er war damals fast zwei Jahre alt. In dem allgemeinen Durcheinander lief er unbemerkt auf die Straße hinaus, wo gerade eine Schafherde vorbeizog. Plötzlich sah er sich ringsum dicht von Schafen mit ihren trampelnden Beinen umgeben. Klein und hilflos, wie er war, überfiel ihn Angst, und er fing an zu schreien und zu weinen. Ein Mädchen kam ihm zu Hilfe und hob ihn zwischen den Schafen heraus. Dabei fiel sein Blick auf das Haus, wo seine Mutter mit lachendem Gesicht am Fenster stand. Zwar war ihm nichts Böses geschehen, aber nach diesen wenigen angstvollen Minuten schien ihm die Welt nie wieder ganz so heil und sicher wie zuvor.

Für anderthalb Jahre richtete sich die Familie provisorisch im Gasthaus Piz Duan ein. Danach bezogen sie ein großes, rosafarbenes Haus auf der gegenüberliegenden Seite der Straße, das einen angebauten Stall und eine Scheune hatte. Dieses Haus verließen die Giacomettis nie mehr. Die nicht besonders geräumige Wohnung bestand aus zwei Schlafzimmern, einem Wohnzimmer, einem Eßzimmer und der Küche. Modernen «Komfort» gab es nicht: Wasser mußte von einem Brunnen an der Straße herbeigetragen werden. Die an das Haus angrenzende Scheune wurde in ein Atelier für Giovanni umgebaut. Nur dieses Atelier und die Wohnstube wurden im Winter geheizt. Die Fenster gingen nach Norden hinaus auf das Tal mit seinem dahinrauschenden Fluß und dem jenseits aufragenden Gipfel des Piz Duan. Glücklicherweise diente das Atelier des Vaters der Familie als zusätzliches Wohnzimmer, und der Künstler fand in seiner Frau und seinen Kindern bereitwillige Modelle für seine Bilder. Besonders Alberto schien die Werkstattatmosphäre zu genießen, wo es so angenehm nach Terpentin und Farbe roch und wo man Modell sitzen durfte.

Alberto war ein scheues, aber freundliches Kind. Seine vertrautesten Spielgefährten waren nach seiner eigenen Darstellung unbelebte Dinge. «Als Kind zwischen vier und sieben Jahren», schrieb er später, «nahm ich von der Außenwelt nur die Dinge wahr, welche meinem Vergnügen dienen konnten. Das waren vor allem Steine und Bäume.» Es gab da einen Felsblock und vor allem eine Höhle, die sich darunter gebildet hatte und die als ein immer wieder aufgesuchtes Versteck zu einem Hort in Albertos Kindheit wurde. Sein

Vater hatte ihm die Höhle gezeigt, als er vier Jahre alt war. Der Fels ist ein gewaltiger Findling, mitten in einer Wiese, etwa 600 Meter vom Ort entfernt. Kleine Kinder können aufrecht in der Höhle stehen. Nach hinten zu verengt sie sich und bildet eine zweite kleine Höhle. Der Eingang liegt unter einem überhängenden Felsrand. Er ist lang, niedrig und gezackt wie ein gewaltiges offenes Maul.

Alle Kinder von Stampa kannten die Höhle; aber Alberto hatte eine ganz eigene Beziehung zu diesem Ort. Für ihn hatte er eine Bedeutung und Wichtigkeit, die weder sein Bruder noch seine Spielkameraden teilten. Viele Jahre danach – er war schon über dreißig – drängte es ihn, diese Höhle und die Intensität ihrer Anziehungskraft für ihn in einem Text in Erinnerung zu rufen, den er für eine surrealistische Veröffentlichung schrieb unter dem Titel *Gestern, Flugsand*.

«Sofort», heißt es darin, «betrachtete ich den Felsblock als einen Freund, als ein beseeltes Wesen, das uns wohlgesinnt war, uns rief und anlächelte wie jemand, den man früher schon gekannt und geliebt hat und den man überrascht und unendlich beglückt wiederfindet.» Jeden Morgen nach dem Aufwachen war sein erster Impuls, sich durch einen Blick aus dem Fenster zu überzeugen, daß der Felsblock noch da war, und selbst aus der Entfernung schien es ihm, als ob er die kleinsten Einzelheiten an ihm hätte wahrnehmen können. In der Landschaft interessierte ihn sonst nichts.

Zwei Jahre lang war die Höhle für Alberto der wichtigste Ort auf der Erde, besser gesagt in der Erde. Sein größtes Vergnügen bestand nach seinen Worten darin, so tief wie möglich in die hintere Höhle zu kriechen.

«Ich erlebte den Gipfel der Seligkeit», schrieb er. «Alle meine Wünsche waren erfüllt.» Die Erfüllung war gewiß nur symbolisch, die Wünsche waren es nicht. Jedes Kind hegt sie, wenn auch in verschiedener Stärke. Albertos Fall war ungewöhnlich. Er verlangte nach Ausdruck. Eines Tages, als er sicher in die Tiefe der Höhle gekauert lag, dachte der Junge daran, daß er auch etwas zu essen brauchte. Also stibitzte er in der Küche der Mutter einen Laib Brot, trug ihn zur Höhle und versteckte ihn im hintersten Winkel. Nachdem er das vollbracht hatte, muß er die größte Befriedigung empfunden haben, die das Leben geben kann und die in gewisser Weise auch nie mehr übertroffen wurde.

Als er einmal im Umkreis der Höhle spielte, geriet Alberto etwas weiter abseits. «Einmal ging ich – ich weiß nicht mehr durch welchen Zufall –», schrieb er später in *Gestern, Flugsand* – und es ist auffallend, wie er seinen Bericht mit dem Hinweis auf Zufälligkeit und Erinnerungslücken beginnt –, «etwas weiter als gewöhnlich. Kurz darauf befand ich mich auf einer Anhöhe. Vor mir, ein wenig abwärts, erhob sich mitten im Gestrüpp ein ungeheurer schwarzer Felsblock, der die strenge Form einer zugespitzten Pyramide hatte und dessen Seiten beinahe senkrecht abfielen. Das Gefühl des Unwillens und der Fassungslosigkeit, das ich in diesem Augenblick erlebte, vermag ich nicht zu beschreiben. Der Felsen kam mir sogleich wie ein lebendiges Wesen vor, wie ein feindliches, gefährliches Wesen. Er bedrohte alles – uns, unsere Spiele und unsere Höhle. Sein Vorhandensein war mir unerträglich, und ich spürte also gleich – ich konnte ihn ja nicht zum Verschwinden bringen –, daß ich ihn nicht beachten, daß ich ihn vergessen und keinem Menschen davon sprechen durfte. Trotzdem geschah es, daß ich mich ihm näherte, allerdings mit dem Gefühl, mich auf etwas Tadelnswertes, Geheimes, Verdächtiges einzulassen. Nur widerwillig und ängstlich berührte ich ihn flüchtig mit der einen Hand. Ich ging um ihn herum, wobei ich zitterte, daß ich einen Eingang entdecken könnte. Ich sah keine Spur von einer Höhle, wodurch mir der Felsen noch unerträglicher wurde. Aber es gewährte mir auch eine Genugtuung: Eine Öffnung hätte alles noch schwieriger gemacht, und alle Freude an unserer Höhle wäre mir verdorben worden, wenn wir uns gleichzeitig mit einer anderen hätten beschäftigen müssen. Ich flüchtete weit weg von dem schwarzen Felsen; den andern Kindern erzählte ich nichts davon; ich wollte nichts von ihm wissen, kehrte nicht mehr zu ihm zurück und sah ihn nie wieder.»

Irgendwann kam die Zeit, da Alberto die Höhle nicht mehr so unwiderstehlich und begehrenswert empfand. Entsprechend dem natürlichen Lauf der Dinge regten sich neue Wünsche in ihm, und er suchte andersartige Erfüllung. «Mit Ungeduld erwartete ich den Schnee. Ich fand keine Ruhe und sehnte den Tag herbei, an dem der Schnee meiner Ansicht nach – manchmal irrte ich mich in der Schätzung – hoch genug lag, daß ich mich ganz allein, mit einem Sack und einem spitzen Stecken bewaffnet, zu einer Wiese begeben konnte, die in einiger Entfernung von unserem Dorf lag. Es handelte sich um eine verstohlene Arbeit. Dort wollte ich ein Loch ausgraben, das gerade groß genug war, um einzudringen. An der Oberfläche durfte man nur eine runde Öffnung sehen, so klein wie möglich, und sonst nichts. Ich hatte vor, den Sack zuhinterst in der Schneehöhle auszubreiten, und ich stellte mir diesen Winkel sehr warm und dunkel vor; ich glaubte, mir stünde eine große Freude bevor ... Es war mir eine Wonne, meine Schneehöhle vollständig eingerichtet zu sehen und in Gedanken dort einzutreten. Am liebsten hätte ich darin den ganzen Winter allein verbracht, und mit Bedauern dachte ich daran, daß ich ja zum Essen und Schlafen heimkehren müsse. Ich muß sagen, daß sich trotz all meinen Bemühungen – wahrscheinlich lag es auch an den ungünstigen äußeren Bedingungen – mein Wunsch nie verwirklichte.»

In späteren Jahren sprach Alberto wiederholt von seiner sorglos glücklichen Kindheit. Oft meinte er, er fühle sich noch ganz wie ein kleiner Junge. Das war er wirklich, wenn es ihn auch die Arbeit eines Erwachsenenlebens gekostet hat, dieser Junge zu werden. Vielleicht war seine Kindheit in der Tat so glücklich gewesen, wie er immer sagte; jedenfalls blieben die tiefen Wünsche, die er damals hegte, und die Erfüllungen, nach denen er sich sehnte, sein ganzes Leben hindurch bestimmend, doch wurden sie gefiltert und umgeformt durch Erfahrungen, die ihm noch bevorstanden.

Als Kind konnte Alberto seine wie immer auch gearteten Sehnsüchte auf angenehme und sorglose Weise mit seinem Leben in Einklang bringen, was kein schlechter Maßstab für das wäre, was wir Glück nennen.

3

Streit hat es anscheinend bei den Giacomettis nie gegeben. Freunde und Verwandte waren beeindruckt und angezogen von der Wärme und Harmonie, die zwischen Eltern und Kindern herrschten. Die Kraft, die alles zusammenhielt, ging von Annetta Giacometti aus: ihre Entschlossenheit, ihre Klugheit und Liebe hielten das Bewußtsein der Zusammengehörigkeit wach. Vielen Menschen erschien Annetta, vor allem in späteren Jahren, wie eine Art unverwundbare, segensreiche Mutter Erde, die alle Gefahren zu umschiffen wußte und ihre Lebensfreude behielt. Doch die so viel gab, forderte auch viel. Von denen, welchen sie die Gewißheit ihrer Liebe und Stärke schenkte, erwartete sie bedingungslose Anerkennung und Ergebenheit.

Die Kinder stritten sich selten, die Eltern wohl nie. Alberto und Diego erzählten oft, daß nie ein böses Wort zwischen den Eltern zu hören gewesen sei. Solche Eintracht ist bewundernswürdig; doch erscheint sie auch ein wenig unnatürlich. Leute mit starken Gefühlen können sie nicht ständig verbergen. Zweifellos haben die kleinen Giacomettis den Frieden in ihrem Elternhaus genossen; aber das Beispiel muß bei den Heranwachsenden zu einer eher unrealistischen Auffassung der Beziehung zwischen Eheleuten geführt haben.

Am 24. August 1907 wurde als viertes Kind ein Sohn geboren, der den Namen Bruno erhielt. Als Taufpaten luden die Giacomettis Ferdinand Hodler ein, den damals in der Schweiz bekanntesten und bedeutendsten Maler. Er war ein umstrittener, aber erfolgreicher Künstler, was man zu dieser Zeit von Giovanni noch nicht sagen konnte. Diesem schien nicht unbedingt daran gelegen, die Aufmerksamkeit der Welt auf sich zu lenken, doch war er es, der zusammen mit Cuno Amiet, dem Taufpaten Albertos, den bunten Malstil des Post-Impressionismus in die Schweizer Kunst einführte. Seine Gemälde waren einfühlsam, harmonisch und entsprachen diesem modernen Geschmack, ohne avantgardistisch zu wirken. Giovanni verkaufte seine Arbeiten mit einiger Regelmäßigkeit, so daß er seine Familie in bescheidenem Wohlstand davon unterhalten konnte. Um Unsterblichkeit und Nachruhm hat er sich anscheinend nicht gekümmert. Er schätzte die Gegenwart und das Leben. Dabei kam ihm sein glückliches Naturell zustatten und selbstverständlich die Tatsache, daß er eine Frau wie Annetta an seiner Seite hatte. Sie war eine Frohnatur und liebte die Vergnügungen des Lebens, wie sie sich in Stampa gelegentlich boten.

Auch den Kindern fehlte es nicht an Unterhaltung. Sie konnten zwischen mancherlei Spielen wählen, auf unzählige hohe Bäume klettern, und im Winter fanden ausgiebige Schneeballschlachten statt. Nur Alberto nahm an solchen Kämpfen nicht teil. Er fand keinen Geschmack an der rauhbeinigen Kameradschaft und an dem gegenseitigen Gerangel, an dem die meisten Buben ihre Lust haben. Die Kinder im Dorf schienen zu spüren, daß Alberto anders geartet war, und erwarteten nie, daß er sich benahm wie einer von ihnen. Auf diese Weise wurde bereits dem jungen Giacometti bewußt, daß es zwischen ihm und seiner Umwelt einen Abstand gab. Dieses Gefühl für den Abstand mußte ihn dazu führen, das Verhältnis von Menschen und Dingen zueinander sehr bewußt zu erfahren, insbesondere die eigene, zwangsläufige Abkapselung. Selbst von seinen nächsten Angehörigen wurde Alberto besonders behandelt. Zum Beispiel wurden die Kinder dazu angehalten, gewisse kleine Arbeiten im Haushalt zu erledigen. Dabei übernahm oft Diego die Aufgaben für seinen älteren Bruder. Dem jüngeren Sohn erschien es ganz natürlich, daß er für den Ältesten einsprang, so gut er konnte. Zu Zeiten, da er hätte draußen im Wald spielen können, blieb er freiwillig zu Hause und verrichtete das Notwendige, damit sein Bruder ruhig in einer Ecke sitzen und Bücher betrachten konnte. Alberto war ungewöhnlich wissensdurstig, dabei fleißig und von rascher Aufnahmefähigkeit, hatte also die besten Voraussetzungen für einen ausgezeichneten Schüler. Auch seine Lehrer müssen erkannt haben, daß es mit dem ernsten kraushaarigen Jungen eine besondere Bewandtnis hatte. Diego andererseits kam nie über mittelmäßige Schülerleistungen hinaus; er konnte die Lernbegeisterung seines Bruders nicht teilen, aber er achtete sie.

Eine merkwürdige Faszination übte Sibirien auf Albertos Vorstellungswelt aus, als er anfing, sich mit Geographie zu beschäftigen. In dem Text *Gestern, Flugsand* beschreibt Giacometti die anscheinend unverdächtige Wunschphantasie, die ihn wiederholt in jenes ferne, unwirtliche Land getragen hat. «Dort sah ich mich inmitten einer unendlichen Ebene, die grauer Schnee bedeckte. Nie schien die Sonne, und es war auch immer kalt. Auf der einen Seite, ziemlich weit von mir entfernt, war die weite Fläche von einem Tannenwald begrenzt, einem eintönigen und dunklen Wald. Ich betrachtete die Ebene und den Wald durch das kleine Fenster einer Isba (diese Bezeichnung war für mich wesentlich), in der ich mich aufhielt, und wo es sehr warm war. Das war alles. Aber sehr oft versetzte ich mich im Geiste in diese Gegend.»

Alberto war nun kein Kind mehr und wurde sich seiner Sexualität bewußt. Es ist kein Zufall, wenn sich ihm sein Tagtraum so stark einprägte, daß er ihn später aufzeichnen mußte. Landschaft, als Symbol verstanden, steht immer für das Weibliche. Das sexuelle Interesse eines Kindes richtet sich vornehmlich auf das Verstehen des Geburtsvorgangs. Hierdurch wird wiederum die Neugier auf die Intimität zwischen den Eltern geweckt; das Kind will sehen, was geschieht, wenn sie allein miteinander sind. Dieser Impuls, etwas zu erschauen, die Bedeutung, die dieser Vorgang erhält, die Fähigkeit des Beobachtens wie überhaupt alles, was mit dem Sehen zusammenhängt, wird verstärkt durch die Sehnsucht, wissen zu wollen, was am Anfang des Lebens ist. Doch diese Sehnsucht des Kindes wird von Angst überlagert, weil es nicht verstehen kann, was es sieht. Seinem unaufgeklärten Blick müßte der Zeugungsakt, den es wahrnehmen möchte, wie das Ausüben von Gewalt erscheinen. Jedenfalls wäre jedes Kind beunruhigt, wenn es in diesem Zusammenhang der Lust gewahr würde: die weibliche Hingabe müßte sich ihm als etwas Gefährliches und Böses darstellen.

Während jener frühen Jahre bildete sich bei Alberto eine Gewohnheit, von der er nie abließ, und die, so harmlos sie auch sein mochte, den anderen Familienmitgliedern recht absonderlich vorkam. Jeden Abend vor dem Schlafengehen mußten Albertos Schuhe und Socken auf dem Boden neben dem Bett in einer ganz bestimmten Anordnung zurechtgerückt werden: die Socken wurden glattgestrichen und nebeneinander so ausgelegt, daß sie wie Füße in der Seitenansicht aussahen. Daneben standen an genau festgelegter Stelle die beiden Schuhe. Dieses allabendlich gewissenhaft durchgeführte Ritual reizte Albertos Brüder zum Lachen; manchmal neckten sie ihn, indem sie seine Anordnung verschoben, was jedesmal bei Alberto zu Wutausbrüchen führte.

Auch später blieb Giacometti ungewöhnlich darauf fixiert, seine Schuhe und Strümpfe in ganz bestimmter Weise vor dem Schlafengehen anzuordnen.

Lag Alberto im Bett, schlief er nicht ohne weiteres ein. In *Gestern, Flugsand* beschreibt Giacometti, wie er damals monatelang nie einschlafen konnte, ohne die Vorstellungen eines bestimmten Wachtraums abzuspulen. «Ich konnte abends nicht einschlafen, ohne mir vorzustellen, daß ich in der Dämmerung durch einen dichten Wald ging und zu einem grauen Schloß gelangte, welches sich an einem ganz versteckten und verlassenen Fleck erhob. Dort tötete ich zwei Männer, die sich nicht zu verteidigen vermochten; der eine, der ungefähr siebzehn Jahre alt war, sah immer blaß und erschrocken aus; der andere trug auf der linken Seite einen Panzer, an dem etwas wie Gold glänzte. Ich vergewaltigte zwei Frauen, denen ich zuvor die Kleider vom Leibe riß, zuerst eine Zweiunddreißigjährige mit einem Gesicht wie Alabaster, die ganz in Schwarz war, dann ihre Tochter, um die weiße Schleier flatterten. Der ganze Wald widerhallte von ihrem Schreien und Klagen. Auch sie tötete ich, aber sehr langsam (es war nun Nacht), oft neben einem Teich mit grünem Moderwasser, der vor dem Schloß lag. Jedesmal mit leichten Abwandlungen. Hernach ließ ich das Schloß abbrennen und schlief zufrieden ein.»

Giovanni Giacometti machte gelegentlich kurze Reisen nach Genf, Paris oder nach anderen Orten, um Freunde zu besuchen und seine Karriere zu fördern. Während einer dieser wiederholten Abwesenheiten wurde sich Alberto plötzlich bewußt, daß er das Bild des Vaters nicht vor seinen inneren Augen heraufbeschwören konnte. Dieses Versagen der Erinnerung muß um so befremdlicher erscheinen, als das Haus in Stampa zahlreiche Selbstporträts, Porträts und Fotografien von Giovanni enthielt. Völlig außer sich ob des unerklärlichen Gedächtnisausfalls brach Alberto in Tränen aus und begann zu schreien: «Ich weiß nicht mehr, wie der Vater aussieht!»

Als Diego das hörte, lachte er nur und sagte: «Du weißt doch, Vater ist der kleine Mann mit dem roten Bart.» Diese ruhige und praktische Reaktion auf die Angst des Bruders lag völlig in Diegos Charakter. Daß er dem Älteren in den kleinen Aufgaben des Haushalts half, war nur eine Seite der brüderlichen Bestätigung und Hilfe, die von ihm erwartet wurde und die er mit Gleichmut zu spenden bereit war. Das bedeutet aber nicht, daß er selber nicht auch Ängste zu bewältigen hatte. Von ganz früh an muß er eine eigentümliche Loslösung von seinem eigenen Ich erlebt haben, als wäre er irgendwie von den natürlichen Erwartungen auf die unbegrenzten Möglichkeiten des Lebens abgeschnitten. Derartige Empfindungen standen in starkem Kontrast zur Selbstsicherheit des älteren Bruders und dessen aufmerksamkeitheischender Empfindlichkeit. Für Alberto lag eine ganze Welt von Schönheit und Freude in seiner Reichweite, während Diego, im Gegensatz dazu, mit seinen Gaben unglücklich war. Er empfand eine unerträgliche Unzufriedenheit, die sich mehr und mehr auf die Organe des direktesten Kontaktes mit der Umwelt konzentrierte, auf seine Hände. Seine Finger, so, wie sie nun einmal gewachsen waren, mißfielen ihm und ärgerten ihn. Sein kindliches Bewußtsein war von einem schmerzlichen Unbehagen geprägt, als ob die Fähigkeit seiner Hände, das zu tun, wozu sie eigentlich da sind, ihn mit sich selbst entzweien müßten.

An einem Sommertag im Jahre 1907 geschah ein seltsamer «Unfall». Im Bergell wird hauptsächlich Heu geerntet, und in jenen Tagen war es üblich, daß alle männlichen Dorfbewohner zupackten, um die Ernte einzubringen. Für Diego, der stets gerne half, bedurfte es keiner Aufforderung, um sich an solcher Tätigkeit zu beteiligen. An dem bewußten Tag half er, frisch geschnittenes Gras auf ein Förderband zu laden, auf dem es dann weiter zu den rotierenden Messern eines Häckslers transportiert wurde, von dem herunter es in eine Tonne fiel, wo es mit Hafer zusammengemischt Pferdefutter ergab. Diese Häckselmaschine wurde mit einer Handkurbel in Bewegung gesetzt, die mittels einer Zahnradübersetzung die Messerscheibe rotieren ließ. An der Kurbel stand ein junger Bursche, etwa zehn Jahre älter als Diego, und hielt die Maschine in Schwung. Dabei wendete er seinem kleinen Gehilfen den Rücken zu. Jedesmal wenn Diego einen Arm voll Gras auf das Förderband packte, mußte er aufpassen, daß nichts davon in das Zahnradgetriebe geriet, dessen kraftvoll unaufhaltsame Bewegung ihn immer stärker faszinierte.

Mehr als siebzig Jahre später konnte sich Diego noch mit schrecklicher Intensität an jede Einzelheit des Geschehens erinnern.

Der Sechsjährige hob die rechte Hand, legte seine Finger absichtlich auf eines der sich drehenden Räder und wartete, daß das Gegenrad sie mit seinen Zähnen zermalmte. Als der erste Finger zerdrückt war, kam ihm der Schmerz überraschend erträglich vor. Dann wurde sein zweiter Finger erfaßt, schließlich geriet noch der dritte Finger zwischen die Räder. Diego gab keinen Laut von sich, denn ihm war klar, daß der Bursche, wenn er ihn schreien hörte, sofort aufhören würde weiterzudrehen – und dann hätten seine Finger nicht genügend abbekommen. Aber das Drehen hörte doch auf: da kein Gras mehr nachkam und auch bereits der geringe Widerstand von Diegos zermalmten Fingern durch das Getriebe hindurch spürbar gewesen war, drehte sich der Bursche an der Kurbel herum und sah zu seinem Entsetzen, was geschehen war. Sofort kurbelte er ein Stück zurück, so daß Diegos Hand wieder freikam; dann schrie er nach Hilfe. Man schaffte das verletzte Kind rasch nach Hause, wo sich die erschrockene Familie seiner annahm. Ein Doktor wurde herbeigerufen, der allerdings in erster Linie Tierarzt war. Die Schmerzen, die anfangs nicht unerträglich schienen, wurden jetzt quälend. Der Zeigefinger hing noch einigermaßen zusammen und konnte gerettet werden, trug aber für immer die Spuren der Verstümmelung; vom Mittelfinger war weniger als die Hälfte übriggeblieben, er war glatt abgeschnitten; der Ringfinger war an der Spitze zerdrückt.

Es wäre schön, von diesem schlimmen Vorfall zu glücklicheren Kindheitserinnerungen übergehen zu können. Aber wenn Diego bereit war, diese Schmerzen auf sich zu nehmen, so verbarg sich dahinter ein Schlüsselerlebnis. Jeder muß sich damals gefragt haben, wieso ein Unfall überhaupt möglich war. Die Antwort lag in der nicht mehr wiedergutzumachenden Verletzung. Aber für das herkömmliche Denken mag das Ereignis nichts anderes als ein Unfall gewesen sein. Was Diego betrifft, so wußte er sein ganzes Leben lang die Dinge für sich zu behalten, die ihn am stärksten betrafen, ob er nun ihre tiefere Bedeutung durchschaute oder nicht. Übrigens hat er, obgleich Rechtshänder, wo immer möglich seine rechte Hand so gehalten, daß er die Verstümmelung verbergen konnte.

Ein Jahr später, am 5. August 1911, wurde Annetta Giacometti vierzig. Um den Geburtstag zu feiern, machte die Familie einen Ausflug nach dem Grenzort Castasegna. Die bei dieser Gelegenheit aufgenommene Fotografie ist ein bemerkenswertes Dokument. Jedes Familienmitglied scheint so wiedergegeben zu sein, wie es sich auch im weiteren Leben seinem Wesen nach verhalten sollte.

Diego sitzt im Vordergrund, und man merkt ihm die Unruhe an. Ganz offensichtlich ist ihm nicht wohl in den Sonntagskleidern. Seine verstümmelte Hand hat er auf dem Knie liegen, ein wenig versteckt; die Haare trägt er kurz geschnitten, während die üppigen Locken seines älteren Bruders noch ganz lang sind. Ottilia kniet zwischen den Eltern und schaut mit einem sehnsüchtig versonnenen Blick aus dem Bild, wobei sie das linke Knie des Vaters umfaßt. Giovanni sitzt im Zentrum der Gruppe, die er jedoch nicht dominiert. Seinen jüngsten Sohn hat er auf dem rechten Knie, und er schaut nach unten. Auf den freundlichen Zügen seines Gesichts lesen wir den Ausdruck von Zufriedenheit. Bruno wirkt unbekümmert, fast teilnahmslos, und gibt sich mit Fassung dem ungewöhnlichen Erlebnis hin.

Annetta trägt eine geblümte Bluse und ist im übrigen Schwarz gekleidet. Zwar befindet sie sich am Rand, aber sie ist die größte Figur in der Gruppe. Still sitzt sie mit zusammengelegten Händen und schaut auf Alberto, dessen Blick bewundernd auf seine Mutter gerichtet ist. Die Intensität, Kraft und Bedeutung dieses gegenseitigen Anschauens machen den beherrschenden Zug des Bildes aus. Die anderen Familienmitglieder sind sich dessen offenbar nicht bewußt; sie sind ausgeschlossen, weil sie den Blick nicht bemerken und weil ihnen das Verständnis für diese besondere Beziehung der beiden zueinander abgeht. Es ist, wie wenn Annetta und Alberto allein da wären. Alles an dem Jungen, seine Kleidung, seine Haltung, ja seine körperliche Existenz scheint dem gebannten Blick untergeordnet, den er seiner Mutter zuwirft. Sie erwidert den Blick ihres Sohnes mit Gleichmut, ihrer selbst und ihres Sohnes gewiß. Und was auch immer Albertos Blick zum Ausdruck bringt, sie jedenfalls wirkt heiter und beglückt über die Zuwendung und scheint mit der Welt im Einklang. Auf ihren Lippen liegt ein rätselhaftes Lächeln.

Annetta Giacometti war die Nichte eines gewissen Rodolfo Baldini, der die wichtigste Bäckerei in Marseille betrieb. Wie bei anderen Auswanderern aus dem Tal, waren seine Beziehungen zum Bergell nie abgebrochen, und er besaß ein gar nicht kleines Haus auf der Paßhöhe von Maloja. Bei Baldinis Tod im Jahre 1909 erbte seine Nichte dieses Anwesen. Mit einem herrlichen Blick auf Berge, Wiesen und auf den Silser See steht es etwas oberhalb der Straße. Giovanni verwandelte nun auch hier den angebauten Scheunenteil in eine Werkstatt, die später noch für Alberto von Nutzen sein sollte. Von 1910 an verbrachte die Familie dort jeden Sommer, etwa ein Drittel des Jahres. Maloja wurde ihnen zur zweiten Heimat. Zwar waren es nur sechzehn Kilometer bis dorthin, aber der Höhenunterschied von 800 Metern war beträchtlich.

4

Wann Alberto mit dem Zeichnen anfing, läßt sich nicht mehr feststellen. Er sagte später: «Solange ich zurückdenken kann, habe ich im Atelier meines Vaters gezeichnet.» Aber in dem Alter, als er am liebsten seine ganze freie Zeit in der Höhle verbringen wollte, oder damals, als er sich zum Einschlafen Mord und Vergewaltigung ausmalen mußte, hatte er anscheinend noch nicht mit dem Zeichnen begonnen. Der Zeitpunkt liegt wohl bald danach.

Alberto war mit dem Bewußtsein aufgewachsen, daß sein Vater ein Künstler war. Bei den Giacomettis wurde viel über Kunst geredet, und die Unterhaltung der Eltern muß in Alberto das Gefühl für die Wichtigkeit von Kunst vertieft und die Vorstellung genährt haben, wie wünschenswert es sei, ein erfolgreicher Künstler zu werden. Er fing ganz von sich aus mit dem Zeichnen an. Ein wichtiges Motiv für seine Beschäftigung mit der Kunst mag dabei das Bedürfnis gewesen sein, es seinem Vater gleichzutun.

«Es gab für mich kein größeres Vergnügen», schrieb er später, «als nach der Schule in das Atelier zu laufen und mich in meine Ecke beim Fenster zu setzen, um Bücher anzuschauen und zu zeichnen.»

Wenn auch Alberto nicht von seinem Vater zur Kunst gedrängt worden war, so wurde ihm doch Rat und Hilfe zuteil, sobald er einmal damit angefangen hatte. Der Sohn wußte diese Anleitung sehr wohl zu schätzen. Als er später seinen Vater an Erfolg und Berühmtheit weit überflügelt hatte, drückte er immer wieder seine Dankbarkeit aus. Man darf annehmen, daß er diese Gefühle schon früh gezeigt hat. Giovanni seinerseits erkannte sehr bald, daß in seinem Sohn Ungewöhnliches steckte und daß man Bedeutendes von ihm erhoffen durfte.

Als erste Zeichnung, an die sich Alberto erinnern konnte, hatte er eine Illustration zu Schneewittchen gemacht, zu *Bianca Neve*, wie es auf Italienisch heißt. Es war die Todesszene, Schneewittchen im Kristallsarg, umgeben von ihren trauernden sieben Zwergen. Wie wir wissen, war sie nicht wirklich tot, aber um ihre verführerische Ausstrahlung auszuschalten, war sie in einen fast unerreichbaren Bereich außerhalb des Lebens entrückt worden.

Alberto zeichnete zunächst fast ausschließlich Illustrationen zu den Büchern, die er las. Oft waren es Szenen, die etwas mit Kampf, Mord und Folterung zu tun hatten. Er war wie besessen von grausamen und gewalttätigen Gedanken. Es kam auch vor, daß er in typisch kindlicher Grausamkeit kleine Tiere quälte oder Insekten die Beine ausriß. Zweifellos waren bei ihm sadistische Impulse vorhanden, obwohl er die meisten verdrängt oder sublimiert haben muß; und wo es sadistische Impulse gibt, da liegt die Neigung nicht fern, Leiden als ein natürliches und unvermeidliches Gegenstück hinzunehmen oder gar zu suchen.

Neben Illustrationen zu seiner Lektüre zeichnete Alberto zahlreiche Kopien nach Kunstwerken, die ihm beim Durchblättern der Alben und Kunstbände seines Vaters gefallen hatten. Er vertiefte sich in die Kunstgeschichte ebenso wie in seine eigene Vorstellungswelt. Zeichnen ging ihm erstaunlich leicht und gekonnt von der Hand; allerdings lassen die meisten der frühen Zeichnungen, soweit sie erhalten geblieben sind, erkennen, daß er sich mit ihnen keine besondere Mühe gegeben hat. Schließlich aber kam die Zeit, in der er Wert darauf legte, eine Zeichnung so vollkommen und endgültig wie möglich zu machen. Die erste Arbeit, die er mit solchem Eifer und solcher Konzentration ausführte, entstand, als Alberto zwölf Jahre alt war.

Sein Vater hatte kurz zuvor einen Bildband mit Werken Albrecht Dürers gekauft. Eines der darin wiedergegebenen Bilder hatte es Alberto besonders angetan; es handelte sich um den berühmten Kupferstich mit dem Titel *Ritter, Tod und Teufel*. Dieser Stich war in Nürnberg entstanden, genau vierhundert Jahre bevor Alberto sich hinsetzte, um seine sorgfältige und wunderbar gelungene Kopie zu zeichnen.

Mehrere Tage verbrachte Alberto mit dieser Kopie; das Ergebnis war eine Zeichnung von bemerkenswerter Genauigkeit und Feinheit, und der Künstler, dem es nie schwerfiel, Werke von seiner Hand zu zerstören oder wegzuwerfen, hob diese Dürerkopie sein ganzes Leben hindurch sorgfältig auf. Zur Frage seines Vaters, ob er mehr zu Rembrandt oder zu Dürer neige, meinte er nach einiger Bedenkzeit, daß ihm Dürer näherstünde. Eine Zeitlang signierte er sogar Zeichnungen nach Art des verehrten Meisters. Da sein Vorname mit dem des Renaissancemeisters übereinstimmte, konnte er von dessen Signatur das bekannte große A übernehmen und setzte ihm ein kleines G wie beim Vorbild das kleine D zwischen die Beine.

Dürer war einer der ersten Künstler, die die Natur mit kompromißlosem Erkenntnisdrang erforschten und das, was sie sahen, mit unzweideutiger Genauigkeit darzustellen suchten. Dürer besaß eine scharfe Beobachtungsgabe, und seine Wahrnehmung der natürlichen Dinge vollzog sich ohne Sentimentalität. Gleichzeitig gab es bei ihm jedoch auch Visionen beklemmender Phantasie. Er war ein durch und durch neurotischer Mensch, ließ sich von Zeichen und Wundern beeindrucken, fürchtete sich vor Ungeheuern und wurde von Alpträumen und sexuellen Wunschphantasien geplagt. Tief fühlte er sich von der Reformation betroffen, und als Protestant bekannte er sich zu der neuen Lehre. Dürer, der als erster Künstler nicht nur seine Bilder, sondern auch seine Zeichnungen signierte, ging seinem Beruf in einem völlig neuen Geiste nach. Nur wenige Menschen haben seither den Mut und das Können gehabt, es ihm gleichzutun.

Giovanni Giacometti besaß eine beachtliche Bibliothek mit Bildbänden von Künstlern der Vergangenheit. Indem Alberto sie durchstudierte und Abbildungen kopierte, wuchs allmählich seine umfassende Vertrautheit mit der Kunst der Vergangenheit. Für den jungen Giacometti muß sich Sinn und Leistung eines Künstlerdaseins als Teilhabe an einer fortdauernden Tradition dargestellt haben. Lebendes Glied dieser Tradition zu sein, empfand er als Aufgabe und als Privileg.

Keines der Giacometti-Kinder hatte die roten Haare und die blauen Augen des Vaters geerbt. Als sie heranwuchsen, wurden ihre anfänglich hellblonden Haare immer schwärzer, wie sich auch die dunkle Augenfarbe von der Mutter auf sie übertragen hatte. Alberto sah seiner Mutter von allen ihren Kindern am ähnlichsten.

1914, als die Welt auf eine Katastrophe zusteuerte und Umwälzungen vorgingen, die nie mehr rückgängig gemacht werden sollten, wurde Alberto dreizehn Jahre alt. Mit dem Ende der Kindheit bahnte sich bei ihm die Pubertät mit ihren seelischen und körperlichen Veränderungen an, und er spürte wohl, daß nichts mehr so sein würde wie früher.

In diesem Jahr modellierte Alberto seine erste Plastik. In einem Buch aus der Bibliothek seines Vaters hatte er Abbildungen von kleinen Skulpturen gesehen, die auf einem kubischen Sockel standen, und er hatte sofort große Lust verspürt, eine solche Plastik zu schaffen. Vater Giovanni kaufte Plastilin für seinen Sohn, der unverzüglich ans Werk ging. Als Modell nahm er natürlich jemanden, der stets verfügbar war und von dem er auch erwarten durfte, daß er das Modellsitzen mit Geduld ertragen würde: Hierfür kam wie selbstverständlich Diego in Frage. Die Züge des Bruders waren ihm so vertraut und seine Gegenwart so beruhigend, daß Alberto ganz ungehemmt arbeiten konnte.

Die Gestaltung seiner ersten Bildnisbüste erwies sich als eine der beglückendsten Erfahrungen im Leben des jungen Giacometti. Er dachte stets mit Erstaunen und Wehmut daran zurück, wie er damals verwirklichen konnte, was er vorhatte, nämlich einfach das abzubilden, was er sah. Da gab es kein Zögern, noch waren irgendwelche Hemmungen zu überwinden; es schien, als sei die gestaltende Bewegung seiner Fingerspitzen die direkte Übersetzung seines unbestechlichen Blicks, dem die Realität genauso zu gehorchen bereit war wie Diego als Modell. Diese erste Plastik läßt ein instinktives Erfassen künstlerischer Form erkennen; sie zeugt von unvergleichlicher Einfühlungsgabe, von einer durch nichts abgelenkten Klarsicht und auch bereits von bemerkenswerter technischer Virtuosität.

Etwa um die gleiche Zeit fing Alberto an, regelmäßig nach der Natur zu zeichnen. «Ich war überzeugt, die Sache so sicher zu beherrschen, daß ich genau das wiedergeben konnte, was ich wollte ... Ich bewunderte mich selbst, ich glaubte, daß mir alles möglich sei mit diesem wunderbaren Mittel: dem

Zeichnen; daß ich überhaupt alles nachzeichnen könne und daß ich es so gut verstünde wie niemand sonst.»

Alberto zeichnete tatsächlich alles um ihn her: Stampa, die Berge, Häuser, Leute; er zeichnete seine Brüder, seine Mutter, die Möbel in den Zimmern, Töpfe und Pfannen in der Küche. «Ich zeichnete, um aus mir herauszugehen, um zu bewältigen», sagte er. «Mir war, als könnte ich alles, was ich wollte, wiedergeben und mir aneignen. Ich bildete mir etwas darauf ein. Nichts konnte mir widerstehen … Der Bleistift war meine Waffe.»

Die übrigen Mitglieder der Familie Giacometti müssen nicht wenig überrascht gewesen sein über diesen plötzlichen und heftigen Ausbruch frühreifer Entwicklung, besonders der Vater, der am meisten Grund hatte, zu beobachten, was sich da anbahnte. Doch alle scheinen sich über die vielversprechenden Anfänge gefreut zu haben, und Alberto erhielt liebevolle, ja begeisterte Ermunterung. Auf seinem Weg zur Kunst brauchte der junge Giacometti nie darum zu kämpfen, das tun zu dürfen, wonach ihn verlangte.

5

Am 30. August 1915 gab es einige Aufregung an der Evangelischen Lehranstalt von Schiers. Es war Schuljahresbeginn, und ein nicht alltäglicher Besuch war im Hause zu Gast; es handelte sich um den bekannten Maler Giovanni Giacometti, der – inzwischen siebenundvierzigjährig – die verdiente öffentliche Aufmerksamkeit gefunden hatte. Nicht wenige Schüler und Lehrer hatten bereits von ihm gehört und waren nun beeindruckt von seinem würdevollen Auftreten und von seinem roten Bart. Er war mit seinem ältesten Sohn gekommen, der als neuer Schüler eintrat.

Alberto war keineswegs von seinen Eltern gedrängt worden, das Gymnasium zu besuchen. Es ging viel mehr darum, diesen Weg zu erproben und zu sehen, was daraus werden würde. Alberto war damals noch nicht vierzehn Jahre alt und noch unentschieden, was er in seinem Leben einmal anfangen wollte.

Schiers ist ein hübsches Städtchen mitten zwischen Feldern im Flußtal der Landquart. Die bedeutendste öffentliche Einrichtung des Ortes ist die Internatsschule; sie war ursprünglich gegründet worden, um junge Missionare heranzubilden. Im Jahre 1915 waren allerdings nur wenige Schüler mit diesem Berufsziel dort eingeschrieben; die meisten hatten in den städtischen Gymnasien im Unterland «versagt» und sollten nun von der intensiven und religiös ausgerichteten Internatsausbildung profitieren. Denn Religion stand an erster Stelle:

achtmal am Tage wurde gemeinsam gebetet. Direktor dieser Lehranstalt war damals ein Jacob Zimmerli, ein ernster Mann mit schwarzem Bart.

Alberto gefiel das Leben an der neuen Schule, und offenbar wurde er nie von Heimweh befallen. Dies ist bemerkenswert und vielleicht sogar überraschend. Vielleicht verspürte er in Schiers zum erstenmal die beglückende Ahnung möglicher Freiheit, war es doch die erste Begegnung mit der Welt jenseits der Geborgenheit von Stampa. Im übrigen war sein Heimatort nur knapp 75 Kilometer weit weg jenseits der Berge gelegen, wenn auch die Reise damals, per Postauto und Zug über Chur und St. Moritz, keineswegs bequem war.

Giovanni und Annetta reisten oft nach Schiers, um ihren Sohn während der vier Jahre, die er an der Evangelischen Lehranstalt verbrachte, zu besuchen. Regelmäßig gingen Briefe hin und her. Seit damals datierte Albertos Gewohnheit, in langen, lebendigen Briefen von seinen Gefühlen, Erfahrungen und Erlebnissen nach Hause zu berichten. Er tat dies, solange seine Mutter lebte, denn es war ihm offensichtlich wichtig, ihre anteilnehmende Sorge zu spüren und Annetta in die meisten – wenn auch nicht in alle – wichtigen Geschehnisse und Empfindungen einzubeziehen. In Paketen an den Schüler Alberto kamen Bücher von seinem Vater und Eßwaren von seiner Mutter. Manchmal muß sie so viel geschickt haben, daß er sie bat, eine Weile damit aufzuhören; viel eher benötige er neue Schuhe.

Zu Hause war Alberto alles in den Schoß gefallen aufgrund der schlichten Tatsache, daß er geboren war; in Schiers galt es zum erstenmal, selber Terrain zu erobern, und mit überschäumender jugendlicher Kraft stürzte er sich in das Abenteuer. Er verlangte nach Anerkennung, und er wollte zeigen, daß er sie auch verdiente. Er genoß es, seine natürliche Überlegenheit über andere zu erleben. Er wollte bezaubern und seine Ausstrahlung auf die Umgebung erfahren. Das gelang ihm glänzend, denn er war intelligent, feinfühlig und geistig ungebunden. Die besondere Freundlichkeit seines Wesens trug dazu bei, daß er nie überheblich und arrogant wirkte. Noch ein halbes Jahrhundert nach seinem Abgang von der Schule in Schiers erinnerten sich seine damaligen Kameraden mit liebevollem Respekt an den jungen Giacometti, gewiß nicht ganz unbeeinflußt von dem Ruhm, den er unterdessen in seinem Leben erworben hatte.

Unter allen Mitteln, die ihm zu Gebote standen, um die Zuneigung und Bewunderung seiner Schulkameraden und Lehrer für sich zu gewinnen, half ihm am besten wieder der Bleistift, die vertraute Waffe. Niemand blieb unbeeindruckt von der Leichtigkeit, mit der er Menschen und Dinge auf einem Stück Papier zum Leben erwecken konnte, und jeder wurde von der Direktheit und Einfachheit berührt, mit der er sich solchem Tun widmete. Diesem Schüler gehörte offenbar die Welt, da es ihm solch ein Genuß war, sie anzuschauen, und es ihm so viel Befriedigung gab, seine Wahrnehmungen festzuhalten. Doch das glückliche Genießen zählte für ihn mehr als die gezeichneten Ergebnisse. Alberto war damals ebenso großzügig wie auch später im Leben: ohne zu zögern, verschenkte er seine Zeichnungen an alle, die sie mochten oder die er gerne mochte. Anscheinend waren seine Mitschüler hoch erfreut über diese Geschenke. Sie rissen sich darum, für Alberto Modell zu sitzen, und hielten geduldig still in dem kleinen Atelier im Dachgeschoß des Gymnasiums, das Alberto sich für seine künstlerische Tätigkeit hatte einrichten dürfen. Wenn die Bildnisse beendet waren, kamen die Mitschüler und auch Lehrer zu ihm hinauf, um sie zu betrachten und zu bewundern. Daneben zeichnete und malte Alberto auch Landschaften und Stilleben; er führte damals sogar einige Plastiken aus. Alle diese Arbeiten sind geprägt vom ungebrochenen Glück jener Jahre, in denen sich für Alberto Kunst und Leben auf wunderbare Weise ergänzten. Noch war von Ängsten, Fehlschlägen oder auch nur Vorahnungen davon nichts zu spüren.

So sehr es Alberto in dieser Schule gefiel, so sehr freute er sich auch auf seine Ferien zu Hause. 1915 begannen die Weihnachtsferien Mitte Dezember. Zum erstenmal trat der Vierzehnjährige die Fahrt ohne Begleitung an und reiste von Schiers nach Chur. Von dort sollte es mit dem Zug weitergehen bis St. Moritz, wo er in einer Pension übernachten mußte, bevor er am nächsten Morgen mit dem Postschlitten nach Stampa hinunterfahren konnte. In Chur hatte Alberto einen längeren Aufenthalt; daher machte er einen Rundgang durch die Stadt. Er kam zu einem Bücherladen und trat ein. Ein großer Bildband mit den Werken Rodins erweckte seine Aufmerksamkeit.

Auguste Rodin lebte damals noch und wurde allgemein als einer der Titanen der Kunstgeschichte angesehen, als der größte Bildhauer seit Michelangelo. Das Buch war teuer, und Alberto hatte nur soviel Geld bei sich, wie er für die Heimreise benötigte; dennoch gab es für ihn kein Zögern. Er kaufte das Buch und kehrte zum Bahnhof zurück. Glücklicherweise hatte er bereits die Fahrkarte nach St. Moritz. Dort aber konnte er sich die Übernachtung in der Pension nicht mehr leisten. Der letzte Postschlitten war bereits abgegangen. So machte Alberto sich zu Fuß auf den Heimweg, ein Kleiderpaket und das Buch auf dem Rücken.

Um Mitternacht mitten im Dezember auf 1800 Metern Höhe ist es in den Alpen bitterkalt. Die Straße war menschenleer, und bis Maloja waren es sechzehn Kilometer; dort stand das Haus der Mutter, allerdings dunkel und unbenutzt. Alberto schleppte sich weiter über den Paß und dann hinunter in die eisige Finsternis. Mehrmals rutschte er aus und fiel in den Schnee: einmal entglitt ihm das Buch, und er mußte im Dunkeln danach tappen. Gegen fünf Uhr morgens kam er in Stampa an, halb erfroren, das kostbare Buch fest umklammert. Man kann sich vorstellen, wie der Sohn, der zu solch spontanen und eigenwilligen Handlungen fähig war, bei seiner Ankunft umsorgt, aufgewärmt und gestärkt wurde. Nachträglich werden sich die Eltern jedoch Gedanken gemacht haben über die Zukunft eines Kindes, das solche Strapazen auf sich nahm, nur um ein Buch über Bildhauerei zu besitzen, mochte es auch eines über die Werke des damals größten lebenden Künstlers sein.

1916, zweifellos wieder während eines Ferienaufenthalts, modellierte Alberto zum erstenmal eine Büste seiner Mutter. Die Plastik ist auffallend verschieden von dem Porträt, das er zuvor von seinem Bruder gemacht hatte. Früher war die Ähnlichkeit des Modells der künstlerischen Form übergeordnet gewesen; bei dem Bildnis der Mutter ist es ganz anders: nunmehr ist es der Künstler, er allein, der dem Kunstwerk Leben einhaucht. Die Entwicklung wird deutlich im Gebrauch des plastischen Materials, der Oberflächenstruktur, die in ihrer starken, aber einfühlsamen Bearbeitung an gewisse Werke Rodins denken läßt.

Es ist nicht ohne Bedeutung, daß die Skulptur, in der Giacometti zum erstenmal die künstlerischen Mittel mit voller Beherrschung einsetzt, ein Porträt seiner Mutter war. Doch in dem Maße, wie der Künstler uns dabei nähergekommen ist, wird das Modell von uns weggerückt, so als hätte Alberto sich ihr nicht weiter nähern wollen oder können, als er es auch uns erlaubt. Nicht nur hat er entschieden, wie wir diese Persönlichkeit wahrnehmen sollen, er hat auch das räumliche Verhältnis bestimmt, in das wir zu ihr zu treten haben. Die frühe Büste von Diego vergegenwärtigt das Kindliche bereits in der Gestalt der Plastik; aber Annetta Giacometti bleibt als Person selbst unter der Oberfläche ihres Abbilds verborgen und unerreichbar, und der mysteriöse Ausdruck, den Alberto ihren Augen gegeben hat, scheint anzudeuten, daß es möglicherweise keinen Weg gibt, diese Grenze je zu überschreiten.

Als Knabe und als junger Mann empfand Giacometti offenbar kein Bedürfnis, den Vater zu porträtieren, obwohl er doch von allen anderen Familienmitgliedern und auch von Freunden und Bekannten Bildnisse gemacht hat. Das erste Porträt des Vaters stammt aus dem Jahre 1927, nachdem Alberto bereits fünf Jahre in Paris verbracht hatte und die ersten künstlerischen Erfolge sich abzuzeichnen begannen.

Wenn zwar der angehende Künstler auch keine Lust hatte, seine Fähigkeiten an einem Porträt des Vaters zu üben, so scheute er sich doch nicht, recht freizügig mit einer Porträtbüste umzugehen, die ein anderer vom Vater geschaffen hatte. In einem der Wohnräume in Stampa stand eine kleine Gipsbüste von Giovanni. Sie stammte von einem Schweizer Kollegen namens Rodo (nicht Rodin!). Der Freund des Vaters war bereits 1913 in München verstorben, und die Büste war daher etwas wie ein Memento mori und zugleich ein Stück, das an vergangene Kameradschaft und frühe Hoffnungen in einer gemeinsamen Studienzeit erinnerte. Dieses Kunstwerk mißfiel dem Sohn des

Porträtierten, weil es auf unangenehme Weise von der Vorstellung abwich, die Alberto von seinem Vater hatte. So entschloß er sich, der Büste ein passenderes Image zu geben. Eines Tages, während einer kurzen Abwesenheit seines Vaters, nahm er Palette und Pinsel zur Hand und übermalte die ganze weiße Gipsfigur. «Ich war mit dem Ergebnis zufrieden», versicherte er später, «ich sah, daß die Büste erst jetzt richtig fertig und zu einem Porträt des Vaters geworden war – und ich war überzeugt, daß ich den wichtigsten Teil der Arbeit geleistet hatte. Mein Vater war ein wenig erstaunt. Vielleicht hat er gedacht, ich hätte nicht genügend Respekt vor Rodos Arbeit gezeigt; aber er machte mir keine Vorwürfe.» Dies war nun wirklich wieder ein Beweis für Giovannis ungewöhnlich tolerante und gütige Natur. Ungewöhnliche Toleranz kann allerdings gelegentlich der Weg des geringsten Widerstands sein, um sich nicht der Herausforderung durch besonders Unerträgliches stellen zu müssen.

6

Alberto war ein hervorragender Schüler; besonders gut war er in Sprachen, Geschichte und Literatur. Auch jetzt las er viel zu seinem Vergnügen. Wiederholt bat er um Bücher, die ihm von zu Hause geschickt werden sollten. Novalis, Heine, Hoffmann und Hölderlin auf Deutsch, Shakespeares Dramen auf Englisch – keineswegs ein Lesestoff, den man bei einem Fünfzehnjährigen vermuten würde. Stundenlange geistige Anstrengung machte Alberto nichts aus; er entdeckte in sich die Fähigkeit, immer noch weiterzumachen, wenn er schon völlig erschöpft schien. Diese Steigerung seiner Leistungsfähigkeit war etwas, was ihm offensichtlich Lust bereitete. Das Wort Arbeit erscheint häufig in seinen Notizen aus der Zeit in Schiers, obwohl sein Arbeitsbedürfnis fast zwanghaft und ihm ständig bewußt war, so daß es kaum einer Selbstermahnung bedurft hätte.

Etwas wie ein regelmäßiges Tagebuch zu führen, wäre jemandem mit Giacomettis Temperament als eine viel zu selbstgefällige und ichbezogene Tätigkeit vorgekommen. Aber seine Hochachtung vor dem geschriebenen Wort und sein Geschmack am wohlformulierten Ausdruck erweckten dennoch in ihm den Wunsch, Empfindungen, Einfälle und Erfahrungen schriftlich festzuhalten. Damals in Schiers begann seine lebenslange Gewohnheit, Bemerkungen über Ereignisse und Gedanken zu notieren, die ihn beschäftigten. Da diese Notizen nur für ihn selbst bestimmt waren, wurden sie rasch hingeworfen auf irgendwelches Papier, das gerade zur Hand war, und blieben meist knapp, durchsetzt mit Abkürzungen. Alle zusammen wären sicher ein einmaliges Zeugnis für die Vielseitigkeit, Tiefe und Leidenschaft, den Humor und die Vornehmheit eines großen Geistes. Giacometti hätte solch eine Darstellung seiner selbst als bombastisch abgelehnt; leichthin warf er seine Notizzettel fort, sobald er sich mit einem neuen Thema beschäftigte. Nur durch Zufall sind uns einige dieser Blätter erhalten geblieben.

Der Erste Weltkrieg scheint den Schüler Alberto nur von fern berührt zu haben: zwar verspürte er Mitleid mit den Opfern, aber er war noch zu jung und zu sehr von der Schule in Anspruch genommen, als daß er sich ernstlich mit dem Geschehen hätte auseinandersetzen können, das die Welt jenseits der Grenzen erschütterte. Einmal wurde die Ruhe gestört, in der das Leben in Schiers dahinfloß. Die Störung konnte damals nicht besonders wichtig erscheinen, sollte jedoch dauerhafte Folgen nach sich ziehen.

Alberto erkrankte im Winter 1917/18 an Mumps. Er hatte die Pubertät schon hinter sich, und da man sich nicht ernstlich um diese Krankheit kümmerte, erlitt er einen akuten Anfall von Orchitis, einer sehr schmerzhaften Entzündung und Schwellung der Hoden. Dies muß dem Jungen sowohl physisch wie psychisch als eine Bedrohung seiner Männlichkeit erschienen sein, denn es können ernste Dauerschäden durch die Entzündung hervorgerufen werden. Nicht selten wird der Patient unfruchtbar. Alberto widerfuhr dieses Schicksal.

Es wäre erstaunlich, wenn diese Voraussetzungen nicht sein Selbstwertgefühl als Mann beeinträchtigt hätten. Ein Gefühl von sexuellem Ungenügen und das Bewußtsein der Unfruchtbarkeit können sich auf die männliche Potenz verheerend auswirken.

Indessen waren die Zeichnungen und Gemälde des angehenden Künstlers nach seiner Erholung von der Krankheit keineswegs weniger lebendig, durchgeistigt und selbstsicher als zuvor. Seine Mitschüler und Lehrer staunten weiterhin über seine geheimnisvolle Begabung, mit seinen Augen und Händen zu so sinnenfrohen Werken zu gelangen, daß diese in den Betrachtern – zu deren eigenem und befriedigendem Erstaunen – die Gabe weckten, sich an solchen Dingen recht sinnlich zu erfreuen.

Mit den Jahren war Alberto weniger scheu geworden. In seinen Briefen an die Mutter berichtete er, wie er auf den Fahrten zwischen Stampa und Schiers mit Unbekannten ins Gespräch gekommen war und wie ihm die langen Unterhaltungen mit ihnen Freude gemacht hatten. Mit wacher Intelligenz und guter Beobachtungsgabe ausgestattet, war es ihm bereits als Knabe bewußt, wie stark die Mitmenschen auf sein Wesen reagierten. Sein Leben lang waren sie beeindruckt von Albertos ungewöhnlicher Fähigkeit, anderen durch seinen Umgang und sein Gespräch das Gefühl zu vermitteln, daß ihm wirklich an ihnen gelegen war. Manchmal sagte Giacometti, ihm bedeute ein richtiges Gespräch mehr als sein ganzes Lebenswerk.

Alberto fühlte sich in Schiers sehr wohl, und er wünschte sich, daß Diego ebenso wie er die Möglichkeit erhalten sollte, diese Schule zu besuchen. Er drängte seinen Bruder, es einmal zu versuchen, und er wußte ihn damit zu locken, daß es ihm sicher gefallen würde. So kam es, daß Diego im Frühsommer 1917 in Schiers eintraf; aber die Schule gefiel ihm überhaupt nicht. Lernen war für ihn keine Freude, sondern Plackerei. Zudem war es für Diego als Schüler ein Unglück, der zweite Giacometti zu sein, da er als Albertos Bruder und Sohn eines berühmten Vaters mit zuviel Nachsicht behandelt wurde. Er durfte machen, was er wollte; so tat er überhaupt nichts. Natürlich fühlte er sich unglücklich dabei. Alberto war betroffen und schämte sich wohl auch ein wenig für seinen Bruder, ohne etwas an der Sache ändern zu können. Seine Freunde kümmerten sich wenig um Diego, der seinerseits wohl auch nicht viel mit ihnen zu tun haben wollte. Auf seine Weise unternehmungslustig, suchte er sich andere Kumpane, zumal er nicht zu Selbstmitleid neigte und gerne die Dinge auf die leichte Schulter nahm. So ergab es sich, daß die beiden Brüder zwar täglich einander in der Schule begegneten, aber im übrigen getrennte Wege gingen.

Als Jüngling war Alberto nicht hübsch. Er war kleiner als die meisten Gleichaltrigen; denn außer daß er ohnehin nicht besonders groß wurde, dauerte es bei ihm recht lange, ehe er ausgewachsen war. So wirkten damals sein Kopf und seine Hände im Vergleich zum übrigen Körper zu groß. Der träumerisch gedankenverlorene Ernst in seinem Ausdruck stand in merkwürdigem Gegensatz zu seinen sonst noch jungenhaften Zügen. War er auch selbst nicht hübsch, so fühlte er sich doch stark von hübschen Kameraden angezogen.

Am 27. April 1917 kam ein ungemein schöner Vierzehnjähriger als Schüler nach Schiers. Er hieß Simon Bérard, war groß und schlank, hatte kastanienfarbiges lockiges Haar, eine gesunde Hautfarbe und ein bezauberndes, zurückhaltendes Lächeln. Simon verfehlte seine Wirkung auf Alberto nicht, der tief beeindruckt war und sich in den neuen Mitschüler verliebte. Vom Herbst 1918 an, als endlich wieder Friede in Europa herrschte, wurden die beiden Jungen unzertrennlich. Die Initiative ging von Alberto aus; aber Simon war überglücklich, einen Mitschüler als Freund für sich gewonnen zu haben, dessen Begabung und Überlegenheit in der ganzen Schule anerkannt wurde. Zusammen machten sie Wanderungen, führten stundenlange Gespräche und teilten ihr Leben so, wie es unter Internatsschülern möglich ist. Verbunden fühlten sich die beiden auch in der bedingungslosen Verehrung, die jeder für seine Mutter hegte.

Von allen Bildnissen, die Giacometti in seinem Leben schuf, ist keines so von Zartheit geprägt wie das von Simon Bérard. Es gelang Alberto damals mit Leichtigkeit, seine Werke mit der vollen Kraft seines Geistes und seines Gefühls aufzuladen. Es gab für ihn keine ästhetischen Bedenken, keine persönlichen Hemmungen, die sich in den Ausdruck der Gefühle der beiden Freunde füreinander hätten einmischen können. Das einzige Werk aus seiner Zeit in Schiers, das sich noch siebenundvierzig Jahre später in Giacomettis Besitz befand, war seine Porträtbüste von Simon.

Natürlich fiel die Freundschaft zwischen den beiden auf, es wurde über sie geredet. Manchmal bat Alberto seinen Freund, nackt für ihn Modell zu stehen. Dies mag für den Künstler wünschenswert gewesen sein und auch für das Modell. Die Mitschüler schlichen sich an die Tür und hofften, mit einem Blick durchs Schlüsselloch etwas davon zu erhaschen, was in der Kammer vorgehen mochte.

Ob etwas vorgegangen ist, werden wir nie wissen; es ist auch nicht wichtig. Wichtig aber ist wohl, daß Alberto über den offensichtlich homosexuellen Aspekt seiner Empfindungen für Simon beunruhigt war.

Das Leben in Schiers, bis dahin durchaus glücklich, schien immer unerträglicher zu werden. Da es für sein Dilemma keine akzeptable Lösung gab, beschloß Alberto, davor zu flüchten. Es war nicht das erste Mal, daß er vor etwas floh, das ihn bedrohte; und es sollte auch nicht das letzte Mal bleiben. Zuflucht fand er stets am selben Ort. Die Ausrede, die sich Alberto ausdachte, erscheint rührend naiv. Er ging zu Dr. Zimmerli und erklärte, er müsse eine Entscheidung treffen, ob er eine künstlerische Laufbahn einschlagen solle; zu diesem Zweck bäte er, von der Schule beurlaubt zu werden, damit er sich gänzlich der Malerei und der Bildhauerei widmen könne. Der Direktor hatte für solche Pläne wenig Verständnis und meinte, es könne nicht jeder ein Michelangelo werden. Er riet Alberto, erst einmal die Schule zu beenden und die Reifeprüfung zu machen; später könne er immer noch Bilder malen und sein Haus schmücken.

Die Ausrede, auf die Alberto verfallen war, sollte eine viel einschneidendere Bedeutung gewinnen, als er vorausgesehen hatte: Die herablassende Förmlichkeit des Direktors machte ihn trotzig, so daß er erst recht auf seiner Beurlaubung bestand. Alberto konnte sehr überzeugend wirken; mit Charme und Klugheit setzte er seine Absichten durch. So wurde ihm schließlich ein Urlaub von einem Vierteljahr gewährt, nach welchem er, falls er dies wollte, in dieselbe Klasse zurückkehren durfte. Nachdem er das Einverständnis des Direktors erwirkt hatte, fiel es ihm nicht mehr schwer, auch die Eltern für seinen Plan zu gewinnen.

Am 7. April 1919 trat Alberto zum letztenmal die Heimreise an; mit ihm verließ Diego die Schule. Er muß sich gewundert haben, daß man ihn nicht schon früher weggeschickt hatte; jedenfalls wird er von Dr. Zimmerli nicht zum Bleiben aufgefordert worden sein. Diegos Schulzeit war hiermit beendet. Er fühlte sich von einer Last befreit und ahnte nicht, wieviel er noch ein langes Leben hindurch zu lernen haben sollte.

7

Als es Frühling in Stampa wurde und die Wiesenhänge mit Blumen übersät waren, verliebte sich Alberto prompt in ein zwölfjähriges Mädchen. Es kümmerte ihn wenig, daß darüber getuschelt wurde; es würde ja sowieso nichts daraus werden. Die Gefahr der Homosexualität schien also doch nicht so groß. Alberto fühlte sich glücklich, er war frei und durfte zeichnen, malen und modellieren. Die Welt mit allem, was er darin sah, bot sich ihm noch immer in wunderschöner Einfachheit dar.

Alberto arbeitete im Atelier seines Vaters, und Giovanni war froh über die Gelegenheit, beobachten zu können, wie sich die Talente seines Sohnes entfalteten. Die Erfahrung muß den Vater zugleich auch ernüchtert haben. Albertos Fähigkeiten äußerten sich bereits mit solcher Bestimmtheit, daß Anleitungen und Ratschläge nicht mehr angebracht waren.

Eines Tages fing er im Atelier an, ein Stilleben mit Birnen auf einem Tisch zu zeichnen. Zunächst gab er den Birnen die Größe, welche Birnen in natura haben, als ob eine glaubhafte Erscheinung von der Wiedergabe ihrer tatsächlichen Größe abgeleitet werden könnte. Beim Weiterarbeiten radierte er seine Linien immer wieder aus, bis die Birnen ganz winzig waren. Giovanni beobachtete den Vorgang und muß angenommen haben, daß Alberto die Früchte aus einer Laune heraus so winzig darstellte. Er sagte also: «Mach sie doch einmal so, wie sie sind, wie du sie siehst!» Alberto ging erneut ans Werk und war nach einer halben Stunde wieder bei den winzigen Birnen angekommen. Ihm ging es mehr darum, das Gesehene zu erfassen, als um den Versuch, Birnen abzubilden; so entsprachen für ihn die Ränder seines Zeichenblatts den Begrenzungen seines Sehfeldes, innerhalb deren die Birnen naturgemäß ganz klein erscheinen mußten. Der Drang zur phänomenologischen Beobachtung kam unausweichlich in Konflikt mit Vater Giovannis Vertrauen auf die ästhetische Konvention, nach der die uns geläufige Vorstellung von der Wirklichkeit mit ihrer Wahrnehmung identisch sei.

Der väterliche Einfluß auf das Jugendwerk Albertos blieb oberflächlich. Alberto suchte immer, ohne zu imitieren eine eigenständige Gleichwertigkeit zu erreichen. Bereits mit achtzehn Jahren war er künstlerisch reifer als sein damals einundfünfzigjähriger Vater. Der Ältere konnte den Jungen nichts mehr lehren; eher war es umgekehrt. Nach 1919 wandelte sich Giovannis Malstil erheblich, er wurde weniger kraftvoll und bestimmt. Sollte dies eine Folge von Albertos Entwicklung gewesen sein, so hat es doch keine offene Rivalität zwischen Vater und Sohn gegeben; ihr Umgang miteinander blieb warmherzig, großzügig und liebevoll.

Was auch immer der Vater bei der Entwicklung seines Sohnes zum Künstler empfunden haben mag, so gab es bei Albertos Mutter gewiß keinerlei Bedenken. Sie kann nur glücklich gewesen sein über die erstaunlichen Leistungen ihres Sohnes, denn seine Erfolge konnte sie viel natürlicher und vollständiger als die ihres Mannes genießen: Alberto, ihr Erstgeborener, war Fleisch von ihrem Fleisch, während Giovanni sein Leben und Überleben einer anderen Frau verdankte.

Diego gab seinen Eltern erheblich weniger Anlaß zur Freude. Ihn drängte es nicht nach Erfolg. Die einfache Welt mit ihren einfachen, sinnlichen Freuden bot ihm Befriedigung genug. Wohl hatte er es ein wenig mit Malen und Zeichnen versucht, da er Vater und Bruder ständig im Umgang mit Kunst erlebte; doch er verspürte keinen Drang, selbst Künstler zu werden.

Irgend etwas aber mußte er schließlich anfangen; so ließ er sich im Büro einer Transportfirma in Chiasso anstellen. Die Arbeit in der Grenzstadt war eintönig und sagte ihm nicht zu. Er war zwar kein Künstler, aber er fand auch keinen Geschmack am normalen Arbeitsalltag. Anderthalb Jahre verbrachte er in Chiasso, doch nur die ersten Monate blieb er bei der Transportfirma. Er liebte Gesellschaft, trank und redete gerne, wenn sich in den Cafés der Stadt Gelegenheit dazu bot, oder er fuhr mit der Trambahn nach dem italienischen Como hinüber ins Bordell. Besondere Freundschaft schloß er mit einem Sizilianer, der ein ziemlicher Draufgänger mit kriminellen Neigungen gewesen sein muß. Zusammen verdienten sich die beiden ihren Lebensunterhalt eine Zeitlang dadurch, daß sie über Land zogen und mit Säure die Kupfergeräte der Bauern aufpolierten. Oder sie traten als Vertreter einer Staubsaugerfirma auf. Später fand Diego Arbeit als Gehilfe bei einem Steinmetz, der Grabsteine für den örtlichen Friedhof anfertigte. Einiges Geld haben Diego und sein sizilianischer Kumpan auch mit Schmuggeln verdient.

Das Vierteljahr Urlaub, um das Alberto in Schiers gebeten hatte, verging nur allzu rasch. Als sich die Frist ihrem Ende näherte, verspürte er keine Lust, zur Schule zurückzukehren. «Willst du Maler werden?» fragte ihn sein Vater.

«Entweder Maler oder Bildhauer», antwortete Alberto. Giovanni hatte nichts dagegen. Sein Einverständnis erscheint selbstverständlich, wenn man bedenkt, daß er eine ähnliche Ermutigung von seiten seines Vaters erfahren hatte. Auch Annetta stimmte zu, doch mögen ihre Motive und Gefühle komplexer gewesen sein; jedenfalls gab auch sie ihr Einverständnis aufrichtig und von ganzem Herzen. «Sie hatte schließlich auch einen Maler geheiratet», meinte Giacometti später im Rückblick auf diese Epoche.

Annetta kam es sehr darauf an, daß Alberto nicht im Schatten des Erfolges und des Ruhmes seines Vaters stehen sollte. Sie tat alles, was in ihrer Macht stand, um ihm jedwede Gelegenheit zu bieten, seine Fähigkeiten zu beweisen und auszuüben. Das sollte ihr ganzes Leben lang so bleiben. Manchmal konnte diese Einstellung auch zu einer Belastung werden, denn Annetta hatte einen autoritären Charakter. Stampa bedeutete für Alberto immer die lebenspendende, aber auch die lebenfordernde Gegenwart seiner Mutter. Daher fiel es ihm nicht zu schwer, den Weg in die Welt hinaus anzutreten.

Giovanni riet seinem Sohn, nach Genf zu gehen und sich dort an der Ecole des Beaux Arts einzuschreiben. Alberto folgte dem Rat, und im Herbst 1919 begann er seine Studien in der Stadt Calvins und Jean Jacques Rousseaus; aber gefallen wollte es ihm dort überhaupt nicht.

Er bezog ein Zimmer in der Wohnung einer mit den Giacomettis befreundeten Familie. Einige der Professoren an der Kunstakademie waren Freunde seines Vaters. Von Anfang an war Alberto unbefriedigt. Was gelehrt wurde, kam ihm konventionell und trivial vor. Nachdem er aus eigener Kraft bereits so weit fortgeschritten war, mochte er keine Zeit mehr damit verlieren, die Anleitungen mittelmäßiger Lehrer zu befolgen. Er teilte daher seinem Vater mit, daß er an dieser Akademie nicht länger bleiben wolle. Gewiß hat sich Giovanni darüber geärgert, doch er versuchte nicht, seinen aufmüpfigen Sohn vom selbstgewählten Weg abzuhalten.

Alberto wechselte zur Ecole des Arts et Métiers über, wo der Unterricht und die Arbeit mehr von praktischen statt von ästhetischen Maßstäben geprägt waren. Später pflegte Giacometti immer wieder zu erzählen, daß er an der Ecole des Beaux Arts nur drei Tage geblieben sei. Das ist allerdings nicht wahr. Solange er in Genf blieb, besuchte er auch Kurse für Zeichnen und Malen an der Akademie.

Giacometti war ein gewissenhaft ehrlicher Mensch und legte grundsätzlich Wert auf Wahrheit. Dennoch überlieferte er einige auffällige Ungenauigkeiten über seinen Lebensgang und seine Person. Es läßt sich nicht recht ausmachen, was in diesem ersten Fall seine Beweggründe gewesen sein mögen. Da er viel zu intelligent war, um sich selbst und anderen etwas vorzumachen, ging es ihm sicher nicht bloß darum, als Bohemien zu erscheinen. Man kann nur annehmen, daß seine hartnäckige Behauptung, er habe die Akademie bereits nach drei Tagen verlassen, aus einem drängenden Bedürfnis erfolgte. Sein Aufenthalt in Genf war für ihn ein erster Schritt zur Unabhängigkeit, und er mußte sein Aufbegehren demonstrativ zur Schau stellen. Damit könnte es zusammenhängen, daß sein Gedächtnis mit den Tatsachen so großzügig umging.

Alberto fühlte sich in Genf einsam. «Ich kam mir in der Stadt fremd vor», sagte er. Sein Leben verlief in geregelten Bahnen ohne nennenswerte Ereignisse. Er ging früh zu Bett, stand früh auf und widmete sich beharrlich seiner Arbeit, entschlossen, seinen eigenen Weg zu gehen, notfalls auch ganz allein. Er machte keinerlei Zugeständnisse an den Geschmack und die Vorlieben seiner Mitstudenten oder Professoren.

Eines Tages, als die wohlgerundete Loulou im Zeichensaal nackt Modell stand, zog sich Alberto die Kritik seines Lehrers zu; denn während die Regel verlangte, daß man das Modell als Ganzes abbildete, versteifte sich Alberto darauf, nur das zu zeichnen, was ihn interessierte. Zum Verdruß seines Professors zeichnete er immer wieder riesige Studien von den Füßen des Modells.

In der Kunstgewerbeschule gab es eine Bildhauerklasse, die von Professor Bouvier geleitet wurde. Eines Nachmittags geschah dort etwas, was auf einen Mitstudenten von Alberto einen solchen Eindruck machte, daß er es auch noch nach fünfzig Jahren nicht vergessen hatte. Während der Arbeit ließ Alberto aus Versehen den schweren Eisenhammer fallen, den er soeben benutzt hatte. Aus etwa anderthalb Metern Höhe traf der Hammer Albertos Fuß, und es wäre nur natürlich gewesen, wenn der zweifellos heftige Schmerz bei ihm irgendeine körperliche Reaktion hervorgerufen hätte, etwa einen Schrei oder ein Herumhüpfen. Alberto jedoch blieb völlig bewegungslos und gab keinen Laut von sich. Der Schmerz zuckte bloß kurz über sein Gesicht; dann bückte er sich, hob den Hammer auf und arbeitete weiter, als ob nichts gewesen wäre.

Mit den Studentinnen in seiner Klasse ging Alberto kameradschaftlich um, doch hatte er keine Vertraute oder Freundin unter ihnen. Anscheinend hat er sich während dieser Zeit auch nicht verliebt. Vielmehr konzentrierte er sich mit solchem Eifer und solcher Ausschließlichkeit auf seine Arbeit, daß an seinem künstlerischen Drang kein Zweifel mehr bestehen konnte. Geldsorgen hatte er damals nicht; mit achtzehn Jahren war er zufrieden, daß seine Eltern noch für ihn sorgten; die materielle Abhängigkeit von seiner Familie, die die physische Geborgenheit der Kindheit verlängerte, sollte noch etliche Jahre andauern.

Schon nach einem halben Jahr sehnte sich Alberto zurück nach Stampa, und er reiste sogar früher von Genf ab, als es zunächst geplant war. Auf den jungen Mann warteten andere Begegnungen, Reisen und Erfahrungen.

8

In den ersten Jahrzehnten dieses Jahrhunderts zog Italien noch immer die Künstler an wie einst, als Dürer seine Reise in den Süden antrat. Vierhundert Jahre hindurch hatten die italienischen Städte all jene angelockt, die ihren künstlerischen Ehrgeiz erfüllt sehen wollten im Lichte einer Tradition, die über Giotto zurückreichte bis nach Byzanz, bis in die römische und griechische Antike, ja bis in die Welt des alten Ägypten. Auch Alberto empfand diese Anziehungskraft. Wie sehr muß er sich daher auf die erste längere Reise in dieses herrliche Land gefreut haben! Dort sprach man seine Muttersprache. Dort lagen die tiefsten Wurzeln seiner Herkunft.

Gelegenheit für diese Reise bot sich Ende April 1920. Giovanni Giacometti wurde als Mitglied der Eidgenössischen Kunstkommission nach Venedig entsandt, um den Schweizer Pavillon auf der Biennale zu inspizieren. Diese alle zwei Jahre stattfindende internationale Ausstellung galt damals als das weltweit bedeutendste künstlerische Ereignis. Giovanni beschloß, seinen Sohn nach Venedig mitzunehmen.

Alberto war tief beeindruckt von der Stadt, ihrem Licht, ihrer Architektur, ihren Kunstwerken, ganz besonders von der Malerei Tintorettos. «Während jenes Aufenthaltes in Venedig», schrieb er später, «begeisterte mich nur Tintoretto. Den ganzen Monat brachte ich damit zu, durch die Stadt zu eilen; der Gedanke ließ mir keine Ruhe, daß ich auch nur ein einziges seiner Bilder, das in einem Kirchenwinkel oder sonstwo versteckt war, übersehen könnte. Tintoretto war für mich eine wundervolle Entdeckung; durch ihn ging mir ein Vorhang vor einer neuen Welt auf, und diese Welt war wie der Widerschein der Wirklichkeit, die mich umgab. Ich liebte ihn mit ausschließlicher und parteiischer Liebe und empfand für die anderen venezianischen Maler, für Veronese und Tizian, nur Feindschaft und Antipathie (nicht für Bellini, den bewunderte ich, aber wie aus der Entfernung, er war mir in jenem Moment nicht notwendig). Tintoretto hatte recht, und die anderen waren im Unrecht.»

Als «falsch» mußten ihm auch die Werke erscheinen, die auf der Biennale gezeigt wurden. Immerhin waren im französischen Pavillon einige Bilder des vierzehn Jahre zuvor verstorbenen Cézanne ausgestellt, auch er ein Verehrer Tintorettos. Dies waren die ersten Bilder Cézannes, die der junge Giacometti je gesehen hatte, aber Albertos ausschließliche Bewunderung für Tintoretto verhinderte, daß er schon damals die Bedeutung eines Künstlers hätte begreifen können, dessen Unbeirrbarkeit wesentlichen Einfluß auf seine eigene Entwicklung nehmen sollte.

Doch Albertos abgöttische Bindung an Tintoretto als Vorbild war nur von kurzer Dauer: «Am letzten Tag ging ich nach San Giorgio Maggiore und in die Scuola di San Rocco, um Abschied zu nehmen, Abschied von einem meiner besten Freunde. Noch am selben Nachmittag, kaum in die Arenakapelle in Padua eingetreten, erhielt ich einen heftigen Faustschlag mitten auf die Brust vor den Fresken Giottos. Ich war plötzlich richtungslos und verloren, ich empfand großen Schmerz und tiefen Kummer. Der Faustschlag traf auch Tintoretto. Giottos Kraft drängte sich mir unentrinnbar auf, ich war erschlagen von seinen ewig feststehenden Gestalten, von ihrer Basalt-Dichte, von ihren exakten und wahren Gesten, die bedeutungsschwer und oft doch auch von unendlicher Zartheit waren; etwa von der Hand Mariens, die die

Wange des toten Christus berührt. Mir schien, niemals könne eine Hand bei ähnlichem Anlaß je eine andere Bewegung machen. Der Gedanke, Tintoretto nun fallenzulassen, empörte mich ... Ich empfand, daß ich damit etwas Unwiederbringliches verlieren würde, einen Schimmer, einen Atemzug, die beide unendlich viel kostbarer waren als alle Vorzüge Giottos, obwohl dieser, davon war ich überzeugt, der Stärkere war.

Noch am selben Abend wurden diese einander widersprechenden Empfindungen nichtig angesichts zweier oder dreier junger Mädchen, die vor mir hergingen. Sie erschienen mir riesengroß, maßlos über jeden Begriff, und ihr ganzes Sein und ihre Bewegungen waren von einer fürchterlich heftigen Direktheit. Wie ein Irrer starrte ich sie an, ein Erschrecken durchjagte mich. Es war wie ein Riß in der Welt. Alles erhielt einen anderen Sinn, das Verhältnis der Dinge zueinander war verändert. Die Werke Tintorettos und Giottos waren gleichzeitig gering geworden, unbedeutend, weichlich und ohne Halt, wie ein einfältiges, schüchternes, ungeschicktes Stammeln. Gerade das aber, was mir an Tintoretto so wichtig gewesen war, schien doch ein blasses Abbild von dieser Erscheinung zu geben, und ich verstand, weshalb ich ihn auf keinen Fall verlieren wollte ...»

Was war geschehen? Wieso konnte der Anblick von ein paar jungen Mädchen alle Gefühle, die ihn zuvor beherrscht hatten, derart verwirren? Es war doch ein ganz alltäglicher Anblick. Warum kamen ihm die Mädchen so maßlos groß vor? Warum erschienen ihre Bewegungen und ihr ganzes Wesen so furchterweckend, mit Gewalt geladen? Was rief in Alberto solchen Schrecken hervor und bewirkte in ihm diesen halluzinatorischen Zustand? Was erweckte den Eindruck, als ob ein Loch in die Realität gerissen würde? Worin bestand schließlich das blasse Abbild vom Anblick der Mädchen, jener «Schimmer» in Tintorettos Malerei, den sich Alberto nicht nehmen lassen wollte? Begriff er tatsächlich, warum ihm dieser Schimmer so kostbar war? Wenn ja, so begriff er auch die Bestimmung seines Lebens; und das wäre ein wahrlich erschütterndes Erlebnis für einen Achtzehnjährigen gewesen.

Länger als zehn Jahre hindurch hatte sich der junge Alberto daran gewöhnt, mit der für ihn zuverlässigsten Waffe, dem Bleistift, und mit anderen künstlerischen Mitteln sein Verhältnis zur Wirklichkeit zu bestimmen und weiterzuentwickeln. Bei ihm war die Überzeugung gewachsen, daß er die Dinge in der Hand hatte, daß er über sie verfügen konnte. Diese Erfahrung hatte er verinnerlicht, und sein Abstraktionsvermögen hatte sich dabei ständig entfaltet. Es war für ihn zur Selbstverständlichkeit geworden, zwischen sich und den wahrgenommenen Dingen eine seelische wie auch eine räumlich faßbare Distanz zu schaffen. Dies mußte zu einer Überbetonung symbolhafter Darstellung führen und eine Wahrnehmung der Realität fördern, die nicht mehr allein von der erfahrbaren Wirklichkeit ausging.

Während der Wochen vor dem Erlebnis mit den Mädchen war Alberto auf seine bis dahin aufregendste ästhetische Erfahrung gestoßen, auf die Bilder Tintorettos mit ihren leidenschaftlichen Gebärden, ihren geisterhaften Perspektiven, ihren übernatürlich wirkenden Räumen. Kein anderer Künstler hatte mit vergleichbarer Überzeugungskraft ein in sich so stimmiges und abgeschlossenes Universum geschaffen, und die bedeutendsten Meisterwerke dieses Universums befanden sich alle in Venedig. Dann, am selben Tag, an dem Alberto von der Stadt Abschied nahm, in der ihm der Geist Tintorettos so kostbar geworden war, begegnete er dem Genius Giottos. Er mußte erschüttert erkennen, daß die Macht des Florentiners größer war als die seines venezianischen Idols; doch der kompromißlos künstlerische Geist Tintorettos behielt für Alberto eine Lebenskraft, die auch Giotto in ihm nicht verdrängen konnte.

Inmitten dieser ästhetischen Krise brach die äußere Realität in Albertos Bewußtsein ein, durch den Anblick von zwei oder drei Mädchen, die vor ihm hergingen. Es war nichts Idealisiertes in ihrer Erscheinung oder überhaupt in ihrem Wesen. Sie waren durchaus greifbar, wären möglicherweise sogar berührbar gewesen, wenn auch Albertos Kontakt nur in der sichtbaren Wahrnehmung bestand. Die bedrängende Deutlichkeit seiner Sinneswahrnehmung zwang ihn, eine Welt außerhalb seines Bewußtseins zur Kenntnis zu nehmen, eine grenzenlose, unermeßliche Welt, die sich nicht auf seine Seherfahrungen beschränken ließ, eine Welt, über die Kunst und Künstler keine Macht hatten. So ist es verständlich, daß dem jungen Mann die Vermittlerinnen dieser Einsicht mit schrecklicher Gewalt geladen vorkamen, daß ihm der Moment dieser Erfahrung wie eine furchtbare Halluzination erschien und daß die Bedeutungen der Dinge und ihre Beziehungen zueinander für immer verwandelt wurden.

Es war auch kein Zufall, daß es gerade junge Frauen waren, deren Anblick ein Loch in die ihm vertraute Wirklichkeit riß, genausowenig wie die Tatsache, daß Alberto sie trotz einiger Entfernung anscheinend sehr genau wahrgenommen hatte. Die Krise des jungen Mannes muß sich nicht nur auf psychologischer und phänomenologischer, sondern auch auf physiologischer Ebene abgespielt haben. Hatte sich seine sexuelle Erfahrung bis dahin vor allem in seiner Vorstellung abgespielt, so verlangte jetzt auch diese Seite seiner Natur ihr Recht: allen Phantasievorstellungen zum Trotz und bei noch so viel Sublimation besteht die einzige Erfüllung der Sexualität in sexueller Erfahrung.

Im Spätsommer 1920 kehrte Alberto noch einmal für kurze Zeit an die Genfer Kunstschulen zurück; aber die Erlebnisse des Frühjahrs hatten bei ihm so starke Gefühle und Wünsche geweckt, daß ihm diese sittenstrenge calvinistische Stadt langweilig wurde. Er strebte zurück nach Italien, und es wurde rasch vereinbart, daß er einige Monate hindurch nach eigenem Plan das Land seiner Sehnsucht bereisen dürfe. Diese Fahrt sollte noch bedeutsamere Auswirkungen auf Albertos Lebensweg haben als die erste nach Venedig.

Mitte November verließ er Stampa und fuhr zunächst nach Florenz; dort wollte er sich an einer Akademie einschreiben und hoffte, kostenlos Unterricht zu finden; aber alle Akademien waren voll, und es gab auch keine privaten Kunstschulen. Also malte er für sich, durchstreifte die Stadt und besuchte Museen. In einem von ihnen stieß er zum erstenmal auf die Skulptur eines Kopfes, die ihm lebensähnlich vorkam. Wie merkwürdig, daß diese Skulptur in der Stadt, in der Michelangelo gewirkt hatte, nicht etwa italienischen oder auch nur griechischen Ursprungs war, sondern ein ägyptisches Kunstwerk, ausgestellt im archäologischen Museum. Die ägyptische Abteilung dieses Museums ist weder groß noch – bis auf eine Ausnahme – bedeutend. Der Kopf, den der angehende Bildhauer wahrgenommen hatte, kann kein besonders herausragendes Kunstwerk gewesen sein; aber das, was diese Florentiner Sammlung wirklich auszeichnet, ist auf der ganzen Welt einmalig. Es handelt sich dabei nicht eigentlich um ein Kunstwerk, sondern um den einzig völlig erhaltenen Streitwagen aus altägyptischer Zeit. Von zwei Pferden gezogen, bietet er Platz für eine Person auf einem kleinen Trittbrett, das auf zwei Rädern mit je vier Speichen montiert ist. Alberto wird wohl kaum erkannt haben, wie bedeutend dieses Ausstellungsobjekt ist, noch wird er damals überhaupt besonderes Interesse an solch einem Gefährt gehabt haben; aber es gibt keinen Besucher des Museums, dessen Blick nicht auf den Streitwagen fallen muß. Er ist in der größten Vitrine aufgestellt und vermittelt ein starkes Gefühl von vorwärtsstürmender Bewegung. Albertos Aufmerksamkeit scheint indessen ungeteilt jenem Kopf gegolten zu haben, der für ihn offenbar den kostbaren «Hauch» erkennen ließ, der ihn ein halbes Jahr zuvor in den Gemälden Tintorettos angerührt hatte.

In Florenz war es eiskalt, Alberto fühlte sich unglücklich und einsam, und er war enttäuscht, weil er nicht, wie erhofft, seine Ausbildung fortsetzen konnte. Bereits nach einem Monat entschloß er sich, nach Rom weiterzureisen. Er konnte hoffen, bei den dort lebenden Verwandten Gesellschaft und etwas mehr Behaglichkeit zu finden; womöglich gab es auch einen Platz für ihn an einer dortigen Akademie. Am 21. Dezember 1920 traf Alberto voll gespannter Erwartung in der Hauptstadt ein. Dies war die größte Stadt, die er je gesehen hatte, dazu eine der ältesten, unermeßlich reich an Kunstwerken, historischen Gebäuden und Überresten ihrer zweitausendjährigen Zivilisation.

Am Bahnhof wurde der Ankömmling von Antonio und Evelina Giacometti erwartet. Antonio war weitläufig mit Albertos Eltern verwandt und gehörte zu deren Generation. 1896 war er aus dem Bergell nach Rom gezogen und hatte dort eine Konditorei eröffnet. Nachdem er sein Glück gemacht hatte, kehrte er in seine Heimat zurück, heiratete und nahm seine junge Frau mit nach Italien. Wie viele andere außer Landes lebende Söhne des heimatlichen Tals löste Antonio jedoch nie alle Verbindungen, sondern behielt ein Haus in Maloja, wohin er mit seiner Familie regelmäßig in die Sommerfrische fuhr. Die römischen Verwandten waren Alberto also schon bekannt, als er an jenem Winternachmittag dort eintraf.

Die Familie wohnte mit ihren sechs Kindern in einem bequemen Haus in dem ruhig gelegenen Stadtviertel Monteverde; das Haus bot reichlich Platz für jeden und war von einem großen Garten umgeben, den eine riesige Libanonzeder überragte. Alberto fühlte sich zu Hause. Er unternahm Streifzüge durch die Stadt, besuchte den Petersdom, das Forum, das Kolosseum und was die Stadt sonst in ihrer unübersehbaren Fülle an Sehenswürdigkeiten zu bieten hat. Nichts Wichtiges wurde ausgelassen. Darüber vergaß er allerdings nicht die Heimat. Wenn er sich in mehrere Stücke hätte teilen können, meinte er einmal, um das Leben vollständiger zu erfassen, hätte er immer das größte Stück für Stampa aufgehoben.

Den römischen Giacomettis war die Kleidung und das Auftreten ihres Neffen vom Lande ein wenig peinlich. Bei seinem Eintreffen trug er noch die ziemlich abgenutzten, altmodischen Kleider, die er von seinem Vater übernommen hatte. Mager, aufgeschossen, war er noch nicht der breitschultrige, muskulöse junge Mann, der er wenig später werden sollte. Anfangs war er scheu und zurückhaltend mit den Römern, gewann jedoch bald seine natürliche Selbstsicherheit zurück. Es fiel ihm nicht schwer, Unbekannte zu beeindrucken oder in Erstaunen zu versetzen.

Mochte er auch zunächst nicht geahnt haben, wie unangemessen die alten, von seinem Vater abgelegten Kleider für einen angehenden Künstler in Rom erscheinen mußten, so war er doch, als die Erkenntnis in ihm dämmerte, rasch bereit, sie abzulegen. Froh berichtete er seinen Eltern, daß man sich wohler fühle und mehr vom Leben habe, wenn man gut angezogen sei. Vorausgesetzt, daß das Geld dazu reiche. Und ihm fehlte es offenbar nicht an den notwendigen Mitteln; denn Alberto brauchte bei seiner neuen Ausstattung nicht zu knausern. Er schickte seinen Eltern eine Zeichnung, auf der er sich in seinen neuen, modischen Sachen darstellte, und er fragte sie, ob sie sich nicht freuten, einen so wohlgekleideten Sohn zu haben. Mehr als sein hübscher neuer Anzug, sein feiner Mantel nebst Schal und Handschuhen, hat Alberto anscheinend sein Spazierstock Spaß gemacht bei seiner Verwandlung in einen modebewußten jungen Mann. Da Spazierstöcke aber nicht mehr, wie noch zwanzig Jahre zuvor, das modische Kennzeichen männlicher Eleganz darstellten, mag es bei Alberto etwas exzentrisch gewirkt haben, wenn er mit diesem Accessoire herumspazierte. Er schien das nicht so ernst zu nehmen; denn er schwang seinen Spazierstock mit einer affektierten Selbstgefälligkeit, über die er sich selber lustig machen konnte.

Was die Akademieausbildung betraf, so wurde er zunächst wieder enttäuscht. Alle Akademien waren überfüllt und die Ateliers viel zu teuer. Immerhin wurde er nach einigen Wochen als Mitglied im Circolo Artistico aufgenommen, wo er jeden Abend zwei Stunden lang Akt zeichnen konnte. «Zeichnen ist das Allerwichtigste», hat er später gesagt. Nicht lange danach fand er ein kleines Atelier in der Via di Ripetta. Mit einigen gleichaltrigen Künstlern hatte er damals freundschaftlichen Umgang, so zum Beispiel mit den Schweizern Arthur Welti und Hans von Matt sowie mit einem jungen Italiener namens Murillo La Greca.

9

Bianca war die älteste Tochter von Antonio und Evelina Giacometti. Lebhaft, frech und hübsch war die Fünfzehnjährige, als ihr neunzehnjähriger Cousin aus Stampa nach Rom kam. Sie machte sich nichts aus ihm, während er sich Hals über Kopf in sie verliebte. Die erste offen gezeigte Liebe in seinem Erwachsenendasein machte ihn nicht glücklich.

Alle in der Giacomettifamilie und in deren Bekanntenkreis mochten Alberto leiden und hielten große Stücke auf ihn; nur Bianca nicht: Dinge, die ihr keinen Spaß machten, sie nicht unterhielten – und zu diesen zählte sie auch die Kunst –, waren für sie uninteressant. Nur manchmal, wenn sie dazu aufgelegt war, durfte Alberto ihr ein Geschenk machen oder mit ihr ausgehen. Es dauerte nicht lange, bis sie merkte, daß sie bei ihm alles erreichen konnte, wenn sie es nur richtig anstellte, das heißt sie mußte die Unschuldige spielen. Instinktiv hatte sie erfaßt, daß es Alberto sogar eine gewisse Lust bereitete, wenn er von ihr ausgenutzt wurde.

Alberto wurde Biancas Sklave. Das Verhältnis war höchst unbefriedigend: Bianca stets kühl teilnahmslos oder ungeduldig, und Alberto traurig und unglücklich. Einmal versuchte er, seine Angebetete eifersüchtig zu machen, indem er mit einem anderen Mädchen ausging; aber auch das ließ sie kalt. Wenn er ihr Bonbons und Eis kaufte oder sie durch die Stadt begleitete, zeigte sie keinerlei Dankbarkeit und ließ in ihm nicht die geringste Hoffnung aufkeimen; und das wäre ohnehin alles gewesen, was er von ihr hätte erwarten dürfen.

Evelina Giacometti war eine warmherzige, verständnisvolle Frau. Sie mochte Alberto und nahm sich seiner mit mütterlicher Fürsorge an. Sie drängte ihre Tochter, den liebeskranken Jungen nicht gar zu herzlos zu behandeln. Als sie Bianca einmal befahl, mit ihrem Cousin auszugehen, widersprach die Tochter, wurde wütend und brach schließlich in Tränen aus. Alberto, der bei dieser Szene zugegen war, fühlte sich weniger betroffen, als man hätte meinen sollen; statt dessen setzte er sich hin und machte eine Zeichnung von der in Tränen aufgelösten Bianca.

Während der beiden ersten Monate seines Rom-Aufenthalts arbeitete Alberto nicht an Skulpturen; erst im Februar begann er wieder mit dem Modellieren. Anlaß hierzu mag teilweise der neuerliche Wunsch gewesen sein, Bianca eifersüchtig zu machen, indem er seine Aufmerksamkeit einem anderen Mädchen widmete. Eine sehr schöne junge Frau namens Alda saß ihm Modell. Sie war die Schwägerin einer Hausangestellten, die bei den Giacomettis arbeitete. Die Modellsitzungen fanden in einem Souterrainraum statt, den Alberto als Atelier benutzen durfte, und die Arbeit ging gut voran; Künstler und Modell plauderten und lachten miteinander. Aldas Porträtkopf hatte denn auch ein Lächeln auf den Lippen. Innerhalb einer Woche war die kleine Büste fertig und wurde wegen der Ähnlichkeit mit dem Modell bewundert. Alda war entzückt und wollte ihr Konterfei besitzen; so wurde ein Gipsabguß vom Tonmodell genommen, den Alda überglücklich mit nach Hause trug.

Biancas Eifersucht hatte Alberto auf diese Weise allerdings nicht wecken können. Sie war nicht im geringsten neugierig gewesen, was im Untergeschoß vorging. Noch ehe Aldas Porträtkopf fertig war, begann Alberto auch an einer Büste von Bianca zu arbeiten. Tante Evelina hatte sich wohl eingeschaltet, so daß sich ihre Tochter, wenn auch widerwillig, dazu herbeiließ, Modell zu sitzen. Die Arbeit begann, und man kann sich vorstellen, daß diesmal das Verhältnis zwischen Künstler und Modell weniger heiter und entspannt war als zuvor mit Alda. Bei allen anderen Gelegenheiten hatte sich Alberto von seiner Kusine um den Finger wickeln lassen, aber jetzt verlangte er von ihr, daß sie sich strikt an seine Forderung hielt, die einmal gewählte Pose unbeweglich einzuhalten – wie er dies auch später immer forderte, wenn er mit einem Modell arbeitete. Für ein kapriziöses, fünfzehnjähriges Mädchen war das Ansinnen bestimmt unerträglich, zumal sie sich keinen Deut um den Künstler und sein Kunstwerk scherte. Sie zappelte herum und hielt keine Minute still. Auch Alberto war für die Arbeit wenig disponiert. Wie sollte er sein Modell mit der wünschenswerten Objektivität anschauen, wo doch jeder Blick auf Bianca die Empfindungen eines schmachtenden Liebhabers auslösen mußte? Unter diesen Umständen konnte die Büste, die sowohl buchstäblich wie symbolisch zwischen ihnen stand, nur mehr zu einer Darstellung des Konflikts und der Unzufriedenheit des Künstlers als zu einem Abbild Biancas werden.

Gleichzeitig mag Alberto gehofft haben, Bianca mit einem gelungenen Porträt wohlwollender für sein Werben zu stimmen; aber die Arbeit lief von Anfang an schlecht. Zwar saß Bianca vor ihm, doch blieb sie ihm fern, sie entzog sich ihm: Trotz ihrer körperlichen Gegenwart war sie nicht wirklich anwesend. «Zum erstenmal fand ich keinen Ausweg», schrieb er später. «Ich verirrte mich, alles entglitt mir.» Alberto sah sich außerstande, das zu formen, was er vor sich sah. So niederschmetternd war das Gefühl seiner Erfolglosigkeit, daß er auf einen Schlag Selbstvertrauen und Arbeitslust zugleich verlor.

«Der Kopf des Modells vor mir wurde zu einer unbestimmten Wolke ohne Konturen.» Alberto verstand nicht, was mit ihm vorging, er war fassungslos. Aber er gab nicht auf; er mochte einfach nicht an diese scheinbare Unmöglichkeit glauben. So kam es, daß sich die Modellsitzungen eine Woche nach der anderen hinzogen.

Natürlich widmete Alberto während des Winters und Frühjahrs seine Zeit nicht nur Biancas Büste. Er malte weiterhin Landschaften und Porträts, zeichnete Akte im Circolo Artistico, füllte Skizzenbücher mit Kopien von Werken, die er in Museen und Kirchen bewundert hatte. Dies alles bereitete ihm nicht die geringsten Schwierigkeiten. Einzig Biancas Büste entzog sich seinem Zugriff. Im Souterrain der Villa Giacometti wartete stets die unvollendete Tonplastik, in feuchte Tücher gehüllt, gleichsam als mahnende Zeugin seines Versagens.

Wie die Dinge standen, gab es selbstverständlich keine Zärtlichkeit und körperliche Nähe zwischen Alberto und Bianca; aber auch der Gedanke an ein solches Erlebnis erfüllte den jungen Mann eher mit innerer Abwehr, da Liebe und persönliches Verpflichtetsein in einer für ihn unzumutbaren Weise damit verbunden schienen. Hinzu kam noch eine Art Bann, durch den der Geschlechtsakt mit schweren Ängsten belastet war. Doch wichen seine Hemmungen schließlich dem wachsenden Verlangen: «Ich nahm eines Tages eine Prostituierte mit zu mir. Erst zeichnete ich sie, dann schlief ich mit ihr, und ich geriet buchstäblich außer mir vor Erleichterung. Laut rief ich: ‹Es geht ja ganz kalt und mechanisch!›»

Diese explosive Entladung seiner jugendlichen Energie sollte Albertos Wesen für sein ganzes weiteres Leben prägen. Der Geschlechtsakt funktionierte kalt, mechanisch, also brauchte er auch nichts mit Liebe zu tun zu haben, Alberto mußte sich nicht mehr vor ihm fürchten, die Persönlichkeit durfte aus dem Spiel bleiben, und es waren keine Verpflichtungen damit verknüpft. Ein lebhaft beglückendes Gefühl von Freiheit scheint bei Alberto auf das Erlebnis gefolgt zu sein, und das Ausmaß seiner Begeisterung, mit der er auf die Erfahrung reagierte, muß wohl der Macht der Ängste entsprochen haben, die er zuvor zu überwinden hatte. Die erste sexuelle Erfahrung formte bei Alberto ein lebenslanges Verhaltensmuster: Prostituierte wurden zur einfachsten Lösung eines Problems, das nicht zu lösen ist. Vorerst bedurfte er dafür keiner Rechtfertigung; die körperliche Entspannung war Rechtfertigung genug. Aber es sollte noch eine Zeit kommen, in der er sich wiederholt genötigt sah, privat und öffentlich zu erklären, warum er bei Prostituierten die größte Befriedigung empfände. Das war wohl eine Flucht nach vorn, denn wenn auch die Gründe, die er nannte, ernst zu nehmen sind, so verdeckten sie zugleich die wirklichen Ursachen. Vielleicht blieb es ihm erspart, den Zusammenhang ganz zu durchschauen. Die seelische Verarbeitung vollzog sich jedenfalls in seinem Werk.

Während seines Aufenthalts in Rom begann Alberto Zigaretten zu rauchen; auch dem Tabakgenuß verfiel er mit Leidenschaft. Er machte sogar eine Zeichnung von sich als Dandy, in der einen Hand den obligaten Spazierstock, in der anderen eine Zigarette; darunter setzte er ein Oscar-Wilde-Zitat: «Die Zigarette ist der reinste Genuß.» Wie rein dieser Genuß auch immer sein mag, Alberto blieb jedenfalls sein Leben lang ein starker Raucher.

Da er nun schon in Italien war, wollte Alberto unbedingt auch Neapel, Pompeji und die griechischen Tempel in Paestum sehen. Zusammen mit einem jungen Engländer reiste er am 31. März 1921 nach Süden. Neapel gefiel ihm sehr, er fand die Stadt schöner, als er erwartet hatte. Beim Besuch des Museums war er besonders beeindruckt von den altrömischen Gemälden und Bronzen. Natürlich machten die beiden jungen Leute auch die klassische Rundfahrt über die Bucht.

Am 3. April fuhren sie mit dem Zug von Neapel nach Paestum. Damals war dieser Ort noch unberührt vom lärmenden Tourismus unserer Tage. Die drei dorischen Tempel, die zu den besterhaltenen zählen, standen zwischen Pinien und Oleanderbüschen in ihrer edlen architektonischen Klarheit. Alberto war tief ergriffen vom Zauber dieses weltabgeschiedenen, friedlichen Tempelbezirks. Er habe dort mehr religiösen Geist verspürt als in allen christlichen Kirchen Italiens zusammen, äußerte er damals und fügte hinzu, daß Paestum für alle Zeit in sein Gedächtnis gegraben sein würde. Und das blieb es in der Tat.

Am nächsten Morgen nahmen die beiden jungen Reisenden den Zug nach Pompeji. Sie waren nicht allein im Abteil und zogen einen Mitreisenden ins Gespräch. Es kam zu einer lebhaften Unterhaltung. Der ältere, weißhaarige Herr war als Tourist unterwegs, allein und daher froh über die unverhoffte Gesellschaft, die allerdings nicht sehr lange dauerte, denn Pompeji ist nur 66 Kilometer von Paestum entfernt. Die jungen Leute stiegen dort aus und ließen den freundlichen Herrn allein nach Neapel weiterreisen.

Auch die verschüttete Stadt machte einen tiefen Eindruck auf den jungen Künstler. Albertos Aufmerksamkeit richtete sich vor allem auf die Fresken, und er erkannte sofort die besondere Qualität der Bilder in der Villa dei Misteri, die ihm besonders modern in ihrer Gestaltung und Lichtwirkung erschienen. Wie ein Vorgriff auf Gauguin kamen sie ihm vor, nur sorgfältiger ausgeführt.

10

Bianca saß weiterhin Modell, und Alberto hatte dieselben Schwierigkeiten wie zuvor. Die Büste wollte nicht zu seiner Zufriedenheit gedeihen, er konnte sie einfach nicht zu Ende bringen. Was war das für eine seltsame und rätselhafte Sache? Nie zuvor war ihm etwas Ähnliches widerfahren; bisher hatte er alles, was er begann, mühelos vollendet: die Porträtbüsten von seinen Brüdern, von seiner Mutter, von Simon Bérard und von Alda waren leicht und befriedigend beendet worden. Dann stellte sich ihm plötzlich ein Hemmnis in Gestalt einer Skulptur in den Weg, und Alberto muß geglaubt haben, daß er die Schwierigkeit nur mit einer Skulptur überwinden konnte. Leicht hätte er auf Zeichnungen und Gemälde ausweichen können; sie gingen ihm mühelos von der Hand. Aber er empfand ein zwanghaftes Bedürfnis, etwas, was er eigentlich nicht leisten konnte, dennoch zu bewältigen – und dies auch noch auf befriedigende Weise!

Die Büste, an der Alberto nun bereits so lange und mit so starkem Unbefriedigtsein gearbeitet hatte, bildete Biancas Kopf in Lebensgröße ab, mit Haarlocken, die sich über ihrem Ohr ringelten. Im Unterschied zu Alda lag auf Biancas Zügen kein Lächeln, im Gegenteil, ihr Ausdruck zeigte die Abneigung gegen das Modellsitzen, gegen den Künstler und gegen seine Arbeit. Eines Tages schließlich wurde dieser Widerwille so stark, daß sie die Plastik vom Stativ herunterstieß. Sie zersprang in viele Stücke und war nicht mehr zu retten. Es kam zu einem heftigen Auftritt, Alberto bekam einen Wutanfall, Biancas Mutter lief herbei und gab dem widerspenstigen Modell eine Ohrfeige. Aber das konnte Alberto nicht versöhnen, denn der Schaden war nicht mehr gutzumachen; er hob die Stücke auf und warf sie in den Mülleimer. Laut schwor er, daß er nie wieder ein Porträt von seiner undankbaren Kusine machen werde. Dennoch trug er ihr die Sache nicht nach.

In dieser Darstellung des «Urerlebnisses» steckt allerdings eine weitere jener verschleiernden Ungenauigkeiten, die gerade durch die Verschleierung auf die Wahrheit deuten. Alberto behauptete nämlich immer, daß er selbst die Arbeit zerstört hätte, weil er mit ihr nicht zufrieden war. Auch erwähnte er nie, daß es sich um die Porträtbüste eines Mädchens handelte, in das er verliebt war: die Schwierigkeit, auf die er gestoßen war, hatte etwas zerstört, und hierfür mußte er die Verantwortung übernehmen. In späteren Jahren kam es vor, daß Giacometti im Zweifel war über das Datum und den genauen Hergang des Erlebnisses, das zur Krise führte und seinen Lebenslauf in neue Bahnen lenkte. Zwar standen die Ereignisse in Rom im Frühjahr 1921 außer Frage; aber Alberto hatte vier Jahre danach ein ähnliches Erlebnis, wenn auch unter entschieden anderen Umständen. Gelegentlich wurden für ihn die beiden Momente seines Lebens in ihrem Charakter und ihren Auswirkungen austauschbar.

Alberto fuhr indessen fort, im Circolo Artistico zu arbeiten; er ging weiter in Konzert- und Theateraufführungen und besuchte die Museen; aber er vergaß dabei nie sein Zuhause. Nach mehr als sieben Monaten in Italien sehnte er sich mit Ungeduld danach, im Sommer nach Stampa zurückzukehren, zumal es um diese Zeit in Rom beklemmend heiß wird.

Bianca war damals in einem Schweizer Internat in der Nähe von Zürich angemeldet worden. Damit sie die weite Reise nicht allein machen mußte, wurde es so eingerichtet, daß Alberto sie bis Maloja begleiten sollte, wo seine Eltern den Sommer verbrachten. Bianca konnte sich dort eine Nacht von der Reise erholen und am nächsten Morgen von St. Moritz mit dem Zug weiterfahren.

Als die beiden zusammen losfuhren, flüsterte er ihr zu: «Man könnte meinen, wir wären auf der Hochzeitsreise.» Nichts hätte Bianca ferner gelegen, und sie ließ Alberto darüber auch nicht im Zweifel.

Auf der Reise gab es eine Verspätung. Als die jungen Leute an die Grenze kamen, war sie für die Nacht geschlossen. Es blieb ihnen nichts anderes übrig, als in einem Hotel zu übernachten. Nach dem Abendessen im Speisesaal gingen sie hinaus in den Garten, wo sich Bianca auf eine Schaukel setzte, die Alberto bis zum Einbruch der Dunkelheit in Bewegung hielt. Danach zog sie sich auf ihr Zimmer zurück, legte ihre Kleider ab und setzte sich im Unterrock an den Tisch, um ihrer Mutter noch einen Brief zu schreiben. Nach einer Weile klopfte Alberto an ihre Tür. Erst wollte Bianca nicht aufmachen; aber er ließ nicht locker. Schließlich öffnete sie die Tür einen Spalt und fragte: «Was willst du?»

«Ich möchte deine Füße zeichnen», sagte er.

In Biancas Augen war dies eine lächerliche Bitte, und sie zögerte nicht, es ihm zu sagen. Aber Alberto bestand hartnäckig auf seinem Wunsch. Bianca sah ein, daß es einfacher sein würde, darauf einzugehen, als sich weiter zu sträuben. So gab sie schließlich nach und ließ ihn herein. Aber Alberto hatte es wirklich ernst gemeint. Er kam mit Papier und Bleistift und zeichnete ihre Füße bis um Mitternacht. Danach ging er zufrieden in sein Zimmer zurück.

Am nächsten Morgen traten die beiden die Weiterreise an und fuhren mit dem Postauto direkt nach St. Moritz, wo Bianca nach dem Mittagessen den Zug für ihre Weiterreise besteigen sollte. Während der Abschiedsmahlzeit zeigte sich Alberto niedergeschlagen. Als Dessert hatten sie beide Schokoladentorte bestellt. Nun war Alberto zwar immer auf Schokolade versessen, aber als die Torte serviert wurde, meinte er: «Wie bringst du es nur fertig, jetzt Schokoladentorte zu essen? Ich bin zu traurig, um überhaupt etwas zu essen.»

«Dann werde ich auch deine Portion essen», sagte sie schnippisch und tat es.

11

Im Sommer 1921 erschien in einer italienischen Zeitung ein rätselhaftes Inserat. Ein Holländer in Den Haag hatte es aufgegeben und richtete es an einen unbekannten schweizerisch-italienischen Kunststudenten, dem er einige Monate zuvor bei einer Eisenbahnreise zwischen Paestum und Neapel begegnet war. Der unbekannte Student wurde gebeten, sich schriftlich zu melden. Jede Wahrscheinlichkeit sprach dagegen, daß dem jungen Mann, der gemeint war, das Inserat je unter die Augen kommen würde, aber zufällig wurde es von Antonio Giacometti gelesen, und eine Ahnung sagte ihm, daß sein Neffe gemeint sein könnte. So schickte er den Zeitungsausschnitt nach Maloja.

Alberto war zunächst überrascht und verwirrt, doch konnte er sich an einen älteren Herrn erinnern, mit dem er sich in einem Eisenbahnabteil auf jener Fahrt im April unterhalten hatte. Er überlegte, ob der Mann vielleicht etwas verloren hatte und es mit seiner Hilfe wiederzufinden hoffte, und da ihm nun einmal der Zufall die Nachricht bis nach Maloja zugespielt hatte, schrieb Alberto nach Den Haag.

Die Antwort kam postwendend; ein gewisser Herr Peter van Meurs teilte ihm mit, daß ihre Begegnung zwar nur kurz gewesen sei, er aber die Gesellschaft des jungen Künstlers als so angenehm empfunden habe, daß er die Bekanntschaft vertiefen wolle. Er habe Freude am Reisen, erklärte er weiter, doch als älterer Junggeselle unternehme er nicht gerne etwas allein. Es würde ihm daher ein großes Vergnügen bereiten, wenn Alberto ihn auf einer Reise begleiten könne, wobei er, van Meurs, selbstverständlich für die Kosten aufkommen wolle.

Dies war ein – gelinde gesagt – erstaunlicher Vorschlag, besonders wenn man bedenkt, von wem er ausging. Peter Antoni Nicolaus Stephanus van Meurs war 1860 in Arnheim geboren. Er hatte Jura studiert, doch einen Beruf als Jurist nie ausgeübt. 1885 erhielt er ein Amt am Zentralarchiv in Den Haag, wo seine Hauptaufgabe darin bestand, die südholländischen Stadtarchive zu katalogisieren und für ihre Erhaltung zu sorgen. 1913 wurde van Meurs zum Leiter des Staatsarchivs ernannt. Außerhalb seines Berufs übernahm er ehrenamtliche öffentliche Aufgaben. Insbesondere war er Vorstandsmitglied eines Vereins, der sich um eine menschlichere Behandlung straffällig gewordener Jugendlicher bemühte. Daneben gehörte er auch zu einer Gesellschaft zur Einhaltung der Feiertagsruhe und zum holländischen Alpenclub. Er liebte das Reisen, vor allem in den italienischen Bergen. Van Meurs war Vegetarier, durch seine Wohlhabenheit unabhängig und nicht verheiratet.

Dies war also der Mann, der nach einer zufälligen Begegnung in einem italienischen Zug zu derart ungewöhnlichen Mitteln griff, um die Bekanntschaft mit Alberto fortzusetzen, und der ihn nun zu einer Reise einlud. Der neunzehnjährige Student mußte auf seinen einundsechzigjährigen Mitreisenden in der Tat einen tiefen Eindruck gemacht haben.

Der Idee einer solchen gemeinsamen Tour war Alberto nicht abgeneigt. Andererseits wußte er nicht recht, was er von van Meurs' Angebot halten sollte. Da Diego gerade in Maloja zu Besuch war, wandte er sich an seinen Bruder um Rat. Für Diego gab es keinen Zweifel, daß der ältere Herr ein Homosexueller war, der den Ausflug benutzen wollte, um mit einem jungen Mann ein Abenteuer zu erleben, ohne dabei seinen guten Ruf aufs Spiel setzen zu müssen. Welche andere Erklärung, so argumentierte er, hätte es sonst für die ungewöhnlichen Bemühungen geben können, mit denen van Meurs den Kontakt zu Alberto wieder angeknüpft hatte. Hätte er nicht auch einen Reisegefährten aus seinem Heimatland mitnehmen können, wenn seine Absichten lauter wären?

Alberto protestierte und sagte, Diego habe kein Recht, solche Verdächtigungen zu äußern: er hörte nicht auf seinen Bruder. In Wirklichkeit muß er sich jedoch etwas Ähnliches gedacht haben, was er jedoch nicht wahrhaben wollte. Gemäß seinem zu inneren Widersprüchen neigenden Charakter war er längst entschlossen, seine Bedenken zurückzustellen und das Angebot anzunehmen. In späteren Jahren erläuterte Giacometti sein damaliges Einverständnis damit, daß er zwar gerne gereist wäre, es sich aber auf eigene Kosten nicht leisten konnte. Diese Erklärung ist so fragwürdig wie das Angebot.

Jedenfalls schrieb Alberto an van Meurs und sagte zu. Offenbar konnte es der Holländer kaum erwarten, sein Glück beim Schopf zu ergreifen, denn sie kamen überein, schon binnen kurzer Frist aufzubrechen. Der vereinbarte Reiseweg mit Venedig als Ziel war ganz dazu angetan, den jungen Gefährten zu begeistern, zumal sich Alberto seit dem Biennalebesuch nach der Lagunenstadt zurückgesehnt hatte.

Wir wissen nicht, was Albertos Eltern von den Plänen gehalten haben. Vielleicht dachten sie, daß ihr Sohn alt genug sei, um selbst eine Entscheidung zu treffen. Aber Alberto bezog sie dennoch in seine Pläne mit ein. Er sorgte dafür, daß er, falls es unterwegs irgendwelche Schwierigkeiten geben sollte, die elterliche Hilfe in Anspruch nehmen konnte, allerdings nicht direkt, sondern eher symbolisch: Bevor er Maloja verließ, entnahm er der väterlichen Schatulle etwas Geld. Notfalls sollte es für die Heimreise ausreichen. Sein Vater hätte ihm sicher den Betrag gegeben, wenn er ihn darum gebeten hätte; aber das hat er nicht getan. Er sorgte bloß dafür, daß er die Reise gewissermaßen nicht unbegleitet antrat.

Genau läßt es sich nicht mehr ausmachen, wo sich die Reisegefährten getroffen haben. Irgendwo in Oberitalien jedenfalls fand die von Neugier und gemischten Gefühlen geprägte Begegnung statt. Van Meurs war kein schöner

Mann. Er hatte teigige Gesichtszüge und auffallend starke Tränensäcke unter kleinen Augen. Seine Schultern waren gebeugt, zweifellos eine Folge der Jahrzehnte, die er über Akten geneigt in den Archiven verbracht hatte. Falls er, wie es den Anschein hat, homosexuell veranlagt war, so gibt es doch keinen Anhaltspunkt dafür, daß er sich dieser Veranlagung bewußt gewesen wäre oder sie gar ausgelebt hätte. Solange keine ernstzunehmenden Zeugnisse etwas anderes belegen, wäre es daher ungerecht, van Meurs' Zuwendung zu mißdeuten, zumal Giacometti nie etwas davon erzählt hat, daß sein damaliger Weggefährte auf irgendeine Weise versucht hätte, ihm zu nahe zu treten. Dagegen weist alles, was er über van Meurs gesagt und geschrieben hat – und das ist nicht wenig –, darauf hin, daß er den Holländer als einen väterlichen Freund empfand.

Die Reise begann am 3. September 1921. Als erstes Zwischenziel war das Bergdorf Madonna di Campiglio vorgesehen. Da es damals in der einsamen Gegend noch keinen motorisierten Verkehr gab, nahmen sie die Postkutsche und fuhren auf abenteuerlichen Wegen mit vielen engen Windungen an steilen Hängen entlang und über tiefe Schluchten. Bereits im September kann es da oben empfindlich kalt werden. Am Abend, als sie den winzigen Ort erreicht hatten, litt van Meurs an Schüttelfrost. Die beiden stiegen im Grand Hôtel des Alpes ab, einem weitläufigen Komplex, der auf den Ruinen eines ehemaligen Klosters errichtet worden war.

Der darauffolgende Sonntagmorgen war kalt, und es regnete ringsum in den Bergen. Van Meurs fühlte sich elend und litt unter heftigen Schmerzen, die, wie er behauptete, von Nierensteinen herrührten. Er warf sich in seinem Bett herum und schlug dabei sogar mehrfach mit dem Kopf gegen die Wand. Glücklicherweise gab es im Hotel einen Arzt, der van Meurs eine schmerzlindernde Spritze verabreichte.

Alberto saß unterdessen am Bett des Holländers. Er hatte sich Flauberts *Bouvard und Pécuchet* mitgebracht und begann Guy de Maupassants Vorrede zu diesem Buch zu lesen. Darin gibt es eine Stelle, die den empfänglichen jungen Künstler beeindruckt haben mag, als er am Krankenbett des fast noch Unbekannten saß. «... Die sorglos Glücklichen, Starken, Gesunden, sind sie wirklich gebührend vorbereitet, unser ach so kurzes und gramvolles Leben zu erfassen und darzustellen? Sind sie, die Tatkräftigen und Umtriebigen, überhaupt fähig, das ganze Elend und alle Leiden wahrzunehmen, die uns umgeben, und auch den Tod zu bedenken, der ohne Aufschub zuschlägt, an jedem Tag und überall, erbarmungslos, blind und endgültig? ...»

Draußen vor dem Fenster ging derweil der Regen nieder auf die Hotelveranda, auf die wenigen Häuser von Madonna di Campiglio, auf den Wald rings umher. Ab und zu murmelte van Meurs: «Morgen wird es mir bessergehen.» Aber von Besserung war nichts zu spüren, im Gegenteil: seine Wangen fielen ein, und er atmete nur schwach durch den offenen Mund.

Alberto nahm Papier und Bleistift zur Hand und zeichnete den Kranken: er wollte ihn deutlicher wahrnehmen, seinen Anblick im Erfassen und Festhalten begreifen, das flüchtige Erlebnis dem Augenblick entreißen und ihm Dauer verleihen. Alberto zeichnete die eingefallenen Wangen, den offenstehenden Mund, die massige Nase, die auf seltsame Weise immer länger zu werden schien. Dann durchzuckte ihn auf einmal der Gedanke, van Meurs könne sterben. Alberto wurde von panischer Angst gepackt, er bliebe plötzlich allein in diesem gottverlassenen Hotel, und um ihn her wäre nichts als Regen, der unablässig auf die Gebirgslandschaft fiel.

Gegen Abend machte der Arzt noch einmal Visite und untersuchte den Kranken. Er nahm Alberto beiseite und sagte: «Es geht mit ihm zu Ende; das Herz versagt; er wird die Nacht nicht überleben.» Für den Kranken konnte man also nichts mehr tun.

Alberto wartete am Bett des Sterbenden. Die Nacht brach herein, Stunde um Stunde verging, bis Peter van Meurs schließlich verschied.

In jener Nacht hat sich etwas grundlegend in Albertos Leben geändert. Seinen eigenen Bericht von dem Ereignis hat er oft wiederholt, und der weitere Verlauf seines Lebens zeigt, welch tiefe Erschütterung ihm damals widerfuhr. Der junge Mann hatte keine Ahnung gehabt, was der Tod bedeutet. Er war ihm nie begegnet. Das Leben hatte er sich als kraftvoll, dauerhaft, in sich selbst beständig vorgestellt, wobei der Tod nur ein wenn auch unvermeidliches Ereignis darstellte, das auf seine Weise dazu beitrug, die Würde und den Wert des Lebens zu steigern. Jetzt aber hatte er die Erfahrung des Todes gemacht. Der Tod war ihm einen Augenblick lang vor Augen getreten mit seiner grausamen Macht, die das Leben in ein Nichts verwandelt. Alberto war Zeuge des Übergangs vom Sein zum Nichtsein geworden. Wo vorher ein Mensch gewesen war, blieb nur noch ein Gegenstand; was noch soeben wertvoll und edel gewirkt hatte, war jetzt verbraucht und sinnentleert. Alberto hatte erkannt, daß der Tod in jedem Moment möglich war.

Von diesem Augenblick an erschien alles andere ebenso verletzbar wie van Meurs. Alles war in seiner Existenz bedroht. Vom kleinsten Stück Materie bis zu den größten Galaxien war alles vergänglich, und gerade das menschliche Leben schien besonders dem Zufall ausgeliefert, dem unbegreiflichen Schicksal.

In der Nacht konnte Alberto keine Ruhe finden, er wagte nicht einzuschlafen aus Angst, selbst nicht mehr aufzuwachen. Er fühlte sich von der Dunkelheit bedroht, als ob das Verlöschen des Lichts dem Verlöschen des Lebens gleichkäme, als ob mit dem Nicht-mehr-Sehen die Realität völlig verginge. Alberto ließ die ganze Nacht hindurch das Licht brennen; immer wieder gab er sich einen Ruck, um wach zu bleiben; hin und wieder nickte er trotzdem ein. Im Halbschlaf schien es ihm plötzlich, als ob ihm der Mund offenstünde wie der des Toten, und er fuhr erschreckt hoch; auf diese Weise, immer zwischen Wachen und Einschlafen, ging es fort bis zum Morgengrauen.

Sein erster Impuls war, wegzulaufen und Madonna di Campiglio so rasch wie möglich zu verlassen: er wollte fort von diesem schicksalsträchtigen Schauplatz des Schreckens, vergessen, was geschehen war, zurückkehren in die Geborgenheit und Arglosigkeit seines früheren Lebens. Aber dazu war es jetzt zu spät. Wenn er das Geschehen auch nicht ganz durchschaute, so begriff er zumindest, daß sein Leben eine Wendung genommen hatte.

Es gab einen ungeklärten Umstand beim Tode des Holländers: auf seiner Brust entdeckte man einen roten Flecken. Alberto wurde unter Polizeiaufsicht gestellt, bis die genaue Todesursache ermittelt worden war. Vermutlich haben die Behörden nur den Verdacht gehegt, van Meurs könne an einer ansteckenden Krankheit gestorben sein, und wollten für diesen Fall verhindern, daß sein junger Reisebegleiter diese Krankheit verbreiten könnte. Möglicherweise gingen sie auch anderen Verdachtsmomenten nach; jedenfalls wurde für Alberto nach der Schlaflosigkeit und den Schrecken der Nacht die Erfahrung des Polizeigewahrsams zur zusätzlichen Belastung, denn Haft ruft zwangsläufig den Gedanken an Verbrechen und Schuld wach. Die Untersuchung ergab jedoch, daß van Meurs, wie vom Arzt vorausgesagt, an Herzversagen gestorben war, und Alberto wurde nicht länger festgehalten.

Daß er in einer Art Vorahnung Geld von zu Hause mitgenommen hatte, wirkt im nachhinein geradezu unheimlich; aber dies war ein zu günstiges Element des Zufalls, als daß er es in seine Überlegungen hätte einbeziehen mögen. Anstatt sofort nach Maloja heimzukehren, beschloß er «allen Widrigkeiten zum Trotz», nach Venedig weiterzufahren, in die Stadt, die das ursprüngliche Reiseziel gewesen war.

Bei diesem zweiten Aufenthalt in Venedig war der junge Künstler nicht mehr von jener ausschließlichen Vorliebe erfüllt wie sechzehn Monate zuvor; anstatt von Kirche zu Kirche zu eilen und Tintoretto zu bewundern, saß er nun in Cafés, lief den Prostituierten nach und brachte rasch das elterliche Geld durch. Dennoch war er gewissenhaft wie immer und schrieb nach seiner Ankunft eine Ansichtskarte nach Hause. Sie zeigte eine der berühmtesten Plastiken, die Reiterstatue des *Colleoni* von Verrocchio. Seine Zeilen berichten den Lieben daheim, daß ihm Venedig noch schöner vorkomme als zuvor, daß ein Zauber über der Stadt liege, in der man ständig Pfeifen und Singen höre, und, so fügte er hinzu, daß ihm die schlimmen Erinnerungen allmählich vergingen.

Aber dem war nicht so. Eines Abends, fast zu seiner eigenen Überraschung, eilte er durch enge Gassen der Stadt, an dunklen Kanälen entlang, über entlegene Plätzchen, mit einem Stück Brot in der Hand, das er loswerden wollte. «Ich lief durch ganz Venedig», schrieb Giacometti viele Jahre später, «auf der Suche nach einem möglichst verlassenen und einsamen Stadtteil, und dort, nach einigen mißlungenen Anläufen an den dunkelsten Brücken und den finstersten Kanalufern, warf ich mit einem nervösen Zittern das Stück Brot in das faulige Wasser am Ende eines Kanals, der von dunklen Mauern umgeben war; dann lief ich wie von Furien gehetzt davon und wußte kaum, was ich tat.»

Doch was geschehen war, ließ sich nicht wegwerfen. Bis zum Überfließen hätte er Brot in die Kanäle werfen können, ohne daß ihm solch rituelles Tun die Befreiung gewährt hätte, nach der es ihn verlangte. Die mußte aus der inneren Verarbeitung des Geschehens kommen.

Als schließlich das Geld verbraucht war, das er der Schatulle des Vaters entnommen hatte, fuhr Alberto nach Maloja zurück. Einen Monat danach feierte er seinen zwanzigsten Geburtstag.

12

«Diese Reise im Jahre 1921 (mit dem Tode van Meurs' und den damit zusammenhängenden Ereignissen) war für mich, als sei ein Loch in mein Leben gerissen worden. Alles war anders geworden, und diese Reise beschäftigte mich noch ein ganzes Jahr lang. Ständig mußte ich davon reden, und oft wollte ich darüber schreiben, aber es war mir immer unmöglich.»

Das Ereignis von 1921 sollte in anderer Gestalt bei ihm Ausdruck finden, bevor Giacometti – fünfundzwanzig Jahre später – schreibend darauf Bezug nehmen konnte.

Als Alberto von Venedig nach Maloja zurückkehrte, teilte er mit Bruno ein Schlafzimmer im Sommersitz der Familie. Der vierzehnjährige Bruder war erstaunt und verärgert darüber, daß Alberto sich während seiner Abwesenheit eine neue Marotte angewöhnt hatte. Nicht genug damit, daß der große Bruder auch weiterhin Socken und Schuhe mit peinlicher Genauigkeit neben seinem Bett anordnete, er weigerte sich nun auch, ohne Licht zu schlafen. Bruno protestierte, aber Alberto gab nicht nach. Sofern der Streit Annetta zur Schlichtung vorgelegt wurde, hat ihr Erstgeborener, wie üblich, recht bekommen; und in diesem besonderen Falle spürte sie wohl, daß sie ihm noch mehr mütterliches Verständnis als sonst entgegenbringen mußte. Jedenfalls blieb fortan das Licht in Albertos Schlafzimmer brennen.

Es brannte auch später, wo immer das Schlafzimmer war und was immer die Umstände, während der vierundvierzig Jahre, die sein Leben noch dauern sollte. «Natürlich ist es kindisch.» Giacometti war der erste, dies zuzugeben.

«Ich weiß ganz genau, daß man im Dunkeln nicht mehr bedroht ist als am hellichten Tag.» Aber das Licht mußte dennoch anbleiben. Es war ein Zeichen der Angst, und wo Ängste herrschen, muß es etwas geben, das Angst auslöst. Was in Madonna di Campiglio geschehen war, hatte sich tatsächlich abgespielt, nicht bloß in der Phantasie eines Kindes oder im Traum eines Erwachsenen.

Der Spazierstock, den Alberto in Rom geschwungen und im Takt der Schritte aufgestoßen hatte und «mit dem er ständig die Leute in Lebensgefahr brachte», wie er sich selbst ausdrückte, paßte nicht recht nach Stampa, sowenig wie die modischen Kleider, auf die er einmal so stolz gewesen war. Er trug sie nicht mehr. Die kurze Periode war abgeschlossen, während der er in Äußerlichkeiten Befriedigung suchte. In seinem Heimatort war eine unauffällige, schlichte Kleidung angebracht; Mode interessierte ihn fortan nicht mehr.

Hinsichtlich Albertos Zukunft mußte eine Entscheidung getroffen werden. Zwar stand fest, daß er als Künstler arbeiten wollte, doch war es noch völlig offen, in welcher Richtung er seine Ausbildung fortsetzen sollte. Jedenfalls wußte jeder, daß er nicht in Stampa bleiben konnte. Wohin also sollte er gehen? Nach Rom? Paris? Wien? Und worauf sollte er sich verlegen, auf die Malerei oder die Bildhauerei?

An dieser Wegscheide seines Lebens entschied sich Alberto dafür, der Bildhauerei den Vorzug zu geben. Eine Vorentscheidung hierfür war allerdings wohl bereits Monate zuvor gefallen im Souterrain der Villa Giacometti in Rom.

«Ich fing mit Bildhauerei an, weil dies das Fach war, von dem ich am wenigsten Ahnung hatte. Ich konnte nicht ertragen, daß ich auf diesem Gebiet unüberwindlichen Hindernissen begegnet war. Ich hatte keine andere Wahl.»

Giovanni empfahl seinem Sohn, auf eine Akademie in Paris zu gehen, wo er unter Anleitung eines anerkannten Meisters würde arbeiten können. Er legte ihm nahe, sich für die Kurse an der Académie de la Grande-Chaumière einzuschreiben.

Am 28. Dezember 1921 reiste Alberto über Zürich nach Basel, wo er sich das Visum für Frankreich beschaffen mußte. Am Bahnhof holte ihn Diego ab, der von Chiasso weggezogen war und in Basel in einer Fabrik Anstellung gefunden hatte. Alberto war angenehm überrascht, daß sein neunzehnjähriger Bruder gewissenhaft seiner Arbeit nachging und daß aus ihm eine Art Dandy geworden war, der auf seine Bekannten in Basel einen gewinnenden Eindruck machte. Das hing zum Teil damit zusammen, daß Diego ausnehmend hübsch geworden war, ja fast wie ein Filmidol der zwanziger Jahre aussah. Diego stand damals am Anfang einer fesch-flotten Zeit in seinem Leben. Allerdings muß man hinzufügen, daß sein Fleiß nicht ausschließlich den Interessen seiner Arbeitgeber galt. Bestimmte Gewohnheiten, die Diego in Chiasso angenommen hatte, verlernte er auch in der Grenzstadt Basel nicht und betrieb auch hier gelegentlich Schmuggelgeschäfte.

Formalitäten verzögerten die Erteilung des französischen Visums. Alberto konnte es gar nicht erwarten, nach Paris zu kommen. Zwei Nächte vor der Abreise träumte er, er sei bereits unterwegs im Zug; alles erschien ihm wundervoll, und die Eisenbahnwagen hatten eine märchenhafte Größe. Endlich, am Abend des 8. Januar 1922, wurde sein Traum wahr. Zum erstenmal überquerte Alberto, der allein reiste, die Grenze nach Frankreich. Als der Nachtzug westwärts durch die Vogesen rollte, kamen ihm die Waggons wohl nicht ganz so märchenhaft vor. Desto mehr war es ihr Bestimmungsziel.

Zweiter Teil

1922–1935

13

Giacometti hat später immer wieder behauptet, er sei genau am Neujahrstag 1921 zum erstenmal nach Paris gekommen; in Wirklichkeit traf er am 9. Januar ein. Diese Ungenauigkeit fällt auf, weil sie zunächst keinen Sinn zu haben scheint.

In Paris anzukommen, war für einen jungen Künstler um 1922 ein wichtiger Lebensschritt. Wäre die Ankunft tatsächlich mit dem Jahresanfang zusammengefallen, so hätte Alberto dies als etwas Besonderes aufgefaßt und als gutes Vorzeichen gedeutet. Da er jedoch nicht am Neujahrstag eintraf und es daher die glückbringende Konstellation nicht gab, half Alberto dem Schicksal etwas nach, indem er stets den 1. Januar 1922 angab. Hier zeigte sich seine Neigung, die Welt der bloßen Fakten dem Reich der Mythen unterzuordnen.

Künstler und Intellektuelle der ganzen Welt fanden im Paris von 1922 den idealen Ort für Begegnung und Austausch. Das Chaos und die Verwüstungen des Ersten Weltkrieges hatten kulturelle Bewegungen entstehen lassen, die die traditionellen ästhetischen Vorstellungen und Ausdrucksformen abschaffen wollten. Am deutlichsten war dies in der Dada-Bewegung der Fall. 1916 war sie in Zürich gegründet worden von dem rumänischen Dichter Tristan Tzara, dem elsässischen Bildhauer Hans Arp und einigen anderen. Dada verstand sich als die bewußte Irrationalität, als Ausdruck des Nihilismus, als die systematische Negierung aller traditionellen Kanons hinsichtlich Komposition, Form und Schönheit. Nach dem Krieg war Tzara mit seinen Gefolgsleuten nach Paris gezogen, wo sich ihnen junge Dichter und Künstler anschlossen, darunter André Breton und Louis Aragon sowie Marcel Duchamp und Francis Picabia. Die Vorherrschaft dieser Bewegung war von kurzer Lebensdauer, denn bereits 1922 hatte es mit der Dada-Zeit ein Ende; aber manche der aus ihr hervorgegangenen Ideen und zahlreiche ihrer Anhänger spielten auch in dem zwei Jahre später von André Breton ins Leben gerufenen Surrealismus eine Rolle. Solch turbulenter Umbruch herrschte also in Paris, als Giacometti in der französischen Hauptstadt eintraf.

Die anerkannten Meister der vorhergegangenen Generation blieben unberührt von dieser Umorientierung. Nach der Sturm-und-Drang-Phase des Kubismus hatte sich Picasso mit seiner neuen Familie in der Ruhe der klassizistischen Periode eingerichtet; Braque trat mit dekorativen Stilleben an die Öffentlichkeit; Matisse, der ursprünglich Ungezähmteste der «Wilden Maler» (Fauves) von 1905, hatte sich als sanfter Maler graziöser Odaliskengruppen an der Riviera niedergelassen. Auch Derain, Vlaminck, Rouault, Utrillo, sie alle hatten längst ihre stärksten Werke geschaffen. Das Feld war also offen für einen jungen Mann, der seinen Wagemut und sein Talent auf die Probe stellen wollte. Viele junge Leute nahmen damals die Herausforderung an und versuchten ihr Glück.

Das Zentrum der schöpferischen Szene war am Montparnasse, jenem Bezirk rund um die Gabelung des Boulevard du Montparnasse und des Boulevard Raspail. Hier wohnten und arbeiteten die jungen Künstler. Man begegnete ihnen in den Cafés, wo sie tranken und die Nächte hindurch diskutierten. Keiner von ihnen zweifelte daran, daß der Montparnasse der Nabel der Welt sei, wie denn auch die Einwohner dieses Stadtviertels tatsächlich aus allen Teilen der Welt zusammengeströmt waren.

Die Rue de la Grande-Chaumière mündet direkt in die Kreuzung Montparnasse-Raspail. Im Haus Nummer 14 dieser Straße war die gleichnamige Akademie untergebracht, wo sie sich auch heute noch befindet. Während der zwanziger Jahre war dies die bekannteste Kunstakademie in Paris, und ihr berühmtester Lehrer war der Bildhauer Antoine Bourdelle.

Der damals etwa sechzigjährige Bourdelle war Schüler von Rodin gewesen und hatte fünfzehn Jahre als sein Assistent gearbeitet. Er hielt sich selbst für eine epochemachende Figur, für einen Schöpfer vom Rang eines Beethoven, den er wiederholt in pompösen Bildnissen verherrlichte. Bourdelles Werk wandte sich mit großem Pathos an den Betrachter, wobei die Hauptquellen seiner künstlerischen Inspiration in der archaisch-griechischen Plastik gesehen werden müssen sowie in der grobschlächtigen mittelalterlichen Bildhauerkunst. Bourdelle hat an den Krisen seiner Zeit vorbeigelebt, die herausfordernden Möglichkeiten der europäischen Kultur nicht aufgegriffen und die Richtung seiner eigenen Karriere nicht kritisch durchdacht.

Die wirklich bedeutenden Bildhauer jener Zeit waren Brancusi, Laurens, Lipschitz und Maillol. Sie waren alle beträchtlich älter als der junge Giacometti und hatten sich längst einen Namen in Paris gemacht.

Der Rumäne Constantin Brancusi kam 1904 nach Frankreich, lehnte Rodins Angebot ab, bei ihm zu studieren, und wurde bald als einer der maßgeblichen Meister unter den abstrakten Bildhauern anerkannt. Typisch für seine Arbeit war die äußerste Vereinfachung der meist symbolischen Formen und ein außerordentlich subtiles Erproben der ästhetischen Möglichkeiten, die sich aus den von ihm gewählten Werkstoffen ergaben.

Die früheren Arbeiten von Henri Laurens spielten gekonnt und raffiniert mit den Formprinzipien des Kubismus. In jener Stilphase schuf Laurens Plastiken und Reliefs, oft farbig gefaßt, die sich mehr lyrisch und weniger theoretisch gaben als die Gemälde eines Picasso oder Braque. Mitte der zwanziger Jahre jedoch wandte sich Laurens wieder der menschlichen Gestalt zu, und es entstand eine Reihe vornehmlich weiblicher Figuren. Diese Wende setzte ungeahnte Kräfte in ihm frei, und er entwickelte einen höchst persönlichen Stil, sinnlich, poetisch und vortrefflich geeignet, die mythische Fruchtbarkeit des weiblichen Wesens zu preisen.

Jacques Lipschitz stammte aus Litauen und kam als Achtzehnjähriger nach Paris. Bald geriet er unter den Einfluß des Kubismus; mit bravouröser Meisterschaft gestaltete er eine Reihe von Werken, die sich in die damals radikalen Strömungen einreihten. Nach dem Ersten Weltkrieg entwickelte sich auch bei ihm ein mehr persönlich gefärbter Stil, später jedoch verlor er sich in der Bearbeitung allegorischer und symbolischer Themen, wobei seine Arbeiten bombastisch und geschwollen wirkten.

Die Fortsetzung der klassischen Bildhauertradition nach Rodin trat am deutlichsten im Werk Aristide Maillols hervor. Seine schlichten, üppigen Frauenfiguren sollten seine tiefe Verbundenheit mit der griechischen Plastik bekunden. Maillols Stil war idealisierend und auf archetypische Grundformen reduziert; seine Werke wirken durch ihre wuchtige Fülle.

Sowohl Picasso als auch Matisse hatten – wie sich später herausstellte – noch vor dem Ersten Weltkrieg bedeutende Bildhauerarbeiten geschaffen. Lange Zeit war diese Tatsache fast unbeachtet geblieben, und der Tag mußte erst noch kommen, an dem Picasso als mächtiger Schöpfer einer gänzlich neuen Tradition der zeitgenössischen Plastik erkannt wurde, einer Tradition, welche alle früheren Vorstellungen von Bildhauerei umstieß und eine neue Ära der ästhetischen Entwicklung einleitete. 1922 lag der Anbruch dieser Zeit noch mehr als zehn Jahre in der Zukunft.

Mit wachem Interesse verfolgte der junge Giacometti das künstlerische Geschehen seiner Zeit ebenso wie alle bedeutenden Umwälzungen in Wissenschaft, Politik und Gesellschaft. Er wußte, was in der Welt vorging, und er reagierte darauf mit solchem Feuer, daß sein Leben für die Geschichte seines Jahrhunderts bedeutsam werden sollte.

Insgesamt verbrachte Alberto etwa fünf Jahre an der Académie de la Grande-Chaumière. Dort war immer ein Aktmodell, nach dem er arbeiten konnte, wenn er das wollte, und die Gegenwart seiner Mitstudenten, die zum Teil über ein hohes Können verfügten, zwang ihn, seine eigene Arbeit mit vorurteilsfreiem Blick zu prüfen und seine schöpferische Entwicklung sorgfältig zu durchdenken. Doch gab es auch viele Tage, ja sogar Wochen und Monate, in denen er die Akademie nicht betrat und lieber für sich allein arbeitete.

Während dieser frühen Jahre in Paris hatte Alberto keinen festen Wohnsitz. Er wohnte mal hier, mal da, meist in Hotels, und er zog öfter um, als falle es ihm schwer, sich irgendwo endgültig niederzulassen, weil ihn dies zur Seßhaftigkeit hätte verpflichten können. Genauso wie er sonst im Leben nichts als selbstverständlich hinnahm, vermied er auch jegliche Situation, die seine Anwesenheit als selbstverständlich vorausgesetzt hätte.

Es ist naheliegend, daß Alberto in Paris seine ersten Freunde unter den Mitstudenten fand. Die meisten waren Ausländer wie er selbst. Zwar gab es unter den Kommilitonen auch einige Franzosen; sie neigten jedoch dazu, unter sich zu bleiben. Alberto war von dieser Zurückhaltung der Einheimischen unangenehm berührt. «Es gibt nichts Schwierigeres als persönlichen Kontakt mit Franzosen zu gewinnen», meinte er. «Da steht man wie vor einer Mauer.»

Unter diesen wenig entgegenkommenden französischen Studenten befand sich auch ein junger Mann von zweiundzwanzig Jahren, der womöglich noch schweigsamer und unzugänglicher war als die anderen. Er war der jüngste Sohn eines Malers, der damals bereits Weltruhm erlangt hatte. Der junge Mann hieß Pierre Matisse. Sein Vater hatte gehofft, er werde Musik studieren; aber er hatte es sich in den Kopf gesetzt, Maler zu werden. Obwohl begabt, fehlte es ihm an Selbstvertrauen, und seine Künstlerlaufbahn wurde 1923 jählings unterbrochen, als er Hals über Kopf eine junge, willensstarke Person heiratete, die er während eines Besuchs bei seiner Tante in Korsika kennengelernt hatte. Nachdem sich diese Verbindung als unglücklich erwiesen hatte, fackelte Vater Matisse nicht lange – er machte nie gern Zugeständnisse an die Familiengefühle –, schickte seinen Sohn nach Amerika und betrieb die Annullierung der Ehe. In New York merkte Pierre alsbald, daß er sich einen Lebensunterhalt schaffen mußte. So stellte er seinen Drang nach kreativem Schaffen zurück und begann eine Karriere als Kunsthändler; offensichtlich waren für ihn die Umstände so günstig, daß er sich auf diesem Gebiet einen Namen machen konnte, zumal es sich um eine Tätigkeit handelte, die auch sein Vater gelegentlich ausgeübt hatte, bevor er vom Verkauf seiner Bilder leben konnte. Als Kunsthändler jedenfalls gelang es dem Sohn, seinen berühmten Vater zu übertreffen.

Albertos erste Freunde in Paris waren Jugoslawen, Schweizer, Amerikaner und Griechen. Auch mit einer Gruppe von italienischen Malern pflegte er gelegentlichen Umgang. Man ging zusammen ins Kino, in Konzerte oder besuchte den Louvre. Manchmal gab es Wochenendausflüge aufs Land. All diese jungen Leute schauten hoffnungsfroh in die Zukunft, genossen das Leben und erfreuten sich der neu gewonnenen Zwanglosigkeit jener Nachkriegszeit. Doch auch diese Freunde spürten, wie vormals seine Kameraden in Stampa oder in Schiers, daß Alberto eine Ausnahme war. Oft hielt er sich von den anderen fern; er hatte etwas in seinem Wesen, an dem andere keinen Anteil hatten. Möglicherweise lag das an der ungewöhnlichen Leidenschaft, mit der er sich seiner Arbeit widmete. Natürlich gab es keinen unter den Studenten, der es nicht ernst gemeint hätte; sie alle hatten große Ziele, aber Alberto war von einem Drang beseelt, der über bloßen Ehrgeiz hinausging, und jeder spürte dies.

Die ersten drei Pariser Jahre waren in Wirklichkeit nur Halbjahre, wenn nicht noch weniger; denn Alberto fuhr immer wieder zu langen Aufenthalten nach Hause. Auch als er bereits seßhafter in Paris geworden war, kehrte er regelmäßig nach Stampa zurück, als hätte es zwei Albertos gegeben, den einen, der im Ausland lebte, und den anderen, der seinen Heimatort nie verlassen hatte. Der Pariser Giacometti empfing seine Selbstgewißheit von dem zu Hause gebliebenen und mußte um des letzteren willen immer wieder nach Stampa zurückkehren. Beide bezogen ihre Kraft aus der steinigen heimatlichen Erde. «Man muß dort geboren sein, um das zu verstehen», sagte er. In jeder Hinsicht blieb das Bergell für ihn bedeutsam und unentbehrlich; am wichtigsten jedoch war für ihn Annetta Giacometti. Aus ihrer Sorge und Liebe gewann er die meiste Kraft.

Auch Bianca war im Sommer in Maloja zu Gast. In ihrem Internat hatte sie den Cousin nicht vergessen. Irgendwann war ihr eingefallen, ihre Schulkameradinnen damit zu beeindrucken, daß sie Liebesbriefe von einem jungen Künstler aus Paris erhielt. So begann sie an Alberto zu schreiben, ohne zu ahnen, daß sie selbst am meisten von dieser Korrespondenz beeindruckt werden sollte. Alberto zögerte nicht mit der Antwort; die Briefe wurden zahlreicher, und ganz allmählich begann Bianca zu begreifen, daß sie die ungewöhnliche Bedeutung ihres Cousins verkannt hatte.

Alberto schrieb schöne und originelle Briefe. Sie zeigten, wie stark er am Leben hing, mit welcher Anteilnahme er die Welt betrachtete, wie lebhaft er jeden ihrer Aspekte auffaßte. Der Ton der Briefe wechselte zwischen einfallsreicher Sorglosigkeit und tiefsinnigem Ernst. In allem, was er schrieb, war Alberto höchst intensiv und lebendig gegenwärtig. Bianca war überrascht und begann zu spüren, daß ihr Cousin ihr Herz angerührt hatte. Mit achtzehn Jahren war sie so unsterblich in Alberto verliebt, wie er es sich damals, in der schwierigen Zeit in Rom, ersehnt hatte, als sie so widerwillig für ihn Modell saß.

Keines der Mädchen, denen der junge Giacometti an der Grande-Chaumière oder in den Cafés begegnete, ließ ihn Bianca vergessen. Es muß ihm eine große Genugtuung gewesen sein, daß sich ihre Gleichgültigkeit in Leidenschaft für ihn verwandelt hatte. Gewiß hat Alberto nach Bianca noch andere Frauen geliebt, aber die Gefühle für Bianca, die von seiner romantischen Verliebtheit in das freche fünfzehnjährige Mädchen übriggeblieben waren, wurden nie ganz ausgelöscht.

Unter den anderen Mädchen, mit denen Alberto in jenen frühen Jahren flirtete, spielte Alice Hirschfeld eine besondere Rolle. Ihre Eltern verbrachten die Sommer in Maloja, waren kunstinteressiert, und die Giacomettis nahmen Besucher stets freundlich auf. Alice führte lange, ernste Gespräche mit Alberto. Der hatte soeben Hegel gelesen, und sie war gescheit genug, seinen Spekulationen mit Vergnügen zu folgen und seine Vorliebe für die Dialektik zu würdigen. Möglicherweise hofften die Eltern, daß die jungen Leute ebenso ernste Absichten hegten, wie es die Unterhaltungen glauben lassen mochten.

Aber Alberto konnte sich nicht entschließen, Alice einen Antrag zu machen. Vielleicht genügte es ihm, sich seiner Mutter als der unentschlossene Verehrer eines anständigen Mädchens darzustellen. Annetta war jedenfalls stets von seinem korrekten Verhalten auf diesem Gebiet überzeugt.

Giacometti hat nie tanzen gelernt. Besonders während des Sommers in Maloja blieb es jedoch nicht aus, daß er immer wieder an Tanzveranstaltungen teilnehmen mußte. Sowohl Diego wie Bruno waren gute Tänzer, während ihr ältester Bruder nicht die geringsten Anstalten machte, sich die einfachsten Schritte einzuprägen, wie wenn diese Tätigkeit ein Verhältnis zur Tänzerin mit sich gebracht hätte, das er mit niemandem einzugehen bereit war. Tanz ist rhythmische Bewegung, die keine präzise Situation im Raum beansprucht; Tanz verlangt nur die Identifikation mit dem abstrakten Klangraum. Albertos Unvermögen, tanzen zu lernen, erscheint insofern bemerkenswert, als er sich trotzdem danach sehnte, die sinnliche Erfahrung des akustischen Raumes zu machen. Da er nicht behindert war, muß sein Verhalten auf einer Hemmung beruht haben; so verfiel er auf eine für ihn typische Lösung.

Die Tanzveranstaltungen in Maloja und Stampa wurden von jedermann in der Gemeinde besucht. Alberto konnte nur zuschauen. Sah er nun ein Mädchen, mit dem er gerne getanzt hätte, gab er Bruno einen Wink, sie aufzufordern, um mit ihr an seiner Statt zu tanzen. Meist erfüllte Bruno diesen Wunsch. Während der jüngere Bruder mit dem von Alberto ausgesuchten Mädchen tanzte, stand dieser am Rande der Tanzfläche und verfolgte ihre Bewegungen mit den Augen, wobei er die Arme steif am Körper angelegt und die Fäuste fest geballt hatte. Oft genügte ihm nicht ein einmaliger Tanz, und er ließ Bruno immer wieder mit demselben Mädchen tanzen, während er ihnen unentwegt zuschaute. Bei einer Gelegenheit veranstaltete Alberto sogar auf eigene Kosten eine Tanzveranstaltung zu Ehren einer Schulfreundin seiner Schwester Ottilia, die ihm gefallen hatte, nur um als Zuschauer an ihren Tänzen teilzuhaben.

Vom August bis Oktober 1922 absolvierte Giacometti seine Rekrutenschule. Er war in Herisau im Kanton Appenzell stationiert und der Gebirgsinfanterie zugeteilt. Seine ausgezeichnete Sehfähigkeit kam ihm zustatten, und er erhielt eine Auszeichnung als Scharfschütze.

Bei alledem war sein Bewußtsein viel zu klar und seine Vorstellungskraft viel zu intensiv, als daß er sich auf etwas so Fragwürdiges wie militärische Moral hätte einlassen können. Die Nachahmung des Krieges in den Manöverübungen mußte besonders deprimierend auf jemanden wirken, dem der Gedanke an die Flüchtigkeit und Zerbrechlichkeit des Lebens ständig gegenwärtig war. Der spielerische Umgang mit dem Totschießen und Totgeschossenwerden war mehr, als sein Verstand ertragen konnte. Einem Impuls folgend, der freilich seinem Charakter entsprach, entfernte er sich vom gespielten Schlachtfeld und hielt sich versteckt.

14

«Entweder bringt er es noch weit, oder er wird verrückt werden.» Das war die einhellige Meinung der Mitstudenten über Alberto Giacometti in jenen frühen Jahren an der Grande-Chaumière. Sie hatten ein Gespür für das Besondere an ihm, was nicht heißt, daß alle seine Überlegenheit anerkannt hätten, zumal weder er selbst noch sein Lehrer Bourdelle daran glaubten.

Die beiden kamen nicht gut miteinander aus. Bedenkt man den enormen Unterschied zwischen ihren Charakteren und ihren künstlerischen Intentionen, so war es nur natürlich, ja sogar wünschenswert, daß sie einander kein Verständnis entgegenbringen konnten. Giacometti deckte seine Arbeiten öfters zu, wenn Bourdelle seinen wöchentlichen Rundgang machte; andererseits berichtete Alberto gelegentlich nach Stampa, wie der große Meister ihn gelobt habe; ihm war sicher bewußt, daß derartige Ermutigungen zumindest seinen Eltern wichtig schienen, auch wenn er sie selbst nicht nötig hatte. Sobald Giacometti in seiner Arbeit ernstlich einen eigenen Weg zu gehen begann, reagierte Bourdelle nur noch mit sarkastischen Bemerkungen. Der Schüler war jedoch weder durch Lob noch durch Tadel zu beeinflussen. Als einmal Bourdelle eine Büste bewunderte, die der junge Künstler gefertigt hatte, und sie in Bronze zu gießen empfahl, wollte Giacometti nichts davon wissen. Wenn er das Werk als abgeschlossen betrachtet hätte, wäre es ihm wie ein Eingeständnis vorgekommen, nichts Besseres mehr erreichen zu können. Bereits damals hatte sich bei Giacometti der Grundgedanke festgesetzt, daß das Versagen, nicht das Gelingen, den Weg zur Erfüllung bedeutet.

Alberto war nie zufrieden. Die Mitstudenten an der Grande-Chaumière waren von der mühelosen Beherrschung der Mittel beeindruckt, mit denen er figürliche Plastiken herstellte. Alberto ließ sich durch solche Bewunderung nicht anstecken, kritisierte vielmehr ständig seine Arbeiten und wiederholte immer wieder, daß es völlig unmöglich sei, etwas wirklich Befriedigendes zu schaffen. Gleichzeitig war er über die Arbeiten der Mitstudenten des Lobes voll, und er erklärte stets, um wieviel besser sie wären als seine eigenen Arbeiten. Er tat dies mit voller Überzeugung; denn die meisten Künstler sind grundsätzlich darauf aus, Kunstwerke herzustellen, während für ihn diese Arbeiten nur Zwischenstationen auf dem Weg zu einem anderen Ziel waren.

Die Kommilitonen waren über diese harte Selbstkritik nicht bloß erstaunt; sie machten sich auch darüber lustig. Künstler zu sein im Paris der zwanziger Jahre war etwas Romantisches, Aufregendes. Da durfte nicht einer mit seinem Ernst kommen und das Spiel verderben. So konnte Albertos kompromißloser Anspruch auch Gegenstand für ihren Spott werden. Die Kommilitonen provozierten ihn und freuten sich, wenn er ernsthaft seine Argumente vorbrachte. Man nannte ihn «das verrückte Genie», und Alberto wurde zur Zielscheibe für allerlei Schabernack. Er nahm das Sticheln und Witzeln als etwas Dazugehöriges hin, denn sein Humor war mindestens so stark entwickelt wie sein künstlerisches Talent, und, wie er selbst sagte: «Es dauert lange, bis mir der Kragen platzt.»

Bei alledem war er jedoch sehr allein. Charmant, intelligent, körperlich kräftig, einfühlsam, offenherzig konnte der junge Giacometti ungehemmt auf andere Menschen eingehen; dennoch schien ihn eine unüberbrückbare Distanz von ihnen zu trennen. Wie seine eigenen Arbeiten konnten auch seine Mitmenschen nie seine Ansprüche erfüllen. Da ihm aber die Einsamkeit durchaus normal erschien, beklagte er sich nie darüber. Außerdem neigte er stark dazu, Leiden auf sich zu nehmen, ohne deshalb ein Pessimist zu sein. Tiefes Unbehagen in Verbindung mit unbezähmbarer Energie ist vielmehr eine Quelle des Optimismus; denn in ihrem Zusammenwirken wecken sie die Überzeugung, daß morgen alles besser werden wird.

Viele der jungen Leute an der Grande-Chaumière waren mit Liebesgeplänkel und Heiratsgedanken mindestens ebenso beschäftigt wie mit ihrer künstlerischen Arbeit; nicht so Alberto. Mädchen, die nach Ehemännern Ausschau hielten, konnten in seinen Augen nicht die erhoffte Antwort lesen. Alberto war scheu und zurückhaltend. Gewiß kam es vor, daß er eine Mitstudentin zum Essen einlud und ihr den Hof machte; zeigte sie aber auch nur das geringste Zeichen von Anhänglichkeit, wandte er sich abrupt von ihr ab und beklagte sich bei anderen, sie «hänge sich an». Freunde hatte Alberto nur im Kreise der männlichen Kollegen. Es war ganz offensichtlich, daß unter den Frauen nur seine Mutter zählte, von der er oft sprach und deren unvergleichliche Tugenden er immer wieder lobte. Einige, die ihn kannten, schlossen aus alledem, daß Alberto homosexuell sein müsse.

Aber er zeigte unleugbares Interesse an Frauen, wenn auch auf eine Art, die anderen Leuten seltsam erscheinen mußte. So starrte er Mädchen, die ihm gefielen, mit einer geradezu hypnotischen Intensität an, wobei er bewegungslos dastand, die Arme steif am Körper anliegend und die Fäuste geballt. Dieser Drang hinzuschauen war beeindruckend. Jahre später, als er längst aus seinem Bedürfnis, Frauen anzustarren, seine künstlerische Berufung gemacht hatte, erinnerte sich Giacometti: «Von Anfang an hat mich das menschliche Gesicht außerordentlich fasziniert, mehr als alles andere. Manchmal habe ich als junger Mann in Paris Leute derart intensiv angeschaut, daß ich nicht einmal merkte, wie sie darüber ärgerlich wurden. Mir war dabei, als ob sich meinem Blick entzöge, was ich sehen wollte, als ob alles so verschwommen wäre, daß man das eigentlich Bedeutsame nicht entziffern konnte.»

Alberto war nicht homosexuell, hatte aber für homosexuelle Freunde große Sympathie. Seine Gefühle für Frauen blieben dagegen heftig ambivalent: er bewunderte sie und deklassierte sie zugleich; sie waren Göttinnen, die man von ferne anbetet, und sie waren Dirnen, zum Leiden bestimmt. Seine Phantasie erging sich in Vorstellungen von Mord und Vergewaltigung, in denen die scheinbar unüberwindliche Distanz, die er zwischen sich und anderen sah, womöglich durch Gewalt überwunden werden konnte. Von Kindheit an hatte er sich den Geschlechtsakt als einen Kampf ausgemalt.

Seine Vorstellungen von Gewalt blieben Phantasien und bestimmten nicht Albertos Handeln. Ihre Intensität muß wohl teilweise auf sexuelle Minderwertigkeitsgefühle zurückgeführt werden. «Ich habe bei mir immer ein sexuelles Ungenügen empfunden», sagte Alberto einmal von sich. Dies hatte jedoch keine körperliche Ursache; die Mumpserkrankung hatte ihn zwar unfruchtbar gemacht, aber seine Manneskraft nicht ausgelöscht. Dennoch war er nie sicher, ob sich eine sexuelle Begegnung im körperlichen Akt erfüllen würde, auch wenn es ihn noch so sehr danach verlangte. Vielleicht hat er deshalb Frauen lieber aus der Entfernung angestarrt und Verstrickungen vermieden.

Die sexuellen Hemmungen bezogen sich freilich nicht auf alle Frauen. Bequemerweise folgten seine komplexen Reaktionen einer inneren Logik, nach der solche Hemmungen bei Prostituierten nicht auftraten. Seit seinem Rom-Aufenthalt hatte sich diese Neigung immer mehr verstärkt, bis sie während der ersten Pariser Jahre zu einer festen Gewohnheit wurde. «Prostituierte sind die ehrlichsten Mädchen», meinte er, «sie präsentieren sofort ihre Rechnung. Die anderen hängen sich an dich und lassen dich nie los. Wenn man Potenzprobleme hat, sind Prostituierte ideal. Du bezahlst, und es spielt keine Rolle, ob es klappt oder nicht. Ihr macht das nichts aus.»

Während der Jahre, die Alberto in Paris verbrachte, war das berühmteste Bordell dort Le Sphinx. Es lag hinter dem Bahnhof Montparnasse, Boulevard Edgar-Quinet 31. Die Räume waren üppig dekoriert; unten im Empfangssalon herrschte ein Dekorationsgemisch vom Stil «Karnak» bis «Pompeji», während die Zimmer im Obergeschoß nach Stil und Ausstattung so eingerichtet waren, daß sie jedem Geschmack etwas zu bieten hatten. Die Bar und der Salon waren öffentlich zugänglich, und jedermann konnte dort bei Getränk und Unterhaltung den Abend verbringen. Die Mädchen, nackt bis zur Taille, mischten sich zwanglos unter die Gäste und versuchten, sie zu einem Besuch der oberen Räume zu veranlassen; doch niemand war verpflichtet hinaufzugehen, wenn ihm der Sinn nicht danach stand. Diese Freiheit war Alberto sehr recht, da er sich in Le Sphinx nie auf eine Probe gestellt sah, vor der er sich scheute. «Für mich war dies ein so wunderbarer Ort wie kein anderer», sagte er.

Das Problem der Impotenz stellte sich also für Giacometti, aber sexueller Natur war es sozusagen nur im praktischen Bereich. Er bevorzugte Prostituierte nicht allein darum, weil sie ihm das beschämende Gefühl der Impotenz nahmen, sondern weil sein Verhältnis zu ihnen das Frauenideal unberührt ließ, das Alberto erfüllte. Da er das Verhältnis der Geschlechter als Konflikt sah, lief er auf seine Weise vor dem echten Kampf davon, genauso wie er aus dem simulierten Kampf im Manöver davongelaufen war. Seiner Vorstellung vom prinzipiell feindseligen Verhältnis zwischen Mann und Frau entsprechend, war Eheschließung für Alberto gleichbedeutend mit Selbstaufgabe, und er stand dieser Institution und ihrer Idee absolut feindlich gegenüber.

Als erwachsener Mann sah Giacometti einerseits besser aus als früher, andererseits aber auch weniger gut. Sein Kopf war etwas zu groß für seinen Körper, er hatte auffallend große Hände, und seine Arme waren zu lang. An der Akademie zogen seine Mitstudenten ihn deshalb auf und sagten, er könne sich ja an den Knien kratzen, ohne sich zu bücken. Während seine fein geformten Züge markant und zugleich sensibel waren, wirkte seine Haut gelblich, und seine Lippen waren blaß. In späteren Jahren verfärbten sich seine weit auseinanderstehenden Zähne durch das unmäßige Zigarettenrauchen. Seine Mutter meinte einmal, er sähe aus, als ob er aus einem finstern Nebelland käme, und bei einer anderen Gelegenheit sagte sie: «Du würdest nie einen Schönheitswettbewerb gewinnen.»

Alberto hat diesem Urteil zweifellos zugestimmt. Selbstgefälligkeit aufgrund seiner äußeren Erscheinung entsprach nicht seinem Wesen. Er tat vielmehr alles, um seine ungewöhnlich robuste Konstitution über die Maßen zu strapazieren. Nie betrieb er irgendwelchen Sport, und er verschaffte sich auch sonst wenig Bewegung. In Maloja machte er zwar manchmal Bergtouren mit, doch fand er, die Gipfel sähen von unten am besten aus. Alberto rauchte zuviel und litt bereits in den frühen Pariser Jahren an einem Raucherhusten. Trotz seines problematischen Umgangs mit Prostituierten, trotz seines Tabakgenusses und des gelegentlichen Zuspruchs zu Alkohol und gutem Essen hatte physische Befriedigung keine sehr große Bedeutung für Giacometti. Der Körper ist der Bereich, in dem die Subjektivität die Handlungen eines Menschen am leichtesten bestimmt. Das körperliche Wesen steht dem intellektuell-seelischen Selbst oft genug im Wege. Alberto scheint von Anfang an gespürt zu haben, daß solche Abhängigkeit verhindert werden mußte; und die Umstände seines Lebens kamen ihm dabei zustatten.

15

Von den drei Ateliers, in denen Giacometti im Laufe seines Lebens in Paris arbeitete, war das erste das angenehmste und geräumigste. Es befand sich in einem weit von der Straße zurückliegenden Gebäude, Avenue Denfert-Rocherau Nr. 72, und ging nach Norden auf die Gärten zu, die das Observatorium umgeben. Bei einer Grundfläche von fast 80 Quadratmetern hatte es eine hohe Decke und ein weites Oberlicht. Die Miete betrug nur 100 Francs pro Jahr.

Die experimentellen Werke der frühen Pariser Jahre sind später alle zerstört worden. Alberto betrachtete sich nicht als professionellen Künstler. Er war so sehr mit dem genauen Studium der äußeren Erscheinungsformen erfüllt, daß er seine Arbeiten lediglich als Sehübungen betrachtete; sie waren Nebenprodukte seines Ringens um die reine Wahrnehmung, also keine Beweise kreativen Könnens. Für Giacometti zählte allein der Akt der Wahrnehmung, nicht das Ergebnis.

Von seinen Eltern erhielt er eine regelmäßige Zahlung, die für seinen Lebensunterhalt ausreichte. Ein wenig mehr wäre dennoch willkommen gewesen, und Alberto bewarb sich um eines der Stipendien, die eidgenössische Stiftungen jungen, verdienstvollen Künstlern gewährten, damit sie ihre Ausbildung im Ausland erweitern konnten. Sein Antrag wurde abgelehnt. Erstaunt und verärgert, fühlte sich der junge Mann von seinem Heimatland im Stich gelassen. Giacometti vergaß nicht leicht eine Kränkung und war nachtragend. Als er sechs Jahre später eingeladen wurde, eine Arbeit zu einem offiziellen Wettbewerb einzureichen, lehnte er ab. Während ihm das heimatliche Bergell sehr viel bedeutete, waren seine Beziehungen zur Schweiz sowohl praktisch als auch symbolisch kühl. Später sollte es noch andere Gründe für ein getrübtes Verhältnis zur Schweiz geben, und es dauerte lange, ehe sie ihre Wirkung verloren. Was das Geld aus Stampa betraf, so kostete es ihn keine Überwindung, es anzunehmen. Wahrscheinlich war dieses Geld für ihn eher ein Zeugnis der Familienzusammengehörigkeit als die Erfüllung eines Rechtsanspruchs; somit ist es denkbar, daß diese Zahlungen als völlig normal empfangen wurden.

Wiederholt reiste Annetta Giacometti nach Paris, um zu sehen, wie es ihrem Ältesten erging. Wahrscheinlich dachte sie, es würde ihm guttun, wenn sie sich um ihn kümmerte, und womöglich empfand er dies auch so. Jedenfalls kann man annehmen, daß Alberto während der mütterlichen Besuche zu ihrer Beruhigung den Eindruck von Ordentlichkeit und Fleiß erweckte; denn es war ihm stets wichtig, daß sie mit allem, was er im Leben tat, einverstanden war und daran Anteil nahm. Seiner Mutter erzählte er immer gerne von seiner

Arbeit und von seinen Plänen; und zweifellos sah für ihn die Zukunft hoffnungsvoller aus, wenn seine Mutter einbezogen war. Annetta hatte für ihren Sohn stets guten Zuspruch bereit, andererseits hielt sie mit ihrer Meinung und ihrem Rat nicht zurück.

An den eintrittsfreien Sonntagen besuchte Alberto meistens den Louvre, das reichste, umfassendste und vielfältigste Museum der Welt. Er füllte dabei zahllose Skizzenbücher mit Kopien nach den Werken, die ihn beeindruckten. Neben den ägyptischen Plastiken aus dem Alten Reich waren ihm vor allem die Marmoridole der vorgeschichtlichen Kykladenkultur wichtig. Diese Kunst ist durch große Abstraktion geprägt; dennoch besitzt jedes einzelne Werk eine tief empfundene Individualität. Die meisten dieser Idole stellen eine unbewegt dastehende, nackte weibliche Gestalt dar. Ihre Füße sind gewöhnlich so stark abgewinkelt, daß diese Stellung in Wirklichkeit Schmerzen hervorrufen müßte; dieses Detail lenkt daher die Aufmerksamkeit weitgehend auf die Füße und hat zugleich eine besondere ästhetische Ausstrahlung. Die Beine sind ganz gerade, ein eingeschnittenes V markiert das Geschlecht, die Unterarme liegen parallel unter den Brüsten. Der hochaufgerichtete Kopf zeigt keinerlei Gesichtszüge außer einer abstrahierten Nase. Alle diese Figuren sind frontal konzipiert; von der Seite her sehen sie zerbrechlich und flach aus. Man nimmt an, daß es sich um Fruchtbarkeitssymbole handelte, Darstellungen der Mutter Erde. Überall in der Ägäis in der Zeit vor der klassischen Antike spielte diese Große Mutter die dominierende Rolle. Sie symbolisierte den Akt und die Macht der Schöpfung. Ihr Abbild wurde dem Verstorbenen ins Grab beigegeben, um ihn vor allem Übel zu bewahren und ihn auf dem Wege zur Wiedergeburt zu begleiten.

Die klassisch-antike Plastik besaß für Giacometti nie die Kraft und Faszination, die er in der ägyptischen Kunst und bei den kykladischen Idolen fand. Obwohl sein eigenes Werk diesen Leitbildern selten äußerlich gleicht, bestand doch für ihn eine innere Beziehung zu ihnen, die im Laufe der Jahrzehnte immer deutlicher, tiefer und aufregender wurde. Der Künstler bemühte sich schließlich sogar, diese Beziehung besonders zu betonen.

Als der junge Giacometti in Paris ankam, war Paul Cézanne bereits eine legendäre Figur, die mit Verehrung selbst von Künstlern betrachtet wurde, die ihm in ihrer Arbeit nicht zu folgen versuchten; für einige von ihnen war er «Vater Cézanne». Alberto hatte Bilder von Cézanne zuerst in Bildbänden aus der Bibliothek seines Vaters kennengelernt. In Venedig hatte er Originale gesehen, wenn er auch wegen seiner Begeisterung für Tintoretto damals nicht recht aufnahmefähig war. Inzwischen hatte Alberto Gelegenheit gehabt, wichtige Cézanne-Ausstellungen zu besuchen. Diese Malerei beeindruckte ihn sofort und entscheidend. Cézannes Beispiel ermutigte den jungen Giacometti, in dem undankbaren Ringen um künstlerische Erfüllung durchzuhalten; doch war er auch zu intelligent, in den sterilen Fehler zu verfallen, Technik und Stil seines großen Vorbildes kopieren zu wollen.

Bourdelle war eine Persönlichkeit von unübersehbarer Wichtigkeit in der Pariser Kunstwelt; er hatte bedeutende Stellungen inne, zum Beispiel als Vizepräsident des «Salon des Tuileries». In dieser alljährlichen Ausstellung zeigten viele Künstler ihre Werke in den verschiedenen Stilrichtungen der Zeit. Selbstverständlich wurden Bourdelles Schützlinge eingeladen. Trotz Albertos Begabung dauerte es drei Jahre, bis Bourdelle ihn bei dieser Veranstaltung teilnehmen lassen wollte. Nicht daß dem besondere Bedeutung beigemessen werden müßte, denn die Listen der Aussteller sind Verzeichnisse unbedeutender Namen; aber die Ungerechtigkeit des Ausgeschlossenseins mag Giacometti dennoch verärgert haben.

So kam es, daß er erst 1925 begann, seine Arbeiten öffentlich zu zeigen. Er stellte in Paris zwei Skulpturen aus; einen vermutlich eher konventionell gearbeiteten Kopf und einen Torso, ein kraftvolles Werk, das sowohl Lipschitz wie auch dem früheren Brancusi verpflichtet war. Bourdelle gefiel die Arbeit nicht, und er bemerkte zu Alberto: «So etwas macht man für sich zu Hause, aber man zeigt es nicht.»

Gewiß hatte auch Alberto Augenblicke, in denen ihn Zweifel befielen; aber im Grunde war er überzeugt von sich. An der Grande-Chaumière gab es sogar Kommilitonen, die ihn für eingebildet und arrogant hielten. Da er damals noch nicht von den Leiden gedemütigt war, denen ein Genie ausgesetzt wird, konnte er manchmal tatsächlich brüsk und hochmütig wirken. Unnachsichtig ging er mit Modellen um, die sich ausruhen wollten. «Halte gefälligst die Pose ein!» rief er dann grob. Gewöhnlich war er aber ausnehmend gutmütig. Als er seltener in der Akademie erschien, kam der Zeichensaal seinen Studienkameraden geradezu leer vor.

Während Albertos Lebensplan geradlinig angelegt war, stolperte Diego von einer Beschäftigung in die nächste. Er hatte Basel verlassen; während des Sommers 1922 wurde er zur Rekrutenschule bei der Artillerie einberufen. Die militärische Disziplin sagte ihm überhaupt nicht zu; er wurde bestraft, weil er gegen die Tenuevorschriften verstieß. Als er ins Zivilleben zurückkehrte, besorgte ihm ein Cousin in Marseille eine Anstellung als Nachtwächter in einer chemischen Fabrik. Auch daran fand er keinen Gefallen. Anfang 1924 kehrte er in die Schweiz zurück und versuchte es mit einer Ausbildung an der Handelsschule in St. Gallen. Bei alledem hatte er keine Ahnung, was er mit seinem Leben anfangen sollte. Er schien völlig damit zufrieden zu sein, für den Augenblick zu leben, sich auf angenehme Weise die Zeit zu vertreiben, sich zu betrinken und den Mädchen nachzulaufen. Seine Eltern machten sich ernstlich Sorgen.

Auch Alberto war darüber bekümmert. Sein Leben lang blieb er ein wachsamer Beschützer für Diego und fürchtete, daß ihm etwas zustoßen könnte. Es lag ihm daran, daß andere eine gute Meinung von seinem Bruder haben sollten. So viel fürsorgliche Anteilnahme hatte er außer für Diego nur noch für seine Mutter. Wenn Diego irgendwelcher Gefahr ausgesetzt war, quälte sich Alberto vor Besorgnis. Besonders in seiner Jugendzeit hatte Diego eine Vorliebe für riskante Kletterpartien und die Gabe, in Schwierigkeiten zu geraten.

Im Sommer 1925 malte Alberto ein Bildnis seiner Mutter. Es wollte ihm nicht von der Hand gehen. Die gleichen Probleme traten auf, denen er vier Jahre zuvor bei der Büste von Bianca begegnet war. Diesmal schien ihn die Erfahrung noch nachhaltiger betroffen zu machen. Bei jenem ersten Mal in Rom war ihm nicht bewußt geworden, daß für ihn das Wesen der sichtbaren Realität in Frage gestellt war; er hatte die Schwierigkeit nur in seiner mangelnden Fähigkeit gesehen, diese Wirklichkeit in einer für ihn befriedigenden Weise zu erschaffen. Dieser Anspruch war seither zu einer ernsten Bedrohung seiner Selbstgewißheit geworden; gleichzeitig bildete er einen machtvollen Ansporn, daß er unbeirrt um die Beherrschung seiner Kunst rang. Seine Anstrengungen, mit dem Problem fertig zu werden, hatten seit damals nicht nachgelassen. Die Erfahrung von 1921 hatte seine Situation zwar grundlegend verwandelt; aber er selbst war stets derselbe geblieben.

Jetzt, 1925, lagen die Dinge anders: «Das menschliche Gesicht hat mich stets mehr als alles andere interessiert», sagte er später, «aber 1925 war ich davon überzeugt, daß ich nicht einmal annähernd meine Vorstellung von einem Kopf zuwege bringen konnte, und ich gab sogar den Versuch auf, für immer, wie ich dachte.»

1925 war Annetta Giacometti längst ein erfahrenes und geduldiges Modell; die vielen Bildnisse, die ihr Mann und ihr Sohn von ihr gemalt haben, bezeugen dies. Die Schwierigkeit, die Alberto zu schaffen machte, hatte also nicht wie bei Bianca etwas mit dem fehlenden guten Willen des Modells zu tun. Vielmehr hing sie mit der Identität des Modells zusammen. Es war die Mutter, deren Ähnlichkeit er zu fassen versuchte. Alberto hatte eine äußerst fordernde Vorstellung von der richtigen Rolle und dem richtigen Verhalten eines Modells. Für ihn Modell zu sitzen verlangte völlige Hingabe, denn er wünschte nicht bloß die Bereitschaft zu langem Stillhalten, sondern zugleich eine ständige innere Gespanntheit entsprechend der Intensität seiner eigenen Konzentration; gefordert war eine «aktive Passivität».

In jenem Sommer von 1925 stand Alberto am Beginn seiner künstlerischen Reife. Die Jahre der Einführung, der Ausbildung und der Nachahmung waren vorüber. Von diesem Zeitpunkt an verbrachte er immer weniger Zeit im Bergell, doch blieb er dem Heimattal stets verbunden, und er war sich dessen grundlegender Bedeutung für sein Wesen bewußt, weshalb er sein Leben lang immer wieder dorthin zurückkehrte. Aber seine neue Heimat wurde nun

Paris. Und seine Laufbahn mußte sich gemäß den Pariser Bedingungen vollziehen. Alberto war fleißig und ehrgeizig, auch noch jung genug, um sich von älteren, erfolgreichen Zeitgenossen beeinflussen zu lassen. Ein Grund für die Sommerkrise mag gewesen sein, daß er erkannte, wie gering damals die Aussichten für einen jungen Künstler waren, durch gegenständliche Arbeiten Ehre und Bewunderung zu erringen.

Die Krise von 1925 trennte Alberto von einem wichtigen Teil seiner Vergangenheit; aber dies hatte keine hemmenden Nachwirkungen. Im Gegenteil: es war eher ein befreiendes Erlebnis, das wichtige und komplexe Seiten seiner Künstlernatur zum Vorschein brachte und ihn zu einem erfüllteren Ausdruck befähigte. Als er später davon sprach, was damals geschehen war, sagte er: «Wenn man so hoch wie der Mond springen will und obendrein noch so dumm ist zu meinen, daß das möglich wäre – wenn man dann eines Tages merkt, daß es sich nicht lohnt, gibt man die Idee eben auf. Es wäre töricht, darüber unglücklich zu sein.»

Das ist eine bewundernswert vernünftige Haltung. Der romantische Vergleich, mit dem er seinen unerfüllbaren Ehrgeiz beschrieb, wirft allerdings die Frage auf, ob er tatsächlich so hellsichtig über seine Erfahrungen urteilte, wie er es von sich glaubte. Vierzig Jahre später sprach er wiederholt von der Krise von 1925, als ob sie ein ernstes Trauma hervorgerufen hätte. Für den Künstler mag diese Krise eine befreiende Wirkung gehabt haben, aber der Mensch empfand sicher ein Gefühl von Verlorenheit. Einmal mehr bekommen wir eine Ahnung davon, wie sich schöpferischer Drang auf subtile Weise seinen Weg bahnt.

Obgleich Giacometti dies später behauptete, hat er damals nicht wirklich alle Versuche aufgegeben, die menschliche Figur darzustellen. Diese Abweichung von der Wahrheit mag dem Wunsch entsprungen sein, seine vorangegangene Stilentwicklung als geradlinig und einfach darzustellen und in einen Gegensatz zu der immer komplizierter werdenden Bewältigung seiner Kunst und seines Lebens zu stellen. Während all der folgenden Jahre schuf er gegenständlich abbildende Skulpturen, Gemälde und Zeichnungen. Einige davon stellte er auch aus. Gewiß waren diese Werke weder für ihn noch für uns typisch für die Eigenart seines schöpferischen Willens. Der Kern seines damaligen Schaffens bestand vielmehr in der Entwicklung einer bildhauerischen Sprache, die umfassend und flexibel genug war, um die aus der Krise von 1925 freigesetzten Kräfte in fruchtbare Bahnen zu lenken. Und dennoch gewinnen gerade die neuen Formen, um die er sich bemühte, eine besondere Wichtigkeit, wenn man sie in dem Bewußtsein betrachtet, daß der Künstler gelegentlich auch gegenständliche Werke schuf.

Während der Sommerferien in Maloja war Alberto jetzt immer mit Bianca zusammen. Der vertraute Umgang miteinander hatte ihre Gefühle nicht abstumpfen lassen. Es herrschte jedoch zwischen den beiden eine merkwürdige beruhigte Beziehung, bei der die Sinnlichkeit kaum eine Rolle spielte; zumindest wurde sie nicht offen gezeigt. Dies kam dem Verhältnis der beiden gewiß zugute und trug zur langen Dauer ihrer wechselseitigen Zuneigung bei. Sie machten lange Spaziergänge, wobei sie sich an der Hand hielten. Die größte Freude machte es ihm bei solchen Wanderungen, wenn er sich eng mit ihr unter einem überstehenden Felsen oder unter niedrige Büsche drängen konnte unter dem Vorwand, daß ein Regenschauer zu befürchten war. Dafür genügte bereits das Herannahen einer einzigen dunklen Wolke.

Annetta mißfiel die Bindung zwischen ihrem Sohn und Bianca. Sie machte kein Hehl aus ihrer Meinung, daß eine Heirat zwischen Alberto und seiner Kusine ausgeschlossen sei. Sie meinte, die Blutsverwandtschaft zwischen den beiden wäre zu eng, da sowohl Alberto wie Bianca beiden Familien angehörten. Womöglich war sie auch davon überzeugt, daß Bianca nie eine gute Frau für einen Künstler abgeben könnte. Aus eigener Erfahrung wußte sie, welche Eigenschaften hierfür erforderlich waren. Und sie mag auch geahnt haben, daß Alberto sich einmal als noch fordernder und schwieriger erweisen würde, als es ihr Mann Giovanni war. Jedenfalls stellte sie hohe Ansprüche an die Frau, die Albertos Ehegefährtin werden sollte, und es ist möglich, daß niemand je diesen Ansprüchen hätte genügen können. Sowenig wie den seinen.

16

Am 16. April 1925 kam eine junge Frau aus Denver, Colorado, in Paris an. Sie hieß Flora Lewis Mayo und war fünfundzwanzig Jahre alt. In Frankreich hoffte sie sich ein neues Leben aufzubauen; die Vergangenheit hatte ihr hinreichend Grund gegeben, sich eine freundlichere Zukunft zu wünschen.

Floras Vater besaß ein großes Warenhaus in Denver. Erfolgreich und stets in Geschäften, hatte er wenig Zeit gehabt, sich um seine Tochter zu kümmern. In ihrem Kummer nahm sie Zuflucht zu romantischen Tagträumen. Sie wollte dem Augenblick leben und jeden Moment bis zur Neige auskosten. Am College gab es genug junge Männer, die ihr bei Gartenfesten und Tanzveranstaltungen den Hof machten, und da sie nach Zuneigung hungerte, ließ sie sich bereitwillig auf Abenteuer ein. Bald wurde über sie geredet, und die Gerüchte drangen schließlich bis zu ihrer Familie. Dort stießen sie nicht auf taube Ohren. Flora fürchtete, ihr Leben sei ruiniert, kaum daß es angefangen hatte. In einem Traum, den sie damals hatte, stand sie an der Straße und sah einem Leichenzug nach – ihrem eigenen. Die Eltern wollten sie verheiratet und in geordneten Verhältnissen sehen. Es fand sich ein annehmbarer junger Mann namens Mayo, und nach der Hochzeit erhielt er einen guten Posten im schwiegerväterlichen Warenhaus; doch die junge Frau hatte für ihn nur Verachtung übrig.

Nachdem sie einmal das Opfer der Konventionen geworden war, dachte Flora, sie hätte nichts mehr zu verlieren, wenn sie jetzt wirklich Feuer entzündete, wo früher bloß Rauch gewesen war. Sie nahm sich einen Liebhaber. Er war Weißrusse und erst kurz zuvor den Bolschewiken dadurch entkommen, daß er einfach nach Osten davongelaufen war. Als seine Schuhe in Fetzen gingen, marschierte er barfuß weiter durch die Mandschurei. Auch ihm hatte das Schicksal übel mitgespielt, und er empfand Sympathie für Flora in ihrem Unglück. Möglicherweise wurde seine Sympathie noch durch die Tatsache gefördert, daß ihr Vater Millionär war; zusammen brannten die beiden nach New York durch.

Dort suchte Flora sich einen Job und verkaufte Bücher im Warenhaus Macy's. Sie wurde in die Kolonie der russischen Flüchtlinge eingeführt, wo alle ehemaligen Adeligen und ihre Damen behaupteten, Flora habe eine russische Seele, sie sei wie eine Figur von Tschechow. Das war sie wohl tatsächlich.

Mayo ließ sich scheiden. In ihrem Bemühen um Emanzipation hatte Flora ihre Chancen geopfert. Ihr Liebhaber wollte sie nicht heiraten, und sie wußte nicht, was sie jetzt anfangen sollte. Die Rückkehr nach Denver kam nicht in Betracht. In New York allein weiterzuleben war ihr unerträglich. Sie hatte dort einige Zeit an der Art Students' League Kurse besucht, da sie Freude an der Bildhauerei hatte und ihr plastische Arbeiten leicht von der Hand gingen, wenn ihr der Sinn danach stand. Paris war damals die Stadt auf der Welt, wo Amerikaner die Erfüllung romantischer Träume suchten. So kündigte Flora ihrem Vater an, daß sie nach Frankreich gehen wollte. Die Eltern Lewis kamen von Denver angereist, und es gab einen unerfreulichen Auftritt in der Empfangshalle des Plaza-Hotels. Floras Eltern hatten keine Lust, ein sündiges Leben in einer sündigen Stadt zu unterstützen; andererseits wollten sie ihre Tochter lieber von Denver fernhalten. So willigten sie schließlich in die Reisepläne ein und gewährten ihr eine monatliche Unterstützung von 200 Dollar.

Flora fand Paris aufregend. Es war Frühling, und wie im Traum durchwanderte sie die Stadt, mietete sich schließlich eine offene Kutsche und fuhr in den Bois de Boulogne hinaus. Hier, in dieser belebenden Umgebung, würde sie wirklich ein neues Leben beginnen können. Wie die meisten ihrer künstlerisch orientierten Landsleute fand sie bald den Weg zum Montparnasse, wo sie in der Rue Boissonade ein geräumiges Studio bezog und sich in der Klasse von Bourdelle an der Grande-Chaumière anmeldete. An der Akademie wurde sie freundlich aufgenommen, und da sie als liebenswürdig und gewinnend gelten wollte, reagierte sie auf den herzlichen Empfang mit spontaner Offenheit, vielleicht ein bißchen zu offen. Früher hatte sie nie Gelegenheit gehabt, sich wenigstens eine gewisse Verträglichkeit von Alkohol anzugewöhnen, so daß sie jetzt beim Trinken noch mehr ihre Zurückhaltung verlor; andererseits brachte es ihr Glücksbedürfnis mit sich, daß sie besonders anfällig war für die Verführungen der Café-Casanovas am Montparnasse. Dazu kam, daß ihre persönliche Anziehungskraft noch verstärkt wurde durch den vergleichsweise großzügigen monatlichen Scheck von zu Hause. Es dauerte nicht lange, bis einige Studenten an der Grande-Chaumière die Nase über sie zu rümpfen begannen, und Flora merkte, daß sie wieder ins Gerede kam. Natürlich fürchtete sie, daß sie den Weg ins neue Leben verfehlen könnte. So trank sie noch mehr, als sie vertragen konnte, und lebte mit dem immer dringenderen Wunsch nach der Begegnung mit einem starken, verständnisvollen Mann, der ihren Traum vom Glück erfüllen würde.

Alberto lernte sie kennen, als sie in die Akademie eintrat. Vielleicht gefiel sie ihm von Anfang an, doch blieben sie vorerst lediglich gute Bekannte. Diese Zeit gelegentlicher Begegnungen war wohl lang genug, daß Alberto Flora als eine unkonventionell eingestellte Frau einordnen konnte, die ihm nicht durch «Klammern» lästig fallen würde. Das Gerede über sie muß sie für ihn zusätzlich anziehend gemacht haben, da er eine instinktive Sympathie für alle empfand, die von der Gesellschaft verurteilt wurden. Eines Tages, als Flora wegen Krankheit der Akademie ferngeblieben war, ging Alberto zur Rue Boissonade und besuchte sie. Er setzte sich ans Fußende ihres Bettes und schaute sie an, und zwar mit solchem Mitgefühl, wie es ihr schien, daß sie einfach die Arme ausbreitete, und Alberto ließ sich in diese Umarmung fallen. Es war keine Leidenschaft dabei im Spiel. Sie umfingen sich, wie um ihr gegenseitiges grenzenloses Vertrauen auszudrücken, und so begann ihre Liebesbeziehung. Sie war sehr glücklich – wenigstens für eine gewisse Zeit.

Während Alberto Glück im Leben und Erfolg in seiner Arbeit fand, war Diego noch weit von beidem entfernt. Der kleine Bruno war inzwischen bereits zu einem verantwortungsvollen und anziehenden jungen Mann herangewachsen und hatte sich entschlossen, Architektur zu studieren. Ottilia war nach ihrer Ausbildung im Hause bei ihrer Mutter geblieben. Nur der zweite Sohn gab durch seine Entwicklung Anlaß zur Sorge. Das Ausmaß dieser Sorge läßt sich zum Teil an Annettas Schritt ermessen, durch den sie der Probleme Herr zu werden hoffte: sie schickte Diego zu seinem Bruder nach Paris. Obgleich es ihr nicht leichtfiel, ihrem Ältesten eine zusätzliche Verantwortung zu seinen eigenen Aufgaben aufzubürden, kannte sie sein Bedürfnis, den jüngeren Bruder zu behüten, und sie dachte wohl, daß Alberto am ehesten würde Hilfe leisten können. Ihm fehlte es nicht an einem Lebensziel, und sie muß gehofft haben, daß ein wenig von dieser Zielstrebigkeit auf den unentschlossenen jüngeren Bruder abfärben möchte. Diego war nicht abgeneigt, nach Paris zu gehen, versprach die französische Metropole doch genügend Gelegenheit, das Leben zu genießen und auf die verschiedensten Weisen in neue Schwierigkeiten zu geraten. Alberto war es recht, seinem Bruder helfen und gleichzeitig dadurch seine Mutter beruhigen zu können.

An einem kalten Februartag des Jahres 1925 traf Diego ein. Den tristen Anblick des Boulevard de Strasbourg fand er nicht einladend; aber am Montparnasse ging es ihm schon wieder besser. Zwar wollte er nicht Künstler werden, aber die Aussicht auf ein Leben, bei dem man sich keinen Zwang antun mußte, schien ihm zu behagen.

Einige Zeit vor der Ankunft seines Bruders hatte Alberto in ein neues Atelier umziehen müssen. Die Adresse lautete jetzt Rue Froidevaux 37, nur sieben Minuten zu Fuß vom alten Atelier entfernt und näher am Montparnasse. Hier stand Alberto die gesamte Fläche im Obergeschoß eines zweistöckigen Hauses zur Verfügung. Eine enge Treppe führte zu dem großen Atelierraum mit der daran anschließenden kleinen Küche hinauf. Mit seinen 40 Quadratmetern war das neue Atelier merklich kleiner als das vorhergehende. Zudem hatte es eine niedrigere Decke und war für die Arbeitszwecke weniger geeignet. Dafür waren die neuen Räume besser zum Wohnen zu gebrauchen. Der Blick aus dem Fenster war keineswegs beglückend, denn man schaute direkt auf die Grabmäler des Montparnasse-Friedhofs. Die nächsten Nachbarn der Brüder Giacometti waren somit die Toten, und in heißen Sommernächten konnten sie über den Gräbern das bläulich flackernde Leuchten der von den verwesenden Leichen aufsteigenden Gase sehen.

Diego wurde in Bourdelles Werkstatt eingeführt, zeigte aber geringes Interesse an dem, was dort vorging. Er suchte sich lieber eine Anstellung in einem Fabrikbüro in Saint-Denis. Auch daran hatte er wenig Interesse. Spaß machte es ihm nur, sich modisch auffallend zu kleiden, in anrüchigen Bars herumzusitzen und Bordelle zu besuchen. Es dauerte auch nicht lange, bis er wieder die Sorte von zweifelhaften Typen gefunden hatte, deren Umgang ihm vertraut war und die ihn mit der Zeit in ihre undurchsichtigen Geschäfte hineinzogen. Diego war nicht kriminell veranlagt, aber er war einigermaßen unverantwortlich und hatte eine sehr großzügige Haltung in Fragen angewandter Moral. Ein wichtiger Aspekt dieser dubiosen Vorgänge in den frühen Jahren liegt darin, daß ein grundsätzlicher Unterschied zwischen den beiden Brüdern hervortrat. Obwohl Alberto um die Sicherheit seines Bruders besorgt war, wäre er kaum schockiert gewesen über dessen unüberlegte Verwicklungen in Schmuggelei und leichten Diebstahl.

Er war viel zu intelligent, um den Unterschied zwischen der Gebrauchsmoral in der Gesellschaft und den hohen Ansprüchen eines rein ethischen Lebens nicht zu sehen. Den Verlauf seines eigenen Handelns versuchte er mit dem Blick auf diesen höchsten Standard festzulegen, oft mit schonungsloser Gewissenhaftigkeit. Wurde er diesem Anspruch nicht gerecht, was nicht selten geschah, verurteilte er sich selbst aufs schärfste; Schuldgefühle waren eine

Grundvoraussetzung seiner Existenz. Diego dagegen richtete sich in seinen Handlungen nur nach den Maßstäben der Alltagsmoral, die er gelegentlich nicht ungern außer acht ließ aus Gründen, die er wahrscheinlich selbst nicht durchschaute. Diese instinktive Mißachtung seiner Maßstäbe machte Alberto mehr Sorgen als Diegos tatsächliche Handlungen, die daraus resultieren mochten. Der starke Drang, seinen jüngeren Bruder zu beschützen, erhielt dadurch immer neue Nahrung; denn es konnte ihm nicht entgehen, daß Diegos Weigerung oder Unfähigkeit, mit seiner Alltagsrealität zurechtzukommen, etwas mit ihm selbst zu tun haben mußte, mit seiner eigenen Art der Alltagsbewältigung. Es mußte sich also bei ihm eine Gedankenbrücke bilden zwischen dem Bewußtsein von seiner eigenen Anstrengung und dem Versuch, seinem Bruder zu helfen. Selbst auf ganz praktische Weise mußte er nach Wegen suchen, diese beiden völlig auseinanderklaffenden Ziele auf einen Nenner zu bringen. Das war nicht richtig; aber in seinem jugendlichen Ehrgeiz und seiner blinden brüderlichen Zuneigung konnte Alberto dies nicht einsehen. Erst Jahrzehnte später erkannte er den Irrtum; aber da war längst nichts mehr wiedergutzumachen.

Alberto kaufte Farbe, Pinsel und Leinwände und ermutigte seinen Bruder, damit zu experimentieren. Mit leidlichem Eifer fing Diego an; aber bereits nach einigen Tagen legte er die Pinsel beiseite und sagte: «Ich geh' mal ein bißchen weg.»

«Wohin?» fragte Alberto.

«Nach Venedig», gab Diego zur Antwort.

Unter den neuen Kumpanen, die Diego in Paris gefunden hatte, war der vertrauteste Gustavo Tolotti, ein junger Mann aus Venedig. Die beiden waren öfter auf Reisen, meist in Oberitalien, und sie gerieten in manch abenteuerliche Affäre. Eine Weile wurden sie sogar von der Polizei überwacht. Mehrfach wurden sie angewiesen, den Ort, an dem sie sich gerade befanden, innerhalb von vierundzwanzig Stunden zu verlassen. In Zürich, wo Bruno Architektur studierte, wurden sie sogar verhaftet bei dem Versuch, einige Diamanten zweifelhafter Herkunft abzusetzen. Der wohlanständige Architekturstudent war entsetzt über den Lebenswandel seines Bruders.

Einmal fuhren Tolotti und Diego mit einem Handelsschiff von Marseille nach Ägypten. Sie müssen schon ein recht verdächtiges Paar gewesen sein; denn vom ersten Moment an, als sie in Alexandria über die Landungsbrücke gingen, standen sie unter polizeilicher Beobachtung. In Kairo stießen sie mit irritierender Häufigkeit auf wohlmeinende Unbekannte, die ihnen dringend rieten, sich aus möglichen Schwierigkeiten herauszuhalten. Sie hatten genug Verstand, die Warnungen zu beherzigen. Nachdem sie die Bordelle und die Pyramiden besucht hatten, fuhren sie mit dem nächstbesten Schiff nach Marseille zurück.

Alberto war nicht entzückt von diesem Umgang und von den Unvorsichtigkeiten seines Bruders; aber er hatte auch keine bessere Lösung anzubieten.

Jedenfalls steht fest, daß nie auch nur eine Anspielung auf die Eskapaden des Bruders nach Stampa gelangte. Übrigens konnte Alberto gar nicht anders, als für seinen Bruder die spontane Bewunderung zu hegen, die ein introvertierter junger Mann für einen Tatmenschen haben muß. In späteren Jahren sprach er oft mit geradezu neidvoller Begeisterung von Diegos Streichen, besonders von dem Ausflug nach Ägypten, als ob dies alles Heldentaten an Kühnheit und Phantasie gewesen wären.

Aber zu dieser Zeit war es ihm bereits zu einer Lebensnotwendigkeit geworden, die Dinge in solchem Licht zu sehen.

Während Alberto guten Grund hatte, Diegos Verhalten mit ebensoviel Nachsicht wie Besorgnis zu betrachten, galt dies nicht für Albertos Freunde. Ihnen entging nicht, was der jüngere Giacometti alles trieb. In der kleinen Welt der Cafés und Ateliers am Montparnasse wußte jeder über Leben und Treiben der anderen Bescheid, und die Mitstudenten des hoffnungsvollen jungen Bildhauers Alberto Giacometti lehnten dessen Bruder unnachsichtig ab. Alberto hätte ihre ablehnende Haltung nicht ändern können und wäre auch viel zu stolz gewesen, dies zu versuchen. Andererseits hatte Diego keine Lust, sich in einer Gruppe beliebt zu machen, deren Ablehnung er ganz offensichtlich spürte. Das lief darauf hinaus, daß Alberto seinen eigenen Freundeskreis hatte, während Diego in einer anderen Clique verkehrte, wobei beide Gruppen sonst nichts verband, als daß es in ihren Reihen einen Giacometti gab.

Genauso war es damals in Schiers gewesen. Anfangs mag diese scharfe Trennung nicht besonders aufgefallen sein, weil Diego oft auf Reisen war. Ändern ließ sich daran nichts. Aber es stellte sich auf diese Weise ein Verhaltensmuster ein, das im Laufe der Zeit zu einer weiteren Besonderheit in der schönen und eigenartigen Beziehung zwischen den Brüdern wurde.

17

Die Skulpturen, die Giacometti während der ersten Jahre seiner künstlerischen Reife schuf, nachdem die Schwierigkeiten von 1925 überwunden waren, zeigen schon deutlich die Hand eines originellen und kraftvollen Künstlers. Trotz ihrer formalen Strenge und der erfindungsreichen Raumbeziehungen läßt sich rückblickend erkennen, daß der junge Mann noch nicht bereit war für die Prüfungen, die allein entscheiden, ob ein genialer Mensch auch tatsächlich ein großer Künstler wird. Immerhin lassen die wichtigsten Arbeiten dieser Jahre bereits die charakteristischen Züge sehen, die noch aus den zwei oder drei Jahrzehnte später entstandenen Werken zu uns sprechen.

Von den Werken, die zwischen 1925 und 1930 entstanden, ist wohl das bemerkenswerteste die 1926 geschaffene sogenannte *Löffelfrau.* Der Künstler selbst nannte sie auch 1948 noch *Große Frau,* durch welchen Titel ein engerer und logisch besser nachvollziehbarer Zusammenhang zu späteren Skulpturen hergestellt wird. Die beherrschende Gestalt dieses Werkes ist eine große löffelartige Form, oben nach außen und unten nach innen gewölbt, was als Andeutung eines Unterleibs aufgefaßt werden kann. Über dieser Form erhebt sich eine abstrahierte Brust und ein kleiner Kopf; die Plastik wird von einem Standgerüst getragen, das keinen Versuch macht, menschliche Gliedmaßen vorzustellen. Die Beziehung zwischen den verschiedenen Elementen der Skulptur ist sorgfältig erwogen und von überzeugender Kraft. Zum erstenmal zeigt Giacometti hier, wie kunstvoll er den leeren Raum als gestalterisches Element in seine Skulptur einzubeziehen wußte. Es ist unübersehbar, daß Giacometti in dieser ersten *Großen Frau* wesentliche Züge seines Lebenswerks zum Ausdruck brachte. Obgleich sie nur 145 Zentimeter hoch ist, erweckt sie sofort die Vorstellung von Monumentalität. Ihre beherrschende Gegenwart bringt den Betrachter dazu, ihr frontal gegenüberzutreten, statt sie von der Seite oder aus einem schrägen Winkel heraus anzuschauen. Mit ihrer priesterlich kulthaften Aura zwingt sie den Betrachter in ihren Bann. Die Figur ist mehr als Archetyp zu verstehen denn als Individuum; die Frau steht da als Göttin, die Skulptur ist ein Idol, dessen formale und geistige Nähe zu den kykladischen Marmorfiguren stets präsent bleibt.

Eine weitere rätselhaft-bedeutsame Skulptur jener Zeit ist kurz nach der *Großen Frau* entstanden und heißt *Das Paar.* Sie unterscheidet sich stark von der vorausgehenden Arbeit und drängt sich weniger auf, sowohl in ihrer künstlerischen Ausarbeitung wie auch als Beispiel für Giacomettis Erfindungskraft. Aber dieses Werk weist voraus auf die spätere Entwicklung des Künstlers. Wieder gibt es eine ideale Betrachterposition, doch wirken die Figuren weder priesterlich noch entrückt. Sie sind im Gegenteil sehr greifbar, körperlich und vor allem sexuell gegenwärtig. Stark vereinfacht symbolisieren die beiden Gestalten die typische Geschlechtlichkeit von Mann und Frau: er zylindrisch aufrecht, sie weich, kurvig, ganz Öffnung. Trotz großer Nähe der beiden Figuren zueinander sind sie doch durch ihre Haltung streng voneinander getrennt, nicht nur räumlich, sondern auch in der unversöhnlichen Verschiedenheit ihrer gestaltgewordenen Funktionen. Beide scheinen in ihrer Selbsterfahrung erstarrt zu sein, ohne die Gegenwart des anderen hinnehmen zu können. Der formale Aufbau dieser Plastik wirkt trotz seiner ausgesprochenen sexuellen Symbolik weniger emotional als intellektuell. Die in sich begreifbare Darstellung enthält auch eine intime Enthüllung für den Betrachter. Hier kündigen sich eine Neigung und ein Bedürfnis an, die sich durch Giacomettis Leben und Werk ziehen sollten. Ehe sie jedoch Leben und Werk mit ihrer tiefsten Bedeutung erfüllen konnten, bedurfte es noch einer strengen Abrechnung.

Während der ersten Monate ihrer Liebesbeziehung waren Alberto und Flora auf romantische Weise glücklich. Die Liebe hatte anscheinend alle anderen Nöte und Verpflichtungen aus ihrem Leben verdrängt. Sie wanderten zum Bois hinaus und saßen Hand in Hand am großen Teich. Zusammen besuchten sie den Louvre, durchschlenderten die Parkanlagen des Luxembourg oder gingen in den Jardin des Plantes; im Zoo schauten sie allerdings lieber den Kindern beim Spielen zu als den eingesperrten Tieren. Obschon sie viel über Kunst und Liebe sprachen, war nie die Rede von der Zukunft. Eheschließung wurde nicht erwähnt, auch wenn sich Flora nichts Schöneres gewünscht hätte und Albertos Heiratsantrag erhoffte. Da er ausblieb, nahm Flora die Dinge, wie sie kamen, und versuchte, dennoch glücklich zu sein. Das gelang ihr auch, und ihre «russische Seele» ließ sie glauben, es werde schon alles gut werden, wenn sie nur lange genug Geduld hätte.

Alberto schuf eine Porträtbüste von Flora und stellte sie im «Salon des Tuileries» aus. Flora machte ihrerseits eine Büste von Alberto, die erstaunlich gekonnt und lebenstreu, wenn auch etwas akademisch geriet. Wenigstens ein Foto davon hat die Zeit überdauert. Es zeigt die beiden jungen Künstler und Liebesleute zu beiden Seiten der Büste sitzend. Alberto schaut in die Welt mit einem Blick kraftvollen und zugleich empfindsamen Selbstvertrauens. Auf seinen Lippen liegt der Anflug eines rätselhaften Lächelns. Flora sieht ihn sehnsuchtsvoll an, wie es der Situation entsprach. Sie wirkt anziehend, wenn auch nicht hübsch, und in ihrem Gesicht ist etwas Weichliches. Schon damals muß es offensichtlich gewesen sein, daß sie zu denen gehörte, deren Schicksal es ist, von den Lebensumständen ruiniert zu werden. Zwischen ihnen steht ihr Porträtkopf von Giacometti. An ihm ist die Liebe abzulesen, mit der sie ans Werk gegangen sein muß; denn die Plastik spürt nicht bloß in ihrer Ähnlichkeit den Zügen des Modells auf eine feine Weise nach, sondern idealisiert auch das Vorbild so, wie es die Bildhauerin damals sehen wollte: Alberto wird als starker, dynamischer, ernster junger Mann dargestellt, der er gewiß auch war; aber es fehlt jedes Zeichen seiner ausweichenden, zögernden Art, Entscheidungen aus dem Wege zu gehen, von der Flora nur allzu gut wußte, daß sie ein Teil des Charakters ihres Geliebten war. So steht das Porträt auf der Fotografie nicht nur zwischen ihnen als ein konkretes Objekt, sondern auch als Symbol für ihre Gegensätzlichkeit und die Mißverständnisse, die schließlich die Oberhand über ihre Träume gewinnen sollten.

Flora konnte kein Verständnis aufbringen für die rätselhaften Zwänge einer Künstlernatur. Von Alberto seinerseits war nicht zu erwarten, sich bewußtzumachen, daß sein Verhalten möglicherweise als egoistisch und abartig empfunden werden konnte. Es stellte sich bald heraus, daß er nicht bereit war, ein verläßlicher Geliebter zu sein oder gar die Verantwortung eines Ehemanns zu übernehmen, und wäre es auch auf noch so unkonventionelle Weise gewesen. Es kam vor, daß er tagelang ohne Erklärung wegblieb. Floras Selbstvertrauen war ohnehin stark angeschlagen, und Albertos anscheinende Gleichgültigkeit betrübte sie. Es fiel ihr schwer, sich nicht an ihn zu klammern, und für die junge Frau, die einen Lebensgefährten suchte, mußte es ein besonderer Kummer sein, daß Alberto offenbar keine körperliche Befriedigung bei ihr finden konnte. Er bemühte sich auch nicht, sein Versagen durch größere Zärtlichkeit auszugleichen. Irgend etwas in ihrem Verhältnis zueinander war gestört. Trotzdem konnten sie nicht voneinander lassen. Obwohl in mancher Hinsicht unbefriedigend, war die Beziehung zu Flora Albertos erste Erfahrung einer romantischen Liebe, während es für Flora, wie die Zukunft zeigte, die letzte sein sollte. Alberto und Flora mochten sich beide nicht eingestehen, daß ihr Verhältnis ein Fehlschlag war.

Flora wurde nie ins Bergell eingeladen. Alberto hätte nicht zugelassen, daß im Hause seiner Mutter eine Frau verkehrte, deren Ruf Annetta fragwürdig erscheinen mußte. Außerdem kam im Sommer Bianca nach Maloja. Albertos Zuneigung zu ihr wurde nicht beeinträchtigt durch das Bewußtsein, daß eine andere Frau in Paris auf ihn wartete. Er ging wie immer mit seiner Kusine spazieren und drängte sich in einer engen Zuflucht an sie. Zwar wurde Bianca nie seine Geliebte, doch ging Alberto sehr weit, um ihr zu zeigen, wie sehr er sie beherrschte. Als sie eines Abends allein in ihrem Zimmer waren, nahm er sein Messer aus der Tasche und erklärte, daß er seine Initialen in ihren Arm ritzen wolle. Gewiß war sie darüber erschrocken, doch konnte Alberto entwaffnend sein, und Bianca ließ ihn gewähren. Er klappte das Messer auf und wählte ihren linken Oberarm. Tiefe Schnitte kann er dabei nicht gemacht haben; denn obwohl die Narbe lange sichtbar blieb, verschwand sie endlich doch; aber er schnitt tief genug, daß Blut floß. Die Prozedur muß Schmerzen bereitet haben, die Bianca ruhig ertrug, womöglich gar mit Lust. Er ritzte ein großes A in ihre Haut. Noch jahrelang konnte Bianca unter romantischen Phantasien die Stelle betrachten, wo das Messer des Künstlers in ihre Haut gedrungen war.

Die Familien der beiden jungen Leute betrachteten die Sache keineswegs als einen Spaß. Sie machten Bianca Vorwürfe, daß sie Albertos Wunsch nachgegeben hatte, und Alberto dafür, daß er ihre Gutmütigkeit ausgenutzt hätte. Da sie annahmen, daß mehr dahinterstecken mußte, als an der Oberfläche sichtbar war, mißbilligten sie den Vorfall. Das Taschenmesser, das Alberto bei der Gelegenheit benutzt hatte, diente ihm gewöhnlich zur Bearbeitung seiner Skulpturen. Er zog es vor, mit Taschenmessern zu arbeiten statt mit den üblichen Werkzeugen eines Bildhauers. Als er sein Messer nahm, um an der lebendigen Bianca herumzuschnitzen, statt hilflos mit ihrem Porträt zu kämpfen, begegnete er keinem Widerstand, keiner Schwierigkeit. Sie gehorchte ihm so willig, wie sie sich ihm einst beharrlich verweigert hatte, damals in der Villa Giacometti in Rom. Genaugenommen signierte er sein Modell und nicht dessen Abbild, und vielleicht war er sich wirklich nicht ganz im klaren, wo die lebendige und echte Wirklichkeit zu finden wäre.

18

Langjährige Studiengefährten aus der Grande-Chaumière begannen sich aus den Augen zu verlieren. Die Zeit eines unbekümmerten Studentendaseins näherte sich ihrem Ende. Bourdelle litt unter Herzanfällen, denen er schließlich 1929 erlag. Die Atelierspäße und die Hans-guck-in-die-Luft-Träume vom Künstlerruhm wichen der Einsicht, daß sich die Welt keinen Deut um einen Künstler schert, bis er zu den Erfolgreichen gehört oder – noch besser – gestorben ist.

Die Entdeckungen und großen Werke des Kubismus gehörten bereits der Vergangenheit an, bevor Alberto nach Paris kam. Aber kein angehender Künstler, der während der zwanziger Jahre nach Ruhm strebte, hätte die kubistische Revolution unbeachtet lassen können. Sie hatte die jahrhundertealte Vorstellung außer Kraft gesetzt, wonach das Kunstwerk einer von seiner materiellen Existenz getrennten inhaltlichen Bedeutung Gestalt verleiht.

Gewiß gingen die Erfinder des Kubismus davon aus, daß sie nur Fragmente der wahrnehmbaren Wirklichkeit wiedergaben. Aber es ging ihnen nicht darum, die Wirklichkeit abzubilden, sondern sie wollten Kunstwerke schaffen. Ihre ästhetischen Maßstäbe führten sie zu einer reinen Form, und sie beriefen sich kurzerhand auf Cézanne als Vorläufer, obwohl dieser sich in solch kontroverser Nachfolge kaum wiedererkannt hätte. Wenn sich auch die meisten Kubisten mit der Zeit von den strengen Regeln ihres Systems abwandten, behielt es doch als bestimmender Einfluß seine Gültigkeit.

Giacometti verspürte den Drang, seine bildhauerischen Fähigkeiten mit Stilelementen des Kubismus zu erproben. 1926 und 1927 schuf er eine Anzahl abstrakter Skulpturen im post-kubistischen Stil; er nannte sie Kompositionen oder Konstruktionen, obwohl er nicht bereit war, auf gegenständliche Wiedergabe gänzlich zu verzichten; so hatten die Stücke Untertitel wie zum Beispiel *Mann*, *Frau* und *Figuren*. Giacometti verwendete gewisse stilistische Elemente, die an Gesichtszüge und menschlichen Körperbau denken lassen, doch sind sie dem auf die Ganzheit der Skulpturen zielenden bildhauerischen Gestaltungswillen untergeordnet. Obgleich diese Konstruktionen vor allem das Werk eines hochtalentierten jungen Mannes sind, wäre es ein Irrtum, sie bloß als brillante Etüden in einem seinem Wesen fremden Stil zu sehen. Die Nachfolge des Kubismus brachte Alberto wichtige Einsichten über die Bildhauerei und über sich selbst; die Geschichte des Kubismus wurde bereichert, weil Giacometti diese Folgerungen unvoreingenommen und begeistert aufgriff.

Über die Bildhauerei lernte er, daß er das formale plastische Problem bewältigen konnte, ein im wesentlichen abstraktes dreidimensionales Objekt von interessantem, in sich selbst begründetem Formenreichtum zu schaffen. Und über sein eigenes Bewußtsein erfuhr Giacometti, daß die Lösung solcher Probleme ihm keineswegs die Erfüllung bot, nach der es ihn verlangte. Wie er in späteren Jahren noch oft betonte, ging es ihm nicht um Kunst, sondern um Wahrheit. Trotzdem ist es bedauerlich, daß Giacometti nur zehn oder zwölf post-kubistische Konstruktionen vollendet hat; denn sie sind von großer Schönheit und ganz anders als seine übrigen Werke. Das Spiel konvexer und konkaver Formen, von Winkeln und Linien, von unbewegter Masse und belebtem Raum ist so spannungsvoll und erfindungsreich, daß an Giacomettis meisterlicher Beherrschung der kubistischen Formprinzipien kein Zweifel sein kann. Sie waren für ihn zwar nicht die seinem Wesen gemäße Ausdrucksform, aber mit seiner Stärke und Wahrhaftigkeit machte er etwas ganz Persönliches daraus.

Die spürbarsten Einflüsse auf den jungen Giacometti gingen von Henri Laurens und von Jacques Lipschitz aus. Beide gehörten einer früheren Generation an und neigten, wenn auch auf verschiedene Weise, dazu, Talente jüngerer Künstler zu fördern.

Lipschitz war ein eitler «Selbstverwirklicher»; er genoß es, wenn Anfänger bei ihm Anleitung suchten, die er großzügig spendete, solange niemand, und vor allem nicht das Publikum, die Arbeiten des von ihm betreuten Anfängers allzu ernst nahm. Giacometti lernte ihn Mitte der zwanziger Jahre kennen und besuchte ihn gelegentlich in seinem Atelier. Die kubistischen Konstruktionen von 1925 und 1927 zeigen offen den Einfluß dieses Lehrers, obwohl Giacomettis Arbeiten männlicher wirken, kraftvoller und unmittelbarer. Bedauerlicherweise hörte die Beziehung zwischen den beiden Männern in dem Moment auf, als sich erste Erfolge für Alberto abzuzeichnen begannen, und leider veranlaßte der große Ruhm des Jüngeren in späteren Jahren den Älteren zu gehässiger Krittelei.

Ganz anders Laurens; er war ein Mensch von ungewöhnlicher Bescheidenheit und schöpferischer Unbestechlichkeit. Ihm wäre es nie eingefallen, jüngere Künstler einzuschüchtern; vielmehr empfing er sie mit freundlichem Interesse in seiner Werkstatt. Seine Offenheit und künstlerische Geradlinigkeit wurden für andere ebenso zum Vorbild wie der subtile Reichtum und die Kraft seiner Skulpturen. Vom Anfang ihrer Bekanntschaft an bewunderte Alberto Laurens rückhaltlos, sowohl den Menschen als auch sein Werk, und nie gab es später Anlaß, diese hohe Meinung zu ändern. Nicht nur im direkten Umgang mit Laurens und andern brachte Alberto dies zum Ausdruck, sondern auch in einem lohenden Essay, der 1945 veröffentlicht wurde. Dabei scheint der künstlerische Einfluß von Laurens auf seinen Bewunderer und Freund mehr geistig als praktisch bedeutsam gewesen zu sein. Einige wenige von Albertos post-kubistischen Werken reflektieren etwas von der Eleganz und dem Rhythmus aus Laurens' früherer Stilperiode; aber die kurvenreiche Formfülle, die sein reifes Werk kennzeichnete, hat in Giacomettis Bildhauerarbeiten keine Spur hinterlassen. Sowenig sich ihre Werke gleichen, so waren sich die beiden Männer doch sehr ähnlich in ihrer unbestechlichen Bescheidenheit und in ihrer Bereitschaft, nur das in ihrer Arbeit gelten zu lassen, was sie für richtig hielten, selbst wenn dies den vorherrschenden Moden der Zeit widersprechen mochte.

Giacomettis Atelier in der Rue Froidevaux hatte ihm nie wirklich zugesagt; die Decke war zu niedrig, das Licht reichte nur knapp aus. Dennoch wartete Alberto zwei Jahre, ehe er sich entschloß, nach einem anderen Raum zu suchen. Ateliers waren in jenen Tagen nicht schwer zu finden. Im Frühjahr 1927 erfuhr Alberto von einem Schweizer Freund, daß in der Rue Hippolyte-Maindron Nr. 46 etwas frei würde. Er schaute sich das Atelier an, das ihm im ersten Augenblick winzig klein vorkam. Dennoch entschloß er sich auf der Stelle, es zu mieten, und an einem warmen Nachmittag im April beluden die beiden Brüder einen Handkarren mit ihren Habseligkeiten und den frühen Skulpturen, die Alberto behalten wollte. Der Umzug war keine große Sache, denn die Entfernung vom alten zum neuen Atelier war weniger als ein Kilometer.

Die Rue Hippolyte-Maindron wurde – welche Ironie des Schicksals – nach einem Bildhauer des 19. Jahrhunderts benannt, dessen Nachruhm keineswegs das Vertrauen rechtfertigt, das man in ihn gesetzt hatte, als man einer Straße seinen Namen gab. Sie ist nur 120 Meter lang und stellt keinen in irgendwelcher Hinsicht wichtigen Zugang her. Vor fünfzig Jahren säumten die Straße noch armselige, niedrige Gebäude, Cafés und Läden, eine Holzhandlung und einige «Pavillons», unscheinbare Häuschen mit einem Stück Garten.

Auf einem ziemlich großen Grundstück an der Südwestecke der Rue Hippolyte-Maindron und der Rue Moulin-Vert steht ein wirrer Komplex von Ateliers und dürftigen Wohnungen in abenteuerlich provisorischer Bauweise. Dort kamen Alberto und Diego an jenem Frühlingstag an. Das Ganze, um 1900 entstanden, war das Machwerk eines einzelnen Handwerkers, eines gewissen Monsieur Machin. Er benutzte nur Abbruchmaterial, das er billig beim Abriß soliderer Bauten aufgekauft hatte. Der Zufall, der bei der Entstehung seine Hand im Spiel gehabt hatte, ließ den Komplex mehr wie eine Anzahl verschiedener Gebäude erscheinen und nicht wie ein geplantes Ganzes: einige Teile waren einstöckig, andere zweistöckig, und einige hatten sogar drei Stockwerke. Zusammen machten die Teile den Eindruck, als ob jeweils ein Gebäudeabschnitt den angrenzenden am Einsturz hinderte. Eine offene Passage führte zu den verschiedenen Ateliers und Wohnungen. Eine Ecke des Grundstücks war für einen kleinen Garten reserviert, in dem einige Bäume standen. Alles in allem strahlten die Gebäude einen verlotterten Charme aus. So etwas wie modernen Komfort hatten sie nicht aufzuweisen: es gab kein elektrisches Licht, kein fließendes Wasser, keine Zentralheizung und keine Kanalisation. Auf halbem Wege entlang der offenen Passage war ein Wasserhahn und gleich daneben eine primitive Toilette mit einer Tür, die oben und unten etwa 30 Zentimeter offenließ. Für alle weiteren Bequemlichkeiten mußten die Bewohner auf eigene Kosten sorgen. Die meisten begnügten sich mit einem kleinen Kohleofen zum Heizen und einer Gasleitung für die Beleuchtung. Dementsprechend groß war die Brandgefahr, aber von armen Künstlern wurde wohl erwartet, daß sie den Wechselfällen des Lebens gelassen gegenüberstehen.

Albertos Werkstatt war die erste linker Hand, wenn man in die Passage trat. Die winzigen Ausmaße des Ateliers waren keine Täuschung gewesen; es bot wesentlich weniger Raum als die beiden vorhergehenden, denn es hatte knapp 24 Quadratmeter. Dafür war die Decke solide und hoch. An der Rückwand befand sich allerdings eine schmale hölzerne Galerie, zu der man über eine steile Treppe gelangte. Ein großes Fenster mit Nordlicht ging auf die Passage hinaus. Darüber befand sich noch ein Fenster, das Licht von oben hereinfallen ließ. Anfangs wurde die künstliche Beleuchtung von einer Gasleitung gespeist. Als Heizung gab es nie etwas anderes als einen Kohleofen; Platz war nur für ein Bett, einen Tisch, einen Schrank, einen oder zwei Stühle, die notwendigen Staffeleien und Böcke für die Plastiken.

Es war ein unansehnlicher, prosaisch trüber Raum. Nichts wurde während der nächsten achtunddreißig Jahre unternommen, um die Atmosphäre freundlicher zu gestalten. Natürlich hatte Alberto nicht im Sinn, dort den Rest seines Lebens zu verbringen. «Ich hatte vor, so schnell wie möglich etwas anderes zu suchen», sagte er, «weil der Raum zu klein war, nichts weiter als ein Loch.» In den dreißiger Jahren schauten er und Diego gelegentlich andere Ateliers an; aber nie kam ein Umzug ernstlich in Betracht. Mit der Zeit fand Alberto, daß der Raum doch groß genug war. «Je länger ich dort blieb, desto größer wurde er für mich.»

Das Leben in der Rue Hippolyte-Maindron wurde auch später nie bequem; zunächst aber war es absolut spartanisch. Diego schlief auf der Galerie hinten im Atelier, Alberto in dem Winkel direkt darunter. Im Winter wie im Sommer wuschen sie sich an dem Wasserhahn in der offenen Passage. Ihre

Mahlzeiten nahmen sie in den billigen Restaurants der näheren Umgebung oder am Montparnasse ein, zu dem man in zwanzig Minuten zu Fuß gelangte. Später, als sie schon etwas Geld verdienten, schlief Alberto öfters in einem nahegelegenen Hotel, dem Primavera. Einen solchen Luxus leistete sich Diego nie.

Der Umzug in die Rue Hippolyte-Maindron fiel zusammen mit einer wichtigen Veränderung in Albertos Arbeit. In der neuen Werkstatt begann er einen bildhauerischen Stil zu entwickeln, bei dem er nicht mehr irgendwelchen Vorbildern folgte. 1926 hatte er einen Porträtauftrag des Schweizer Sammlers und Kunstliebhabers Josef Müller angenommen, und Giacometti schuf eine Plastik von unmittelbarer Kraft und von überzeugender Ähnlichkeit. Im Jahr darauf vollendete er ein weiteres Porträt von Josef Müller. Obwohl die Gesichtszüge noch erkennbar bleiben, wirkt das Bildnis fast wie eine Karikatur; denn diesmal versuchte der Künstler, ein Objekt zu gestalten, das dem Betrachter ein künstlerisches Gegenstück zu seiner visuellen Erfahrung bieten sollte. Das zweite Porträt von Müller ist beinahe vollkommen flach und asymmetrisch. Nur schwach werden die Züge in der Reliefwirkung angedeutet und gleichzeitig durch kreuzweise Einschnitte in den Gips hervorgehoben. Wenn auch nicht dem Leben nachgeformt, ist diese Skulptur dennoch ungemein lebendig. Die Kunst hat deutlich die Oberhand gewonnen über die Natur und vermittelt trotzdem stark das Gefühl eines menschlichen Individuums.

Alberto formte noch ein weiteres dieser «flachen» Bildnisse, wobei ihm seine Mutter Modell saß. Es verbindet ebenfalls außergewöhnliche Lebendigkeit mit tief empfundener Wahrheit in einer Form, die nicht versucht, naturalistische Erscheinung zu reproduzieren. Offensichtlich bereitete dem jungen Künstler die Ausführung dieses Bildnisses – in einem nunmehr gänzlich persönlichen Stil – keinerlei Schwierigkeiten. Nie wieder hatte er Mühe damit, seine Mutter zu porträtieren.

Am entschiedensten beschritt Alberto den neuen Weg mit einer erstaunlichen Serie von Bildnissen seines Vaters. Seltsam genug, daß dies die ersten Porträts waren, die Alberto von seinem Vater anfertigte. Die Reihe begann mit einer Plastik, die den Vater mit hohem Können in akademischer Ähnlichkeit zeigte. Der Gedanke liegt nahe, daß sich der Künstler hier bemüht hat, seinem Modell entgegenzukommen, wenn nicht gar, ihm zu schmeicheln. Dieser Versuch ist fehlgeschlagen; denn obschon die äußere Erscheinung getroffen wurde, fehlt doch die überzeugende Darstellung des Lebens. Diesem Anfang folgten jedoch Arbeiten, die zunehmend freier mit dem Vorbild umgingen und immer abstrakter wurden, bis jegliche äußere Ähnlichkeit mit Giovanni verschwunden war und ein Kunstwerk übrigblieb, das nur auf sich selbst bezogen ist. Die Stirn des Kopfes wurde immer flacher. In einer Fassung ist das Gesicht eine gänzlich ebene Fläche geworden, auf der die verzerrten, wenn auch wiedererkennbaren Züge des Modells flüchtig eingekratzt, fast wie eine

Nebensächlichkeit hinzugefügt sind; jedenfalls bleiben sie unwesentlich für die Gültigkeit des bildhauerischen Objekts. Eine Version des Themas in weißem Marmor treibt die Abstraktion so weit, daß sie nur diesem Modell zugeordnet werden kann, wenn man die annähernd dreieckige Form des Gesichts mit einem völlig «platten» Bildnis in Beziehung bringt. Schließlich entstand noch eine kleine Skulptur, die eigentlich nur eine Maske darstellt, bei der die Züge des Vaters wie in einer wilden, fast brutalen Karikatur erscheinen.

Mit dieser Werkgruppe entwickelte sich Giacometti radikal in einer sehr persönlichen Art weg von der traditionellen Weise, in der sonst ein Kopf dargestellt wurde: er trennte das Gesicht von der körperhaften Masse, über die es, sozusagen, ausgebreitet ist. In einem langwierigen, schwierigen Prozeß führten die «platten» Porträts im Jahre 1928 zu einer Anzahl von Skulpturen, die im Prinzip aus rechteckigen dünnen Platten bestehen, auf deren Vorderseiten ungegenständliche Formen eingeritzt sind. An die Stelle der direkten Wiedergabe von Wirklichkeit war nunmehr ein dreidimensionales Bild getreten: «Ich arbeitete in dem Bemühen, ganz aus dem Gedächtnis zu gestalten, was ich in Gegenwart des Modells empfunden hatte.» Und dennoch wurde dadurch das Bedürfnis nach gegenständlicher Darstellung nicht aufgehoben. Im Gegenteil, diese Platten stellten Giacomettis ersten Versuch dar, neues Leben und neue Bedeutung in eine bildhauerische Tradition einzuführen, die bei den Griechen begonnen und bis zu Rodin geführt hatte; aber jene Überlieferung bestand darauf, daß die plastische Wiedergabe eines Kopfes oder einer Figur den gleichen materiellen Aufbau haben mußte wie die lebende Erscheinung. Giacometti jedoch erkannte, daß eine Skulptur nicht lebensähnlich sein muß, um den Eindruck von Leben hervorzurufen. Die flachen, schlanken Formen der kykladischen Idole, von innerer Wahrheit belebt, hatten ihm diesen Weg gezeigt. Von Cézanne empfing er die Einsicht, daß nur die absolute Treue zur seelischen und visuellen Erfahrung, wie überraschend und unvorhersehbar sie auch immer sein mochte, dem künstlerischen Werk die Würde der Vollendung verleiht. Außerdem machte Giacometti die Entdeckung, daß ein Künstler durch beharrliches Streben dazu gelangen kann, seinen tiefsten Gefühlen Ausdruck zu geben, ohne sie offen auszubreiten.

An diesem Punkt von Albertos Entwicklung sagte Giovanni seinem Sohn, daß es an der Zeit für ihn sei, sich als Künstler zu behaupten. Der väterliche Rat war sicher nicht als Ultimatum zu verstehen; aber er lief darauf hinaus, daß der Vater den Sohn aufforderte, in Hinsicht auf sein künftiges Leben einen entscheidenden Schritt zu tun. Alberto sollte sich nicht bloß als Künstler bewähren, sondern auch als Erwachsener auf eigenen Füßen stehen; er sollte sich der Pariser Herausforderung gewachsen zeigen und seine Fähigkeiten beweisen.

Anfangs zögerte Alberto: «Ich wollte nicht die Rolle eines Künstlers spielen oder eine Karriere als Künstler einschlagen», erklärte er später. «Ich war in der Lage eines jungen Mannes, der einige Experimente durchprobiert hat, nur um zu sehen, wie es ging. Solange mein Vater für meinen Unterhalt aufkam, lag mir der Gedanke fern, als professioneller Künstler aufzutreten.» Jetzt aber war der junge Giacometti zu einem Schritt gedrängt worden. Gewiß konnten die dünnen Platten als getreuer Ausdruck visueller Erfahrung und als wahrhaftige Verkörperung tiefer Gefühle gelten; aber für den Künstler waren sie keine befriedigenden Beweise, weder für sein Können noch für seinen Anspruch.

«Ich empfand es immer als enttäuschend», sagte er in bezug auf jene Arbeiten, «daß die Form, die ich wirklich beherrsche, sich als so beschränkt herausstellte.» Dennoch empfand Alberto den Wunsch, die Bewunderung und Zustimmung seiner Umwelt zu gewinnen. So entschloß er sich, zwei seiner Platten auszustellen, einen *Kopf* und eine *Figur*.

Mehrfach hatte er seine Arbeiten in Gruppenausstellungen zusammen mit italienischen Freunden gezeigt, unter denen die bekanntesten Campigli und Severini waren. Campigli bereitete damals gerade eine Ausstellung neuerer Bilder in der Galerie Jeanne Bucher vor, als im Juni 1929 Alberto den Entschluß faßte, die Platten auszustellen. Die Galerie war gut eingeführt. Madame Bucher hatte einen Ruf als Kunsthändlerin von weitblickendem Verständnis erworben. Ihr Beifall war eine bedeutsame Anerkennung für einen jungen Künstler. Wenn sie bereit war, zusammen mit Campiglis Gemälden zwei Skulpturen seines Freundes Giacometti auszustellen, mußte sie die Originalität seiner Arbeit erkannt und gespürt haben, daß in ihnen das Versprechen lag, es würden noch bessere Dinge entstehen. Auf Geheiß seines Vaters hatte Alberto einen schicksalhaften Schritt vollzogen.

Innerhalb einer Woche hatte Madame Bucher die beiden Skulpturen verkauft, die Giacometti bei ihr gelassen hatte. Sie bot ihm an, seine Arbeiten auf einer geregelten Basis zu vertreten. Alberto war einverstanden. Seine Karriere hatte mit einem Erfolg begonnen. Aber der Künstler war erstaunt, in gewisser Weise vielleicht enttäuscht, weil er nicht erwartet hatte, daß es so leicht wäre. «Wie können Leute nur so rasch auf etwas hereinfallen?» meinte er bei sich, «und auch noch auf solche Narrheiten?» Aber die Fragen, die er stellte, legen den Gedanken nahe, daß er nie an seiner Fähigkeit gezweifelt hatte, Bewunderung zu erwecken. Außerdem, wie er gerne eingestand, «freute ich mich für meinen Vater».

19

Flora Mayo reagierte mit gemischten Gefühlen auf Albertos Erfolg. Es war inzwischen offensichtlich geworden, daß ihre Beziehung zu Alberto keine Zukunft hatte. Entsprechend seiner ambivalenten Haltung Frauen gegenüber bemühte er sich, ihr Freude zu machen, aber ihre Erwartungen waren für ihn bedrückend geworden. «Bei ihr war mir, als ob ich ersticken müßte», sagte er, «ich wünschte mir, sie fände jemand anderen.» Wenn er nachts in ihrem Atelier mit ihr im Bett lag, kam er sich wie in einem Gefängnis vor; er wollte ausbrechen, davonlaufen. Er dachte, es wäre die Dunkelheit, die seine Ängste hervorrief. Neben seinem eigenen Bett hätte natürlich das beruhigende Nachtlicht gebrannt.

Oft genug blieb Flora abends sich selbst überlassen. Dann suchte sie Trost im Alkohol oder bei zufälligen Trinkgefährten, die in den Cafés am Montmartre anzutreffen waren. Im Café du Dôme machte sie die Bekanntschaft eines gutaussehenden jungen Polen, der sie zu einem Glas einlud. Sie nahm die Einladung an. Auch seinen Vorschlag, die Nacht in seinem Hotel zu verbringen, lehnte sie nicht ab. Sie genossen das Zusammensein, und besonders in dieser Hinsicht muß das Erlebnis für Flora eine angenehme Abwechslung gewesen sein von den aufreibenden Ungewißheiten ihrer Beziehung zu Alberto. Die kurze Affäre fand keine Fortsetzung, denn der Pole reiste am folgenden Tag nach Warschau ab.

Sie fühlte sich durch ihre Untreue belastet. Naiv stellte sie sich vor, wenn sie Alberto ihren Fehltritt beichtete, würde er ihr vergeben. Eine Woche nach ihrem Abenteuer mit dem Polen fuhr sie zusammen mit Alberto nach Versailles hinaus. Vergnügt durchstreiften sie die Parkanlagen. Als sie am Abend in Floras Wohnung zurückgekehrt waren, erzählte sie von ihrer Untreue.

Alberto war verletzt und wütend. Wenn er sich aufregte, ging es laut zu. Er brüllte vor Wut und machte einen so lang anhaltenden Spektakel, daß sich die Bewohner der benachbarten Ateliers über die Störung beklagten. Flora war erschrocken und erstaunt. Sie versuchte, ihren tobenden Geliebten zur Vernunft zu bringen, erklärte, daß eine vorübergehende Affäre keine Bedeutung hätte, daß es bekanntlich genug Eheleute gäbe, die trotz gelegentlicher Untreue zusammenblieben und sich darum nicht minder liebten.

Alberto entgegnete, daß es aber auch Paare gäbe, die nie untreu wären, und daß dies der gültige Maßstab sei. Man kann sich vorstellen, an welches ideale Paar er dachte, wenn er solch einen kategorischen Imperativ aufstellte. Aber wie soll man Albertos Haltung beurteilen, wenn man bedenkt, daß er selbst die ganze Zeit über regelmäßig Prostituierte aufsuchte? Die reine Liebe wurde davon nicht berührt. Flora durfte allerdings davon nichts wissen; denn bedroht und verletzt war nicht ein geistiges Ideal, sondern Albertos Gefühlswelt. Die Ambivalenz seiner Haltung Frauen gegenüber schonte weder ihn selbst noch die Person, die er liebte. Seine Leiden waren durchaus echt, denn sie stiegen aus der Tiefe seines aufgewühlten Innern empor.

«Unsere Beziehung ist kaputt», verkündete er.

Und so war es tatsächlich. Sie gingen sich aus dem Weg, obwohl sie nicht vermeiden konnten, daß sie sich begegneten. Bald hatte Flora einen neuen Geliebten, einen hübschen amerikanischen Gigolo. Alberto war wütend. Obwohl er an der Beziehung zu Flora nicht festhielt, packte ihn die Eifersucht. Zu seiner eigenen Überraschung merkte er, daß ihm Flora nicht aus dem Sinn gehen wollte. Er schrieb lange Briefe, Gefühlsergüsse, die er zum Briefkasten trug, aber dann doch nicht einwerfen konnte. Die Sehnsucht, deren Gegenstand Flora eine Weile gewesen war, blieb ungestillt; aber Flora konnte die Aufgabe nicht mehr erfüllen. Nie wieder ließ sich Alberto auf eine so offene und weltfremd romantische Beziehung ein. Von nun an erwuchsen seine Liebesbindungen, deren es noch vier wichtige geben sollte, aus tieferen Bedürfnissen seiner Existenz, als daß Flora hätte hoffen können, sie zu befriedigen.

Zunehmend wurden diese Bindungen zu Verkörperungen des Schicksals, auf das Albertos schöpferische Zwänge hindrängten. An dieser Übergangsstelle in seinem Leben trat Alberto als Künstler in eine Phase ein, während welcher er tiefe persönliche Empfindungen und tief begrabene Wünsche am mächtigsten und deutlichsten aus sich herauszustellen wußte.

1929 tauchte in Giacomettis Werk zum erstenmal offen das Thema sexuelle Grausamkeit und Gewalt auf. Dieses Thema sollte in zahlreichen Plastiken während der kommenden Jahre wiederkehren; aber es wurde gleich zu Beginn mit einer so deutlichen Kraft und energischen Zielstrebigkeit angegangen, wie es später nie mehr in gleicher Weise geschah. *Mann und Frau* ist die einzige Plastik in Giacomettis Œuvre, die eine Figur in handelnder Beziehung zu einer anderen zeigt, und diese Handlung ist die Äußerung einer nackten, heftigen Aggressivität. Auf stark abstrahierte Weise stehen sich eine weibliche und eine männliche Figur gegenüber, die beide nach außen gebogen sind, als ob sie voreinander zurückweichen wollten; während aus der Mitte der männlichen Figur ein degenartiger Gegenstand hervorragt, der die Frau entweder vergewaltigt oder ersticht, scheint sie vor dem drohenden Stoß zusammenzubrechen. Dennoch berührt die starre Waffe der männlichen Form nicht wirklich die verletzlich zarte Öffnung der weiblichen. Die beiden Figuren verharren für immer getrennt und in ein Bild gebannt von schicksalhafter, schmerzlicher Ambivalenz. *Mann und Frau* stellt einen entscheidenden Schritt in Giacomettis Entwicklung dar, weg von den einengenden Regeln des Kubismus und von den Beschränkungen der flachen Plastiken. Beharrlich war Giacometti darum bemüht, das Erlebnis seiner Wahrnehmung zu vermitteln, die sinnliche Erfahrung – die *sensation*, wie Cézanne gesagt hätte –, die ein Körper im Raum ausstrahlt, wobei Giacometti die Wahrnehmung von Raum selbst zu einem integralen Bestandteil der Skulptur machte. Weder die Empfindung noch das daraus abgeleitete Objekt hatte daher notwendigerweise eine direkte Beziehung zu der lebensechten Erscheinung einer tatsächlich vorhandenen Figur. Diese scheinbare Freiheit legte dem Künstler einen radikalen Zwang auf. Um zu beweisen – in erster Linie sich selbst und dann vielleicht auch anderen –, daß Bildhauerei ein in seinem Sinne brauchbares Medium war, mußte er arbeiten, als sei er der erste Mensch, der je eine Plastik gemacht hatte, und sich dabei doch ständig der bildhauerischen Vergangenheit bewußt sein. Diese scheinbar widersprüchliche Forderung zwang ihn, sich mit Umsicht und unendlicher Sorgfalt in die persönlichen Quellen seiner Kunst zu vertiefen. Aus ihrem Wesen mußte er versuchen, den emotionalen Inhalt seiner Arbeit in einer Weise abzuleiten, die den individuellen Charakter ihres Ursprungs sowohl freisetzte als zugleich auch verbarg. Diese Notwendigkeit sollte ihn bald reif machen, an einer künstlerischen Bewegung aktiv und passiv teilzunehmen, in der es vornehmlich um den Ausdruck des Unbewußten ging, um die Befreiung von allen Hemmungen durch akademische Maßstäbe und konventionelle Disziplin. Giacometti fand seinen Platz in der Gruppe der Surrealisten so spontan und selbstverständlich, als ob diese Bewegung für ihn erfunden worden wäre.

20

Der Vicomte Charles de Noailles und seine Frau Marie-Laure waren die prominentesten und großzügigsten Mäzene, die es in der französischen Literatur- und Kunstwelt zwischen den beiden Weltkriegen gab. Ihr Reichtum war so ungeheuer groß, daß er auch gefeit war gegen die Schwankungen der nationalen Wirtschaftsentwicklung und die Konsequenzen internationaler Krisen. Durch nichts wurde ihre Rolle begrenzt, es sei denn durch ihren Geschmack, der sich als ebenso weitblickend wie fest gegründet erwies. Sie hatten 1923 geheiratet und seitdem eine Sammlung zeitgenössischer Kunst aufgebaut, die gegenständliche Werke von allen wichtigen Künstlern der Pariser Schule enthielt. Ein Werk, das für ihre Sammlung angekauft wurde, trug den Stempel höchster Anerkennung. Jeanne Buchers Vertrauen in Giacomettis Begabung machte sich bezahlt, als die Noailles im Juni 1929 in ihrer Galerie eine der dünnen Gipsplatten kauften, die ihr der junge Künstler in Kommission gegeben hatte. Das Werk heißt *Blickender Kopf* und ist eine der subtilsten von Albertos frühen Bildhauerarbeiten.

Die Pariser Kunstwelt der Zeit zwischen den Kriegen war so dicht verbunden und zusammenhängend, daß ein ungewöhnliches Ereignis am einen Ort sogleich in allen Kreisen registriert wurde. So war es auch mit Giacomettis Schritt an die Öffentlichkeit. Er wurde sehr rasch von einem Mann zur Kenntnis genommen, dessen lebenslange Sorge es war, bei allen künstlerischen Ereignissen, wenn möglich, zu den Pionieren zu gehören. Jean Cocteau, ein enger Freund von Charles und Marie-Laure de Noailles, schrieb 1929 in sein Tagebuch: «Ich lerne Skulpturen von Giacometti kennen, so kompakt und dennoch so leicht, daß man an Schnee denkt, auf dem sich die Spuren eines Vogels abzeichnen.»

Jeanne Bucher durfte sich wohl auf ihr Urteil verlassen. Dennoch pflegte sie neue Arbeiten unbekannter Künstler arrivierten Kollegen zu zeigen, um deren Meinung zu hören. Auf diese Weise bekam der Maler André Masson erstmals Giacomettis Plattenskulpturen zu Gesicht. Masson war damals Mitte Dreißig und gehörte zu den Surrealisten als eines ihrer eifrigsten und frühesten Mitglieder. Er hatte schon einen beachtlichen Ruf erworben, besonders durch seine sogenannten automatischen Zeichnungen, in denen aus dem dynamischen Wechselspiel linearer Rhythmen phantastische Figuren und geheimnisvolle Symbole entstanden. Als ihm Madame Bucher die zerbrechlichen Gipsplastiken eines Künstlers zeigte, von dem er noch nie etwas gehört hatte, reagierte er mit spontaner Begeisterung. «Da haben Sie endlich einmal etwas wirklich Bedeutendes», meinte er.

Ungefähr eine Woche später saß Masson allein auf der Terrasse des Café du Dôme, als ein fremder junger Mann an seinen Tisch trat und sagte: «Nicht wahr, Sie sind Masson?»

Dieser ahnte sofort, daß der Künstler vor ihm stand, dessen Bildhauerarbeiten er kürzlich bewundert hatte; so antwortete er: «Sie müssen Giacometti sein.»

«Der bin ich», sagte Alberto. Er setzte sich, die Unterhaltung begann, und bald hatten beide Gesprächspartner das Gefühl, als ob sie sich schon immer gekannt hätten. Aufrichtig und spontan erwuchs ihre Freundschaft aus den leidenschaftlich empfundenen gemeinsamen Interessen und aus dem gegenseitigen Gespür für die überzeugende schöpferische Selbständigkeit des anderen.

Masson führte Alberto im Kreise der mit ihm befreundeten Künstler und Schriftsteller ein. Rasch nahmen diese den jungen Giacometti als einen der Ihren auf. Fast über Nacht wurde Alberto mit den begabtesten, lebendigsten und interessantesten jungen Leuten seiner Generation vertraut. Einige von ihnen blieben lebenslang seine Freunde, und diese Freundschaften kamen allen von Anfang an ganz selbstverständlich und natürlich vor. Mit einem

Schlag ließ Giacometti die Abkapselung, das Alleinsein und die Unbemerktheit seines früheren Lebens hinter sich. Dazu hatte es bloß des unverhofften Erfolgs als professioneller Künstler bedurft. Eine Rückkehr zu früher konnte es nun nicht mehr geben. Der Rat seines Vaters, den entscheidenden Schritt zu tun, zeitigte das erhoffte Ergebnis.

Die neuen Freunde, die Alberto im Frühjahr 1929 gewann, waren Max Ernst, Joan Miró, Jacques Prévert und Michel Leiris. Sie alle standen der surrealistischen Bewegung nahe, wenn auch nicht lange zuvor Masson und einige andere als Ketzer ausgeschlossen worden waren. Die Auseinandersetzungen darüber wurden von allen Betroffenen mit Leidenschaft und Bitterkeit geführt, wie schließlich die ganze Geschichte des Surrealismus voll war von Meinungsverschiedenheiten und Disputen.

Die Surrealisten wollten das Bewußtsein der Menschen für das Gefühl des ursprünglichen Staunens wiedererwecken und die unverfälschte Unmittelbarkeit aus der Tiefe des menschlichen Wesens erneuern. Von Anfang an erkannten sie, daß die bloß künstlerische und literarische Neuerfindung nicht ausreicht; eine radikale Veränderung des menschlichen Lebens war erforderlich, kurzum, eine Revolution. Diese jungen Dichter und Künstler hielten sich allen Ernstes für Revolutionäre. Dabei fehlte es ihnen sowohl an einer Doktrin wie auch an einer Strategie; sie hatten nur den blinden Glauben an ihre eigenen Werte, unter denen das Unbewußte und sein Ausdruck in Träumen und Halluzinationen an erster Stelle standen. Logik dagegen verachteten sie, desgleichen Religion und Moral. Auch sahen sie nicht ein, warum sie das Leben damit verbringen sollten, sich ihren Unterhalt zu verdienen. Der Surrealismus war ein neuer Glaube, ein neuer Orden, eine elitäre Bruderschaft, in der sich alle einer gemeinsamen Disziplin unterwarfen, zusammengeschlossen in der Verehrung eines gemeinsamen Ideals.

Der selbsternannte Anführer dieser Gemeinschaft war André Breton. Er war es, der die Bewegung ins Leben gerufen, ihre Theorie formuliert und die Mitglieder geworben hatte. Breton war eine originelle und seltsame Persönlichkeit; groß von Gestalt und mit einer majestätischen Schönheit begabt, verfügte er über eine edle und zugleich nüchterne Ausstrahlung absoluter Selbstsicherheit. Wenige, die ihn persönlich erlebt haben, konnten oder wollten sich der außerordentlichen Anziehungskraft dieser Persönlichkeit und dieses Intellekts entziehen. Ursprünglich hatte Breton Medizin studiert und sich in Neuropsychologie spezialisieren wollen; aber der angestrebte Beruf paßte nicht zu Bretons Veranlagung: der zukünftige Anwalt der Anarchie konnte nämlich kein Blut sehen und wurde während der ersten Operation, der er im Rahmen seines Studiums beiwohnen mußte, ohnmächtig. So gab er die Medizin auf, blieb aber sehr an Psychologie interessiert und unternahm sogar eine Wallfahrt nach Wien zu Sigmund Freud. Die Freudschen Theorien sollten zentrale

Bedeutung für die Entwicklung des Surrealismus haben. Bretons Beifall und seine Gunst wurden von seinen Surrealistenfreunden überaus hoch geschätzt. Allerdings wurde ihre Hochachtung oft auf harte Proben gestellt; denn Breton konnte unzuverlässig und kapriziös sein. Er wechselte seine Auffassungen von theoretischen Angelegenheiten von einem Tag zum anderen und erwartete, daß seine Gefolgsleute ohne Widerrede zustimmten. Lange Zeit blieb seine Autorität unangefochten.

Neben Breton waren Louis Aragon und Paul Eluard die wichtigsten und bekanntesten Surrealisten der ersten Stunde. Auch Aragon war herrisch und neigte dazu, selbstherrlich und nach Gutdünken zu entscheiden. Vielleicht ist es kein Zufall, daß er wie Breton einen Vater hatte, der in der Pariser Polizeiverwaltung einen Posten bekleidete, und daß auch er einmal hatte Medizin studieren wollen. Eluard setzte sich zwar ebenfalls glühend für die revolutionären Ideale ein, ließ sich aber nicht zu fanatischen Schmähungen hinreißen; denn er war vor allem ein lyrischer Dichter von großer Sensibilität und zudem ein Mann von gewinnendem Charme. Die drei Männer gehörten zu den bedeutendsten und begabtesten Persönlichkeiten ihrer Generation; kein Wunder also, daß sie die Aufmerksamkeit so vieler anderer begabter und bedeutender Menschen auf sich lenkten und sich ihre Gefolgschaft sicherten.

Anfangs beschäftigten sich die jungen Surrealisten mit der Veröffentlichung von Pamphleten. Ihre Zeitschrift trug den passenden Titel *La Révolution surréaliste* (Die surrealistische Revolution), und sie verbreiteten darin ihre skandalträchtigen, nihilistischen Meinungen. Jung und übermütig, wie sie waren, trieben sie mancherlei ganz gewöhnlichen Schabernack und brachten sich immer von neuem in schwierige Situationen. Sie scheuten keine Anstrengung, öffentliches Ärgernis zu erregen; keine Geste war ihnen beleidigend, kein Ausdruck abfällig genug, um ihren Abscheu vor der bürgerlichen Gesellschaft zu bekunden; aber die unverschämten Texte und turbulenten Streiche wurden nie ernstlich als eine Bedrohung der herrschenden Ordnung aufgefaßt, weil sie keinem politischen Zweck dienten. Dieser deutliche Mangel wurde alsbald von den Kommunisten als geistige Kastration verurteilt. Sie nannten die Surrealisten Phrasendrescher und kritisierten sie als scheinheilige Naivlinge. Das mußte zum Konflikt führen. Er hielt sich hartnäckig, weil es sich die Surrealisten mit dem Problem nicht leicht machten und die Kommunisten zynisch schlau erkannten, daß soviel Energie und Begabung eines Tages mit Erfolg eingesetzt werden konnte.

1928 hatte sich der Surrealismus durchgesetzt. Breton, Aragon, Eluard und ihre Freunde wurden in der Presse nicht mehr als unverantwortliche Hochstapler und Gauner betrachtet, sondern genossen öffentliche Anerkennung als authentische, wenn nicht gar wertvolle Avantgardegruppe. Dieser Anschein von Respektabilität erwies sich für einige der ehemaligen Anarchisten als gefährliche Verführung; auch sie waren inzwischen älter geworden und spürten den Drang ihres persönlichen Ehrgeizes, Karriere zu machen und Ansehen zu gewinnen. Derartige Neigungen mißfielen Breton, der seinen Ehrgeiz nach Karriere und Ruhm bequem im Surrealismus ausleben konnte. Die Stunde der Entfremdung und der gegenseitigen Anklagen war gekommen, und fortan war die surrealistische Bewegung von Konflikten zerrissen.

Die meisten Freunde Giacomettis waren Leute, die entweder von selbst die Gruppe der Surrealisten verlassen hatten oder zu den Ausgestoßenen gehörten. Sie warnten Alberto, er solle Breton aus dem Wege gehen und sich von diesem falschen Propheten nicht verführen und hintergehen lassen. Obwohl er den Rat nicht in den Wind schlug, muß er doch neugierig darauf gewesen sein, selber den Mann kennenzulernen, der solche Leidenschaften auslöste.

Seit 1926 war Pierre Loeb der von den Surrealisten bevorzugte Kunsthändler gewesen, ein schlauer, ehrgeiziger Mann, der seine Galerie in der Rue des Beaux-Arts Nr. 2 hatte. Sowohl seinen Kunden wie auch den Künstlern gegenüber stellte er sich in erster Linie als Kenner und Freund dar und nur nebenbei noch als Geschäftsmann. Dementsprechend war seine Galerie zwar geräumig, aber ein wenig verlottert. Sie hatte mehr die Atmosphäre eines Ateliers als die eines kommerziellen Unternehmens. Den Surrealisten, die so viel Verachtung für persönlichen Ehrgeiz und weltlichen Erfolg zeigten, paßte das ausgezeichnet. Pierre Loebs überragende Schlauheit hatte diese Nuance erfaßt und wußte sie zu seinem Nutzen zu gebrauchen. Da er ein Mann von ungewöhnlichem ästhetischem Spürsinn war, fand er natürlich Interesse an Giacomettis Werk, sobald davon in der Öffentlichkeit geredet wurde.

Gelegenheit für seinen ersten Erfolg hatte Alberto durch Jeanne Bucher erhalten. Sie hatten eine Absprache getroffen, daß sie auch weiterhin seine Arbeiten vertreten wollte. Bald danach suchte Pierre Loeb den Bildhauer auf und bot ihm einen Vertrag an: er sollte ein monatliches Fixum erhalten und dafür Loeb seine gesamte Produktion überlassen. Nun war Giacomettis finanzielle Lage damals zwar nicht üppig, aber keineswegs bedrückend. Die größere Sicherheit, die ihm Loebs Angebot versprach, kann für sich allein – so sollte man meinen – nicht ausschlaggebend gewesen sein. Aber die Galerie Pierre Loeb war wichtiger und anspruchsvoller als die von Jeanne Bucher. Neben den Arbeiten von jungen Leuten wie Max Ernst, Joan Miró oder Giorgio de Chirico zeigte Loeb gelegentlich auch Bilder von Picasso und Braque, ja sogar von Matisse. Ein weiterer Trumpf war die sorgfältig gepflegte Legende über Loeb selbst als ein Mensch von fast unfehlbarer Klarsicht. Für einen jungen Künstler, der noch kurz zuvor seine Fähigkeit in Frage gestellt hatte, ob er überhaupt für eine künstlerische Laufbahn tauge, muß ein Vertragsangebot von Pierre Loeb unwiderstehlich aussichtsreich gewesen sein. Alberto nahm an.

Seine Zusage stand im Widerspruch zu seinen Verpflichtungen gegenüber Jeanne Bucher, und wir wissen nicht, wie dieser Konflikt gelöst wurde. Oberflächlich betrachtet, wirkt es so, als habe Alberto opportunistisch gehandelt. Das hätte seinem Wesen nicht entsprochen. In seinem ganzen späteren Leben gab es keinen Fall, bei dem Gedanken an Prestige oder finanzielle Vorteile die Oberhand über ethisches Verhalten gewonnen hätten. Gerechterweise muß man ergänzen, daß zu diesem besonderen Zeitpunkt Giacomettis Ehrgeiz und sein Wille, einen eindrucksvollen Erfolg zu erzielen, am stärksten waren. Wie viele Zweifel er an seiner Berufung als Künstler auch gehegt haben mag, so verlangte Alberto doch stark nach Anerkennung, und er war zu großen Opfern bereit, um sie zu bekommen.

Die Plastiken, die Giacometti zwischen 1930 und 1935 schuf, stehen insofern alle miteinander in Beziehung, als sie den psychischen Charakter und die gefühlsmäßige Verfassung des Künstlers ganz direkt zum Ausdruck bringen. Nie zuvor oder später nahmen seine Arbeiten so offen auf seine eigene Natur Bezug, auf seine tiefsten Wünsche und Zwänge. Ganz offensichtlich mußte es ihm auf seinem Weg zur reifen Erfüllung gelingen, das psychische Motiv so mit dem ästhetischen Zweck zu einem Ganzen zu verschmelzen, daß es wie spontan entstanden wirkte. Die sogenannten Schwierigkeiten von 1921 und 1925 waren sicher zumindest teilweise das Ergebnis seines Gefühls, daß es ihm wie jedem anderen einfach nicht möglich war, zu solch einer Synthese zu gelangen. Aber die Einsicht in solche Unmöglichkeit kann ein befruchtender Ansporn sein, indem sie den Künstler zwingt, seine Erfahrung für alle Zukunft mit seinen kreativen Möglichkeiten zu verbinden. Sein Leben und Werk werden auf allen Ebenen unteilbar, sind verbunden durch das, was er sein möchte, mit dem, was er zu schaffen hofft. Ursache und Wirkung werden eins durch die Identität von Künstler und Kunstwerk.

Wenn auch nicht so ausgesprochen sexuell und gewalttätig wie die frühere Plastik *Mann und Frau* fügen sich auch in den Skulpturen *Liegende* und *Träumende* (beide von 1929) offensichtlich phallische Formen in einer vieldeutigen und nicht leicht faßbaren Beziehung zu ebenso unmißverständlichen Hohlformen. Der gefühlsmäßige Inhalt ist jetzt allerdings in hohem Maße mit der plastischen Gestaltungsabsicht verbunden, und folglich verbinden sich auch die strukturellen Elemente organischer miteinander, nämlich auf ihre eigene Weise und weniger orientiert am Wesen des Künstlers. Er begann ein Vokabular von Ausdrucksformen zu entwerfen, mit dem er die tiefsten Aspekte seines Inneren aus sich herausstellen und formal bewältigen konnte. Diese Bildsprache, obwohl sie halluzinatorisch und zufällig wirken mag, ist in Wirklichkeit das Ergebnis einer in sich stimmigen emotionellen und ästhetischen Haltung. Giacomettis surrealistische Periode stellt keine aus dem Zusammenhang fallende Episode in der Entwicklung seiner Laufbahn dar. Mögen auch die Plastiken aus diesen fünf Jahren anders sein als die vorausgegangenen und späteren Arbeiten, so wurden sie doch vom selben Künstler geschaffen, der an alle Werke, die er im Laufe seines Lebens schuf, im wesentlichen die gleichen schöpferischen Anforderungen stellte. Eine solche Einheit liegt natürlich als Quintessenz dem Abenteuer eines jeden Künstlerlebens zugrunde.

Unter den neugewonnenen Freunden war es Michel Leiris, mit dem er am längsten verbunden bleiben sollte. Leiris war genauso alt wie Alberto und stammte aus einer bürgerlichen Familie von gesichertem Wohlstand, ein Geburtsfehler, der auch durch lebenslange literarische Bußübungen nicht wiedergutzumachen war. Entsprechend streitbar verhielt sich der junge Mann. Die Surrealisten waren wie für ihn geschaffen und boten seinem streitlustigen Geist ein passendes Betätigungsfeld. Leiris hatte den Wunsch, gefährlich zu leben, ohne jedoch ethische Forderungen zu verletzen; er wollte ein «gewöhnliches» Leben mit den Mitteln der Literatur auf die hohe Ebene eines Schicksals erheben. In der Absicht, seine Leidenschaften bis zu ihrem wenn auch noch so bitteren Ende durchzustehen, wurde ihm bewußt, daß ihn am stärksten die Idee des Todes faszinierte samt der Möglichkeit – oder Versuchung – des Freitodes. Leiris' Maßstäbe an persönliche Verantwortung und Geradlinigkeit waren viel zu anspruchsvoll, als daß er lange gemeinsame Sache mit dem surrealistischen Abenteuer hätte machen können. Längst war er auf seinem eigenen Weg, bevor er Alberto kennenlernte. Er wurde Ethnologe, machte Reisen nach Afrika und erwarb sich Verdienste in diesem Zweig der Geisteswissenschaft; seine Identität jedoch fand er als Autor literarischer Texte, insbesondere seiner Autobiographie. Durch sie vermochte er die Gefahr zu einer unverzichtbaren Grundlage seines Lebens zu machen und so gewissenhaft der Wahrheit nachzuspüren, daß Analogien, Allegorien und Sprachbilder bei ihm zu einem mythischen Geflecht wurden. Leiris schrieb viele Gedichte und auch kritische Essays über Kunst. Er war der erste, der sich in einem einsichtsvollen Text mit dem bildhauerischen Werk Giacomettis beschäftigte. Der Essay erschien 1929 in einer kleinen Zeitschrift mit dem Titel *Documents*, die von dem hervorragenden Schriftsteller Georges Bataille herausgegeben wurde. Darin lag eine hohe Anerkennung für einen Künstler, der noch nicht dreißig war. Leiris schrieb: «Es gibt Augenblicke, die man Krisen nennt, und diese sind die einzigen, die im Leben zählen. Solche Momente widerfahren uns, wenn etwas von außen urplötzlich unserem inneren Rufen antwortet, wenn sich die äußere Welt so öffnet, daß sich zwischen ihr und unserem Herzen eine plötzliche Veränderung ergibt ... Giacomettis Skulpturen bedeuten mir etwas, weil alles, was unter seiner Hand entsteht, wie die Versteinerung einer solchen Krise ist.» Schon zu Beginn von Giacomettis Laufbahn erkannte Leiris also, welch schöpferischer Ansporn von dem immer wiederkehrenden Gefühl einer Krise ausgehen sollte. Natürlich waren Albertos

Freunde und Bekannte unvermeidlich auch Zeugen seiner schöpferischen Ängste. In späteren Jahren steigerte er sich so sehr in das Moment der Krise hinein, daß es für ihn zum eigentlichen Medium wurde, in welchem der schöpferische Akt die materielle Verwirklichung hervorrief.

Anfang 1930 beendete Giacometti eine Skulptur, die ganz anders als alles bis dahin von ihm Geschaffene war. Er nannte sie *Schwebende Kugel*. Sie sollte eine große Wirkung auf seine weitere Künstlerlaufbahn haben. Das Original war in Gips gearbeitet und wurde von einem baskischen Kunstschreiner sorgfältig in Holz übertragen. Holz war dauerhafter als Gips und billiger als Bronze; Pierre Loeb ließ keine Gelegenheit aus, bei der es etwas zu sparen gab. Im Innern eines offenen, käfigartigen Gerüsts aus Metallstäben hängt an einem Draht eine Kugel von der Größe eines Apfels, aus deren Unterseite ein beträchtliches, schnitzförmiges Stück herausgeschnitten ist. Auf einer Fläche direkt unterhalb des Einschnitts liegt eine größere, halbmondartige Form, deren scharfe Innenkante fast in den Kugeleinschnitt eindringt. Diese Fast-Berührung wirkt, als würde sich die Kugel entweder gerade von der Schneide abheben oder auch zum Kontakt auf sie absinken. Die Ungewißheit über die doppelsinnige Beziehung zwischen den beiden Formen, deren sexuelle Bedeutung sich aufdrängt, ohne sich wirklich zu erkennen zu geben, erweckt das außergewöhnliche Gefühl von einem Geschehen, das stattfinden will und dennoch immer ungeschehen bleibt. Die Anordnung der plastischen Elemente innerhalb des käfigartigen Gerüsts steigert den Eindruck von Hemmung und Isolation.

Im Frühjahr 1930 veranstaltete Pierre Loeb eine Ausstellung mit Werken von Miró, Arp und Giacometti. Neben anderen Arbeiten Albertos aus der neuesten Schaffensperiode wurde auch die *Schwebende Kugel* gezeigt. Dieses Werk erweckte sofort das Interesse von André Breton und Salvador Dalí, jenem temperamentvollen Spanier, der erst jüngst zu den Surrealisten gestoßen war. Beide waren sich darin einig, daß Giacomettis Arbeiten den Prinzipien des Surrealismus gehorchten, und sie entschlossen sich, ihn in die Gruppe aufzunehmen. Breton begab sich zu einem Besuch in die Rue Hippolyte-Maindron. Die Warnungen der Abtrünnigen vermochten offensichtlich wenig gegen den sprichwörtlichen Charme und die entwaffnende Selbstsicherheit des surrealistischen Logenmeisters. Alberto ließ sich beeindrucken. Es muß ihm auch gutgetan haben, von einem Älteren gelobt zu werden, dessen ästhetisches Urteil weithin Gewicht hatte. Fast jeder bedeutende Künstler und Schriftsteller der jüngeren Generation hatte der surrealistischen Bewegung angehört oder zählte damals noch zu ihren Mitgliedern. Alberto war bereit, sich anzuschließen. Breton seinerseits fand die intellektuelle Intensität und Dynamik im Gedankenaustausch mit dem Neugeworbenen beeindruckend. Die Verbindung Giacomettis zum Surrealismus sollte viereinhalb Jahre dauern.

Er ging zu den Versammlungen, nahm an Ausstellungen teil, unterstützte die politischen und künstlerischen Grundsätze des Surrealismus, und er veröffentlichte einige Texte in der neubetitelten Zeitschrift der Gruppe *Le Surréalisme au service de la révolution* (Der Surrealismus im Dienste der Revolution).

Der Bildhauer erklärte Breton, daß seine Werke gewissermaßen unabhängig von ihm entstünden. Völlig fertig erschienen sie vor seinem inneren Auge und nähmen ohne seinen bewußten Willen Gestalt an. Diese Aussage stimmte mit der orthodoxen surrealistischen Lehre überein. Es gibt keinen Grund, die Aufrichtigkeit der Behauptung in Zweifel zu ziehen; denn alle Skulpturen Giacomettis sind Bilder einer inneren, nicht einer äußeren Wirklichkeit. Man sollte daraus allerdings nicht folgern, daß die Arbeiten automatisch und von selbst entstanden wären. Zufallswirkungen hatten in der Arbeitsweise Giacomettis keinen Platz, die Plastiken entstanden vielmehr durch mühevollen Fleiß, manche rasch, andere, vor allem die bedeutenderen, als das Ergebnis von wochen- oder monatelanger, sorgsamer Arbeit. Die darin spürbare zielgerichtete Wachheit und Lebendigkeit scheint der gegenüber Breton gemachten Aussage zu widersprechen, in der mehr die passive Rolle des Künstlers hervorgehoben wird. Alberto war voll von Widersprüchen; sie gehörten zu den wichtigsten Zügen seines Intellekts.

André Bretons Lieblingsfarbe war Grün. In der surrealistischen Doktrin und in ihren Riten gingen die Vorlieben des Logenmeisters allem anderen vor. So hatte Breton irgendwann das Gesetz verkündet, daß die Mitglieder ausschließlich grüne Getränke und Nahrungsmittel zu sich nehmen, soweit das überhaupt möglich ist, und die Surrealisten lebten nach dem Gebot. Eines Abends jedoch, während alle anderen brav ihre Chartreuse oder Crême de Menthe schlürften, bestellte sich Alberto Cognac. Es gab Grenzen für den Unfug, an dem teilzunehmen er bereit war. Aber Breton zeigte sich unerwartet nachsichtig. Die beiden Männer schätzten sich offenbar so sehr, daß sie bereit waren, ausnahmsweise Konzessionen zu machen.

Wenige Wochen nachdem Alberto Mitglied der Surrealisten geworden war, erkrankte er und litt unter heftigen Magenschmerzen. Er wandte sich an den Arzt Théodore Fraenkel, der als Klassenkamerad und Jugendfreund von Breton mit diesem zusammen die medizinische Fakultät bezogen hatte und auch später in regem Kontakt mit ihm geblieben war. Wie viele französische Ärzte war auch Fraenkel leidenschaftlich an Kunst interessiert. Die Leute, die er durch seinen früheren Schulfreund kennenlernte, befriedigten in ihm ein tieferes Bedürfnis als die Tätigkeit in seinem medizinischen Beruf. Als Gegenleistung für die anregende Gesellschaft war Fraenkel nur zu gern bereit, seinen medizinischen Rat – oft sogar unentgeltlich – zu spenden; doch wie die Dinge lagen, war seine Fähigkeit, künstlerische Begabung zu schätzen, stärker entwickelt als das Diagnostizieren von Krankheiten. Nachdem er Alberto untersucht hatte, meinte er, es handle sich um eine akute Verdauungsstörung, verschrieb ein harmloses Medikament und schickte seinen Patienten nach Hause.

Die Schmerzen ließen jedoch nicht nach, sondern wurden immer schlimmer. Diego rief einen anderen Arzt herbei, der sofort erkannte, daß es sich um eine Blinddarmentzündung handelte, man aber in diesem Stadium nicht operieren sollte. Es war üblich, Eisbeutel auf den Unterleib zu legen, bis die akuten Schmerzen nachließen. Glücklicherweise wohnte Alberto gerade im Hotel Primavera, wo er gewiß besser aufgehoben war als in seinem nahegelegenen Atelier. Mehrmals am Tage kam Diego mit Milch, leichtverdaulichen Nahrungsmitteln und mit dem Eis für die Packungen. Die Schmerzen hielten länger als drei Wochen an. Inzwischen hatte sich Alberto entschlossen, die Operation lieber zu Hause anstatt in Paris über sich ergehen zu lassen. Kurz nach dem 15. Juni fuhr er nach Maloja. Die Operation wurde im Krankenhaus von Samedan vorgenommen, wenige Kilometer von St. Moritz entfernt. Der Chirurg sagte hinterher, es wäre höchste Zeit gewesen; weiteres Zuwarten von einigen Tagen hätte tödlich sein können, weil die Entzündung bereits auf das Bauchfell übergegriffen hatte. Der erst neunundzwanzigjährige Giacometti war vom Tode gestreift worden.

21

In den mode- und kunstbewußten Pariser Kreisen, in denen Leute wie die Noailles verkehrten, war damals Jean-Michel Frank der erfolgreichste Innenarchitekt mit den besten Einfällen. Er war ein außergewöhnlich charmanter Mann, dem Freundschaft und Anerkennung von Menschen zuteil wurde, die sehr verschiedene Ansprüche in gesellschaftlicher und intellektueller Hinsicht stellten. Er hatte gute Beziehungen zur Oberschicht, zu der seine Kunden zählten; zugleich war er ein Ästhet und Denker. Zum Nachdenken hatte er in der Tat Grund genug; nicht nur, daß er Jude und homosexuell war, das Schicksal hatte ihm besonders grausam mitgespielt: seine beiden älteren Brüder waren im Ersten Weltkrieg gefallen. Aus Kummer darüber hatte sich bald danach sein Vater aus dem Fenster gestürzt. Seine Mutter verlor den Verstand und starb in einer Heilanstalt. Sie hinterließ ihren dritten Sohn reich und einsam, als dieser noch nicht einundzwanzig war. Der junge Mann schloß sich den fortschrittlichsten intellektuellen und künstlerischen Bewegungen an. So wurden auch die Surrealisten seine Freunde. Der Theorie nach bewunderte er die Grundsätze des Kommunismus und pflichtete ihnen sogar bei. Da er aber gleichzeitig nicht auf einen gewissen Luxus im Lebensstil verzichten konnte, entwickelte er im Ausgleich zu seiner Selbstverwöhnung einen strengen, sparsamen Dekorationsstil. Die müßigen Reichen, deren Gesellschaft er genoß und deren ethische Grundsätze er mißbilligte, sollten in Einrichtungen von äußerst kostbarer Einfachheit leben. Die damals tonangebende Elite, die den Schock des Kubismus überwunden hatte und für den Surrealismus schwärmte, war hingerissen. Franks Geschäftsräume in der Rue du Faubourg Saint-Honoré 140 wurden zu einem Ort, wo jene Leute ein und aus gingen, deren Verständnis und Einfluß im wesentlichen den Geschmack der Zeit ausmachten.

Da er die Arbeiten begabter junger Künstler bewunderte und ihre Gesellschaft suchte, entschloß sich Frank, wo immer es sich ergab, ihr Talent mit seinen eigenen Fähigkeiten zu verbinden. Der weitaus tüchtigste, vielseitigste und treueste unter den jungen Künstlern, die mit ihm zusammenarbeiteten, war Giacometti. Die Verbindung war 1929 durch Vermittlung des Amerikaners Man Ray zustande gekommen, der als Fotograf unter den Surrealisten hervortrat, und die Zusammenarbeit zwischen Frank und Giacometti setzte sich fort, bis ihr der Zweite Weltkrieg ein unglückliches Ende beschied. Sie wurden enge Freunde, wobei zweifellos jeder im anderen die Leidenschaft bewunderte, mit der sich beide in unendlicher Sorgfalt um eine Ausgewogenheit räumlicher Beziehungen bemühten, wie sie von den meisten Menschen überhaupt nicht wahrgenommen wird.

Für Frank fertigte Alberto Einrichtungsgegenstände in Gips und Bronze: Vasen, Lampen, Wandleuchter, dekorative Medaillons, bildhauerisch gearbeitete Kaminfassungen, Kaminböcke und anderes mehr. Wenn auch diese Arbeiten dem Künstler gestatteten, besser als zuvor für seinen Lebensunterhalt aufzukommen, so sollte man diese Tätigkeit doch nicht nur als bloßen Broterwerb ansehen. Giacometti konnte sich gar nicht mit einer Sache beschäftigen, ohne ihr seine volle Aufmerksamkeit zu widmen. Den Objekten, die er für Frank entwarf, wohnte eine Schönheit inne, die von den Zwecken, denen sie dienen sollten, völlig unabhängig war. «Ich versuchte», sagte er, «zum Beispiel Vasen so gut zu machen, wie mir das möglich war, und ich merkte, daß ich an einer Vase genauso arbeitete wie an einer Skulptur.» Es konnte nicht ausbleiben, daß die Gestaltung all dieser Gegenstände ihre Auswirkung auf seine künstlerische Arbeit hatte. Der Einfluß war indirekt und vielleicht geringer, als er ihn selbst veranschlagte. Sein Leben aber sollte ebenfalls davon betroffen werden, und Giacometti war scharfsichtig genug, dies zu erkennen; denn die Zusammenarbeit mit Frank veränderte entscheidend seine Beziehung zu der Person, die ihm – nach seiner Mutter – am nächsten stand.

Die Entfaltung seiner Existenz hatte sich bei Diego nicht in gleicher Weise wie bei Alberto vollzogen. Vorerst war der jüngere Bruder noch damit zufrieden, in zweifelhaften Bars herumzuhängen und sich an zwielichtigen Unternehmungen zu beteiligen. War es anfangs noch möglich, dieses Verhalten als jugendlichen Leichtsinn anzusehen, so wirkte diese Erklärung auf die Dauer nicht mehr glaubhaft. Fast sah es so aus, als hätte Diego weder Ehrgeiz noch Chancen, etwas aus seinem Leben zu machen. Alberto machte sich Sorgen um seinen Bruder, und es wurde ihm klar, daß er es in der Hand hatte, vielleicht nur er allein, das Schicksal eines leichtsinnigen Tagediebs von Diego abzuwenden. Daher lag es für ihn nahe, ihrer beider Zukunft miteinander verbunden zu sehen. Wenn er seinem Bruder helfen wollte, konnte er gar nicht mehr tun als dies. Seine Absichten waren selbstlos; er wollte Diego vor einem Leben in leicht anrüchiger Nichtigkeit bewahren. Da Alberto aber auch mit Forderungen an sich selbst zu kämpfen hatte, vermochte er seinem Bruder nur im Zusammenhang mit seiner eigenen Tätigkeit zu helfen.

Bis zu jenem Zeitpunkt hatte sich hierfür anscheinend nie eine Möglichkeit gezeigt. Plötzlich bot sich eine Lösung an, genau in dem Moment, als sie am dringendsten benötigt wurde; zudem war es eine Lösung, die auf ideale Weise allen Bedürfnissen gerecht wurde. Für die nächsten fünfunddreißig Jahre sollte sie im Leben von Diego und Alberto eine so wichtige Rolle spielen, daß es am Ende schien, als ob es nie anders hätte sein können. Diese Möglichkeit bestand ganz einfach darin, daß Diego seinem Bruder bei der Arbeit half.

Solange er nur an seinen Skulpturen gearbeitet hatte, wäre es Alberto nie in den Sinn gekommen, daß er einen Gehilfen brauchen könnte; aber als er von Frank Aufträge annahm, wurde rasch klar, daß er sie nicht allein ausführen konnte, ohne daß ihm jemand in der praktischen Verwirklichung zur Seite stand, nämlich bei der Anfertigung von Armaturen und Gipsabgüssen, bei Vorarbeiten am Stein, eben bei all den notwendigen und arbeitsaufwendigen Tätigkeiten, für die – wie es sich traf – Alberto selbst wenig Neigung und Begabung mitbrachte. Diego war hier genau der richtige Mann. Seit der Kindheit schien es ihnen beiden ganz natürlich, daß Diego seinem älteren Bruder Beistand leistete. Er besaß ein hohes Maß an manueller Geschicklichkeit. Möglicherweise hatte er die Verletzung der rechten Hand dadurch kompensiert, daß er eine beachtliche Fingerfertigkeit entwickelte. Auch die Erfahrungen beim Grabsteinmetz in Chiasso waren nicht vergessen. Vor allem aber zweifelte Diego nie daran, daß Alberto ein großer Künstler war.

So vollbrachte Alberto eine Art Wunder; das Problem von Diegos Zukunft war über Nacht gelöst. Obwohl er noch eine Weile seine alten Kumpane frequentierte, hatte er bald keine Zeit mehr, bei ihren Unternehmungen mitzumachen. Es dauerte nicht lange, bis er sich mit Frank und seinen Mitarbeitern anfreundete. Beide Brüder müssen glücklich und zufrieden gewesen sein. Das Bedürfnis des einen, Schutz zu gewähren, und der Wunsch des anderen, Hilfe zu leisten, waren zusammengewachsen und dienten nun gemeinsam den Erfordernissen des Künstlers.

Da die Welt der Kunst und die der Mode sich gegenseitig durchdringen und voneinander abhängig sind, geht der Erfolg in der einen nicht selten Hand in Hand mit Erfolg in der anderen. Alberto sah sich bald in modebewußten Kreisen der Pariser Gesellschaft aufgenommen, in denen er nicht nur als vielversprechender Künstler, sondern auch als Mitarbeiter von Jean-Michel Frank anerkannt wurde. Die vornehme Welt öffnete sich ihm spontan, weil die Leute spürten, daß er an ihnen um ihrer selbst willen interessiert war und es ihm nicht um sozialen Aufstieg ging. Nachdem Alberto bei den Noailles eingeführt war, wurde er ein regelmäßiger Gast in ihrem palastartigen Haus an der Place des Etats-Unis. Die Noailles hatten noch eine weitere seiner Skulpturen gekauft, diesmal bei Pierre Loeb. Anfang 1930 schlugen sie Giacometti vor, eine große Steinfigur für sie anzufertigen. Sie sollte im Park der riesigen Villa aufgestellt werden, die das Ehepaar auf einem Hügel in der Nähe von Hyères am Mittelmeer gebaut hatte. Alberto sagte zu, und er begann mit Vorstudien zu der Arbeit. Sogleich wurde ihm ein großzügiger Vorschuß ausgezahlt.

Unter den Freunden, die sich Alberto im Kreis um Jean-Michel Frank und die Noailles machte, waren vor allem Jean Cocteau und der Maler Christian Bérard. Cocteau war ein erfindungsreicher Förderer seiner selbst, ein Mann von ungewöhnlicher Begabung. Er galt als der faszinierendste Unterhalter seiner Zeit, und sein Umgang mit dem Wort war virtuos. Das mag zugleich sein Verhängnis gewesen sein; denn er steigerte sich so sehr in das Bedürfnis hinein, andere zu bezaubern, daß er allzuviel Talent auf die Verlockungen des Ruhms verschwendete. Christian Bérards Gemälde waren weder bedeutend noch originell; aber sie waren eine Zeitlang in Mode und fanden Anerkennung und Käufer. Bérard machte als Bühnenbildner von sich reden und trug nach dem Zweiten Weltkrieg zu dem blendenden Erfolg des Couturiers Christian Dior bei. Wie ihr guter Bekannter Jean-Michel Frank waren Cocteau und Bérard Bewunderer der Oberschicht und ihres luxuriösen Lebensstils. Wie Frank waren sie Homosexuelle. Mit Ablehnung und Mißtrauen wurden sie deshalb von den Surrealisten behandelt, besonders Cocteau, der zu Recht im Verdacht stand, ein narzißtischer Arrivist zu sein, jemand, der nach offiziellen Ehrungen schielte, von denen die Surrealisten nichts wissen wollten.

Homosexualität wurde von den Surrealisten als eine verwerfliche Schwäche angesehen. Diese strenge Diskriminierung durch die selbsternannten Jünger Freuds muß freilich etwas inkonsequent erscheinen, ging es ihnen doch angeblich um die Erneuerung der menschlichen Erfahrung durch die freie Entfaltung des *Es*. Freud selbst hatte erklärt, daß homosexuelle Tendenzen in gewissem Grade allen schöpferischen Persönlichkeiten eigen seien. Aber Breton hatte unbeugsame Grundsätze. Nun war aber ein Mitglied der Gruppe homosexuell: René Crevel. Er war ein schöner, anziehender Mensch und ein

Dichter von lebhafter Originalität. Als romantischer Idealist glaubte er an die Grundsätze des Kommunismus, dabei war er der Sohn reicher Eltern, der das luxuriöse Leben in den vornehmen Kreisen genoß. Äußerlich wirkte er muskulös und kräftig, litt aber an Tuberkulose und mußte sich einer langen Behandlung in einem Sanatorium unterziehen. Crevel verehrte Alberto, der ihm seinerseits eine rückhaltlose Zuneigung entgegenbrachte; eine der ersten Radierungen, die Giacometti schuf, war eine Illustration für einen Band mit Texten von Crevel.

Die enge Freundschaft, die Alberto zu Leuten wie Cocteau, Bérard, Frank und Crevel unterhielt, ließ bei anderen Freunden die Frage aufkommen, ob er nicht doch homosexuell wäre; aber sie irrten sich. Zwar empfand Alberto Homosexuellen gegenüber Gefühle, die über das bloße Verstehen ihrer Probleme hinausgingen. Ein Bedürfnis seines Wesens zog ihn zu ihnen hin, und es machte ihm Vergnügen, durch Gespräche an ihren Erfahrungen teilzuhaben. Weiter ging es nicht.

Unter den Frauen, die in Giacomettis Leben eine Rolle spielten, gibt es nur eine, von der wir fast nichts wissen. Sie hieß Denise. Alberto begegnete ihr am Montparnasse, und ihr Verhältnis begann um 1930. Sie war schön, dunkelhaarig und etwa gleichaltrig mit Alberto. Welchen Beruf sie ausübte, falls sie einen hatte, bleibt unbekannt – wie fast alles andere über sie. Aber die Ungewißheit ihrer Herkunft und ihrer weiteren Geschichte in Verbindung mit Albertos unverhohlener Neigung zu Prostituierten gibt zu Vermutungen Anlaß. Wir wissen, daß Denise Äther inhalierte, von heftigem Temperament war und neben Alberto noch einen anderen Liebhaber hatte. Dieser Mann war bekannt unter dem Namen Dédé le Raisin (die Traube), weil er an einem fahrbaren Straßenstand Früchte verkaufte. Anscheinend kamen Alberto, Dédé und Denise gut miteinander aus, und es heißt, sie hätten gelegentlich sogar den intimsten Umgang miteinander gemeinsam genossen. Die Beziehung zu Denise war also nicht unkompliziert, und sie war von Anfang an stürmisch, jedenfalls eine Abwechslung zum Verhältnis mit Flora, wie sie größer nicht hätte sein können.

Wenn man bedenkt, wie ungeheuer viel wir über andere wichtige Personen in Albertos Leben wissen, wundert man sich, daß so wenig über Denise überliefert ist. Dabei unternahm Giacometti durchaus nicht den Versuch, sie zu verstecken; ihre Beziehung war bekannt, und Denise wurde ohne Umstände bei Albertos Freunden eingeführt. Gerade die Lücke in unserem Wissen ist vielleicht der wichtigste Hinweis. Frauen, die in Albertos Leben Bedeutung gewannen, waren auch für seine Arbeit wichtig. Nur im Falle von Denise hindert uns das fehlende Wissen daran, den Einfluß auf seine Arbeit abzuschätzen, den sie gehabt haben mag. Diese Lücke fällt zeitlich zusammen mit einer Periode, in der der Künstler sowohl in seinen Arbeiten wie auch in den von ihm veröffentlichten Texten die größte Fülle von freimütigen Äußerungen über sich selbst machte. Wie bei vielen anderen «Zufällen» in Giacomettis Leben wird wohl auch diese zeitliche Übereinstimmung nicht ganz so zufällig gewesen sein. Die Gegenwart von Denise hinterließ fast keine Spuren. Was wir nicht von ihr wissen, wird jedoch reichlich ausgeglichen durch das, was wir über Alberto während dieser Zeit erfahren.

Andeutungen von Gewalt und Grausamkeit, sexuellen Ängsten und geistiger Entfremdung sind in den Skulpturen spürbar, die Giacometti während seiner surrealistischen Periode geschaffen hat. Sie lassen den Zustand einer anhaltenden Krise und quälenden Ungewißheit erkennen. Seit seiner Schwierigkeit von 1925 rang der Künstler ständig darum, die schöpferischen Erfahrungen mit denen seines Lebens in Einklang zu bringen, um frei zu werden für die kreative Bewältigung seiner ursprünglichen Wünsche und Motive. Man könnte sagen, er versuchte die unschuldige Selbstsicherheit in der Beherrschung der Mittel wiederzuerlangen, die er in seiner Jugend besessen hatte. Bevor ihm das jedoch gelingen konnte, mußten noch andere Bedingungen erfüllt und Hindernisse überwunden werden.

Bezugnehmend auf seine surrealistischen Skulpturen, sagte Giacometti einmal, er habe sie gemacht, ohne sich zu fragen, was sie bedeuten sollten. «Wenn das Objekt aber einmal dasteht, so vermag ich wohl – umgewandelt und auf anderen Schauplätzen – Bilder, Eindrücke und Erlebnisse darin wiederzuerkennen, die mich (oft ohne daß ich es beachtet hatte) besonders tief betroffen haben; Formen, die ich mir besonders verwandt fühle, obwohl ich oft nicht sagen könnte, woher sie stammen, was sie mir nur um so unheimlicher macht.»

Welches sind diese Bilder, diese Formen? Auf welche Eindrücke und Vorgänge nehmen sie Bezug? Wie ist es zu verstehen, daß der Bildhauer Werke von so hoher und spezifischer Aussagekraft geschaffen hat, ohne darüber nachzudenken, was sie bedeuteten? Diese Fragen beziehen sich offenbar auf die zu überwindenden Hindernisse und auf die zu erfüllenden Bedingungen.

Der Käfig von 1931, zunächst in Gips gefertigt, dann von dem bereits erwähnten Kunsttischler in Holz nachgeformt, verwendet dasselbe Grundschema wie die *Schwebende Kugel,* jedoch mit anderer Wirkung. Die Arbeit ist in keiner Weise mehrdeutig, und doch wirkt sie beunruhigend kraft ihrer unverhohlen aggressiven und doch unentschiedenen Erotik. Die einander frei zugeordneten Elemente sind zwei Kugeln, zwei phallische Formen, zwei Stäbe, die einen rechten Winkel bilden, drei Hohlformen und eine fünfzinkige Klaue. Sie hängen in ihrem Käfig als ein Bild drohender sexueller Brutalität, und die vibrierende Direktheit von Gewalt offenbart sich noch deutlicher, wenn man um die Skulptur herumgeht. Dennoch geschieht am Ende nichts; die Klaue reißt nicht, die vielsagenden Formen berühren sich nicht, die latente Gewalt kommt nicht zum Ausbruch. Die Konstruktion steht vor uns in gelassen heiterer Selbstgenügsamkeit, als ein Werk, dessen künstlerische Ausstrahlung wir unabhängig von den psychischen Motiven des Künstlers erfahren. So war er fähig, dieses Werk ganz mit seinen Phantasien zu erfüllen und gleichzeitig eine so objektivierte Form aus sich herauszustellen, daß sie den Betrachtern – zu denen auch er selbst gehörte – das Vergnügen bereitete, einen unerwarteten Einblick in die Tiefen seiner Sehnsucht und Erfüllung zu öffnen.

Natürlich war Giacometti während dieser Periode nicht der einzige Künstler, der Werke schuf, die sich offen auf private und verborgene Aspekte menschlicher Erfahrung bezogen. Alle Surrealisten widmeten sich dieser Aufgabe, und die gemeinsame Sache veranlaßte jeden von ihnen, ganz frei höchst individuelle Werke zu schaffen.

«Es gab zweifellos eine surrealistische Atmosphäre, die mich beeinflußt hat», sagte Alberto später. «Meine Werke sollten interessant sein und für andere Leute etwas bedeuten. Ich brauchte Zuschauer, und ich wußte sehr genau, ob ich sie anzusprechen vermochte oder nicht.»

Dieses Bedürfnis nach Beifall ist auffällig. Zu keiner anderen Zeit in Giacomettis Leben trat es auf, er bewies später, daß er ohne Enttäuschung und ohne nachzulassen zehn Jahre oder länger arbeiten konnte, ohne durch den Beifall und das Verständnis von irgend jemandem unterstützt zu werden. Deshalb ist die Frage berechtigt, ob der expressive Inhalt seiner surrealistischen Werke nach einer Betrachterresonanz verlangte, die im Wesen dieser Werke begründet war.

Die Surrealisten bildeten in gewisser Hinsicht eine große Familie, deren Mitglieder von der selbstherrlichen Vaterfigur André Breton je nach Gutdünken Segen oder Tadel zugeteilt bekamen. Bretons Lob muß Giacometti gefallen haben; denn seine surrealistischen Werke erfüllten, wie er sagte, «das Bedürfnis, mich zu ergänzen, indem ich etwas außer mir selbst schuf». Was er schuf, können wir sehen; wie er sich dabei ergänzte, läßt sich nur erraten. Jedenfalls bewies er der Umwelt seine zunehmende Überzeugungskraft, indem er sie im Rahmen der surrealistischen Bewegung erprobte, ohne von seinem eigenen Weg abweichen zu müssen.

Giovanni Giacometti hielt nichts von den surrealistischen Werken seines Sohnes. Bedenkt man, daß beide entschlossen waren, ihren eigenen Weg durchzuhalten, dann mußten sie hier an einen Punkt gelangt sein, der einer Herausforderung gleichkam. Für Giovanni jedenfalls war Alberto auf einen Holzweg geraten. Ein so starkes Abweichen von allen bis dahin gültigen Maßstäben konnte kränkend wirken und entzog dem Vater die Anerkennung dessen, was er erreicht hatte. Äußerlich blieben die Beziehungen zwischen Vater und Sohn jedoch freundlich.

Über Annetta Giacomettis Meinung zu den surrealistischen Werken ihres Sohnes wissen wir nichts. Sie hatte ihre eigenen Ansichten über Kunst, manche waren vermutlich von Giovanni übernommen. Es ist jedoch unwahrscheinlich, daß sie die verborgene Bedeutung von Albertos surrealistischen Werken erkannt hätte. Was auch immer sie darüber gedacht haben mag, sie war zweifellos erfreut über den Fortschritt seiner Karriere, hatte sie doch in der Sorge gelebt, der Sohn könnte durch die Erfolge des Vaters in den Schatten gestellt bleiben. Nun wurde deutlich, daß diese Gefahr abgewendet war. Alberto hatte gezeigt, daß er auf eigenen Füßen stehen konnte, sowohl materiell wie auch als Künstler.

22

Das Château Saint-Bernard bei Hyères ist ein etwas zu groß geratenes Lustschlößchen aus Stahlbeton. Das Gebäude wurde von Robert Mallet-Stevens für den Vicomte und die Vicomtesse de Noailles entworfen und stand ganz im Zeichen der kubistischen Ideenwelt. In den Räumen hingen Werke der bekanntesten Künstler der Pariser Schule. Zeitgenössische Plastiken schmückten den Park. Laurens, Lipschitz und Zadkine, ebenso wie Giacometti, wurden beauftragt, wichtige Stücke für den Besitz an der Riviera zu entwerfen. Charles de Noailles hatte angeregt, Giacometti solle für Saint-Bernard eine Skulptur schaffen, die «weder kubistisch wie die Arbeiten von Laurens noch verdreht wie die Bronzen von Lipschitz» sein sollte. In den ersten Monaten des Jahres 1930 entstanden eine Reihe von Studien in Gips, doch war anscheinend kein Entwurf wirklich befriedigend. Die endgültige Fassung sollte in einem Material ausgeführt werden, das die Aufstellung der Skulptur im Freien gestattete, und sie sollte größer werden als alles, was Giacometti bis dahin geschaffen hatte.

Ein Modell, das den Wünschen entsprach, wurde im Dezember 1930 fertig. Alberto beriet sich mit Henri Laurens und entschied, daß die Skulptur in einen körnigen, grauen Stein gehauen werden sollte, der in dem Örtchen Pouillenay im Burgund gebrochen wird. Alsbald würde Diego mit dem Modell dorthin geschickt, um die Vorarbeiten zu beginnen. Mit diesen war er den größten Teil des Winters in Pouillenay beschäftigt. Mehrmals fuhr Alberto hin, um zu sehen, wie es mit der Arbeit voranging, zeichnete Markierungen auf den Stein und kehrte dann nach Paris zurück. Er verließ sich darauf, daß sein Bruder ein Konzept, das in dem kleinen Modell mehr angedeutet als ausgeformt war, in ein anderes Material und einen viel größeren Maßstab zu übertragen vermochte. Diego leistete den größten Teil der Arbeit, die für die Vollendung der Figur erforderlich war. Man konnte ihn kaum mehr nur als einen Gehilfen in praktisch-technischen Dingen betrachten; doch wäre es andererseits auch nicht richtig gewesen, ihn als aktiven Mitarbeiter zu bezeichnen. Schließlich war er nur Albertos jüngerer Bruder, der, wenn nötig, bei der Arbeit half und einen angemessenen Teil von dem verdienten Geld erhielt. Aber er war kein Künstler und wollte es auch nicht sein. Doch für die schöpferische Tätigkeit seines Bruders war er eine große Hilfe geworden; und der war zweifellos ein Künstler. Wie also sollte man Diego einordnen? Vielleicht stellte sich die Frage damals nicht so dringend; eine gewisse Unsicherheit in der Entwicklung von Diegos Status meldete sich jedoch an.

Die *Figur* für den Park der Noailles wurde erst im Sommer 1932 fertig und aufgestellt. Giacometti verbrachte drei Wochen im Juni in Hyères und führte mit Diegos Hilfe letzte Korrekturen an der Plastik aus. Von der ersten Skizze bis zur Vollendung hatten die Brüder Giacometti fast zwei Jahre, wenn auch nicht ausschließlich, an diese Skulptur gewendet. Sie ist ein seltsames Werk. Mit ihrer Höhe von zwei Metern vierzig deutet sie eine mächtige Gestalt an, deren rechte Hüfte und linke Schulter herausgereckt sind. Darüber ragt ein übergroßer, kantiger, gesichtsloser Kopf auf. Den genauen Platz in dem stufenförmig angelegten Gelände, für den die Skulptur bestimmt war, hatte Giacometti zusammen mit den Noailles ausgewählt. Sie wurde so aufgestellt, daß man den besten Anblick von der Terrasse aus hatte. Der Monolith erhob sich, dem Betrachter gegenüber, ein wenig unterhalb, mitten zwischen den Gartengewächsen. Er erinnerte an ein lebendes Wesen, unbestimmt und vor sich hinbrütend. In dem üppigen Park wirkte die Plastik fehl am Platz, gewissermaßen als Eindringling aus einem rauheren Klima. Sie war die einzige große Steinbildhauerarbeit in Giacomettis gesamtem Schaffen.

Die geschäftliche Beziehung zwischen Giacometti und seinem Händler Pierre Loeb ließ sich nicht so an, wie es der Künstler erwartet hatte. Die Aura von Kennerschaft, die der Händler um sich zu verbreiten wußte, machte es ihm leicht, Künstlern gegenüber die Fiktion aufrechtzuerhalten, daß schmutzige materielle Überlegungen so wenig wie möglich in ihrem Umgang eine Rolle spielen durften. Umgekehrt nahm er sich heraus, von seinen Kunden einen besonderen Preis für das Privileg zu verlangen, durch eine Persönlichkeit von seinem Urteilsvermögen beraten zu werden. Als das Ende des Einjahresvertrages nahte, konnte Giacometti gar nicht rasch genug davon entbunden werden, und die wiedererlangte Freiheit war Anlaß für ein Fest. Bald lernte Giacometti einen anderen Händler kennen, der im Umgang mit Künstlern verträglicher war als Loeb. Das war Pierre Colle, der von den Surrealisten ebenfalls hoch geschätzt wurde. Er bot Giacometti eine Einzelausstellung an, sobald er die erforderliche Anzahl von Skulpturen zusammen hätte, und Alberto freute sich darauf.

Wenngleich nie kämpferisch aktiv, glaubte Giacometti, wie viele seiner Mit-Surrealisten in den dreißiger Jahren, daß der Kommunismus das vernünftigste und wirksamste Mittel gegen die Übel war, unter denen die Menschheit litt. Eine Reihe von Jahren blieb er dieser idealistischen Überzeugung treu, obwohl sein Charakter und seine Lebensweise nicht zu trennen waren von Prinzip und Praxis einer demokratisch-kapitalistischen Gesellschaft. Seine politischen Überzeugungen waren leidenschaftlich, aber mehr um der Leidenschaft willen als im Hinblick auf die praktische Umsetzung der Ideen. Kein einziges Mal in seinem Leben ist er «zu einer Wahlurne geschritten». Nie gehörte er einer politischen Partei an. Trotzdem vertrat er mit Nachdruck seine Meinungen zu den moralischen und sozialen Fragen seiner Zeit. Er identifizierte sich mit allen, die vom Schicksal benachteiligt waren; er bewunderte die Bettler und Stadtstreicher in Paris, fühlte sich ihnen durch ein dunkles Gefühl von Entfremdung und Betroffenheit verbunden, und gegen Ende seiner Jahre, inzwischen reich und weltberühmt, hätte man ihn in seinem Aussehen und in seiner Lebensweise für einen der Ihren halten können. Über den Kommunismus im stalinistischen Rußland, von den Schauprozessen und dem Terror der dreißiger Jahre kann weder Giacometti noch irgendeiner seiner surrealistischen Freunde die Wahrheit gekannt haben. Später, als die Welt davon erfuhr, sagte er: «Ich glaube, die beste Art für einen Künstler, Revolutionär zu sein, besteht darin, daß er seine Arbeit so gut wie möglich macht.»

Denise blieb die zentrale weibliche Figur in Albertos Leben, und die Beziehung setzte sich stürmisch fort. Zusätzliche Spannung mag die Tatsache gebracht haben, daß sie nicht die einzige war, der der Künstler seine Aufmerksamkeit schenkte, und daß sie das wußte. Treue hielt er nicht für eine männliche Pflicht. Zwar war er nicht gegen die Qualen der Eifersucht gefeit, doch verurteilte er diese Anwandlung als entwürdigend. Sein Wesen war nicht frei von widernatürlichem Verhalten; er kämpfte gegen sie an, aber unter allen Kämpfen seines Lebens war dies einer, den er verlieren mußte.

Eines Tages tauchte Flora Mayo wieder auf, völlig mittellos. Ihr Vater hatte Bankrott gemacht. Wieder mußte sie ohnmächtig zusehen, wie ihr Leben in die Brüche ging. Sie wußte nicht, wie es mit ihr weitergehen sollte, und sie fragte Alberto um Rat. Er meinte, sie sollte in die Vereinigten Staaten zurückkehren. Die Zeit, in der man als Amerikaner sein Glück in der Fremde gesucht hatte, war ohnehin vorüber. Vor ihrer Heimreise zerstörte sie alle Plastiken, die sie in Europa geschaffen hatte, darunter auch den Porträtkopf von Alberto.

23

Diego hat die Jahre zwischen 1925 und 1935 als die glücklichsten seines Lebens in Erinnerung behalten. Es war für ihn auch die Zeit der stärksten Veränderungen; denn während dieser Dekade hörte er auf, ein sorgloser Geck zu sein. Er übernahm die Verantwortung für sein Erwachsenenleben, dessen reife Epoche dem Genius eines anderen Mannes gewidmet wurde. Die Symbiose von Hilfsbedürfnis, Hilfeleistung und Beschützerdrang nahm einen eigenen Charakter an, verselbständigte sich und gewann Einfluß auf die Beziehung der Brüder zueinander. Diego besorgte die praktische Ausführung der meisten Arbeiten, die sein Bruder für Jean-Michel Frank entwarf. Er fertigte auch die Gerüste an für Albertos Skulpturen, selbst die kompliziertesten, und half bei der eigentlichen Bildhauerarbeit. Der Künstler traf die Entscheidungen und überwachte die Durchführung; doch Diegos geschickte Hand wurde immer unentbehrlicher. Die allmähliche Wandlung drückte sich schließlich in kaum vorhersehbarer Weise aus.

Es kam vor – und man kann es für eine Ironie mit wirklich köstlicher Pointe halten –, daß Diego nicht mit Albertos Umgang einverstanden war. Wohl verbrachte er selbst noch gelegentlich einen Abend mit dubiosen Kumpanen von früher, wenn er auch nicht mehr an ihren Unternehmungen teilnahm, aber wie in anderen Dingen machte er auch hier einen Unterschied zwischen Alberto und sich selbst. Er war bereit, sich Albertos Kunst zu widmen; daraus folgte für ihn, daß er sich auch um den Künstler kümmern mußte. Nun war der jüngere Bruder kein psychologisch geschulter Beobachter menschlicher Beweggründe, doch begriff er die Kompliziertheit im Wesen seines Bruders, wie sie sich im Alltag auswirkte. Diego wußte, daß Alberto ein Genie war, sah aber auch, wie erstaunlich naiv er in Beziehung zu anderen sein konnte und welch unerfreuliche Erfahrungen er dabei machen mußte. Damit hatte Diego recht, aber die brüderliche Fürsorge kam nicht gegen die schöpferische Findigkeit an.

An einem Abend, Anfang April 1932, waren die beiden Brüder ins Café du Dôme gegangen und saßen, wie so oft, jeder mit anderen Gästen an einem anderen Tisch. Diego gefielen die Leute in der Tischrunde seines Bruders nicht. Es waren zwei Frauen und vier Männer, darunter der Dichter Tristan Tzara, der Begründer der Dada-Bewegung. Ferner waren da Jacques Cottance und Georges Weinstein, beide Anfang der Zwanzig und Anhänger des Surrealismus, sowie ein gewisser Robert Jourdan, ein junger Künstler von dreiundzwanzig Jahren. Die Frauen waren Denise Bellon (nicht zu verwechseln mit Albertos Geliebter in jener Zeit) und ihre Schwester Colette, die mit Jacques

Cottance verlobt war. Auch sie standen den Surrealisten nahe. Die lebhafte Gruppe war offenbar auf einen geselligen Abend aus mit Wein und Unterhaltung, weiter nichts. Aber Diego hatte seine Bedenken.

Er ging an jenem Abend früher nach Hause. Nicht lange zuvor hatte er in der Rue d'Alésia 199 eine Atelierwohnung gemietet, die zu einem Komplex von genauso provisorischen und spartanischen Baulichkeiten gehörte wie die in der Rue Hippolyte-Maindron. Bei sich zu Hause angelangt, ging er zu Bett. Sein Schlaf war unruhig, und er träumte, er sähe Alberto in einer Falle, halb versunken in einem schwarzen, glitschigen Morast, aus dem er sich nicht befreien konnte, während er, Diego, nur hilflos aus der Entfernung zuschauen konnte.

Im Dôme waren inzwischen Jacques Cottance und Georges Weinstein nach Hause aufgebrochen und hatten die übrigen Teilnehmer der Gesprächsrunde allein gelassen. Die Rede kam auf Drogen. Robert Jourdan war ein ungewöhnlich hübscher und begabter junger Mann. Jean Cocteau und Christian Bérard hatten ihn unter ihre Fittiche genommen, sowohl wegen seines guten Aussehens, obgleich er nicht homosexuell war, als auch wegen seiner Begabung. Durch diese Freunde wurde er in den Opiumgenuß eingeführt. Sein Vater war ein hoher Beamter im Département Seine, und Robert lebte noch im Elternhaus, wo er kaum Gelegenheit fand, seiner Sucht mit genügend Sicherheit zu frönen. So schlug er seinen Tischgenossen vor, sie sollten zusammen irgendwohin gehen, um «Dreck» zu nehmen. Das ist die gummiartige Substanz, die beim Opiumrauchen übrigbleibt. Er besaß eine Menge davon, und sie ließen sich darauf ein.

Denise Bellon, die damals gerade von ihrem Mann geschieden worden war, lebte in einem kleinen Appartement in einer Pension in der Rue Faustin-Hélie. Obwohl ihre zwei Töchterchen in einem der beiden Schlafzimmer schliefen, bot sie das andere Schlafzimmer für die Party an, und zu fünft fuhren sie im Auto dorthin. Bei der Pension angekommen, machte sich Tzara davon und ließ die vier anderen zum Appartement hinaufgehen. Um in das Schlafzimmer von Denise zu kommen, mußten sie erst den Raum durchqueren, in dem die Kinder schliefen, und es gelang ihnen, ohne die Kleinen zu wecken. Nun packte Robert sein Rauschgift aus, und jeder schluckte davon. Bald stellte sich die Wirkung ein, lustvoll oder auch bloß betäubend, und jeder döste vor sich hin.

Gegen Morgen kam Alberto zu sich. Er wußte nicht sofort, wo er war, dann erinnerte er sich an die Geschehnisse. Völlig angezogen lag er auf dem Bett, neben ihm Robert. Es war noch nicht hell, und Robert rührte sich nicht. Die beiden Frauen waren irgendwo in der Nähe. Robert lag so still da, daß man kaum etwas von seinem Atem merkte. Atmete er denn überhaupt? Alberto fuhr vom Bett hoch: Roberts Körper war erkaltet. In schrecklicher Stille lag er da – tot.

Wieder fand sich Alberto plötzlich und unbegreiflicherweise nachts in einem fremden Raum neben einem Leichnam. Wieder hatte ihn wie damals in den verregneten norditalienischen Bergen der Zufall von Angesicht zu Angesicht mit dem Tode gebracht. War das eine Fügung? Nie zuvor hatte er Drogen genommen und tat es auch später nie mehr. Robert Jourdan hatte er nur flüchtig kennengelernt. Wenn es eine Notwendigkeit für das Geschehen gab, wo lag sie, in ihm selbst oder in den Umständen?

Alberto war der Situation nicht gewachsen. Sein erster Gedanke war wegzurennen. Er erhob sich von dem Bett, auf dem der Tote lag, ging rasch zur Tür, schlich durch das Zimmer, in dem die beiden kleinen Mädchen schliefen, eilte die Treppe hinunter und zur Haustür hinaus ins Freie. Es war kalt und regnerisch. In den menschenleeren Straßen fand er schließlich ein Taxi, das ihn zurück in die Rue Hippolyte-Maindron brachte.

Jacques Cottance wurde durch einen entsetzten Telefonanruf aus dem Bett geholt. Bald nach Albertos Verlassen der Wohnung hatten seine Verlobte und deren Schwester Roberts Leichnam gefunden. Cottance eilte sofort zur Rue Faustin-Hélie. Ganz offensichtlich hatte der junge Jourdan eine tödliche Dosis eingenommen. Im Interesse aller Beteiligten war es geraten, die Umstände seines Todes so weit wie möglich geheimzuhalten. Cottance rechnete damit, daß Roberts Vater nur allzugern bereit sein würde, zur Vertuschung der Affäre seinen ganzen Einfluß aufzubieten. Natürlich mußte die Polizei gerufen werden. Dem Eigentümer der Pension war es nicht geheuer, daß in seinem Haus ein so kompromittierender Leichnam gefunden wurde. Er schlug vor, ihn hinauszuschaffen und so zu tun, als habe man ihn draußen zufällig gefunden. Wie durch ein Wunder waren die beiden Mädchen im Vorzimmer durch das Hin und Her immer noch nicht wach geworden, nicht einmal, als der Verstorbene hinausgetragen wurde. Sie schleppten die Leiche bis hinter die nächste Ecke und ließen sie dann auf dem Bürgersteig an der Place Possoz liegen.

Die Polizei traf ein, ließ sich aber – soweit sie überhaupt an die Geschichte glaubte –, nicht lange irreführen. Die Wahrheit kam bald an den Tag, und alle Beteiligten wurden zur nächsten Polizeiwache gebracht. Ein Polizeiwagen wurde losgeschickt, um Giacometti aus seinem Atelier zu holen.

So kam es, daß sich Giacometti wieder einmal in Polizeigewahrsam befand wegen eines Todesfalls, in den er durch Zufall verwickelt war. Wenn eine polizeiliche Verhaftung Schuldgefühle wachruft, muß das Ausmaß dieses Gefühls durchaus nicht auf einer rationalen Einschätzung der Umstände beruhen. Seit Jahren hatte Alberto nachts Licht im Schlafzimmer brennen lassen, ohne daß dies irgend etwas hätte verhindern können.

Auf der Polizeiwache blieb alles bei Formalitäten. Cottance hatte richtig vermutet: Der Vater des verstorbenen jungen Mannes war bemüht, die Wahrheit geheimzuhalten, und hatte auch den entsprechenden Einfluß. Die Zeugen wurden entlassen, und es gab keinen Polizeibericht. Erst sechs Tage nachdem die Beerdigung stattgefunden hatte, wurde der Totenschein ausgestellt. Die Todesursache wurde darin nicht erwähnt, lediglich, daß der Tod vor dem Haus Nr. 5 an der Place Possoz eingetreten war.

Als Diego an diesem Morgen ins Atelier kam, war er erstaunt, seinen Bruder nicht anzutreffen. Da er sich noch an seinen bösen Traum der vergangenen Nacht erinnerte, erfüllten ihn schlimme Ahnungen. Erst am späten Nachmittag kehrte Alberto zurück; noch verstört, erzählte er Diego, was vorgefallen war. Der war entsetzt. Das zufällige Zusammentreffen seines Traumes mit Albertos Erlebnis – wiewohl weitergreifend zu interpretieren als in der für Diego naheliegenden Weise – kann nur sein Gefühl verstärkt haben, daß sein älterer Bruder Schutz und Hilfe benötigte. Und dies ließ sich nicht mehr bloß dem Zufall zurechnen.

Das Spiel ist aus ist eine Plastik, die 1932 vollendet wurde. Sie verrät sehr viel über diese Periode. Ihr Thema ist der Tod, der hier mit höherer Anspielungskraft und Vieldeutigkeit angerufen wird als in irgendeinem anderen Werk Giacomettis. Die Plastik besteht aus einer flachen rechteckigen Platte von weißem Marmor. Ihre tiefliegende Bedeutung wird in einem konkreten Sinnbild gefaßt. Die bearbeitete Oberfläche ist in drei längliche Felder unterteilt, von denen das mittlere, das kleinste, drei Gräber mit abnehmbaren Deckeln aufweist. In einer dieser in die Platte eingelassenen Grabkammern ruht ein winziges abstrahiertes Skelett. Die Nachbarfelder zeigen mehrere runde und ovale flache Vertiefungen. In zwei dieser Mulden stehen Figuren, rechts neben dem Gräberfeld eine Frau in priesterlich starrer Haltung, links eine Gestalt ohne Kopf mit hoch erhobenen Armen in einer Geste der Anbetung oder der Selbstaufgabe. Der Titel der Skulptur ist als elegische Inschrift in die rechte vordere Ecke des Steins eingraviert. *Das Spiel ist aus* bezieht sich symbolisch auf ein Begräbnis. Darin konkretisiert sich zugleich ein metaphysisches Konzept und der Ausdruck einer existentiellen Ironie: der Tod existiert, aber er ist die Verneinung der Existenz; umgekehrt bewirkt Kunst Unsterblichkeit, führt aber den Tod des Künstlers herbei. Giacometti war dreißig, als er dieses Werk schuf – ein Alter, bei dem das Leben Zeit genug gehabt hat, um zu beweisen, daß es kein Spiel ist. Manchmal, wenn Alberto gefragt wurde, warum er Bildhauer geworden sei, sagte er: «Um nicht zu sterben.»

Eine andere wichtige Plastik aus demselben Jahr, *Stachel gegen das Auge*, spielt auf ähnliche Probleme an. Auf einem rechteckigen Holzbrett stehen sich zwei plastische Elemente in tödlicher Konfrontation gegenüber. Die eine, eine Keulenform, die sich bis zu einer dolchartigen Spitze verjüngt, ragt vom Ende des Brettes her direkt bis an die Augenhöhle im totenschädelförmigen Kopf eines abstrahierend angedeuteten Skeletts. Die Spitze berührt nur beinahe die

Augenhöhle. Aber hat sie sie nicht bereits berührt? Die Figur ist ein Bild des Todes und der *Stachel gegen das Auge* deutlich die Darstellung eines schicksalhaften Geschehens, das in der Skulptur seinen sinnbildlichen Ausdruck gefunden hat. Für einen bildenden Künstler ist Sehen gleichbedeutend mit Leben, und das natürliche Ergebnis ihrer Verbindung ist das Kunstwerk. Schöpfung ist Zeugung. Geblendet zu werden heißt, die Schöpferkraft zu verlieren, impotent gemacht zu werden in einer Weise, die mehr als nur die künstlerische Schaffenskraft erfaßt, heißt, dem lebendigen Tod zu begegnen. So wird unsere Aufmerksamkeit auf das Wesen des tödlichen Instruments gelenkt. Der *Stachel gegen das Auge* ist Keule und Dolch zugleich und weckt durch seine Gestalt den Gedanken an andere Handlungen, die tödliche Folgen haben können. So kann auch der Sexus zur Bedrohung des Kostbarsten im Leben werden. Giacomettis Natur wirkte sich in unablässiger Verfeinerung auf seine Kunst aus. Indem die Plastik seelische Ursachen und ihre Wirkungen verkörpert, ist *Stachel gegen das Auge* auch ein Werk von außerordentlich bewußter bildhauerischer Autorität. Ihre Kraft ist untrennbar von ihrer Zerbrechlichkeit, und beide stehen zueinander in einer Gleichgewichtsbeziehung, die den Betrachter mit ihrer Suggestionskraft nicht losläßt.

Eine dritte bedeutende Skulptur, die Giacometti 1932 schuf, heißt *Frau mit durchschnittener Kehle*. Das beherrschende Todesthema wird hier überlagert von der immer wiederkehrenden Beschäftigung des Künstlers mit seelischen Ängsten und sexueller Gewalt. Die Entstehungsgeschichte des Werkes gibt besonderen Aufschluß über seine Darstellungsabsicht und ist entscheidend für seine Bedeutung. Zugleich weisen Bedeutung und Darstellungsziel des Werkes ausdrücklich voraus auf eine seltsam beunruhigende Verkettung von Erlebnissen, die erst vierzehn Jahre später eintreten sollten: ein Traum, eine Krankheit und ein Tod. Die offene Komposition abstrakter anatomischer Formen in *Frau mit durchschnittener Kehle* steht in Beziehung zu zwei früheren Skulpturen, deren Titel an vergleichbare symbolische Absichten denken lassen.

Die erste war drei Jahre zuvor entstanden und heißt *Frau in Gestalt einer Spinne*. Obgleich man die verschiedenen Elemente dieser Arbeit so sehen kann, daß sie an die Formen einer Frau und an die einer Spinne erinnern, erscheint der Titel dennoch willkürlich gewählt, als ob Giacometti es darauf angelegt hätte, in dieser Plastik eine Anspielung zu sehen – und sie uns suchen zu lassen –, die ihrer bildhauerischen Einheit irgendwie Gewalt antat. *Frau in Gestalt einer Spinne* war dazu gemacht, an die Wand gehängt zu werden. Man bekommt eine Ahnung von ihrer möglichen Bedeutung für den Künstler, wenn man weiß, daß er jahrelang die Gipsversion des Originals direkt über seinem Bett hängen hatte. Wenn es sich hier allerdings um eine Spinne handelt, dann zweifellos um eine zerquetschte. Ihre Gleichsetzung mit einer

Frau, ganz abgesehen von der Tatsache, daß der Künstler sie über seinem Bett aufhängte, wird dadurch nur noch beredter. Die *Gepeinigte Frau nachts in ihrem Zimmer* entstand ein oder zwei Jahre später. Diese Plastik ist ein Übergangswerk, eher noch ein Versuch, wobei der Künstler in einer halb kubistischen Weise Anregungen von Lipschitz und von Laurens verarbeitete. Das Werk ist weniger kraftvoll, ursprünglich und wirkungsvoll als *Frau in Gestalt einer Spinne* und *Frau mit durchschnittener Kehle*. Die Arbeit ist vor allem interessant wegen des bildhauerischen und symbolischen Übergangs. Die zerstückelten, verkrampften Formen eines zerdrückten Frau-Insekt-Wesens sind von einer eleganten intellektuellen Gestaltung überlagert und wollen die Ängste einer Frau darstellen, die nachts allein ist, bedroht von einer mörderischen Absicht, die in der letzten Skulptur brutal ausgeführt erscheint. Die Spinnen-Frau, von Natur aus etwas Bedrohliches, wird zunächst zerdrückt, dann bedroht und schließlich umgebracht. Der letzte Schritt wird abgebildet in einer Skulptur von formaler Harmonie in eigenständigen und organischen Formen. Als Darstellung von Gewalt und Bestialität ist *Frau mit durchschnittener Kehle* fast abstrakt, und es ist kaum vorstellbar, wie sie Schrecken hervorrufen sollte, so elegant, intellektuell und ästhetisch ist diese Plastik. Die suggestiven Formen sind untereinander mit außergewöhnlich rhythmischer Feinheit in Beziehung gesetzt. Die Wirkung schöpferischer Selbstsicherheit ist meisterhaft, und diese Arbeit gehört zu den überzeugendsten aus Giacomettis surrealistischer Phase.

Eine weitere seltsame und rätselvolle Plastik heißt *Gefährdete Hand*. Sie zeigt eine menschliche Hand, aus Holz geschnitzt, mit Fingern, die sich in ein Räderwerk strecken, das durch Drehen einer Kurbel in Bewegung gesetzt werden kann. Doch es steht still, nichts geschieht, die Gefahr lauert; doch noch ist kein Unheil geschehen. Diese Skulptur ist interpretiert worden als die ausweglose Lage des Menschen gegenüber der Maschine, die er nicht mehr beherrschen kann. Doch das Werk kann auch eine tiefere persönliche Bedeutung gehabt haben, indem es Bezug nimmt auf einen Unfall, der dem Bildhauer stets in Erinnerung gerufen wurde, wenn sein Blick auf die rechte Hand seines Bruders fiel. Doch kannte er damals noch nicht die Wahrheit über das Geschehen, das ein Vierteljahrhundert zurücklag.

Im Mai 1932 fand die erste Ausstellung statt, die ausschließlich den neuesten Arbeiten von Alberto Giacometti gewidmet war, und zwar bei der Galerie Colle. Es ging dabei nicht um die Einführung eines unbekannten Künstlers in Paris. Während der vorausgegangenen Jahre hatte Giacometti an mehr als einem Dutzend Gruppenausstellungen teilgenommen. Die Ausstellung bei Pierre Colle wurde als die öffentliche Würdigung eines Talents aufgefaßt, das längst anerkannt und gelobt worden war. Einer der ersten, die zur Eröffnung erschienen, war Pablo Picasso, der stets für künstlerische Neuheiten wach war und bereit, sie wenn möglich in seiner eigenen Arbeit mit Vorteil einzusetzen. Er und Giacometti hatten sich durch die Surrealisten kennengelernt, aber es verband sie noch keine Freundschaft. Unter den übrigen Besuchern der Ausstellung waren viele jüngere Künstler und Schriftsteller, die sich damals einen Namen machten. Dazu kamen elegante Mitglieder der Gesellschaft wie Charles und Marie-Laure de Noailles.

Die Presse brachte weitblickende und bewundernde Kritiken von Leuten, die etwas von der Sache verstanden. *Cahiers d'Art* war damals die einflußreichste der zeitgenössischer Kunst gewidmeten Zeitschriften, von Christian Zervos in Paris herausgegeben. Über Giacomettis Ausstellung schrieb er unter anderem: «Giacometti ist der erste junge Bildhauer, der weitgehend von den Lehren der Pioniere (Brancusi, Laurens, Lipschitz) profitiert hat. Die Neuheit seiner Werke liegt im persönlichen Ausdruck, in der Freude am Abenteuer, in der geistigen Regsamkeit des Künstlers und vor allem in der ursprünglichen Kraft, die alles prägt. Gegenwärtig ist Giacometti der einzige junge Bildhauer, dessen Werk die neuen Richtungen der Bildhauerei bestätigt und fortsetzt.»

Trotz dieser Anerkennung verkaufte Giacometti wenig aus seiner ersten Einzelausstellung. Der Markt für Avantgarde-Kunst konnte mitten in einer Wirtschaftskrise nicht florieren. Immerhin liefen die Aufträge von Jean-Michel Frank weiter und garantierten den Brüdern Giacometti einen ständigen, wenn auch bescheidenen Lebensunterhalt. Im Notfall konnten sie auch immer mit finanzieller Hilfe aus Stampa rechnen. Übrigens verfügte keiner der Surrealisten über Geld, und keinen von ihnen konnte das aus der Fassung bringen.

Zehn Jahre waren nun vergangen, seit Alberto in Paris angekommen war. Er hatte einigen Erfolg zu verzeichnen. Er hatte dem Anspruch von Paris genügt; er hatte den Wert seiner Kunst bewiesen. Es wäre nur natürlich für den Künstler gewesen, hätte er die mit dem Erfolg verbundenen Freuden und Belohnungen, wenn schon nicht mit Stolz, so doch wenigstens mit dem Gefühl angenommen, daß sie ihm zuständen. Das tat er nicht. Auch jetzt hielt bei ihm eine rätselhafte Hemmung an, eine Unfähigkeit, an normalen Freuden teilzuhaben. Obwohl seine menschlichen Beziehungen und beruflichen Erfahrungen im wesentlichen erfolgreich waren, fühlte sich Giacometti sehr allein, unter dem Zwang, Kommunikation und Befriedigung ausschließlich aus seiner Arbeit zu erwarten. So viel Bezogenheit auf eigenes Schaffen weist auf einen Anflug von frevelhaftem Übermut hin, auf den Willen des Individuums, sich allzuhoch einzuschätzen; aber das ist eine Selbstverständlichkeit unter den Begleiterscheinungen des Schöpfertums.

24

Im Sommer 1932 knüpften sich bei den Giacomettis in Maloja neue Herzensbindungen an. Alberto war davon nicht betroffen, aber einige Personen aus seiner nächsten Umgebung. Eine davon so nah, daß er die neue Beziehung nicht mit Gleichmut sah.

Bianca hatte längst ein heiratsfähiges Alter erreicht. Anziehend und quicklebendig, wie sie war, sehnte sie sich nach Gesellschaft und Unterhaltung und lachte gern. Junge Männer umschwärmten sie. Das genoß sie, doch fühlte sie noch immer eine intensive Zuneigung zu ihrem Cousin. Andererseits war es klar, daß außer Gesprächen und einer gelegentlichen Liebkosung nichts Weitergehendes geschehen würde. Alberto mag vielleicht entschlossen gewesen sein, unverheiratet zu bleiben; nicht so Bianca. Sie verlobte sich mit einem sympathischen Neapolitaner, Mario Galante. Ein Jahr später heirateten sie.

Bruno Giacometti hatte begonnen, in Zürich als Architekt zu arbeiten. Dort lernte er Odette Duperret kennen, mit der er sich verlobte. Der glücklichen Ehe mit ihr war eine lange Dauer beschieden. Odette war eine gutherzige, anhängliche Ehefrau, die ihrem ebenso energischen wie empfindsamen Mann die Wünsche von den Augen ablas. Bruno besaß weder die schöpferisch geniale Begabung Albertos noch das Boheme-Temperament von Diego. Sein Leben verlief in geregelten Bahnen, relativ ereignisarm, doch zeichnete er sich in seiner Architektenlaufbahn aus. Die Gebäude, die er im Laufe der Jahre entwarf, sind von inspirierter Schönheit. Er und Odette, wie alle übrigen Familienmitglieder, erkannten Albertos Einzigartigkeit an und waren deshalb bereit, über manches hinwegzusehen. Manchmal stellte er ihre Geduld auf eine harte Probe, doch zahlte er ihnen ihre Nachsicht mit Liebe und Dankbarkeit zurück.

1932 hatte sich der Ruf Giovanni Giacomettis in der Schweiz so verbreitet, daß oft unangemeldet Bewunderer zu Besuch kamen, um ihm ihre Anerkennung auszudrücken. Einer von ihnen war Francis Berthoud, ein junger Arzt aus Genf. Er war nicht nur Kunstliebhaber, sondern auch passionierter Bergsteiger, und er hatte vor, auf einige der schwierigsten Gipfel in der Gegend zu klettern. Er ermunterte die jungen Giacomettis, ihn auf seinen Touren zu begleiten. Diego, der gern etwas riskierte, nahm an einigen Besteigungen teil, während Alberto zu Hause blieb und sich Sorgen machte, seinem ungestümen Bruder könnte etwas zustoßen. Auf diese Weise wurde Dr. Berthoud vertraut mit dem Hause Giacometti. Ottilia war damals achtundzwanzig, hübsch, freundlich und unverheiratet. Die beiden jungen Leute fanden Gefallen aneinander; ihre wechselseitige Zuneigung erwies sich als ernstgemeint. Die Giacomettis freuten sich darüber, und bald wurde die Verlobung bekanntgegeben.

Während sich die Lebenswege der Personen aus seiner nächsten Umgebung den gesellschaftlichen Normen anpaßten, empfand Alberto, daß er noch nicht die endgültige Ordnung für sein eigenes Leben gefunden hatte und daß diese immer mehr durch seine Arbeit bestimmt werden müsse.

Der Palast um vier Uhr früh ist eine seiner rätselhaftesten Kompositionen. Sie ist aus Holz, Draht und Fäden konstruiert; ein kleines Rechteck aus Glas hängt mitten darin. Die Arbeit sieht aus wie ein Bühnenmodell für eine Szene, auf der irgendeine dramatische Aktion soeben geschehen ist, geschehen könnte oder geschehen wird. Im Hintergrund erhebt sich ein Turm, unvollendet, wie es scheint, oder verfallen. Düster schaut er auf die Szene herab. Rechts, von einem Fenster eingerahmt, hängt das Skelett eines fliegenden Wesens, und darunter, im Inneren des Käfigs, sieht man eine Wirbelsäule. Inmitten der Komposition befindet sich, auf einem Absatz erhöht, eine aufrechtstehende phallische Form, während links eine abstrahierte weibliche Gestalt vor drei vertikalen Flächen steht. Die ganze Konstruktion wirkt, als ob sie frei im Raum schwebte, und falls es tatsächlich ein Palast um vier Uhr früh ist, dann handelt es sich um eine Traumvorstellung. Dem Betrachter drängt sich etwas Geheimnisvolles auf, etwas wie eine seltsame Vorahnung, und Giacometti hatte diese Wirkung auch im Sinne; denn er veröffentlichte einen Text, in dem er versuchte, die Entstehung des Werkes zu beschreiben und Hinweise auf die geheime Bedeutung seiner Ikonographie zu geben.

So erfahren wir, daß *Der Palast um vier Uhr früh* auf eine Lebensphase des Künstlers Bezug nimmt, die ein Jahr zuvor zu Ende gegangen sei. Sechs volle Monate sei er, Stunde für Stunde, mit einer Frau zusammengewesen, die jeden Moment für ihn zu einem Erlebnis werden ließ und mit der er sich Nacht für Nacht die Zeit vertrieb, indem sie gemeinsam einen Phantasiepalast aus Streichhölzern errichteten. Sie hätten stets aufs neue damit beginnen müssen, weil das Gebäude immer wieder einstürzte. Während all der Zeit, so schreibt er, hätte er das Tageslicht nicht gesehen. Die Frau, von der hier die Rede ist, war Denise; aber seine Beziehung zu ihr war keineswegs beendet, und dem Tageslicht war er auch nicht ferngeblieben. Er hatte damals noch nicht damit begonnen, bis zum Morgen durchzuarbeiten, wie das später seine Gewohnheit wurde. Warum in diesem Palast eine Wirbelsäule zu sehen ist, könne er nicht sagen, doch bringt er auch dieses Detail mit Denise in Verbindung. Das Skelett des fliegenden Wesens ist genausowenig erklärbar, obwohl es so aussieht wie eines, «das ihr vor dem Morgen erschienen ist, als unser gemeinsames Leben zu Ende ging». Nur über die abstrakte weibliche Figur vermochte Alberto etwas Genaueres zu sagen. Diese sollte seine Mutter darstellen, wie er sich ihrer von früher Kindheit an erinnerte, als sie das lange schwarze Kleid trug, das ihn entsetzt hatte. Die drei Flächen hinter ihr sollen braune Vorhänge markieren, an die der Künstler sich seit seiner Kindheit zu erinnern glaubte. Der Gegenstand in der Mitte, aufrecht und phallisch, ist ebenfalls einer, über den sich unmöglich etwas Eindeutiges sagen läßt. Alberto identifizierte sich selbst damit. Kurzum, wir erfahren lediglich, daß der Künstler und Denise in der Konstruktion symbolisch vereint sind, in der, als einzige speziell menschliche Figur, seine Mutter in heiterer Ruhe über Gegenwart wie Vergangenheit gebietet. Zeit und Leben scheinen in der Schwebe gehalten wie die kleine Glasplatte. Bruchstücke von Empfindungen und Erlebnissen sind in der Komposition eingefangen und für immer eingesperrt. Ein Gefühl des Zweifels, wenn nicht gar der inneren Widersprüchlichkeit, herrscht vor; und dies ist es wohl, was den Betrachter irritiert.

Zwischen 1933 und 1934 schuf Giacometti zwei nahezu lebensgroße Figuren, die auffallend von den anderen Arbeiten der surrealistischen Periode abwichen. Sie sind leicht abstrahiert, jeweils ohne Kopf und Arme, und stellen junge Frauenkörper dar. Einer der beiden hat eine flache, herzförmige Mulde direkt unterhalb der Brüste, ein eigentümlich fremdes Element, das den zarten Naturalismus der restlichen Figur noch betont. Beide Figuren haben das linke Bein und den linken Fuß ein wenig vor den rechten gesetzt und stehen da, als verharrten sie in einer soeben angehaltenen Vorwärtsbewegung. Es liegt an der präzisen, fein abgestuften Stellung der Füße, auch wenn die Gestalten in ganz normaler Größe erscheinen, daß diese Werke so überaus belebt wirken. Beide haben denn auch den Titel *Schreitende Frau*. Durch ihre Haltung ebenso wie durch die Kraft ihrer Gegenwart erinnern diese Arbeiten an altägyptische Plastiken.

Die beiden *Schreitenden Frauen* zeigen eine deutliche Abkehr vom Geist des Surrealismus. Unverhohlene Naturwiedergabe galt bei den Surrealisten als Ketzerei, und viele waren schon für geringere Verstöße exkommuniziert worden. Aber Breton blieb nachsichtig. Obwohl er sich gelegentlich darüber beklagte, daß Alberto «unverläßlich sei», nahm Giacometti an den Aktivitäten der Surrealistengruppe teil. Ein Beispiel für seine Bereitschaft, dies zu tun, findet man in seiner Antwort auf eine Frage, die Breton in einem veröffentlichten Dialog an ihn gerichtet hatte; auf Bretons Frage «Was ist dein Atelier?» antwortete Alberto «Zwei schreitende Füße.»

Im Monat Mai 1933 erschien die letzte Ausgabe der Revue *Le Surréalisme au service de la révolution*. Das Ende dieser Zeitschrift durfte als Anzeichen für das nahende Ende des Surrealismus verstanden werden. Giacometti, der zuvor nur einen einzigen Text in einer früheren Ausgabe veröffentlicht hatte, steuerte zur letzten Nummer deren vier bei. Auch diese Tatsache kann wie ein Schlußstrich verstanden werden. Drei der Beiträge sind Gedichte in der typisch surrealistischen Schreibweise, die es schwermacht, den Texten eine bestimmte Bedeutung zu geben. Die beiden ersten heißen *Gedicht in sieben Räumen* und *Der braune Vorhang*; sie sind kurz und ihrem Wesen gemäß undurchschaubar; der dritte Text hat den Titel *Verbranntes Gras*, er ist länger und erschließt sich dem Verständnis. Eine Passage möge beweisen, wie subtil und suggestiv Alberto schreiben konnte:

«In der Leere tastend, versuche ich den unsichtbaren weißen Faden des Wunderbaren zu erhaschen, der zitternd schwingt, und von dem die Tatsachen und die Träume mit dem Geräusch eines Baches entschwirren, der über kostbare, lebende Kiesel fließt.»

Giacomettis vierter Text wurde auf der letzten Seite der Schlußnummer der surrealistischen Zeitschrift abgedruckt. Er war jenes kaum zu überschätzende Dokument *Gestern, Flugsand*, das sich auf seine frühesten Erinnerungen bezog. Die Präzision und Lebendigkeit, mit der er als Erwachsener die Ereignisse, Gefühle und Phantasien seiner Kindheit beschrieb, lassen Zweifel an ihrer Genauigkeit aufkommen und fordern die psychoanalytische Interpretation geradezu heraus. Aber die beschriebenen Erlebnisse mit all ihren Implikationen sind so nachweislich und in vieler Hinsicht typisch für das Wesen des erwachsenen Alberto, daß die Frage nach der Genauigkeit der Fakten am Kern der Sache vorbeigeht.

Was ist so zutreffend und auffallend bedeutsam an *Gestern, Flugsand*? Es konnte dem Autor der zugrundeliegende Sinn dessen, was er in Sprache gefaßt hatte, nicht entgangen sein. Insofern stellt der Text einen wichtigen Schritt in seinem Lebenslauf dar. Dies geschrieben und – noch wichtiger – veröffentlicht zu haben ist ein weiterer Beweis dafür, daß er in vollem Bewußtsein seiner selbst zu leben gelernt hatte. Aber die Früchte der Selbsterkenntnis eines Menschen, wie lebenswichtig sie für seine Entwicklung auch sein mögen, müssen nicht unbedingt den anderen zusagen. Man kann nur vermuten, wie sie in Stampa schmeckten; denn es ist unwahrscheinlich, daß die öffentlichen Äußerungen eines so prominenten Sohnes den Eltern nicht zu Ohren gekommen sein sollten. Albertos Erinnerungen an die Höhle, an den schwarzen Felsen, das Versteck im Schnee, die gemütliche Hütte in Sibirien mochten vielleicht noch als die unschuldigen Auslassungen eines poetischen Temperaments verstanden werden. Aber wie war es mit den detaillierten Mord- und Vergewaltigungsphantasien, die der Knabe Alberto gebraucht haben will, um einschlafen zu können? Bei aller Anteilnahme an der künstlerischen Entwicklung ihres Sohnes war Annetta sicher unangenehm berührt, daß er sich mit solch erschreckenden Phantasien vergnügt hatte. Giovanni seinerseits, der schon von Albertos surrealistischen Arbeiten nichts hielt, kann kaum von diesen öffentlichen Bekenntnissen zur Lust an Mord und Gewalt erfreut gewesen sein, auch wenn sie in literarischem Gewand auftraten.

Giovanni Giacometti war fünfundsechzig. Anerkannt und bewundert als einer der führenden Maler der Schweiz hatte er einen weiten Weg zurückgelegt seit den harten Zeiten seiner Jugend. Zwar war die Zeit der Reife bei ihm nicht verbunden mit einer schöpferischen Erfüllung von höchstem Rang, aber dies war ihm wahrscheinlich nicht bewußt. Im ganzen Land wurden seine Gemälde ausgestellt und gekauft. Vielleicht war ihm das Erfüllung genug. Außerdem spürte er, wie seine Kräfte abnahmen. Er sah älter aus, als er war. Längere körperliche Anstrengung wurde ihm immer beschwerlicher. Sein Arzt, Dr. Widmer, der mit Giovanni befreundet war und zahlreiche Bilder von ihm gekauft hatte, leitete ein Sanatorium in Glion oberhalb von Montreux. Er riet dem erschöpften Künstler, sich dort Ruhe zu gönnen, und Giovanni ging darauf ein. Mehr als eine Erholungspause schien nicht nötig zu sein. Der Arzt beruhigte die Familie und sagte, es gäbe keinen Grund zur Besorgnis. Annetta hatte ihren Mann zum Sanatorium begleitet, und da sich Giovanni nach kurzer Zeit besser fühlte, bat er seine Frau, nach Maloja vorauszufahren und das Haus für den Sommeraufenthalt herzurichten.

Am 23. Juni 1933 erlitt Giovanni eine Gehirnblutung und fiel in Koma. Annetta eilte von Maloja herbei, Bruno kam aus Zürich, Ottilia aus Genf. Sie trafen am nächsten Tag in Glion ein. Obgleich der Patient bewußtlos blieb, bestand anscheinend keine unmittelbare Gefahr. Noch hofften sie auf Besserung und beschlossen daher, Alberto und Diego nicht zu benachrichtigen.

Der nächste Tag war ein Sonntag. Es regnete in den Bergen, Wäldern und Feldern. Im Sanatorium saß Annetta am Krankenbett ihres Mannes zusammen mit ihrer Tochter und ihrem jüngsten Sohn. Als die Stunden verstrichen, wurde allen klar, daß Giovanni, der nicht mehr zum Bewußtsein kam, im Sterben lag. Bruno benachrichtigte seine Brüder in Paris. Bequemlichkeiten wie zum Beispiel ein Telefon gab es in Albertos Atelier nicht, aber die Botschaft wurde ausgerichtet. Die Brüder nahmen den Nachtzug.

Alberto fühlte sich unwohl, als der Zug ostwärts der Schweiz entgegenrollte. Seine Krankheit bestand mehr in einem undefinierbaren Gefühl von Schwäche und Müdigkeit, als daß sich genaue Symptome hätten nennen lassen. Er kann keinen Zweifel darüber gehabt haben, was ihn in den verregneten Bergen oberhalb von Montreux erwartete.

Bruno holte die beiden am Morgen von der Bahn ab. Er sagte ihnen, daß der Vater gestorben war. Dann fuhren sie zu dritt hinauf nach Glion. Es regnete noch immer. In der Klinik wurden sie von Annetta und Ottilia empfangen. Die Hinterbliebenen suchten nun gemeinsam das Zimmer auf, in dem Giovanni Giacometti, der Ehemann und Vater, aufgebahrt worden war.

Kurz danach sagte Alberto, daß er sich krank und fiebrig fühle und sich ins Bett legen müsse. Ein benachbartes Zimmer stand frei. Dr. Widmer untersuchte den Kranken, und es zeigte sich, daß der Patient tatsächlich Fieber hatte, obwohl der Arzt weder eine Infektion noch sonst irgendeine Krankheit hatte feststellen können. Ruhe schien die einzig vernünftige Behandlung zu sein, und Alberto blieb im Bett.

Mehr der Praxis zugewandt und weniger gefühlsgeleitet als seine Brüder, war Bruno derjenige, der alle notwendigen Anordnungen traf für die Überführung des Leichnams nach Stampa, für die Trauerfeier und für das Begräbnis auf dem Friedhof von San Giorgio in Borgonovo, wo bereits Giovannis Vater und viele Verwandte begraben lagen. All dies mußte nicht allein den Gefühlen der Familie Rechnung tragen; der Tod von Giovanni Giacometti war ein Ereignis von nationaler Bedeutung. In den Zeitungen erschienen sofort lobende Nachrufe auf die Karriere des Künstlers, und sein Hinscheiden wurde als ein Verlust für das kulturelle Leben seines Landes bezeichnet. Mit Recht konnte man erwarten, daß seine Beisetzung Gelegenheit bieten würde, nicht nur den Verstorbenen zu ehren, sondern auch Nationalstolz zu zeigen. Die Familie wurde benachrichtigt, daß ein Regierungsvertreter bei der Trauerfeier zugegen sein würde.

Während Alberto in seinem Zimmer im Bett lag, suchte Bruno ihn mehrmals auf, um sich mit ihm über die zu treffenden Maßnahmen zu beraten. Der älteste Bruder wollte daran keinen Anteil nehmen. Steif ausgestreckt lag er unter seiner Bettdecke und gab kaum Antwort. Diese anscheinende Ablehnung, sich in eine Angelegenheit einbeziehen zu lassen, die für seine Familie von höchster Wichtigkeit war, ist erstaunlich, besonders wenn man bedenkt, daß der älteste Sohn nach des Vaters Tod traditionsgemäß dessen Stelle als Familienoberhaupt einnimmt. Aber Albertos Krankheit mag wohl die Ursache für das seltsame Verhalten gewesen sein.

Am folgenden Tag bereitete sich die Familie darauf vor, mit Giovannis sterblichen Überresten von Glion ins Bergell zurückzufahren. Alberto sagte, er wäre noch zu krank zum Reisen. Die anderen Familienangehörigen mußten die geplante Fahrt ohne ihn antreten. Sobald es sein Zustand erlauben würde, wollte er nachkommen. Doch der hielt, wie sich erweisen sollte, bis nach Giovannis Begräbnis an. Daher war Alberto nicht anwesend, um den verstorbenen Künstler zu würdigen und ihm als Sohn die letzte Ehre zu erweisen. Es lassen sich nur Vermutungen anstellen über das Wesen dieser Krankheit, die ihn während jener kritischen Tage ans Bett fesselte, und über die Gedanken, mit denen er dort allein lag, getrennt von denen, die ihm im Leben am meisten bedeuteten und die damit beschäftigt waren, die Riten zu vollziehen, welche eines der wichtigsten Ereignisse im Leben verlangt.

25

Der gleichförmige Fortgang der Tage in der Klinik hatte eine heilsame Wirkung. Alberto begab sich zu seiner Familie in Maloja, doch hatte er nicht die Absicht, lange bei ihnen zu bleiben. Seine Arbeit, so sagte er, verlangte, daß er nach Paris zurückkehrte. Um welche Arbeit es sich handelte, wissen wir allerdings nicht. Während der restlichen Monate des Jahres schuf er fast nichts mehr. Möglicherweise hat er die Arbeiten, die er damals machte, zerstört, wie er ja während der nächsten zehn Jahre beinahe nichts von dem bestehen ließ, was er in Angriff nahm. Da er ein Mensch von unermüdlichem, man könnte fast sagen unkorrigierbarem Fleiß war, ist kaum anzunehmen, er habe die Zeit mit Müßiggang verbracht. Es kann gut sein, daß die Arbeit von einer Art war, die kein konkretes Ergebnis brachte. Damals scheint sich eine radikale Veränderung in Giacomettis schöpferischer Lebensanschauung angebahnt zu haben.

Ein Jahr nach dem Tode des Vaters entwarf Alberto einen Grabstein für den Verstorbenen. Den Entschluß hierzu faßte er selbst. Das erscheint selbstverständlich. Er war der älteste Sohn, und er war Bildhauer. Was wäre natürlicher gewesen, als daß er seine Dankbarkeit und sein Gedenken in einem greifbaren und dauerhaften Erinnerungsmal ausdrückte? Giovannis Grabstein ist nüchtern, verhalten und eindrucksvoll. Gehauen wurde er von Diego, der nach dem Entwurf des Bruders arbeitete, und zwar in einen Block aus heimatlichem Granit. Er ist etwa sechzig Zentimeter hoch und vermittelt ein außerordentliches Gefühl von Schwere und Energie. Auf der Vorderseite ist der Name des verstorbenen Künstlers eingemeißelt, darüber in Flachrelief ein Vogel, ein Kelch, eine Sonne und ein Stern. Vogel und Kelch stellen das christliche Sinnbild für die Gewißheit eines ewigen Lebens dar. Sonne und Stern sind uralte Symbole der Wiedergeburt und der Unvergänglichkeit. So scheint es, als ob Alberto im Sinne gehabt hätte, das Andenken an seinen Vater mit dem Glauben an dessen Unsterblichkeit zu ehren.

In den Jahren 1930 und 1932 war Giacometti sehr produktiv gewesen. Unter den Surrealisten war er der herausragendste Bildhauer geworden. Im ersten Halbjahr 1933 lockerte sich seine Bindung an den Surrealismus, und 1934 führte er nur noch eine einzige Plastik aus, die man als surrealistisch bezeichnen kann. Somit darf man das Ende von Giacomettis surrealistischer Periode auf den Juni 1933 datieren. Es sollte allerdings noch ein Jahr dauern, ehe eine Auseinandersetzung das bestätigte, was längst stattgefunden hatte.

Die große Skulptur, die Giacometti im Frühjahr 1934 in Angriff nahm, war die größte seit dem Monolithen für den Park der Noailles und der erste

Versuch, die ganze menschliche Gestalt gegenständlich darzustellen. Noch ehe sie vollendet war, reagierten Albertos surrealistische Freunde mit Faszination auf das Werk, insbesondere André Breton. Die weihevoll priesterliche Aura dieser Figur läßt den Betrachter nicht los. Dargestellt ist eine Frau, fast in Lebensgröße, wobei es sich nicht um die naturalistische Wiedergabe einer weiblichen Gestalt handelt. Die Beine und der Torso sind leicht abstrahiert – darin erinnert die Plastik an die beiden *Schreitenden Frauen* –, die Arme sind röhrenförmig, und die Hände, deren krallenartige Wirkung nur wenig abgemildert erscheint, sind bis zur Höhe der Brust erhoben. Der Kopf ist eine steife, starrende Maske mit offenem Mund. Diese geheimnisvolle Figur hockt auf einem hohen Stuhl oder Thron, dessen Rückenlehne durch einen Rahmen angedeutet wird, wobei die Sitzfläche schräg nach vorn geneigt ist. Neben der Gestalt liegt der Kopf eines langschnäbeligen Vogels. Die Schienbeine der Figur sind durch ein kleines Brett verdeckt, das direkt auf dem Spann der Füße aufsitzt. Der Künstler gebrauchte abwechselnd zwei Titel, um die Skulptur zu bezeichnen, und die Spannung zwischen den beiden Titeln trägt zur esoterischen Aura des Werkes bei. Einmal heißt es *Der unsichtbare Gegenstand*, ein anderes Mal *Hände, die Leere haltend*. Demzufolge wird die Aufmerksamkeit des Betrachters auf den Raum zwischen den erhobenen Händen – das Bedeutungszentrum der Plastik – konzentriert. Nun sind aber die zwei Titel vom Konzept her widersprüchlich; denn die Existenz eines Objekts, wie unsichtbar es auch immer sei, schließt prinzipiell die Leere aus. Die konzeptuelle Widersprüchlichkeit wird noch erhöht durch den metaphysischen Gegensatz zwischen dem Sein und dem Nichts. Bedenkt man die intellektuelle Bewußtheit dieses Künstlers, ist die Vermutung berechtigt, daß die Spannung dieser Gegensätzlichkeit zur Entstehung des Werkes beigetragen und seine Ausdrucksabsicht mitbestimmt hat. Kontemplation ist an die Stelle der Enthüllung getreten. Dafür sprechen auch der dämonisch starre Blick der Frau und ihre totemartige Haltung.

Giacometti durchlebte ernste Schwierigkeiten während der Ausführung der Skulptur. Sie waren sowohl persönlicher als auch ästhetischer Natur, symptomatisch für den Charakter der Arbeit und für ihre Wichtigkeit im Leben und in der Laufbahn des Künstlers. Die größte Schwierigkeit ergab sich, wie zu erwarten, bei der Suche nach der genauen Haltung der Hände zueinander, da die Bedeutung der gesamten Skulptur von der beschwörenden Kraft dieser Raumbeziehung abhängt. Das Problem wurde dadurch verstärkt, daß seit Jahren bei Alberto das Bedürfnis – der Zwang – immer deutlicher hervorgetreten war, die genaue Anordnung von Gegenständen zueinander als eine zu lösende Aufgabe zu empfinden. Zum Beispiel gab es eine Zeit, während der er schlaflose Nächte verbrachte, weil er nicht entscheiden konnte, wo und wie er seine Schuhe und Socken anordnen sollte, nachdem er sie ausgezogen hatte. Diese

Leidenschaft für Plazierung bezog sich auf Dinge, denen mit Sicherheit keine rituelle Bedeutung beigemessen werden konnte.

«In meinem Zimmer», erklärte der Künstler, «konnte ich tagelang nichts tun, weil ich keine präzise und befriedigende Anordnung für die Gegenstände auf meinem Tisch fand. Da lagen zum Beispiel eine Zigarettenpackung, ein Bleistift, eine Untertasse, ein Zeichenblock, eine Schachtel usw. Die Formen, Farben und Ausmaße dieser Dinge standen unter sich in einer ganz innigen, genauen räumlichen Beziehung – aus der sich für jeden einzelnen Gegenstand der einzig richtige Platz ergab. Die Suche nach dieser Ordnung, teils durch Überlegung, teils durch Probieren, war eine regelrechte Folter für mich. Solange ich sie nicht gefunden hatte, war ich wie gelähmt. Ich vermochte nicht einmal das Zimmer zu verlassen, um irgendeine Verabredung einzuhalten. So schob ich die Schachtel nach links, drehte den Block ein wenig, legte die Zigarettenpackung dazu im rechten Winkel usw.; aber das stimmte nicht. Ich änderte die Lage der Schachtel, was mir bereits besser vorkam; dafür lag nun wieder der Block zu nahe der Tischmitte. Ich schob ihn weg; jetzt war die Untertasse allein für sich zu gewichtig. So rückte ich den Bleistift näher heran. War ich frei? Nein, denn in diesem unvollständigen Gleichgewicht blieb stets eine Spur von ungenauer Annäherung, die mir unerträglich erschien. So war es unvermeidlich, daß ich immer wieder von vorne anfing, und ich verbrachte unzählige Stunden mit dieser unbefriedigenden Aufgabe.»

Der Surrealismus hatte Giacometti geholfen, persönlich und ästhetisch Fortschritte zu machen; aber einmal mußte es auch damit vorbei sein. Zu begierig war Albertos Wesen, zu kompromißlos, als daß es die ungebrochene Fortführung von etwas einmal Erreichtem, auch wenn es noch so beachtlich war, hätte hinnehmen können. Alberto hatte keine Geduld mehr mit den Zwängen und Kompromissen, mit dem scheinheiligen Getue, den Rügen, Eifersüchteleien, den einander widerstrebenden ehrgeizigen Wünschen, wie sie für eine auf eine Utopie ausgerichtete Gemeinschaft typisch sind. Die Trennung ihrer Wege war unausweichlich geworden. Aber selbst für Giacometti war der entscheidende Schritt nicht leicht vorstellbar. Ihm stellte sich das Leben dar als eine ständig erneuerte, aber nie endende Fortdauer. Kein Teil daraus, keine Person konnte aus dem Kontinuum herausgenommen werden, ohne das Ganze zu beeinträchtigen. Fast alle seine Freunde waren Mitglieder der surrealistischen Bewegung. Außer Breton gehörten dazu Max Ernst, Joan Miró, Yves Tanguy, Paul Eluard und René Crevel, um nur die Bedeutendsten zu nennen.

Im Herbst 1934 bereitete Alberto eine Ausstellung seiner Plastiken in New York vor. Diese war einige Zeit zuvor mit dem amerikanischen Kunsthändler Julien Levy abgesprochen worden, der sich auf den Surrealismus spezialisiert und bereits Arbeiten von anderen Mitgliedern der Gruppe ausgestellt hatte. Giacometti wählte selbst die elf Arbeiten aus, die nach New

York transportiert wurden, wobei das früheste Stück der *Blickende Kopf* von 1928 war und das jüngste *Der unsichtbare Gegenstand – Hände, die Leere haltend*. Die Ausstellung, die unter dem etwas ungenauen Titel «Abstrakte Plastik von Alberto Giacometti» lief, fand im Dezember statt. Den Vereinigten Staaten, die mitten in der großen Wirtschaftskrise standen, war nicht nach Surrealismus zumute. Obgleich Giacomettis Preise bescheiden waren, wurde nichts verkauft. Am 9. Dezember 1934 schrieb der Kritiker der *New York Times*: «Fünf Minuten lang habe ich mit leerem Blick auf meine Schreibmaschine gestarrt und versucht, irgend etwas über die abstrakte Plastik von Alberto Giacometti in der Galerie Julien Levy zu sagen. Wenn Sie die ungeschminkte Wahrheit darüber wissen wollen, die Objekte des Herrn Giacometti kommen mir als Plastiken einfach albern vor.»

Irgendwann in diesem Herbst begann Alberto mit der Arbeit an zwei Skulpturen, die sich deutlich von den zuvor entstandenen Werken unterscheiden. Beide waren Köpfe, anscheinend von Frauen, was jedoch nicht mit Sicherheit auszumachen ist. Beide waren als Rundplastiken in Lebensgröße gestaltet. Dies ist bedeutsam, denn sie lassen etwas wie die erste Andeutung menschlicher Ähnlichkeit erkennen, die aus einer amorphen Urmasse hervortreten und Form werden will.

Eines Tages entschloß sich Alberto, ein Modell zu engagieren, weil er das Gefühl hatte, es könne ihm helfen, nach der Natur zu arbeiten. «Ich wußte», sagte er später, «daß ich eines Tages – wie immer ich es anstellte, was immer meine Absicht wäre – gezwungen sein würde, mich auf einen Hocker vor das Modell zu setzen und das zu kopieren, was ich sah. Auch ohne Aussicht auf Erfolg. In gewissem Sinn fürchtete ich mich, dies wieder aufnehmen zu müssen, andererseits wußte ich, daß es unvermeidlich war. Ich fürchtete mich davor, aber ich hoffte darauf. Denn die abstrakten Werke, die ich damals machte, waren ein für allemal abgeschlossen. Weiterzumachen hätte bedeutet, noch mehr solcher gleichen Werke zu verfertigen – aber das Abenteuer war für mich abgeschlossen.»

Giacometti stellte sich vor, daß er eine Woche lang mit dem Modell arbeiten und dann klar sehen würde, worauf er hinauswollte. Danach, meinte er, würde es ohne Schwierigkeiten weitergehen. Diese Erwartung war ein Trugschluß. «Nach einer Woche war ich keinen Schritt vorangekommen. Die Ganzfigur war viel zu kompliziert. Ich sagte: ‹Also gut, fange ich mit einem Kopf an.› Ich begann mit einer Büste und ... anstatt immer klarer zu sehen, sah ich immer weniger klar, und ich machte weiter ...»

Alberto war nicht jemand, der seine Gedanken und Handlungen als Geheimnisse hütete. Bald drang die Kunde von seinen neuen Erfahrungen zu den Mitgliedern der Surrealistengruppe. Sie wurde mit Bestürzung aufgenommen. Yves Tanguy meinte: «Er muß verrückt geworden sein.» Max Ernst kam traurig zu dem Schluß, daß sein Freund im Begriff war, das Beste von sich über Bord zu werfen. André Breton erklärte voll Verachtung: «Jeder weiß, was ein Kopf ist!» Er war nachsichtig gewesen, hatte Geduld gezeigt; aber selbst im Falle eines engen Freundes war er gezwungen, Glaubensabweichungen zu verurteilen, wenn sie der alleinseligmachenden Doktrin zuwiderliefen.

Irgendwann im Dezember 1934 wurde Giacometti von Benjamin Péret, einem jungen Dichter und fanatischen Surrealisten, zusammen mit Breton zum Essen eingeladen. Natürlich kam das Gespräch auf Albertos Beschäftigung mit der Möglichkeit, einen Kopf nach der Natur so zu modellieren, daß er nicht nur lebensnah wäre, sondern auch das visuelle Erlebnis des Künstlers verkörpern würde. Breton und, in seiner Gefolgschaft, Péret behaupteten, solch ein Ziel sei ästhetisch zweifelhaft und historisch nur eine Wiederholung. Kein Argument konnte jedoch Giacomettis Entschluß ins Wanken bringen, und er besaß genügend intellektuelle Autorität, ihn zu verteidigen. Nach dem Essen wurde die Diskussion schon hitziger. Damit hatten Péret und Breton gerechnet und im voraus aus den Reihen der Surrealisten einige Zuschauer bestellt, damit sie Zeuge von Giacomettis ketzerischen Äußerungen würden. George Hugnet, ein anderer Dichter und Höfling, war der Mitverschwörer, in dessen Wohnung sie sich versammelt hatten. Alberto schöpfte keinen Verdacht, als Péret nach dem Verlassen des Restaurants vorschlug, sie sollten noch bei Hugnet einen Besuch machen. Unterwegs ging die Diskussion weiter und hatte an Schärfe zugenommen, als sie mit der Gruppe zusammentrafen. Außer Hugnet und dessen Frau waren noch Yves Tanguy, Madame Breton und zwei, drei andere anwesend.

Giacometti ließ sich nicht leicht einschüchtern, besonders wenn ein für ihn gültiges Lebensziel in Frage gestellt wurde. Deshalb mußten sie ihn von einer anderen Seite zu packen suchen. Breton verkündete, daß Giacomettis Arbeit für Jean-Michel Frank dem Geist des Surrealismus zuwiderliefe, daß kein echter Künstler seine schöpferischen Kräfte derart erniedrigen und sich zur Herstellung von Gebrauchsgegenständen hergeben dürfe. Wie freilich der Künstler sein Leben fristen sollte, wenn seine künstlerische Arbeit nicht genug abwarf, war ein Problem, das Breton nicht zur Kenntnis nehmen mochte. Übrigens sorgte Breton seinerseits oft für sein Auskommen, indem er unter der Hand Kunstwerke verkaufte, die er zum Teil von Freunden als Geschenke erhalten hatte, so auch von Alberto. Giacometti beantwortete Bretons Vorwürfe damit, daß er darauf verwies, es ginge bei diesen Gegenständen in erster Linie um ihre Schönheit, und erst danach trügen sie zum Wohlbefinden und zur Bequemlichkeit ihrer Besitzer bei. Sich um Wohlbefinden und Bequemlichkeit von Leuten zu kümmern, roch nach bürgerlichen Neigungen und war vom surrealistischen Standpunkt aus gesehen eine Blasphemie. Breton beschied, die Gegenstände – ob schön oder nicht – seien Luxusartikel, die in einem mondänen Laden an reiche Leute verkauft würden. Deshalb sei Giacomettis Handlungsweise nicht nur anti-surrealistisch, sondern reaktionär, unwürdig und erniedrigend.

Das war zuviel. «Alles andere, was ich bis jetzt geschaffen habe», rief Alberto aus, «war nichts als Masturbation.»

Breton erkannte sofort den gegen ihn gerichteten Angriff. Selbstherrlich barsch forderte er: «Das muß jetzt ein für allemal geklärt werden.»

«Nicht nötig», sagte Alberto, «ich gehe ja schon.» Damit verließ er grußlos die Runde. Er kehrte nicht nur einem Zimmer voll ehemaliger Freunde den Rücken, sondern einer wichtigen Periode seines Lebens.

Von einem Tag auf den andern sah sich Giacometti buchstäblich ausgestoßen aus der Welt, die er in Paris erobert und sich vertraut gemacht hatte. Nach Auszeichnungen und Ehrungen war es jetzt, als sei eine geheime Schande plötzlich der Öffentlichkeit bekanntgeworden. Leute, die eng mit ihm befreundet gewesen waren, wechselten kein Wort mehr mit ihm und wendeten sich auf der Straße von ihm ab. Die Macht des Surrealistenführers war tatsächlich groß. Diese Kontrolle eines Mannes über das Urteil und das Verhalten von anderen hat etwas Erstaunliches an sich, zumal es die Begabtesten und Intelligentesten ihrer Generation waren, die sich in solche Abhängigkeit brachten.

Giacometti hatte sich entschlossen, einen einsamen Weg zu beschreiten. Er verlief gegen die herrschende Richtung der Zeit, und ihm zu folgen, verlangte eine Art Wut und Entschlossenheit, einen Willen, wie es schien, das Fleisch zu kasteien und den Geist zu züchtigen.

Wenn Giacometti von seinen surrealistischen Jahren sprach, dann stellte er es so dar, als sei er damals der Realität davongelaufen. Die surrealistischen Werke existieren jedoch mit einer ästhetischen und psychischen Autorität, die auch der Künstler selbst weder abwerten noch verleugnen konnte. Betrachtet man solche Plastiken wie *Schwebende Kugel, Käfig, Stachel gegen das Auge* und *Frau mit durchschnittener Kehle,* will es einem nicht einleuchten, daß Giacometti die Werke jener Jahre als Masturbation abtat. Die sexuellen Anspielungen seiner frühen Plastik sind deutlich, aber wir wissen, daß der Geschlechtsakt für ihn nie eine unkomplizierte Sache war. Masturbation ist auf ihre Weise eine Flucht vor der Realität, eine Bereitschaft, sich mit Widerstandslosigkeit und Phantasie zu begnügen. Das war es offenbar, was Alberto entschlossen war hinter sich zu lassen.

Die surrealistische Revolution hatte ihr Ziel verfehlt. Keine radikale Änderung im Verhalten der Menschen war in ihrem Gefolge eingetreten. Der Rausch des Irrationalen hatte die Gesellschaft nicht gebessert. Bald sollte auf ganz andere Weise die irrationale Seite der menschlichen Natur weltweit Unglück und Zerstörung herbeiführen.

Die Kommunisten hatten rasch erkannt, wie wirkungslos der Surrealismus war, und ein Gewährsmann der Sowjets, Ilja Ehrenburg, beschimpfte die Künstler als Fetischisten, Exhibitionisten und Homosexuelle. André Breton ließ Schmähungen nicht leicht auf sich sitzen. Als er Ehrenburg auf der Straße begegnete, nahm er die Gelegenheit wahr und gab dem Kritiker eine Ohrfeige. Der Vorfall sorgte für beachtliches Aufsehen. Besonders quälend war die Affäre für René Crevel, der lange versucht hatte, zwischen Freunden verschiedener ideologischer Richtung zu vermitteln. Crevel war von alledem niedergeschlagen; fortwährende Krankheit tat das ihre. Er ging nach Hause, schluckte zwei Röhrchen Schlaftabletten, schloß sich in seine Küche ein und drehte den Gashahn auf. Bevor er sich zum Sterben hinlegte, band er sich als letzte makabre Geste im Geiste des Surrealismus ein Schildchen an den großen Zeh mit der Aufschrift René Crevel, damit man ihn in der Leichenhalle nicht verwechseln sollte.

Der Selbstmord dieses talentierten jungen Mannes traf Giacometti besonders tief. Mit Crevel hatte ihn eine besonders herzliche Freundschaft verbunden. Crevel hatte Alberto nach dessen Exkommunikation nicht den Rücken gekehrt. Er war derjenige unter den Surrealisten gewesen, dessen Humor nie versiegte, dessen Aufrichtigkeit keinen Zweifel zuließ und dessen Taktgefühl oft dazu diente, Meinungsverschiedenheiten zu beseitigen. Es ist ein merkwürdiges und trauriges Zusammentreffen von Ereignissen, daß auf Albertos Ausschluß aus der Gemeinschaft der Surrealisten so rasch der Selbstmord eines ihrer treuesten Mitglieder folgte und daß die Einsicht wuchs, die Bewegung selbst nähere sich ihrem Ende.

Dritter Teil

1935–1945

26

Am 10. Juli 1912 kam in einem schlichten Backsteinhaus in London ein Mädchen zur Welt. Ihr Name: Isabel Nicholas. Sie wuchs in Verhältnissen auf, die niemanden – am wenigsten sie selbst – auf den Gedanken gebracht hätten, daß sie einmal eine bedeutende Rolle in der Kulturgeschichte ihrer Zeit spielen würde. Der Vater war Offizier in der Handelsmarine. Seine langen Abwesenheiten machten ihn für das Kind zu einem Halbfremden; nur die exotischen Tiere, die er aus fernen Ländern mit nach Hause brachte, erinnerten an ihn. Als Isabel zwölf Jahre alt war, zog die Mutter mit ihr nach Liverpool, wo damals gelegentlich das Schiff des Vaters anlegte. Dort wurde ihr Bruder Warwick geboren. Bald darauf starb Kapitän Nicholas auf ungeklärte Weise in einer entlegenen Weltgegend und hinterließ eine Witwe mit zwei Kindern.

Die junge Isabel wuchs zu einer auffallenden Schönheit heran. Schlank, gelenkig, wunderschön gewachsen, bewegte sie sich mit der Geschmeidigkeit einer Raubkatze. Etwas Exotisches, das eine verborgene Herkunft ahnen ließ, lag in den vollen Lippen, den hervorstehenden Backenknochen, den schräg geschnittenen Augen mit den schweren Lidern, aus denen ein Blick von ungewöhnlicher, wenn auch verhaltener Intensität hervorleuchtete. Schönheit war jedoch nicht Isabels einziger Trumpf. Hinzu kam ein unerschöpflicher Übermut, ein stolzes, animalisches Vertrauen auf ihr Recht, zu tun, wie ihr beliebte. Der Schwung, mit dem sie sich ins Leben stürzte, machte es auch für andere aufregender und bedeutungsvoller. Ihre Stimme war metallisch, fast schrill, auf gewisse Weise auch musikalisch; sie klang wie fremdländische Musik auf einem unbekannten Instrument gespielt, und wenn Isabel lachte, hörte es sich an wie ein wilder, unbezähmbarer Schrei. Schließlich hatte sie etwas Ungreifbares in ihrem Wesen, etwas Hochmütiges, etwas, durch das sie sich anderen entzog, was sie für Männer begehrenswert machte.

Schon in der Schule in Liverpool erweckte sie Aufmerksamkeit. Sie war besonders am Zeichenunterricht interessiert, zeigte in dem Fach Begabung und erhielt ein Stipendium für die Royal Academy in London. Ihre Mutter war mittlerweile mit dem kleinen Bruder nach Kanada emigriert und Isabel mit achtzehn ganz auf sich gestellt. Das Leben in London war nicht leicht, und vielleicht fand die junge Frau mit ihren hochgespannten Erwartungen die strikte Disziplin des Studiums nicht verlockend. Sie verließ die Akademie, zeichnete und malte für sich und verdiente ihren Lebensunterhalt als Künstlermodell. Einer ihrer Professoren war entsetzt über diese Entscheidung, wobei er wohl an den skandalösen Ruf mancher weiblicher Modelle dachte. Er konnte nicht ahnen, daß Isabel einmal das Modell einiger der bedeutendsten

Künstler des Jahrhunderts werden sollte. Die Warnung des Professors konnte Isabel nicht einschüchtern. Wenn jemand einschüchterte, dann war sie es. Und mehr als ein Mann hat dies später so empfunden. Sie hatte keine Angst vor möglichen Skandalen; vielmehr paßte es zu ihrem Charakter, daß sie so etwas eher genossen hätte. Sie machte ihren Weg als Modell, und der Lauf der Welt wäre nicht in Ordnung gewesen, wenn jemand mit so außergewöhnlichen Voraussetzungen nicht Gelegenheit bekommen hätte, das Glück beim Schopf zu ergreifen.

Mrs. Jacob Epstein, die Frau des bekannten Bildhauers, scheint die seltene Einsicht gehabt zu haben, wie eine Künstlerfrau ihren Mann am geschicktesten auf den gewundenen Pfaden seines Schaffens begleiten kann: Zum Beispiel hielt sie Ausschau nach hübschen jungen Frauen, die ihrem Mann Modell stehen konnten. Wenn die Künstlerhand auf der Suche nach taktilen Details vom Abbild auf die Person übergriff, war Margaret Epstein auch bereit wegzuschauen. Sie war es, die Isabel ihrem Mann vorstellte. Der Künstler war mit dem Modell sehr zufrieden, und Isabel posierte für zahlreiche Werke. Eines der letzten hielt Epstein selbst für eine seiner besten Arbeiten. Nicht lange nach deren Vollendung brachte Isabel dem Bildhauer einen Sohn zur Welt. Durch diesen Neuankömmling änderte sich die Beziehung zwischen dem Künstler und seinem Modell. Epstein und seine Frau wünschten nämlich, das Kind als ihren eigenen Nachkommen großzuziehen. Sie legten Isabel nahe, nach Paris zu gehen, wo sie ihren künstlerischen Ambitionen in angemessener und angenehmer Umgebung nachgehen konnte. Isabel nahm den Vorschlag an, reiste ab und hatte danach nie mehr mit Epstein oder mit ihrem Kind etwas zu tun.

Zusammen mit zwei anderen jungen Frauen traf Isabel im September 1934 in Paris ein. Prompt fanden sie ihren Weg zum Montparnasse, wo sie sich ins Dôme setzten und ihren ersten Abend im Ausland genießen wollten. An einem Nachbartisch saß ein junger Engländer, der bekannte Auslandskorrespondent des Londoner *Express*, Sefton Delmer. Da er Englisch sprechen hörte, beobachtete er die drei jungen Damen. Eine fiel ihm besonders auf, zumal sie so sehr wie eine Plastik von Jacob Epstein aussah. Die Figur hieß *Isabel* und hatte romantische Träume geweckt, als er sie vor Jahren bei einer Ausstellung gesehen hatte. Delmer stand auf und sprach die Dame an. Mit einem freudigen Aufschrei bestätigte sie, daß sie tatsächlich das «Original» zur Epstein-Plastik sei, und fügte hinzu, daß sie vorgehabt hätte, ausgerechnet ihn, Delmer, am nächsten Morgen zu besuchen, weil sie von einem gemeinsamen Freund ein Empfehlungsschreiben für ihn in der Tasche hätte. Das ermutigte den Auslandskorrespondenten, den drei jungen Frauen den ersten Abend in Paris angenehm zu machen.

Diese zufällige Begegnung mit der leibhaftigen Isabel führte zu weiteren Begegnungen. Die romantische Träumerei führte zu sinnlicher Leidenschaft, die Leidenschaft zur Hochzeit. Mr. und Mrs. Delmer gründeten ihren Hausstand in einem luxuriösen Appartement mit Blick auf den Vendôme-Platz. Das Leben des Auslandskorrespondenten war bewegt und aufregend. Manchmal begleitete Isabel ihren Mann auf seinen Reisen, wobei sie ihm mit Charme und Ausgelassenheit half, Kontakte zu einflußreichen Leuten des politischen und gesellschaftlichen Lebens anzubahnen. Sie vergaß darüber allerdings nicht, daß sie einmal vorhatte, Künstlerin zu werden. Im Hinterhaus des Wohntrakts fand sich für Isabel ein Atelier, sie schrieb sich an der Académie de la Grande-Chaumière ein und fühlte sich bald wie die Alteingesessenen am Montparnasse zu Hause. Sie hatte leidlich Französisch gelernt und konnte die halbe Nacht mit unermüdlichem Schwung reden, lachen, rauchen und Rotwein trinken. Sie genoß es, von Dichtern, Musikern und Malern umschwärmt zu werden, und ließ ihre Fähigkeit spielen, Männer zu bezirzen.

Alberto beobachtete sie aus der Entfernung. Von ihrer Schönheit, Lebendigkeit und ihrem erotischen Reiz fühlte er sich ebenso angezogen wie eingeschüchtert. Soweit Isabel überhaupt auf das Äußere von Männern reagierte, wird sie Albertos robustes Aussehen gemocht haben. In den Cafés, wo man nichts von Förmlichkeiten hielt, gab es hinreichend Gelegenheit, sich kennenzulernen. Dennoch vergingen Monate, ehe Alberto sie ansprach, und selbst dann war die Bekanntschaft nur flüchtig. Von Anfang an war ihre Beziehung zueinander vom genauen Einhalten der Distanz zwischen ihnen gekennzeichnet.

Giacometti hatte sich entschlossen, in seiner Kunst einen neuen Anfang zu machen und wieder direkt nach der Natur zu arbeiten. Der visuelle Ausgangspunkt für diesen Versuch muß sich wie selbstverständlich angeboten haben. Er bat seinen Bruder, für ihn Modell zu sitzen. Albertos erste Plastik war eine Büste von Diego gewesen, die er zwanzig Jahre zuvor mit großer Leichtigkeit und Sicherheit geformt hatte. Damals war das als ein Beweis für seine unerhörte Fähigkeit aufgenommen worden, mit der Natur zu machen, was er wollte. Jetzt wollte er das gleiche Gefühl von Kraft und Klarheit des Schauens wiedergewinnen. Doch hatte es in der Zwischenzeit die «Schwierigkeiten» von 1921 und 1925 gegeben mit den darauffolgenden Werken der surrealistischen Periode, von denen er sagte: «Ich kann sie nicht verleugnen; denn erst durch sie kam ich dazu, mein Werk in einem anderen Licht neu zu beginnen.» Der Unterschied wurde durch die Entdeckung bestimmt, daß das innerste Wesen eines Künstlers zum Vehikel seiner schöpferischen Tätigkeit werden kann. Jetzt mußte er einen Weg suchen, die subjektive und symbolische Wahrnehmung mit der Unmittelbarkeit und Unberührtheit des Blickes zu verschmelzen, mit dem ein Kind die Natur betrachtet.

Diego saß jeden Morgen mehrere Stunden Modell. Auf diese Weise begann eine weitere, komplexere Einbeziehung des jüngeren Bruders in das Leben des älteren. Erst war er unentbehrlich geworden als Assistent in der handwerklichen Ausführung der Plastiken; nun wurde er für alle Zeiten in die konzeptuelle Entwicklung von Albertos Werk einbezogen. Dreißig Jahre lang reihten sich die Metamorphosen seiner Gesichtszüge aneinander; sie wurden zu einem unauslöschlichen Bild künstlerischen Strebens und verbanden die beiden Giacomettis auf immer in den jeweils abgeschlossenen Ergebnissen des schöpferischen Akts.

Jeden Nachmittag, während sich Diego um weitere Aufträge von Jean-Michel Frank kümmerte, arbeitete Alberto mit einem weiblichen Modell namens Rita, einer kleinen, scharfnasigen jungen Frau aus der Nachbarschaft. Mit beiden Modellen ging die Arbeit von Anfang an schlecht von der Hand.

«Je mehr ich das Modell studierte», erklärte Alberto, «desto dichter wurde der Schleier zwischen seiner Wirklichkeit und mir. Zuerst sieht man die Person, die Modell sitzt, aber mit der Zeit schieben sich alle Möglichkeiten der Bildhauerei dazwischen. Und je mehr das wirkliche Bild verschwindet, desto fremder wird einem der Kopf. Nichts erscheint mehr sicher, weder das Aussehen noch die Größe, nichts, gar nichts! Es gab zu viele Skulpturen zwischen meinem Modell und mir. Und wenn sie alle aus dem Weg geschafft waren, dann saß da ein Unbekannter, so daß ich nicht mehr wußte, wen ich anschaute und was ich sah.»

Die Kunst war zum Hindernis für die Bemühung des Künstlers geworden, die Wirklichkeit zu erschauen und seine Wahrnehmung in Kunst umzusetzen. Aus diesem Dilemma gab es nur einen Ausweg. Wenn die Kunst ihn daran hinderte, einen Neubeginn zu vollziehen, dann mußte er anfangen, als ob es Kunst nie gegeben hätte, und danach trachten, die Wirklichkeit wieder in der ursprünglichen Kraft zu sehen, die sie beim ersten Anschauen hat, und sie zum Inhalt der Kunst zu machen. Sich gegen die gesamte Kunstgeschichte blind zu stellen, war bereits schwierig genug. Noch komplizierter wurde das Problem durch die stillschweigende Voraussetzung aller gegenständlichen Kunst, daß gegenständliche Wiedergabe überhaupt möglich ist. Für Giacometti war dies ganz und gar nicht sicher. Aber wenn es ihm auch nicht gelang, das Angestrebte zu erreichen, ließ darum sein Wunsch nicht nach, es dennoch anzustreben – im Gegenteil! Deshalb ging es ihm nicht in erster Linie darum, Kunstwerke zu schaffen, sondern zu beweisen, daß gegenständliche Wiedergabe überhaupt möglich war.

Täglich, vormittags und nachmittags, arbeitete Alberto an Köpfen von Diego und Rita. Nie gerieten sie zu seiner Zufriedenheit, und er zerstörte die meisten Fassungen schon während der Arbeit. «Ich wollte ganz gewöhnliche Köpfe machen», sagte er, «und es wurde nie etwas daraus. Aber da sie mir immer mißlangen, wollte ich immer wieder einen neuen Versuch machen. Ich wollte ein für allemal einen Kopf so machen können, wie ich ihn sah. Da mir das nicht gelang, gingen meine Bemühungen unentwegt weiter.» Und er gab nicht auf. Seiner Mutter versicherte er, daß er täglich einen neuen Schritt vorankäme, und er fügte hinzu, daß er dem Werk des nächsten Tages mit derselben Spannung und Vorfreude entgegensähe wie ein Kind, das sich auf die Weihnachtsbescherung freut. Und genauso wie ein Kind, das seine Spielsachen kaputtmacht, um zu sehen, wie sie innen beschaffen sind, zerstörte Alberto die meisten seiner Arbeiten.

Die Unzufriedenheit des Künstlers war nicht fruchtlos für ihn. Sie ließ Werke entstehen, die für andere befriedigend sind. Die wenigen Skulpturen, die aus dieser Periode übriggeblieben sind, haben nichts von Versuchen. Sie zeugen von einer Entwicklung hin zu immer persönlicheren Darstellungsmöglichkeiten. Die Oberfläche ist belebt, der innere Aufbau klar. Das Problem der richtigen Wahrnehmung bestand für Giacometti darin, einen Stil zu finden, der sie auf die treueste und umfassendste Weise verkörperte. Das ist allerdings das Problem in der gesamten Kunst, und es ist das härteste überhaupt, denn es stellt die persönlichen Energien des Künstlers auch noch jenseits der Grenzen seiner Fähigkeiten auf die Probe. Die Wahrheit des Ausdrucks ist eine Wirkung von Stil, und diese unbarmherzige Tatsache macht die Suche nach dem wahren Stil erst recht schwer. Giacometti wußte das. Er bemerkte einmal: «Je wahrer ein Kunstwerk ist, desto mehr ‹Stil› hat es. Das ist zwar seltsam, denn Stil entspricht ja nicht der Wirklichkeit der Erscheinung, und doch: Die Köpfe, die am ehesten dem Kopf von irgend jemandem, den ich auf der Straße sehe, gleichen, sind jene, die am wenigsten naturalistisch sind, die Skulpturen der Ägypter, Chinesen, der archaischen Griechen und der Sumerer. Für mich führt die größte Erfindungskraft zur größten Ähnlichkeit.» Im Lichte einer solchen Erkenntnis ist es nicht erstaunlich, daß Giacometti nie zufrieden war und ohne weiteres seine Arbeiten zerstörte.

Immer wieder begegnete er Isabel Delmer, wahrte aber die Distanz. Sie hatte ihren Weg in die Pariser Kunstwelt gemacht. Nicht als Künstlerin, aber als eine Frau von großer Anziehungskraft. Ihr Erwachsenendasein hatte unter dem aktiven Einfluß eines Künstlers begonnen, und in der Folge geriet sie häufig in vertrauten Umgang mit schöpferischen Männern. Sie ließ sich allerdings nie von ihnen beherrschen. Eine Anzahl von Männern, die sie gut kannten, bekamen die Neigung dieser Frau zu spüren, diejenigen zu beherrschen, mit denen sie am vertrautesten war. Einige vermuteten sogar, daß der Hauptreiz von Vertrautheit für sie in der Möglichkeit lag, einmal mehr – aber nicht zu oft – ihre Macht zu beweisen, Männer an sich zu binden und mit ihnen machen zu können, was sie wollte. Vielleicht war sie deshalb für Alberto so anziehend und er, obgleich es ihn zu ihr hinzog, anfangs so scheu.

André Derain war einer der bekanntesten Künstler, mit denen Isabel engeren Kontakt hatte. Er malte eine Reihe von Bildnissen von ihr. Als Kunstwerke ragen sie aus den Bildern seines verschwommenen Spätstils durch ihre Frische und durch das aus ihnen sprechende Gefühl heraus. Im selben Jahr geboren wie Jacob Epstein, war auch Derain eine Persönlichkeit von selbstsicherer Autorität. Als junger Mann hatte er sich mit Matisse und Vlaminck angefreundet und als einer der bilderstürmenden Neuerer die Fauves-Gruppe mitbegründet. Diese Phase heftiger, bewundernswerter Originalität währte nicht lange. In den zwanziger Jahren wurde dieser «Wilde» (Fauve) von 1905 zahm und schuf glatte Landschaften, Stilleben und Akte. Derain war arriviert, seine Bilder gefällig. Fast alle ernsthaften Kritiker waren sich um 1935 darin einig, daß Derain versagt und die Erwartungen seines vielversprechenden Anfangs nicht erfüllt hatte. Die jüngeren Werke erschienen leblos und erschöpften sich in Wiederholungen. Das Ergebnis war, daß er sich aus dem Pariser Leben zurückzog, um auf seinem Landsitz zu wohnen und zu arbeiten. Er blieb deswegen aber kein Einsiedler. Er genoß den Umgang mit schönen Frauen wie Isabel Delmer, die bereit waren, ihm Modell zu stehen, während eine Gruppe ernsthafter junger Künstler zu ihm aufschaute als zu einem maßgebenden Beispiel an schöpferischer Beharrlichkeit. Zu ihnen zählte auch Giacometti.

Albertos Aufgeschlossenheit und Bewunderung für Derain hatten begonnen, als er sich entschloß, wieder direkt nach der Natur zu arbeiten. Der ältere Künstler war sicher in gewisser Weise eine Symbolfigur für den jüngeren; und in diesem Sinne mag er in Albertos Leben André Breton ersetzt haben. Weder Bewunderung noch Identifikation konnten jedoch Giacomettis Blick trüben, und er wußte genau, daß Derains spätere Bilder schwach waren und daß selbst in seinen besten Gemälden fast immer etwas nicht ganz stimmte. Tatsächlich mochte er jene Bilder am liebsten, in denen am wenigsten stimmte; denn die, von denen er sagte, daß er sie am meisten bewunderte, waren die am wenigsten erfolgreichen, waren die, in denen Entlehnungen aus mittelmäßigen Werken der Vergangenheit am deutlichsten zutage traten. Wenn Derains künstlerisches Schaffen ihn so anzog, muß es genau daran gelegen haben, daß es aus Fehlschlägen bestand. Und was er bewunderte, war die Leidenschaft, mit der Derain diese Fehlschläge hinnahm.

Nicht alles erschöpfte sich bei Derain in Trauer und Verzweiflung. Er verbrachte viele heitere Stunden bei geistvoller Unterhaltung zusammen mit seinen jungen Künstlerfreunden. Er war ein routinierter Erzähler, und eine der Anekdoten, die er mit großem Erfolg erzählte, betraf seine Hochzeit. Als sie noch junge Männer waren, hatte ihn mit Georges Braque eine enge Freundschaft verbunden. Beide lebten mit Frauen zusammen, die sie nicht geheliecht hatten. Sehnlichst wünschten diese sich den Ehestand und drängten ihre Lebensgefährten, sie zu heiraten. Schließlich willigten die beiden Künstler ein und entschlossen sich zu einer Doppelhochzeit. An dem bewußten Tag, als die beiden Paare gerade aus Derains Atelier aufbrechen wollten, erklärte seine Braut, sie müsse ein Paar Schuhe haben, die alten seien zu schäbig, worauf Derain antwortete:

«Ach, Alice, das lohnt sich doch nicht. Bei so einem Gedränge wird niemand deine Schuhe bemerken.» Besonders Alberto gefiel diese Geschichte. Jedesmal, wenn Derain sie erzählte, mußte er wieder laut lachen und bemerkte: «Das stimmt genau. Niemand bemerkt Schuhe. Sie sind unwichtig.»

Unter den jungen Künstlern, die Derain gegen Ende seines Lebens umgaben, war neben Giacometti ein besonders interessanter und vielversprechender Maler polnischer Herkunft, der sich Balthus nannte. Sein wirklicher Name war Michel Balthasar Klossowski, aber er hatte es vorgezogen, als Erwachsener für seine künstlerische Laufbahn den Spitznamen beizubehalten, den er als Kind bekommen hatte. Auch andere Identitätsverwandlungen sollten bei ihm noch auftreten. Die Klossowskis gehörten zum niedrigen Adel und waren Mitte des neunzehnten Jahrhunderts nach Frankreich eingewandert. Beide Eltern waren Maler gewesen und hatten sich im impressionistischen Stil hervorgetan. Ihr Sohn wuchs auf in einer Atmosphäre, die seiner künstlerischen Begabung und offenbar auch seinen Träumereien entsprach. Später sagte er von sich selbst: «Als ich jung war, fühlte ich mich wie ein kleiner Prinz.»

Im Alter von fünfundzwanzig Jahren war Balthus in Paris als ein außergewöhnlich begabter Künstler anerkannt. Pierre Loeb richtete ihm eine Einzelausstellung aus, und die Surrealisten spendeten Beifall. Seine Arbeiten waren entschieden gegenständlich. Sie blieben es auch und wandelten sich kaum während der kommenden Jahrzehnte, weder dem Inhalt noch dem Stil nach. Sein Lieblingsthema, das er mit obsessivem Fleiß darstellte, waren pubertierende Mädchen, oft als Akt, manchmal in Situationen unverhohlener Erotik, in der auch ein sadistisches Element nicht fehlte. Spukhafte Stille durchweht alle Bilder von Balthus, die Figuren scheinen außerhalb der Zeit zu stehen, außerhalb der Alltagswirklichkeit. Man kann verstehen, daß sich die Surrealisten für ihn interessierten.

Balthus hatte allerdings kein Bedürfnis, der Gruppe als Mitglied beizutreten. Der von Natur arrogante und wenig gesellige Einzelgänger Balthus machte aus der Entschlossenheit, seinen eigenen Weg zu gehen, eine aristokratische Tugend. Auch in seinem Privatleben war er im wesentlichen allein, da die Objekte seiner Sehnsucht, die er in seinen Gemälden so liebevoll darstellte, zu einer voll entwickelten Erwachsenenbeziehung nicht fähig waren. Hübsch und schlank von Gestalt, kam er sich vor wie Heathcliff, der finster stolze Held aus Emily Brontës Roman *Sturmhöhe*, der sich hochgesteckte Vorstellungen von seiner Geburt machen mußte zum Ausgleich für seine tatsächlich bescheidene Herkunft. Balthus schuf denn auch eine Serie von Illustrationen zu diesem Roman, in denen er sich selbst als den melancholischen Heathcliff darstellte. Er war ein ausgesprochener Romantiker im Sinne von Lord Byron, mit dem ihn, wie es seiner Behauptung nach ein günstiger Zufall wollte, eine weitläufige Verwandtschaft verband. Unglücklicherweise hatte er keinen Adelstitel und vorerst weder Vermögen noch Ruhm erworben. Mit unbesiegbarem Fleiß gelang es ihm aber, dies alles im Laufe der Zeit zu gewinnen.

Balthus' Gemälde zeigten von Anfang an eine entschiedene Anlehnung an die Kunst der Vergangenheit, zu der ihn eine mächtige und unwiderstehliche Sehnsucht hinzog. Erinnerungen an Künstler aus längst vergangener Zeit sind in ihnen nicht selten. Piero della Francesca, Velázquez, Seurat und vor allem Courbet waren unübersehbar die Vorbilder, auf die sich Balthus bezog, als er seine eigenen Werke konzipierte. Die Quellen seiner Eingebung entsprachen den höchsten Ansprüchen, aber sie zwingen auch den Betrachter, das Ergebnis mit einer Strenge zu sehen, die den Werken nicht bekommt. Unbarmherzig sprach Giacometti von Balthus' «Velázquez-Komplex». Aber Balthus gelang es, den Anschluß an die Tradition zu erreichen kraft der fast perversen Besessenheit, mit der er sein Thema behandelte, kraft der leidenschaftlichen Distanziertheit, mit der er junge Mädchen und auch Landschaften als Elemente einer Phantasiewelt erscheinen ließ. Es ist die unheimliche, geisterhafte Lebendigkeit dieser Welt, die Balthus als einen zeitgenössischen Künstler vor den Gefahren bewahrt, wie sie sich aus einer monomanischen Beschäftigung mit der Vergangenheit ergeben.

Balthus wurde bald und blieb der Künstler, mit dem Alberto die vertrauteste Freundschaft verband. Beide hatten sich ästhetische Ziele gesetzt, die im Widerspruch zum zeitgenössischen Geschmack standen. Doch waren sie als Künstler sehr verschieden und als Persönlichkeiten noch mehr. Giacometti hatte sich der Kunst der Vergangenheit zugewandt, um einen Weg in die Zukunft zu suchen, während Balthus in die Vergangenheit um ihrer selbst willen eintauchte. Giacometti war in erster Linie ein Mann seiner Zeit, reagierte auf ihr philosophisches, politisches und kulturelles Klima, während Balthus wenig Sinn für die Gegenwart entwickelte. Giacometti wünschte in strenger Einfachheit zu leben und zu arbeiten, während Balthus sich nach Prachtentfaltung sehnte. Bei Giacometti hieß es einmal: «Ich möchte in solcher Weise leben, daß, wenn ich morgen mittellos dastünde, sich für mich nichts ändern würde.» Balthus sagte: «Ich brauche dringender ein Schloß als ein Arbeiter seinen Laib Brot.» Giacometti wünschte, alleingelassen zu werden, damit er seine Arbeit so gut wie möglich machen konnte, wobei er schon von vornherein überzeugt war, daß sein Bestes sich wahrscheinlich als Fehlschlag erweisen würde. Balthus erwartete nicht nur den Respekt, den man einem erfolgreichen Künstler zollt, sondern auch die Ehrerbietung, die einem anerkannten Aristokraten zukommt. Giacometti suchte in seinen engsten Beziehungen einem hohen Maß menschlicher Verantwortung gerecht zu werden, obgleich er gar nicht anders konnte, als die Menschen in seiner Umgebung für seine Kunst einzuspannen. Balthus benutzte die ihm nächststehenden Personen als Phantasieobjekte, als die sie unverkennbar in seinen Gemälden erschienen.

Wenn man solche Unterschiede zwischen den beiden Männern bedenkt, muß man sich fragen, was zu ihrer raschen Freundschaft geführt haben mag. Es fing damit an, daß ein junger, noch nicht erprobter Künstler Bewunderung zeigte für einen älteren, der sich bereits bewährt hatte. Mit Schwankungen dauerte die Freundschaft auf beiden Seiten über dreißig Jahre an. Viele Leute glaubten, daß Balthus eifersüchtig auf Giacomettis Begabung, Konsequenz und Intelligenz gewesen sei, und daß er, wie es beeindruckbaren jungen Leuten oft geht, gezwungen war, gerade das in Ehren zu halten, was er nicht übertrumpfen konnte. Was Giacometti unter anderem auszeichnete, war sein kompromißloser Respekt für die Individualität anderer, weshalb er sich nicht von denen abwandte, die seine Gesellschaft und Freundschaft suchten. Andererseits hielt ihn das nicht ab, Schwächen zu entdecken und Urteile zu fällen. Für Giacometti war es nicht schwer, zwei gegensätzliche Ideen in seinem Bewußtsein zu nähren und sich dabei ganz normal zu verhalten. Er hatte Vorbehalte gegen Balthus als Person, aber er war gerne mit ihm zusammen. Er bewunderte Balthus' Werk nicht, mußte aber den Respekt nicht heucheln, den er für die künstlerische Entschlossenheit hegte, aus der dieses Werk entsprang. Solcher Respekt schien nicht unverdient. Balthus war genauso unerbittlich und mutig wie Giacometti in der Überwindung der zeitgenössischen Ablehnung lebender Formen und lebendiger Wesen als Objekte ästhetischer Anschauung. Beide stellten hohe Anforderungen an ihre Integrität. Das mußte sie einander näherbringen, selbst wenn es sonst keine Berührungspunkte gegeben hätte. Jeder von ihnen war aber auch widersprüchlich und absonderlich genug, um das Widersprüchliche und Sonderbare im dauernden Auf und Ab ihrer Freundschaft zu schätzen.

Giacometti und Balthus waren, wenn auch weitaus die originellsten, so doch nicht die einzigen Künstler, die sich der direkten Wiedergabe der Natur verschrieben hatten. Sie bildeten eine Art Gruppe, mochten auch ihre Ziele und Malweisen sonst ganz verschieden sein. Giacometti war der Älteste und stand im Mittelpunkt. Außer Balthus gehörten noch dazu: Francis Gruber, Pierre Tal Coat, Francis Tailleux und Jean Hélion.

Als Sohn eines bekannten Gestalters farbiger Glasfenster wurde Francis Gruber 1912 geboren. Seine künstlerische Begabung regte sich früh und wurde von seinem Vater gefördert. Die Brüder Giacometti wohnten ganz in der Nähe, und Alberto wurde bestimmend für Grubers Arbeit, ehe der frühe Tod an Tuberkulose den jungen Künstler hinwegraffte. Sowohl im Ziel wie im Ergebnis war die Arbeit der beiden Künstler jedoch sehr verschieden. Grubers Gemälde spiegelten die melancholisch tapfere Haltung eines Künstlers wider, der gespürt haben mag, daß er nicht mehr lange zu leben haben würde. Zeichnerisch gekonnt, aber kalt, zeigt das Werk eine Virtuosität um ihrer selbst willen. Die Farbbeziehungen der Gemälde sind hart und unvermittelt. Grubers Suche nach Stil führte zu einer dürren und etwas blutleeren Abstraktion mit der entsprechenden Begrenzung der Ausdrucksfähigkeit. Hagere, fast ausgezehrte Gestalten in verquälten Haltungen sieht man in freudloser Umgebung: weder ein beglückender noch ein tiefer Blick in die Welt.

Tal Coat, Tailleux und Hélion, geringere Talente, unbedeutendere Persönlichkeiten, ergänzten die Gruppe vor allem zahlenmäßig. Sie waren ehrliche und ihrem Werk ergebene Künstler, jeder auf seine individuelle Weise, aber es war ihre Rolle und ihr Schicksal, nur Randfiguren zu sein, die zum Entstehen einer Umgebung beitrugen, welche dem Schaffen der Großen den Boden bereitete. Wenn Giacometti die kleine Gruppe beherrschte, dann lag das nicht an einem Bedürfnis nach Dominanz, sondern an der natürlichen Überlegenheit des Genies, nach der sich alle richteten, auch das Genie selber.

In jenen von Besorgnis erfüllten Jahren vor dem Krieg predigte Giacometti die Reinheit des Sehens und die Vorherrschaft der Natur. Da er ein eifriger Verfechter seiner Glaubenssätze war, beschwor er seine Freunde, mit Leidenschaft zu schauen und ohne Vorurteile zu betrachten. Balthus sagte einmal von ihm: «Alberto könnte seine Teetasse anschauen und sie immer wieder wie zum erstenmal wahrnehmen.» Dies ist die Fähigkeit, die einen Künstler dazu treibt, das wiedergeben zu wollen, was er tatsächlich sieht, anstatt das, wovon er nur weiß, daß er es vor seinen Augen hat.

Bei aller Beschäftigung mit ästhetischen Problemen war Giacometti nicht blind für die gefährliche Entwicklung der Weltereignisse. «Wenn sie einen doch noch ein paar Jahre in Frieden lassen wollten, damit man seine Arbeit machen könnte!» sagte er. Es sollte nicht sein. Das faschistische Italien fiel in Äthiopien ein und besetzte das Land. Hitler forderte seine Nachbarn durch die Remilitarisierung des Rheinlandes hieraus. Der Spanische Bürgerkrieg begann. Die Geschichte der europäischen Zivilisation trieb keinem guten Ende zu. Die Kunst, so schien es, wurde zum Stiefkind der Geschichte und mußte sich ihre Daseinsberechtigung in den Anstrengungen einiger auf sich allein gestellter Einzelgänger suchen. Der Archetyp solchen Einzelgängertums war Giacometti.

27

Am Montparnasse fand eine hübsche junge Frau auch ohne einen richtigen Beruf ihr Auskommen. Sie konnte Bargäste zum Trinken animieren oder Bekanntschaften mit möglichen Anbetern anknüpfen, die einem Mädchen gerne weiterhalfen, ohne dafür viel mehr als einen Händedruck zu erwarten – eine leichtsinnige Lebensart ohne Perspektive. Nelly war eines der Mädchen, die Mitte der dreißiger Jahre auf diese Weise lebten.

Diego begegnete ihr im Café du Dôme. Er war gutaussehend, erfahren und fast so alt wie das Jahrhundert; sie war erst neunzehn, aber selbständig und schön. Sie fühlten sich zueinander hingezogen, und es dürfte sich rasch eine Liebesbeziehung angebahnt haben. Diego lud seine Freundin ein, mit ihm in der Rue d'Alésia zu leben, obwohl er die Wohnung als Bruchbude bezeichnete. Vielleicht war es nicht ganz so schlimm, aber sicher nicht das, wovon junge Paare träumen, die einen Hausstand gründen wollen. Doch die Wünsche und Erwartungen der beiden hatten nichts gemein mit den Hausstandsträumen der meisten jungen Paare; denn Nelly war bürgerlicher Komfort ebenso gleichgültig wie Diego, sowohl in moralischer wie in materieller Hinsicht.

Nelly war kein gewöhnliches Mädchen. Auf seltsame Weise teilnahmslos, schien sie unempfindlich gegen die meisten Gefühle, die normalerweise das Leben der Menschen beherrschen. Sie liebte Tiere, sogar Insekten, aber Menschen gegenüber war sie indifferent. Einige Zeit nach ihrem Umzug in die Rue d'Alésia machte sie Diego ein Geständnis. Dies war besonders überraschend – und peinlich –, weil sie damit länger gezögert hatte, als es der Bedeutung der Sache nach begründet gewesen wäre. Sie hatte ein Kind, einen kleinen Jungen, den sie zu einer Tante gegeben hatte. Wer der Vater war, blieb im dunkeln und war wahrscheinlich auch unwichtig. Diego machte sich gewiß keine Illusionen über Nellys Lebenswandel und fand sie vielleicht zum Teil gerade deshalb anziehend, aber er hatte wohl kaum damit gerechnet, sich unversehens in der Rolle eines Familienvaters wiederzufinden, nur weil er ein Mädchen aufgefordert hatte, bei ihm zu wohnen. Keine verlockende Aussicht, doch sagte ihm sein Gewissen, daß ein Kind nicht von der Mutter getrennt werden sollte. Er schlug vor, den Jungen nach Paris zu holen. Obwohl es um ihr eigenes Kind ging, zeigte Nelly weniger Interesse als Diego, den Jungen großzuziehen. Eine Weile versuchten sie es. Das Experiment schlug fehl. Nelly hatte keine Geduld mit dem Kind, und schon bald wurde es wieder in die Vorstadt geschickt.

Nach dem pseudo-elterlichen Zwischenspiel lebten Diego und Nelly weiter zusammen wie zuvor, doch blieben ihre Lebenswege seltsam getrennt. Diegos Tage waren völlig durch seine Arbeit mit Alberto ausgefüllt. Nelly kann keine Ahnung gehabt haben, worum es dabei ging, und nur selten stattete sie der Rue Hippolyte-Maindron einen Besuch ab. Sie blieb vorwiegend daheim. Fast nie gingen Diego und sie zusammen aus, ins Café, ins Kino oder in ein Restaurant. Viele von Albertos und Diegos Freunden hatten jahrelang keine Ahnung von Nellys Existenz. Trotzdem kam es vor, daß sich Diego über ihre Teilnahmslosigkeit beschwerte. Er versuchte, sie dazu zu bewegen, eine Arbeit anzufangen, verschaffte ihr sogar die Aussicht auf eine Anstellung in der bekannten Parfümerie Guerlain. Aber Nelly lehnte es ab, eine derart bürgerliche Tätigkeit zu übernehmen. Wenn dieses Argument unter anderen

Umständen sicher seine Sympathie geweckt hätte, war Diego doch verärgert. Er genoß den Umgang mit Frauen, fühlte sich aber auch von ihnen irritiert:

«Immer haben sie irgend etwas», pflegte er zu sagen. Dennoch, er und Nelly waren sich zugetan und zogen sogar eine Heirat in Betracht.

Ein solcher Schritt wäre jedoch undenkbar gewesen, ohne auf Stampa Rücksicht zu nehmen. Diego ging dabei mit typischer Umsicht vor. Er kannte die strengen Moralvorstellungen seiner Mutter. Ehe er es wagte, Nelly vorzustellen, schickte er einen Brief mit einem Foto von seiner Freundin. Vermutlich hat er Nellys Kind mit keinem Wort erwähnt. Wenn es um den Lebenswandel ihrer Söhne ging, redete Annetta Giacometti nicht um den Brei herum. Sie schrieb an Alberto: «Mit einer solchen Frau wäre ich nicht einverstanden.»

Diego heiratete nie. Trotz seiner liederlichen Vergangenheit und seiner Gleichgültigkeit gegenüber Fragen des Anstands bedeutete ihm die Zustimmung seiner Mutter mehr als alles andere. Dennoch lebte er zwanzig Jahre mit Nelly zusammen.

Nur Alberto war nun noch allein und hatte niemanden, mit dem er sein Leben hätte teilen und einrichten können. Freilich, sich einzurichten, war das Allerletzte, wozu er sich bereit gefunden hätte. Was das Teilen betraf, so wußte er nur zu gut, daß es an seinem Leben nicht viel zu teilen gab. Er und Denise hatten sich auseinandergelebt. Und dennoch hegte er gewisse Hoffnungen. Vorerst richteten sie sich auf Isabel Delmer. Der Bildhauer und die Frau des Journalisten hatten sich allmählich besser kennengelernt. Gelegenheit dazu gab es genug. Isabels metallisches Lachen war oft zu hören in den Cafés am Montparnasse und auf Künstlergesellschaften links und rechts der Seine. Wenn sie ein paar Drinks genossen hatte, konnte sie es mit dem geistvollsten Gesprächspartner aufnehmen. Während ihr Mann als Reporter auf Reisen war, fehlte es Isabel nicht an Leuten, die darauf brannten, sie in seiner Abwesenheit zu unterhalten. Manch flotte Party wurde in ihrem luxuriösen Appartement gegeben. Schauspieler und Aristokraten waren ebenso zu Gast wie Tänzer und Polizeiinspektoren. Giacometti nahm häufig teil; er trug viel zur Erheiterung bei, denn er verstand es, die Leute zum Lachen zu bringen, und hatte Sinn für die komische Seite von Tragödien.

Isabel ließ sich Albertos Interesse gefallen. Als kluge Beurteilerin von Menschen erkannte sie, daß ihr die Aufmerksamkeit des Künstlers gesteigerte Lebensfreude versprach, ohne je ihren Anspruch zu beeinträchtigen, zu tun, wie es ihr beliebte. Obgleich sie selbst nicht wirklich Künstlerin war, verstand sie doch instinktiv sehr viel vom Wesen einer Künstlerpersönlichkeit.

Alberto seinerseits scheint sehr bald begriffen zu haben, daß Isabel für ihn nicht nur eine Frau aus Fleisch und Blut sein mußte, die er begehrte, sondern auch ein Idol, das man anbeten und aus der Entfernung verehren konnte. Dies mag dem Verhältnis Zauber verliehen haben; es gab ihm aber auch Sicherheit.

Isabel war die erste Frau, die für Alberto eine echte Herausforderung bedeutete. Ein Teil ihrer Macht über ihn mag aus Gefühlen erwachsen sein, daß sie ihn zwingen konnte – nicht durch eine Laune, sondern durch ihr gesamtes Wesen –, sich ganz und gar auf ungewisse neue Erfahrungen einzulassen.

Irgendwann im Jahre 1937, als Alberto zufällig um Mitternacht am Boulevard Saint-Michel war, sah er Isabel in einiger Entfernung stehen. Mit den Gebäuden im Hintergrund und der unendlichen Dunkelheit darüber machte ihre Persönlichkeit einen ungewöhnlich starken Eindruck auf ihn. Dieser Eindruck mag teilweise durch das damalige Stadium ihrer Beziehung zueinander bestimmt gewesen sein. Sie war die wichtigste Person in seinem Gefühlsleben, aber diese Bedeutung war bisher durch keine Handlung oder verpflichtende Äußerung bestätigt worden. Nie wußte er so recht, wo er mit ihr stand. Sie ging ihrer Wege, lebte ihr eigenes Leben, nahm keine Notiz von seinen Wünschen. Die kamen allerdings gar nicht zum Ausdruck. Alberto war sich über sein Verhältnis zu Isabel nicht im klaren – er hatte noch nicht einmal eine Vorstellung, was er eigentlich wollte. Auch er verfolgte seinen eigenen Weg und lebte sein eigenes Leben; vielleicht entsprach es seiner Ehrlichkeit oder einer sonderbaren Neigung, daß er daraus kein Geheimnis machte. Ganz bewußt gab er Isabel zu verstehen, daß noch andere Frauen da waren, obwohl er behauptete, sie seien bloß «Schatten». So kultivierten beide den Abstand, der ein Charakterzug ihrer Beziehung war. Manchmal schienen dieser Abstand und die Beziehung dasselbe zu sein.

Trotzdem fand eine gewisse Annäherung statt. Dies kam auf die angemessenste Weise zum Ausdruck: Alberto modellierte zwei Porträts von Isabel – das erste 1936 und ein weiteres zwei Jahre später. Beide Werke waren typisch für den Werkstil dieser Periode, und sie scheinen keine Schwierigkeiten bereitet zu haben. Trotzdem gerieten sie sehr verschieden.

Das erste wird manchmal *Die Ägypterin* genannt, weil die geglätteten Züge, die Reinheit der Linien, das bewegte Gegenspiel der Formen und die lebensnahe Direktheit an die ägyptische Porträtkunst erinnern. Mit seiner gefälligen und kraftvollen Ähnlichkeit scheint es ohne Mühe entstanden zu sein. Es wirkt, als ob der Künstler hätte zeigen wollen, wie meisterlich er die Form beherrsche, wenn er sich entschloß, einfach nur abzubilden, was in seinem Bewußtsein über den Gegenstand gespeichert war, den er vor Augen hatte. Das zweite Bildnis ist etwas ganz anderes. Keine Spur von Leichtigkeit. Die Ähnlichkeit des Modells ist verschwunden. Statt dessen gibt es Hinweise auf ein langes Ringen mit dem Hinschauen, das zum Sieg führte. Das Ergebnis war ein Kunstwerk. Die Oberfläche der Plastik ist grob strukturiert, körnig und durchfurcht; es drängt sich der Eindruck auf von Materie im Augenblick der Belebung, kurz vor dem ersten Erbeben, und man spürt den Versuch des Künstlers, die ungebrochene Einheit seines Handelns zu bewahren. Die Ähnlichkeit des Modells verschmilzt mit dem Kunstwerk in einer tastenden Annäherung an das Rätsel der menschlichen Erscheinung; das Porträt ist wie Isabel, sieht aber nicht aus wie sie; Blick und Ausdruck der Frau sind unauslotbar.

Die Köpfe von Diego und Rita, die gleichzeitig mit dem zweiten Bildnis von Isabel entstanden, sind mit diesem nach Arbeitsweise und Wirkung verwandt. Alle diese Plastiken, von denen nur wenige erhalten geblieben sind, waren wichtige Schritte hin auf eine Entwicklung zur Disziplinierung des Blickes, zu einer unermüdlichen Beharrlichkeit und Erneuerungsfähigkeit des Schauens. Deshalb sind sie als Kunstwerke befriedigend. Aus dem gleichen Grund waren sie für den Künstler beklagenswerte Beweise seiner Unfähigkeit, ein plastisches Gegenstück zu dem zu schaffen, was er sah.

Da Giacometti allmählich das Gefühl hatte, er werde nie einen Kopf zu seiner Zufriedenheit zustande bringen, entschloß er sich zu einer Ganzfigur. Er arbeitete direkt in Gips und begann mit einer Figur von etwa fünfundvierzig Zentimetern Höhe, die einen weiblichen Akt mit an den Seiten anliegenden Armen darstellte. Mit zunehmender Verwunderung, die sich zum Entsetzen steigerte, bemerkte er während der Arbeit, wie die Figur immer kleiner wurde. Je kleiner sie wurde, desto mehr befiel ihn Depression; doch konnte er nicht verhindern, daß sie noch weiter zusammenschrumpfte. Die Plastik schien im voraus auf die ihr angemessene Größe festgelegt zu sein, ließ keine anderen Dimensionen zu und zwang den Bildhauer, ihr zu genügen. Nach mehreren Monaten der Arbeit hatte sich die Höhe der Figur auf Stecknadelgröße verringert. Sie stand nun in gefährdeter Isolation auf einem Sockel, der um ein Mehrfaches höher war als sie selbst. Dieses Mißverhältnis war dem Künstler unerträglich, doch schien die Ähnlichkeit, nach der er suchte, irgendwie mit der Winzigkeit der Plastik verbunden zu sein.

Irritiert und verwirrt begann er wieder mit einer Figur in der ursprünglichen Größe. Wieder schrumpfte sie während der Arbeit, wurde immer kleiner trotz seines Abscheus und Widerstrebens; schließlich war sie genauso winzig wie die erste. Er fing aufs neue an, und wieder war das Ergebnis dasselbe. Doch er konnte nicht einhalten. Manchmal wurde die Figur so klein, daß sie bei einer letzten Berührung mit dem Messer des Bildhauers zu Staub zerkrümelte. Giacometti arbeitete an der Grenze zwischen Sein und Nichtsein. Er stand vor dem plötzlichen Übergang vom Dasein zum Nichts, wobei dieser Übergang unter seinen Händen geschah, ohne daß er Macht über ihn gehabt hätte. Zwanzig Jahre war er vom Gedanken an die Zerbrechlichkeit des Lebens beherrscht gewesen. Jetzt begann dieser Gedanke sein Werk zu dominieren, er *wurde* sein Werk. «Mir ist», sagte er, «die Hinfälligkeit lebender Wesen stets bewußt, als ob es sie jeden Augenblick eine ungeheure Energie koste, sich aufrecht zu halten, immer bedroht vom Zusammenbruch. In dieser Zerbrechlichkeit gleichen ihnen meine Skulpturen.» Daß nur wenige dieser winzigen

Figürchen erhalten geblieben sind, erscheint in diesem Licht ganz natürlich. Das wichtigste an ihnen war ihre Vergänglichkeit.

Giacometti hatte versucht, seine Sicht der Dinge zu erneuern, er wollte mit ursprünglicher Frische anschauen, was er vor Augen hatte. Dabei ahnte er nicht, daß die Schöpfungen, die diesen Blick verkörperten, Symbole der Wiedergeburt sein würden. Das Problem des Bildhauers hatte anthropologische Dimensionen angenommen. Nachdem er sich zu einem Neubeginn in seiner Kunst entschlossen hatte, indem er arbeitete, als ob Kunst nie existiert hätte, schuf er Werke, die an den Urbeginn der Schöpfung denken lassen, mit ihren Riten und Geheimnissen. Wie ein Talisman sind diese winzigen Skulpturen mit magischer Kraft und menschenähnlicher Lebendigkeit aufgeladen. Sie wollen betrachtet werden als Bewohner zweier Welten. Sie gehören dem tatsächlichen Raum an, den wir im Leben sinnlich erfahren, und ebenso dem metaphysischen Raum, in den unsere Erfahrung nicht hineinreicht, dem Reich der Toten.

28

Pierre Matisse hatte, nachdem er von dem mißglückten Eheabenteuer aus Frankreich geflohen war, als Kunsthändler in New York Karriere gemacht. Seine eigenen künstlerischen Ambitionen hatte er fallengelassen, doch entwickelte er eine besondere Art von Kreativität, indem er sich für die schöpferischen Leistungen anderer Menschen einsetzte und ihnen die Gelegenheit bot, einen wichtigen Aspekt ihrer Erfüllung zu erheben. Pierre war vorsichtig, zurückhaltend bei vertraulichen Mitteilungen und äußerst haushälterisch in Geldangelegenheiten. Es lag nicht in seinem Wesen, herzlich und mit offenen Armen auf die Leute zuzugehen – worin er durchaus seinem Vater glich. Dennoch kultivierte er elegante Umgangsformen und einen geschmeidigen Charme, der von flüchtigen Bekannten mit warmer Anteilnahme und Freude an Geselligkeit verwechselt wurde. Eng mit ihm vertraute Freunde hatte er nicht. Er setzte sich leidenschaftlich für die Kunst ein, besonders für die Kunst seiner Zeit. Pierre Matisse hatte den Mut und die Entschlossenheit, sich gänzlich der Verteidigung seines Geschmacks zu widmen, und mit glühender Überzeugung glaubte er an den Wert dieses Tuns. Auf solche Weise diente er nicht nur seinem Ehrgeiz, sondern förderte im Dienst an der Kultur seiner Zeit bedeutende Talente und große Schöpfungen.

Dem Werk Giacomettis näherte er sich zögernd und schrittweise. Was sich in den Pariser Ateliers und Galerien abspielte, wußte er ganz genau; er war mit

Pierre Loeb und Pierre Colle bekannt; um 1935 vertrat er in Amerika Miró, Tanguy und Balthus, die alle mit Alberto befreundet waren. Er kannte Giacomettis Skulpturen gut, hatte er sie doch nicht nur in Paris, sondern auch bei der Julien-Levy-Ausstellung in New York gesehen. Einen Ankauf erwog er jedoch nicht vor dem Herbst 1936. Das Stück, das er aussuchte, war eine *Schreitende Frau* von 1933/34 in Gips, und zwar die naturalistischere von den beiden. Das war eine bedeutsame Wahl; denn von allen frühen Werken läßt dieses am ehesten ahnen, was noch folgen sollte. Die geheimnisvolle Ausstrahlung dieser *Schreitenden*, das Gefühl ihrer Vorwärtsbewegung und die Beschwörung ritueller Objekte einer fern vergangenen Zeit weisen voraus auf die Werke, die Giacometti während der letzten zwanzig Jahre seines Lebens geschaffen hat.

Dem Künstler gefiel die Wahl, die der Kunsthändler getroffen hatte. Beide ahnten sicher nicht, was sich für sie noch daraus ergeben sollte, weil vorerst noch Jahre vergehen mußten, in denen das Werk vom Fehlschlag bedroht schien. Dennoch war der Ankauf ein gutes Vorzeichen. «Diese Statue ist nicht am Ende ihrer Karriere», verkündete Alberto, und er selbst war es natürlich auch nicht. Tatsächlich stand er erst am Anfang seines großen Abenteuers, und Pierre Matisse sollte eine wichtige Rolle darin spielen.

Am 26. April 1937 flogen deutsche und italienische Flugzeuge einen Angriff im Dienste der faschistischen Armee des General Franco, bei dem das baskische Städtchen Guernica zerstört wurde. Diese Greueltat, wie schließlich auch das Versagen der westlichen Demokratien, die Sache beim Namen zu nennen, hieß die kommende Katastrophe ein gutes Stück näher rücken. Alberto sah sie heranziehen, und das ständige Gerede vom Krieg machte ihn nervös. Eines Nachts träumte er davon, daß die Feindseligkeiten ausgebrochen seien und er zu den Waffen gerufen worden sei, wobei er aus Angst vor den Geschossen zu desertieren versuchte. Aber für einen Feigling gehalten zu werden, setzte ihm noch mehr zu. «Ich kann mir nichts Fürchterlicheres vorstellen», sagte er, «als mit einem Gewehr über der Schulter loszumarschieren.» Er hätte sich keine Sorgen machen müssen.

Die Schreckenstat von Guernica erregte Picassos bitteren Zorn. Er begann alsbald mit den Skizzen für ein riesiges Wandbild, das er innerhalb von fünf Wochen vollendete. Picasso war zu der Zeit bereits der berühmteste lebende Künstler der Welt. Noch während seiner surrealistischen Phase war ihm Giacometti begegnet. Beide waren voneinander beeindruckt. Wenige Menschen können jemals so faszinierend gewesen sein wie die beiden. Vielleicht dauerte es deshalb lange, bis sich zwischen ihnen eine Freundschaft anbahnte. Jedenfalls war Giacometti nicht zu jener schmeichlerischen Bewunderung fähig, auf die Picasso um so mehr reagierte, je älter er wurde. Als Picasso in einer Ausstellung neue Werke zeigte, unterließ es Alberto bewußt, dem anwesenden Künstler ein Kompliment über seine Arbeiten zu machen. Er kommentierte das mit der Bemerkung: «Damit er sieht, daß nicht jeder vor ihm auf den Knien liegt.» Möglicherweise respektierte Picasso die Selbstsicherheit derer, die nicht vor ihm Kotau machen wollten, oder er sehnte sich nach dem Umgang mit Leuten, die er als gleichrangig ansah. Damals, als er mit *Guernica* begann, war Giacometti einer der wenigen, die zu seinem Atelier in der Rue des Grands-Augustins Zutritt hatten und an den Fortschritten des riesigen Gemäldes teilhaben durften. Vor der Vollendung gab Picasso eine öffentliche Sympathie-Erklärung für die Republikaner ab, die in Spanien kämpften. Unter anderem sagte er: «Mein ganzes Leben als Künstler war nichts als ein ständiger Kampf gegen die Reaktion und gegen das Sterben der Kunst.» Tatsächlich war der Kampf weit schrecklicher und spielte sich auf einer ganz anderen Ebene ab.

Picasso war zwanzig Jahre älter als Giacometti. Seine Künstlerlaufbahn war von Anfang an ein glänzender Erfolg. In späteren Jahren, als er längst weltberühmt war, pflegte er zu sagen, echten Ruhm habe er nur als junger Mann in Montmartre gekannt, wo sich die Stammgäste seines Lieblingscafés regelmäßig zu seiner Begrüßung von den Stühlen erhoben. Dreißig Jahre später war er an die Ehrerbietung gewöhnt, mit der ihm Aristokraten, Staatsmänner, Dichter, schöne Frauen sowie viele Künstler begegneten. Er empfand es als eine Steigerung der Lebenskraft, wenn sich seine Bewunderer die Klinke seines Ateliers in die Hand drückten und miteinander um seine Gesellschaft wetteiferten. «Sie laden meine Batterien wieder auf», bemerkte er dazu, und es amüsierte ihn zu sehen, wie sie sich in ihrem Bewunderungsdrang manipulieren ließen. Die Auswirkungen waren ausgesprochen dramatisch. «Manchmal», meinte er, «kommen nicht einmal meine besten Freunde am Eingangsschalter vorbei.» Man fragt sich, ob er hin und wieder – wenn der Eingangsschalter geschlossen war – über die Identitätsprobleme nachgesonnen hat, die die großen Rollen bei großen Schauspielern hervorrufen.

Picassos Privatleben konnte die Öffentlichkeit zeitweise mehr interessieren als das eines Filmschauspielers, aber es war nicht so erfolgreich wie seine Karriere, die ihn zum reichsten und berühmtesten Maler aller Zeiten werden ließ. Die abrupten Stilwechsel und heftigen Kehrtwendungen in seiner Kunst wurden von ebenso radikalen Umbrüchen in seinen persönlichen Lebensverhältnissen begleitet. Er liebte viele Frauen, aber alle diese Beziehungen waren zutiefst gestört. So wie er es auch mit seinen Freunden hielt, pflegte er die eine gegen die andere auszuspielen. Während der Zeit, als *Guernica* entstand, ließ er es zu, daß Dora Maar, die ihm damals besonders nahestand, und seine frühere Geliebte, Marie-Thérèse Walter, in seinem Atelier mit Fäusten aufeinander losgingen, wobei er ungerührt an der enormen Leinwand weitermalte, die dazu bestimmt war, die Schrecken menschlicher Konflikte anzuklagen. Picassos Wesen, sein schöpferischer Drang, scheint unlösbar mit einem zerstörerischen Willen verbunden gewesen zu sein. «Jeder Akt der Hervorbringung ist zunächst ein Akt der Zerstörung», sagte er, wobei er wahrscheinlich nur an Kunst dachte.

Es paßt gut, daß sich die eigentliche Freundschaft zwischen Giacometti und Picasso während der Entstehung von *Guernica* anbahnte. Picassos Leben und Werk durchliefen damals in verschiedener Hinsicht ihren Zenit. Mögen auch die Urteile über die Bedeutung seiner großen Kompositionen voneinander abweichen, so wird doch niemand bestreiten, daß er nach *Guernica* nie wieder etwas gemalt hat, das dessen Kraft und Originalität entsprochen hätte. Das Gemälde entstand fast genau in der Mitte von Picassos Laufbahn. Alles, was diesem Werk vorausging, kann als ein kontinuierliches Daraufhinarbeiten betrachtet werden, und alles, was danach kam, als ein allmähliches Abklingen. In seinem formalen Erfindungsreichtum, seiner ästhetischen Spannung, seinem moralischen und kulturellen Hintergrund, seiner dramatischen Symbol- und Bildsprache, seiner machtvollen Gefühlswirkung, ja überhaupt schon in seiner Größe, scheint dieses Werk Picassos gesamte Persönlichkeit beansprucht zu haben, als Künstler, Spanier und als sterblicher Mensch.

Während *Guernica* Sensation machte und Kontroversen hervorrief, unterzog Giacometti den Fortschritt in seiner eigenen Arbeit einer Prüfung. Zwei Jahre waren vergangen seit seiner Trennung von den Surrealisten. Er hatte hart gearbeitet, um einen Kopf nach der Natur zu modellieren und ihn überzeugend lebensnah zu machen. Immer wieder war er konsterniert gewesen, wenn die angefangenen Gipsfiguren im Laufe der Arbeit zusammenschrumpften. Nichts genügte seinen Ansprüchen. Die Impotenz, die er so oft in intimen Beziehungen erfahren hatte, schien sich auch auf sein schöpferisches Leben zu erstrecken. Daraus erwuchsen Ängste. Seine Mutter begann sich Sorgen zu machen. Annetta fühlte sich selbst betroffen, wozu sie auch guten Grund hatte. Aber gleichzeitig war Alberto im Besitz einer Stärke, die ihm seine Natur nicht erlauben durfte anzuzweifeln oder gar bewußt in Frage zu stellen.

Seiner Mutter erklärte er, daß er wohl wisse, auf welches Ziel er losginge, welchen Weg er dahin einschlagen wolle und daß er jeden Tag einen kleinen Fortschritt mache. Er wisse, sagte er zu ihr, was er in den folgenden Jahren vorhabe. Es hätte keinen Zweck, rasch ans Ziel gelangen zu wollen; im Gegenteil, Eile würde nur Stillstand bedeuten. Nur Schritt für Schritt komme man voran. Aber unfehlbar werde er dort ankommen, wohin er strebe. Es hinge nicht mehr von ihm selbst ab, erklärte er, sondern von den Jahren, die vor ihm lägen. Sein Metier sei eben ein schwieriges Feld, und deshalb, so erläuterte er, gäbe es so wenige Bildhauer. Vor allem aber dürfe man den Schwierigkeiten nicht aus dem Wege gehen, sie würden einen sonst nur später einholen. Was konnte man dabei tun? Es war wie Krieg. Aber, so schloß er, indem er die Dinge ein für allemal gerade rückte, konnte er sich nicht irren.

Wie um zu beweisen, daß er wußte, wovon er redete, und daß er keinen Grund hatte, sich seiner Erkenntnis zu schämen, malte Giacometti im Sommer 1937 zwei Bilder. Es sind zwei Meisterwerke geworden. Man darf sie ansehen als Schritte hin zur Lösung der Schwierigkeiten, in die er als Bildhauer geraten war. Die Bilder sind zwar sehr verschieden, drücken jedoch in ihrer Verschiedenheit eine ästhetische Einheit aus; zugleich sind sie Musterbeispiele für zwei traditionsreiche Kunstgattungen der westlichen Malerei. Das eine ist ein Porträt seiner Mutter, das andere ein Stilleben, das einen einzigen Apfel auf einer Kommode im Eßzimmer von Maloja zeigt. Beide Gemälde sind in einer gegenständlichen Bildsprache geplant und ausgeführt, die eine volle Generation hindurch verpönt gewesen war und der kein Künstler seit Cézanne mit einer neuen Wahrnehmungsweise neue Impulse hatte geben können. Giacometti ist es gelungen. Sein Erfolg bewies, daß es möglich war, mit geistiger Ursprünglichkeit eine Tradition fortzusetzen, die völlig erschöpft schien. Als Beweis kultureller Kontinuität kam dieser Neuansatz gewissermaßen in höchster Not.

Apfel auf einer Kommode ist ein Werk von trügerischer Schlichtheit. Es zeigt einen einzelnen gelben Apfel auf einer hölzernen Kommode, die vor einer in ähnlicher Farbe gehaltenen Holzverkleidung steht, während oberhalb der Panellierung an der nackten Wand die Farbe des Apfels wieder aufgegriffen wird. Die Rundform der Frucht, die nur etwa ein Vierhundertstel des Bildraumes einnimmt, zieht die Aufmerksamkeit auf ihre einsame Gegenwart. Sie allein ist in ihrer besonderen Eigenart abgebildet, sie allein bestimmt die Struktur des umgebenden Raumes, und nur sie gibt dem Ganzen einen komplexen Bedeutungszusammenhang.

Giacometti war ein so ehrlicher und klarblickender Künstler, daß ihm die unterschwellige Bedeutung bewußt sein mußte, die in der Wahl des Gegenstandes lag. Begonnen hatte er das Bild mit mehreren Äpfeln, die auf der Kommode lagen, aber er sah bald ein, daß er «schon mit einem genug zu tun hatte». Es gab wohl Grund, eingeschüchtert zu sein. Der Apfel als der Gegenstand von Stillebenmalern war durch die Kunst Cézannes ein mythisches Symbol geworden. Cézanne malte mehr als hundert Kompositionen mit Äpfeln, und mit einem Apfel gedachte er Paris in Erstaunen zu setzen. Dieses Erstaunen hatte seither die ganze Welt erfaßt und der abendländischen Kunstgeschichte eine neue Richtung gegeben. Aber Cézanne hatte nie ein Stilleben mit nur einem Apfel gemalt. In Giacomettis Gemälde wird die Natur des Apfels, das «Apfelhafte», durch die absolute Einsamkeit erhöht, wodurch andere Gedankenverbindungen wachgerufen werden, mythische, erotische, ethische und metaphysische. Sie können dem Künstler nicht verborgen geblieben sein.

Apfel auf einer Kommode gleicht keinem Gemälde von Cézanne. Dennoch ist die Erinnerung an die Vaterfigur der Kunst des zwanzigsten Jahrhunderts offensichtlich. Zwei Jahre lang hatte sich Giacometti bemüht, die Natur anzuschauen, als ob es vor ihm noch keine Kunst gegeben hätte, und die Realität mit einem von Vorurteilen ungetrübten Auge zu betrachten. Auch Cézanne hatte den Wunsch ausgedrückt, die Natur so zu malen, als sei sie nie zuvor von jemandem gemalt worden. Aber niemand kann die Welt jetzt so sehen, wie sie Adam im Lichte des ersten Morgens erschienen ist, am allerwenigsten ein Künstler; denn es ist ein besonderes Paradoxon seiner Berufung, die Natur nur dann unvorbelastet sehen zu können, wenn er ein so diszipliniertes und umfassendes Wissen von der Kunst hat, daß es ihm zur zweiten Natur geworden ist und er es dementsprechend «vergessen» kann. Nur auf diese Weise kann die Suche nach dem persönlichen Stil Früchte tragen und die sinnliche Erfahrung des Künstlers wiedergeben. Giacomettis Stil wurde identisch mit dieser Suche, und wir erkennen ihn zum erstenmal in *Apfel auf einer Kommode*. Einzig der Apfel hat Umrisse, nicht so die Kommode, die Wandverkleidung und die Wand. Der Künstler hat bei der Festlegung der Form deutlich erkennbare Spuren seiner wiederholten Versuche stehen gelassen. Sein Zögern, seine Korrekturen, Neuansätze und Vergrößerungen sind Bestandteile der fertigen Arbeit. Zugleich gehören sie zur Erfahrung, an deren Ausgangspunkt und Ende das Kunstwerk steht. Die Frage nach der Form ist eine endlose Infragestellung dieser Form.

Der Apfel in Giacomettis Gemälde schwimmt in einem Raum, den sein Vorhandensein schafft. Fünf Jahrhunderte hatte die Raumillusion mit Hilfe künstlicher Perspektive im Mittelpunkt der Entwicklung der westlichen Kunst gestanden. Der Bildraum sollte die Imitation des wirklichen Raums sein, und die Qualität eines Kunstwerks wurde vor allem an seiner Raumillusion gemessen. Anscheinend war Cézanne der letzte Künstler, für den diese Abhängigkeit galt. Er sagte: «Zwei Dinge machen den Maler aus: das Auge und das Bewußtsein; sie müssen sich gegenseitig unterstützen, beides entwickelt und gefördert werden, das Auge, indem es in die Natur schaut, das Bewußtsein durch die Logik der organisierten Sinneswahrnehmung, welche die Ausdrucksmittel hergibt.» Giacometti sollte an dieser gleichzeitigen Entwicklung für den Rest seiner Tage arbeiten, und indem er dies tat, wurde er zum treuesten Erben jener einschüchternden Vaterfigur der Kunst des zwanzigsten Jahrhunderts.

Das *Bildnis der Mutter des Künstlers* ist nicht so deutlich in der Beschwörung des Cézanneschen Erbes, weil die menschliche Präsenz die ästhetische überschattet. Dennoch kann es kein Zufall sein, daß der Apfel, der so offen seine Herkunft von Cézanne verrät, zur selben Zeit wie das Bildnis gemalt wurde. Dieses vermittelt machtvoller als jedes andere den unbezwingbaren Charakter und die beherrschende Persönlichkeit von Annetta Giacometti. Die selbstbewußte Erz-Mutter sitzt dem Betrachter direkt gegenüber, eine überlebensgroße Gestalt. In Schwarz gekleidet, untersetzt, weißhaarig, schaut sie gefaßt aus dem Bild. Das ganze Gemälde konzentriert sich in diesem kraftvollen Blick, der sich schwer definieren läßt. Die Wirkung kommt durch das mehrdeutige Widerspiel von Linien und Formen zustande, die für sich allein genommen nichts bedeuten, aber mit solcher Kraft erfüllt sind, daß die Ungewißheit in Lebendigkeit umschlägt. Es ist die gleiche zögernd suchende, sondierend wiederholende Strichart wie bei *Apfel auf einer Kommode,* und man kann sich fragen, ob dieser Stil durch die Erfahrung des Bildhauers geprägt war, bei dem sich seit einiger Zeit die Bildgestalt unter der Hand so formte, als ob es einen eigenen Willen hätte.

Weit davon entfernt, mit dem Bildnis «Schwierigkeiten» zu haben, hat Giacometti es im Gegenteil als ein Mittel gebraucht, den Stil zu entwickeln, der, obgleich er große Konzentration erforderte, seine Ausdruckskräfte befreite und es ihm gestattete, auf die Persönlichkeit seines Modells einzugehen. Eine Wandlung war eingetreten. Sie war Teil des umfassenden Wechsels, der mit dem Ende der surrealistischen Epoche kam. Annetta mag als Person nicht die monumentale, furchteinflößende Figur gewesen sein, die uns Albertos Porträt zeigt. Aber vielleicht gefiel ihr der Beweis, daß er sie so sah.

Auch in ihrem Leben waren seit dem Tode Giovannis Änderungen eingetreten. Ihr Mann hatte kein Testament hinterlassen, aber die Giacomettis neigten nicht dazu, sich über Geldangelegenheiten zu streiten. Das Vermögen wurde im Einvernehmen aufgeteilt, wobei fast alles an Annetta ging. Sie lebte nun in bequemen Verhältnissen, denn Giovannis Gemälde verkauften sich weiterhin gut, und die Preise stiegen langsam, aber stetig an. So war es ihr möglich, ihrem ältesten Sohn, wann immer nötig, zu helfen, was zweifellos beiden wohltat, und wenn er in Maloja oder Stampa weilte, wurde er weiterhin mütterlich umsorgt. Annetta wusch ihm die Haare, bürstete seine Kleider, stopfte seine Socken. Nie gab sie den Versuch auf, ihn dazu zu bringen, sauberer und ordentlicher zu werden und sich an eine geregeltere Zeiteinteilung zu halten. Es bedurfte jedesmal besonderen Nachdrucks, um ihn aus dem Atelier zu den Mahlzeiten zu holen. «Alberto, komm essen», mußte sie immer wieder rufen, «komm essen, Alberto!»

Annetta war keine Frau, die melancholisch an der Vergangenheit hing. Bald nach dem Tode ihres Mannes zog sie aus dem großen Schlafzimmer aus, das sie immer mit Giovanni geteilt hatte, und nahm das kleinere neben dem Wohnzimmer. Das Schlafzimmer der Eltern überließ sie Alberto, der jetzt das Familienoberhaupt war. Er schlief in dem großen Bett mit dem geschnitzten Kopfteil – dem Bett, in dem er empfangen worden war.

Der Sommer 1937 war nicht nur eine Zeit bedeutender Arbeit für Alberto, sondern er brachte auch Anlaß zur Freude im Hause Giacometti: Ottilia war endlich schwanger. Obwohl sie sich in ihrer Ehe wohlfühlte, hatte sie das Leben im strengen Genf nicht geliebt und sich nach einem Kind gesehnt. Alberto lebte in der freudigen Erwartung, Onkel zu werden. Während seiner Ferien in Maloja machte es ihm Vergnugen, sein Ohr an den Bauch seiner Schwester zu legen und zu rufen: «Ich kann es hören! Ich kann es hören!» Die Vorzeichen, die er zu hören meinte, kündigten indessen nicht das erwartete Glück an.

Als die Geburt des Kindes herannahte, wurde klar, daß es eine schwierige Entbindung werden würde. Der Arzt riet zu einem Kaiserschnitt, und auch Francis Berthoud drängte zu dem Eingriff. Aber Ottilia war entschlossen, das Kind auf natürliche Weise zur Welt zu bringen. Am 8. Oktober setzten die Wehen ein; die Bedenken des Arztes erwiesen sich als wohlbegründet. Die Schmerzen hielten achtundvierzig Stunden an. Am 10. Oktober wurde Ottilia von einem Sohn entbunden. Die Familie war erleichtert und beglückt. Vielleicht erschien es ihnen als gutes Omen, daß die Geburt des Kindes mit Albertos Geburtsdatum zusammenfiel; er war am selben Tag sechsunddreißig geworden. Ottilia hielt ihren Sohn in den Armen. Und dieser Moment muß, wie Alberto später erzählte, der glücklichste ihres Lebens gewesen sein. Absolut erschöpft starb die junge Mutter fünf Stunden nach der Geburt ihres Kindes – ein schlimmer Schlag für den Ehemann und die Familie. Aber dieser Verlust bewirkte bei Alberto nicht eine ebenso unverständliche Reaktion wie jener Tod, der vier Jahre zuvor in den Bergen oberhalb Montreux eingetreten war. Er saß am Totenbett und zeichnete Ottilias Profil in ein Schulheft, wobei er, wie stets, versuchte, das Gesehene mit der gelebten Erfahrung in Einklang zu bringen. Wie nicht anders zu erwarten, sind die Zeichnungen auffallend leblos.

Immerhin gab es einen Überlebenden der Tragödie. In ihm setzten sich das Leben und die Familie fort. Er erhielt den Namen Silvio. Damals konnte noch niemand wissen, daß dieses Kind der einzige Enkel von Annetta Giacometti bleiben sollte. Sie hatte darauf gehofft, ihr Alter durch eine große Enkelschar belebt zu sehen, aber das war ihr nicht beschieden.

Annetta richtete ihre ganze Zuneigung auf ihren Enkel. Durch ihre Fürsorge und Liebe suchte sie die Tatsache auszugleichen, daß Silvio keine Mutter hatte. Sie beschwor seine Onkel, sich ebenfalls seiner anzunehmen, nie seinen schweren Verlust zu vergessen und an ihre eigene glückliche Kindheit zu denken. Sie alle taten ihr Bestes, diese Ermahnungen zu beherzigen.

29

Giacometti setzte seine Versuche fort, einen Kopf oder eine Figur nach seinen Ansprüchen wiederzugeben. Vergeblich. Nie wirkten die Köpfe lebensecht, und wieder wurden die Figuren immer kleiner, bis sie unter seinen Händen in Krümel zerfielen. Der Mißerfolg machte ihn bestürzt, aber er ließ sich nicht entmutigen. Es war für ihn jetzt weniger wichtig, was er sah, als wie er es sah, und dementsprechend hatte sich für ihn das Ziel seiner Arbeit verlagert. Auf der Suche des Künstlers nach seiner eigenen Sehweise können Kunstwerke, die der persönlichen Wahrnehmung entsprechen, nie dem Ausdruckspotential der ursprünglichen Erfahrung gerecht werden. Das Streben nach dem Absoluten führt zu der Einsicht, daß alle Bemühungen mit einem Fehlschlag enden oder mit dem Tod des Künstlers. Unter solcher Voraussetzung macht der Künstler es sich zur Hauptaufgabe, den Beweis für die Realisierbarkeit einer Sache zu liefern, die ihrer Definition nach unerreichbar ist. Kein Wunder, daß Alberto seine Arbeit so ausdauernd und zielgerichtet fortsetzen konnte. Er war zu Einsichten gekommen, die das eigentliche Wesen seiner Reife werden sollten.

Im Paris jener Jahre war Alberto nicht der einzige, für den ein so seltsam widersprüchliches Bewußtsein zur Grundlage schöpferischer Erfüllung wurde. Es gab dort zumindest noch einen anderen Menschen. Das war ein unbekannter irischer Schriftsteller Anfang der Dreißig; sein Name war Samuel Beckett. Ähnlich wie Giacometti hatte Beckett die Leitschnur zu seinem künstlerischen Werk in der Wirrnis und Zerrissenheit seiner Lebenserfahrung gefunden.

«Ich habe wenig Talent zum Glücklichsein», sagte er. Seit seiner Jugend hatte er sich als anders empfunden als all jene, die vom Glück gesegnet, stark und gesund sind. Aber er war ein hervorragender Student. Nach seinem Examen erhielt er ein zweijähriges Stipendium zur Fortsetzung seiner Studien in Paris. Danach kehrte er in seine Heimat zurück und hielt Vorlesungen. Bald jedoch bedrückte ihn das Gefühl der Absurdität, anderen etwas beibringen zu wollen, dessen er selbst nicht sicher war, und er gab seine Stelle auf. In der letzten Juliwoche des Jahres 1933 starb sein Vater an Herzversagen. Für den siebenundzwanzigjährigen Sohn war dieser Tod eine niederschmetternde Erfahrung. Fortan bangte ihm vor dem Leben; er hegte Zweifel an der äußeren Erscheinung der Ereignisse, mißtraute scheinbarem Glück. Freiwillig ging er ins Exil, blieb ein Fremder in den Ländern, in denen er lebte, wurde ein Schriftsteller, der sich dazu entschloß, in einer Sprache zu schreiben, die nicht seine Muttersprache war. Was die Entfremdung vom normalen Leben bei ihm zusätzlich komplizierte, war seine Unfähigkeit, eine intensive Beziehung, insbesondere mit Frauen, aufrechtzuerhalten. In einem seiner frühesten Werke spricht Beckett von der «morbiden Furcht vor Sphinxen». Diese Empfindung war offenbar ein ganz konkreter Teil seiner Vorstellungswelt; denn das Thema der Impotenz wird in Becketts Werk immer wieder aufgegriffen in Verbindung mit dem Motiv der Unfruchtbarkeit. Er sah gut aus, war großgewachsen, hatte durchdringende, zugleich wohlwollende blaue Augen und wirkte anziehend auf Frauen. Nicht wenige schwärmten für ihn; doch er war unfähig, sich zu binden.

Die ersten Jahre seines Exils verbrachte Beckett unter armseligen Bedingungen in London. Wenn er dort durch die Straßen lief, litt er unter der Verachtung der Engländer für die Iren. Später durchwanderte er Deutschland; aber dort machten ihm die Judenverfolgungen und die Kriegsvorbereitungen das Leben unerträglich. Im Herbst 1937 kehrte er nach Paris zurück, wo er, nur durch die Kriegsjahre unterbrochen, für den Rest seines Lebens seinen Wohnsitz nahm. Er lernte einige der Künstler und Schriftsteller kennen, die in den Cafés am Montparnasse und in Saint-Germain verkehrten. Damals begann er, Gedichte in Französisch zu schreiben, und es schien, als ob Becketts Leben eine Wendung zu Stabilität und Harmonie nehmen wollte; aber es widerfuhr ihm ein Ereignis, das ihm die aussichtslose Vermessenheit solch einer Erwartung vor Augen führen mußte.

Als er einmal mit Freunden zusammen die Avenue d'Orléans entlangging, wurde er von einem Unbekannten angesprochen. Es war ein Zuhälter, der ihn mit solcher Hartnäckigkeit bedrängte, daß der Dichter ihn von sich wegstieß, worauf der Mann ein Messer zog und Beckett tief in die Brust stach. Er traf zwar nicht das Herz, durchbohrte aber eine Gewebeschicht am linken Lungenflügel, und Beckett mußte einige Zeit im Krankenhaus verbringen. Nach seiner Genesung wurde er zum Prozeß gegen den Angreifer vorgeladen. Dabei fand er Gelegenheit, den Mann zu fragen, warum er eine so sinnlose Tat begangen hatte. «Weiß ich nicht, mein Herr», war die Antwort.

Becketts Kunst läßt ein tiefes Mitempfinden für die kränkenden Erfahrungen des Alltags erkennen. Ihr Thema ist die Einsamkeit, die Existenz von Menschen, die, allein und isoliert, in ihrer Umgebung als Fremde und nur auf sich selbst bezogen leben. Seine Kunst ist geprägt durch ein Gefühl von vergehendem Leben, von Hinfälligkeit und Todesnähe. Früh in seiner Laufbahn faßte er sein künstlerisches Credo in die Worte: «Kunst ist der Ausdruck dessen, daß es nichts auszudrücken gibt, nichts, wodurch oder von welchem Standpunkt aus etwas ausgedrückt werden könnte, keine Ausdrucksmöglichkeit, kein Wunsch, etwas auszudrücken, und zugleich der Zwang, etwas auszudrücken.» Kunst ist kein Ausweg aus dem Dilemma des Künstlers. Künstler zu sein ist gleichbedeutend mit Fehlschlag, und den Fehlschlag anzunehmen ist der Hauptansporn des Künstlers, auf den Erfolg hinzuarbeiten. Becketts künstlerische Laufbahn wurde eine wahre Apotheose dieses verzweifelten Glaubens.

Giacometti und Beckett lernten sich zufällig im Café de Flore kennen. Ihre Persönlichkeiten und Erfahrungen waren Voraussetzung genug, um sich gegenseitig zu schätzen und anzuerkennen. Es konnte nicht ausbleiben, daß sie Freunde wurden. Die Freundschaft wuchs sehr langsam, denn keiner von beiden rechnete mit Trost oder Bestätigung. Im Gegenteil. Was sie schließlich im Umgang miteinander fanden, war die Gewißheit, den einzigartigen Wert eines hoffnungslosen Unterfangens bestätigt zu sehen. Meist begegneten sie sich per Zufall, gewöhnlich des Nachts; dann machten sie zusammen lange Spaziergänge, deren einziges Ziel in der Schlußfolgerung bestand, daß sie, da sie nun einmal kein Ziel hatten, gezwungen waren, dorthin zu gehen, wohin der Weg sie führte. Es war eine sehr persönliche, heimliche, fast geheimnistuerische Freundschaft. Sie existierte jedoch nicht im luftleeren Raum strenger Spekulation. Von Mitmenschen wurde sie als die Bestätigung von etwas erfahren – auch wenn sie sich dessen nicht bewußt waren –, das sie als wertvoll erkannten. Viele Jahre später, als Giacometti und Beckett berühmt geworden waren, saßen sie einmal zusammen auf der Terrasse eines Cafés. Eine Prostituierte, die beide Männer kannte, sah sie, ging zum Besitzer des Cafés und sagte: «Was sind Sie doch für ein Glückspilz, daß zwei so bedeutende Leute gerade da draußen auf Ihrer Terrasse sitzen; ich dachte, Sie sollten das wissen.»

Efstratios Eleftheriades war ein kluger und gewiefter Grieche, der während des Ersten Weltkriegs nach Frankreich kam, um Jurisprudenz zu studieren. Bald jedoch entdeckte er, daß er mehr an Kunst als an Rechtsfällen interessiert war. Da er den Ehrgeiz hatte, bekannt zu werden, begann er damit, seinen Namen für Franzosen aussprechbar zu machen, und nannte sich Tériade. Bald lernte er Christian Zervos kennen, ein Grieche wie er selbst und ebenso schlau und kunstinteressiert. Gemeinsam gründeten die beiden die einflußreiche Revue *Cahiers d'Art*. Die Zusammenarbeit verlief jedoch nicht harmonisch. Vielleicht kamen sie sich durch ihre beiderseitige Gerissenheit in die Quere. Sie trennten sich, und Zervos blieb Alleinherausgeber der *Cahiers d'Art*. Die folgenden Jahre waren magere Zeiten für Tériade. Da er aber entschlossen war, sich auf dem Felde der zeitgenössischen Kunst als Verleger hervorzutun, hatte er schließlich das Glück, Albert Skira zu begegnen, einem jungen Mann aus der Schweiz mit ähnlichen Ambitionen. Zusammen riefen sie eine Zeitschrift für Kunst und Literatur ins Leben, der sie den Namen *Minotaure* gaben. Sie war ansprechend aufgemacht und sehr fortschrittlich; aber Tériade wollte eine Veröffentlichung in die Hand nehmen, bei der ihm niemand dreinredete. Das Ergebnis war *Verve*. Diese Revue war weder besonders avantgardistisch, noch stellte sie ein herausgeberisches Abenteuer dar, aber es gelang ihr, während fast fünfundzwanzig Jahren, ein Qualitätsniveau nach Inhalt und Darbietung zu erreichen und beizubehalten, das von keiner anderen Zeitschrift, weder vorher noch nachher, erreicht wurde.

Die Seiten von *Verve* haben der «Ecole de Paris» zu ihrer vielleicht schönsten, wenn auch letzten Blüte verholfen.

Den wichtigsten Beitrag zur neueren Kulturgeschichte leistete Tériade allerdings als Herausgeber von kostbaren Büchern, die von den hervorragenden Künstlern seiner Zeit illustriert wurden. Matisse, Picasso, Bonnard, Miró, Chagall, Léger, Le Corbusier und Laurens gehörten zu den vielen, die mit Tériade zusammenarbeiteten, um Bücher zu schaffen, die in jeder Hinsicht schöpferische Meisterleistungen sind. Von allen jedoch ist keines so wichtig und eindrucksvoll wie das von Giacometti gestaltete Album von 150 Lithographien mit dem Titel *Paris sans fin*. Es nimmt im Leben und Werk des Künstlers einen besonderen Platz ein. Als es nach seinem Tod erschien, wurde es zu einer Art Testament, und Tériade war der richtige Mann, um es herauszugeben.

Tériade war auf Giacometti aufmerksam geworden, als die Skulpturen des jungen Künstlers zum erstenmal bei Pierre Loeb gezeigt wurden. Aber ihre Freundschaft fing erst zu einer Zeit an, als sich Alberto entschlossen hatte, direkt nach der Natur zu arbeiten. Das ist begreiflich, da Tériade entschieden zur gegenständlichen Kunst tendierte. Auf dieser gemeinsamen Basis konnten sie sich gegenseitig anregen und sich in ihren Überzeugungen bestätigen. Beide führten gerne Gespräche, besonders über Kunst, und so manche Unterhaltung wollte kein Ende nehmen in den vielen Nächten, die sie am Montparnasse verbrachten. Giacomettis Kunst und Tériades Veröffentlichungen reiften gemeinsam heran.

Es gab in jenen Jahren verschiedene Fotografen in Paris, denen eine glänzende Karriere bevorstand. Der älteste und bekannteste unter ihnen war Man Ray, der amerikanische Surrealist aus Philadelphia. Der Ungar Gyula Halasz und der Rumäne Elie Lotar berechtigten ebenfalls zu großen Hoffnungen. Nach seiner Ankunft in Paris hatte sich Halasz den Namen Brassai gegeben. Bald war er mit Malern, Schriftstellern und Prostituierten befreundet, die alle durch seine Fotografien unvergeßlich gemacht wurden. Lotar war der uneheliche Sohn eines berühmten rumänischen Dichters namens Tudor Arghezi. Er litt sehr darunter, im Schatten seines illustren Vaters zu stehen. Dies mag zu seiner frühen Emigration beigetragen haben. Er war hochbegabt, charmant und neigte dazu, das Leben so leicht wie möglich zu nehmen. Obwohl er bei mehreren Filmen von Luis Buñuel mitarbeitete und Fotos in *Verve* veröffentlichte, schien es mit seiner Karriere nicht recht vorangehen zu wollen; kurz vor ihrem Ende jedoch gelang es ihm, mit Giacomettis Hilfe einen Erfolg zu erzielen und sich durch die Hintertür der Geschichte hereinzustehlen. Henri Cartier-Bresson kam dagegen mit großen Schritten durch den Haupteingang. Er war der jüngste dieser glänzenden Fotografen, stammte aus einer reichen Familie, wollte ursprünglich Maler werden, trat den Surrealisten bei und machte seine ersten aufsehenerregenden Aufnahmen während einer Weltreise. Zu den

Leuten, deren Bild er festhielt, gehörten auch zahlreiche Künstler. Die Fotos verdichten das erschaute Leben mit großer Genauigkeit. Die Porträtaufnahmen, die Giacometti gegen Ende seines Lebens zeigen, gehören zu seinen ausdrucksvollsten Arbeiten.

Wenn es so scheint, daß Alberto mit fast allen Künstlern und Schriftstellern bekannt war, die zu seiner Zeit eine Rolle gespielt haben, ganz zu schweigen von den vielen Unbekannten, denen kein Ruhm beschieden war, dann entspricht das den Tatsachen. Ein Genie zieht Leute an, und Alberto zog mehr Menschen an als die meisten andern, weil er selbst von den Menschen so unwiderstehlich angezogen wurde. Er reagierte auf seine Mitmenschen mit um so größerem Entgegenkommen, als ihm bewußt war, wie die Außerordentlichkeit eine Schwelle errichtet, die – aller Anziehungskraft des Genies zum Trotz – die Menschen auf Distanz hält. Dies ist teilweise auch der Grund, weshalb Giacometti eine tiefere Verwandtschaft mit der großen anonymen Masse der Leute empfand als mit manchen Intellektuellen aus seinem Bekanntenkreis.

Während die Ereignisse in Europa immer mehr der Katastrophe zusteuerten, schien die Ehe von Isabel und Sefton Delmer den gleichen Weg zu gehen. Die Aufgaben des Auslandskorrespondenten führten zu längeren Abwesenheiten von Paris, und es erschien nicht mehr sinnvoll, das aufwendige Appartement beizubehalten. Außerdem wurde Delmer der Boheme-Gesellschaft seiner Frau überdrüssig. So wurde der Wohnsitz nach London verlegt. Aber Isabel war mit diesem Wechsel nicht einverstanden. Auf die Gesellschaft ihrer Künstlerfreunde mochte sie nicht verzichten, und sie verbrachte viel Zeit in Paris, wo sie dann in Hotels wohnte. Albertos Beziehung zu Isabel ging genauso unentschlossen weiter wie die Arbeit an seinen Skulpturen. Diese Beziehung und seine Arbeit waren für ihn nun die Hauptsachen. Mit verbissener Beharrlichkeit modellierte er weiter an den Köpfen und Figürchen, wobei er fast alles wieder zerstörte. Beziehungen zu anderen Frauen gab er nicht auf, aber keine hielt dem Vergleich mit Isabel stand, und er gab ihr das deutlich zu verstehen.

Es war damals eine bedrohliche Zeit, und es geschahen Dinge in der Welt, weit aufregender als Albertos Skrupel in bezug auf Isabel und seine Arbeit. Am 29. September 1938 trafen sich die Vertreter Englands und Frankreichs mit dem Führer in München. Sie gaben den Forderungen Hitlers nach, einen Teil der Tschechoslowakei zu besetzen. Von da an war Krieg nur noch eine Frage der Zeit. Am 10. Oktober feierte Alberto seinen siebenunddreißigsten Geburtstag. Mehr als die Hälfte seines Lebens war bereits verstrichen. Eines der entscheidenden Ereignisse dieses Lebens sollte genau acht Tage später geschehen.

30

Es war wolkig und kalt an jenem Nachmittag. Isabel hielt sich gerade wieder einmal in Paris auf und wohnte in einem Hotel am rechten Seine-Ufer. Sie kam zu Alberto ins Atelier, um ihm Modell zu sitzen. Während sie sich ganz still verhielt, ging er auf und ab und beobachtete sie. Halb zu sich selbst sagte er: «Schau, wie gut man auf zwei Beinen gehen kann. Ist das nicht wunderbar? Ein vollkommenes Gleichgewicht.» Dabei verlagerte er sein Gewicht von einem Fuß auf den anderen, wendete sich ruckartig und bestaunte die Beweglichkeit des Körpers. Sein seelisches Gleichgewicht jedoch war alles andere als wunderbar und zuverlässig. Sein Blick ruhte auf Isabel, die sich dem Blick des Künstlers darbot, dem Wunsch des Mannes aber entzog und ihn einschüchterte. Noch immer wußte er nicht, wie er mit ihr stand. Fast drei Jahre dauerte ihre Beziehung schon, ohne daß sich daraus etwas ergeben hätte. Er liebte sie, doch Liebende waren sie nicht geworden. Gewiß war das in erster Linie seine eigene Schuld, da er sich nicht dazu bringen konnte, seine Wünsche offen zu äußern oder eine verpflichtende Bindung einzugehen.

Alberto und Isabel aßen gemeinsam zu Abend und schlenderten anschließend durch Saint-Germain-des-Prés. Dabei trafen sie Balthus mit seiner Frau und einige Freunde. Gegen Mitternacht brach Isabel zu ihrem Hotel auf. Alberto begleitete sie. Während sie nebeneinander herliefen, ging es Alberto durch den Sinn, wie demoralisierend die Unentschiedenheit ihrer Beziehung geworden war und daß er ein für allemal mit Isabel Schluß machen müßte. Seine Gefühle versuchte er mit dem Satz auszudrücken: «Ich verliere vollkommen den Halt.» *(«Je perds absolument pied.»)*

Um von Saint-Germain zur Rue Saint-Roch zu gelangen, wo sich Isabels Hotel befand, können die beiden nicht mehr als fünfzehn oder zwanzig Minuten gebraucht haben. Diese Zeit war offensichtlich zu kurz, als daß Alberto sich über seine Wünsche hätte klarwerden können. Am Hoteleingang war er unfähig, Isabel die Worte zu sagen, die ihm womöglich den Weg hinauf in ihr Zimmer geöffnet hätten. Doch ebensowenig brachte er es fertig, einen endgültigen Bruch herbeizuführen. Als er wieder durch die frostige Dunkelheit schritt, muß er seine ausweglose Lage wie ein körperliches Ungenügen empfunden haben.

An ihrem südlichen Ende stößt die Rue Saint-Roch auf die Rue de Rivoli. Indem Alberto sich unter den Arkaden nach links wandte, gelangte er zur Place des Pyramides. Dies ist ein kleiner, nach dem Tuilerie-Park offener Platz, in dessen Mitte sich über einem Sockel die lebensgroße Reiterstatue der Jeanne d'Arc erhebt. Den Fuß des Sockels umgibt eine ovale Verkehrsinsel, die kaum zwei Meter in der Breite mißt. Bis zu dieser Stelle war Alberto in jener Oktobernacht gekommen. Er stand auf dem schmalen Fußgängerabsatz direkt vor der Statue. Plötzlich kam ein Auto die Rue de Rivoli entlanggerast, kurvte auf ihn zu, geriet auf den knappen Bürgersteig und streifte ihn. Er stürzte, während der Wagen weiterjagte. Dann hörte man ein Krachen und Scheppern. Alberto, der auf dem Pflaster lag, fühlte sich ganz ruhig und betrachtete friedlich den Schauplatz. Der Wagen war zwischen die Arkaden hineingefahren und hatte ein Schaufenster zertrümmert, Albertos Blick fiel auf seinen rechten Fuß, der seltsam verbogen war, und auf seinen Schuh, der in einiger Entfernung lag. Er wußte nicht recht, was geschehen war, und empfand keinen Schmerz. Er merkte nur, daß etwas mit seinem Fuß nicht stimmte.

Leute kamen herbeigelaufen. Ein Polizeiwagen nahte mit heulender Sirene. Alberto holte sich seinen Schuh heran. Dann ergriff er seinen seltsam verbogenen Fuß und wollte ihn zurechtrücken. Das tat weh. Währenddessen wurde der Fahrer des Unglückswagens aus dem Wrack befreit. Es stellte sich heraus, daß eine Frau am Steuer gesessen hatte, eine Amerikanerin. Auf Alberto wirkte sie wie eine Halbverrückte. In Wirklichkeit war sie betrunken. Alberto wollte nach Hause gehen; aber die Polizei bestand darauf, ihn und die Fahrerin zur Notaufnahmestation des Bichat-Krankenhauses zu schaffen für den Fall, daß sie irgendwelche ernsten Verletzungen davongetragen hätten.

Sie wurden im Polizeiwagen mitgenommen. In rascher Fahrt ging es durch die nächtlichen Straßen. Allerdings fand die Polizei nicht gleich das Krankenhaus, und es dauerte länger als nötig, jedenfalls lange genug, daß Alberto einen lebhaften, wenn auch befremdenden Eindruck von der Frau gewinnen konnte, deren außer Kontrolle geratenes Fahrzeug ihn verletzt hatte. Sie bat ihn um eine Zigarette, und die Bitte kann keine Zumutung gewesen sein, zumal Alberto ständig rauchte und immer Zigaretten bei sich hatte. In diesem Fall aber empfand er den Wunsch als unschicklich und erfüllte ihn nicht, meinte sogar aus diesem Verhalten schließen zu können, daß die Frau eine Prostituierte sein müsse, wodurch er zugleich wie in einer aufwallenden Sympathie zu ihr hingezogen wurde. Es war ein bizarrer Moment voll von unwägbaren Gefühlen und Bedeutungen.

Als sie im Krankenhaus ankamen, stellte sich heraus, daß die Frau, eine gewisse Nelson aus Chicago, unverletzt, aber betrunken war und keiner medizinischen Hilfe bedurfte. Dagegen ließ sich bei Alberto eine ernsthafte Verletzung nicht ausschließen. Nur durch eine Röntgenaufnahme konnte festgestellt werden, ob eine Zerrung vorlag oder etwas gebrochen war. Nachdem der Fuß fest verbunden war, wurde Alberto in ein Krankenzimmer im zweiten Stock gebracht. Er fand keinen Schlaf, und gegen vier oder fünf Uhr morgens litt er unter heftigen Schmerzen. Als der Tag anbrach, bemerkte er, daß er in einem Raum mit etwa zwanzig anderen Männern lag. Er fühlte sich an seine Blinddarmoperation erinnert, und es erfüllte ihn eine merkwürdige Zufriedenheit, wieder in einem Krankenhaus zu sein, obwohl er über seinen Fuß beunruhigt war. Um Diego eine Nachricht zukommen zu lassen, überredete er eine Schwester, Jean-Michel Frank anzurufen und ihm von dem Unfall zu berichten. Später am Vormittag wurden Röntgenaufnahmen gemacht.

Am frühen Nachmittag erschien Diego mit Adolphe Chanaux, einem Kollegen von Frank. Hatte auch Alberto an dem Hospital nichts auszusetzen, so machte es auf seine Besucher keinen guten Eindruck, und sie drängten den Patienten, sich umgehend in eine Privatklinik verlegen zu lassen, wo er die bestmögliche Behandlung erhalten würde. Frank, der anscheinend auf allen Gebieten wußte, wo die höchste Qualität geboten wurde, ordnete alles an. Bereits am folgenden Morgen wurde Alberto vom Bichat-Krankenhaus zur Rémy-de-Gormont-Klinik gebracht, deren Leiter, Dr. Raymond Leibovici, einer der hervorragendsten Chirurgen von Paris war.

Albertos rechter Mittelfuß war an zwei Stellen gebrochen, aber die Knochenverschiebung war nicht so gravierend, daß ein chirurgischer Eingriff notwendig geworden wäre. Der Arzt entschied, daß ein Gipsverband völlig ausreichen würde, um eine Heilung der Bruchstellen in der normalen Lage des Knochens herbeizuführen, und er erklärte, daß die Verletzung in spätestens zwölf Wochen völlig verheilt sein würde. Die gebrochenen Knochenteile wurden ohne weitere Komplikationen gerichtet und der Gips angelegt. Am nächsten Tag fühlte sich Alberto wohl und ausgeruht, er aß mit gutem Appetit, es gefiel ihm ausnehmend gut in der Klinik bei den hübschen Schwestern. Anscheinend gab es keinerlei Grund zur Sorge; nur wegen seiner Mutter machte sich Alberto Gedanken. Er war stets bemüht, ihr unangenehme Nachrichten zu ersparen, und so dachte er auch jetzt als erstes daran, wie er sie beruhigen könnte. Vielleicht aber hatte er selber die Beruhigung nötiger als sie. Annetta war viel vernünftiger als ihr zu allen möglichen Einbildungen neigender Sohn.

Isabel besuchte ihn in der Klinik, sobald sie von Albertos Unfall gehört hatte und wußte, wo er war. Ob sie das Thema wieder aufgriffen, das sie kurz vor dem Unfall beschäftigt hatte, ist nicht bekannt. Wenn ja, dann zeigte Alberto gewiß mehr Wagemut. Jetzt quälte ihn nicht mehr die Unentschiedenheit ihrer Beziehung. Das Ausweichende und Bedrohliche, das von Isabel ausging, schien seine beunruhigende Macht verloren zu haben. Den Wandel hatte die Fußverletzung bewirkt.

Isabel ließ keinen Tag ohne Besuch in der Klinik vergehen. Sie brachte Alberto eine Übersetzung von Defoes *Moll Flanders* mit und erzählte ihm die Neuigkeiten von Montparnasse: was Tzara zu wem gesagt und was jemand anders darauf geantwortet hatte, was Gruber von Balthus' neuestem Bild hielt und solcherlei Tratsch. Sie hatten den früheren vergnügten Ton wiedergefunden und konnten stundenlang miteinander lachen. So viel Spaß in einer

Klinik war ungewöhnlich. Auch die Schwestern waren von der Fähigkeit des Patienten beeindruckt, sein Mißgeschick mit fröhlicher Unbekümmertheit zu ertragen. Er war bemüht, das, was geschehen war, von der besten Seite zu nehmen, und mit Nachdruck behauptete er, er fühle sich besser als vor dem Unfall. Allerdings vermochte er nicht zu sagen, warum.

Wenn er nicht las, mit Isabel scherzte oder andere Besucher empfing, machte sich Alberto wieder ans Zeichnen. Papier und Bleistift hatte Diego ihm mitgebracht. Das Interessanteste, was der Künstler in der Klinik zu zeichnen fand, war ein kleiner Wagen für Medizinflaschen und Utensilien, den die Schwestern von einem Krankenzimmer zum nächsten rollten. Dieses sonderbare und geheimnisvolle Fahrzeug war seiner Form nach mit einem Streitwagen verwandt. Es hatte hinten zwei große Räder auf einer festen Achse und vorne zwei kleine seitlich bewegliche Rollen. Wenn das Wägelchen von einer der in Weiß gekleideten Frauen vorbeigestoßen wurde, hörte man die klappernden und klirrenden Geräusche der Flaschen und Gläser auf ihren metallenen Gestellen. Von diesem Gefährt mit den eigentümlichen Rädern entstanden eine Reihe von Zeichnungen. Leider ist keine davon erhalten geblieben.

Als die Schwellung an Albertos Fuß nachließ, wurde der erste Gips abgenommen und durch einen neuen, schwereren ersetzt. Er sollte für mehrere Wochen am Bein bleiben, bis die Knochen zusammengewachsen waren. Dr. Leibovici kündete seinem Patienten an, daß er binnen kurzem nach Hause zurückkehren könnte und keinerlei Dauerschäden zu befürchten hätte.

Indessen hatte das Erlebnis Nachwirkungen, die sich nicht auf psychologische Mutmaßungen, ästhetische Erfahrungen oder vergnügliche Stunden mit Isabel beschränkten. Auch ganz praktische Überlegungen drängten sich auf. Es war zwar schön und gut, wenn Alberto in dem Unfall auch positive Folgen entdeckte, aber wie sollten die Kosten bezahlt werden, die durch die Behandlung entstanden waren? Nach der Rechtslage war Alberto für den Unfall nicht verantwortlich, und es schien logisch, daß er sich um eine finanzielle Entschädigung bemühte. Da er von der Fahrerin des Unglückswagens nichts mehr gehört hatte, nahm er als Rechtsbeistand den bekannten Anwalt Gaston Bergery. Dessen Nachforschungen ergaben, daß die Frau aus Chicago zwar keine Prostituierte war, wie Alberto vermutet hatte, aber auch keine Dame, denn sie hatte Paris am Tag nach dem Unfall sang- und klanglos verlassen. Briefe mit Schadenersatzforderungen wurden ihr nachgeschickt, doch es kam keine Antwort, geschweige denn eine Entschädigung. Ferner stellte sich heraus, daß das Auto bei einem Pariser Garagenbetrieb gemietet gewesen war, der seine Versicherungen nicht bezahlt hatte. Er meldete kurz nach dem Unfall Bankrott an und gab das Geschäft auf. Gaston Bergery war ein tüchtiger Anwalt, aber auch er konnte nichts ausrichten, wo niemand da war, den man rechtlich hätte belangen können. Trotz aller Bemühungen erhielt Alberto nie eine Wiedergutmachung für die erlittene Verletzung, soll heißen – keine finanzielle. Soweit der Schaden auch eine segensreiche Wirkung hatte, mußte ihm dies Entschädigung genug sein.

Eine Woche nach der Einlieferung in die Klinik wurde Alberto entlassen. Auf Krücken kehrte er in die Rue Hippolyte-Maindron zurück. Obwohl er die Zukunft nicht voraussahen konnte, vermutete er doch zu Recht, daß sein Leben eine entscheidende Wendung genommen hatte; denn die Art, wie er durch das Leben gehen sollte, hatte sich für immer verändert.

31

Mit Krücken zu gehen, machte ihm Spaß. Es war, als ob man drei Beine hätte statt zwei. Alberto genoß es, sich auf dem Bürgersteig entlangzuschwingen, wobei er seine Schrittlänge weiter ausdehnte, als dies ohne Gehhilfe möglich gewesen wäre. Er experimentierte mit einem neuen Gleichgewichtsgefühl und erlebte einen veränderten Aspekt seiner Situation im Raum. Nach einem Monat wurde der Gips abgenommen. Zu seiner Freude fand Dr. Leibovici seine Voraussage bestätigt. Die Knochen waren perfekt zusammengewachsen. Wenn auch eine gewisse Steifheit und eine Schwellung zurückgeblieben waren, so war damit zu rechnen, daß diese nach einigen Wochen verschwinden würden. Zur völligen Genesung wurden Giacometti Heilmassagen und Muskeltraining verordnet. Vorerst sollte er die Krücken noch gebrauchen; wie lange, hing davon ab, wie regelmäßig und gewissenhaft er sich der Nachbehandlung unterzog. Dr. Leibovici entließ seinen Patienten in der Überzeugung, den Fall erfolgreich abgeschlossen zu haben. Jedenfalls sollte ihm Giacometti während der nächsten fünfundzwanzig Jahre nicht mehr begegnen.

Der Herbst verging, der Winter setzte ein, das Jahr näherte sich seinem Ende. Das neue Jahr, 1939, begann. Alberto ging noch immer an Krücken. Da er seine Gesundheit nie schonte, schob er die notwendige Behandlung immer wieder vor sich her. Die Verzögerung der Heilung mag aber auch darauf zurückzuführen sein, daß Alberto aus irgendeinem tieferliegenden Grund Freude am Benutzen der Krücken hatte. Jedenfalls standen Arbeiten an, und die Gehbehinderung war für Giacometti kein Grund, die Arbeit einzustellen.

Es scheint, als ob damals sein Drang, etwas auf dem Gebiet der Bildhauerei zu erreichen, mächtiger geworden war denn je. Die Fußverletzung machte sich als Wohltat nicht nur für sein Gefühlsleben bemerkbar, sondern auch für seine schöpferische Tätigkeit. Vielleicht meinte er, durch Beibehaltung der Krücken die erfreuliche Wirkung verlängern zu können. Die Krücken hatten etwas mit dem Sinn seiner Arbeit zu tun. Sie waren bedeutungsvoll, weil die Arbeit das Wichtigste für Giacometti war.

Er hatte versucht, in seiner Kunst einen neuen Anfang zu finden, indem er arbeitete, als ob es Kunst noch nie gegeben hätte. Drei Jahre lang hatte er an einer Reihe von Köpfen gearbeitet und darum gerungen, wenigstens einen so zu formen, daß er das lebenswahre Gegenstück zu dem wurde, was Giacometti sah. Keine dieser Plastiken erfüllte den Anspruch. Das Ergebnis der Mühen waren jene Figürchen, die zu winzigen Maßen zusammenschrumpften, während er an ihnen arbeitete; es war, als müsse er mit den Elementarteilchen des Sichtbaren beginnen, um der Realität auf der Spur zu bleiben. Es war ein absolut persönliches Abenteuer, weil für einen Künstler das Entscheidende nicht die Beschaffenheit der Welt ist, sondern die Art, wie er auf sie reagiert. Schauen ist eine Suche nach Bedeutung.

Giacomettis Verletzung hatte es klarer als zuvor werden lassen – wenn das überhaupt noch möglich war –, daß ihm Erfüllung nur durch sein Werk zuteil werden konnte. Kein Wunder, daß er ein gesteigertes Bedürfnis empfand, etwas auf dem Gebiet der Bildhauerei zu leisten. Der Drang war heftig, aber das Gelingen brauchte seine Zeit. Da er gelernt hatte, mit der Möglichkeit des Fehlschlags zu leben, mußte er die Zukunft nicht fürchten. Er sah voraus, daß der Weg hart, lang und einsam sein würde, aber er bestimmte ihn selbst. So blieb er weiter mit den kleinen Figürchen beschäftigt, die ihn immer wieder an die Grenze zwischen dem Sein und dem Nichts brachten. Genau an dieser Grenze zwang ihn sein Schauen, den Beweis zu erbringen, daß die Möglichkeiten der Skulptur noch nicht erschöpft waren.

Eines Abends weilte Giacometti zu vorgerückter Stunde im Café de Flore. Die meisten Gäste waren bereits gegangen, aber am Nachbartisch saß ein Mann allein. Auf einmal lehnte er sich zu Alberto hinüber und sagte: «Verzeihen Sie bitte, aber ich habe Sie hier oft gesehen, und ich denke, wir müßten uns verstehen. Ich habe kein Geld bei mir; würde es Ihnen etwas ausmachen, mir mein Getränk zu bezahlen?» Auf solch eine Bitte konnte Giacometti einfach nicht ablehnend reagieren. Sofort bezahlte er das Getränk des Unbekannten. Die erste Unterhaltung kam in Gang, und allem Anschein nach verstanden sich die beiden Männer tatsächlich. Fünfundzwanzig Jahre später durfte man daran erinnern, mit welch optimistischer Vermutung ihre Freundschaft ursprünglich begann. Der sie ausgesprochen hatte, war Jean-Paul Sartre.

Gewiß hatten sie beide voneinander gehört. Es konnte nicht ausbleiben, daß sich der Bildhauer und der Schriftsteller früher oder später begegneten. Genauso unvermeidlich war es, daß sie sich füreinander interessierten.

Sartre war vier Jahre jünger als Giacometti, klein und untersetzt, unansehnlich, um nicht zu sagen häßlich. Er trug starke Brillengläser, und sein nahezu blindes rechtes Auge erweckte den unglücklichen Eindruck, Sartre könne seinem Gesprächspartner nicht gerade ins Gesicht sehen. Er war in bürgerlich wohlhabenden Verhältnissen aufgewachsen, fing schon früh zu schreiben an und absolvierte glänzend seine Philosophiestudien an der Sorbonne. Im Frühling seines letzten Studienjahres begegnete er einer jungen Frau, die ebenfalls Philosophie belegt hatte, auch sie ein Mensch mit ungewöhnlichen intellektuellen Fähigkeiten und wie Sartre von bürgerlicher Herkunft. Sie war eine große, hübsche Person, die mit solchem Fleiß ihrer Arbeit nachging, daß sie bereits damals den Spitznamen trug, der ihr auch später im Leben anhaften sollte – der Biber. In Wirklichkeit hieß sie Simone de Beauvoir. Das Verhältnis der beiden zueinander war von Anfang an von gegenseitigem Verstehen geprägt. Anscheinend waren sie in allem der gleichen Meinung, auch was die Ehe betraf, die sie verachteten. Sie verwarfen alle bürgerlichen Maßstäbe und Konventionen und waren überzeugt, Gut und Böse, Recht und Unrecht, Wahrheit und Lüge unterscheiden zu können. Obwohl sie alle Entscheidungen unter das Gebot der Vernunft stellten, wußten Sartre und der Biber das Leben zu genießen. Sie machten sich viele Freunde, mit denen sie gerne die Cafés am Montparnasse und in Saint-Germain-des-Prés besuchten und bis tief in die Nacht Gespräche führten. Sie hatten genug Humor, um gelegentlich über sich selbst zu lachen, wobei deutlich wurde, daß ihre ungewöhnliche Erkenntnisfähigkeit tatsächlich objektiv war und daß keiner von beiden ohne Bezugnahme auf den andern ganz verstanden werden konnte; zum Beispiel nannte Sartre den Biber «eine Uhr in einem Eisschrank»; umgekehrt behauptete der Biber: «Sartre verkehrt nur mit Leuten, die mit Sartre verkehren.»

Von denen, die mit Sartre verkehrten, nur weil er mit ihnen Umgang pflegte, war Giacometti der willkommenste. Wie jeder, der ihm begegnete, erkannte Sartre sofort, daß der Bildhauer mit dem struppigen Haarschopf eine ungewöhnliche Persönlichkeit war. Sein Metier als Philosoph befähigte ihn auch dazu, einen erstklassigen Denker als solchen zu erkennen, und er begriff auch den Zusammenhang, daß die Weltsicht eines Mannes der Sehweise eines anderen zugute kommen kann. Giacomettis Intellekt war nicht für schematische Denksysteme gemacht. Er war ein Meister absonderlicher Eingebungen, unvorhersehbarer Blickpunktwechsel, logischer Widersprüche und spekulativer Gedankensprünge. Die Unterhaltung mit ihm war darum so ungewöhnlich und faszinierend, weil er mit derselben Leidenschaft, die ihn bei seiner Arbeit antrieb, auch im Gespräch jedes Thema so behandelte, als sei es noch nie angegangen worden. Noch ungewöhnlicher als Giacomettis Gespräche wirkte vielleicht die Art seines Schweigens. Er konnte Leuten mit so vollständiger Vertiefung zuhören, daß sie sich in dem, was sie sagten, selbst besser verstanden. Sartre war beeindruckt, besonders von Giacomettis kompromißloser Hingabe an die empirische Suche nach dem Absoluten, die, wiewohl zum Fehlschlag verurteilt, darum erst recht anzustreben ist. Dies war genau die Einstellung, mit der Sartre an sein eigenes Leben heranging. Es war auch die Lebensanschauung, die er bei seiner Gefährtin voraussetzte und die er von jedem verlangte, der mit ihm Umgang hatte. Er war unteilbar in seinem Wesen.

So bahnte sich die Freundschaft zwischen dem Bildhauer und dem Philosophen mit einem vielversprechenden Auftakt an. Das Feuerwerk ihrer Gespräche wurde von gemeinsamen Bekannten ehrfürchtig bestaunt. Giacometti hatte einen gewissen Einfluß auf Sartres Gedankenwelt. Es war ein abstrakter Einfluß, weil Sartre nur abstrakten Gedanken zutraute, ihn sicher durch die trügerische Welt des Scheins zu geleiten. Giacometti jedoch neigte nicht zu abstrakten Gedanken. Sowohl in seiner Arbeit als auch in seinem Leben packte er das Rohmaterial so direkt wie möglich an. Außerdem glaubte er nicht, daß Bildhauerei irgendeinen Menschen – auch nicht den Künstler – vor sich selbst retten könnte, während Sartre davon überzeugt war, daß Worte eben dies vermöchten, sollten und täten.

Giacomettis neue Freunde waren von seinen Arbeiten verwirrt. Sie wußten nicht, was sie von den winzigen Köpfen und Figürchen halten sollten, doch waren sie lernbereit, und die Lektionen erwiesen sich im Falle Sartres als wesentlich. Obwohl Giacometti nur allmählich den Weg zu überschauen begann, den er eingeschlagen hatte, wußte er doch, was er tat, und konnte das auch begreiflich machen. Sartre hörte ihm zu. Was er vernahm, schien für den Philosophen phänomenologische Bedeutung zu haben. Nicht lange danach entstand Sartres Hauptwerk *L'Etre et le Néant* (Das Sein und das Nichts).

Zur Zeit der Begegnung mit Sartre hatte Giacometti wohl die Krücken beiseite gelegt. Statt ihrer benutzte er inzwischen einen Stock. Er hinkte merklich, und gewiß sprach er oft über seinen Unfall, wie es seine lebenslange Gewohnheit war, über private Dinge zu reden. Jeder, der einigermaßen gut mit ihm bekannt wurde, muß von Giacometti gehört haben, daß er einst am Sterbebett eines alten Mannes in den oberitalienischen Bergen gesessen hatte, wie auch, daß sein Fuß bei einem Unfall an der Place des Pyramides schwer verletzt worden war, weil eine Frau nachts mit ihrem Wagen auf den Gehsteig geraten war. Es dauerte nicht lange, bis Giacometti seinen Freunden zu erzählen begann, wie froh er die Erkenntnis aufgenommen habe, für immer hinken zu müssen.

Im März dieses Jahres fielen die Nazis in der Tschechoslowakei ein. Mussolini griff Albanien an. Die Schweiz, sorgsam auf die Erhaltung ihrer Neutralität bedacht, sah den Moment gekommen, sich auf ihre überlieferten Werte zu besinnen. Während des Sommers 1939 fand in Zürich eine Landesausstellung statt. Als junger, vielversprechender Architekt, der schon Beachtung gefunden hatte, wurde Bruno Giacometti zur Mitarbeit ausgewählt, um einen Pavillon für die Ausstellung schweizerischer Textilien zu entwerfen. Die an den Ausstellungsvorbereitungen beteiligten Architekten waren nicht nur für die Gestaltung der verschiedenen Gebäude zuständig, sondern wurden aufgefordert, Kunstwerke auszuwählen, die in den Pavillons und außerhalb gezeigt werden sollten. Bruno sah darin eine Gelegenheit, die Karriere seines Bruders ein wenig zu fördern. Von Zürich aus betrachtet, kann diese Karriere nicht besonders erfolgreich gewirkt haben. Bruno schlug vor, Alberto einzuladen, im Atrium des Pavillons eine Plastik aufzustellen. Die Kollegen waren einverstanden, und Alberto sagte zu.

Lange vor der Eröffnung traf der Bildhauer in Zürich ein. Er wurde von einem Mann empfangen, der mit der Aufstellung der Ausstellungsstücke betraut war und ihm sagte, daß ein Lastwagen bereitstünde, um seine Plastik von der Bahn abzuholen. «Das ist nicht nötig», sagte Giacometti, «ich habe sie bei mir.» Dabei zog er aus seiner Tasche etwas wie eine große Streichholzschachtel und entnahm ihr eine winzige Gipsfigur, kaum höher als fünf Zentimeter. Die Architekten, Bruno inbegriffen, zeigten sich befremdet. Sie fanden, eine so kleine Plastik auf einem großen Sockel im Mittelpunkt eines weiten Hofes gebe für den Blick nichts her. Sie sei praktisch unsichtbar. Da es dem Bildhauer aber genau um das Wesen der Sichtbarkeit ging, empfand Alberto die Reaktion als Affront. Bruno versuchte seinen Bruder zur Einsicht zu bringen, bekam aber nicht nur Vorwürfe wegen seines fehlenden Verständnisses zu hören, sondern auch wegen seines betrüblichen Mangels an Zutrauen.

Alberto bestand darauf, die Figur auf dem Sockel auszustellen. Die Architekten lehnten das entschieden ab. Einer machte die taktlose Bemerkung, es käme einer Beleidigung der anderen als Aussteller eingeladenen Künstler gleich, wenn Albertos Figürchen stehen bliebe. Der Bildhauer wurde wütend. Er neigte zum Jähzorn. Wenn er erregt war, was oft geschah, lief er im Gesicht rot an, brüllte, stampfte mit den Füßen, fuchtelte mit den Armen und hämmerte mit der Faust auf den Tisch, wenn einer in Reichweite war. Er konnte sich sehr drastisch ausdrücken. Immerhin war es ein Vorzug seiner Wutausbrüche, daß sie gewöhnlich nicht lange anhielten und keinen nachträglichen Groll hinterließen; auch hat Alberto sie oft genug bereut. Diesmal allerdings mag einige Bitterkeit zurückgeblieben sein. Die Architekten setzten sich durch. Obwohl Giacometti sonst keine Kompromisse in Sachen Kunst kannte, ließ er sich hier auf eine unbefriedigende Lösung ein, wohl um Bruno weitere Peinlichkeiten zu ersparen. Der Bronzeguß einer abstrakten Plastik von 1934 wurde nach Zürich geschafft und auf dem Sockel aufgestellt.

Offizielle Kreise in der Schweiz mögen gegen Giacomettis Kunstwerke mit Blindheit geschlagen gewesen sein, in Paris aber gab es Leute, die sehr wohl erkannten, worum es dem Künstler ging. Den wachesten Blick hatte Picasso. Als ein Bildhauer, dessen Werke noch entscheidenden Einfluß auf die Skulptur im 20. Jahrhundert haben sollten, erkannte er, daß Giacometti danach strebte, Plastiken zu erfinden und zu realisieren, die einen absolut neuen Gehalt hatten. In ihren Ambitionen waren die beiden Künstler grundverschieden, ganz zu schweigen von den Unterschieden ihrer Charaktere. Darin waren sie fast Gegensätze, doch glichen sie sich in ihrer Selbstkritik, in ihrer Vertrautheit mit Fehlschlägen, in ihrer Angst vor schöpferischem Stillstand, die alle Künstler verfolgt. Giacometti war einer unter den wenigen, die sich von Picasso nicht übermäßig beeindrucken ließen; denn seinem Respekt anderen gegenüber lag auch die Vorstellung zugrunde, niemand könne wegen irgendwelcher Leistungen eine besondere Beachtung beanspruchen. Picasso dagegen war sowohl in seiner Kunst wie in seinem Leben von proteushafter Wandlungsfähigkeit und schlüpfte für verschiedene Leute in entsprechende Rollen. Zu Giacometti verhielt er sich fast wie ein Sohn, obwohl er dem Alter nach sein Vater hätte sein können. Gemeinsame Bekannte beobachteten, daß Picasso den Bildhauer wie seinesgleichen behandelte, allem Bedeutung beimaß, was er sagte, und etwas auf dessen Urteil gab. Picasso war stets rasch bei der Hand, wenn es darum ging, die Erfindungen anderer aufzugreifen. So übernahm er auch viele von Giacomettis glänzenden Beobachtungen und gab sie wieder, als ob sie ihm eingefallen wären. Mit keinem anderen Künstler – ausgenommen Matisse – sprach Picasso so gern über Kunst, willig, seine eigenen Absichten zu erklären und auf die seiner Kollegen einzugehen. Mehr noch, er bat Giacometti, die Plastiken kritisch zu beurteilen, an denen er gerade arbeitete, und beherzigte manchmal seinen Rat, indem er Änderungen an seinen Werken vornahm. Giacometti konnte seine ästhetischen Überzeugungen mit einer von persönlichen Gefühlen unbeeinflußten Bestimmtheit ausdrücken, weil er von sich aus auf die Mängel seiner eigenen Arbeiten hinwies und es dem Gesprächspartner nahelegte, eine ganz andere Auffassung zu vertreten.

So bescheiden und zartfühlend war Picasso nicht. Er ließ sich Giacomettis Kritik gefallen, empfand es aber im stillen als kränkend, daß er auf sie eingegangen war. Er folgte der koboldhaften Seite seiner Natur, die immer die Oberhand gewann, und machte sich hinter Giacomettis Rücken über den Bildhauer lustig. Obwohl er sehr wohl verstand, warum die winzigen Figürchen, die sein Freund manchmal in großen Streichholzschachteln mit sich herumtrug, eine bedeutsame Neuerung in der Geschichte der Skulptur waren, konnte er die boshafte Bemerkung nicht unterlassen, ihre Bedeutung möchte sich am Ende ebenso minimal erweisen wie ihre Größe. Ein andermal sagte er: «Alberto möchte, daß wir die Werke beklagen, die er nicht geschaffen hat.»

Falls Giacometti solche sarkastischen Äußerungen zugetragen worden wären, hätte er sie ohne Unmut als gar nicht so abwegig hingenommen. Aber Picassos Neigung zu Späßen kam auch in Formen zum Ausdruck, die Giacometti nicht mit Nachsicht betrachtete. Er war zum Beispiel äußerst kritisch gegenüber dem Benehmen des Malers als Vater, das er als skandalös empfand.

Picassos ältester Sohn, Paulo, bereitete Schwierigkeiten, vor allem wohl, weil der Vater sich nicht damit abfinden konnte, daß er einen so gewöhnlichen Sohn gezeugt hatte. Sein Paulo sollte nicht nur dem Namen nach ein Picasso sein, sondern auch in seiner Wirkung auf die Mitwelt. Das konnte nicht gutgehen. Einmal nahm der Vater Paulo bei der Hand, führte ihn stundenlang die Champs-Elysées auf und ab und bettelte dabei die Passanten um Geld an. Mit dieser spektakulären Geste führte Picasso in für ihn typischer Weise vor, welch künstliche Rolle die materialistische Gesellschaft dem Genie zuweist. Besonders provokativ wirkt die Demonstration, wenn man sich daran erinnert, daß Picasso der reichste Künstler aller Zeiten war. Paulo aber, der daran gewöhnt war, allein zu Hause im Luxus zu leben, und dort ungestört bleiben wollte, um mit seinen Spielzeugautos zu spielen, empfand das Erlebnis ganz anders. Der ältere Picasso hielt nichts davon, seinen Sprößling zu verwöhnen. Paulo erhielt wenig Taschengeld, ging sehr bescheiden gekleidet und hatte später mit der Polizei zu tun. Sein Vater half ihm aus der Patsche. Giacometti meinte dazu, nicht der Sohn, sondern der Vater hätte das Gefängnis verdient. Aber der Junge wurde in der Nähe von Genf in eine Anstalt gesteckt, wo man reiche Leute, die mit dem Gesetz in Konflikt zu geraten drohen, vor weiteren Fehltritten bewahrte. Giacometti war darüber empört.

Wahrscheinlich hat Picasso diese Mißbilligung gespürt; denn er war erstaunlich einfühlsam. Giacometti konnte seine Meinung kaum verbergen. Obgleich Picasso Kritik an seiner Lebensweise immer übelnahm, gab es einige wenige Leute, deren Freundschaft er so hoch schätzte, daß er bereit war, Ausnahmen zu machen. Giacometti war einer von ihnen, Paul Eluard ein anderer. Als Zeichen seiner Zuneigung und Wertschätzung schenkte Picasso dem Bildhauer eine große Zeichnung. Zu dergleichen Geschenken ließ er sich nicht unbedacht hinreißen. Er wäre aber nicht Picasso gewesen, wenn nicht wieder sein seltsam kapriziöses Verhalten die Oberhand gewonnen hätte. Auch war er genial genug, dafür die pikanteste Gelegenheit aufzuspüren.

Alberto und Isabel besuchten oft die Brasserie Lipp in Saint-Germain-des-Prés. Auch Picasso und Dora Maar waren dort Stammgäste. Picasso machte es sich zur Gewohnheit, Isabel intensiv anzustarren. Er war bekannt als Bewunderer schöner Frauen, und es war ganz offensichtlich, daß sein Blick als Provokation wirken sollte. Wie um dies zu bekräftigen, blieb er einmal an ihrem Tisch stehen und sagte: «Ich wüßte, wie man es bei ihr machen muß.» Dieser Hinweis auf seine Fähigkeiten und seine Geübtheit bezog sich vermutlich nur auf ein Porträt von Isabel. Aber Albertos Bereitschaft, über seine Schwierigkeiten als Künstler und als Liebhaber zu sprechen, stand in deutlichem Gegensatz zu Picassos Unkompliziertheit auf beiden Gebieten. Die Neckerei des Spaniers war kein bloßes Gerede. Er fertigte mehrere Porträts von Isabel an. Sie entstanden alle aus dem Gedächtnis. Picassos visuelles Erinnerungsvermögen war so präzise, daß er ohne die Gegenwart eines Modells dessen Züge so genau wiedergeben konnte, daß sie die Ähnlichkeit einer Fotografie übertrafen. In diesem Falle allerdings wurden die Gesichtszüge des Modells vehement in dem für Picassos Guernica-Periode typischen Stil verzerrt. Isabel ist nicht erkennbar; nur ihre schräg geschnittenen Augen wurden als Hinweis auf ihr wirkliches Aussehen beibehalten. Trotz seiner Behauptung, daß er wisse, wie er es bei ihr machen müsse, hatte der Künstler nicht die sichtbare Isabel porträtiert. Statt dessen gestaltete er eine Reihe von wilden Darstellungen von der Frau als einem schrecklichen Raubtier. Man konnte ihn oft sagen hören: «Frauen fressen dich auf!» Was er aus Isabel machte, zeigt, daß sie in seinen Augen dazu fähig war.

Giacometti seinerseits hatte mehrere Jahre hindurch einprägsame Bilder von sexueller Grausamkeit und erotischen Ängsten geschaffen, hatte Phantomen sinnlich-fleischlicher Verstümmelung Ausdruck verliehen, hatte Texte veröffentlicht, in denen er seine ambivalenten Gefühle gegenüber Gefühlsbindungen darstellte. In der Zwischenzeit schien eine Sublimierung solcher Empfindungen stattgefunden zu haben. Sie mag mit der Entwicklung der winzigen Figürchen einhergegangen sein, die die Phase seiner bedeutendsten Leistungen einleitete. Das Verhältnis zu Isabel blieb jedoch weiterhin offen. Am Vorabend des Konflikts, der bald die ganze Welt in einen Abgrund reißen sollte, war sein Lebenskreis einer klärenden Ordnung so fern wie je.

32

Im August 1939 reiste Alberto von Paris nach Maloja zu seiner Mutter. Bei der Ankunft fühlte er sich erschöpft. Zuviel sei seit dem vorausgegangenen Herbst geschehen. Sein Leben war in eine kritische Phase getreten. Jeder neue Schritt war Beweis dafür, und er empfand, die Zeit sei zu kurz gewesen, um die Bedeutung des Wechsels ganz zu erfassen. Vorerst sehnte er sich vor allem nach Ruhe. Als er in Maloja eintraf, war er entschlossen, mindestens einen Monat lang kein Bild und keine Plastik mehr anzusehen. Zwei Tage später jedoch machte er sich auf zu einer Reise durch Norditalien, nach Venedig.

Vielleicht ging dieser plötzliche Sinneswandel zum Teil auf das Drängen Diegos zurück, der gleichfalls in Maloja war; möglicherweise kam der Anstoß zur Reise auch von Giacomettis Schwager Berthoud, der ein Auto besaß und den Chauffeur spielen wollte. Alberto und Diego haben nie fahren gelernt. Nicht das Umstoßen seines ursprünglichen Plans erweckt indessen unsere Aufmerksamkeit, als vielmehr der Reiseweg. Venedig nimmt einen besonderen

Platz in der Geographie des menschlichen Geistes ein. Diese Stadt ist ein Ort, wo der Tod und das Vergehen der Zeit unverdrängbar gegenwärtig sind, wo sich jedoch die Macht der Kunst, Tod und Vergänglichkeit zu überwinden, wie nirgends sonst offenbart. Venedig war die erste fremde Stadt, die Giacometti besucht hat, und die einzige, in die er immer wieder zurückkehrte. Aus ihr muß etwas gesprochen haben, das für den erschöpften Künstler von lebenswichtiger Bedeutung war, damals in den letzten Tagen vor der weltweiten Katastrophe.

Nach einer Woche waren die Fahrtgenossen wieder daheim in Maloja, wo sie die Tage am Schachbrett zubrachten und voll Unruhe den schlimmen Nachrichten entgegensahen. Die ließen nicht lange auf sich warten. Am 1. September griffen deutsche Truppen Polen an. Am folgenden Morgen um sechs Uhr begaben sich Alberto und Diego nach Chur zur Mobilmachung. Obwohl beide ihren Wohnsitz in Paris hatten, waren sie wehrpflichtig. An Diegos Diensttauglichkeit gab es keinen Zweifel, und er wurde sofort zu einem Transportbataillon kommandiert. Anders war es bei Alberto. Durch seinen lahmen Fuß war er behindert. Er hatte es nicht über sich gebracht, das notwendige Wiederherstellungstraining durchzuhalten, so daß für sein weiteres Leben ein leichtes Hinken zurückblieb. Sein rechter Fuß war über dem Spann verdickt und für immer mißgebildet. Alberto wurde von den Militärärzten für dienstuntauglich erklärt. Die Entscheidung kam nicht unerwartet, da der Kandidat bei der Musterung am Stock ging. Jedenfalls fühlte sich Alberto erleichtert, einer Situation entronnen zu sein, die er stets gefürchtet hatte. Damals war es keineswegs sicher, daß nicht auch schweizerische Soldaten kämpfen und sterben würden.

Alberto kehrte allein nach Maloja zurück und blieb eine Weile bei seiner Mutter. Er arbeitete beharrlich an den Köpfen und Kleinplastiken. Der Herbst rückte heran, von Ungewißheit und schlimmen Vorahnungen beschwert. Es regnete. Nebel verdüsterte die Berge und hing über dem Silser See. Alberto fühlte sich angegriffen. Er versuchte, das Rauchen einzuschränken. Es zog ihn zurück nach Paris; aber für die Reise benötigte man jetzt ein Visum, und womöglich würde es nur für eine beschränkte Zeit ausgestellt werden. Zudem wollte er in Paris nur sein, wenn er dort auch Isabel antraf. Die saß jedoch in London fest. Es wurde Mitte November, bis er die Fahrt nach Paris antrat.

Montparnasse und Saint-Germain-des-Prés waren noch an ihrem Platz. Die Menschen saßen in den Cafés und redeten in einem fort vom selben Thema. Es war jener Winter der *drôle de guerre*, und mancher ließ sich in dem Glauben wiegen, es würde gar nicht losgehen. Allerdings vermißte Giacometti viele vertraute Gesichter. Sartre war zu einer meteorologischen Beobachtungsstation bei Straßburg kommandiert worden. Auch Balthus tat eine Weile lang Dienst an der stillen Front, wo die Deutschen Schilder hochhielten mit den Worten «Nicht schießen. Wir schießen nicht, wenn ihr uns nichts tut!» Picasso hatte sich nach einem Ausweichwohnsitz in dem entlegenen Küstenstädtchen Royan begeben. Beckett war zwar noch in Paris, aber von Schwermut erfüllt. Isabel traf aus London ein. Auch angesichts der Männer, die sich um die Zukunft Sorgen machten, behielt sie ihre herausfordernde Fröhlichkeit. Jean-Michel Frank, dessen Geschäfte beim Herannahen des Krieges stark zurückgegangen waren und der sich keine Illusionen darüber machte, was die Nazis mit den Juden vorhatten, erwog, nach Amerika zu fliehen. Die Surrealisten eilten zur Verteidigung des Vaterlands, zogen die Uniform an und schulterten das Gewehr.

Giacometti setzte seine Arbeit fort, ohne daß er zu befriedigenden Ergebnissen kam. Gipsstaub und Abfälle sammelten sich in seiner Werkstatt. Die Zeit war nicht reif für Erfolge. Das Erleben von Fehlschlägen empfand er auch weiterhin als vielversprechend und belebend, doch machte es ihn auch einsam. Verschlimmert wurde diese Einsamkeit durch die Abwesenheit seines Bruders, doch sollte die Trennung nicht lange dauern. Als Schweizer mit langjährigem Wohnsitz in Frankreich durfte Diego die Rückkehr nach Paris beantragen. Die Genehmigung wurde erteilt, und rechtzeitig zu Weihnachten traf er in der französischen Hauptstadt ein.

Diego, der sich nie einer harten Aufgabe entzogen hatte, scheint die Gelegenheit willkommen geheißen zu haben, seine Wichtigkeit für andere beweisen zu können und sich damit selbst zu bestätigen – nicht nur für Alberto, sondern auch für Nelly. Als das Geschäft Jean-Michel Franks nicht mehr florierte, wußte Diego anderweitige Arbeitsaufträge zu besorgen. Er entwarf Parfümfläschchen und Mode-Accessoires. Mit seinen Händen war er immer geschickter geworden. Alberto drängte ihn dazu, seine Fertigkeit im Gipsabguß weiter auszubilden, zumal er selbst sich nie darum bemüht hatte, diesen komplizierten und mühsamen Teil der Bildhauerei zu beherrschen. Wenn er in Ton modellierte, wollte er möglichst schnell einen Gipsabguß von der Figur haben, weil die plastischen Feinheiten in diesem Material klarer hervortreten. Die winzigen Köpfe und Figürchen, die er direkt in Gips arbeitete, brauchten nicht gegossen zu werden, aber er griff ständig auch auf die andere Möglichkeit zurück, in Ton zu modellieren. Diego fand einen Fachmann, der bereit war, ihm das Verfahren beizubringen. Bald konnte er die zierlichsten Objekte fehlerfrei abgießen. Die schwierigsten Aufgaben waren ihm als Prüfstein seiner Fertigkeit gerade recht. Von Miró wurde er einmal gefragt, ob er auch einen Abguß eines Pflaumenkuchens machen könnte. Prompt führte er ihn aus. Die verfeinerte Geschicklichkeit erwies sich als nützlich für beide Brüder. Diego versicherte seiner Mutter, er sei «stolz darauf, daß ihm so viel Vertrauen geschenkt würde».

Auch Annetta muß stolz gewesen sein. Am stolzesten war wahrscheinlich Alberto, der den Wandel bewirkt hatte. Fünfzehn Jahre waren seit dem ersten

Eintreffen Diegos in Paris vergangen. Sie hatten die allmähliche Umkehrung der Rollen im Verhältnis der beiden Brüder zueinander mit sich gebracht, was mit zunehmendem Alter immer stärker hervortrat. Alberto hörte nie auf, an seinen jüngeren Bruder mit Sorge zu denken; während der Kriegsjahre sorgte er sich mehr denn je zuvor. Doch die Art seiner Besorgnisse wandelte sich in dem Maße, wie deutlich wurde, daß es gar keinen Anlaß für sie gab. Er fürchtete nicht mehr, daß sich Diego Schaden zufügen könnte; statt dessen grübelte er darüber nach, ob eine Gefahr für seinen Bruder nicht gerade von demjenigen ausgehen könne, der am meisten darum besorgt war, sie von ihm fernzuhalten. Jemand, der so wach wie Alberto für die ethischen Nuancen menschlichen Verhaltens war, mußte unweigerlich voraussehen, daß das, was für ihn selber ein Vorteil war, seinem Bruder dagegen zum Nachteil gereichen konnte.

Das Dilemma sollte sich als ebenso schmerzlich wie dauerhaft erweisen. An ihm zeigte sich die Größe der Hingabe, mit der sich die beiden Brüder füreinander und für die Kunst einsetzten. Da Alberto die Möglichkeiten, die in ihrer beider Schicksal vorhanden waren, zusammengeführt hatte, konnte er nur hoffen, Diego werde auf ähnliche Weise wie er selbst seine Erfüllung finden. Die Art, wie man mit seinen Händen arbeitet, wird zur zweiten Natur. Im Laufe der Zeit griff Diego mit der Geschicklichkeit seiner Hände immer mehr bei der Entstehung vieler Kunstwerke und dekorativer Objekte ein, so daß er zu dem Glauben kommen mußte, der schöpferische Akt entspränge auch aus seinen Fingerspitzen. Alberto drängte seinen Bruder, die immer geübteren Hände an eigenen Kunstwerken zu erproben, bis Diego dies wirklich tat. Er modellierte einige Tiere, weil er Tiere schon immer gern gehabt hatte, ein Pferd, einen Leoparden und anderes, worüber Alberto lobend nach Hause berichtete. So kam es, daß Diego, nachdem er für seinen schöpferischen Bruder unentbehrlich geworden war, erste zögernde Schritte zu eigenständiger Tätigkeit machte. Sie sollten später zu einer wirklichen Erfüllung führen. Das geschah allerdings nicht mehr zu Lebzeiten Albertos – und hätte damals wahrscheinlich auch nicht geschehen können.

La drôle de guerre dauerte den Winter über an. Im Mai 1940 drangen deutsche Truppen in Holland, Belgien und Luxemburg ein, umgingen die französischen Verteidigungslinien in der Flanke und schnitten das alliierte Expeditionscorps bei Dünkirchen ab. Die französische Armee war dem Angriff nicht gewachsen. Verschreckt und verbittert begab sich die Zivilbevölkerung auf die Flucht. Mit Entsetzen verfolgten die Menschen in Paris die Nachrichten. Die Weltuntergangsstimmung führte zu panischer Angst. Die Menschen sannen auf ihr Entkommen. Jean-Michel Frank lud Alberto und Diego zu einem Essen ein und teilte ihnen mit, er werde nach Bordeaux abreisen, um sich von dort nach den Vereinigten Staaten einzuschiffen. Zehn Jahre hatten sie freundschaftlich zusammengearbeitet. Nun drängte er die Brüder, ihn zu begleiten. Sie zögerten und sagten, sie wollten es sich überlegen. Dazu blieb nicht viel Zeit.

Eine einzige Vorsorgemaßnahme wurde in jenen verzweifelten Tagen von Alberto getroffen. Er vergrub seine neuesten Arbeiten. In einer Ecke seines Ateliers hob er ein beachtliches Loch aus und brachte darin sorgfältig eingewickelt alle die winzigen Köpfe und Figuren unter, die aus den Mühen der letzten Jahre erwachsen und erhalten geblieben waren. Er unternahm nichts, um auch die früheren Arbeiten zu sichern. Sie wurden nur auf der Galerie gelagert, obwohl ihm manche davon so sehr am Herzen lagen, daß er sie bis ans Ende seines Lebens aufbewahrte. Einzig der jüngsten Schöpfungen wegen führte er das Ritual der Bestattung aus, und es schien eher, als sei dies nicht so sehr aus Sicherheitsgründen geschehen als vielmehr, um der Existenz dieser Werke eine besondere Weihe zu verleihen.

Noch war Isabel in Paris. Auch ihr Mann war noch da, und es gelang ihm, für sie einen Platz auf der letzten Verkehrsmaschine zu ergattern, die nach London flog. Auf Albertos Drängen ließ sie die Gelegenheit verstreichen. Ganz ihrem Wesen gemäß glaubte sie wohl, vor kriegführenden Männern keine Angst haben zu müssen. Es gab jedoch keinen Zweifel daran, daß die Stadt innerhalb weniger Tage besetzt sein würde. Die Menschen fürchteten das Schlimmste, und wer immer die Stadt verlassen konnte, schloß sich dem ständig wachsenden Flüchtlingsstrom an. Auch Isabel folgte schließlich diesem Exodus. Am letzten Tag, bevor sie Paris verließ, machte ihr Alberto einen Abschiedsbesuch in ihrem Hotelzimmer. Er bat sie, für ihn zu posieren. Sie lag nackt auf dem Bett, und er machte mehrere Zeichnungen von ihr. Erst in diesem Augenblick, als die Trennung unmittelbar bevorstand, als ihre eigene und überhaupt jede Art von Zukunft unvorhersehbar geworden war, erst jetzt fand Alberto in sich die Willenskraft zu einer entscheidenden Geste; erst jetzt vermochte er sich auf eine Handlung einzulassen, die er so lange gefürchtet und ersehnt hatte. Es mußte ein Krieg ausbrechen, um ihn dahin zu bringen. Wie immer das Zusammensein verlaufen sein mag, wir dürfen annehmen, daß, als sich Isabel und Alberto damals trennten, ihre Beziehung fortan für beide eine tiefere Bedeutung gewonnen hatte. Am nächsten Morgen reiste Isabel ab.

Alberto und Diego zögerten noch immer. Als Schweizer hatten sie vermutlich von den Okkupationstruppen nichts zu befürchten. Aber wer konnte schon wissen, wie die Dinge laufen würden? Die Zukunft war unsicher, und es gingen schlimme Gerüchte um. Die meisten Freunde hatten die Stadt bereits verlassen. Nachdem sie gewartet hatten, bis es fast zu spät war, entschlossen sie sich zur Flucht. Glücklicherweise verfügten sie über Fahrräder, ein Tandem für Diego und Nelly sowie ein Einzelrad für Alberto. In letzter Minute entdeckte Alberto ein Hindernis. «Was soll ich mit meinem Stock machen?» rief er aus. Er konnte ihn doch nicht auf dem Fahrrad mitnehmen. Menschen starben, Regierungen stürzten, Freunde begaben sich auf die Flucht – Alberto machte sich Gedanken über seinen Stock.

Diego hatte keine Zeit für theoretische Erwägungen. «Laß ihn da», sagte er, und Alberto tat wie geheißen. Er konnte sehr gut ohne Stock gehen, auch wenn er hinkte. Am 13. Juni brachen die drei nach Süden auf, in der Hoffnung, in Bordeaux Platz auf einem Schiff zu bekommen und Jean-Michel Frank nach Amerika zu begleiten. Sie wollten dem Krieg davonlaufen und sollten viel mehr vom Kriegsgeschehen sehen, als sie erlebt hätten, wenn sie zu Hause geblieben wären.

Es war ein schöner Tag. Hin und wieder, wenn Kampfflugzeuge über die Flüchtlinge hinwegzogen, sah man am Himmel die Wölkchen von Flakfeuer. Auf dem Weg in den Süden war ihnen der Hauptstrom der Fliehenden weit voraus. Trotzdem waren die Straßen verstopft, und sie kamen nur langsam voran. Die erste Nacht verbrachten sie in den Wäldern bei Longjumeau, nur zwanzig Kilometer von Paris entfernt.

Am nächsten Morgen, während feindliche Truppen in der französischen Hauptstadt einzogen, machten sich die drei Flüchtlinge in Richtung Etampes auf. Über sich sahen sie deutsche Flugzeuge, die im Begriff waren, die Stadt anzugreifen. Sie erreichten die Stadt gerade, als der Angriff vorüber war. Gebäude lagen in Schutt und brannten, auf der Straße lag der an der Schulter abgerissene Arm eines Menschen. Bei genauerem Hinsehen erkannten sie, daß er von einem weiblichen Körper stammte, denn am Handgelenk hing noch ein Armband, das mit grünen Steinen besetzt war. Weiter auf ihrem Weg kamen sie zu einem flachen, breiten Krater, wo kurz zuvor eine Bombe gefallen war; darum herum lagen mehrere Körper, zerrissene Gliedmaßen und der abgetrennte Kopf eines bärtigen Mannes. Blut lief über die Straße. Menschen schrien. Ein Bus war getroffen worden, und die Fahrgäste, darunter viele Kinder, verbrannten bei lebendigem Leibe. An Hilfe war nicht zu denken, und es gab nur noch eins: weiter in die Pedale treten.

Hinter Etampes war die Landstraße entsetzlich verstopft. Zu den flüchtenden Bewohnern kamen noch zurückweichende Einheiten der französischen Armee mit Tanks, Lastwagen und Fahrzeugen des Stabs. Am Nachmittag zog ein Gewitter auf. Erneut erschienen deutsche Flugzeuge, die die Straße im Tiefflug unter Maschinengewehrfeuer nahmen. Die Flüchtlinge warfen sich in die Gräben. Die Angst fuhr Alberto durch die Glieder, als er die Geschosse über sich durch die Baumkrone fegen hörte. Nach dem Angriff blieb ihnen nichts anderes übrig, als aufzustehen und ihre Flucht fortzusetzen. Die Toten blieben einfach liegen. Später folgte ein weiterer Tiefangriff, und wieder suchten sie Zuflucht im Graben. Die Sonne schaute hinter den Wolken hervor, während das abziehende Gewitter noch zur Hälfte den Himmel bedeckte und der Donner gelegentlich in der Ferne rumorte. Französische Soldaten hatten nahebei unter einem Baum ein Maschinengewehr aufgestellt und schossen auf die feindlichen Flugzeuge. Als Alberto mit so vielen Flüchtlingen zusammen im Graben lag, schaute er in den Himmel und merkte plötzlich zu seiner großen Verwunderung, daß er keine Angst mehr verspürte. Es hing teils mit der aufregenden Schönheit des Junitages zusammen, teils mit der Gegenwart der anderen Menschen, daß er sich wieder ein Herz faßte. Er dachte, daß, falls es schon jemanden treffen mußte, er gerne statt anderer sterben wollte. Da er sich ständig mit dem Gedanken an den Tod beschäftigte, hatte er keine Furcht mehr vor dem Sterben. Dies war der Moment seines Lebens, in dem er einem gewaltsamen Tode am nächsten gekommen war.

Panisch überstürzt setzte sich die Massenflucht fort. Alberto, Diego und Nelly bahnten sich in dem Gewühl einen Weg. In vier Tagen kamen sie nur knapp 300 Kilometer voran. Am Abend des 17. Juni erreichten sie Moulins, eine Stadt am Allier – weitab von der Hauptstraße nach Bordeaux. Die Deutschen waren am folgenden Nachmittag da.

Alberto sagte: «Wir müssen so schnell wie möglich nach Paris zurück.» Am nächsten Morgen fuhren sie los. Die Straßenränder waren gesäumt mit Leichen und liegengebliebenen Fahrzeugen, mit Bergen von weggeworfenem Gepäck, Gerümpel, Autowracks und mit den aufgedunsenen Leibern toter Pferde. Über allem hing ein abscheulicher Gestank. Die Straßen waren voll von Kolonnen deutscher Panzer und Truppen, die, ohne auf Widerstand zu stoßen, vorrückten oder bedauernswerte französische Gefangene bewachten. Die erste Nacht verbrachten die drei Heimkehrer auf einem Feld unweit der Straße, aber der Leichengeruch ließ sie nicht schlafen. Am Samstag, dem 22. Juni, erreichten sie Paris. Es war der Tag, an dem der Waffenstillstand zwischen Frankreich und Deutschland geschlossen wurde. Alles war heil geblieben, was sie zurückgelassen hatten.

Diese zehn Tage bildeten Giacomettis gesamte Kriegserfahrung. Was er dabei gesehen hatte, ging ihm nie mehr aus dem Gedächtnis. Es verfolgte ihn sogar monatelang in seinen Träumen. Doch er schrieb an seine Mutter, er sei froh, den Krieg so nah erlebt zu haben. Er hatte an einem Geschehen teilgehabt, das für seine Zeit und für seine Generation von prägender Bedeutung war.

33

Die Besatzungszeit in Paris war eine Mischung aus ekelhafter Groteske und der alltäglichen Not, sich durchzuschlagen. Das Leben, wie sie es kannten, die normalen Geschäfte, das war es, wonach es die Leute am meisten verlangte, und man brachte große Opfer, um die Illusion einer solchen Existenz aufrechtzuerhalten. Schmerzliche Abweichungen vom Gewohnten wurden aber viel zu schnell zur täglichen Routine.

Angesichts der heranrückenden Front war Giacometti sehr gut ohne seinen Stock ausgekommen. Zurück in Paris, gebrauchte er ihn wieder fleißig. Erneut nahm er die Arbeit an den stecknadelfeinen Figürchen und den erbsengroßen Köpfen auf. Nacht für Nacht zerstörte er fast alles, was er tagsüber geschaffen hatte.

Der Krieg hatte in Diegos gewohnten Tätigkeiten eine Unterbrechung herbeigeführt, und sein Bruder drängte ihn, sich an einer Akademie einzuschreiben, um seine Ausbildung in den bildhauerischen Techniken fortzusetzen. Dies schien ein vernünftiger Rat gewesen zu sein. Man muß sich allerdings fragen, ob Alberto tatsächlich glaubte, sein Bruder werde eines Tages im selben Sinne wie er selbst ein Künstler sein. Seine Erwartungen können nicht durch falsche Vorstellungen über den Unterschied zwischen Künstler und Kunsthandwerker getrübt gewesen sein. Aber Genialität leitete ihn auch in seiner Rolle als Bruder. Es ist wunderbar, die Zwanglosigkeit zu betrachten, mit der die Kunst schließlich einen echten Künstler aus einem Menschen machte, der die Dinge bescheiden an sich herankommen ließ.

Diego belegte einen Anfängerkurs der Skandinavischen Kunstakademie, wo er Naturstudien betreiben mußte. Da er der menschlichen Figur nicht viel abgewinnen konnte, waren die Ergebnisse wenig hoffnungsvoll. Die einzigen Bildmotive, zu denen er eine wirkliche Beziehung empfand, waren Tiere. Dennoch setzte er seine Studien an der Akademie fort, teils seinem Bruder zu Gefallen, teils zu seiner eigenen Freude: Alberto etwas zu Gefallen zu tun, war für ihn inzwischen eine Selbstverständlichkeit geworden.

Annetta machte sich Sorgen um ihre Söhne in Paris. Sie hatte sie nun bereits zwei Jahre nicht mehr gesehen, und Briefe waren ein geringer Ersatz für die regelmäßigen Besuche, an die sie sich gewöhnt hatte. Auch die Söhne vermißten ihre Mutter, besonders Alberto. Schweizerische Staatsangehörige mit gültigen Papieren konnten eine Reiseerlaubnis bekommen. Es war klar, welcher der beiden Söhne fahren sollte. Aber es gab auch praktische Erwägungen, warum die Wahl ganz natürlich auf Alberto fiel. Diego konnte Nelly unter solch ungewissen Umständen nicht für sich allein sorgen lassen, während andererseits der ältere Bruder keine Verpflichtungen in Paris hatte. Die Arbeit, der er nachging, konnte überall getan werden, wo ein Sack Gips zu haben war. Diego empfand, daß ihm das entbehrungsreiche Leben im besetzten Paris mit den Sperrstunden und strengen Rationierungen weniger ausmachte als seinem Bruder, der es sich angewöhnt hatte, spät nachts durch die Stadt zu streifen und Unmengen von Kaffee und Zigaretten zu konsumieren. Alberto ging es jedoch nicht darum, Mißhelligkeiten aus dem Wege zu gehen. Paris war die Heimat seines Erwachsenendaseins geworden, und ihm gefiel der Gedanke gar nicht, die Stadt während einer solchen Notzeit zu verlassen.

Doch da war seine Mutter. Ihr Seelenfriede war Voraussetzung für die eigene Ausgeglichenheit. Die Mutter erfreute sich zwar bester Gesundheit, war aber einundsiebzig Jahre alt. Niemand wußte, wie lange der Krieg noch dauern und wie er ausgehen würde. Giacometti beantragte die notwendige Reisegenehmigung. Sie wurde ihm am 10. Dezember 1941 erteilt und war gültig für die Abreise innerhalb 21 Tagen. Alberto hatte vor, zwei Monate, eventuell auch drei, in Genf zu bleiben, wo Annetta den mutterlosen Enkel Silvio großziehen half. Da Reisepläne bei Alberto immer wieder umgestoßen wurden, dauerte es noch bis zum 31. Dezember, dem letzten Tag, für den die Reiseerlaubnis gültig war, ehe er sich widerwillig entschloß, das besetzte Paris zu verlassen. Er versprach Diego und Francis Gruber, daß er versuchen wolle, bei seiner Rückkehr einige Plastiken mitzubringen, die nicht mehr «so lächerlich klein» wären.

34

Es war ein freudiges Wiedersehen zwischen Mutter und Sohn. Nie zuvor waren sie so lange voneinander getrennt gewesen. Durch das Zusammensein fühlten sie sich erleichtert, und ihre gegenseitige Bindung wurde erneut spürbar. Alberto freute sich darüber, daß seine Mutter noch so jung aussah, und Annetta genoß es, in ihrem Sohn aufs neue den Jungen zu entdecken, für den sie sorgen mußte. Was hatten sie nicht alles miteinander zu bereden! Annetta war eine ebenso glänzende und unermüdliche Erzählerin wie ihr Sohn. Nichts wurde ausgelassen von den Neuigkeiten aus Stampa und aus Paris. Und natürlich gab es für beide nichts Anregenderes, als gegenseitig ihre Gedanken übereinander auszutauschen.

Wenn Annetta etwas mißfiel, hielt sie damit nicht hinter dem Berg. Sie mochte ihren Sohn nicht am Stock gehen sehen. Zwar hatte sie ihn mit der Krücke schon vorher gesehen; aber das war kurz nach dem Unfall gewesen.

Seither waren zwei Jahre vergangen. Alberto hinkte ein wenig, aber er benötigte keinen Stock zum Gehen. Dennoch mochte er das uralte Symbol der Gebrechlichkeit nicht aufgeben, und, soviel Vorhaltungen seine Mutter ihm auch machte, diesmal hörte er nicht auf sie. So entstand zwischen Mutter und Sohn eine gewisse Spannung gleich zu Beginn dieses Aufenthalts, der lange dauern und noch ernstere Belastungen bringen sollte.

Dr. Francis Berthoud wohnte mit seinem fünfjährigen Sohn und seiner Schwiegermutter in einem geräumigen Appartement in der Route de Chêne 57, die damals – wenn auch zu Fuß vom Zentrum aus erreichbar – zum östlichen Stadtrand gehörte. 1942 war Genf noch keine sehr große Stadt. Zunächst wohnte Alberto in der Wohnung seines Schwagers. Er war betroffen vom Wohlstand, der in der Schweiz herrschte, von der Fülle an Fleisch und Backwaren in den Auslagen der Geschäfte, von dem reichen Angebot an amerikanischen Zigaretten. Eine Szene aus Tausendundeiner Nacht hätte nicht phantastischer sein können, meinte er. Doch empfand er auch, daß die Schweizer vom Kriegsgeschehen viel zu wenig betroffen waren, als daß sie es hätten verstehen können. Ungeachtet der relativen Not, unter der die Pariser zu leiden hatten, betrachtete er es tatsächlich als Privileg, dort dabeigewesen zu sein. Wiederholt äußerte er die Absicht, nach Frankreich zurückzukehren, sobald der Besuch für seine Mutter die nötige Zeit gedauert hätte, um eine erneute Trennung vertragen zu können.

Inzwischen wollte er seine Arbeit fortsetzen und sein Leben möglichst wieder so einrichten, wie er es von Paris her gewöhnt war. Nun hätte er weder in dem gepflegten Appartement seines Schwagers arbeiten noch unter den kritischen, wenn auch nachsichtigen Augen der Mutter seinen Neigungen nachgehen können. Er mußte also einen Ort finden, wo er sich zurückziehen konnte. Als er ihn schließlich fand, war es genau das Richtige für ihn.

Von den billigen Hotels, in denen Zimmer an Frauen vermietet wurden, die sich ihr Geld durch Gelegenheitsbekanntschaften verdienten, war das Hôtel de Rive das kleinste und schäbigste und auch das billigste, denn es lag am weitesten ab von dem Bezirk, wo man solche Bekanntschaften machen konnte. Gut kann das Geschäft nicht gegangen sein, sonst hätte Giacometti dort nicht ohne weiteres ein Zimmer für eine Miete von sechzig Franken bekommen. Nach außen machte das kleine Hotel einen wenig einladenden Eindruck, bot keinerlei Komfort und war nichts für ehrbare Leute. Das dreistöckige Gebäude stand am nordwestlichen Ende der Rue du Parc und damit an der Hauptdurchgangsstraße auf halbem Wege zwischen der Stadtmitte und der Wohnung Dr. Berthouds. Im Parterre befand sich ein dürftiges Café; die beiden Stockwerke waren in zwölf kleine Zimmer aufgeteilt. Außerdem gab es noch einige enge Kammern unter dem Dach. Den Bedürfnissen entsprechend gelangte man über eine Hintertreppe zu den Räumen. Giacomettis Zimmer im dritten Stock, am Ende des runden Treppenhauses, maß drei mal vier Meter. Das einzige Fenster ging nach Süden auf die Hauptstraße. Die Ausstattung bestand aus einem eisernen Bett in der einen Ecke, einem uralten, unheizbaren Kachelofen, einem groben Holztisch, der als Waschgelegenheit diente, sowie einigen Stühlen. Die Wände waren mit einer billigen Blumenmustertapete bedeckt, der Boden bestand aus nackten Holzdielen. Eine Toilette und ein Wasserhahn für kaltes Wasser befanden sich draußen auf dem Flur. Eine Heizmöglichkeit gab es nicht. Folglich mußten sich bei kaltem Wetter die Schlafgäste in ihren Kleidern zu Bett legen, und am Morgen konnte das Wasser in den Kannen und Waschschüsseln gefroren sein.

Dies war die Behausung und Werkstatt, die Giacometti für die Zeit seines Genf-Aufenthalts wählte. Mit genialem Spürsinn war es ihm gelungen, sich eine Bleibe in einem Raum einzurichten, der noch enger und womöglich noch spartanischer war als das Atelier in der Rue Hippolyte-Maindron. Er betrachtete die Unterkunft als eine vorübergehende Lösung, denn er rechnete damit, innerhalb weniger Monate nach Paris zurückkehren zu können. Er hatte in Frankreich die Genehmigung zur Ausreise erhalten, jedoch ohne die gleichzeitige Erlaubnis zur Wiedereinreise. Wie ernsthaft er auf ein Visum gedrungen hat, wissen wir nicht. Aber es besteht kein Zweifel, daß Giacometti nicht jemand war, der einem mühevollen Leben und materiellen Entbehrungen aus dem Wege ging. Die dreieinhalb Jahre im Hôtel de Rive sollten ihm auch nicht leichtwerden.

Seit seinem achtzehnten Lebensjahr kannte sich Giacometti in Genf aus, doch war ihm die Stadt fremd geblieben. Vergnügungen, wie sie die französische Hauptstadt bot, gab es wenig. Der einzige Stadtteil, der als Ersatz für Montparnasse und Saint-Germain-des-Prés gelten konnte, war das Viertel um die Place du Molard. Als Notbehelf in Kriegszeiten konnte man sich damit zufriedengeben.

Giacomettis Ankunft in Genf war nicht unbeachtet geblieben. Bei Leuten, die sich für zeitgenössische Kunst interessierten, wurde der Bildhauer mit Respekt empfangen, denn sein surrealistisches Œuvre war nicht in Vergessenheit geraten. Besonders eifrig begrüßte ihn der Verleger Albert Skira. Er hatte Giacometti in Paris kennengelernt und führte ihn nun bei den Malern und Schriftstellern ein, die sich regelmäßig in seinem Büro oder in einem der nahegelegenen Cafés trafen. Obwohl er als Künstler in einer grundsätzlichen Einsamkeit verharrte, bereitete es Giacometti nie Schwierigkeiten, Freundschaften zu schließen. So dauerte es nicht lange, bis er sich im Zentrum einer kleinen Gruppe von jungen Künstlern und Intellektuellen sah.

Er ließ keine Zeit verstreichen, um wieder an die Arbeit zu kommen. Der Ortswechsel hatte die Probleme des Bildhauers nicht aus dem Wege geräumt. Noch immer schrumpften die Figuren, als ob sie zum kleinsten gemeinsamen

Nenner des Sichtbaren werden wollten. Gipssäcke, einer nach dem anderen, wurden die runde Treppe hinaufgeschafft, ohne daß die Größe der Figuren oder die Anzahl der vom Künstler gutgeheißenen Werke gewachsen wären, während die Abfälle den kleinen Raum allmählich in eine bizarre Wüstenei verwandelten. In Form von Brocken, Krümeln, Flocken und Staub setzte sich der Gips auf allen Oberflächen ab, verstopfte jede Spalte, füllte Hohlräume, rieselte durch jede Fuge und sparte auch nicht den Bewohner aus, dessen Anstrengungen das absonderliche, die Arbeitsatmosphäre kennzeichnende Schauspiel hervorbrachten. Sein Haar, sein Gesicht, die Hände und Kleider, alles war so gründlich vom Gipsstaub bedeckt, daß auch noch so viel Waschen und Bürsten ihn nicht zu beseitigen vermochten, und in einem Umkreis von hundertfünfzig Metern um das Hôtel de Rive herum waren die geisterhaften Abdrücke seiner Fußtritte zu sehen. Giacometti wurde zum lebendigen Bild der Wechselwirkung zwischen Künstler und Kunst. In jener Periode begann die äußerliche Ähnlichkeit, die sich in zunehmendem Maße zwischen dem Bildhauer und seinen Plastiken einstellen sollte.

Tagsüber arbeitete Giacometti in seinem Atelier. Am Spätnachmittag begab er sich zu Fuß oder mit der Straßenbahn zur Route de Chêne und besuchte seine Verwandten. Bevor er die Wohnung betrat, breitete seine Mutter sorgfältig Zeitungen auf dem Boden aus, auch auf dem Sessel, auf dem er dann zu sitzen pflegte, damit er den Schmutz aus dem Hôtel de Rive nicht in der Wohnung verbreitete. Sie muß damals erkannt haben, daß ihr die winzigen Figürchen nicht bloß die Haushaltspflichten erschweren, sondern ihr auch noch andere Sorgen bereiten würden.

Die täglichen Besuche in der Route de Chêne waren heiter und lebhaft. Alberto und seine Mutter waren einander zu wichtig, als daß zwischen ihnen eine Entfremdung hätte eintreten können. Für Giacometti waren die Bindungen an seine Familie sein Leben lang etwas, das ihm Sicherheit und Freude schenkte. Seinen Neffen hatte er ins Herz geschlossen, und der kleine Silvio war seinem außerordentlichen Onkel sehr zugetan. Die Befriedigung, die Alberto in den Familienbeziehungen fand, leitete sich gewiß aus der Ungebundenheit her, mit der er sie seinen eigenen Bedingungen entsprechend pflegte. Er war unverheiratet, nicht durch irgendwelche Pflichten behindert und konnte kommen und gehen, wie es ihm beliebte. Nach dem Familienbesuch begab er sich gewöhnlich wieder zur Stadtmitte, wo er seine Freunde in Skiras Büro oder jenseits des Platzes im Café du Commerce traf. Dort saßen sie stundenlang, tranken Kaffee oder einen Aperitif, redeten über den Krieg, stritten sich über politische Meinungen und diskutierten über Dichtung, Malerei oder Philosophie.

Zwischen der Place du Molard und der Place Longemalle, einer Entfernung von kaum hundert Metern, liegt die Rue Neuve du Molard. Dort gingen die Genfer Dirnen ihrem Gewerbe nach, wobei ihnen die Verdunkelung der

Stadt beim Warten auf die Freier nur recht sein konnte. Auch in den umliegenden Bars waren sie anzutreffen, wo die Herren sie ansprechen und, falls man sich einig wurde, mit ihnen ins nahe gelegene Hôtel Elite hinübergehen konnten. Giacometti und die meisten seiner Freunde waren Stammgäste dieser Etablissements, vor allem des Perroquet. Die Wände der Bar waren schwarz, und es hingen Dutzende von Gemälden von Papageien daran. Der Künstler kam immer wieder in langen Erörterungen auf den ästhetischen Wert dieser Bilder zu sprechen.

Daß der Mensch nun einmal sündigt, wurde im calvinistischen Genf mit verbissener Toleranz hingenommen, doch verlangte die sittliche Ordnung wenigstens ein Mindestmaß an Buße. Gelegentlich wurden die Damen aus der Rue Neuve du Molard und den umliegenden Bars in einer Razzia von der Polizei zusammengetrieben und zur Wache geschafft. Männliche Begleiter der Damen wurden gleich mit festgenommen, konnten sie doch womöglich als Leute ohne Einreiseerlaubnis entlarvt werden. Sie blieben alle unter Arrest, bis die Papiere überprüft waren; die Formalität dauerte regelmäßig bis zum Morgengrauen. Die Beamten kannten – zumindest vom Sehen, wenn nicht gar mit Namen – fast alle, deren Sündhaftigkeit Anlaß für die polizeiliche Pflichtübung gab, so daß es fast immer dieselben waren, die festgenommen wurden. Giacometti war nie darunter. Es war sogar ein immer wiederkehrender Zwischenfall bei diesen periodischen Verhaftungen, daß einer der Polizisten über das Getümmel hinwegrief: «Den da nicht!», wobei er auf die staubig graue Gestalt Giacomettis deutete.

Alberto wird es nicht bedauert haben, wenn er im Rahmen der nächtlichen Aktion ungeschoren blieb; aber die Aussonderung könnte wie eine symbolische Anspielung auf sein Versagen in anderen Dingen verstanden worden sein. Wie eh und je hatte er seine Schwierigkeiten auf dem Gebiet, dessentwegen er das Perroquet so gerne besuchte. Es war die Zeit in Giacomettis Leben, in der Fehlschläge und Mißerfolge ganz selbstverständlich zu seinem Leben gehörten. Auf Schritt und Tritt mußte er mit ihnen rechnen, nicht nur als tägliches Arbeitsprinzip, sondern auch im gesellschaftlichen und materiellen Zusammenhang seiner Existenz.

Er war jetzt vierzig Jahre alt. Es hatte einmal eine Zeit gegeben, in der er Erfolg anstrebte und Bewunderung zu ernten hoffte. Er hatte beides erreicht und die Erfahrung gemacht, daß es ihm nichts einbrachte. Dann war ihm eine neue Sehweise zum künstlerischen Ziel geworden. Jahre waren vergangen, und was war das Resultat seiner Anstrengungen? Einige winzige Figürchen und ein Zimmer voll Gipsstaub. Das war nicht viel. Und er hatte nicht einmal die Gewißheit, daß es jemals mehr werden würde. Dennoch war er bereit, seine Zukunft daranzugeben und darauf zu setzen, daß eines Tages doch das Unerwartete eintreten würde. Risiko war für ihn etwas Natürliches. Wer nichts zu riskieren bereit ist, hat nicht viel, was er aufs Spiel setzen könnte. Indessen kann ihm nicht entgangen sein, daß er in Genf eine auffällige Figur geworden war, daß die Leute ihn für die Karikatur eines halbverrückten, aber liebenswürdigen und harmlosen Genies hielten, das, auf einen Stock gestützt, abgerissen und staubbedeckt umherlief und einige verschwindend kleine Plastiken in der Tasche hatte – eine Gestalt, halb lächerlich, halb mitleiderregend.

Sogar Annetta Giacometti wurde von Zweifeln befallen. Als Wochen und Monate vergingen und sich im Hôtel de Rive die leeren Gipssäcke stapelten – im Sommeratelier in Maloja war es nicht anders –, als immer mehr Abfall und immer weniger Skulpturen entstanden, begann seine Mutter zu verzagen. Auf die Erfolge in Paris war sie stolz gewesen, auf die Ausstellungen, Presseartikel und auf das Lob seiner Künstlerkollegen. Dann aber war der abrupte Umschwung gekommen, der sich so gar nicht gelohnt zu haben schien. Das Verständnis für den neuen Weg ging ihr ab, und sie äußerte sich kritisch darüber. Sie begann die winzigen Figürchen zu hassen. «Du kannst dir gar nicht vorstellen, wie sie mir mißfallen und mich beunruhigen», sagte sie, «dein Vater hat nie so etwas gemacht.»

Es war eine schlimme Zeit, die durch die prekäre materielle Situation noch zusätzlich erschwert wurde. Giacometti hatte kein Geld und auch keine Möglichkeit, etwas zu verdienen. Es war kaum zu erwarten, daß er Käufer für die wenigen Figürchen finden würde, die der Vernichtung entgangen waren. Er versuchte, dekorative Gebrauchsgegenstände zu machen, Vasen und dergleichen; aber ohne Diego als Gehilfen und Jean-Michel Frank als Verkäufer brachten seine Bemühungen wenig Bargeld. Er bat verschiedene reiche Bekannte um Darlehen, wurde aber abgewiesen, wodurch sich die latenten Ressentiments des Künstlers gegen sein Heimatland vertieften. Albert Skira half Giacometti mit einem gelegentlichen Vorschuß aus, aber er war nicht in der Lage, ihm eine regelmäßige Unterstützung zukommen zu lassen.

Die einzige Person, an die Alberto sich vernünftigerweise wenden konnte, war selber äußerst vernünftig, nur war ihre Vernunft von anderer Art als seine eigene. Es half aber nichts. Seine Bedürfnisse waren alles andere als extravagant. Kosten entstanden ihm nur durch Gips und Mietzins. Darüber hinaus benötigte er ein Minimum an Taschengeld für Essen in der Brasserie Centrale und für ein paar Getränke im Café du Commerce oder im Perroquet. Kurz gesagt, er brauchte gerade genug, um unabhängig leben zu können. Darin lag das Problem. Die Art zu leben, die ihm gefiel, konnte ihr nicht gefallen. Ihr Mißfallen wäre zweifellos noch größer gewesen, hätte sie mehr von seinen Lebensgewohnheiten gewußt. Giacometti hielt die Leute, mit denen er in Genf verkehrte, stets von seiner Mutter fern, was seltsam berührte, weil er ständig von ihr sprach, ihren Charakter hervorhob und sie als seine «Kameradin» bezeichnete. Man wußte nicht, was man davon halten sollte, daß eine so rühmenswerte Frau recht wenig tat, um ihrem Sohn zu helfen, dem es doch offensichtlich am Nötigsten fehlte.

Annetta hielt ihren Geldbeutel fest verschlossen, was ihrer Gewohnheit entsprach, die sie in vielen Jahren fleißigen Haushaltens gebildet und mit der sie die Familie über Wasser gehalten hatte. Nur ihrer Sparsamkeit war es zu danken, daß Giovanni seiner Arbeit und die Kinder ihren Neigungen hatten nachgehen können; und wer wollte bestreiten, daß Alberto seinen Neigungen nachgegangen war. Eine Zeitlang hatte sich das ausgezahlt. Jetzt aber lagen die Dinge anders. Man konnte seine Bedürfnisse auch als ein Sichgehenlassen einschätzen und seine Arbeit für den Beweis seiner Impotenz halten. So jedenfalls scheint Annetta die Dinge beurteilt zu haben, was die Frustration ihres Sohnes sicher noch vergrößerte. Er war keineswegs blind für die Fakten seiner Existenz, und er machte sich darüber Sorgen, die in mehr als normaler Weise seinen Wunsch verstärkt haben müssen, von der Mutter Geld zu bekommen. Gleichzeitig wollte er gar nicht leugnen, daß seine Arbeit ein Sichgehenlassen war; denn ihr einziger Zweck bestand darin, zu sehen, was dabei herauskommen würde. Nur diente das nicht seiner Befriedigung – wußte er doch, daß er, absolut gesehen, keine finden konnte –, sondern geschah um des Sehens willen, kurz gesagt, um sich darüber klarzuwerden, wie sein Sehen funktionierte. Was seine Impotenz betraf, so äußerte er sich darüber auf mancherlei Weise, wenn auch mit Sicherheit nicht gegenüber seiner Mutter. Die Crux bestand darin, daß er sich nie seiner Mutter ganz so gezeigt hatte, wie er wirklich war, daß er dies nicht konnte und auch nicht wollte, was dazu führte, daß sie zwar die zentrale Figur seines Lebens war und diesem dennoch immer seltsam ferngerückt blieb. Sie war nah und fern zugleich, eine geliebte, aber auch einschüchternde Figur, zu der sie aufgrund ihres unbezwingbaren Charakters und ihrer starken Persönlichkeit werden mußte.

So entstand eine unglückliche Situation. Zwar konnte Annetta ihren Sohn nicht verhungern lassen, doch fiel es ihr schwer, ihm die Fortsetzung seines eigenwilligen Lebens zu ermöglichen, zumal er immer noch entgegen ihrem ausdrücklichen Wunsch den Stock zum Gehen benutzte. Die Mutter gab ihm weiterhin Geld, aber jeweils nur in kleinen Beträgen, wodurch er gezwungen war, immer wieder um Geld zu bitten, seine Abhängigkeit von ihr anzuerkennen und gleichzeitig seinen Willen durchzusetzen, dabei aber Dankbarkeit zu zeigen und womöglich in dem Labyrinth widersprüchlicher Gefühle das schweigende Zugeständnis zu machen, daß sie im Recht war und daß er ohne sie nicht auskommen konnte. Der schöpferische Drang jedoch entzog sich vernünftigen Überlegungen. Er diktierte die Bedingungen seines Lebens, so irritierend sie auch sein mochten, und er war für den Sohn die Rechtfertigung alles dessen, was seine Mutter für unvernünftig hielt. Sie war anderer Meinung: «Du brauchst mir nicht zu erklären, was Kunst ist!» hielt sie ihm entgegen.

Alberto wurde von einer Art Verzweiflung gepackt, die sich auf eine bei ihm so ungewöhnliche Weise äußerte, daß man es kaum glauben mag. Er ließ es auf einen offenen Streit mit seiner Mutter ankommen, indem er eine größere Summe von ihr forderte. Sie verweigerte sie ihm. Er bestand darauf und hielt ihr vor, er verlange nicht mehr als den ihm zustehenden Pflichtteil aus dem väterlichen Erbe, von dem er nie etwas bekommen hätte. Die Behauptung stand auf schwachen Füßen, was die Dinge für beide nur noch schlimmer machte, denn sie konnten sich kaum in die Augen blicken im deutlichen Bewußtsein dessen, um was es bei diesem Streit eigentlich ging. Annetta ließ sich nicht auf die Forderung ihres Sohnes ein.

Die winzigen Figürchen, die in den Genfer Jahren gewissermaßen zwischen Alberto und seiner Mutter standen, würden zum Sinnbild für das, was zwischen ihnen war: eine mächtige Bindung, die weder durch seinen Ungehorsam noch durch ihre Mißbilligung gestört werden konnte, und eine so mächtige Schranke, daß selbst mütterliches Mitleid sie nicht zu überspringen vermochte. Die Kraft der Bindung und die Macht der Schranke stärkten die Hingabe an die künstlerische Arbeit wie auch die treue Anhänglichkeit an die Mutter. Am Ende stellte sich heraus, daß Hingabe und Anhänglichkeit ein und dasselbe waren. Vielleicht waren Mutter und Sohn nie so sehr miteinander verbunden wie gerade in der trennenden Auseinandersetzung, auf die sie beide durch unvereinbare Gegensätzlichkeit zusteuern mußten. Die symbolischen Figürchen stehen gleichsam da als Denkmal für die Notwendigkeit, menschliche Begrenztheit zu überwinden, indem man das Unmögliche erreicht.

35

Isabel hatte einst im Quartier Latin gestanden, hinter ihr die hohen Gebäude, über ihr die nächtliche Dunkelheit, und Alberto hatte sie aus der Entfernung beobachtet. Jahre später in Genf wurde ihm bewußt, daß sein schöpferisches Streben gebunden war an jene Wahrnehmung, die ihn damals am Boulevard Saint-Michel wie eine visionäre Erscheinung ergriffen hatte. Sie, Isabel, war das Figürchen. Es stand für sie als Person, aber zugleich auch als Abstraktion der Frau überhaupt. Das Wesen seiner Konzeption beruhte auf dieser Doppeldeutigkeit wie auch auf der damit einhergehenden Erscheinungsweise der Figürchen, materiell gegenwärtig und zugleich unerreichbar fern gerückt zu sein, wobei diese Dualität ganz dem Charakter des Künstlers entsprach. Er berührte ein Gipsfigürchen, nicht eine wirkliche Frau. Entrücktheit war die wichtigste Eigenschaft der Figürchen. Durch die Plazierung auf einem Sockel würde diese

Wirkung noch gesteigert. Entrücktheit war das Entscheidende der Vorstellung, die Giacometti von Isabel hatte. Einem Freund gegenüber sagte er, falls es ihm gelänge, sein Figürchen hinreichend winzig zu gestalten, dann könne es in jeder anderen Dimension ebenso existieren und die Wirkung eines weiblichen Idols annehmen. Was er unter den Händen fühlte, wenn er das Figürchen berührte, hatte eine Existenz für sich. Es bemächtigte sich seines Lebens, obwohl er Macht darüber hatte; denn er konnte es zerstören, wenn es seinem Anspruch nicht genügte. In dem Ungenügen, das Alberto an ihm fand, lag seine Kraft: es zwang ihn, das Figürchen stets aufs neue zu erschaffen.

Die Figürchen dieser Schaffensperiode – wie auch die stehenden Figuren der späteren Jahre – waren alle als Aktfiguren konzipiert. Das mag sich nicht als erster Eindruck aufdrängen, doch ist es von größter Wichtigkeit für die Bedeutung des Hauptteils der Werke Giacomettis. Der Akt ist der ernsteste und strengste Gegenstand in der bildenden Kunst. Im Akt läßt sich jede nur denkbare Haltung zur Bedeutung des menschlichen Lebens ausdrücken. Die großen Meister der westlichen Kunst haben überragende Werke mit Aktfiguren geschaffen, und bei allen ist der Gedanke an Sexualität bewußt einbezogen. Das Bedürfnis, einen anderen Körper zu berühren und sich mit ihm zu vereinigen, ist ein so elementarer Drang der menschlichen Natur, daß er sich der für den ästhetischen Genuß notwendigen Distanziertheit widersetzt. Sexuelles Verlangen hat sich aber seit urdenklichen Zeiten in Bildern sublimiert, die den Gegenstand der Begierde aus dem materiellen Bereich gelöst und in die unantastbaren Gefilde der Vorstellung entrückt haben.

Giacomettis Figürchen – und die späteren Werke, die sich aus ihnen entwickelt haben – sind Archetypen solcher Transzendenz. Jeder Künstler von echter Originalität schafft einen Typus, und die Charakteristik seines Stils entspricht fundamentalen Grundlagen seiner Natur, aus der auch seine Kunst erwächst.

Als junger Mann in Rom hatte Alberto entdeckt, daß ihn der Umgang mit Prostituierten am meisten befriedigte. Das änderte sich nie mehr. Die konkrete Beziehung zu einer Illusion herzustellen, hatte für ihn bis zu seinem Ende etwas zwingend Unwiderstehliches. «Wenn ich auf der Straße gehe», sagte er einmal, «und aus der Entfernung eine Hure in ihren Kleidern sehe, dann nehme ich nichts anderes als eine Hure wahr. Wenn sie im Zimmer nackt vor mir steht, erblicke ich eine Göttin.»

Wahrheit in der Kunst und Wahrheit im Leben sind nicht dasselbe. Wenn etwas Bedeutendes entstehen soll, müssen sie im schöpferischen Akt zusammenwirken, was bedeutet, daß ein Kunstwerk nur dann «lebensecht» ist, wenn seine Existenz bis in die kleinste Form hinein die Wahrheiten aus dem Leben des Künstlers verkörpert. Dann können sich dem Betrachter diese Wahrheiten auch wieder enthüllen. Der Künstler seinerseits lebt im Inneren seiner Wahrheit. Er vermag nur zu sehen, was er ist, wenn er sieht, was er tut. Und stets gehört das, was er tut, mehr in das Reich des Möglichen, als daß es tatsächlich verwirklicht würde. Er kann nur ganz er selbst werden, indem er stirbt.

Niemand verstand diesen Zusammenhang besser als Giacometti. Die Einsicht spornte ihn unermüdlich zur Arbeit an, und ihr entsprach auch das existentielle Dilemma, durch welches sich die winzigen Figürchen auf beunruhigende Weise der Einordnung entzogen. Ihre künstlerische Größe liegt im Gefühl, nicht in den Ausmaßen, und gemessen an diesem Maßstab, haben sie etwas von der traditionellen Monumentalität der Bildhauerei wiederhergestellt.

Alle Plastiken, die Giacometti während der Kriegsjahre in der Schweiz geschaffen hat, waren winzig – mit einer einzigen Ausnahme. Diese ist fast lebensgroß. Sie allein widersetzte sich der Verkleinerung auf den kleinsten gemeinsamen Nenner des Sichtbaren. Sie wurde auch nicht Opfer seines zerstörerischen Impulses, der die meisten anderen zu Staub werden ließ. Ihr Überleben und ihre auffallende Größe verlangen eine eigene Betrachtung. Ganz offensichtlich hat der Künstler dieser Arbeit besondere Bedeutung beigemessen. Nicht alle Inhalte ließen sich in den Kleinplastiken darstellen.

Giacometti gab dem Werk den Titel *Der Wagen*. Die Figur ist, wie gewöhnlich, ein weiblicher Akt, aufrecht stehend, die Arme an die Seiten gepreßt, die Füße eng nebeneinander gesetzt; sie steht auf einem Sockel, der seinerseits auf einer Plattform ruht, gerade groß genug für die Grundfläche des Sockels. Die Plattform hat an ihren vier Ecken kleine Räder. Das Werk wurde im Sommer 1943 in Maloja ausgeführt, ebenfalls in Gips wie die kleinen Verwandten. Offensichtlich erhielt die Skulptur ihren Namen wegen der Räder. Sie gehören zur Konzeption der Plastik. Wie wichtig sie waren, wissen wir durch eine Begebenheit, die sich zwanzig Jahre später zutrug, als das Werk in Bronze gegossen wurde. Ein Freund Albertos hielt die Plattform mit den Rädern für überflüssig und entfernte sie von dem Abguß in seiner Sammlung, so daß der Sockel direkt auf dem Boden stand. Als Giacometti die Plastik in diesem Zustand sah, geriet er außer sich und verlangte, daß sie unverzüglich wieder in ihren Originalzustand gebracht wurde. Indem er die weibliche Figur auf Räder stellte, legte er ihre Identität fest. Sie existierte nur insofern, als sie sich fortbewegen konnte. Die Bedeutung der Figur und die der Räder lassen sich nicht voneinander trennen. Die Räder und die ungewohnte Größe der Figur waren notwendig, um ein ganz bestimmtes Verhältnis zum Ausdruck zu bringen. Wäre sie ebenso winzig gewesen wie die anderen Plastiken, hätte sich der Effekt der Bewegungsfähigkeit vermindert. Wie sie da in ihrer sakralen Enthobenheit auf ihrem Sockel steht, ist diese Gestalt dennoch auch wie eine Vergrößerung der Figürchen. Beinahe kann man in ihr die Gottheit erkennen, die Alberto in seiner Vision vorausgesagt hatte. Aber sind Räder unabdingbar für die Darstellung des Göttlichen? Giacometti hatte keineswegs die Kraft verloren, sein Werk mit der Bedeutung und Autorität seiner innersten Erfahrung zu erfüllen. Vielmehr wuchs bei ihm die Erkenntnis, wie durch diese Fähigkeit die traditionelle Ausdrucksabsicht an formaler Kraft gewinnen konnte.

Während seines durch den Krieg erzwungenen Aufenthalts in der Schweiz war die Malerei für den Künstler nur eine gelegentliche Beschäftigung. Er führte einige Porträts von Familienangehörigen und Freunden aus. Das Zeichnen jedoch nahm in seinem Werk einen immer größeren Raum ein. Die meisten Zeichnungen aus den Kriegsjahren waren Kopien von Werken früherer Kunst, die er nach Reproduktionen in Büchern anfertigte. Die lebenslange Übung des Kopierens war für ihn nicht bloß eine Möglichkeit, das Werk anderer Künstler genauer zu studieren, sondern diente auch dazu, sein Verhältnis zu ihnen zu klären und damit zugleich seinen Platz in der Tradition zu bestimmen, in deren Fortsetzung er sein Werk verstand. Auch Cézanne hatte sein Leben lang Werke kopiert. Fast ein Drittel seiner überlieferten Zeichnungen sind Kopien, und es ist bemerkenswert, daß es sich dabei meistens um Studien von Skulpturen handelt. Giacometti machte zahlreiche Zeichnungen nach Originalen von Cézanne. Später sagte er, während der Kriegsjahre habe er sich mit Betrachtungen über das Verhältnis von Anspruch und Gelingen bei Cézanne beschäftigt.

36

An einem Herbstabend des Jahres 1943 erschien einer von Giacomettis Freunden zum Essen in Begleitung eines jungen Mädchens. Sie war in einer Vorstadt von Genf zu Hause, interessierte sich für Kunst und lehnte sich auf gegen ihre bürgerliche Herkunft. Sie war außergewöhnlich hübsch und schlank, hatte einen hellen Teint, dunkle Haare und schöne dunkle Augen. Ihre Frische und ihre natürliche, noch nicht durch Erfahrungen getrübte Neugier auf die aufregenden Seiten des Lebens gaben ihr einen besonderen Charme. Sie war gerade zwanzig Jahre alt und hieß Annette. An jenem Abend trug sie einen Mantel mit einem Pelzkragen, den sie hochgeschlagen hatte, so daß er den unteren Teil ihres Gesichts verdeckte. Auf diese Weise war es vor allem der Blick aus ihren dunklen Augen, durch den sie ihr Gegenüber bei der Vorstellung beeindruckte. Alberto war sofort von der Eigenart dieses Blickes getroffen. Im Laufe des Abends wuchs sein Interesse an dem Mädchen. Sie sagte nicht viel in der Unterhaltung; aber sie wirkte deswegen weder uninteressiert noch teilnahmslos. Sie hatte guten Grund zur Vorsicht, denn ihre Intuition sagte ihr, daß sie die Aufmerksamkeit der bemerkenswertesten Persönlichkeit in der Tischrunde auf sich gezogen hatte. Zu vorgerückter Stunde erklärte sie, daß sie aufbrechen müsse, um den letzten Bus nach Hause zu erreichen. Alberto bemerkte dazu, falls sie lieber noch bleiben wolle, könne sie die Nacht bei ihm im Hôtel de Rive verbringen. Sie entschied sich fürs Dableiben. Aber sie mußte ihrer Mutter Bescheid sagen und ihr Ausbleiben erklären. Alberto, der sie zur Telefonzelle begleitete, war von der Leichtigkeit beeindruckt, mit der ein so junges Geschöpf einen plausiblen Vorwand erfand. Der Rest des Abends ging mit Gesprächen hin. Als man schließlich aufbrach, schien der Künstler ein wenig erstaunt darüber, daß Annette immer noch da war und mit ihm nach Hause gehen wollte. Aber er stand zu seinem Wort, und die beiden gingen gemeinsam durch die verdunkelten Straßen, er auf seinen Stock gestützt, das Mädchen neben ihm. Giacomettis Freunde wunderten sich.

Isabel ließ es sich inzwischen in England gutgehen. Zwar war das von Bomben bedrohte London bei weitem nicht so sicher wie das langweilige Genf, dafür aber wesentlich unterhaltsamer. Sefton Delmer hatte wichtige geheime Aufgaben in der psychologischen Kriegsführung übernommen und war an einen Wohnort draußen auf dem Lande gebunden. Isabel zog London vor, wo sie ihre Zeit in Gesellschaft von Künstlern, Schriftstellern und Musikern verbrachte. Sie hatte viel Sinn für Musik und lernte eine ganze Reihe von bedeutenden Tonkünstlern kennen. Einer von ihnen war der Komponist und Dirigent Constant Lambert, ein ungewöhnlich begabter und charmanter Mann. Er war älter als Isabel und ging wegen einer Lähmung am Stock. Ebensogroß wie seine musikalische Begabung – wenn nicht noch größer – war seine Trinkfestigkeit. Doch Isabel vermochte sich neben ihm zu behaupten, und es dauerte nicht lange, bis die beiden zusammenlebten. Das war das Ende von Isabels erster Ehe. Bei all dem Lachen und Trinken mit ihrer jüngsten Eroberung in London vergaß sie jedoch nie, daß ihr ein außergewöhnlicher Mann, den es nach Genf verschlagen hatte, im Geiste nahe geblieben war.

Diego auf der anderen Seite des Kanals – er war die andere Person, an die Alberto ständig dachte – hatte es bei weitem nicht so gut getroffen. Die Lebensmittel waren knapp, Heizmaterial noch knapper. In den Cafés saßen feindliche Soldaten. Nachts patrouillierten sie durch die leeren Straßen. Juden wurden verhaftet und nach Orten verfrachtet, von denen man sich grauenhafte Dinge zuraunte. In dem Maße, wie die Résistance-Bewegung kühner wurde, kam es zu immer brutaleren Repressionsmaßnahmen. Es wurden Geiseln genommen und erschossen, Verdächtige wurden gefoltert, und ganz gewöhnliche Leute führten bei hellichtem Tage die schrecklichsten Gewalttaten aus.

Oft wachte Diego am Morgen auf und wußte nicht, wo er das Geld zusammenkratzen sollte, das er für sich und Nelly benötigte, um über den Tag zu kommen. Noch immer verfertigte er dekorative Gegenstände, Parfümfläschchen und Schmuck, aber die Nachfrage war drastisch gesunken. Wenn möglich, borgte er sich Geld, auch wenn ihm dies wider den Strich ging. Er verkaufte die Zeichnung, die Alberto von Picasso als Geschenk erhalten hatte; viel brachte sie nicht ein. In einer nahe gelegenen Gießerei in der Rue Didot nahm er eine Anstellung an, wobei er das Gießen in Bronze lernte und sich auf das Herstellen von Patinas spezialisierte.

Jeden Tag begab sich Diego einmal – ob er dort etwas zu arbeiten hatte oder nicht – zur Rue Hippolyte-Maindron, um sich zu vergewissern, daß in den Atelierräumen alles in Ordnung war. Es waren jetzt deren zwei zu beaufsichtigen, weil Diego kurz vor dem Krieg noch einen etwas kleineren Raum hatte dazumieten können, ebenfalls in der Passage, genau gegenüber Albertos Atelier. Fast alles andere in dem baufälligen Komplex war verwaist und stand leer. Zwar hatte der in der Ferne weilende Besitzer einen Hausmeister mit der Überwachung betraut, aber dieser Mensch ging lieber anderen, einträglicheren Beschäftigungen nach. Er war ebenfalls Schweizer und hieß Tonio Pototsching. Seine Lebensgefährtin, eine gewisse Renée Alexis, nahm sich auf nachlässige Weise der Aufgaben ihres Liebhabers an, während er selbst irgendwo mit den Deutschen zusammenarbeitete. Pototsching hatte einen Verwaltungsposten bei der Organisation des Baus von Verteidigungsanlagen an der normannischen Küste. Sein Lebenslauf war armselig und kaum der Rede wert. Sein Tod wäre genauso jämmerlich gewesen, wenn nicht der Zufall eingegriffen und ihn zu einem bemerkenswerten Ereignis gemacht hätte, das seinen Namen dem Vergessen entriß.

An einem Frühlingsmorgen entdeckte Diego, daß während der Nacht eine Spinne ihr Netz in der Nähe der Tür zu seinem Arbeitsraum gespannt hatte, direkt vor der Gasuhr. Das Netz schimmerte im Morgenlicht. Voll Bewunderung für die duftige Perfektion dieser Form suchte Diego nach der Erbauerin, die in einer einzigen Nacht diese kostbare Konstruktion zu erschaffen vermochte. Wie erstaunt war er, als er bemerkte, daß es nur eine winzige gelbe Kreatur war, kaum größer als ein Reiskorn. So viel Fleiß und Begabung schienen eine Belohnung zu verdienen, und Diego entschloß sich, der Spinne zu reicher Beute zu verhelfen. Den ganzen Frühling und den Sommer hindurch lockte er Fliegen an, indem er eine mit der streng rationierten Marmelade bestrichene Untertasse so hielt, daß sie der Spinne ins Netz fliegen mußten. Diese Überfülle an Nahrung war mehr, als die glückliche Netzebauerin auf einmal verzehren konnte. Die überschüssigen Fliegen wurden in Spinnenfäden gewickelt, zur Decke hochgeschafft und dort für den späteren Verzehr aufgehängt – wie ebenso viele Schinken unter die Dachsparren einer italienischen *salumeria*.

Als der Gasmann den Zähler ablesen und das Netz wegwischen wollte, beschwor ihn Diego, es nicht zu zerstören. Aber das schöne Gespinst, das er zu retten beabsichtigte, wurde durch seine eigene Fürsorge ruiniert. Zwar konnte er der Spinne zu Nahrung verhelfen, nicht jedoch ihr Gewebe in seiner Perfektion erhalten. Die Spinne wurde immer fetter und hatte einen immer größeren «Schinken»-Vorrat. Um so weniger war sie geneigt, ihre Fangvorrichtung in Ordnung zu halten. Das Netz hing in Fetzen und setzte sich mit Staub voll, während die überfütterte Bewohnerin selbstgefällig in der Netzruine wohnte. Schließlich starb die Spinne an Altersschwäche. Diego hob das zarte Gebilde in einem Büchschen auf, bis es zu Staub zerfiel; aber noch dreißig Jahre später erinnerte er sich liebevoll an diese Spinne und sprach mit Andacht von dem schimmernden Netz, das sie eines Nachts in seinem freudlos schlichten Arbeitsraum gewoben hatte.

In Genf geschah währenddessen etwas Überraschendes. Es wäre zuviel behauptet, wollte man sagen, Giacometti hätte sich verliebt; aber auch das Gegenteil wäre nicht richtig. Das Mädchen Annette, das er an einem Oktoberabend in der Brasserie Centrale kennengelernt hatte, war seine ständige Begleiterin geworden. Die Freunde bemerkten, wie sehr er von ihr eingenommen war. Was andererseits Annette betrifft, so scheint es durchaus glaubhaft, daß sie verliebt war, denn es weist alles darauf hin, daß ihre Gefühle seit dem ersten Abend ernstlich angesprochen waren.

Annette war die einzige Tochter des Lehrers Henri Arm und seiner Frau Germaine. Am 28. Oktober 1923 war sie als zweites von drei Kindern auf die Welt gekommen. Monsieur Arm lehrte an der Primarschule in Grand-Saconnex, einem westlichen Vorort von Genf. Arm war gewissenhaft und fleißig, zugleich aber auch engstirnig und konventionell. Seine Frau war ihm nicht unähnlich. Das Familienleben verlief ebenso prosaisch wie spannungslos gleichförmig und kannte nur selten unterhaltsame Ablenkung. Als Mädchen war Annette empfindsamer und intelligenter als ihre Brüder. Wie die meisten sensiblen jungen Leute, die in einer beengten und Hemmungen hervorrufenden Umgebung aufwachsen müssen, wurde sie von den Wirrungen des Heranwachsens tief aufgewühlt. Anscheinend fand sie in ihrer Familie nicht die Sympathie und das Verständnis, das sie brauchte, um den inneren Wandel zu bewältigen. So steigerte sich in ihr der leidenschaftliche Drang, sich von dem konventionellen Hintergrund zu lösen. Sie zeigte deutlich, daß das Leben für sie eine verzweifelt ernste Sache war und daß sie darum kämpfte, von ihrer Umwelt ernst genommen zu werden. Alles ließ erkennen, daß sie keine gewöhnliche Persönlichkeit war, daß sie sich vielmehr von allem Gewöhnlichen absetzen wollte. Sie hätte niemandem begegnen können, der sie in ihrer Entschlossenheit besser unterstützt hätte als Alberto. Gewiß hat sie dies empfunden, und ein wichtiger Teil seiner Anziehungskraft für sie muß auf dieser Gewißheit beruht haben.

Angesichts solcher Hoffnungen kann es für sie keine große Rolle gespielt haben, daß er alt genug war, um ihr Vater zu sein, daß er offensichtlich mittellos oder fast mittellos war, daß ihr seine Interessen und Tätigkeiten fremd waren und daß er alles andre im Sinne hatte, als nach einer Frau Ausschau zu halten. Es kann in der Tat so scheinen, als ob gerade alle die Unterschiede zwischen ihnen das Verhältnis mit ihm so reizvoll erscheinen ließen. Es war eine bewußte Wahl, eine Entscheidung des freien Willens, durch die sie die Verantwortung für ihre Zukunft übernahm. Sie sehnte sich danach, ohne Zwänge und Hemmungen zu leben. Das Glück hatte ihr die Chance zugespielt, dies in Gesellschaft eines bedeutenden Menschen zu tun. Und bereitwillig hat sie diese Chance ergriffen.

Giacometti scheint die romantische Gefährtin, die in sein Leben eintrat, mit Freuden aufgenommen zu haben. Sie war jung, hübsch, lebhaft, beeindruckbar. Mit Begeisterung wandte sie sich ihm zu, und ihre Unerfahrenheit bewies zur Genüge die Aufrichtigkeit ihrer Zuneigung. Offenbar reagierte er auf sie in derselben Weise, auch wenn er alles andere als unerfahren war. Er war jedoch grundehrlich. Daher dürfen wir annehmen, daß er Annette von Anfang an nahelegte, die Gegenwart, so erfreulich sie auch war, nicht als Versprechen für die Zukunft mißzuverstehen. Seine innere Abwehr gegen feste Bindungen war zu fest eingewurzelt. Er machte – außer gegenüber seiner Mutter – kein Geheimnis aus dem Leben, das er führte, und aus seiner Entschlossenheit, es so zu führen, wie er es tat. Er muß geglaubt haben, daß Annette den versuchsweisen Charakter ihrer Beziehung verstanden und akzeptiert hatte, weil er ihr ziemlich bald erlaubte, zu ihm zu kommen und bei ihm im Hôtel de Rive zu wohnen. Dieser Entschluß wäre wohl kaum denkbar gewesen, hätte er ihn als dauerhafte Verpflichtung empfunden.

Mit ihrem Mädchenlachen und ihrem Charme mag Annette ihm ein wenig wie eine Tochter vorgekommen sein, die ihn innerlich aufrichten konnte, deren Vitalität und Hingabe ihm ein Trost sein sollte auf seinem Weg durch die Wüste des symbolischen Exils. Schließlich war da auch noch die magische Assoziation, die ihr Vorname bei ihm hervorrufen mußte.

Die Arms waren entsetzt. Gewiß hatten sie sich, wie die meisten wohlmeinenden Eltern, vorgestellt, die Backfischprobleme der Tochter würden schon vergehen. Selbst die schlimmsten Befürchtungen hatten sie aber nicht vorhersehen lassen, daß Annette einmal davonlaufen und in wilder Ehe – ausgerechnet in Genf – mit einem Menschen leben würde, von dem sie so gut wie nichts wußten. Das, was sie von ihm wußten, war allerdings beunruhigend genug. Weitläufig waren sie mit Dr. Berthoud bekannt, und in Städten wie Genf ist man mit Klatschgeschichten nicht sparsam. Die Arms hatten also über Giacometti gehört, er sei ein abgerissener, erfolgloser, exzentrischer Künstler mittleren Alters, der sein Leben dank der Unterstützung durch seine alte Mutter fristete, die die Witwe des Giovanni Giacometti war, der sich – im Gegensatz zu seinem Sohn – einen Namen gemacht und einen respektablen Erfolg erzielt hatte. Annettes Vater entschloß sich, diesen Giacometti persönlich zurechtzuweisen.

Als er von der Absicht des empörten Vaters erfuhr, ging Alberto dieser Aussprache sorgfältig aus dem Weg. Früher oder später mußte das Treffen jedoch stattfinden. Monsieur Arm hatte eine berechtigte elterliche Sorgepflicht zu vertreten, und Giacometti wußte das. Annette machte eine Sekretärinnenausbildung durch, die von ihrem Vater bezahlt wurde. Er sah es als sein Recht und seine Pflicht an, seine Tochter, notfalls auch gegen ihren Willen, zu beschützen.

Das Treffen sollte an einem Abend vor dem Nachtessen in einem Café stattfinden. Giacometti sah der Sache mit gemischten Gefühlen entgegen, da ihn Vorwürfe über moralisches Fehlverhalten härter trafen als die meisten Männer. Kaum war Monsieur Arm hereingekommen, fing Alberto an zu reden, um seine Nervosität zu überspielen. Er sprach über irgendein abstraktes Problem, das nichts mit Annette zu tun hatte. So ein Mensch war dem Lehrer noch nie begegnet. Er ließ sich beeindrucken und scheint sofort begriffen zu haben, daß er nicht jenen vermeintlich gefährlichen Taugenichts vor sich hatte, dem er jeden weiteren Umgang mit seiner Tochter hatte verbieten wollen. Das heißt nicht, daß er unverzüglich zu einem Einverständnis bereit gewesen wäre. Zweifellos sprachen die beiden Männer über Albertos problematische Beziehung zu Annette, aber das Gespräch verlief friedlich, und sie gingen anschließend in gutem Einvernehmen auseinander. Giacometti faßte das Ergebnis der Begegnung mit den Worten zusammen: «Kein Grund zur Aufregung.»

Fortan redeten die Arms ihrer Tochter nicht mehr drein, und Annette führte ihr Leben, wie sie es für richtig hielt. Ein Hang zur Eigenwilligkeit schien in ihrer Natur zu liegen, eine unbeirrbare Entschlossenheit, ihren Willen durchzusetzen. Falls Alberto hinter dem mädchenhaften Charme eine Neigung zur Dickköpfigkeit bemerkte, so mag das ihren Reiz für ihn erhöht haben. Im übrigen war sie pflichtbewußt und fügsam. Das Leben im Hôtel de Rive war keineswegs komfortabel, aber sie beklagte sich nicht.

Sie betete Giacometti an und tat alles, um ihm zu gefallen und es ihm in jeder Hinsicht recht zu machen, auch wenn die Anerkennung von seiner Seite ausblieb.

Annettes Aufgeschlossenheit schien auf einen Charakter hinzudeuten, der geformt werden wollte, und das mag dem Bildhauer gefallen haben. Gleichzeitig beobachteten Freunde aber gelegentlich, wie Giacometti bewußt schroff mit Annette umging, indem er sie so beharrlich bespöttelte, daß sie es nicht mehr als Spaß auffassen konnte. Die gemeinsamen Bekannten standen vor einem Rätsel. Die Kraft der Persönlichkeit ließ Giacomettis Verhalten fast zu einem Naturgesetz werden, und die Natur kann unbegreiflich sein.

Giacometti nannte sie *la petite* – die Kleine. Auf der Straße, wenn sie zusammen gingen, gab er ihr mit dem Stock oft einen spielerischen Schlag auf die Beine und rief: «Vorwärts, marsch!» Dabei schienen sie ganz glücklich. Sie verbrachten so viel Zeit wie möglich im Hôtel de Rive. Das hatte inzwischen den Besitzer gewechselt. Die neue Inhaberin war eine Italienerin, die nicht die Absicht hatte, das Hotel als Absteige für kurze Besuche anonymer Klienten zu führen. Das Café im Erdgeschoß wandelte sie in ein Restaurant um, gestattete jedoch Giacometti und einigen seiner Freunde, weiter im Obergeschoß zu wohnen. Sie stellte sogar kostenlos eine kleine Dachkammer zur Verfügung, wo sich Annette aufhalten konnte, während Alberto arbeitete. Noch hatte Annette keinen Anteil an seiner künstlerischen Tätigkeit. Er verlangte nie, daß sie für ihn Modell stehen sollte, und anscheinend war es beiden recht so.

Nachdem Annette ihre Ausbildung an der Handelsschule abgeschlossen hatte, begann sie in einem Büro für das Rote Kreuz zu arbeiten. Es war ein seltsamer Zufall, daß ein anderer Angestellter dieses Büros Picassos Sohn Paulo war, der von der Erziehungsanstalt, die ihn vor weiterer Anfechtung bewahren sollte, die Erlaubnis erhalten hatte, das Heim auf Bewährung zu verlassen. Er arbeitete als Laufbursche, und seinen Mitarbeitern machte es großen Spaß, wenn sie ihm zurufen konnten: «He, Picasso, lauf mal rüber und hol mir ein Päckchen Zigaretten.» Die regelmäßige Arbeit bewahrte ihn jedoch nicht davor, daß er wieder mit dem Gesetz in Konflikt geriet, und nur der weitreichende Einfluß des Vaters konnte die Strafmaßnahmen gegen ihn verhindern.

Annette war keine Karrierefrau. Obwohl sie im Respekt vor materiellem Wohlstand erzogen worden war, scheint sie nicht das Gefühl gehabt zu haben, sie müsse ihren Lebensunterhalt immer selber verdienen. Sie rechnete wohl eher damit, daß eines Tages jemand für sie sorgen würde, der sich nicht unbedingt eine gutbürgerliche Hausfrau wünschte. Sie verbrachte manche Stunde im Büro damit, über ihre Schreibmaschine gelehnt vor sich hinzusinnen, ob sie Alberto heiraten sollte oder nicht.

37

Im Morgengrauen des 6. Juni 1944 landeten alliierte Truppen an der Normandieküste. Zehn Wochen später standen sie vor Paris. Wer mit den Deutschen kollaboriert hatte, bekam es mit der Angst. Einer dieser Kollaborateure war Tonio Pototsching, der ewig abwesende Hausmeister aus der Rue Hippolyte-Maindron. Jetzt tauchte er mit einer Aktentasche voll Geld auf, bejammerte den katastrophalen Verlauf der Dinge und überlegte, was er anfangen sollte. Diego riet ihm, sich zu verstecken. Aber Pototsching entschloß sich, das Weite zu suchen. Er hoffte, in dem großen Durcheinander den zu erwartenden Unannehmlichkeiten zu entgehen und so lange wegzubleiben, bis seine Kollaboration und Treulosigkeit in Vergessenheit geraten wäre. Wie zuvor schon ließ er Renée allein und setzte sich mit seiner Aktentasche nach Osten ab. Niemand in Paris dachte, daß man ihn je wiedersehen würde.

Am 24. August verbreitete sich die Nachricht, daß die alliierten Truppen von Süden und Südwesten vordrangen und stündlich in der Stadt zu erwarten waren. Am nächsten Morgen stand Diego früh auf und begab sich zur Porte d'Orléans. Eine riesige Menschenmenge hatte sich dort versammelt, weil man gehört hatte, die Befreiung der Hauptstadt werde durch französische Einheiten erfolgen. Im Laufe des Vormittags trafen die ersten Kampffahrzeuge ein. Deutsche Soldaten eröffneten das Feuer von den Dächern aus, auf denen sie in Stellung gegangen waren. Die Menge stob auseinander. Diego hockte sich unter einen Tisch vor einem nahe gelegenen Café. Die Franzosen erwiderten das Feuer. Es gab Verluste, aber die Vorausabteilung stieß weiter vor. Über eine Seitenstraße konnte Diego der Gefahrenzone entkommen. Gegen Abend waren die Gefechte so gut wie beendet.

In Genf wichen Giacometti und seine Freunde nicht vom Radioempfänger. Begeistert und sorgenvoll verfolgten sie das Geschehen. Alberto sagte immer wieder: «Der Narr wird sein Leben riskieren!» Er kannte seinen Bruder und machte sich nicht ohne Grund Gedanken.

Nach der Befreiung von Paris wurde die Säuberung Frankreichs von deutschen Truppen rasch vorangetrieben. Danach konnte man an die ungeheure Aufgabe gehen, die zerrüttete und gedemütigte Nation wieder aufzurichten. Das betraf nicht bloß die Franzosen selbst, sondern jeden, für den Frankreich eine unverzichtbare Idee und ein bedeutendes Land war. Giacometti fühlte sich in besonderem Maße betroffen. Im Alter von einundzwanzig Jahren hatte es ihn nach Frankreich, nach Paris gezogen. Gewiß waren die Schweiz, Stampa und seine Mutter ebenfalls entscheidend für den Verlauf seiner künstlerischen Entwicklung gewesen, und wenn sie auch die Richtung bestimmt haben mochten, so war doch Paris das Ziel, der Ort, wo sein Schicksal sich in seinem Werk erfüllen konnte. Nachdem er drei Jahre lang darauf gehofft hatte, dorthin zurückkehren zu können, beantragte er das nötige Visum und erwartete es mit Ungeduld. Kaum wurde es ihm ausgehändigt, kündigte er seine Abreise an und verabschiedete sich von seiner Mutter und den Freunden. Albert Skira gab für ihn ein Abschiedsessen. Doch Giacometti reiste nicht ab. Irgend etwas hielt ihn zwanghaft in Genf zurück. Das war seltsam, denn der Hauptgrund für die Verzögerung war eng verbunden mit seinem Wunsch abzureisen. Was ihn festhielt, war ein weiteres seiner winzigen Figürchen.

Isabel hatte ihm die Nachricht zukommen lassen, sie wolle ihn in Paris treffen, sobald er dorthin zurückkehren würde. In seiner Antwort sagte er, er habe monatelang auf den Augenblick gewartet, an dem er ihr mitteilen könnte, er hätte seine Arbeit «einigermaßen» beendet; jahrelang habe er Woche für Woche in dem Bedürfnis gelebt, «eine bestimmte Dimension» zu erreichen, die er vorläufig nur vor seinem inneren Auge sähe. Diese ideale Dimension kann allerdings nicht einfach in der Größe seines Figürchens bestanden haben, sondern hatte auch etwas mit seiner eigenen Statur als Mann und Künstler zu tun. Es genügte nicht, Ordnung in die Komplexität und Neuheit seiner Arbeiten zu bringen, er mußte auch das Leben ihres Schöpfers auf eine Weise ordnen, die mit ihrem Wesen und ihrer Bedeutung in Einklang stand. Isabel versicherte er, daß er täglich einen kleinen Fortschritt mache. Gemessen am Absoluten, kann auch eine haarfeine Verbesserung schon grenzenlos erscheinen. In dieser Perspektive beginnt Albertos Entschluß, sich heroisch auszunehmen. Aber es gibt noch einen anderen Gesichtspunkt. All diese Arbeit und Mühe, dieses Ringen und einsame Schaffen, dieser unablässig wiederholte Versuch, eine Aufgabe zu lösen, für die es keine sichere und befriedigende Lösung gab – all dies erscheint fast wie eine Selbstbestrafung. Aber natürlich ist das Genie der Wahrheit verpflichtet. Man muß sich fragen, ob die Schwierigkeit nicht ebenso in Genf lag wie in seinem Werk. Er war in diese Stadt gekommen, um seine Mutter zu besuchen. So froh sie war, ihn bei sich zu haben, so unglücklich war sie über das, was er schuf. Jahrelang hatte er sich nach Paris zurückgesehnt, um Isabel wieder zu treffen. Aber das war unmöglich gewesen. Als es möglich wurde, schob er die Abreise vor sich her.

Mögen andere Beziehungen ungewiß und schwer faßbar gewesen sein, das Verhältnis zu Annette Arm wirkte dagegen unbelastet. Sowohl Annette wie Alberto schienen mit den Dingen zufrieden, wie sie sich ergeben hatten. Hinsichtlich der Zukunft sollte es allerdings keine Illusionen geben. Die Reise nach Paris würde Giacometti allein antreten, und Annette durfte nicht mit dem Gedanken spielen, ihm zu folgen. Sie scheint dieses Verbot ruhig und gefaßt hingenommen zu haben. Obwohl sie stark an ihm hing, vermied sie den Eindruck, sie wolle sich an ihn klammern. Nachdem sie einmal die Unabhängigkeit von ihrem Elternhaus errungen hatte, mag sie das Leben in dem leichten und freizügigen Milieu, in das sie durch Alberto hineingekommen war, als so lebenswert empfunden haben, daß sie sich um die Zukunft keine Gedanken machte. Außerdem war Giacometti ungewöhnlich herzlich zu ihr. Er muß sich dessen bewußt gewesen sein, daß eine langfristige Bindung Annettes an ihn nicht zu ihrem Besten sein konnte. Bestimmt beruhte Giacomettis Abneigung gegen den Ehestand zum Teil auf der Einsicht, daß ein Künstler sich nicht in gleichem Maße einer Frau widmen kann wie seiner Kunst.

Während Alberto in Genf die Abreise verzögerte, machte er sich Sorgen um seinen Bruder in Paris. Wenn er aber meinte, seine Gegenwart wäre für das Wohlergehen Diegos unbedingt nötig gewesen, so täuschte er sich – vielleicht gerade, weil die Dinge umgekehrt lagen. In den Jahren der Not hatte sich Diego recht gut allein durchgeschlagen, und wie als symbolische Bestätigung seiner Selbständigkeit hatte ihm der Krieg aus seiner schlimmsten Hölle einen kleinen Gespielen zugeführt, ein Füchschen – aus Auschwitz.

Ein Nachbar Diegos war als Angehöriger der Résistance von der Gestapo verhaftet, gefoltert und in das berüchtigte Konzentrationslager deportiert worden. Wider alle Erwartung gelang es ihm nicht bloß, in dieser Hölle der Unmenschlichkeit zu überleben, sondern unter diesen Bedingungen ein Fuchsjunges zu fangen, zu füttern und zu zähmen. Als er nach der Befreiung aus dem Lager nach Paris zurückkehrte, brachte er das Tierchen mit und hielt es an einer Kette in seiner Wohnung. So hatte Diego es zum erstenmal gesehen. Er war empört und fragte ärgerlich, wie ein Mensch, der die Schrecken des Konzentrationslagers ausgehalten – und überstanden! – hatte, ein an Freiheit gewöhntes Tier so weit aus seiner Heimat entfernen und an einer Kette in einer finstern Wohnung halten konnte. Den ehemaligen Gefangenen ergriff Reue, und er bot Diego das Tierchen zur Pflege an. Der nahm es erfreut mit zur Rue Hippolyte-Maindron. Wegen der Farbe des Fells nannte er die kleine Füchsin Miss Rose. In den beiden Atelierräumen und in der Passage fand sie Auslauf, und eingedenk der Gefahren, denen das Tier beim Hinauslaufen in die Stadt ausgesetzt gewesen wäre, achtete Diego sorgsam darauf, daß die Tür zur Straße immer geschlossen blieb. Wenn Diego mit ihr allein war, zeigte sich Miss Rose zahm und verspielt. Ihre Schläue und Gelehrigkeit machten ihm Freude. Manchmal stellte sie sich tot, lag auf dem Rücken am Boden mit geschlossenen Augen und ließ den Unterkiefer schlaff herabhängen. Sie gab kein Lebenszeichen, wenn Diego sie umherrollte oder am Schwanz hochhob und schüttelte. Kaum aber wandte er sich ab und spielte Desinteresse, sprang sie ihm auf die Schulter und kniff ihn in den Nacken. Er brachte ihr bei, über einen Besenstiel zu springen. Rief er sie beim Namen, kam sie sofort herbei. Sobald freilich Freunde in die Werkstatt kamen, floh sie in ihre Höhle, die sie sich in einer Ecke unter einem Haufen Gips gegraben hatte. Bei allem Vergnügen, das ihre Anwesenheit bereitete, machte sie in anderer Hinsicht ihrem Namen keine Ehre. Es verbreitete sich nämlich ein intensiver Fuchsgeruch, der alles durchzog und noch dadurch verstärkt wurde, daß Miss Rose die Fleischreste, die ihr Diego gab, mit in die Höhle nahm, wo sie verwesen und zusätzlichen Gestank verbreiteten. Diego ließ sich dadurch nicht stören. Er wußte, daß das Atelier nur ein armseliger Ersatz für die Felder und Wälder Polens war, und er vergaß auch nicht das Schicksal des Tierchens. Gewiß, der Krieg hatte Millionen aus ihrer Heimat gerissen und Schreckliches durchmachen lassen. Neben diesen Millionen war Miss Rose ein Wesen von geringer Bedeutung, aber für jemanden, der so viel Verständnis für Tiere hatte, mag gerade die Unscheinbarkeit des Füchschens von Wichtigkeit gewesen sein. Zugleich erwuchs aus dem Wissen über die Herkunft von Miss Rose ein Gefühl für die Würde des Tieres im Gegensatz zur menschlichen Bestialität. Diego war im Grunde weltfremd und aufopfernd, hielt sich abseits, sagte nicht viel, behielt die Dinge lieber für sich und ließ sich nicht leicht zur Anhänglichkeit hinreißen; aber während der Monate des Wartens auf die Rückkehr seines Bruders wurde ihm Miss Rose sehr lieb.

Mehrfach ließ Alberto seinen Bruder wissen, wann er in Paris eintreffen werde. Jedesmal ging Diego zum Bahnhof und mußte erleben, daß sein Bruder nicht mit dem vorgesehenen Zug ankam. Er war nicht sonderlich überrascht, denn er kannte Albertos Unberechenbarkeit beim Reisen. So faßte er sich in Geduld.

Der Sommer ging zu Ende. Nochmals verabschiedete sich Giacometti in Genf. Er verbrannte die meisten Zeichnungen, die er während der letzten Jahre gemacht hatte. Die Figürchen packte er in die praktischen Kästchen. Und am 17. September 1945 trat er endlich die Rückreise an. Er nahm den Nachtzug nach Paris.

Dreiundzwanzig Jahre zuvor war er zum erstenmal zu diesem Ziel aufgebrochen. Viel hatte sich seither gewandelt, die Stadt wie auch die Bestimmung, der er zustrebte. Er selbst hatte sich gewandelt, und das hatte neue Kräfte in ihm wachsen lassen.

Vierter Teil

1945–1956

38

Es war ein gewöhnlicher Tag, bewölkt und nicht besonders warm. Am Morgen war Diego zur Gare de Lyon gegangen, weil er wieder ein Telegramm erhalten hatte. Doch auch diesmal war der Erwartete nicht unter den Reisenden.

Erst am Nachmittag trat Alberto mit seinem Koffer seelenruhig ins Atelier. Es hatte irgendeinen unerklärlichen Aufenthalt gegeben. Aber nun war er da. Nach drei Jahren und acht Monaten! Es war die längste Trennung, die die Brüder erleben sollten – bis zur letzten. Nichts hatte sich in ihrer Beziehung zueinander verändert. Nach kurzer Zeit fühlte sich Alberto so zu Hause, als ob er nie weggewesen wäre. Auch dieses Wohlgefühl verdankte er weitgehend seinem Bruder, denn er fand sein Atelier so vor, wie er es verlassen hatte. Das Federmesser lag genau da, wo er es im Dezember 1941 hingelegt hatte.

Über den Zustand des Ateliers mag Alberto zufrieden, erstaunt und beruhigt gewesen sein; doch er bemerkte eine Veränderung: einen unbekannten und unangenehmen Geruch – die Duftmarke von Miss Rose. Bei Albertos Heimkehr hatte sich die kleine Füchsin schlau in ihr Versteck verzogen. Diego mußte ihre Anwesenheit erklären. Nun hatte Alberto nie die Tierliebe seines Bruders geteilt, und da die Brüder ständig zwischen ihren beiden Ateliers hin und her gingen, würde der schlechte Geruch sich verteilen, solange die Füchsin im Hause war. Gewiß wollte Alberto am Ankunftstag aus einer so unbedeutenden Sache keinen Streit entstehen lassen und ließ sie auf sich beruhen.

Am Abend trennten sich die Brüder wie gewöhnlich. Diego begab sich zum Abendessen mit Nelly oder mit seinen Freunden, während Alberto seiner eigenen Wege ging. Als sie sich gute Nacht sagten, wies Diego noch einmal darauf hin, daß die Tür vor der Passage zur Straße sorgfältig geschlossen bleiben müsse, um Miss Rose vor Gefahren zu bewahren. Früh am nächsten Morgen kam er zur Rue Hippolyte-Maindron. Die Tür zur Straße stand weit offen. Miss Rose war auf Nimmerwiedersehen verschwunden.

Er war unglücklich und verärgert. Wahrscheinlich hatte sein Bruder die Warnung vergessen und die Tür offengelassen. Alberto äußerte zwar sein Bedauern, aber das brachte Miss Rose nicht zurück, und leider fand Diego es fast unmöglich zu glauben, daß die Tür bloß aus Versehen offengeblieben war. In ihm regte sich der Verdacht, sein Bruder hätte der Versuchung nicht widerstehen können, die Gelegenheit zu nutzen, um aus einer unbequemen Gegenwart eine willkommene Abwesenheit zu machen. Der Verdacht schwelte fort, gerade weil man nichts anderes tun konnte, als die Sache zu vergessen. Die Brüder gerieten über den Vorfall nie offen in Streit, doch das

Verschwinden von Miss Rose hinterließ einen nachhaltigen Verdruß, der natürlich schließlich verging. Aber sechs Jahre später blickten die gehetzten Züge einer kleinen Füchsin am Sockel eines barocken Kandelabers hervor, den Diego schuf, um den fünfzigsten Geburtstag seines Bruders zu feiern.

Isabel war inzwischen in Paris eingetroffen. Ihren Freund Constant Lambert und andere, mit denen sie sich während des Krieges die Zeit vertrieben hatte, ließ sie in London zurück. Mehr als fünf Jahre waren seit jenem Junitag vergangen, an dem sich Alberto von ihr verabschiedet hatte. Beide konnten sie das Geschehen von damals nicht vergessen haben. Es scheint, als ob das Versprechen jenes Augenblicks für sie die Zukunft bedeutet hätte.

Ihr erstes Wiedersehen war mit romantischen Erwartungen aufgeladen. Es fand in einem Café an den Champs-Elysées unter vier Augen statt, und das war gut so; sie konnten in aller Ruhe sehen, wie die Zeit sie verändert hatte – hauptsächlich in ihrem Äußeren. Obwohl Isabel erst dreiunddreißig Jahre alt war, hatte ihre Schönheit ihren Glanz eingebüßt. Nach fünf Jahren, in denen sie reichlich dem Alkohol zugesprochen hatte, war ihr Gesicht aufgedunsen. Die Pariser Freunde waren über die Veränderung entsetzt. Alberto seinerseits war nicht nur zehn Jahre älter als sie, sondern hatte seine Gesundheit und sein Äußeres stets vernachlässigt. Sein Gesicht war von tiefen Furchen durchzogen. Aber beide ließen sich durch das Aussehen nicht beirren. Andere, bedeutsamere Umstände machten ihnen mehr zu schaffen; auch sie waren während des Krieges einem Wandel unterworfen gewesen.

Die Unentschlossenheit der Vergangenheit war anscheinend in Genf von Alberto abgefallen. Er war nicht mehr derselbe Mann, der sieben Jahre zuvor, von Unentschiedenheit zerquält, Isabel am Eingang zu ihrem Hotel gute Nacht gesagt hatte. Zwar benutzte er beim Gehen noch den Stock, doch geschah dies anders als zuvor; die neue Haltung ließ sich auf das zurückführen, was er in der Zwischenzeit geleistet hatte. Alberto bat Isabel, zu ihm zu ziehen und bei ihm zu bleiben. Sie nahm die Einladung an.

Der baufällige Komplex an der Ecke der Rue Hippolyte-Maindron und der Rue du Moulin-Vert grenzte an einen kleinen Garten, der im Sommer von einigen Platanen beschattet war. Die Räume, die Ausblick auf das Fleckchen Grün gewährten, erreichte man durch einen eigenen Eingang von der Rue du Moulin-Vert aus. Sie waren zwar äußerst bescheiden, boten jedoch etwas mehr Bequemlichkeit als die Ateliers auf der anderen Seite des Komplexes. Immerhin gab es für die Bewohner ein Bad. Bald nach seiner Rückkehr aus Genf zog Alberto hier ein. Sein Raum lag neben dem Zimmer, das Madame Alexis nach dem Verschwinden von Pototsching benutzte. In diese Bleibe lud Alberto Isabel ein.

Es war das erste Mal, daß er mit einer Frau in einem eheähnlichen Verhältnis zusammenlebte, und es war keine Situation, für die er sonderlich begabt war. Auch Isabel hatte nie die Neigung gezeigt, eine gewissenhafte Ehefrau zu werden. Dennoch war ihr gemeinsames Leben nicht einfach eine frivole Beziehung. Sie hatten bestimmt nicht fünf Jahre wegen einer vorübergehenden Liebelei gewartet. Nahezu zehn Jahre hatte Isabel eine entscheidende Rolle in Albertos Leben und Werk gespielt, und diese Rolle verlangte auch jetzt noch ihr Recht.

Isabel war nicht die einzige Person, die Albertos Wandlung erkannte. Auch die aufmerksameren unter seinen Freunden spürten die Veränderung. Vor dem Krieg war er für sie eine eigentümlich beeindruckende Persönlichkeit gewesen, wobei die Eigenart seines Wesens durch den Anspruch des Genies noch gesteigert wurde. Gleichzeitig aber war er auch ein Künstler unter vielen anderen Kollegen: Miró, Ernst, Tanguy, Masson, Balthus, ganz zu schweigen von den hervorragenden Alten, Matisse, Picasso, Braque, Laurens und anderen. Ferner war da der Kreis der Schriftsteller: Breton, Eluard, Leiris, Sartre und so weiter. In dieser erlauchten Gesellschaft hatte sich Giacometti ohne weiteres behauptet. Nach dem Krieg jedoch war etwas hinzugekommen, eine besondere Ausstrahlung, die Giacometti aus dem Kreis der anderen heraushob. Es kündigte sich in ihm ein gewaltiges Anwachsen der schöpferischen und geistigen Kraft an, die ihn allmählich zu einer legendären Figur werden ließ. Indessen war er noch immer der anregende Gesprächspartner, dessen Rückkehr von seinen Freunden in Paris freudig begrüßt wurde.

Bei Ausbruch des Krieges war Sartre ein unbekannter Professor gewesen und als Autor nur wenig bekannt. Als Giacometti nach Paris zurückkehrte, war Sartre berühmt. Seine Philosophie, der Existentialismus, beherrschte die intellektuelle und literarische Richtung der Zeit und wurde zu einer Mode des geistigen Ausdrucks für die Nachkriegsgeneration. Mit Sartre zusammen zählte auch Simone de Beauvoir zu den berühmten Persönlichkeiten. Ihre gemeinsame Entschlossenheit, stets an vorderster Front der aktuellen Ereignisse zu sein, sollte sie zu mancher Wendung und Windung in ihrer Laufbahn nötigen. Vorerst war die bedeutsamste Frage, ob man als anständiger Mensch zum Mitstreiter des Kommunismus werden müsse oder nicht. Viele Gewissen mußten sich damals mit dieser Entscheidung quälen.

Pablo Picasso, der den Stierkampf vielfach verherrlicht hatte, packte den Stier bei den Hörnern. Unbehelligt war er durch den Krieg gekommen. Obgleich überzeugter Antifaschist, war er immerhin so vorsichtig gewesen, sich nicht politisch zu engagieren. Jetzt wurde er dennoch in die Politik hineingezogen. 1944 trat er der Kommunistischen Partei Frankreichs bei. Die Ankündigung erregte Aufsehen. Sie traf mit der ersten Ausstellung der von Picasso während des Krieges geschaffenen Werke zusammen, die ebenfalls zu einem weithin beachteten Ereignis wurde. Picassos Ruhm – und seine Preise – stiegen raketenartig. Als Spezialist auf dem Gebiet der Selbstinszenierung versicherte er, seine Entscheidung, Mitglied der KPF zu werden, bedeute nichts anderes als die Sehnsucht eines Exilierten nach einer Heimat, sie sei die Zustimmung eines revolutionären Künstlers zur rechtmäßigen Revolution. Früher hatte Picasso immer den Ton angegeben, oft rebellisch und herausfordernd; jetzt aber erlaubte er den neu gewonnenen Genossen, ihn schamlos auszunutzen. Dies war ein Kurswechsel, der nur zu gut mit Picassos Leidenschaft für unvorhersehbare Stilbrüche zusammenging. Als er sich der neuen Sache verschrieb, suchte sich Picasso auch eine neue Geliebte. Mit vierundsechzig Jahren entschloß er sich, Dora Maar durch ein Mädchen von vierundzwanzig Jahren zu ersetzen: Françoise Gilot. Da inzwischen nichts mehr, was Picasso betraf, in der wünschenswerten Privatheit geschehen konnte, sorgte dieser Wechsel in der Öffentlichkeit für entsprechende Erregung.

So kam es, daß der Freund, den Giacometti nach seiner Rückkehr vorfand, nicht mehr derselbe Picasso war, den er früher gekannt hatte. Doch waren sie froh, einander wieder zu begegnen. Besonders froh war gewiß Picasso, weil er fast nur noch von Leuten umgeben war, nach deren Bewunderung es ihn zwar verlangte, auf deren Urteilsvermögen zu vertrauen er aber zu intelligent war. An der Klarheit und Schärfe von Albertos Urteil dagegen zweifelte er nie. Picasso nahm die erste Gelegenheit wahr, dem jüngeren Freund seine neuesten Arbeiten zu zeigen, und er äußerte sich erleichtert, als Giacometti in ihnen den Beweis für künstlerischen Fortschritt erkannte. Nach seiner Rückkehr war Giacometti für eine Weile ein häufiger Besucher in der Rue des Grands-Augustins. Gelegentlich erwiderte Picasso die Besuche. Dann gingen die beiden Künstler oft in ein Café, unterhielten sich, tranken Kaffee und vertrieben sich die Zeit, wobei sie so albern wie Schulbuben sein konnten, wenn sie die pornographischen Magazine betrachteten, die Picasso manchmal mitbrachte.

Giacomettis Anteilnahme am politischen Aspekt des menschlichen Geschehens war während des Krieges gewachsen. Trotz der Isoliertheit seiner Existenz, vielleicht teilweise gerade wegen ihr, verlor er nie die Realität der anderen Menschen aus den Augen. Nie hörte er auf, an den grundsätzlichen Wert und die Bedeutung menschlichen Lebens zu glauben. Gleichzeitig durchschaute er das Durcheinander und die Täuschungen, die in Zeiten internationaler Wirren üblich sind. Noch in der Schweiz hatte ihn eine Gruppe kommunistischer Intellektueller eingeladen, an ihren Aktivitäten teilzunehmen. Er bemerkte dazu: «Alles, was ich bin oder sein will, was für mich Bedeutung hat, wird von den Kommunisten als dekadent abgelehnt. Warum sollte ich mich einer Bewegung anschließen, die mich negiert?» Er tat es nie. Und er vertrat auch nie eine Haltung, die Andersdenkenden die Existenzberechtigung absprach.

André Derain war nicht mit ebensoviel Schlauheit und Erfolg wie Picasso durch den Krieg gekommen. Sein Ruf als Künstler hatte schon seinen Glanz verloren. Jetzt wurde auch sein guter Ruf als Bürger in Frage gestellt. Man sagte ihm nach, er hätte während der Besatzungszeit mit dem Gegner kollaboriert. In Wirklichkeit hatte er nur nicht verhindert, daß verachtenswerte Opportunisten seinen Ruf zu ihren Zwecken mißbrauchten. Allerdings war nicht zu leugnen, daß ihn sein Hunger nach Anerkennung die Gefahr vergessen ließ, die seinem Ansehen daraus erwuchs. Viele ehemalige Freunde behandelten ihn verächtlich als *collabo*. Nicht so Giacometti. Nie ließ die Herzlichkeit nach, mit der er seine Bewunderung für Derain ausdrückte. Sie wurde im Laufe der Jahre sogar demonstrativ, als der Ruhm des alternden Künstlers immer mehr abnahm. Es war, als ob Giacometti es anderen nicht vergeben mochte, wenn sie nicht erkannten, daß gerade die Dimension des Fehlschlagens das beispielhaft Bewegende und Gültige in der Kunst Derains gewesen war. Giacometti besuchte Derain oft in seinem Landhaus, wo sie sich unterhielten, Späße machten und Streitgespräche führten, als ob nichts geschehen wäre. Aber es war doch etwas geschehen, und was daraus hervorging, war eine tiefe Freundschaft.

Balthus, Gruber, Tailleux, Tal Coat und die anderen aus der Gruppe der Gegenständlichen, die in den dreißiger Jahren um Giacometti versammelt waren, hatten den Krieg überstanden und hielten mit unbeirrter Energie an ihren Zielen fest. Die meisten von ihnen arbeiteten unbekannt und unbeirrt weiter und hofften auf die Zeit, da ihnen ihre Mühe Anerkennung bringen würde. Als Giacometti nach seiner Rückkehr wieder unter ihnen weilte, schien diese Zeit sogar etwas nähergerückt zu sein, denn daß sie für ihn mit Sicherheit früher oder später kommen mußte, wurde nie bezweifelt, obwohl er vorerst genauso unbeachtet und für sich allein arbeitete wie seine Freunde. Immerhin hatten die anderen wenigstens Ergebnisse ihrer Anstrengungen, die sich sehen ließen, während Giacometti fast nichts vorweisen konnte, lediglich eine Handvoll Gipsbröckchen und Splitter, die kaum den Namen Plastik verdienten. Einige seiner Freunde mögen erkannt haben, um welch ungewöhnlich bedeutende Werke es sich dabei handelte. Die Notwendigkeit all dieser winzigen Köpfe und Figürchen sollte sich erst sehr viel später zeigen. Vorerst nahm der Künstler in Paris wieder seine Arbeit auf, und bald sah sein Atelier aus wie das Genfer Hotelzimmer.

Diego machte sich Sorgen. Hatte sein Bruder nicht versprochen, nicht zurückzukommen, ohne eine Plastik von weniger «lächerlicher Größe» mitzubringen? Aber nun war er hier, vier Jahre später, und machte dieselben kleinen Dinger wie zuvor; wieder zerstörte er das meiste, was er schuf, und es war keine Änderung abzusehen. Diegos Situation war schwierig. Seine Aufgabe bestand darin, zu helfen, nicht zu behindern, und die Hilfe mußte sich ganz nach den Ansprüchen des Hilfesuchenden richten. Er empfand es als Ironie des Schicksals, ja als Härte, daß sich sein Bruder nicht um das Ergebnis zu kümmern brauchte, weil er nur das Instrument eines Prozesses war, durch den er automatisch der Gefahr eines vergeblichen und bedeutungslosen Lebens entrann, während Diego, der auf das Ergebnis angewiesen war, um den Wert seines Beitrags zu beweisen, nichts tun konnte, als sich Sorgen zu machen.

Seine Rolle gestattete ihm nicht, sich einzumischen, doch konnte er auf seine Weise eingreifen. Er versuchte, so viele Werke wie möglich vor der Vernichtung zu bewahren, und es gelang ihm, eine größere Zahl der Kleinplastiken vor ihrem Ende im Staub zu retten. Seine Bemühungen entsprachen auch dem einzigen Gedanken, der Alberto zu beunruhigen vermochte – Geld; denn wenn es nie etwas zu verkaufen gab, wie sollte es ihm möglich sein, damit fortzufahren, immer neue kleine Figürchen zu machen und zu zerstören?

Jetzt gab es keinen Jean-Michel Frank mehr, mit dessen Aufträgen sie hätten rechnen können. Ihr treuer Freund hatte den Krieg nicht überlebt.

Das Leben in New York ohne Anerkennung machte ihn unglücklich, Verzweiflung packte ihn über die hoffnungslose Liebe zu einem jungen Amerikaner, und aus der Ferne verfolgte er den Krieg mit wachsendem Grauen. Jean-Michel empfand sein Dasein als so unerträglich, daß er sich in einem Verzweiflungsanfall aus einem Fenster des St.-Regis-Hotels stürzte.

Die Zeiten waren hart. Kleidung und Nahrungsmittel waren schwer zu beschaffen. Für die Brüder Giacometti war bereits das Ende ihrer gemeinsamen, seit zwanzig Jahren gewohnten Lebensweise abzusehen. Meist hatten sie sich mit geborgtem Geld durchgeschlagen, und es gab Leute, die sich fragten, ob sie nicht ihr Geld zum Fenster hinauswarfen, wenn sie es einem Künstler liehen, der anscheinend nie etwas fertig machen konnte.

Alberto war sich seines Dilemmas nur zu sehr bewußt. Es kann für ihn auch nicht besonders ermutigend gewesen sein, daß Isabel Zeugin seiner Unfähigkeit wurde, seinen Lebensunterhalt zu verdienen oder wenigstens sein Werk zu einem befriedigenden Ergebnis zu führen. Die Unentschlossenheit in seinen persönlichen Beziehungen war gewichen, aber der Wandel hatte sich nicht auch auf seine Arbeit ausgewirkt. Öfters fuhr Alberto mitten in der Nacht aus dem Schlaf und wurde von dem schrecklichen Gedanken geplagt, er wäre für immer zur Mittellosigkeit verurteilt. Stundenlang lag er wach und sorgte sich um die Zukunft, während Isabel an seiner Seite schlief und das unvermeidliche Licht neben seinem Bett brannte.

Dennoch scheint er nie bezweifelt zu haben, daß er auf dem rechten Weg war. Er glaubte unerschütterlich daran, der nächste Tag oder die nächste Woche werde einen Fortschritt bringen. Wenn auch der Beweis dafür immer wieder in die Zukunft gerückt werden mußte, vertraute er darauf, daß er sich zur rechten Zeit einstellen werde. Dabei spielte es für ihn keine Rolle, daß nicht einmal Diego und Isabel auch nur das geringste Anzeichen eines Fortschritts zu erkennen vermochten.

Inzwischen trat eine Veränderung in Isabels Verhalten ein, die das Problem der Unentschiedenheit ein für allemal beseitigte. Von da an wußte Alberto genau, wie er mit ihr stand.

Am Weihnachtstag 1945 wurde die Frau von Francis Tailleux in der Bretagne von einem Mädchen entbunden. Der Künstler, der in Paris geblieben war, entschloß sich, das Ereignis am selben Abend zu feiern, indem er im Appartement seiner Mutter in der Rue du Bac ein Fest veranstaltete. Natürlich waren Alberto und Isabel eingeladen, zusammen mit einem Schwarm von Künstlern, Literaten und Musikern. Es gab viel zu trinken, und alle nahmen die Gelegenheit ausgiebig wahr. Zu vorgerückter Stunde stand Isabel plötzlich auf. Mit ihr ging ein junger hübscher Mann durch den Raum. Ohne sich zu verabschieden, verließen sie das Appartement. «Was soll denn das?» rief Alberto. Er mußte allein zur Rue Hippolyte-Maindron zurückkehren.

Mehrere Tage ließ sich Isabel nicht blicken. Als sie wiederkam, geschah es nur, um ihre Kleider und Sachen abzuholen. Sie hatte sich entschlossen, Alberto zu verlassen und mit dem jungen Mann zu leben, den sie bei Tailleux kennengelernt hatte. Wir wissen nicht, wie Alberto diese Wendung des Schicksals hingenommen hat; aber wir erinnern uns, wie er Floras Geständnis einer Untreue fünfzehn Jahre zuvor aufgenommen hatte.

Der junge Mann war ein Musiker namens René Leibowitz. Als Dirigent, Musikwissenschaftler und Förderer der Avantgarde-Musik sollte er später eine vorübergehende Berühmtheit erlangen. Während der Zeit, in der er mit Isabel zusammenlebte, wurde er von Giacometti geschnitten. Er war darüber erstaunt und betroffen, da er mit dem Bildhauer in freundschaftlicher Beziehung gestanden hatte. Diese Naivität mag man als Kontrapunkt zu dem unbegreiflichen Doppelspiel seiner Geliebten betrachten. Sie schrieb Alberto lange Briefe, in denen sie an seine Toleranz appellierte, wobei sie als Hauptgrund für ihr Verbleiben bei Leibowitz angab, sie wolle ihn zerstören. So wirkte ihr Verhältnis zu beiden Männern gefährlich zweideutig. Ihren Motiven wohnte eine zerstörerische Kraft inne, die sich gegen sie selbst wie gegen andere richtete.

Alberto ließ sich von ihr nicht mehr betören. An jenem Weihnachtsabend war seine Liebe endgültig zerbrochen. Der Künstler hatte seine ehemalige Geliebte als «Männerfresserin» durchschaut, aber für sein Leben wie für seine Kunst hatte sie viel bedeutet.

39

Es kam der Tag, an dem Giacometti den Krückstock beiseite legte. Er betrachtete dies als ein bedeutendes Ereignis und wies alle seine Bekannten darauf hin. Künftig sollte er seinen Lebensweg anders als früher gehen.

In Genf dachte Annette Arm darüber nach, wie sie diesen Weg mit ihm zusammen gehen könnte. Sie hatte nur noch den einen Wunsch, zu ihm nach Paris zu kommen. Alberto versuchte, sie von ihrem Vorhaben abzubringen, und bat sie, in Genf zu bleiben. Aber solange Isabel mit ihm zusammen wohnte, hätte er seiner Korrespondentin kaum etwas anderes sagen können. Annette mochte sich jedoch nicht damit zufriedengeben. Sie schrieb weitere Briefe.

Nachdem Isabel mit René Leibowitz ausgerissen war, lagen die Dinge anders. Der Künstler war plötzlich so sehr mit sich allein, wie es ihm schon lange nicht mehr geschehen war. Er dachte an die Jahre des Staubs in dem kleinen Hotelzimmer, und er muß sich dabei auch an die Person erinnert haben, deren Gesellschaft ihm Trost und geistige Erholung gewesen war. Er bat sie, ihm einen Gefallen zu tun, und er hätte dies kaum getan, ohne damit zu rechnen, daß sie einen weiteren Schritt auf ihn zu machen würde. Er bat sie, ihm ein Paar Schuhe zu schicken.

Das war eine gedankenlose und unverantwortliche Bitte. Aber wahrscheinlich schien es ihm lediglich praktisch. Schuhe von anständiger Qualität waren in Paris kaum zu bekommen. Alberto erinnerte sich, in einem Genfer Schaufenster ein Paar gesehen zu haben, das ihm besonders gefallen hatte. Es bleibt ein Rätsel, warum sich Giacometti die Schuhe ausgerechnet von Annette besorgen lassen wollte, obwohl er in Genf genügend andere Leute hätte bitten können, als erstes seine Mutter. Er schrieb Annette einen langen Brief, in dem er genau erklärte, welche Schuhe er haben wollte – dieses Paar und kein anderes –, er gab die Schuhgröße an, erläuterte die Lage des Geschäfts und fügte Anweisungen über den Transport des Pakets hinzu. Es sollte, beginnend mit Albert Skira, von Hand zu Hand gehen und schließlich zu einem jungen Maler in Paris namens Roger Montandon gelangen.

Als das Paket seinen vorgesehenen Weg durchlaufen hatte, wurde es eines Abends in der Rue Hippolyte-Maindron abgegeben. Giacometti öffnete es und bekam einen Wutanfall. Es waren nicht die Schuhe, die er hatte haben wollen. Er tobte und schimpfte auf Annette; dann eilte er hinaus und warf die Schuhe in den Mülleimer, ohne sie auch nur einmal anprobiert zu haben. Montandon war bestürzt. Er kannte Giacometti seit mehreren Jahren und hatte manchen seiner Zornausbrüche erlebt, aber nie einen wie diesen. Das Verhalten wirkte doppelt unverständlich, weil der Bildhauer, der so wenig Geld besaß, nicht zögerte, ein wertvolles Paar Schuhe wegzuwerfen, obwohl er dringend Schuhe benötigte. Doch was ihm wirklich fehlte, lag nicht in einem Bereich, der vernünftigen Überlegungen zugänglich war.

Eines Abends ging Giacometti ins Kino. Während er im Vorführsaal saß, erlebte er ohne jede Vorankündigung einen jener wundersamen Augenblicke zeitloser Offenbarung. Das Erlebnis bewirkte einen grundsätzlichen Wandel in der Weltanschauung und Kunstauffassung des Künstlers. Er erkannte dies sofort und sprach später immer wieder von dem Ereignis.

«Die wahre Offenbarung», sagte er, «der große Schock, der mein ganzes Konzept vom Raum umgestoßen und mich endgültig auf die Spur gebracht hat, auf der ich heute bin, ereignete sich im Kino ... Statt auf der Leinwand eine Person zu sehen, sah ich unbestimmte schwarze Flecken, die sich bewegten. Ich sah meine Nachbarn an – und plötzlich habe ich sie gesehen, wie ich sie noch nie gesehen hatte. Das Neue war nicht, was sich auf der Leinwand abspielte, sondern die Menschen, die neben mir saßen. An diesem Tag – ich erinnere mich noch genau, wie ich wieder auf den Boulevard Montparnasse hinaustrat – da habe ich den Boulevard angeschaut wie noch nie zuvor. Alles war anders, sowohl die Raumtiefe als auch die Dinge und die Farben und die Stille ... denn die Stille spielte eine Rolle dabei, es war ja ein Tonfilm gewesen ... Alles schien mir anders und vollkommen neu. Der Boulevard Montparnasse war in die Schönheit von Tausendundeiner Nacht getaucht, märchenhaft, vollkommen unbekannt ... Nun war ich begierig, mehr davon zu sehen. Es war, wenn man so will, eine Art ständiger Verzauberung aller Dinge. Natürlich bekam ich Lust aufs Malen, aber es war mir nicht möglich, zu malen oder zu modellieren, was ich sah ...

An diesem Tag ist die Wirklichkeit für mich umgewertet worden, in allem und jedem; sie wurde für mich zum Unbekannten, aber auch zum märchenhaft Unbekannten. Von dem Tag an, da mir der Unterschied aufgegangen ist zwischen meiner Sehweise auf der Straße und der der Fotografie oder des Films, habe ich das darstellen wollen, was ich sehe ...

Ich begann, Köpfe im Leeren zu sehen, im Raum, der sie umgibt. Als ich zum erstenmal gewahr wurde, wie der Kopf, den ich anschaue, erstarrte, wie er unbeweglich und für immer im Augenblick verharrte, da begann ich vor Schrecken zu zittern wie noch nie in meinem Leben. Das war kein lebendiger Kopf mehr, sondern ein Ding, das ich anschaute wie irgendein anderes Ding – oder nein, nicht wie irgendeinen anderen Gegenstand, sondern wie etwas, das sowohl lebendig als auch tot war. Ich stieß einen Schreckensschrei aus, als ob ich eben eine Schwelle überschritten hätte, als ob ich in eine noch nie gesehene Welt eingetreten wäre ...

Alle Lebenden waren tot, und diese Vision wiederholte sich öfters, in der Metro, auf der Straße, im Restaurant, beim Anblick meiner Freunde. Ich sah den Kellner, der sich in der Brasserie Lipp zu mir herabbeugte, plötzlich mit geöffnetem Mund und erstarrtem Blick reglos vor mir innehalten, ohne den geringsten Bezug zum vorhergehenden oder zum folgenden Moment. Und nicht bloß die Menschen, sondern auch die Dinge unterlagen gleichzeitig einer Verwandlung: Tische, Stühle, Kleider, die Straße, sogar die Bäume und Landschaften.»

Der Augenblick der Offenbarung kam wie das Geschenk des Sehens für einen Blinden. Giacomettis Jubel rief Erinnerungen wach an den Sechzehnjährigen in der glücklichen Gewißheit seiner Gestaltungskräfte. Auf entscheidende Weise schien er buchstäblich wie neugeboren. Aber jetzt war das Glück gedämpft durch düstere Einsichten in das Wesen der Wahrnehmung, denn die Unbeschwertheit der Jugend war längst verflogen. So düster die Einsichten waren, steuerten sie doch zur Klarheit der künstlerischen Absicht bei. Im Bewußtsein seiner früheren Blindheit erkannte Giacometti, daß nicht das Denken, sondern das Schauen Zugang zur Wirklichkeit verschafft. Indem er seinen Blick fast zehn Jahre hindurch auf etwas konzentriert hatte, das ästhetisch fast nichts, menschlich dagegen fast alles war, hatte er seine Wahrnehmung so weit geläutert, daß das Sehen an sich die Grundlage eines Stils werden konnte.

Als Giacometti jenen Kinosaal betrat, überließ er sich einer Situation, in der nicht die Wirklichkeit direkt erfahren, sondern die Glaubhaftigkeit des Sichtbaren angestrebt wird. Die meisten Menschen verlassen sich gerne blindlings darauf, daß die Dinge so sind, wie sie erscheinen, und daß sie trotz der Ungewißheit der Welt auch unverändert bleiben. Giacometti hatte schon längst seinen Blick hinter die vermeintlich unveränderlichen Phänomene gerichtet, um, wenn möglich, den Wahrnehmungsprozeß selbst zu durchschauen und dessen Mittel für seine schöpferischen Zwecke zu nutzen. Diese Anstrengung hörte freilich nie auf und mußte ständig in analytischen Auseinandersetzungen mit dem Unbekannten fortgesetzt werden. Diese ließen sich nicht willentlich durch den Künstler herbeiführen, sondern stellten sich nach ihrem eigenen Rhythmus ein, wobei sie in einer Art Eigenleben Giacomettis visuelle Durchbrüche ausnutzten. Das Kino war genau der Ort für eine Begegnung solcher Art, weil die scheinbare Glaubhaftigkeit des Sichtbaren die Sehfähigkeit dazu herausfordert, sich auf Illusionen zu verlassen, als seien sie nicht nur ein Aspekt der Realität, sondern ein Zugang zu weiterreichender Wahrnehmung. Es entspricht einer subtil-ironischen Logik, daß die Bilder, die für Giacometti plötzlich unverständlich wurden, seinen Nachbarn durchaus begreiflich blieben, während durch denselben Vorgang diese Menschen im Blick des Künstlers so umgemodelt wurden, daß er nur im Rückgriff auf absolute Illusion hoffen durfte, seine Sicht ihrer Wirklichkeit festhalten zu können. Jahrelang hatte er immer wieder winzige Skulpturen geformt, die für andere Leute nur bedeutungslose Bröckchen waren. Jetzt zwang ihn eine Krise im Kern aller Erscheinungen, seine Skulpturen lebenstreu zu machen, indem er sie so gestaltete, wie sie in der von ihm erschauten Wirklichkeit aussahen.

Nacht heißt eine Plastik, die zum erstenmal den Durchbruch in ein neues Feld erkennen läßt. Sie ist fragil, skelettartig und stellt eine alleinstehende Gestalt dar, die im Gehen innehält, mit getrennt stehenden Füßen, die Hände erhoben, den Körper leicht nach vorne geneigt, ohne Gesichtszüge, unbeweglich, mit ausgeglichenem Gewicht auf einem rechteckigen Sockel ruhend. *Nacht* ist das ganze Werk, nicht bloß die Figur für sich. Wie bei allen Skulpturen Giacomettis ist dieser Sockel nicht nur eine ästhetische Zutat, sondern gehört bereits zur Idee, denn er stellt den Boden der Welt dar, auf dem die Figur in ihrer Einsamkeit verharrt. Dieses dünne, abgezehrte Wesen war ein direkter Nachkomme der winzigen Figürchen, von allem anderen im Raum getrennt, jetzt aber deutlich auf dem Wege zu einer positiven Bestimmung.

Der Bildhauer machte sich mit Begeisterung an die Arbeit. Nach einem Jahrzehnt erfolglosen Sichabmühens hatte er einen Weg gefunden, die wiederentdeckte jugendliche Energie mit dem durch die Erfahrung disziplinierten Blick zu verschmelzen, um aufs neue, aber anders, die expressiven Möglichkeiten seines innersten Wesens zu erwecken. Er schuf aus der Vorstellung und aus dem Gedächtnis, aber auch direkt nach der Natur. Dies war ebenfalls ein Wandel, und alles in allem scheint in jeder Weise die Wandlung den Wandel hervorgebracht zu haben.

Wie gewöhnlich wandte sich Giacometti den ihm Nächststehenden zu, allen voran Diego. Der stand Modell für Zeichnungen und Gemälde, und es war genau wie früher. Auch von Sartre und Aragon machte der Künstler Zeichnungen. Er arbeitete an einer Büste von Simone de Beauvoir, malte das Bildnis seines Freundes Tériade, des Herausgebers von *Verve*, fing eine Büste der Marie-Laure de Noailles und eine von Picasso an. Dazu arbeitete er auch an weniger thematisch gebundenen Plastiken und bekämpfte seine alte Neigung, die Arbeiten immer kleiner werden zu lassen. «Ich schwor mir», bemerkte er dazu, «meine Statuen nicht um einen Zoll mehr schrumpfen zu lassen.»

40

Ostern 1946 kehrte Giacometti nach Genf zurück, um seine Mutter zu besuchen. Bedenkt man, was inzwischen in Paris geschehen war, so sah manches jetzt anders aus – genau wie er selbst. Die Person, die am meisten durch die veränderten Ansichten berührt wurde, war Annette Arm. Sie hatte keinen

Moment lang den Gedanken aufgegeben, doch noch mit Alberto zusammenzukommen.

Die Standpunkte, von denen aus sie sich gegenseitig betrachteten, hatten sich tatsächlich geändert. Zum erstenmal stand Annette für Alberto Modell. Diese Tatsache war für ihre gegenseitigen Erwartungen äußerst wichtig, denn auf diese Weise wurde sie in seine Welt aufgenommen, anscheinend wider alle Logik. Aber so war die Logik in Giacomettis Wesen: unvorhersehbar, impulsiv und außerhalb der zu erwartenden Bahnen. Sie sprachen auch über Annettes Wunsch, nach Paris zu kommen. Dabei ließ sie es nicht mit Andeutungen bewenden, sondern äußerte den Wunsch ganz direkt. Giacometti kann nicht überrascht gewesen sein, und seine Antwort war gewiß schon vorbedacht, noch ehe er seinen Blick auf Annette als den Brennpunkt des schöpferischen Aktes gerichtet hatte. Er war einverstanden, auch wenn er später häufig betonen sollte, daß er sie nicht zum Kommen aufgefordert hätte – er war einverstanden!

Plötzlich verschob sich die gesamte Geographie von Giacomettis Leben. Es entstanden neue Perspektiven und Schatten, wo zuvor keine gewesen waren. Gänzlich unerwartet war dies das einzige Mal, daß Alberto dem Wunsch einer anderen Person nachgab, sich ihm so eng anzuschließen. Die Unwahrscheinlichkeit seiner Entscheidung wandelte sich zu einer Art naiver Tugendhaltung, die bei allen menschlichen Schwächen dennoch so etwas wie Liebe gedeihen ließ.

Einen guten Eindruck von den neuen Verhältnissen vermittelt Giacomettis Warnung, er werde wegen Annettes Gegenwart sein Leben nicht im geringsten ändern. Die Warnung hätte er lieber an sich selbst richten und an die mögliche Flucht aus einer Verantwortung denken sollen, die anzunehmen er kaum bereit war. Alberto kannte sehr wohl die zerstörerische Macht, die mit dem schöpferischen Drang einhergeht. zwar setzt Kreativität nicht zwingend destruktive Regungen frei, aber nur wenige Menschen haben die Kraft, solcher Versuchung zu widerstehen. Obwohl Alberto wußte, wie wesentlich Charakterfestigkeit für einen Künstler ist, ließ er sich in der Lebensmitte auf eine Verpflichtung ein, die mit ziemlicher Sicherheit auf genau die Verwicklungen hinsteuern mußte, die zu vermeiden er so lange bemüht gewesen war. Möglicherweise glaubte er tatsächlich, daß Annettes Gegenwart weder sein noch ihr Leben verändern würde; aber, was immer er glauben mochte, seine Entscheidung war kein bloßes Versehen, sondern ein Fehler.

Anders sah der Ausblick auf ihr kommendes Dasein für Annette aus; ihre neue Umgebung war für sie eine terra incognita; sie konnte die Folgen ihres Entschlusses weder vorhersehen noch verhindern. Es sollte noch die Zeit kommen, in der sie von sich sagte, sie wäre ganz zufällig in den Lebenskreis eines Künstlers geraten, womit sie sich bequem der Verantwortung entzog. Alberto mag sie verlockt haben, aber sie war der Verlockung bewußt gefolgt. Sie ahnte nicht, worauf sie sich einließ; sie wußte nur, was sie hinter sich lassen wollte. Sie war entschlossen, die Maßstäbe über Bord zu werfen, die ihr Zuhause bestimmt hatten, obgleich sie sich unbewußt doch nach ihnen richtete, denn Annette ließ sich mehr von Gefühlen leiten als von rationalen Überlegungen. Ihr innigster Wunsch richtete sich folglich darauf, etwas besitzen zu wollen, was sie nicht haben konnte. Für diese Konstellation war Alberto der ideale Partner, und in diesem Sinne paßten sie zueinander. Gewiß, Annette verhielt sich leichtsinnig – wie ja auch Alberto; aber das heißt nicht, sie wäre frei gewesen von Schuld.

Nach Paris zurückgekehrt, kamen Giacometti Bedenken, wie sich Annette wohl in sein Leben einfügen würde. Könnte ihre Anwesenheit nicht wie eine wohlüberlegte Entscheidung aussehen? Aber solch eine Entscheidung stand im Widerspruch zu Überzeugungen, an denen er jahrelang festgehalten und die er oft genug geäußert hatte.

Albertos Freundeskreis in Paris bestand aus kritischeren Leuten, als sie in Genf um ihn gewesen waren. Bei jenen hatte sich Annette zu behaupten gelernt, aber mit Picasso, Sartre und Simone de Beauvoir zu verkehren, war eine andere Sache. Hinzu kam noch, daß Giacometti zu einer besonderen, kleinen Gruppe gehörte, die Außenseiter ungern aufnahm. Zu ihr zählten Balthus, der Schriftsteller Georges Bataille, der Psychoanalytiker Jacques Lacan sowie noch einige andere samt ihren Frauen und Gefährtinnen. Ebenfalls gehörte der chilenische Maler Roberto Matta dazu, der sich spät dem Surrealismus angeschlossen hatte. Die junge Frau Mattas war hübsch, empfindsam und eigensinnig. Sie hatte einen Blick für Kunst und Künstler. Sie schätzte Giacometti sehr, und auch er setzte großes Vertrauen in sie. Sie sollte in seinem Leben noch eine Rolle spielen.

Die Frage, ob er einer jungen Frau eine passende Wohnung zu bieten hatte, mag sich für Giacometti nicht ernstlich gestellt haben. Annette war glücklich gewesen, in Genf mit dem Hôtel de Rive vorliebzunehmen, und er durfte damit rechnen, daß sie auch die Verhältnisse in der Rue Hippolyte-Maindron hinnehmen würde. Wohnungen waren in Paris ohnehin fast nicht zu finden, und jedermann war willens, das Beste aus den gegebenen Verhältnissen zu machen. Die zusammengestoppelten Atelierräume des unsoliden Baukomplexes waren inzwischen in einem noch betrüblicheren Zustand als zuvor. Sieben Jahre lang waren keine Reparaturen vorgenommen worden; auch war nicht damit zu rechnen, daß dringende Ausbesserungen bald durchgeführt würden, obwohl der Mann, der dafür zuständig war, unerwartet zu dieser Zeit wieder auftauchte.

An einem Frühlingstag kehrte Tonio Pototsching aus dem Kriege zurück. Taktvollerweise hatte er mit seiner Rückkehr gewartet, bis nicht mehr damit zu rechnen war, daß ihn sein Opportunismus und seine Zusammenarbeit mit dem ehemaligen Gegner in Schwierigkeiten bringen konnten. Er brachte es sogar fertig, sich mehr als Opfer denn als Nutznießer der Besatzung hinzustellen. Nach seiner Flucht aus Paris war Pototsching mit Hilfe seiner wohlgefüllten Aktentasche nach Osten entkommen und schließlich in Wien hängengeblieben. In einem Zimmer über einem Juweliergeschäft hielt er sich versteckt und wartete, daß sich die Lage klären würde. Eines Morgens erscholl Lärm auf der Straße, Glas splitterte, man hörte Geschrei und Pferdegetrappel. Von seinem Fenster aus sah Pototsching russische Soldaten, die den Laden im Parterre geplündert hatten, und er dachte, er wäre besser dort aufgehoben, wo er hergekommen war, als dort, wohin die Sowjets ihn am Ende noch schicken würden. Es gelang ihm, sich nach dem Westen abzusetzen, und er präsentierte sich den alliierten Behörden als DP (Displaced Person), als Kriegsverschleppter. Wenn es ihm auch nicht damit eilte, nach Hause zurückzukehren, machte er sich die Rolle eines echten DP schon deshalb zu eigen, weil er allen Ernstes glaubte, ein Opfer der Umstände zu sein. Als er schließlich in der Rue Hippolyte-Maindron eintraf, sah er aus wie jemand, der schon auf der Schwelle des Todes stand, gelb und abgezehrt. Er legte sich sogleich ins Bett und ließ sich von Renée Alexis und den Brüdern Giacometti pflegen.

Die Frage nach einer angemessenen Wohnung für seine junge Lebensgefährtin beunruhigte Giacometti nicht, wohl aber seine finanzielle Unsicherheit. Annette hatte sich bereit erklärt, für ihren eigenen Lebensunterhalt aufzukommen; aber sie machte sich gewiß keine Vorstellung davon, was die Verpflichtung bedeutete. Giacometti seinerseits wußte, daß bei jedem Künstler Geldsorgen Bestandteil der Rechtfertigung seiner Lebensweise sind. Die eigentliche Frage war, ob er so weiterleben konnte, wie er wollte, indem er bloß das tat, was ihm das Leben lebenswert erscheinen ließ. Nach dem Krieg kam der Kunstmarkt äußerst schleppend in Gang. Giacomettis Werke waren nicht gefragt. Zehn Jahre lang hatte er nichts in der Öffentlichkeit gezeigt. Seine Arbeiten hatten sich inzwischen sehr gewandelt, und dies sollte sich als Nachteil erweisen, weil die Kunst der Nachkriegszeit eindeutig zur Ungegenständlichkeit tendierte.

Der einzige Pariser Händler, der bereit war, Giacomettis neueste Werke in seiner Galerie zu zeigen, war Pierre Loeb. Wie es aber seine Art war, wollte er so wenig Bargeld wie möglich in das Risiko mit einem Künstler stecken, der ja ohnehin schon vom Prestige seines guten Geschmacks profitierte. Giacometti sagte zu, weil er dringend Geld benötigte. Es lag in seinem Wesen, daß er oft in eine Lage geriet, in der man ihn auf unfaire Weise übervorteilen konnte. Obwohl er solche Behandlung nicht leicht vergaß, setzte er sich ihr immer wieder aus. Das führte nachträglich zu bitteren Wutausbrüchen, die teilweise gegen ihn selbst gerichtet waren. Es sollte jedoch bald deutlich werden, daß die Zeiten vorüber waren, in denen Pierre Loeb den Geschmack bestimmte.

Er konnte nicht mehr als Fürsprecher für einen gealterten Künstler wirken, der nicht hinreichend bekannt war. Aus dem Arrangement wurde nichts.

Andere mögliche Händler waren rar in Paris. Pierre Colle, der für Giacometti im Jahre 1934 eine erste Einzelausstellung veranstaltet hatte, plante, nach Amerika überzusiedeln; aber er starb noch vorher. Jeanne Bucher war bereits tot. Eine andere Möglichkeit bot sich kurzfristig in Gestalt eines jungen Bewunderers von Giacomettis Werk. Er hieß Louis Clayeux und war damals als Assistent in der florierenden Galerie von Louis Carré in der Avenue de Messine tätig. Clayeux überredete seinen Arbeitgeber zu einem Besuch in der Rue Hippolyte-Maindron; es war ein fruchtloses Unternehmen, denn Carré hatte nur Sinn für abgesicherte Werte in der Kunst. Damit blieb in Paris lediglich Kahnweiler, der Händler, der Picasso vertrat; doch der hatte nie Interesse an Giacomettis Werken gezeigt, wie auch übrigens am Werk keines anderen Künstlers, der jünger war als jene, die Kahnweilers Glück gemacht hatten. So gab es nur noch eine Chance, und das war nicht einmal ein Händler in Paris: Pierre Matisse in New York. Nach dem Ankauf der *Schreitenden* im Jahr 1936 war die Verbindung nie mehr ganz abgerissen, auch wenn Matisse nichts mehr erwarb. Seiner vorsichtigen Betrachtungsweise hatte sich seither nichts Kaufenswertes mehr geboten. Da er in vertrautem Kontakt mit allen Leuten der Pariser Kunstwelt stand, kannte er Giacomettis Lage. Als er im Frühjahr 1946 nach Frankreich kam, begab er sich zur Rue Hippolyte-Maindron, um zu sehen, ob irgend etwas entstanden wäre, über das sich zu verhandeln lohnte. Was er vorfand, reizte ihn weder zum Kauf noch zu sonst einem unternehmerischen Entschluß. Als jemand, der ohnehin nicht zur Überschwenglichkeit neigte, konnte Pierre Matisse unerträglich blasiert wirken, wenn ihn etwas nicht beeindruckte. Er sagte Giacometti, er solle seine Figuren etwas größer machen, und ging.

Die Empfehlung des Händlers war ebenso überflüssig wie herablassend. Giacometti hatte sich schon selbst vorgenommen, seine Plastiken nicht mehr schrumpfen zu lassen. Und das gelang ihm auch. Aber zu seiner Verwunderung merkte er, daß er ihre Größe nur dadurch beizubehalten vermochte, indem er die Figuren extrem dünn machte. Je größer sie waren, desto dünner wurden sie, während die Füße unproportioniert groß gerieten. Es war, als ob die Lebenswirklichkeit, die er in den winzigen Figürchen angestrebt hatte, sich nicht auf «normale» Proportionen übertragen lassen wollte. Diese Entwicklung zu hohen schlanken Gestalten war der Anfang dessen, was später als Giacomettis eigentlicher Stil bekannt wurde. Die Erarbeitung eines überzeugend persönlichen Stils, insofern er eine vorbedachte Ausdrucksweise kultiviert, war nicht Ziel des Künstlers. Daß er seinen eigenen Stil haben mußte, war selbstverständlich, aber das Wesen des Stils ist seine Ursache, nicht sein Effekt, und Giacometti hatte lange zuvor eingesehen, daß, wenn sein Werk je seine

Sicht der Wirklichkeit wiedergeben sollte, er die sich dabei ergebende Form hinzunehmen haben würde. Obgleich er erstaunt war über das Erscheinen der hohen, dünnen Gestalten, nahm er ihre Existenz als ein Gegenstück zu seiner eigenen an. Er hatte begonnen, die phänomenologischen Lektionen anzuwenden, die für ihn die Quintessenz der Jahre bildeten, die er im Staub von Genf verbracht hatte. Der Gewinn war ungeheuer.

Zeichnen war das Wichtigste dabei. Zeichnen ist die direkteste, die suggestivste und die umfassendste aller schöpferischen Handlungen. Es war die erste, in der sich Giacometti zu bewähren versucht hatte, und von nun an bis zum Ende seines Lebens sollte das Zeichnen die Grundlage seines Schaffens werden. Das führte zu einem neuen Interesse an der Malerei. «Vielleicht bin ich doch mehr in der Malerei zu Hause», spekulierte er. «Übrigens habe ich ursprünglich mit Malen angefangen.» Das Gefühl, daß ihm die Dinge nun leichter von der Hand gehen würden, sollte sich als Illusion erweisen. Aber vorerst herrschte das bildhauerische Schaffen vor.

Giacometti war fast fünfundvierzig Jahre alt. Er war bei guter Gesundheit, auch wenn er gelegentlich von diesen oder jenen Beschwerden geplagt wurde. Sein Raucherhusten war schlimmer geworden und schüttelte seinen Körper mit nicht zu unterdrückenden Hustenkrämpfen. Auch litt er unter Müdigkeit, eine Folge der immer häufiger mit Arbeit verbrachten Nächte.

41

Am 5. Juli 1946 fuhr Annette mit dem Zug von Genf ab, ein romantisches junges Mädchen aus der Vorstadt. Hätte sie nur die geringste Ahnung gehabt, wohin ihre Reise sie führen sollte, so wäre sie womöglich schon bei der ersten Station wieder ausgestiegen und eilends an den Ort und in das Leben zurückgekehrt, von denen sie sich einbildete, sie wolle sich für immer von ihnen befreien. Aber, wer weiß, vielleicht wäre sie auch erst recht weitergefahren.

Giacometti war nicht am Bahnhof, als sie ankam, und als er schließlich auftauchte, war seine Begrüßung keineswegs so, wie verliebte junge Frauen sie nach einer mehrmonatigen Trennung erträumen. Er gab sich alltäglichpraktisch und nüchtern. Keine romantische Hochgestimmtheit verwandelte den öden Bahnsteig an der Gare de Lyon. Annette in Genf die Erfüllung ihres Wunsches zu versprechen, war eine Sache gewesen; eine andere war es, sie nun mit all ihren Erwartungen in Paris zu haben. Es hätte nicht zu Albertos Wesen gepaßt, wären ihm nicht Gedanken darüber gekommen, worauf er jetzt zusteuerte.

Alberto ließ sich vom anderen Geschlecht verzaubern. Seine Verzauberung war aber stets durch ein Gefühl drohender Gefahr belastet; und wer Ängste und Befürchtungen hegt, neigt zu Aggressivität. Wenn er ausgenützt wurde, unterdrückte er seinen Ärger, um anderen außer ihm selbst Unannehmlichkeiten zu ersparen. Dafür zeigte er ein fast feindseliges Verhalten, während er in Wirklichkeit eine Gelegenheit wahrnahm, um mit sich selbst zu hadern. Mit seinem eigenen Wesen auszukommen, fiel ihm nicht leicht; mit jemand anderem zu leben, mag er für unmöglich gehalten haben.

Als Annette Arm zum erstenmal die Wohnung und das Atelier ihres Geliebten sah, wird ihr die malerisch verlotterte Atmosphäre äußerst passend erschienen sein. Was materielle Umstände betraf, so war sie bereit, alles zu ertragen, solange es notwendig war. Die gegenseitige Vorstellung mit Diego verlief erfreulich. Sie fand, daß er gut aussah, und auf ihn wirkte sie hübsch, angenehm und unaufdringlich. Für Alberto war es eine wichtige Sache, daß die beiden sich verstanden, und zumindest in dieser Hinsicht schien die Ankunft Annettes ein Erfolg zu werden.

Alberto nahm sie später mit nach Saint-Germain-des-Prés, wo sie den Abend im Café Aux deux Magots mit Picasso und Balthus verbrachten. Annettes Leben in Paris fing also ganz oben an. Es dauerte nicht lange, bis sie in Albertos Bekanntenkreis rundum eingeführt war. Man hielt sie für natürlich und etwas ahnungslos, aber bemüht, sich gefällig zu erweisen und zu gefallen. Der Gegensatz zu Isabel muß Überraschung hervorgerufen haben. Aber nicht einmal Annette selbst hatte eine Ahnung davon, was in ihr steckte.

Tonio Pototsching erholte sich nicht. Er litt an einer Leberzirrhose. Mehrfach suchte er das Krankenhaus auf, obwohl das herannahende Ende durch ärztliche Kunst nicht mehr aufzuhalten war. Im Aussehen glich er immer mehr einem Leichnam, seine Haut hatte die Farbe von gelbem Elfenbein angenommen; sein Bett stand in dem Raum, der an das von Alberto und Annette bewohnte Zimmer angrenzte. Man hörte ihn jammern und fluchen. Madame Alexis pflegte ihn, und manchmal wurde er von seinen Nachbarn besucht. Der Tod trat am 25. Juli um drei Uhr morgens ein. In ihrer Verwirrung, und da sie ganz allein war, wandte sich die trauernde Lebensgefährtin an den um Hilfe, von dem sie wußte, daß sie ihn mit Sicherheit noch wach antreffen würde. Der Bildhauer war nebenan in seinem Atelier.

So sah sich Alberto ein weiteres Mal mit der erbärmlichen Vergänglichkeit des menschlichen Lebens konfrontiert. «Keine Leiche», schrieb er später, «ist mir je so nichtig erschienen, so sehr als jämmerliches Abfallbündel, das man wie eine tote Katze in ein Loch wirft. Bewegungslos stand ich vor dem Bett und schaute auf den Kopf, der ein Ding geworden war, ein kleiner Kasten, vermeßbar, unwichtig. In diesem Augenblick näherte sich der offenen schwarzen Mundhöhle eine Fliege und verschwand langsam darin.

Ich half, so gut es ging, Tonio anzuziehen, als ob er bei einer großen Gesellschaft, etwa bei einem Ball, zu erscheinen hätte oder zu einer langen Reise aufbräche. Ich hob seinen Kopf, senkte ihn wieder, wendete ihn wie irgendein Ding, während ich ihm die Krawatte umband. Er war seltsam angezogen, alles schien wie gewöhnlich, natürlich, aber das Hemd war an den Kragen angenäht, er trug weder Gürtel noch Hosenträger und auch keine Schuhe. Wir bedeckten ihn mit einem Laken; dann begab ich mich zurück und arbeitete bis zum Morgen.

Als ich mich in der folgenden Nacht schlafen legen wollte, ergab es sich durch einen seltsamen Zufall, daß kein Licht brannte. Annette lag im Dunkeln unsichtbar im Bett und schlief. Der Leichnam war noch immer im Nachbarraum. Das Dunkel war mir unangenehm, und als ich nackt über den finstern Korridor zur Toilette ging, erfaßte mich vor der Tür, hinter der der Tote lag, ein Grausen. Obwohl ich nicht daran glauben konnte, hatte ich das unbestimmte Gefühl, Tonio wäre überall, außer in dem jämmerlichen Körper auf dem Bett, jenem Leichnam, der so unbedeutend erschienen war; Tonio war grenzenlos geworden, und obwohl ich voll Entsetzen eine eisige Hand an meinem Arm zu verspüren meinte, überquerte ich mit gewaltiger Anstrengung den Gang, legte mich ins Bett, hielt die Augen offen und sprach bis zum Morgengrauen mit Annette. Was ich da soeben erlebt hatte, war das Gegenteil von dem, was mir einige Monate zuvor mit den Lebenden widerfahren war.»

Das frühere Erlebnis war jene plötzliche Offenbarung im Kino gewesen. Es handelte sich aber nicht so sehr um ein Gegenteil als vielmehr um eine Bestätigung der gleichen Betroffenheit, die durch die Umkehrung der gleichen Erfahrung ausgelöst wurde. Alberto hatte den Tod in den Gesichtern der Lebenden erschaut; nun hatte er noch einmal erfahren, wie die Toten die Wahrheit über das Leben enthüllen. In beiden Fällen bewirkte das Sehen ein Erschrecken. Der Mensch, der an Schrecken gewöhnt ist, schaut allen Möglichkeiten ins Auge, weil er nichts erwartet und daher auf alles gefaßt ist. Ein Mensch, der die Lebensangst kennt, wird die Welt mit bewunderndem Staunen betrachten, weil jeder Tag das Wunder der Geburt verdoppelt; er wird immer freier werden, die Bedeutung des Lebens zu bezeugen.

Die Zeiten blieben hart, das Geld rar. Annette hatte versprochen, ihren Lebensunterhalt zu verdienen, und dies wurde auch von ihr erwartet. Da sie sich auf Büroarbeit verstand, besorgte ihr Alberto bei einem Freund aus der Surrealismuszeit einen Posten als Sekretärin. Es handelte sich um den Schriftsteller, Kritiker und Filmhistoriker Georges Sadoul. Jeden Nachmittag arbeitete sie für ihn, und das Geld, das sie dabei verdiente, wurde nicht nur für ihre eigenen, sondern auch für Albertos Bedürfnisse verbraucht. Doch es reichte nie. Sie waren immer wieder genötigt, Geld zu borgen und Gefälligkeiten in Anspruch zu nehmen, was manchmal sicher beschämend gewesen sein muß. An manchen Abenden gab es bloß noch Brot und Camembert zu essen. Es konnte auch geschehen, daß Alberto allein ausging, um mit Freunden zu speisen, und es Annette überließ, selbst für sich zu sorgen. So saß er einmal im Café de Flore zusammen mit Diego, Bianca, deren Mann und Bruder, die zu einem Besuch nach Paris gekommen waren. Annette trat an den Tisch und sagte, sie hätte kein Geld für ein Abendessen. Er nannte ihr jemanden, bei dem sie sich Geld leihen könne; aber bei dem war sie schon gewesen. Er empfahl ihr noch einen anderen möglichen Geldgeber; aber auch den hatte sie schon aufgesucht. Darauf wurde Alberto zornig und sagte: «Also, ich esse jetzt mit meinen Verwandten zu Abend, und da kann ich dir leider auch nicht helfen.»

Gekränkt und den Tränen nahe wandte sich Annette zum Gehen. Bianca schaltete sich ein: «Du kannst sie doch nicht einfach so ohne einen Sou weggehen lassen.» Nach anfänglichem Zögern stand Alberto auf und ging hinkend hinter Annette her.

Bianca hatte den Eindruck, daß Albertos Hinken viel stärker war, wenn er das Mitgefühl anderer brauchte. So konnte sein Gebrechen notfalls auch eine Quelle der Stärke sein. Die Wichtigkeit des Leidens für ihn war jedenfalls groß, denn er sprach oft davon, und jeder, der ihn kannte, wußte, daß eines der großen Ereignisse in seinem Leben auf der Place des Pyramides geschehen war.

In Giacomettis Bekanntenkreis entstand der Eindruck, daß er manchmal absichtlich boshaft zu Annette war, indem er sich vor Freunden über ihre Naivität lustig machte, sie wegen Kleinigkeiten kritisierte oder sie ungerührt nach Hause schickte, wenn sie abends im Café schläfrig wurde. Doch schien sie ihm dies nicht zu verargen. Sie nahm seine Unfreundlichkeit genauso hin wie das harte Leben, das sie gemeinsam führten. Dabei war Alberto kein gefühlloser oder grausamer Mensch, und er wußte sich Annette zutiefst verbunden. Wäre sie ihm gleichgültig gewesen, so hätte er sie mit Höflichkeit behandelt. Trotz des seltsamen Untertons herrschte eine tiefe wechselseitige Zuneigung und Zärtlichkeit in ihrer Beziehung. Dafür gab es seltsame Beweise.

Albert Skira hatte in Genf eine monatlich erscheinende Zeitschrift für Kunst und Literatur gegründet. Sie hieß *Labyrinthe*. Diese Zeitschrift und andere Veröffentlichungsprojekte ließen ihn des öfteren nach Paris reisen, wo er froh war, Freunde wiederzusehen, mit denen er in Genf verkehrt hatte, darunter auch Giacometti. An einem Samstag im Oktober 1946 fand sich eine fröhliche Gesellschaft um die Mittagszeit in einem Pariser Lokal zusammen. Skira hatte alle zum Essen eingeladen. Im Laufe der Mahlzeit, bei der dem Wein reichlich zugesprochen wurde, kam die Rede darauf, ob man persönliche Erfahrungen täglich aufzeichnen sollte und was alles dagegen sprechen könnte. Zu seiner eigenen Verwunderung empfand Giacometti den Wunsch, von nun an solche Aufzeichnungen zu machen und am liebsten sogleich damit zu beginnen. Ohne zu zögern nahm Skira die Chance wahr und bat Alberto, für die nächste Ausgabe von *Labyrinthe* die Geschichte von Pototschings Tod niederzuschreiben, die Skira aus Albertos Erzählung kannte. Obwohl Giacometti am Gelingen der Sache zweifelte, sagte er zu.

Um sechs Uhr desselben Abends hörte Alberto davon, daß Le Sphinx geschlossen werden sollte. Auf Anordnung der Stadtverwaltung war dem berühmten Bordell wie auch ähnlichen, weniger bekannten Etablissements die Betriebserlaubnis entzogen worden. Die Tugend hatte obsiegt, und die Prostituierten zahlten dafür: künftig waren sie des Schutzes ihrer jeweiligen Madame beraubt; es gab für sie nur noch die Bars und das Trottoir, und bei der Ausübung ihres Gewerbes waren sie von der Gnade von Zuhältern und Gaunern abhängig. Giacometti war entsetzt. Die Prostitution hörte zwar nicht auf, aber es verschwand der Rahmen, den er bislang so geschätzt und genossen hatte. Le Sphinx war für ihn ein unvergleichlicher Traumort gewesen. Er fand es unerträglich, daß er diese Atmosphäre künftig entbehren sollte. Eilends begab er sich zum Boulevard Edgar-Quinet. Der Wein beim Essen war überreichlich gewesen, und Alberto war etwas angetrunken. Bei diesem letzten Mal zögerte er nicht, die Gelegenheit wahrzunehmen und von dem Etablissement den Gebrauch zu machen, für den es gegründet worden war. Es sollte ein denkwürdiger Abschied werden, und der Künstler scheint sofort damit gerechnet zu haben, daß der letzte Besuch im Sphinx nicht ohne Folgen bleiben würde.

Er nahm an, daß er sich eine Geschlechtskrankheit zugezogen hatte, und beobachtete seinen Körper nach Anzeichen einer Infektion. Sie zeigten sich in der Nacht des folgenden Freitags. Alberto quälte sich mit Gedanken darüber, daß er nicht rechtzeitig der drohenden Krankheit vorgebeugt hatte. Das wäre nicht schwer gewesen. Doch sah er nicht den geringsten Grund, an etwas wie Selbstbestrafung zu denken.

Noch in derselben Nacht setzte Alberto Annette von seiner Krankheit in Kenntnis. Sie ließ sich die Symptome zeigen. Es scheint nur natürlich und notwendig, daß Annette über die Krankheit ihres Geliebten Bescheid wußte. Berücksichtigt man die ungewöhnlichen Bedingungen, die das Verhältnis von Anfang an beherrschten, ist es begreiflich, daß sie die Neuigkeit ohne Empörung oder Abscheu, vielleicht sogar ohne Überraschung aufnahm.

Während das unvermeidliche Licht neben dem Bett weiterbrannte, schliefen sie ein. Alberto hatte einen Traum, bizarr und verwirrend. Er blieb ihm nach dem Erwachen beharrlich im Gedächtnis und ließ ihn nicht wieder los. Am folgenden Tag schrieb er ihn nieder.

«Entsetzt sah ich am Fuß meines Bettes eine ungeheure, braune haarige Spinne, und der Faden, an dem sie hing, führte zu einem Netz, das sich oberhalb des Kopfkissens ausbreitete. ‹Nein, nein›, schrie ich, ‹ich kann eine solche Bedrohung über meinem Kopf nicht die ganze Nacht über ertragen, mach sie tot, mach sie tot›, und ich stieß das mit dem ganzen Ekel hervor, den ich im Traum ebenso empfand wie im Wachen.

In diesem Augenblick erwachte ich, aber ich erwachte nur im Traum, der weiterging. Ich war noch an derselben Stelle, am Fußende meines Bettes, als ich mir sagte: ‹Es war ja nur ein Traum.› Da nahm ich etwas wahr, nach dem ich unwillkürlich suchte. Ausgebreitet über einem Haufen von Erde, zerbrochenem Geschirr und flachen Kieseln saß eine gelbe Spinne mit ihren langen glatten harten Beinen, die wie Knochen aussahen. Sie war elfenbeinfarben und noch weit monströser als die erste, nur glatt und wie mit glibbrig gelben Schuppen überzogen. Mit Entsetzen nahm ich wahr, wie die Hand meiner Freundin sich ausstreckte und die Schuppen der Spinne berührte; anscheinend empfand sie weder Furcht noch Überraschung. Ich schrie auf und stieß ihre Hand weg, und wie im Traum zuvor wollte ich, daß das Untier getötet würde. Eine Person, die ich vorher nicht wahrgenommen hatte, zerdrückte die Spinne mit einer Schaufel oder einem langen Stock, indem sie mit abgewandtem Blick heftig darauf losschlug. Ich hörte die Schuppen krachen und das merkwürdige Geräusch der zerquetschten Weichteile. Erst hinterher, als ich die Überreste der Spinne betrachtete, die auf einem Teller gesammelt worden waren, las ich einen Namen, der deutlich lesbar auf einer der Schuppen geschrieben stand ... Offensichtlich hatte ich soeben den Tod eines seltenen Exemplars verursacht, das zur Sammlung eines Freundes gehörte, bei dem ich damals wohnte. Das wurde kurz darauf auch durch das Gejammer einer alten Hausangestellten bestätigt, die hereintrat und nach der verlorengegangenen Spinne suchte. Mein erster Impuls war, ihr zu erzählen, was geschehen war, doch war mir der Nachteil dieser Handlungsweise bewußt ... Ich beschloß, den Mund zu halten, mich unwissend zu stellen und die Überreste der Spinne zu verstecken. Mit dem Teller ging ich auf das Grundstück hinaus, wobei ich sorgfältig darauf achtete, nicht gesehen zu werden; denn der Teller in meiner Hand wäre mit Sicherheit aufgefallen. Ich ging zu einem Stück Acker mit umgepflügter Erde, der hinter Büschen am Fuß eines Hügels lag, und dort, wo ich mich unbeobachtet glaubte, warf ich die Überreste in ein Loch. Dabei sagte ich mir: ‹Die Schuppen werden vermodern, bevor sie jemand finden kann.› In diesem Augenblick sah ich meinen Gastgeber und seine Tochter hoch zu Pferd an mir vorbeireiten; ohne anzuhalten, sprachen sie ein paar Worte zu mir, die mich überraschten, und ich erwachte.»

Nach dem Erwachen schaute er mit Grausen im Zimmer umher. Kalter Schweiß rann ihm den Rücken hinab. Sein Handtuch hing über einer Stuhllehne. Er nahm es wahr, als sähe er es zum erstenmal: ein gewichtsloses Handtuch in einer Stille, wie sie ihm noch nie begegnet war. Seinem Empfinden nach hatte es nicht den geringsten Zusammenhang mit dem Stuhl oder mit dem Tisch, dessen Beine nicht mehr auf dem Boden standen oder ihn nur knapp zu berühren schienen. Es gab überhaupt keinen Zusammenhang mehr zwischen den Gegenständen. Sie schienen wie durch unermeßliche Abgründe und leeren Raum voneinander getrennt zu sein. Abermals widerfuhr ihm diese gleichzeitige Wahrnehmung von Sein und Nichtsein, von Leben und Tod, wie er sie bei dem Erlebnis im Kinosaal erfahren hatte. Es war die gleiche materielle und metaphysische Angst, die sich nicht bloß auf den visuellen Bereich beschränkte, sondern aus den fernsten Tiefen seines Wesens durch den Traum heraufbeschworen worden war.

Der Traum ließ ihn nicht los. Es war tatsächlich ein Alptraum gewesen, denn er kreiste um Leben und Tod, um die frühesten, tiefsten und unausweichlichsten Ängste und Konflikte, denen Menschen unterworfen sind. Die traumatische Wirkung sollte anhalten und bedeutsame Folgen haben. Alberto saß am folgenden Tag mit Roger Montandon beim Essen und erzählte ihm den Traum in allen Einzelheiten. In seltsamem Zusammentreffen erinnerte ihn die Beerdigung der Spinne an ein Erlebnis aus der Kindheit: Er sah sich wieder in einer Lichtung, von Gebüsch umgeben, in der Nähe eines Waldes, wie er mit den Füßen den Schnee wegscharrte und ein Loch in die harte Erde grub, um ein nur teilweise gegessenes Brot zu vergraben, das er gestohlen hatte. Und das war nicht alles, obwohl bereits diese Verbindung von Bildern und Gedanken mehr als genug gewesen wäre. Das vergrabene gestohlene Brot gemahnte ihn noch an ein anderes, das er im Traum in Venedig in einen Kanal geworfen hatte. Er entsann sich all der Ereignisse, die zu diesem Augenblick hingeführt hatten, und erzählte Montandon davon: das zufällige Treffen im Zug nach Pompeji, die Zeitungsannonce, die ihn durch seltsame Umstände erreicht hatte, die Reise mit dem väterlichen Holländer, der Tod in den verregneten Bergen. Giacometti und Montandon sprachen noch über die Größe von Köpfen, die Größe von Gegenständen, über die Beziehungen und Verschiedenheiten zwischen Gegenständen und menschlichen Wesen, was sie – wie auf einem Weg, der jeden zwingt, die Landschaft seiner Lebenszeit ergründend zu durchstreifen – zu dem Traum zurückführte.

Nach dem Essen begab sich Giacometti zu Dr. Théodore Fraenkel, um sich von ihm behandeln zu lassen. Der Arzt wohnte am anderen Ende der Stadt. Die beiden Männer waren gute Freunde geworden. Fraenkel war ungewöhnlich schüchtern und konnte stundenlang in Gesellschaft dabeisitzen, ohne ein Wort zu sagen. Alberto war jemand, der ihm Vertrauen zu sich selbst einflößte, ihn anregte und befähigte, aus sich herauszugehen und von den Dingen zu sprechen, die ihn bewegten. Dieser belebende Effekt war die Grundlage der Freundschaft zwischen dem Künstler und dem Arzt, der nur zu gerne bereit war, die Freundlichkeit durch ärztlichen Rat und, wenn nötig, durch Medizin zurückzuzahlen, was ziemlich oft geschah. Trotz Fraenkels Versagen im Jahre 1930, als er eine offensichtliche Blinddarmentzündung nicht erkannt hatte, verließ sich Giacometti auch weiterhin auf seine Kompetenz und nannte ihn den besten Arzt von Paris. Jedenfalls war das Können des Arztes diesmal den Beschwerden gewachsen, derentwegen sein Freund in die Praxis kam. Er verschrieb ihm eine Behandlung mit Sulfonamiden.

Nachdem er Fraenkels Praxis verlassen hatte, überquerte Giacometti die Straße und ging unter den Bäumen bergab zur Hauptapotheke von Montmartre, die an einem kleinen Platz liegt. Als er wieder herauskam, mit der Medizin in der Hand, blieb Giacometti auf der Schwelle stehen, ließ seinen Blick über den Platz schweifen, und das erste, was ihm ins Auge fiel, war ein kleines Café auf der anderen Seite. Sein Name stand in großen Buchstaben auf der Markise: Le Rêve (Der Traum).

Auf dem Heimweg ging ihm wieder sein Traum durch den Kopf, auch die Erinnerungen, die er bei der mittäglichen Unterhaltung wachgerufen hatte; dann fiel ihm ein, daß er eine Woche zuvor, noch ehe er dem Sphinx seinen letzten Besuch abstattete, mit Skira zusammengesessen und ihm die Erzählung von Pototschings Tod versprochen hatte. Im Weitergehen dachte er über dieses jämmerliche Geschehen nach. Es verband sich in seinen Überlegungen mit neueren Erinnerungen und Bildern, und er spürte, daß er jetzt etwas schreiben konnte. Jedoch wollte er weniger über das traurige Ende des Tonio Pototsching berichten als vielmehr über den Traum der vergangenen Nacht, der ihm noch immer nachging. Dieser Traum war es, der zu allem hinführte, aber zu dem zurück und durch den hindurch gleichzeitig alles zu führen schien. Es war um dieses Traumes willen, daß er den Text veröffentlichte, den er zu entwerfen begann, als er an jenem Nachmittag nach Hause kam. Sein Titel: *Le rêve, le sphinx et la mort de T.* (Der Traum, das Sphinx und der Tod von T.). Von den etwa zwei Dutzend Texten, die Giacometti zur Veröffentlichung schrieb, ist dieser (neben *Gestern, Flugsand*) der kühnste und autobiographisch wichtigste. Es paßt gut, daß er für *Labyrinthe* verfaßt wurde, da er zutiefst labyrinthisch ist, sich mehrfach in sich selbst verwickelt, indem er von dem Traum zu anderen Themen schweift, aber über deren Bedeutung wieder zum Traum zurückkehrt, dann wieder zu neuen Themen führt und endlich zu dem Schluß kommt, daß nirgends ein definitives Ende noch eine sichere Bedeutung gefunden werden kann, da alles in Zeit und Raum seine gleichzeitige, aber ungreifbare Existenz hat, innerhalb eines unbegreiflichen Ganzen, das – natürlich – das Leben ist.

Träume haben seit den frühesten Zeiten im menschlichen Leben eine wichtige Bedeutung gehabt. In jüngster Zeit sind sie als buchstäblich lebenswichtig erkannt worden. Es hat unzählige Theorien über ihre Deutung und Bedeutung gegeben – sowohl vor wie nach Freud –, aber es hat nie ein Zweifel daran bestanden, daß die Bedeutung der Träume tief reicht. Die Wichtigkeit von Giacomettis Traum erwies sich an der Beharrlichkeit, mit der er sich in seinem Bewußtsein und in seinen Gesprächen aufdrängte, auch darin, daß er ihn niederschrieb, vor allem aber in der Veröffentlichung des Texts. Kurz gesagt, Giacometti sorgte dafür, daß niemand, der an seinem Leben und Werk interessiert war, an diesem Traum vorbeigehen konnte.

Man ist sich darüber einig, daß in der Symbolsprache des Traumes die Spinne für die Vagina steht, eine furchterweckende, bedrohliche Spinne dementsprechend für eine gefährliche, verschlingende Vagina. Konkret wird diese Bedeutung durch die Tatsache unterstützt, daß weibliche Spinnen bekanntlich kannibalische Triebe haben. Wegen der kleineren Größe des Männchens und der größeren Gefräßigkeit des Weibchens unternimmt das Männchen seine Annäherung an die weibliche Spinne unter Lebensgefahr und wird nicht selten von ihr nach der Paarung getötet und verzehrt. Da es die Gefahr instinktiv erfaßt, führt das Männchen seine Werbung mit Vorsicht aus, wartet oft stundenlang in gehörigem Abstand, ehe es sich heranwagt. In diesem Zusammenhang lohnt es sich, daran zu erinnern, daß Alberto viele Jahre zuvor eine Plastik geschaffen hatte mit dem Titel *Frau in Gestalt einer Spinne*. Sie hing einige Zeit hindurch direkt über seinem Bett. In der schöpferischen Entwicklung des Künstlers hatte diese Plastik zu weiteren Arbeiten geführt *(Gepeinigte Frau nachts in ihrem Zimmer, Frau mit durchschnittener Kehle)*, die auf spektakuläre Weise dazu dienten, psychische Ängste, sexuelle Gewalt und heftigen Frauenhaß auszudrücken, gleichzeitig aber auch zu sublimieren. In seinem Traum ist Alberto unfähig, das Verlangen, die Spinne zu töten, selbst zu erfüllen. Er ist, mit einem Wort, impotent. Danach wird der Traum zum Traum im Traum; die von der Situation hervorgerufene Angst ist so groß, daß sich der Träumer vergewissern muß, daß «es nur ein Traum» sei. Eine noch gräßlichere Spinne taucht auf, vor der Annette jedoch nicht erschrickt, die sie sogar streichelt, so daß Alberto jemand anders ruft, um das Tier zu töten. Er braucht einen Ersatz, eine dritte Person, jemanden, der mächtiger und furchtloser als er selbst, der potent ist. Aber nach vollbrachter Tat erkennt er, daß er die Zerstörung von etwas Kostbarem hervorgerufen hat, er hofft, die Beweise der Schuld durch das Ritual einer Bestattung beseitigen zu können, wie er einst als Kind das gestohlene Brot vergraben und wie er nach dem Tode von van Meurs das Brot in den venezianischen Kanal geworfen hatte.

Will man die Bedeutung eines Traumes erfassen, ist es wichtig, möglichst die Ereignisse zu kennen, die im Wachleben des Träumers vorausgegangen sind. Giacometti bemühte sich darum, diese Information zu geben. Er hatte soeben entdeckt, daß er sich als Folge des Verkehrs mit einer Dirne eine Geschlechtskrankheit zugezogen hatte, und offenbarte dies seiner Geliebten, die sich die Symptome zeigen ließ.

Alpträume kommen häufig in Zeiten kritischer Entwicklungsschübe vor und verarbeiten Konflikte, die mit diesen Veränderungen zusammenhängen.

Ein wesentliches Merkmal des Traums ist es jedoch, daß er dem Träumer unverständlich und ohne Bedeutung vorkommt. Hätte Alberto die Bedeutung seines Traumes verstanden, wäre er nie bereit gewesen, darüber zu sprechen, zu schreiben oder seinen Text zu veröffentlichen. Er erklärte ausdrücklich, daß der Traum lange in ihm unterdrückte Impulse freigesetzt habe – zum Beispiel den Wunsch, über den Tod des Holländers zu schreiben. Der Drang, die Wahrheit zu erkennen und beim Namen zu nennen, war mächtig in ihm. Es verlangte ihn danach, sich zu offenbaren, zu zeigen, wer und was er war, aber stets in einer Weise, daß das völlige Verstehen noch hinausgeschoben wurde, wobei die eine Enthüllung die nächste herbeiführte, endlos. Kreativität ist eine Alternative zu den Konflikten, durch die Alpträume hervorgerufen werden. Derselbe Mechanismus, der in den Träumen die Ausformung unserer stärksten, wenn auch sorgfältig verborgenen Wünsche lenkt – Wünsche, die sich oft dem Bewußtsein entziehen –, lenkt auch die Hervorbringung von Kunstwerken.

Giacomettis Plastiken waren auch weiterhin hoch und dünn, die Füße lang und klobig. Sein anfängliches Befremden angesichts dieser grundsätzlich veränderten Proportionen scheint recht bald einer erfreulichen Vertrautheit gewichen zu sein, und es gab keinen Rückfall in die Maßskala der Genfer Figürchen. Diese war erfunden worden, um die Wahrheit und Intensität des Blickes wiederzugeben, indem das Menschenbild so extrem verkleinert wurde, daß es mit einem Blick gesamthaft erfaßbar war. Aber diese höchste Ganzheit, obgleich sie ein lebenswahres und beeindruckendes Bild hervorzurufen vermochte, konnte nicht gleichzeitig die gesamte Ausdruckskraft der menschlichen Gegenwart ausstrahlen. Das Problem war also, wie diese Ganzheit des Ausdrucks ohne Verlust in der Direktheit der Wahrnehmung erreicht werden sollte. Durch einfache Vergrößerung der Figürchen konnte dies nicht geschehen, lag doch das Wesentliche in ihrer Kleinheit. Es mußte also eine Entsprechung gefunden werden, die Größe zuließ und dennoch das Wesen beibehielt. Dies vermochte die dünne Langgestrecktheit zu leisten. Sie gestattete dem Auge, die gesamte Figur auf einmal zu erfassen und einen Eindruck von einer spezifischen menschlichen Haltung aufzunehmen, und betonte gleichzeitig durch ihren Stil, daß dieser Eindruck von einem Kunstwerk ausgeht. Noch mehr: während bei den Figürchen die Dynamik des Bildes ihre Daseinsberechtigung ausmacht, schafft bei den hohen dünnen Figuren die Bewegtheit des Materials eine ganz eigene Lebendigkeit.

Von nun an hinterläßt Giacometti kraftvolle Bearbeitungsspuren auf seinem Material; lebhafter und deutlicher als früher zeigen die Buckel und Gräben auf eine mit der Hand spürbare Weise, wie die formenden Hände des Künstlers von seinem Auge geleitet wurden, das seinerseits geleitet wurde von dem, was vor ihm entstand, wie auch von einem inneren Bild. Die Oberfläche seiner Skulpturen ist fortan rauh, eingekerbt, spröde, zerfurcht, ganz unähnlich der menschlichen Haut, und doch hat sie eine Belebtheit ganz eigener Art. Dieser lebendige Aspekt der plastischen Oberfläche verstärkt die Erscheinung des Volumens, indem er das Auge des Betrachters stärker herausfordert. Die Konzentration der Aufmerksamkeit auf seine besondere Lebendigkeit hält das menschliche Abbild wirksam auf Distanz. Zwar werden Giacomettis Figuren – die meisten von ihnen weibliche Gestalten – jetzt größer, doch rücken sie darum nicht näher heran und erhalten auch nicht die täuschende Kompaktheit des Lebens. Unabhängig von ihrer Größe sind sie Modelle körperlicher Gebrechlichkeit, unnahbar in ihrer sakralen Verschlossenheit, Ferne und Abkehr.

«Das Wichtigste», erklärte Giacometti immer wieder, «besteht darin, ein Objekt zu schaffen, das Empfindungen hervorzurufen vermag, die so weit wie möglich denen entsprechen, wie sie beim Anblick des dargestellten Gegenstands ausgelöst werden.»

Das ist kein einfaches Unterfangen; denn die Empfindungen, die von einem Subjekt ausgehen, können nicht denen angeglichen werden, die ein Kunstobjekt bewirkt – und doch soll Ähnlichkeit herrschen –, wie auch der Gegenstand und das Kunstobjekt von absolut verschiedenem Wesen sind. Ein dramatischer Konflikt gegensätzlicher Forderungen überlagert den Wahrnehmungsprozeß, in dem sich die subjektive Sehweise mit der objektiven versöhnen muß.

Im Zusammenhang mit diesem metaphysischen Geben und Nehmen gewannen die Ausdrucksformen des Zeichnens und Malens für Giacometti an Gewicht. Die lineare, zweidimensionale Darstellungsweise machte es ihm möglich, auf direkte Weise den ungewissen Ausgang jeden neuen Anlaufs zu erfahren und zu erproben. Genau aus dieser Unsicherheit erschuf er einen Stil von paradoxer Autorität. Nervöse, brüchige Linien, die immer wieder die Formen zu umschreiben suchen, werden aufgeladen mit dem Zweifel des Künstlers am Gelingen. Giacomettis Zeichnungen vermitteln weder die Sicherheit der Formen noch die Glaubwürdigkeit der Erscheinungen, sondern vielmehr die Wichtigkeit des Gelingens, das sich sozusagen am Beweis seines Mißlingens ablesen läßt. In dieser Welt gibt es keine endgültige Ansicht der Dinge. Wer diese fordert, beschwört Katastrophen herauf. Indem sich Giacometti auf keinerlei Wahrscheinlichkeit verließ, unternahm er jedes Werk als einen neuen Ansturm auf das Unmögliche.

42

Der Winter 1946/47 war hart. Es gab Tage, an denen Giacometti nicht arbeiten konnte, weil er kein Heizmaterial für sein Atelier und kaum genug zu essen hatte. Doch auch jetzt beruhigte er seine Mutter, daß sie sich keine Sorgen machen solle. Wenn er nur an seiner Arbeit bliebe, so betonte er, wenn er bereit sei, immer wieder von vorne anzufangen, jedesmal wie bei einem Neubeginn, würde er schließlich noch so viel Geld verdienen, wie er nur brauchen konnte. Vielleicht. Vor sich selbst war er nicht so sicher. Er fühlte sich auf eine unbestimmte Weise unglücklich. Unter solchen Umständen konnte man nicht mit der Art von Zuversicht in die Zukunft blicken, die schöpferische Unruhe produktiv werden läßt.

Patricia Matta und ihr Mann hatten auch weiterhin viel gesellschaftlichen Verkehr mit Alberto und Annette. Sie kauften einige frühe surrealistische Plastiken, auch neuere Arbeiten, was die Kasse der Giacomettis aufbesserte. Patricia Matta entdeckte eigene schöpferische Neigungen und wandte sich der Fotografie zu. Sie machte zahlreiche Aufnahmen von Giacometti und von seinen Werken. Da sie und Roberto sich inzwischen auseinandergelebt hatten, sehnte sie sich nach jemandem, der an ihr interessiert war. Da trat ein Mann in ihr Leben, der vom Vermögen und Milieu her zu ihr paßte: Pierre Matisse. Auch dessen Ehe hatte eine unbefriedigende Wendung genommen. Schönheit, Jugend und Reichtum machten Patricia anziehend, während ihre hochgestimmte Begeisterung für Kunst und Künstler eine zusätzliche konkrete Verlockung darstellte. Patricia ihrerseits empfand den französisch-amerikanischen Kunsthändler offensichtlich als eine glückliche Abwechslung zu dem chilenischen Künstler. Schon der Name Matisse vermittelte mehr Prestige als Matta. Wenn er auch dem Alter nach ihr Vater hätte sein können, war Pierre doch ein gesellschaftlich gewandter Gentleman, gepflegt gekleidet, ein Weinkenner mit Sinn für Humor und auch beim Geldausgeben nicht kleinlich, solange es seiner Befriedigung diente. Er konnte sich warmherzig und zuvorkommend geben. Bald kündigte sich die Eheschließung an.

Patricia war verwöhnt, egoistisch und ihrem Wesen nach oberflächlich, doch hatte sie auch schätzenswerte Eigenschaften. Eine davon war eine echte Anteilnahme am Ergehen ihrer Freunde, besonders ihrer Künstlerfreunde. Da sie Giacometti bewunderte, wußte sie dessen Fähigkeiten ihrem Verehrer auf überzeugende Weise herauszustellen, und gerade damals ließ er sich von ihr gern überzeugen. Es geschah also Patricia zuliebe, daß sich Pierre Matisse im Frühjahr 1947 wieder zur Rue Hippolyte-Maindron begab, um sich ein zweites Mal den Inhalt von Giacomettis Atelier anzusehen. Zweifellos war er im guten Sinne voreingenommen und bereit, die Dinge in einem anderen Licht zu betrachten, zumal seine ganze Einstellung eine grundsätzliche Wandlung durchgemacht hatte. Was er zu sehen bekam, war außerdem tatsächlich verschieden, sehr verschieden von dem, was sich ihm im Jahr zuvor dargeboten hatte. Er muß erstaunt und gewiß auch angenehm berührt gewesen sein und mag sich sogar geschmeichelt gefühlt haben beim Anblick der großen, schlanken Figuren, schienen sie doch so schön den Ratschlag zu verwirklichen, den er damals beim Verlassen des Ateliers gegeben hatte. Jedenfalls zeigte er sich äußerst zufrieden und machte mit dem Bildhauer einen Vertrag, wonach die Galerie Pierre Matisse in New York sich verpflichtete, die Werke Alberto Giacomettis auszustellen und zu verkaufen, solange beide Partner ihr gemeinsames Interesse durch dieses Arrangement vertreten sähen.

Der Vertrag kam zur rechten Zeit. Zwar wurden die schwierigen materiellen Verhältnisse nicht sofort überwunden, weil Pierre Matisse sich nicht leicht von seinem Geld trennte, aber ein Versprechen auf bessere Tage in der Zukunft war es doch. Was sich unmittelbar änderte, war das Verhältnis, das der Künstler zu seinen Werken hatte, seine Art, die eigenen Arbeiten zu betrachten, und das Gefühl für deren weitere Aussichten; denn es wurden sofort Pläne geschmiedet für eine bedeutende Einzelausstellung in New York. Zehn Jahre lang hatte Giacometti fast nichts ausgestellt. Einige neuere Werke, hie und da in Gruppenausstellungen gezeigt, und einige fotografische Abbildungen in den *Cahiers d'Art* vermochten keinen «zusammenhängenden» und übersichtlichen Begriff von Giacomettis stürmischer Entwicklung zu vermitteln. Dies konnte nur durch eine große Ausstellung in einer Weltstadt geschehen. Nur mit einer solchen Veranstaltung ließ sich der wirkliche Rang des Künstlers ermessen, weil ein Mann, der mit fünfundvierzig noch nichts Herausragendes geleistet hat, dies wahrscheinlich auch später nicht mehr tun wird. Giacometti war nicht ernstlich besorgt, doch konnte er der Erfolgsaussichten einer Ausstellung nach so langer Zeit keineswegs gewiß sein. Nicht daß er den Wert seines Schaffens in Frage gestellt hätte; aber ihm war bewußt, daß mit dem Ausstellen eines Kunstwerks auch bekräftigt wird, daß es einen abgeschlossenen Zustand erreicht hat. Nie aber galt für ihn etwas als abgeschlossen. Der Akt der Schöpfung war unendlich und unvorhersehbar, begann jeden Tag, wenn nicht gar jede Stunde, von neuem. Dennoch hatte er Fortschritte gemacht. Es sammelten sich Ergebnisse an. Früher oder später mußten sie eine Chance bekommen.

Die hohen schlanken Frauenfiguren mit den riesigen massigen Füßen hatten Giacometti zu einer neuen Freiheit verholfen, durch die er zu Plastiken von völlig verschiedener Form und verschiedenem Inhalt gelangte. Die Aussicht, nach so langer Zwischenzeit eine Ausstellung machen zu können, wirkte auch befreiend. Es hatte Kraft gekostet, all die Jahre unbekannt schaffen zu müssen. Um zu beweisen, daß sich die Mühe gelohnt hatte, war eine unerhörte Energie erforderlich. Das Jahr 1947 war ein wunderbar produktives Jahr für Giacometti. Er schuf mehrere lebensgroße Plastiken von weiblichen Figuren, dazu noch einen schreitenden und einen mit dem Finger deutenden Mann, ebenfalls lebensgroß, ferner eine Anzahl kleiner Figuren, einige Büsten auf Sockeln sowie den auf einem Stab steckenden Kopf eines Mannes mit offenem Mund und die groteske Plastik eines grimassierenden Kopfes mit einer extrem langen Nase, der in einem käfigartigen Gerüst aufgehängt ist; außerdem entstanden damals zahlreiche Gemälde, Bildnisse von Diego und von der Mutter, dazu noch Studien von Köpfen, verwandt mit den Büsten, und natürlich eine Fülle von Zeichnungen. Als das Ende des Jahres herannahte, kam Matisse, um Werke für die New Yorker Ausstellung auszusuchen. Es herrschte kein Mangel.

Die schlanken, großfüßigen Frauen dominierten die Werkgruppe. Sie müssen sehr geheimnisvoll gewirkt haben. Auch wenn sie an gewisse etruskische Gestalten erinnern, sind sie doch nicht von diesen abgeleitet, sondern stehen im Geist ägyptischen Götterfiguren näher. Die große religiöse Kunst der Welt kreiste stets um das weibliche Prinzip, und ihre herausragenden Meisterwerke sind von tiefer Stille geprägt. In ihnen ist kein Drängen und keine Unrast, sie ruhen in sich selbst. Das Gesetz ihres Seins erfüllt sich in ihrer Existenz. Giacomettis Skulpturen gehorchen demselben Gesetz. Bildhauer hieß im alten Ägypten «jemand, der am Leben erhält». Seine Werke entstanden, um die Idee der Ewigkeit darzustellen und sowohl Vergangenheit wie Zukunft aus dem Fluß der Zeit herauszunehmen. Sie waren lebens-*wahr*, um die Falschheit des Todes zu entlarven. Sie machten keine Bemerkungen über das Wie und Wann menschlicher Umstände, sondern ausschließlich über das zeitlose und empirische Was. Alles dies trifft auch auf Giacomettis Frauenfiguren zu.

1947 trat zum erstenmal im reifen Stil des Künstlers die männliche Gestalt als Ganzes auf. Wenn auch spezifische Geschlechtsmerkmale in Giacomettis Skulpturen vage bleiben, sind seine Männer unverkennbar männlich, und in den meisten Fällen unterscheiden sie sich von den Frauengestalten dadurch, daß sie etwas tun. Sie handeln, vor allem gehen sie. Ein erster, nur tastender Schritt in die Richtung, Bewegung darzustellen, war fünfzehn Jahre zuvor bei einer weiblichen Figur vorgekommen. Damals war Giacometti mit dem Bewegungsausdruck nicht sehr weit gegangen, während der lebensgroße Mann von 1947 eine entschiedene Vorwärtsbewegung zeigt. In seiner Haltung kommt der Beginn eines Aufbruchs zum Ausdruck, und die zahlreichen gehenden Männer, die noch in seinen Fußstapfen folgen sollten, schreiten deutlich aus. Diese Bewegung schreitender Männer könnte zu der Vermutung führen, der Künstler sei durch die Tatsache beeinflußt gewesen, daß sein eigener Gang anders als bei den meisten Menschen war. Daran kann etwas Wahres sein, doch scheint die Erklärung zu einfach, zu sehr auf der Hand liegend. Giacometti ließ sich nie auf das Allzueinfache ein, ja nicht einmal auf das Mögliche. Er wußte, daß einfache Probleme nach schwierigen Lösungen verlangen, und von Natur zog ihn Unlösbares an. Von ihm zu erwarten, daß er das Problem seines verletzten Fußes dadurch löste oder überwand, daß er Plastiken von schreitenden Männern – wenn auch mit seltsam geschwollenen Füßen – schuf, hätte geheißen, den ästhetischen Wagen vor das Pferd der künstlerischen Erfindung zu spannen, und kein vernünftiger Künstler würde das tun. Das Rätsel des behinderten Fußes sollte ihn bis zum Ende begleiten. Falls er die Antwort kannte, dann ist dies vielleicht der Grund, warum er sich in der Darstellung der Geschehnisse so sehr irrte.

Mann mit zeigend ausgestreckter Hand entstand im selben Jahr, 1947. Der Bildhauer gab der Plastik auf französisch einen prosaischeren und vielleicht für die Interpretation hilfreicheren Titel, er nannte sie *Homme avec doigt* (Mann mit Finger). Die Handlung des Deutens bedarf keines Hinweises. Zu Recht wird das lebensgroße Werk als das wichtigste und suggestivste des Künstlers betrachtet. Der Mann steht aufrecht mit wunderbarer Selbstgewißheit, die großen Füße sind auf dem kleinen Sockel getrennt gesetzt. Fast waagerecht ist der rechte Arm erhoben und der Zeigefinger ausgestreckt, der hochgereckte Kopf schaut in Richtung des deutenden Fingers, als ob er seinem Signal dadurch folge, daß sein Blick in die Weite geht. Der linke Arm ist ebenfalls erhoben, aber am Ellenbogen zu einer einkreisenden Geste gekrümmt. Es hieß, ursprünglich hätte der Bildhauer eine Begleitfigur im Sinne gehabt, die innerhalb des Schutzes dieser Geste hätte stehen sollen. Doch der Platz ist leer geblieben, der Mann steht, wenn auch erwartungsvoll, für immer allein. Seine Geste und sein Zeichen fordern keine andere Antwort heraus außer unserer eigenen, die in sich selbst zurückverwiesen wird auf das Geheimnis vom Ursprung und Sinn dieses Mannes. In der Welt, auf die er mit der einen Hand deutet, während er mit der anderen einen leeren Raum abschirmt, steht er nackt, und zwar mit einer im gesamten Schaffen Giacomettis einzigartigen Nacktheit; denn dieser Mann ist ausdrücklich mit seinem Penis dargestellt. Formal fügt das Glied der Plastik nichts Wesentliches hinzu, aber offensichtlich spürte Giacometti, daß das Geschlecht seines *Homme avec doigt* zu wichtig war, als daß er es irgend jemandes Vorstellung überlassen mochte, er selbst mit eingeschlossen. Wenn wir das Gesicht der Figur genau betrachten, drängt sich eine Ähnlichkeit mit dem Bildhauer auf – zumindest für die, die ihn gekannt haben. Es ist wahr, daß Giacomettis Werke ihm sehr oft ähneln, während er sich immer mehr seinen Plastiken anzuverwandeln schien, mit seinem hochstehenden Haarschopf und dem vielfach durchfurchten Gesicht. Der zeigende Mann weist auf das Problem seiner Existenz hin – und dahinter auf seinen Schöpfer. Und so sollte es ja auch sein.

Der Schreitende, der *Mann mit zeigend ausgestreckter Hand* und die hohen dünnen Frauenfiguren gehören zu einer Werkgruppe, in der noch drei andere Arbeiten besondere Aufmerksamkeit auf sich lenken. Außer ihrer ästhetischen Kraft liefern sie den Beweis dafür, daß Giacometti noch immer Originalität und Überzeugung aus Erfahrungen schöpfte, die für ihn von tiefer Wichtigkeit waren. Sie erinnern uns auch daran, daß der rein künstlerische Teil eines Kunstwerks nicht alles sein darf, worauf sich unsere Wahrnehmung richten muß.

Die erste dieser drei aufregenden Plastiken heißt *Kopf auf einem Stab*. Der halslose Kopf steckt, gräßlich grimassierend nach hinten gebeugt, auf seiner Stange wie auf einem Spieß. Der Mund steht offen und zeigt ein stummes schwarzes Loch, blind quellen die Augen hervor. Es ist der Kopf eines Toten. In Giacomettis gesamtem Schaffen gibt es keine andere Arbeit, die so deutlich vor Augen führt, daß der Mensch wieder zu Staub wird. Eingedenk der bekannten Beschäftigung des Bildhauers mit der Hinfälligkeit des Lebens, auch eingedenk seiner Neigung, immer wieder auf die Nachwirkungen eines gewissen, lange zurückliegenden Erlebnisses zurückzukommen, ist der *Kopf auf einem Stab* als ein Memento mori in bezug auf jenes Ereignis gedeutet worden. Wahrscheinlich ist es jedoch eine Erinnerung an das weniger fern liegende, aber darum nicht weniger jammervolle Hinscheiden des Tonio Pototsching.

Die zweite dieser Plastiken bezieht sich vielleicht auf die Nachtwache am Bett des Holländers, die durch den nicht lange zurückliegenden Alptraum in Erinnerung gerufen worden war. Ausdrücklich entsann sich Giacometti seines damaligen Versuchs, das tragische Profil, die eingefallenen Wangen, den offenen Mund zu zeichnen, und der Nase, die um so länger zu werden schien, je länger er sie anschaute. Der Bildhauer gab der Plastik denn auch den Titel *Die Nase*. Die Nase ist der hervorstechende Zug dieses beklemmenden Bildwerks. Wie ein langer, dünn auslaufender, gefährlicher Spieß ragt sie aus dem verhältnismäßig kleinen und mißgestalteten Kopf hervor, der sich wie ein Schrumpfkopf der Jivaro-Indianer ausnimmt, an dem bloß noch der offenstehende Mund als weiterer Zug erkennbar ist. Der Hals darunter ist verschrumpelt, blasig und zerdrückt. Dieses unheimliche menschenähnliche Ding hängt in einem käfigartigen Gerüst wie eine Trophäe. Zum erstenmal seit seiner surrealistischen Zeit kehrt der Bildhauer hier wieder zu architektonischen Elementen zurück, die damals als provokative Effekte verwendet worden waren. Doch jetzt sind es keine phantasievoll abstrakten Kompositionsteile, die den Blick auf die Bedeutung dieser Nase verstellen. Sie ist tödlich ernst gemeint. Nichts soll die entsetzliche Direktheit ihres Sinnes verbergen.

Die dritte Plastik, *Die Hand*, wirkt zunächst ganz anders als die beiden anderen. Es handelt sich um einen ganzen Arm, ausgezehrt bis auf die Knochen, am Ellenbogen leicht gekrümmt, am einen Ende in einen abgerundeten

Stumpf auslaufend, am anderen in eine Hand mit gespreizten Fingern. Dieses Gebilde ist auf einem Stab montiert und sieht wie eine anatomische Studie aus. So hätten wir das Werk wohl stets betrachtet, wenn uns nicht zufällig einige Sätze überliefert wären, in denen Giacometti ein Selbstgespräch über wichtige Aspekte seiner Existenz und Erfahrung führte. In dem, was für ihn das wichtigste schien, zog er zunächst das Auge in Betracht. Dann den Fuß. Oder den offenen Mund des toten Holländers in den italienischen Bergen. Eher doch, überlegte er, der Fuß – sein Fuß, der an der Place des Pyramides überfahren wurde. Oder «die Arm-Hand in Bronze mit verbrannten Fingern? und geschrumpft und stinkend ...»

Worum handelt es sich bei der bronzenen Arm-Hand, deren Erinnerung sich gleichzeitig mit dem Gedenken an den Tod des Holländers und an den Unfall einstellte? Ein ausgerissener Arm, geschrumpft, stinkend, mit verbrannten Fingern. Er hatte an einem wunderschönen Junimorgen auf Giacomettis Weg gelegen; geschehen war das sieben Jahre zuvor in dem Städtchen Etampes. Die Plastik gewinnt ihre ganz starke Bedeutung als ein Schaustück aus dem Inventar des menschlichen Schreckens. Sie zeigt erneut, wie Giacometti vorging, um die persönliche Erfahrung mit dem allgemeinen Bewußtsein zu verschmelzen.

Pierre Matisse war mit den Ergebnissen von so viel schöpferischer Kraft zufrieden. Er schickte telegrafische Glückwünsche. Giacometti hatte es nie gemocht, wenn man ihm Erfolg bestätigte, und seine Abneigung gegen Lob hatte tiefere Wurzeln als bloß die Erkenntnis, daß Zufriedenheit des Künstlers Feind ist. Ohne falsche Bescheidenheit bedeutete er Matisse, er möge ihm keine Komplimente machen. Bargeld wäre ihm zweifellos lieber gewesen; aber wie gewöhnlich blieb der Händler mit dem Geldausgeben zurückhaltend. Trotz der telegrafischen Freundlichkeiten behielt er es sich vor, dieses neue Pferd in seinem Rennstall erst einmal zu beobachten und mit strenger Hand zu leiten, bis es seinen Wert am Ziel bewiesen hatte.

Der Künstler seinerseits wollte nicht nur seine Zukunft, sondern auch die Vergangenheit auf das setzen, was im fernen New York lief. Diese Absicht spricht deutlich aus der Werkauswahl, die Beispiele aus fast all seinen Schaffensphasen enthält, angefangen mit dem *Torso* von 1925 und fortgeführt durch die ganze surrealistische Epoche hindurch. Die Entscheidung, sein Lebenswerk der Öffentlichkeit in einer fremden Stadt vorzustellen, die er nicht kannte, mag zunächst seltsam erscheinen. Niemand konnte 1947 vorhersehen, daß New York bald Paris als Zentrum moderner Kunst ablösen würde. Gewiß, europäische Länder drängten sich nicht danach, Giacomettis Arbeiten auszustellen, und er konnte gar nicht anders, als die sich bietende Gelegenheit zu ergreifen. Dennoch wirkt die uneingeschränkte Begeisterung, mit der er das Angebot aus Amerika annahm, wie eine Ahnung. Es gehört zum Wesen des

Genies, daß es weiß, was das Beste ist. Giacometti liebte Paris. Es wäre ihm nie auch nur für einen Augenblick in den Sinn gekommen, irgendwo anders zu leben, und dennoch betrachtete er die Stadt, wie auch sich selbst, mehr als einen Endpunkt und nicht als den Anfang von etwas. Er verglich Paris in Gedanken mit der einzigen anderen Stadt, die in seinem Leben und in seiner Vorstellungswelt eine große Rolle spielte: Venedig, die Friedhofsstadt par excellence. Wenn er sich selbst auch als einen der letzten Vertreter einer untergehenden Überlieferung betrachtete, so wollte Giacometti doch, daß sein Werk dieser Tradition gerecht würde. Indem er New York als Schauplatz wählte, um nach langer Abgeschlossenheit seine Kunst wieder ins öffentliche Bewußtsein zu bringen, hielt er dem unbekannten Schicksal die Hand hin.

Die praktischen Vorbereitungen gingen zügig voran. Pierre Matisse war sehr für Bronze, wenngleich seine Sparsamkeit es nicht erlaubte, viele Abgüsse ohne vorher gesicherte Verkäufe zu bestellen. Dennoch wurden etwa zehn Skulpturen in einer Gießerei im Pariser Vorort Malakoff gegossen. Die meisten der für die Ausstellung vorgesehenen Werke waren Gipsabgüsse, die später in Bronze gegossen werden konnten, falls sich Sammler für sie interessieren würden. Unter den Plastiken, die für die Ausstellung in Frage kamen, war auch eine, die unabhängig von ihrem künstlerischen Wert Interesse erweckte: eine Büste von Picasso. Pierre Matisse wollte sie zeigen. Picasso war damals der meistdiskutierte Künstler, vor allem in Amerika, wo der Krieg das Interesse an Kunst eher gesteigert als erstickt hatte. Eine Bildnisbüste Picassos hätte sicher einem Unbekannten zusätzliche Beachtung gebracht. Die Wahrscheinlichkeit dieser Wirkung war Giacometti bewußt. Er erklärte, es wäre ihm äußerst peinlich, falls jemand denken sollte (und es würde bestimmt Leute geben, die so dachten), daß er die Picassobüste aus Reklamegründen ausstellte. Jedenfalls würde ihm das seine Freude an der Ausstellung verderben. So wurde die Büste nicht gezeigt. Übrigens hat Giacometti die Ausstellung selbst gar nicht sehen können. Was die Büste betrifft, so ging sie irgendwann zu Bruch – wie schließlich auch die Freundschaft mit dem Porträtierten.

Befürchtungen, seine Integrität zu kompromittieren, kamen in Giacomettis Beziehung zu Jean-Paul Sartre – vorerst – nicht auf. Der war zugegebenermaßen nicht so berühmt wie Picasso, hatte aber als Philosoph internationale Bekanntheit erlangt, und auch sein Prestige konnte förderlich wirken. Niemand hätte jedoch etwas Unpassendes darin gesehen, wenn ein Sartre die Bedeutung seines Bildhauer-Freundes herausstellte, und so schrieb er einen fast zehn Seiten langen Essay als Einführung für den Ausstellungskatalog. Unter dem Titel *Die Suche nach dem Absoluten* errichtete er auf der Grundlage von Giacomettis eigenen Gedanken ein glänzendes intellektuelles Gebäude, worin das Ringen des Bildhauers als das typische Beispiel eines engagierten Existenzialismus interpretiert wurde.

Giacometti wollte nie durch sein Werk irgendeine Philosophie ausdrükken oder illustrieren; dennoch wurde sein Stil allgemein als eine «Kunst des Existentialismus» aufgefaßt, als der formale Versuch, die menschliche Einsamkeit in einer unsicheren und unbegreiflichen Welt darzustellen. Eine so freie Interpretation stand vielleicht im Einklang mit den Ängsten im Bewußtsein der Nachkriegszeit; aber Giacometti empfand nie das oberflächliche Bedürfnis, die Seelenverfassung seiner Zeitgenossen darzustellen.

Die Giacometti-Ausstellung in der Galerie Pierre Matisse in New York wurde am Montag, den 19. Januar 1948 eröffnet. Sie enthielt mehr als dreißig Skulpturen, von denen zwei Drittel aus neuester Zeit stammten: *Die Nase, Die Hand, Mann mit zeigend ausgestreckter Hand* sowie eine Auswahl der hohen, dünnen, stehenden weiblichen Figuren. Es wurden auch die wichtigsten Ölbilder von 1937 gezeigt, *Bildnis der Mutter des Künstlers* und *Apfel auf einer Kommode* sowie eine Anzahl von Zeichnungen. Die Ausstellung wirkte sehr beeindruckend, besonders mit den vielen neuen Plastiken in reinem weißen Gips oder farbig bemalt. Die Besucher müssen seltsam überrascht gewesen sein, denn keines der ausgestellten Werke war vorher öffentlich gezeigt worden. Es ist allerdings wahrscheinlich, daß nicht allzu viele den Weg in die Ausstellung gefunden haben. Gerade in diesem Moment galt das Interesse der New Yorker Kunstwelt nämlich einer anderen Ausstellung.

Das zeitliche Zusammentreffen ist merkwürdig. Taktgefühl hatte Giacometti veranlaßt, die Picassobüste in New York nicht zu zeigen. Die Ausstellung, auf die sich damals aller Augen richteten, war die erste «weltweite» Präsentation von Picassos neuesten Gemälden. Picasso machte Schlagzeilen. Sein Werk und seine Persönlichkeit schlugen sogar jene in Bann, die sich über ihn empörten und von seiner Kunst abgestoßen fühlten. Die Zeitungen waren voll mit Für und Wider – politisch, ethisch, künstlerisch –, und das Gerede über die hohen Preise beschäftigte Kenner wie Spießbürger. Kein anderer lebender Künstler hatte sich gleich stark dem Bewußtsein der Öffentlichkeit eingeprägt. Von Anfang an hatten sich um Picassos Persönlichkeit und Laufbahn Legenden gebildet, die inzwischen die Identität und direkte Ausstrahlung des Künstlers zu verdecken begannen. Giacometti hatte mit dem für ihn charakteristischen Scharfblick die Zwiespältigkeit dieser Situation erkannt und vermieden, mit ihr in Verbindung gebracht zu werden.

Die Giacometti-Ausstellung war ein Erfolg, auch wenn sie ungenügend bekanntgemacht und gewürdigt wurde. Es kamen einflußreiche Sammler, Museumsleute und Künstler, um sie zu sehen. Sie sprachen von ihr und wiesen auf ihre Bedeutung hin. Es kam zu zahlreichen Ankäufen, obwohl Pierre Matisse kein besonders geschickter Verkäufer war. Als Sammler hatte er vielleicht ein besseres Gespür denn als Händler. So erwarb er einige der besten Stücke für sich selbst. Patricia Matta kaufte ein Gemälde und zwei Plastiken.

Was die Ausstellung aber ihrem Einfühlungsvermögen, ihrem Charme und ihrem fotografischen Talent verdankte, wurde auf der ersten Katalogseite lediglich durch den Hinweis angedeutet, daß die Fotos in dem Band von «Patricia» gemacht worden waren. Möglicherweise wollte der Kunsthändler damit auch nur zum Ausdruck bringen, wie sehr er Patricias Fotos schätzte. Nicht lange danach heirateten die beiden.

43

Annette hatte keine Freude an ihrer Tätigkeit als Sekretärin. Sie wollte in Paris nur Albertos Geliebte sein und wünschte sich keine weitere Aufgabe. Eine geregelte Anstellung erinnerte sie an die bürgerlichen Verhältnisse ihrer Herkunft. Gewiß war sie bereit, für ihren Unterhalt selbst aufzukommen; aber sie wollte lieber ihre Ansprüche einschränken, als sich durch vermehrte Anstrengungen mehr leisten zu können. Entbehrungen machten ihr sichtlich nichts aus. Sie wurden geteilt. Und es war nur natürlich, daß sie auf Alberto als den Ernährer blickte, wenn schon nicht für die Gegenwart, so doch für die Zukunft, und daß sie diese Gegenwart, mochte auch manches an ihr auszusetzen sein, im Hinblick auf eine bessere Zukunft genoß. Alles in allem kamen Alberto und Annette gut miteinander aus. Sie war lebhaft, gutmütig und unproblematisch. Die Dinge, die Alberto wichtig waren, konnte sie nicht ebenso ernst nehmen; und das hatte Vorteile für beide. Alberto empfand für sie anscheinend nicht die gleiche Leidenschaft wie für Isabel, und auch das hatte sein Gutes. Aus den Jahren der Sehnsucht nach Isabel sind nur wenige Meisterwerke erhalten geblieben. Aus der Zeit mit Annette gibt es ein reiches Erbe.

Nichtsdestoweniger war ihr Verhältnis zueinander äußerst kompliziert, wie es Albertos Charakter entsprach. Annette blieb nichts anderes übrig, als sich darauf einzustellen. Trotz seiner nicht immer liebevollen Neckereien oder seiner gelegentlichen Streitsucht muß sich Alberto in der Rolle des väterlichen Liebhabers wohl gefühlt haben. Annette war glücklich, das zu tun und das für ihn zu sein, was ihm gefiel. Ihre Anpassung entsprach auch einer Notwendigkeit.

Es war nicht einfach, mit einer Persönlichkeit wie Giacometti zu leben, schon darum, weil die wenigen Menschen, die ihr Leben mit ihm teilten, gezwungen waren, es ganz mit ihm zu teilen, was viel von ihnen verlangte. Den Einsatz, den er sich selbst abforderte, verlangte er allerdings von niemandem außer von sich selbst. Daß er insofern einen einsamen Weg gehen mußte, war ihm bewußt. Er versuchte, die Persönlichkeit anderer unangetastet zu lassen.

Er war so sehr darum bemüht, wie es ein Mensch nur sein kann, und er versagte natürlich. Doch die Anstrengung hinterließ ihre Spuren, auch bei Annette.

Annette hatte keine leichte Stellung zwischen zwei Brüdern, die zwanzig Jahre unzertrennlich gewesen waren. Diego hielt Frauen für weniger begabt und für weniger umgänglich als Männer. Er lebte mit Nelly zusammen, aber sie blieb im Hintergrund. Ob es ihr paßte oder nicht, sie kannte ihren Platz und hielt sich daran. Aber sie machte auch ihrem Unmut darüber Luft, daß sie von der Giacometti-Familie nie aufgenommen worden war. Bei Annette Arm war das anders. Alberto nahm sie auf und gab ihr ihren Platz im Zentrum seines Lebens. Diego, Bruno und Odette anerkannten sie als dazugehörig. Weniger einladend zeigte sich das wichtigste Familienmitglied. Es blieb nicht aus, daß Annetta Giacometti von der Liaison zwischen ihrem Lieblingssohn und der jungen Frau aus Genf erfuhr. Die Sache gefiel ihr nicht. Annette schlug vor, der anspruchsvollen, autoritären Mutter eine Fotografie von ihr zu schicken, aber Alberto erinnerte daran, daß Diego diese Taktik bereits einmal mit unglücklichem Ausgang erprobt hatte. Er würde seine Mutter allein besuchen müssen, was ihnen beiden vermutlich nur recht war.

Die lichtlosen Monate in Stampa, in denen die Sonnenstrahlen die Talsohle nicht erreichen, waren Giacometti die liebsten. «Es ist ein Jammer», klagte seine Mutter, «daß du die Dunkelheit liebst.» Aber so war es. Die Mutter hatte jedoch keine Ahnung davon, welche Wesen in den dunklen Zonen im Leben ihres Sohnes hausten. Falls sie es bedauerte, daß er die dunkle Jahreszeit vorzog, war sie doch stets froh, wenn sie ihn ins Bergell heimlockte, wo sie ihn umsorgen und wie früher bemuttern konnte, indem sie ihn zum Essen rief und versuchte, Ordnung in seinen Tageslauf zu bringen. Wenn er am Vormittag zu lange im Bett blieb, wagte sie sich zwar nicht zu ihm ins Schlafzimmer, aber sie warf Schranktüren zu, fuhrwerkte mit Stühlen auf den Holzdielen des Fußbodens herum und veranstaltete einen solchen Lärm im Haus, daß ihr Sohn diese Signale unmöglich überhören konnte. Am besten sorgte sie freilich dadurch für ihn, daß sie einfach da war, ihre wunderbare Beständigkeit war die Garantie für ihre segensreiche Wirkung. Manchmal fühlte sie Gewissensbisse, weil er um ihretwillen seine Arbeit in Paris liegen lassen mußte; doch der Gedanke tröstete sie, daß er bei ihr wenigstens genügend Schlaf fand, ordentliches Essen bekam und ein geregeltes Leben führte. Außerdem konnte er weiterarbeiten. Sowohl in Stampa wie in Maloja warteten die Atelierräume seines Vaters auf ihn, und als Modell stand immer die Mutter zur Verfügung, auch wenn sie sich darüber beklagte, daß die Bildnisse, die ihr Sohn von ihr schuf, sie wie eine Hexe erscheinen ließen.

Im Bekanntenkreis war man manchmal über den Ton verwundert, in dem sich die gegenseitige Anteilnahme zwischen Mutter und Sohn äußerte. So fuhren sie zum Beispiel im Winter 1948 gemeinsam nach Bern, wo eine Ausstellung zeitgenössischer Plastik der Pariser Schule stattfand. Unter den 144 gezeigten Werken waren neben Stücken von Arp, Laurens, Pevsner und anderen auch sechs Arbeiten von Giacometti. Der Bildhauer war für die Umständlichkeit bekannt, mit der er seine Werke aufstellte. Bei der bewußten Gelegenheit sagte ihm seine Mutter, wie er es machen solle, und er setzte die Anwesenden dadurch in Erstaunen, daß er ihren Rat befolgte wie ein Schuljunge, der vom Spielen heimgekommen ist, um seine Hausaufgaben zu machen. Die alles andere ausschließende Bindung zwischen Annetta und ihrem Lieblingssohn wurde von jedermann stillschweigend vorausgesetzt, und es ist eine wohlbekannte Tatsache, daß sich der Liebling einer Mutter sein Leben lang die Zuversicht bewahrt, die zu wirklichem Erfolg führen kann.

Diego machte sich die Sorge um diesen Erfolg zu seiner Aufgabe. Niemand wußte besser als er, wie schwierig sein Bruder sein konnte. Dieser Einsicht gerecht zu werden, war ein Lebensinhalt für sich. Diego leistete mehr als nur dies. Er fügte etwas hinzu. Sein praktischer Beitrag wurde immer wichtiger. Nicht nur, daß er die Armaturen für die Plastiken anfertigte, er kümmerte sich auch um die letzten Feinheiten der Patinierung. Mit einer realistischen Einschätzung der Dinge, die seinem Bruder abging, gab er den dringend benötigten Rat bei der Festsetzung von Preisen und bei Verkäufen. Für zahllose Bildnisse saß er Modell. Es gelang ihm sogar, einige eigene Arbeiten zu schaffen, die keinen geringen Anteil am Erfolg des Bruders hatten. Mit der jungen Geliebten des Bildhauers hatte er ein freundliches Verhältnis, obwohl er bedauerte, daß sie nicht dazu beitrug, die schwierigen Lebensbedingungen zu verbessern. Aber Nelly tat das auch nicht. Diego behielt seine Kritik für sich.

Im Frühjahr 1948 wurde der an Albertos Atelier angrenzende Raum frei, und er nutzte die Gelegenheit, den Ort, wo er schlief, neben seine Arbeitsstätte zu verlegen. Diese Zusammenlegung wurde mit einigen Opfern erkauft; denn auf dieser Seite gab es kein Bad, und die primitive Toilette war jenseits der – unüberdachten – Passage, was selbst bei schönem Wetter eine arge Unbequemlichkeit bedeutete. Das neue Schlafzimmer hatte ein großes Fenster nach Norden, einige Schränke und Regale, in einer Ecke ein Spülbecken mit fließendem Wasser. Vorhanden waren ferner der Anschluß an das elektrische Netz, ein Gasbrenner zum Kochen und ein Kohleofen. Alberto und Annette stellten ein Doppelbett hinein, eine Kommode, drei Tische und ebenso viele Stühle. Das war alles, und es war nicht viel. Da ihr nichts anderes übrig blieb, paßte sich Annette auch diesen spartanischen Bedingungen an und erledigte das Wenige, was an hausfraulichen Arbeiten erforderlich war. Mahlzeiten wurden in der Rue Hippolyte-Maindron so gut wie nie bereitet. Es war eine Ironie des Schicksals, daß Annettes Lebenstraum darin bestand, einen Haushalt zu gründen mit Alberto als Mittelpunkt. Nichts wäre unwahrscheinlicher gewesen als dies. Aber der Traum lebte fort.

In der Rue d'Alésia, nicht weit vom Atelier, gab es die Brasserie Les Tamaris, die von einem Exsträfling namens Jacques aus dem Bastille-Viertel geführt wurde. Kleine Gauner und Halbstarke aus der Umgebung frequentierten das Lokal, und hier schaute die Polizei als erstes nach dem Rechten, wenn in der Nachbarschaft ein krummes Ding gedreht worden war. Im Tamaris konnten die beiden schäbig gekleideten Künstler mit Gipsstaub im Haar und Ton unter den Fingernägeln nicht auffallen. Das Essen war nicht besonders gut, aber nahrhaft und preiswert, und es wurde zu jeder Tages- und Nachtzeit serviert. Auch stand es den Gästen frei, an den Tischen sitzen zu bleiben, solange sie wollten. Hunderte von Mahlzeiten nahmen Diego und Alberto im Tamaris ein, und der Bildhauer machte Hunderte von herrlichen Zeichnungen auf den Papiertischdecken, die hinterher alle von den Kellnern weggeworfen wurden.

Inzwischen lag Francis Gruber im Alter von sechsunddreißig Jahren mit Tuberkulose im Krankenhaus im Sterben. Er war der beste Freund gewesen, den Diego je gehabt hat. Auch mit Alberto pflegte Gruber vertrauten Umgang und blieb mit ihm länger als zehn Jahre kollegial eng verbunden. Das Begräbnis auf einem ländlichen Friedhof fand in der Nähe des Dorfes statt, wo die Grubers ein Haus besaßen. Alberto war ganz fassungslos, und seine Freunde nahmen betroffen die Heftigkeit seiner Gefühle wahr. Später machte er Entwürfe für Grubers Grabstein, und zweimal fuhr er in den kleinen Ort Thomery, um sich davon zu überzeugen, daß das Grab seines Freundes richtig gepflegt wurde.

Der Verlust eines Freundes läßt sich nie durch neue Freunde ausgleichen. Aber es fiel Giacometti nicht schwer, neue Freunde an sich zu ziehen. Es geschah um die Zeit von Grubers Tod, daß er einem der ungewöhnlicheren unter seinen vielen ungewöhnlichen Freunden begegnete. Er hieß Olivier Larronde und war ein gebürtiger Südfranzose. Als einziger Sohn eines Journalisten wurde er während des Krieges in eine Kleinstadt in der Nähe von Paris gebracht, wo er aufwuchs. Larronde zeigte sprachliche Begabung und begann in jungen Jahren, bemerkenswert phantasievolle Gedichte zu schreiben. Ebenso beflügelt wirkte er in der Unterhaltung. In Ergänzung dieser Gaben war er außerordentlich hübsch, hatte honigfarbenes Haar und konnte bezaubernd lächeln. Düstere Schatten hatten sich jedoch bereits über den jungen Mann gelegt. Er wurde von Gedanken an eine jüngere Schwester namens Myriam verfolgt, die sich mit vierzehn Jahren das Leben genommen hatte. Er litt unter einer morbiden Angst, eingeschlossen zu werden, mochte sich nicht in seiner Zurückgezogenheit stören lassen und konnte Zurücksetzung nicht ertragen. Er sehnte sich nach Beifall. Menschen, die ihn und seine Gedichte schätzten, fanden sich immer zahlreicher. Einer der ersten war ein Mann von ungewöhnlicher Anziehungskraft und Begabung, damals noch wenig bekannt und erst vor kurzem aus dem Gefängnis entlassen. Sein Name: Jean Genet. In glücklicher Fügung nahm er den jungen Dichter eine Zeitlang unter seine abgehärteten Fittiche.

Nicht lange danach erschien ein romantischer Freigeist auf der Bildfläche. Er hieß Jean-Pierre Lacloche und verliebte sich in Olivier. Auch er war auffallend hübsch, ein dunkelhaariger Typ. Er schrieb keine Gedichte, sondern verbrachte sein Leben in einer Sphäre idealistischer Ritterlichkeit, denn während des Krieges war er der sicheren Zuflucht in Amerika entflohen, hatte sich als Fallschirmspringer den Streitkräften der «Freien Franzosen» angeschlossen und seine Tapferkeit im Kampf bewiesen. Die Friedenszeiten verlangten eine andere Art von galanter Bewährung. Er und sein Bruder François Lacloche lernten einen gewissen Georges de Cuevas kennen, einen südamerikanischen Playboy, der John D. Rockefellers Enkelin geheiratet hatte. Seitdem floß ein winziger Seitenarm des Standard-Oil-Geldstroms in Richtung der Brüder Lacloche. Luxus war für sie allerdings kein Abenteuer. Sie suchten einen tröstenden Ersatz und fanden ihn im Opium. Jean-Pierre Lacloche und Olivier Larronde fanden zueinander, und gemeinsam verfielen sie der Droge – und zwar für immer.

Die beiden jungen Leute bildeten ein auffallendes Paar. Sie bezogen ein weiträumiges Appartement mit Blick auf einen Garten und füllten es mit riesigen verschnörkelten Möbelstücken, Brokatvorhängen, Tiger- und Leopardenfellen, antiken Wandbehängen und mächtigen Gemälden in Goldrahmen. Dann legten sie sich eine bizarre Menagerie von Haustieren an. So wie sie einander zugetan waren, so hatten sie auch eine große Vorliebe für Affen, von denen sie die Jahre über eine ganze Herde hielten, große und kleine, Männchen und Weilchen. Ein gläsernes Terrarium beherbergte mehrere große und äußerst giftige Skorpione. In den hohen, vollgestellten, kaum gelüfteten Räumen mischte sich der Geruch von Affen mit dem Opiumduft. Und besonders reinlich ging es zwischen der üppigen Fülle der Möbelpracht nicht zu. So war es denn eine etwas weltfremde und dekadente Fin-de-siècle-Atmosphäre, in der die beiden Liebenden ihr Leben eingerichtet hatten. Und das paßte durchaus, denn Larronde knüpfte in seinem Dichten an Vorbilder an, die Ende des vergangenen Jahrhunderts gewirkt hatten, insbesondere an die Werke Stéphane Mallarmés, dessen dunkle freie Verse auf konventionelle Syntax und Verständlichkeit verzichteten. Larrondes Gedichte sind preziös und vom Wohlklang bestimmt, was sich mehr in der Komplexität ihrer Form niederschlägt als in ihrer inhaltlichen Bedeutung. Sein erster Gedichtband *Les Barricades Mystérieuses* (Die geheimnisvollen Barrikaden) wurde 1948 veröffentlicht, als er einundzwanzig Jahre alt war. Zehn Jahre später erschien der zweite Band unter dem Titel *Rien Voilà l'Ordre* mit eine Reihe von Zeichnungen von Alberto Giacometti.

Auf den ersten Blick war die Wahrscheinlichkeit gering für eine Freundschaft zwischen dem Dichter und dem Bildhauer. Abgesehen von einer zufälligen Übereinstimmung der Interessen und einer Bereitschaft zu bohemehaft feuchtfröhlicher Geselligkeit schien sie wenig miteinander zu verbinden. Aber die Beziehung reichte tief. Ihr Wesen und ihre Tiefe wurden im Laufe der Jahre deutlicher, als Oliviers Leben und Persönlichkeit immer mehr in einer erschreckenden Unordnung versanken. Ihm ging die Charakterstärke ab, die Spannkraft des Bewußtseins, ja sogar die physische Widerstandskraft, um aus der Dekadenz eine Art moralischer Tugend und geistiger Disziplin zu machen. Er suchte Halt im Gedenken an seine tote Schwester als einer Quelle der Reinheit und Güte. Es half ihm nicht. Bei Giacometti zog ihn die Fähigkeit des älteren Mannes an, genau das zu tun, wozu er selbst unfähig war: sein entscheidendes Lebensprinzip von jedem Anflug von Trivialität und jeder Beeinträchtigung freizuhalten. Giacometti hatte tiefes Verständnis für Larrondes Schwierigkeiten. Die Freundschaft, die einige Leute mit Verwunderung sahen, stand unter dem Zeichen hoher Erwartungen, und den Beweis für ihren Wert mag man vielleicht darin sehen, daß sie am Ende alle vergeblich waren.

Ob Isabel, wie sie behauptete, tatsächlich vorhatte, mit René Leibowitz kurzen Prozeß zu machen oder nicht – es lief jedenfalls darauf hinaus. Ihre Liaison hielt nicht viel länger als ein Jahr. Sie kehrte nach London zurück, wo sie 1947 ihren Kumpan und Trinkgenossen aus den Kriegsjahren heiratete, den Komponisten und Dirigenten Constant Lambert, der es zu größerer Berühmtheit als Leibowitz gebracht hatte. Allerdings kam Isabel öfters nach Paris, saß mit Giacometti, Balthus und anderen in den Cafés herum, hörte nicht auf zu lachen und trank mehr, als ihr guttat. Trotz seiner Beschreibung von Isabel als einer Männerfresserin legte Giacometti doch Wert darauf, mit ihr jene besondere und manchmal etwas sonderbare Intimität zu teilen, wie sie ehemalige Liebende miteinander verbindet. Constant Lambert hatte dagegen nichts einzuwenden. Auch er hielt sich weiter an den Alkohol und starb nach vier Ehejahren im unzeitigen Alter von fünfundvierzig Jahren.

Schon bald nach Annettes Ankunft bat Alberto sie, für ihn Modell zu stehen, wenn auch anfangs nur für Gemälde. Annette ist auf den Porträts gut wiederzuerkennen. Sie erscheint auf den Bildern bekleidet und als Akt, sitzend und stehend. Zwischen den Akten und den bekleideten Figuren besteht eine auffallende Diskrepanz. Letztere sehen etwas unbeholfen und anmutlos aus, wirken unattraktiv auf eine Weise, wie sich junge Mädchen geben können: und man möchte meinen, Alberto hätte es gefallen, sie so zu sehen. Er erblickte in ihr ohnehin das, was er in seinem Werk suchte. Die Bildnisse von Annette als Akt sind von dieser Darstellungsart ganz verschieden. In ihnen kommt ihre Weiblichkeit uneingeschränkt zur Geltung, hier zeigt sie sich erfüllt von Selbstgefühl, Kraft und dem Bewußtsein ihrer Geschlechtlichkeit, bewegungslos, aber von vibrierender Gespanntheit, den Blicken ausgesetzt und unberührbar. In der Meisterschaft der Ausführung und in der Gewißheit seiner Sehweise zeigen diese Werke Giacometti erstmals in seiner vollen Reife und auf dem Höhepunkt seines malerischen Könnens.

Für Giacometti zu posieren, wurde nicht leichter. Je länger sich die Sitzungen hinzogen, desto öfter wiederholte er seine Aufforderung, absolut stillzuhalten. Die Zeit, die Giacometti auf ein einziges Gemälde verwandte, konnte sich unbegrenzt in die Länge ziehen, ohne daß ein Ende abzusehen war. Wie Cézanne mochte auch Giacometti nie etwas als endgültig abgeschlossen betrachten, und er war bis zur Unhöflichkeit unduldsam gegen alle Störungen, wenn ein Modell nicht die gleiche Konzentration aufbrachte wie er selbst. Es besteht kein Zweifel daran, daß man als Modell von Giacometti auf eine harte Probe gestellt wurde. Mit dankenswerter Geduld und Fassung hielt Annette diese Belastung aus. Gewiß kam es auch ihren Interessen entgegen, erlaubte ihr das Modellstehen doch, die leidige Sekretärinnenarbeit, die ihr ein wenig entwürdigend vorkam, zugunsten einer Tätigkeit aufzugeben, die sie, so anstrengend es sein mochte, zugleich zu einer stellvertretenden Anteilnahme an einem höchst ehrenvollen Schaffen erhob. Damit war das Ende ihrer kurzen Berufstätigkeit gekommen; es war zugleich der Beginn ihrer Einführung in eine Beschäftigung, von der wohl keine Frau annimmt, daß sie dafür gemacht sei.

44

«In einem brennenden Gebäude», äußerte Giacometti einmal, «würde ich eine Katze vor einem Rembrandt retten.» Diese Priorität drückt Ehrfurcht vor dem Leben aus. Sie läßt auch die Einsicht erkennen, daß die Kunst wenig Gewicht hat auf der Waage zwischen Leben und Sterben. Das künstlerische Schaffen jedoch verlangte Unterwerfung unter seine Anforderungen, selbst wenn deren Erfüllung zu einer Vernachlässigung seiner selbst und auch derer zu führen schien, die durch ihre Nähe und ihre Gefühle viel zu verletzlich waren, als daß man sie hätte vernachlässigen dürfen. Giacometti blieb nichts anderes übrig, als, so gut es ging, mit diesem Widerspruch zu leben, aber er erwartete von niemandem – außer von Diego –, ihm darin zu folgen. «Ich sehne mich nicht nach Glück», sagte er. «Ich arbeite bloß, weil ich unfähig bin, etwas anderes zu tun.» Für ihn mochte das alles recht und gut sein, aber jemand, der sich um sein eigenes Glück wenig kümmert, trägt auch wenig zum Glück anderer bei, und wenn er ein Gewissen hat, wird er es vermeiden, für das Glück anderer verantwortlich zu sein.

Annette hatte sich danach gesehnt, aus der Anonymität ihrer bürgerlichen Herkunft erlöst zu werden. Um dieses Ziel zu erreichen, und in dem Maße, wie es ihr diese Befreiung zu ermöglichen versprach, war sie bereit, Leiden zu ertragen. Die eigene Herkunft entschieden zu überwinden, verlangt intellektuelle Entschlossenheit und einen absolut gefestigten Charakter. Fünf Jahre an Giacomettis Seite hatten ihr Verlangen nur gesteigert, sich in einer Häuslichkeit einzurichten, die den Maßstäben von Grand-Saconnex gerecht wurde. Dadurch, daß sich das Paar so zugetan war, wurde Annettes Problem aber schwieriger anstatt erleichtert. Die Liebe kann freilich Liebende nicht von ihren Fehlern befreien.

Annette Arm wollte geheiratet werden. Das war eigentlich undenkbar, aber da sie für ihren Geliebten sowohl in seiner Arbeit wie in seinem Leben wichtig geworden war, erwartete sie vermutlich, sie könne ihre Unentbehrlichkeit auf die Probe stellen. Das war riskant, denn auf lange Sicht mußte sie bei diesem Spiel damit rechnen, zu verlieren. Annette spürte Albertos Wichtigkeit sehr wohl, da sie ihn liebte, aber seine künstlerische Bedeutung konnte sie kaum ermessen, da diese nichts mit Liebe zu tun hatte. Die Grundlagen einer dauerhaften Verbindung waren dementsprechend unverläßlich. Dennoch verfolgte sie beharrlich das Ziel des Ehestands. Alberto reagierte ausweichend. Die Sache war für beide schwierig.

Giacometti wußte, daß derjenige, der eine Entscheidung trifft, auch die Verantwortung für sie zu übernehmen hat. Er wußte auch, daß niemand je völlig frei gewesen ist, eine Wahl zu treffen, die Aussichten auf ein befriedigendes Resultat zu ermessen und genau zu beurteilen, ob er nicht nur für sich, sondern auch für andere Betroffene das Richtige getan hat. Außerdem konnte die Institution der Ehe als ein Symbol für die sanktionierte Beziehung zwischen zwei Menschen nur mit erdrückendem Gewicht das Bewußtsein eines Mannes belasten, bei dem feststand, daß er die natürlichen Erwartungen einer Frau nie ganz erfüllen würde. Die Rolle eines Ehemannes mußte ihn darüber hinaus überfordern, weil er an einer Aufgabe arbeitete, die alle seine Zeit und Energie beanspruchte. Giacometti zögerte. «Zu einer Frau zu kommen», bemerkte er, «ist die einfachste Sache von der Welt – das Schwierigste aber, sie loszuwerden.» Aber er mußte auch auf seine Mutter Rücksicht nehmen; und dazu bedurfte es keines Drängens. Annetta Giacometti beurteilte die Eheschließung ihres Sohnes wohlwollend, weil es sich so gehörte. Alberto wußte, daß er seine Gefährtin nie nach Stampa mitnehmen konnte, solange sie unverheiratet waren. Und jetzt, da sie sein Modell geworden war, hätte er sie gerne ins Bergell mitgenommen, um dort mit ihr weiterzuarbeiten. Er wollte es seiner Mutter recht machen, und natürlich wollte er auch Annettes Wünsche erfüllen. Wie aber sollte er den schwierigen Ausgleich finden zwischen dem, was andere von ihm verlangten, und der Forderung, so zu sein, wie es seinem Wesen entsprach? Kein Wunder, daß er zögerte.

Das Zögern führte zu einer Krise. Giacometti löste sie, indem er dem Gebot des schöpferischen Genius folgte und ja sagte. Er hatte stets ja zum

Leben gesagt. «Ja» war die Antwort des Künstlers, die Antwort eines Menschen, der auf das Handeln setzt; es war der Beweis seiner Hingabe an das Positive. Indem er der Heirat zustimmte, ließ er sich in überraschendem Maß darauf ein, mehr Menschlichkeit zu zeigen. Seine Entscheidung läßt erkennen, daß er sich bewußt war, wieviel Annette dazu beigetragen hatte. Der siebenundvierzigjährige Künstler hatte eine Wiedergeburt erfahren, hatte seinem Schaffen neues Leben eingehaucht, und es sollte nicht verwundern, daß er in seinem persönlichen Leben dazu neigte, die Anbetung und den Beistand einer Frau anzunehmen, die zweiundzwanzig Jahre jünger war als er. Dennoch mochte er keinen Zweifel daran aufkommen lassen, daß alles wie zuvor bleiben mußte. Er bestand darauf: Annette sollte aus der Formalität der Eheschließung nicht ableiten, daß sich ihre Beziehung oder ihr Verhalten zueinander in irgendeiner Weise ändern würden. Schon bei ihrer Ankunft in Paris hatte er ihr zu verstehen gegeben, daß sie keine Umstellung in seinen Lebensgewohnheiten erwarten durfte. Augenscheinlich hatten sich die Dinge inzwischen doch verändert. Aber es fiel Annette nicht schwer, seiner Bedingung zuzustimmen, da sie eine so starke Veränderung ihrer eigenen Rolle vor sich sah. Eines Tages sollte die Frage nach ihrer beider Aufrichtigkeit schwer ins Gewicht fallen.

Giacomettis Heirat kam für seinen Bekanntenkreis wie ein unvorhersehbarer Schlag. Für alle, die miterlebt hatten, wie er seine Tiraden gegen die Ehe losließ, wie er eheliche Gefühle als lauen Kompromiß abtat und die Prostitution pries, war die Neuigkeit ein arger Schock. Selbst Diego verschlug es die Sprache.

Was immer Giacometti dazu bewogen haben mag zu heiraten, die Entscheidung für diesen Schritt traf er allein bei sich. Er war sich dessen bewußt und besaß auch die Stärke, um zu dieser Entscheidung zu stehen. Er war entschlossen, die Folgen zu tragen, was immer es kosten würde. Aber er konnte nicht absehen, wie weit er auf die Kraft der Frau bauen durfte, die die Bindung gewünscht hatte. Indem Giacometti so sehr darauf bestand, daß die Ehe nie dazu benützt würde, um zwischen ihm und seiner Frau etwas zu ändern, wollte er wahrscheinlich deutlich machen, daß er mehr auf sein Schicksal zugegangen als in eine Ehe eingetreten war. Er betrat ein Feld, wo weder Vorsicht noch Klugheit ihn leiten konnten.

Selbstverständlich war nicht im entferntesten an eine Hochzeitsfeier zu denken. Der Vorgang selbst war Zeremonie genug. Ein Zugeständnis machte Giacometti: Er stand früh auf. Es war Dienstag, der 19. Juli 1949. Mitten am Vormittag gingen Braut und Bräutigam zum nahe gelegenen Rathaus des XIV. Arrondissements. Trauzeugen waren Diego und Renée Alexis, die nach dem Tode Pototschings weiter als Concierge gewirkt hatte. So wurden denn Annette Arm und Giovanni Alberto Giacometti getraut. Danach gingen sie mit Diego in ein Restaurant zum Mittagessen. Anschließend kehrte Alberto in die Rue Hippolyte-Maindron zurück und legte sich wieder ins Bett.

Eine Hochzeitsreise wäre lächerlich gewesen; aber später im Sommer nahm der Künstler seine junge Frau mit nach Maloja, wo er sie seiner Mutter vorstellte. Die beiden Frauen waren darauf eingestellt, gut miteinander auszukommen. Annetta hielt Annette für «ein nettes Mädchen», auch wenn sie andererseits kritisch bemerkte, daß ihr Sohn seine Frau wie eine Tochter behandelte.

Die Jahre 1949 und 1950 waren anni mirabiles für Giacometti, wunderbar in der Vielfalt und Fülle wie auch in der meisterlichen Bewältigung der damals entstehenden Werke. Eine nach der anderen verließen die außerordentlichsten Arbeiten Giacomettis Atelier, unter ihnen mindestens ein Dutzend jener Werke, in denen der Bildhauer uns am lebhaftesten gegenwärtig bleiben wird. Wollte man versuchen zu erklären, wie es dazu kam, würde man vielleicht einen wesentlichen Reiz zunichte machen. Aber lassen wir den Künstler selbst zu Wort kommen. Wie bei vielen anderen Gelegenheiten hat Giacometti in diesem Zusammenhang eine klarsichtige Bemerkung gemacht. «In jedem Kunstwerk», sagte er, «ist der thematische Stoff von grundlegender Wichtigkeit, ob sich der Künstler dessen bewußt ist oder nicht. Ein höherer oder geringerer Grad künstlerischer Qualität ist nichts anderes als ein Hinweis darauf, wie stark der Künstler von seinem Stoff ergriffen ist; an der Form zeigt sich das Maß dieser Ergriffenheit. Aber man sollte den Ursprung des Stoffes und der Ergriffenheit zu erfassen suchen ...»

Demnach verlangt der Künstler von uns, im auslösenden Moment der Schöpfung eine Bedeutung zu suchen, zu der er nur durch das Medium *unserer* Wahrnehmung vordringt. Das ist durchaus logisch. Und aus demselben Grund werden wir eingeladen, einen möglichst tiefen Blick in sein Leben und Werk zu tun, um die Wahrheit zu erkennen, der er Form verliehen hat. Wenn wir aufmerksam genug sind, können wir auch einen kurzen Blick auf uns selbst erhaschen.

1949 und 1950 entstanden zu viele großartige Skulpturen, als daß sie alle vorgestellt werden könnten. Unter allen ragt aber eine ganz besonders hervor, ungewöhnlicher als alle anderen, weil sie von Giacometti Ungewöhnliches verlangte. Auch dem Betrachter verlangt sie ungewöhnlich viel ab.

Das Rathaus des XIX. Arrondissements steht in einer abgelegenen Gegend im Norden der Stadt. Es wurde unter Napoleon III. gebaut und zeichnet sich hauptsächlich durch seinen pseudomajestätischen Zierat aus. Nur der Portikus erinnert an die Architektur, die der erste und stärkere Bonaparte bevorzugte. Das Gebäude schaut auf einen Platz, der sich an seiner Südseite nach dem Parc des Buttes-Chaumont öffnet. Bis zum Zweiten Weltkrieg hatte in der Mitte des Platzes auf einem Sockel die Bronzestatue eines obskuren Pädagogen namens Jean Macé gestanden. Während der Besatzungszeit wurden in ganz Frankreich viele Statuen von den Deutschen zum Einschmelzen abtransportiert, darunter auch das Standbild des Jean Macé. Die vielen leeren Sockel empfand man nach dem Krieg als eine nationale Schande. Bildhauer waren aufgerufen, für Ersatz zu sorgen. Teils auf Betreiben von Aragon, dessen Einfluß damals zunahm, teils mit Unterstützung des wenig bekannten Surrealisten Thirion wurde Giacometti damit beauftragt, für den verwaisten Sockel eine Figur vorzuschlagen. Es war eine abwegige Entscheidung. Das hätten alle Beteiligten erkennen müssen. Aber nein, jeder scheint das Projekt für ganz natürlich gehalten zu haben.

Der Bildhauer machte sich ans Werk. Das Denkmal des vergessenen Pädagogen beschäftigte seine Gedanken, doch seine schöpferischen Fähigkeiten waren eindeutig nicht bereit, sich einem so trivialen Gegenstand zuzuwenden. Was seine Vorstellung belebte und festhielt, ohne daß er sich daraus ein Gewissen machte, war die einmalige Gelegenheit, ein Denkmal für einen öffentlichen Platz in Paris zu schaffen. Diese Gelegenheit war ausschlaggebend für das Kunstwerk, und es entsprach auf übernatürlich deutliche Weise den Bedingungen, die seine Entstehung beherrschten. Die Angleichung an die Bedingungen bewirkte aber auch, daß der Künstler ein Werk schuf, das für niemanden außer ihn selbst annehmbar erscheinen konnte. Er begann mit einer weiblichen Figur, was von Anfang an erkennen ließ, wie wenig er sich um Jean Macé scherte. Die Figur gleicht anderen Arbeiten dieser Schaffensperiode – hoch, schlank und mit übergroßer Fußpartie. Aber es gibt einen wichtigen Unterschied. Ihre langen, spinnendünnen Arme sind vom Körper abgespreizt und vermitteln auf überraschende Weise den Eindruck von Bewegung. Dieser Eindruck wird durch ein weiteres dramatisches Element verstärkt: in sich ruhend steht die Figur auf einem zweirädrigen Wagen. Diesmal ist es ein echter Streitwagen, kein kleinrädriger Untersatz, wie er ihn 1943 einer Plastik hinzugefügt hatte. Dieser Streitwagen wird nicht bloß als Idee wachgerufen, er ist eine Realität. Seine beiden hohen Räder sind für die Figur ebenso wichtig wie umgekehrt die Figur für die Räder. Diese sind durch eine Achse verbunden, von der ausgehend zwei Stützen eine Plattform tragen, auf der die dahinfahrende Gestalt still und in gerader Haltung steht. Mit seinen zwei Rädern erhält der Streitwagen die assoziative Bedeutung antiker Gegenstücke und mythologischer Anspielungen. Die Räder haben je vier Speichen, was zunächst wie eine geschickte formale Lösung wirkt, bis wir uns des ähnlichen Gefährts aus dem alten Ägypten erinnern, dem der junge Künstler dreißig Jahre zuvor in einem italienischen Museum begegnet war. Man darf annehmen, daß die Verwandlungsfähigkeit seines Gedächtnisses wirksamer war als bei uns normalen Sterblichen.

Wahrscheinlich ist dieser *Wagen* von 1950 unter allen Werken Giacomettis das geheimnisvollste und erhabenste. Die zarte und doch dynamische Gestalt scheint in ihrer ausgeglichenen Haltung frei zu schweben. Sie beherrscht unsere Aufmerksamkeit sowohl durch ihre hoheitsvolle Unnahbarkeit als auch durch das ruhig klare Gleichgewicht, mit dem sie bewegungslos verharrt und zugleich eine dahineilende Bewegung andeutet. Wie verschieden ist diese Plastik doch von der früheren Skulptur der Frau auf dem Karren, bei der die Räder nebensächlich klein waren. Diese spätere, auf einem größeren Wagen stehende Frauengestalt strahlt unendlich viel mehr Anspruch und Geheimnis aus. Die frühere Skulptur war noch in ihrer suggestiven Absicht zu erfassen, während bei der Begegnung mit der jüngeren Figur jeder Schritt klug abgewogen sein will. Sie scheint zu locken und gleichzeitig dazu aufzufordern, in sicherem Abstand zu verharren. Es sind die Räder mit ihrer Form und Größe im Zusammenwirken mit der Haltung ihrer Arme, worin das Geheimnis liegt; denn sie kann sich ja in Wirklichkeit nicht bewegen, obgleich sie gerade deshalb so machtvoll gegenwärtig ist, weil von ihr die Vorstellung, ja die Drohung von Bewegung ausgeht. Obwohl unbeweglich, ist sie doch bewegend, obwohl unbewegt, ist sie doch aktiv. Ihre Identität verbirgt sich, während sie sich preisgibt.

Dies war also die Plastik, die Giacometti als Denkmal auf einem öffentlichen Platz in Paris aufstellen lassen wollte. Nur er konnte diese Idee ernsthaft verfolgen. Die Leute vom XIX. Arrondissement waren schockiert. Der Künstler wurde mit seinem Werk wieder weggeschickt. Keineswegs entmutigt kehrte Giacometti in sein Atelier zurück. Ihm war es vor allem auf die Gelegenheit angekommen. Wie die Sache ausging, interessierte ihn nicht. Bald danach wurde die Gipsplastik zur Gießerei gebracht, wo der Bronzeabguß gemacht werden sollte. Insgesamt wurden sechs Abgüsse gefertigt, von denen die meisten eine Goldpatina bekamen, obwohl der Bildhauer sonst eine dunkle Bronze vorzog. *Der Wagen* rief die Assoziationen mit dem Metall hervor, das für die Menschen den höchsten Wert repräsentiert und mit dem sie als erstes in der Dämmerung der Vorgeschichte arbeiteten, das Metall, das am häufigsten zur Abbildung von Helden, Heiligen und Götterbildern diente.

Aber dies war nicht alles. Der Künstler fühlte sich zu einer erklärenden Aussage genötigt. *Der Wagen* wurde zum erstenmal im November 1950 in der Galerie Pierre Matisse in New York gezeigt, zusammen mit etwa zwanzig anderen Skulpturen, dazu noch Gemälde und Zeichnungen. Im Bemühen, die Titel verschiedener Werke verständlich zu machen, schickte Giacometti illustrierte Anmerkungen nach New York, von denen einige im Katalog abgebildet wurden. «Man könnte den *Wagen* auch den *Spitalwagen* nennen», schrieb er, «weil die Plastik von dem klirrenden Gefährt abgeleitet ist, das ich bewunderte, als es 1938 durch die Säle des Bichat-Hospitals geschoben wurde. 1947 sah ich die Skulptur vor mir, wie wenn sie bereits existierte, und 1950 konnte ich gar nicht anders, als sie zu vollenden, obwohl sie für mich bereits der Vergangenheit angehörte. Dies war nicht der einzige Grund, der mich trieb, die Figur zu schaffen. *Der Wagen* entstand einmal mehr aus dem Bedürfnis heraus, eine Figur in den leeren Raum zu stellen, um sie besser zu sehen und ihr einen bestimmten Abstand vom Boden zu geben.»

Wenn diese Erklärung wirklich unserem Verständnis helfen sollte und wenn wir die Form an der Intensität messen müssen, mit der der Künstler dieser Sache nachging, dann greift der Hinweis auf den Medizinkarren nicht weit genug. Weiter und rascher trägt eine Ahnung, die die sprachlichen Wurzeln berücksichtigt; denn wir finden, daß im Französischen ein zweirädriges Gefährt aus Metall ohne Verschlag, das eine Person trägt, eine «Spinne» genannt wird. Wie ein Traum bewegt sich *Der Wagen* in sich selbst, obwohl er in einer drohenden Vorwärtsbewegung begriffen zu sein scheint. Aus unserer Sicht bedeutet diese Bewegung, daß die Skulptur nicht zufällig entstanden ist. Kunst bedient sich des Lebens, und das Ausmaß dieses Gebrauchs macht die Aussagekraft des Werkes aus. *Der Wagen* veranlaßt uns intensiver als sonst dazu, auch diese Wechselbeziehung zu erfassen. Es ist faszinierend, zugleich aber erschreckend. Wo zuvor nichts war, ist plötzlich alles. Giacometti hatte recht, wenn er uns nahelegte, wiedererkennbarer Bedeutung nur dort nachzuspüren, wo dies im Rahmen unserer Erkenntnismöglichkeiten liegt. Deshalb konnte er auch sagen: «Die Kunst interessiert mich sehr, aber unendlich viel mehr interessiert mich die Wahrheit.» Vor allem sein Interesse an Wahrheit sollte ihm reichlich Gewinn bringen.

«Der Antrieb, der ein Werk entstehen läßt», meinte Giacometti einmal, «zielt mit Sicherheit darauf, der flüchtigen Erscheinung Dauer zu verleihen.» Er fügte dem hinzu, daß dieses Prinzip für jedermann gelte, auch dann, wenn jemand nichts weiter tut, als Freunden oder Verwandten Alltagsereignisse zu erzählen; denn in der Erzählung erstehen die Ereignisse aufs neue, erhalten Dauer und eine neue Wirklichkeit. Auf diese Weise, sagte er, schaffe jeder Kunst, da jede Geschichte immer neu entstehe, wenn sie erzählt wird. Für die meisten von uns ist das Ergebnis nichts als ein Leben, dessen bedeutende Geschehnisse endlos dahinfließen, indem wir sie anderen und uns erzählen. Sogar Männer, die einst die Welt beherrschten, deren Taten das Grundgerüst der Geschichte ausmachen, sogar Cäsar und Napoleon fanden es notwendig, von sich zu berichten. Besser als die meisten Menschen wußten sie, daß die Wahrheit von gestern nicht die Wahrheit von morgen sein muß. Auch Giacometti wußte das und legte über seinen Weg Rechenschaft ab. Dabei half ihm die Fähigkeit, die bedeutsamen Ereignisse seines Lebens zu erkennen. Eigentlich half sie mehr den Berichten als ihm. Für ihn bestand ein großer Teil der Bedeutung in der Schwierigkeit, den Bericht endgültig zu machen. Dabei kam ihm vielleicht zugute, daß Geschehnisse von großer Tragweite in seinem Leben selten waren; im Grunde gab es deren nur zwei, wobei die geringe Zahl in umgekehrtem Verhältnis zur Wucht ihrer Bedeutung steht.

Giacometti veröffentlichte einen Bericht über den Tod des Holländers, dagegen nie etwas über den Unfall. Er soll allerdings gegen Ende seines Lebens, als andere von dem Unfall berichteten, eine Schilderung der Vorgänge auf achtundzwanzig Seiten niedergeschrieben haben. Es bleibt eine quälende Frage, inwieweit Giacometti tatsächlich die Sache hat klarstellen können. Falls das Dokument existiert, steht es uns nicht zur Verfügung. Was wir als Beweisstück verlieren, kann allerdings kaum etwas anderes als eine Bestätigung sein. Denn Giacometti hatte das Geschehen ständig im Kopf und war schnell bereit, es wiederzugeben. Wie wenn er befürchtet hätte, seine Behinderung könne der Aufmerksamkeit entgehen – am Ende gar seiner eigenen –, ließ er keine Gelegenheit verstreichen, um von der Nacht an der Place des Pyramides zu erzählen, und vergaß auch nie die schmerzvollen Monate in der Klinik und die Angst, sein verletzter Fuß müsse womöglich abgenommen werden. Auch wenn er den Unfall fast so darstellte, als ob er ihn selbst herbeigeführt hätte, ließ er keinen Zweifel an seiner Genugtuung über das Ergebnis.

Der Wagen war nicht das einzige Meisterwerk dieser Jahre. Kraft seiner ungewöhnlichen Assoziationen erscheint es uns als das hervorragendste. Vielleicht ist es das nicht. Einige andere sollen erwähnt werden. So entstanden verschiedene Skulpturen von schreitenden Männern, entweder als Einzelfiguren oder in Gruppen. Eine solche Gruppe, genannt *Der Platz,* zeigt vier Männer, die in verschiedene Richtungen gehen, und eine unbeweglich stehende Frau, welche die Arme straff an die Seiten gepreßt hält. Andere Gruppenplastiken zeigen stehende weibliche Gruppen auf einer Plattform, einige zusammen mit Männerköpfen, die hinter den Frauen oder zu ihrer Seite angeordnet sind. Der Künstler gab ihnen Namen wie *Die Waldlichtung* oder *Der Wald.* Das Motiv der Bäume als belebte Wesen ist uralt, und Reste der Verehrung von Baumgeistern haben bis in unsere Tage überlebt. Andere Werke dieser Jahre zeigen Frauen in Gruppen oder allein auf massigen Sockeln stehend. Letztere führte der Künstler auf Begegnungen mit Prostituierten in Le Sphinx oder in kleinen Hotelzimmern zurück, wo sie ihm im einen Fall als unnahbar fern und begehrenswert, im anderen als allzu nah und daher bedrohlich erschienen waren. Keines dieser Werke war als Versuch konzipiert, die unmittelbare visuelle Erfahrung des Künstlers abzubilden. Vielmehr entstanden sie als äußere Verkörperung eines inneren Zustands, bewußt oder unbewußt, und in dieser Eigenschaft bewiesen sie erneut, daß sich Giacomettis expressive Möglichkeiten und seine formale Kraft mächtig entwickelten, vertieften, und daß gewisse Kernthemen seines schöpferischen Diskurses auch noch nach zwanzig Jahren weiterwirkten.

Gleichzeitig mit diesem umfangreichen Schaffen, und offensichtlich durch neue künstlerische Absichten ausgelöst, setzte Giacometti seine Versuche fort, überzeugende Darstellungen nach der Natur zu geben. Modelle waren für ihn seine Frau, der Bruder oder gelegentlich ein Freund. Diese Arbeit spielte sich hauptsächlich auf dem Feld der Malerei ab und scheint keine Schwierigkeiten bereitet zu haben. Zahlreiche Gemälde aus diesen Jahren zeigen zunehmende

Kühnheit des künstlerischen Blicks und eine immer größere Meisterschaft in der Ausführung. Der Fortschritt des Künstlers zeigte sich sowohl in der visionären Selbsterforschung als auch in der objektiven visuellen Konzentration. Solch ein Gegensatz kann sich aus dem Wesen dessen ergeben haben, was es auszudrücken galt, oder auch aus der Ausdruckskraft, über die er verfügte. Die einzelnen schöpferischen Höhepunkte entstanden aus der Verschmelzung zweier Techniken zur Einheit von Einsicht und Absicht.

Die Gemälde dieser Schaffensperiode lassen die Modelle des Künstlers in ihrer jeweiligen Umgebung eingebettet erscheinen, und dies in materieller wie in geistiger Beziehung. Man darf sie nicht als Sinnbilder existentieller Ängste und Entfremdung mißverstehen, wie Interpreten es immer öfter taten. Oft sah der Bildhauer seine Arbeit zu Ideen und Haltungen in Bezug gesetzt, die den Werken seiner Freunde Beckett und Sartre entnommen waren. Gelegentlich widersprach er: «Beim Arbeiten habe ich nie an das Thema der Einsamkeit gedacht», sagte er. «Von mir aus besteht jedenfalls durchaus keine Absicht, ein Künstler der Einsamkeit zu sein, ich habe nicht die geringste Neigung in dieser Richtung. Ich muß vielmehr hinzufügen, daß ich als denkender Mensch und als Bürger glaube, daß das ganze Leben das Gegenteil der Einsamkeit ist, denn es besteht aus einem Gewebe von Beziehungen zu den anderen. Die Gesellschaft, in der wir hier im Westen leben, zwingt mich in die Situation, meine Forschungen in gewissem Sinn in der Einsamkeit zu machen ... Man spricht soviel von diesem Unbehagen in der Welt und von der existentiellen Angst, als ob das etwas Neues wäre! Dabei haben das alle zu allen Zeiten empfunden. Man muß nur die griechischen und lateinischen Autoren lesen!»

45

Im Sommer 1947 fand die letzte große Veranstaltung der surrealistischen Bewegung statt. Schauplatz war die erst kurz zuvor eröffnete Galerie von Aimé und Marguerite Maeght in der mondänen Umgebung des rechten Seine-Ufers. Diese Veranstaltung wurde der Grundstock ihrer Zukunft. Monsieur und Madame Maeght hatten den richtigen Zeitpunkt erkannt und den passenden Ort gewählt; an ihrer Zielrichtung und Kompetenz können sie keine Zweifel gehabt haben, hatten sie es doch bereits recht weit gebracht. Am Ende des Krieges hatte man von ihnen in Paris noch nichts gehört. Zwanzig Jahre später wurden ihre Unternehmungen von Staatsministern gepriesen.

Während seiner Schulzeit in Nîmes war der junge Maeght durch seine künstlerischen Neigungen aufgefallen, und er hatte außergewöhnliche Fähigkeiten in der anspruchsvollen Technik der Lithografie gezeigt. Nach einer kurzen Dienstzeit in der Armee lebte er in Cannes, wo er einer attraktiven jungen Frau namens Marguerite Devaye begegnete, deren Eltern mit Kolonialwaren handelten. Sie trug den lustigen Spitznamen Guiguite und war ihrem Temperament nach so sonnig wie die Riviera. Ihr Gespür für gewinnbringende Unternehmungen war so stark entwickelt, daß sie später ohne falsche Bescheidenheit von sich sagen konnte: «Selbst wenn ich nackt auf eine Insel verschlagen wäre, würde ich Geld machen.» Der gutaussehende und anspruchsvolle Aimé hielt Ausschau nach einer guten Partie. Er und Guiguite heirateten und fingen an, Geschäfte zu machen. Zunächst eröffneten sie einen Laden für Radios und Elektrogeräte. Die Kunst vergaßen sie darüber nicht gänzlich; aber es war ihnen noch nicht aufgegangen, daß sich mit Kunst sehr viel Geld verdienen läßt. Der Zweite Weltkrieg brachte die Erleuchtung und auch die Gelegenheit.

Viele Juden, die nicht hatten außer Landes gehen können, suchten Zuflucht in Südfrankreich, wo sie eine Weile vor Verfolgung sicher waren; einige hatten Kunstwerke mitgebracht, die sie diskret verkaufen mußten. Maeght wurde Zeuge einiger dieser Transaktionen, und von diesem Moment an waren für ihn nicht mehr elektrische Geräte, sondern Gemälde die meistversprechende Handelsware. Doch fehlte ihm eine sichere Bezugsquelle. Prompt lieferte ihm das Schicksal auch diese. Da er sporadisch sein Talent für die Lithographie gepflegt hatte, stellte er eigene Arbeiten in seinem Schaufenster aus. Eines Tages betrat ein schüchterner, ärmlich gekleideter älterer Herr mit dünnem Schnurrbart und Stahlbrille den Laden. Sein Blick fiel auf eine von Aimés Lithografien, er bewunderte das technische Können und wollte die Bekanntschaft des Künstlers machen. Aimé stellte sich ihm vor. Der Fremde erklärte, er sei ebenfalls Künstler, mache auch grafische Blätter, doch benötige er Hilfe bei gewissen technischen Problemen. Der Inhaber des Geschäfts stellte ihm diese gern in Aussicht. Der Besucher war entzückt. Sein Name war Pierre Bonnard.

In der Folge ging Maeght oft den Berg hinauf zu Bonnards bescheidenem Haus, wo Meisterwerke achtlos mit Reißzwecken an die Wand gepinnt waren. Für die Hilfe, die er leistete, nahm er kein Geld, sondern ließ durchblicken, er wolle vielleicht lieber etwas bei Bonnard kaufen. Der Künstler sagte: «Warum nicht?» Aimé Maeght suchte nach weiteren Möglichkeiten, sich hilfreich zu erweisen, und entdeckte, daß zwar die Wände reich mit Kunstwerken bestückt waren, in den Küchenregalen aber betrübliche Leere herrschte, wie es in den Kriegszeiten an der Tagesordnung war. Nun hatten aber Guiguites Eltern Lebensmittel genug, so daß sich alsbald der Eßtisch und die Regale im Hause des Künstlers mit nahrhaften Dingen füllten, während umgekehrt die Maeghts einen Bonnard nach dem anderen «einlagerten». Eines Tages fragte der freundliche alte Herr, ob seine aufmerksamen Freunde vielleicht die Bekanntschaft mit einem seiner Kollegen machen wollten, der in der Nähe, in Vence, lebte: Henri Matisse.

Diese Begegnung fand zum beiderseitigen Vergnügen statt. Matisse hatte sich soeben von einer schweren Operation erholt. Er freute sich über das Interesse der Maeghts und über die leckeren Dinge, die sie mitbrachten. Die Wände in seiner Villa waren noch reichlicher mit Meisterwerken gefüllt als die des kleinen Hauses in Le Cannet. Da der Krieg seine normalen Verkaufskontakte unterbrochen hatte, weil sein Sohn ihn nicht aufsuchen konnte, hatte Matisse nichts gegen eine Zwischenlösung einzuwenden. Er sah keinen Grund, warum er nicht die Maeghts eine Anzahl seiner Bilder erwerben lassen sollte.

Mit einem tüchtigen Vorrat von Matisse und Bonnard fühlte sich das Ehepaar am Ende des Krieges gut gerüstet für einen Vorstoß nach Paris. Sie gingen großzügig zu Werke und wählten herrliche Räume, wie sie der ersten Galerie am Platze nicht besser angestanden hätten. Aimé Maeght war ein Mann mit hohen Ansprüchen. Aber er entwickelte auch Phantasie und Wagemut, selbst wenn die Frage nach dem Grund seines Kunstengagements offen bleiben muß. Jedenfalls bedurfte es großer Selbstsicherheit für einen frisch aus der Provinz gekommenen Unternehmer, seine Geschäftsräume den Surrealisten anzuvertrauen, Leuten, denen seit langem der Ruf von Chaos und Streiterei vorausging. Vielleicht rechnete er damit, daß etwas Skandalerfolg der Galerie zu einem guten Start verhelfen würde, und so war es auch. Nun benötigte Maeght nur noch einen ständigen Nachschub an Meisterwerken, um die Dinge im Fluß zu halten. Der Galerist hatte Verstand genug einzusehen, daß er das nicht auf sich allein gestellt leisten konnte; zugleich hatte er soviel Menschenkenntnis, daß er den richtigen Mann für diese Aufgabe fand, nämlich Louis Clayeux.

Wie viele Kunsthändler hatte auch Clayeux als junger Mann den Drang zu eigener schöpferischer Tätigkeit verspürt. Er schrieb Gedichte. Seine Stärke lag jedoch im gesprochenen Wort. Kunst lag ihm sehr am Herzen, er fand Freude am Umgang mit Künstlern und konnte sehr wirkungsvoll über das Thema sprechen, das ihren Herzen am nächsten lag, nämlich über ihre Werke. Nach dem Kriege war er eine Zeitlang Mitarbeiter bei Louis Carré gewesen, mit dem zusammen er einen ergebnislosen Besuch in Giacomettis Atelier gemacht hatte. Danach zog er sich ins Privatleben zurück und lebte allein. Mit diesen Voraussetzungen war er mehr als andere Menschen dazu berufen, sich auf eine künstlerische Aufgabe einzulassen, die reichen Erfolg versprach. Damals lernte er Maeght kennen, und sie freundeten sich an. Mit Wärme ging Clayeux auf die Energie und Waghalsigkeit des Älteren ein. Der trug ihm eine Anstellung als künstlerischer Leiter seiner Galerie an. Auch Guiguite war damit einverstanden. Zu dritt bildeten sie eine siegesgewisse Mannschaft.

Der junge Direktor traf rasche Entscheidungen. Er sorgte für Verträge mit Braque, Miró, Chagall, Calder und vielen anderen prominenten Künstlern.

Auch Giacometti hatte er nicht vergessen. Die New Yorker Ausstellung war als bedeutsames Ereignis registriert worden und hatte die Aufmerksamkeit auf Giacometti gelenkt, so daß sich in Frankreich neues Interesse für ihn regte. Wieder begab sich der unternehmungsfreudige Clayeux zusammen mit seinem Arbeitgeber zur Rue Hippolyte-Maindron. Das Atelier stand voll mit Plastiken, fast alle in Gips, große und kleine – *Mann mit zeigend ausgestreckter Hand, Der Wagen, Der Platz, Der Wald, Die Waldlichtung* usw. –, dazu gab es eine Fülle von Gemälden und Zeichnungen zu sehen. Die Händler gerieten in Aufregung. Maeght schlug sofort vor, Giacometti für die Galerie zu gewinnen. Nach seiner Vorstellung sollte die Hälfte von Giacomettis Produkten zu beiderseits akzeptablen Preisen bei Maeght, die andere Hälfte bei Pierre Matisse verkauft werden. Um die Preise machte sich der Bildhauer keine Gedanken. Was ihm Sorge bereitete, war die Frage, wie sehr sich Maeght für seine Arbeiten einsetzen würde. Er erinnerte sich an das Zögern von Pierre Matisse, als es darum ging, Bronzegüsse der von ihm ausgewählten Werke zu bezahlen. Nicht nur wegen ihrer Dauerhaftigkeit liebte Giacometti die Bronze, sondern auch, weil sie ein edles Metall ist, das bei der Entwicklung der menschlichen Vorstellungswelt eine entscheidende Rolle gespielt hatte. Der Bildhauer fragte daher, für wie viele der zahlreichen Werke in seiner Werkstatt Maeght die Kosten des Bronzegusses übernehmen würde. «Für alle!» sagte der Händler.

Das war eine Geste, mit der ein wiedererstandener Medici seinen Reichtum nicht besser hätte zur Schau stellen können – oder war es der gewagte Einsatz eines schlauen Kunsthändlers? Jedenfalls hatte diese Geste Gewicht. Gewichtig war auch die Zahl von 37 Plastiken, die für die Gießerei bereitstanden. Diego, der sich in den zu erwartenden Kosten auskannte, war beeindruckt. Alberto seinerseits hat nie Maeghts Bereitschaft vergessen, den gesamten Inhalt seines Ateliers auf einmal gießen zu lassen. Diese dankbare Erinnerung sollte dem Händler noch zustatten kommen, wenn die Geduld des Bildhauers zu sehr auf die Probe gestellt wurde. Was Giacometti jedoch veranlaßte, sich für die kommenden fünfzehn Jahre zu verpflichten, war nicht bloß die Begeisterungsfähigkeit und Großzügigkeit Maeghts. Es war auch die Gegenwart seines Mitarbeiters Clayeux. Der Bildhauer spürte, daß dieser kluge, aufmerksame und selbstsichere Mann ein Mensch von echter Einfühlungskraft war. Er brachte ihm sofort Vertrauen entgegen. Clayeux empfand dem Bildhauer gegenüber ganz ähnlich. Mit der Zeit wurde Giacometti der Prüfstein seines Gewissens. Die Freundschaft, die die beiden verband, hielt die schwersten Stürme aus.

So wurde Giacomettis finanzielle Situation immer sicherer. Bargeld kam zunächst nicht viel ins Haus, aber es gab keine Mahlzeiten mehr, die bloß aus Camembert bestanden, und auch kein nächtelanges sorgenvolles Wachliegen. Eine Weile lang war dieser Wandel aufregend. Das erste Mal, als Alberto eine beachtliche Summe einnahm, die für ein Bündel Zeichnungen bezahlt wurde, ging er mit Annette und Diego aus und ließ die Hälfte des Geldes für ein gutes Essen springen. Am meisten behagte es ihm, daß er seine Schulden bezahlen und damit zeigen konnte, wie sich all die Jahre scheinbarer Unfähigkeit schließlich doch gelohnt hatten. Aber das plötzlich vorhandene Bargeld brachte keine Veränderung in Albertos Lebensweise. Auch noch so viel Geld hätte das nicht vermocht.

Auch Diego hatte wenig Sinn für Bequemlichkeit. Geld war ihm zwar wichtig; aber was man damit kaufen kann, interessierte ihn wenig. Anders dagegen Annette. Ihre Erziehung war geprägt von der Bewunderung des Reichtums ihres Onkels René; Besitz und Wohlstand galten in ihrer Familie als wichtigste Voraussetzungen für wahres Glück. Aus dem Blickwinkel Annettes mußte die Verbesserung der wirtschaftlichen Verhältnisse ihres Mannes die Erwartung wecken, jetzt würden auch die Bedürfnisse seiner Frau berücksichtigt. Das konnte nicht gut gehen.

Die Bekanntheit und das Ansehen Giacomettis nahmen ebenfalls zu und trugen dazu bei, moralische Schuld an ihm wiedergutzumachen. Sein Bruder Bruno wurde von offizieller Seite in Bern gefragt, ob Alberto dafür zu gewinnen wäre, mit anderen Künstlern zusammen die Schweiz in Venedig an der Biennale von 1950 zu vertreten. Bruno erkundigte sich, aber Alberto lehnte ab und sagte: «Man sollte einen schweizerischen Künstler einladen.»

Als Sohn der Schweiz – in der er einmal zu den Hochgeehrten gehören sollte – fühlte Giacometti vorerst noch Feindseligkeit gegen das Vaterland. Zurückliegender Verdruß und unvergessene Ressentiments waren nicht abgeklungen. Die Versöhnung sollte zu ihrer Zeit, wenn auch spät in Giacomettis Leben, kommen und die unglücklichen Erinnerungen auslöschen. Solange dies nicht geschehen war, verstand er, einen Unterschied zu machen zwischen seiner Verbitterung der Schweiz gegenüber und der Pflege persönlicher Bindungen. Giacometti hielt seinen früheren Freundschaften die Treue. Besonders nahe stand er seinen ältesten Freunden, die er im Internat in Schiers kennengelernt hatte: Christoph Bernoulli und Lucas Lichtenhan. Dreißig Jahre lang hatte er die Beziehung zu ihnen gepflegt, während er den Kontakt zu dem verlor, den er am liebsten gehabt hatte: Simon Bérard. Giacometti gehorchte seinem Gefühl, wenn er die Verbindung mit den Erfahrungen seines Lebens gewöhnlich nicht abreißen ließ; aber in diesem Fall war vielleicht die Erinnerung genug. Nur einmal trafen sich Giacometti und Bérard in Schiers kurz nach dem Krieg. Die romantische Schwärmerei und Simons Hübschheit gehörten der Vergangenheit an. Die ehemaligen Schulfreunde hatten einander nicht viel zu sagen und sind sich danach nie wieder begegnet.

Lichtenhahn und Bernoulli lebten in Basel, wo sie neben ihren Berufen öffentliche Aufgaben übernahmen, besonders auf dem Gebiet der Kunstförderung. Eifrig bemühten sie sich darum, ihrem alten Freund eine Ausstellung seiner Werke auszurichten. Giacometti war einverstanden, wenn auch unter der Bedingung, daß er die Räume der Basler Kunsthalle mit jemandem teilte. Er schlug dafür André Masson vor, der der erste seiner Freunde unter den Künstlern der Pariser Schule gewesen war. Niemand erhob Einwände gegen diesen Wunsch. Interessant ist die Wahl des Mitausstellenden. Obgleich sie noch befreundet waren, trafen sich Giacometti und Masson damals nur selten. Während Giacomettis Stern am Aufsteigen war, begann der seines Kollegen zu sinken. In den dreißiger Jahren hatte Masson weiterhin in surrealistischer Manier gearbeitet. Im Kriege floh er mit seiner Frau und seinem Sohn nach Amerika, wo er sich einem flauen, halb-gegenständlichen Stil zuwandte. Der Unterschied zu seiner früheren Produktion war bedenklich, der Gegensatz zu Giacomettis Werken so groß, daß es keinerlei gemeinsame Basis für die ästhetische Betrachtung gab. Giacometti ließ es nie zu, eine wichtige Auswahl seiner Werke zusammen mit den Arbeiten von Künstlern auszustellen, deren künstlerische Ziele etwas mit seinen eigenen zu tun hatten. Es gab freilich wenige, für die das zutraf. Jedenfalls ist es nicht uninteressant festzuhalten, daß der Bildhauer keinen nachteiligen Vergleich riskieren mochte.

Ein kommerzieller Erfolg war die Basler Ausstellung im Frühjahr 1950 nicht. Giacometti hatte 15 Plastiken geschickt, darunter viele seiner wichtigsten neuen Werke, sowie zehn Gemälde und 25 Zeichnungen. Die Preise waren bescheiden, doch wurden nur eine einzige Plastik und zwei Gemälde verkauft, und zwar an eine Stiftung, die sie für das Basler Kunstmuseum erwarb. Giacomettis Werk wurde aber auch von anderen beachtet. Einer der Bewunderer war ein junger Mann, Ernst Beyeler, der später die Gelegenheit herbeiführte, das Werk des Bildhauers seinen Landsleuten zu erhalten.

Was Giacometti der Schweiz vorenthielt, gestand er Frankreich gerne zu. Als er von den Franzosen aufgefordert wurde, an der Biennale in ihrem Pavillon auszustellen, nahm er das Angebot an. Er tat dies um so lieber, als einer der anderen eingeladenen Bildhauer sein alter Freund Henri Laurens war, dessen Werk Giacometti fünfundzwanzig Jahre lang mit Bewunderung betrachtet hatte, wobei er bedauerte, daß diese Arbeiten mißverstanden und unterschätzt wurden. Diese Achtung und Vorliebe sollten für Konflikt sorgen. Als Giacometti in Venedig eintraf und den französischen Pavillon aufsuchte, sah er, daß die Plastiken seines Kollegen Laurens an den Rand gedrängt waren und hinter dem Werk des drittrangigen Ossip Zadkine zurückstehen mußten, dem man im voraus den Preis für Bildhauerei zuerkannte. Empört lehnte Giacometti seine Teilnahme ab und verließ unter Protest die Stadt. Loyalität bedeutete ihm mehr als das eigene Ansehen.

Pierre Matisse hatte das spektakuläre Auftauchen der Konkurrenz aus Cannes nicht gerne gesehen. Nach seiner eiskalten Einschätzung waren die

Maeghts Emporkömmlinge. In der Folge sollte er es noch oft mit ihnen zu tun bekommen, auch wenn es ihm nicht angenehm war. Sie hatten sich Zugang zur Produktion des Vaters verschafft, und Henri Matisse verkaufte ihnen gelegentlich von seinen Werken. Dann hatten sie zur Hälfte den Vertrieb der Miroschen Werke übernommen. Nun war Giacometti dran. Man mußte es ihnen lassen: sie waren unternehmungsfreudig. Und sie hatten Erfolge vorzuweisen. Aus eigenem Ansporn hätte Pierre Matisse niemals Mirós Preise auf das Niveau gehoben, das sie bei Maeght erreichten. Er sträubte sich nicht, ihrem Vorbild zu folgen. Unbestritten war auch, daß sich kein anderer Pariser Kunsthändler um Alberto Giacometti bemüht hatte. Die Maeghts waren bereit zu zahlen, und das Ausmaß dieser Bereitschaft konnte Pierre Matisse nicht recht sein. Wenn ihre Geschäfte florierten, kam ihm das zwar zustatten, aber kein Fürst, sei es auch einer unter Kaufleuten, sieht es gerne – zumal, wenn andere zusehen –, wie sich seine Brieftasche mit Hilfe eines Emporkömmlings füllt.

Immerhin, die zweite Giacometti-Ausstellung in der Galerie Pierre Matisse sollte noch vor der Präsentation in der Galerie Maeght stattfinden. Niemand konnte den Anteil bestreiten, den Pierre Matisse bei der Pflege der öffentlichen Anerkennung von Giacomettis Genie gehabt hatte. Mag sein, daß er dabei von edleren Gefühlen als sein Konkurrent Maeght bewegt wurde; aber die Antwort auf diese Frage machte keinen Unterschied in der beruflichen Entschlossenheit der beiden Kunsthändler, deren gemeinsames Motiv darin lag, Geld zu verdienen. Daß Giacomettis Kunst dafür taugte, wurde in den Vereinigten Staaten erprobt und bestätigt, lange bevor europäische Kunsthändler und Sammler bemerkten, welchen Schatz es da zu heben galt. Giacomettis Stellung als einer der bedeutendsten Künstler seiner Zeit wurde in der zweiten Ausstellung in New York im November 1950 begründet. Die Bestätigung durch die Kunstkritik und den Kunsthandel erfolgte rasch und überzeugend. Alle großen Plastiken der letzten Jahre wurden gezeigt. Alle wurden verkauft; dazu noch mehrere Gemälde und zahlreiche Zeichnungen. Es war sehr angemessen, daß dieser Erfolg Giacometti in Amerika zuteil wurde, weil um 1950 das Zentrum schöpferischer Impulse in den Künsten von Europa weg nach jenseits des Atlantik abgewandert war. Die Werke der Schule von New York waren nicht dazu angetan, bei Giacometti Anklang zu finden. Die amerikanischen Künstler andererseits, auch wenn sie sich zu einem radikalen Bruch mit der Vergangenheit entschlossen hatten, erkannten und respektierten die Aufrichtigkeit eines künstlerischen Unterfangens, das in gewisser Weise ihre eigene Zukunft in Frage zu stellen schien. Giacomettis Werk hatte für den amerikanischen Blick etwas besonders Anziehendes und Einleuchtendes, eine Reinheit und Kraft, die an die Sehnsucht gemahnte, die einmal Männer und Frauen angespornt hatte, sich ihren Weg nach Westen durch die große Wildnis zu bahnen. In der Neuen Welt war die

Giacometti-Legende zu Hause. Jene radikalen jungen Maler, für die Picasso und die gegenständliche Kunst der Vergangenheit angehörten, ließen sich nicht leicht zu Lobeshymnen hinreißen. Aber von Giacometti sprachen sie mit Hochachtung. Barnett Newman, einer der unerschrockensten unter den Abstrakten, sagte: «Ich ziehe meinen Hut vor ihm.»

Beim Ausbruch des Koreakrieges hielt die Welt den Atem an in der Befürchtung, es könne zu einer globalen Auseinandersetzung kommen. Es gab Leute in Paris, die damit rechneten, sie könnten eines Morgens aufwachen und die Stadt von der Roten Armee besetzt finden. Picasso, an der Riviera, trug sich mit Überlegungen, ob es nicht besser wäre, die Familie und sein Geld nach der Schweiz zu schaffen. Auch Giacometti versuchte, sich eine klare Vorstellung von der Bedeutung der Ereignisse zu machen. In jungen Jahren war ihm dies leichter gefallen. Jetzt hielt er es für richtig, in seinem Atelier zu bleiben und auf diese Weise sein Leben für die richtige Sache einzusetzen.

Die erste Giacometti-Ausstellung in der Galerie Maeght wurde im Frühsommer 1951 eröffnet. Neunzehn Jahre voller Zweifel und Schwierigkeiten waren vergangen seit Albertos letzter Einzelausstellung in der Stadt, in der er länger als sein halbes Leben geblieben war. Er hatte Geduld gehabt und gewußt, wie er aus den Fehlschlägen die entscheidende Kraft für den Erfolg gewinnen konnte. Die Ausstellung enthielt vierzig Skulpturen, drei Dutzend davon aus den letzten drei Jahren, ferner etwa zwanzig Gemälde und zahlreiche Zeichnungen. Für alle, die nicht zu den wenigen regelmäßigen Besuchern der Rue Hippolyte-Maindron gehörten, kam die Ausstellung wie eine Offenbarung. Selbst denen, die das mißverstanden, was sie zu sehen bekamen, weil sie nach Illustrationen von Existentialismus und Weltangst Ausschau hielten, selbst ihnen wurde bewußt, daß dieses Werk ein neues Sehen erforderte. Manch einer war verwirrt und ärgerlich. Andere erkannten in Giacomettis Werk Bilder metaphysischer Kraft, in denen die Fähigkeit des Menschen sichtbar wurde, Wahrnehmungen und Erfahrungen aus einem Reich wiederzugeben, das jenseits unserer Dingwelt liegt. Was den Künstler betrifft, so war sein einziges Trachten darauf gerichtet, weiter zu forschen, ob Kunstwerke überhaupt noch möglich waren.

46

Mit zunehmendem Alter wurde es für Giacometti zur Gewohnheit, immer tiefer bis in die Nacht hinein zu arbeiten. Er verabscheute das Dunkel, liebte aber die Stunden der Dunkelheit. In dem Maße, wie sein Wohlstand zunahm, konnte er es sich leisten, Lokale zu besuchen, wo Leute verkehrten, die mit ihren Bedürfnissen das Tageslicht scheuten. Am Montparnasse gab es nicht wenige davon. Giacometti kannte sie alle und verkehrte mit ihnen. Neben den großen Cafés wie Le Dôme und La Coupole existierten zahlreiche kleinere Bars. Besonders gern besuchte Alberto eine Bar, die Chez Adrien hieß. Sie war während des Krieges in einer Nebenstraße des Boulevards eröffnet worden – eigentlich eine merkwürdige Zeit, ein solches Geschäft anzufangen. Der Dekor war barock und aufdringlich, mit Korkenziehersäulen und einer in eigenwilligen Kurven geschwungenen Theke. Prostituierte, die ihrem Gewerbe nicht einfach auf der Straße nachgehen mochten oder sonst irgendwelche Vorrechte genossen, waren im Adrien wohlgelitten. Daneben boten sich auch eine Menge Nachtclubs an, Lokale wie La Villa, wo es laut und geschmacklos zuging und wo man hohe Preise für den vulgären Abklatsch des Dolce vita bezahlen mußte. Schließlich gab es auch noch mancherlei obskure kleine Stundenhotels, die von anonymen Gästen aufgesucht wurden.

Spät pflegte Giacometti von seinen nächtlichen Streifzügen nach Hause zurückzukehren, meist zu einer Zeit, da Annette schon mehrere Stunden beim Schein der auf dem Nachttisch leuchtenden Lampe geschlafen hatte. Damit war nicht unbedingt gesagt, daß er sich nun auch zur Ruhe begab. Nachdem er schon zu Beginn der Nacht gearbeitet hatte, setzte er diese Arbeit gelegentlich bis zum Ende der Nacht fort und ließ das Morgengrauen anbrechen, ehe er erschöpft zu Bett ging. Was ihn vom Ausruhen abhielt, war fast immer Arbeit an Plastiken, die noch im Entstehen begriffen waren. Er modellierte an ihnen weiter, formte sie um oder begann sie von neuem. Es waren dies alles Werke, bei denen er aus der Erinnerung oder aus der Vorstellung heraus schuf. Kein Modell saß oder stand vor ihm während dieser einsamen Arbeitsphasen um fünf oder sechs Uhr in der Frühe. Er war allein mit seinem Werk, völlig im Abtasten versunken, nicht nur mit den Augen, sondern vor allem mit den Fingern. Auf und ab wanderten seine Hände, vor und zurück über die Oberflächen dieser Skulpturen, als hätten sie einen eigenen, unabhängigen Willen. Jede Berührung an einem dieser Werke führte augenblicklich eine Veränderung herbei, machte die Plastik nicht unbedingt besser, aber neu, machte sie zu etwas, das vorher nicht existiert hatte: im Vorgang des Verwandelns verkörperte sich das Prinzip der Schöpfung. Die Grundlage aller Beziehung zu uns selbst und zur Außenwelt schafft der Tastsinn; er schafft die Berührung mit der Realität, das Gefühl, die Dinge so zu begreifen, wie sie sind, die taktile Erfahrung mit ihren Assoziationen und Auswirkungen. All das wirkte zusammen, wenn Giacomettis Finger über den Ton hinglitten. Der Künstler knetete, höhlte, preßte, streichelte, schnitt, glättete, und indem er dies tat, agierte er seine tiefsten Antriebe und Empfindungen aus. Er teilte sie der Haut seiner Plastiken mit, so daß sie nicht bloß als Bildgestalten, sondern auch als Oberflächen leben, erlauben doch die Oberflächen der Kunstwerke Einblicke in deren tiefste und beziehungsreichste Schichten. In jenen einsamen Stunden vor Tagesanbruch, während seine Hände ohne Unterlaß über den Ton glitten, war Giacometti ganz eins mit sich.

Manchmal kam Diego um sieben Uhr in das Atelier und traf seinen Bruder noch bei der Arbeit, umwölkt von den Rauchschwaden unzähliger Zigaretten und so in sein Tun vertieft, daß es schien, als sei er selbst abwesend und hätte nur die Bildhauerhände zurückgelassen, um mit der einsamen Arbeit fortzufahren. Wenn Diego ihn dann ansprach – «Was machst du denn bloß? Geh ins Bett!» –, schien Alberto überrascht und wirkte wie jemand, der mitten aus einem Traum aufwacht, der sich dann als Realität erweist. Sobald er wieder zu sich kam, folgte er müde der Ermahnung seines Bruders.

Ein solcher Lebenswandel war alles andere als gesund. Der Künstler litt unter schwer zu beschreibenden Schmerzen und Beschwerden. Einige waren freilich leicht genug zu erklären, besonders der schreckliche, tiefsitzende Raucherhusten. Alberto rügte sich selbst und nahm sich vor: «Rauch nicht soviel!» Aber in den frühen fünfziger Jahren lag sein täglicher Konsum bei vierzig Zigaretten. Als Folge seines langen nächtlichen Aufbleibens litt er unter chronischer Müdigkeit, die noch dadurch verschlimmert wurde, daß er sich auch sonst wenig Ruhe gönnte. Glücklicherweise hatte er jedoch eine ungewöhnlich robuste Natur, die ihm seine Vorfahren vererbt hatten, welche mit härteren klimatischen Bedingungen fertig wurden, als sie am Montparnasse herrschten. Allerdings forderte der selbstzerstörerische Lebenswandel seinen Tribut. Mit fünfzig Jahren sah Alberto schon wie ein Sechzigjähriger aus. Die Runzeln in seinem Gesicht hatten sich vertieft, und seine Hautfarbe war so grau wie sein Modellierton.

Für alle Beschwerden gab es immer die gleiche Kur: ein Besuch bei Dr. Fraenkel. Wenn er auch als Arzt nicht viel ausrichten konnte, so wollte er doch ein hilfreicher Freund sein. Wahrscheinlich durchschaute er die Ursache von Giacomettis verschiedenen Leiden und erkannte, daß sie viel zu ernst waren, um sie als Mediziner ernst nehmen zu können. Er verschrieb Aspirin und ließ es dabei bewenden, ergriff aber die Gelegenheit, wieder einmal ein aufregendes Gespräch mit dem Künstler zu führen.

Picasso hatte sich im Sommer 1950 Sorgen gemacht, weil es so aussah, als ob der Koreakonflikt zu einem neuen Weltkrieg führen könnte. Aber seine Nerven wurden noch vor dem Ende des Jahres wieder beruhigt. Im Oktober fuhr er zu einem Friedenskongreß, den die Kommunistische Partei in England organisiert hatte. Im November wurde ihm der Lenin-Friedenspreis zuerkannt. Im Januar 1951 malte er ein Bild von beträchtlicher Größe mit dem Titel *Massaker in Korea*. Dies war zunächst eine politische Anklage der amerikanischen Intervention in Korea und sollte das Niedermetzeln unschuldiger und wehrloser Zivilisten durch unmenschliche Bewaffnete darstellen; der Auslöser berechtigten Mitleids sollte sich mit dem Prestige großer Kunst verbinden. Das Bild ist nur ein ferner Nachklang der humanitären Größe und der wütend engagierten Schöpferkraft von *Guernica* geworden, und im Höllenlärm der politischen Propaganda nimmt sich das Bild wie ein zaghafter Klagelaut aus. In seiner formalen Gestaltung macht es billigen Gebrauch von künstlerischen Mitteln, die für den Maler längst nicht mehr mit Leben erfüllt waren. Insofern war das Bild ein echtes Abbild von Gewalt. Irgend etwas war mit Picasso geschehen. Er war ein anderer Mensch geworden – und ein anderer Künstler. Es war nicht das erste Mal gewesen, daß er sich hatte manipulieren und seine Kunst für politische Zwecke mißbrauchen lassen. Plakate mit seiner sogenannten Friedenstaube klebten auf unglaublich vielen Wänden in Europa. Der gesunde Menschenverstand hätte davor warnen müssen, daß sich ein so weithin zur Schau gestelltes Prinzip einmal gegen den Schausteller selbst wenden könnte. Doch Picasso hatte dazu angesetzt, über alle Stürme hinwegzuschweben, und seine Richtung konnte nicht mitten im Flug neu bestimmt werden, es sei denn, er wäre in die Reichweite gewöhnlicher Sterblicher heruntergeholt worden. Seine Genossen in einflußreichen Stellungen konnten es auf dem Gebiet der Kunst freilich nicht mit ihm aufnehmen. Picasso umgab sich mit mittelmäßigen Schmeichlern und drittrangigen Künstlern, von denen ihn keiner daran gemahnt hätte, daß sich Momente bedeutenden Gelingens bei ihm nicht mehr einstellen wollten. Georges Braque, der vierzig Jahre zuvor solche Momente mit ihm geteilt hatte, ließ verlauten: «Picasso war einmal ein großer Künstler, jetzt ist er nur noch ein Genie.» Als 1953 Stalin starb, wurde Picasso von Aragon aufgefordert, ein Gedenkporträt des dahingeschiedenen Diktators anzufertigen. Picasso erfüllte den Auftrag. Aber die Parteileute hielten nichts davon. Der Maler wurde grob zurechtgewiesen, weil er es an Respekt hätte fehlen lassen. In Picassos lobgewohnten Ohren muß das Geschrei unverschämt geklungen haben, aber der Künstler reagierte nicht.

Giacomettis Besuche in dem Atelier in der Rue des Grands-Augustins waren immer seltener geworden und hatten schließlich ganz aufgehört. Daraufhin fing Picasso an, regelmäßig, wenn auch jedesmal unerwartet, in der Rue Hippolyte-Maindron hereinzuschauen. Am liebsten kam er um die Mittagszeit, wenn Giacometti gerade am Aufwachen war und sich noch nicht recht auf den Tag einstellen konnte, geschweige denn auf einen schlauen und herausfordernden Besucher. Picasso war zu klug, als daß er von dem Bildhauer Unterwürfigkeit erwartet hätte, mochte aber andererseits auf diese Art Beifall nicht verzichten; so scheint es, als ob Picasso Giacomettis Atelier aufsuchte, um zu prüfen, wie willkommen er in Wirklichkeit dort noch war. Er hatte aufgehört, hinter Albertos Rücken zu spotten, und er sprach von Giacomettis Anstrengungen mit scharfsichtiger Bewunderung. Er nahm an ihnen einen neuen Geist in der Bildhauerei wahr. Aber wenn er zur Rue Hippolyte-Maindron kam, wählte er für sein Lob unweigerlich die schlechtesten Stücke; mit großem Getue pries er halbfertige oder fast zerstörte Skulpturen und rief dann etwa: «Das ist das Beste, was du je gemacht hast.» Falls Alberto sich darüber ärgerte, so war es höchstens wegen der Plumpheit der Neckerei. Er kannte Picasso und wußte, daß der seine Streiche nicht lassen konnte.

Einmal waren die beiden Männer zusammen in Giacomettis Atelier. Christian Zervos kam zu einem unangemeldeten Besuch und brachte einen italienischen Sammler namens Frua de Angeli mit, den er für den Kauf eines Giacometti-Werkes zu gewinnen hoffte. Es war zu einer Zeit, als es für den Bildhauer noch auf Verkäufe ankam. Der griechische Verleger, der mit beiden Künstlern seit Jahren befreundet war, gedachte die Anwesenheit des weltberühmten Malers als Vorteil zu nutzen, indem er ihn vor dem zögernden Käufer zu einer begeisterten Äußerung über das Werk ihres gemeinsamen Freundes veranlassen wollte. Er deutete auf eines der Stücke in der Werkstatt, erläuterte begeistert seine Besonderheit und wandte sich schließlich an Picasso mit der Frage: «Ist es nicht so?» Picasso schwieg. Zervos versuchte es noch einmal, und wieder blieb Picasso stumm. Der Verleger war überrascht, ließ aber nicht nach; er machte einen dritten und vierten Versuch, dem Maler eine Begutachtung zu entlocken; alles vergebens. Picasso saß still wie ein Ölgötze, und seine demonstrative Weigerung, die gewünschte Bekräftigung zu leisten, hatte die vorhersehbare Wirkung. Gewiß, Zervos hatte sich töricht verhalten, Picasso jedoch nicht minder.

Im November 1951, nach einem Besuch bei seiner Mutter in Stampa, reiste Alberto mit Annette nach Südfrankreich weiter, um seinen Freund Tériade zu besuchen, den anderen griechischen Verleger. Der besaß ein bescheidenes Landhaus in Saint-Jean-Cap-Ferrat. Giacometti war von der Vielfalt der Blumen so spät im Jahr fasziniert und wollte sie alle zeichnen; aber er hatte Verpflichtungen und mußte Besuche abstatten, als erstem Matisse, der die Giacomettis im Bett empfing, aber drei Stunden lang eine lebhafte und heitere Unterhaltung mit ihnen führte. Am Tag danach fuhren sie zu Picasso, der mit seiner Geliebten und den beiden Kindern in einem kleinen häßlichen Haus an einem Hügel abseits der Küste wohnte. Auch Picasso empfing seine Besucher im Bett, da ihn ein Hexenschuß befallen hatte. Die Ähnlichkeit mit Matisse hörte allerdings bei seiner Laune auf; die war miserabel. Als Zielscheibe seiner Mißstimmung wählte er Alberto. «Du magst mich nicht mehr so wie früher. Du kommst überhaupt nicht mehr zu mir.» Giacometti entgegnete, daß die Häufigkeit seiner Besuche kein brauchbares Maß für Freundschaft sei; schließlich lebe er nicht an der Riviera und reise nur wenig. Picasso ließ das nicht gelten. Wenn seine Freunde es ernst meinten, würden sie den Weg zu ihm finden. Wenn nicht, was sollte man von ihnen halten? Da Giacomettis Gegenwart in Picassos Schlafzimmer im Moment nicht zu zählen schien, schaute Picasso seine Besucher finster an, so daß sie nicht wußten, wie sie sich verhalten sollten. Alberto machte Einwände, die Picasso wegwischte. So kam es zu einer Verstimmung. Es war die erste Auseinandersetzung zwischen den beiden Künstlern. Sie konnten beide sehr zornig werden, und die Zuschauer wußten nicht, wo sie hinschauen sollten.

Dann vollzog Picasso eine jener abrupten und unvorhersehbaren Wendungen, die so typisch für ihn waren. Er sprach eine Einladung aus. Wie schön würde es sein, sagte er, wenn Alberto bei ihm in Vallauris wohnen wollte. Damit könne er seine Freundschaft beweisen. Eine wunderbare Idee. Warum nicht gleich mit dem Besuch beginnen? Tériade könnte sofort nach Saint-Jean zurückfahren und Giacomettis Koffer holen. Falls Annettes Anwesenheit vonnöten sei, könnte sie in einem Hotel im nahegelegenen Cannes oder im noch näheren Antibes wohnen. Giacomettis Unterbringung, obwohl er das wahrscheinlich nie erfahren hat, wäre in einem feuchten Raum im Souterrain gewesen, wo Picasso erst kürzlich den neu vermählten Eluard und seine kränkelnde Frau einquartiert hatte. Natürlich war die Einladung nur wieder eine grobe Neckerei. Es machte Picasso eine diebische Freude, Giacometti zur Annahme des Angebots zu drängen. Als sie sich zwanzig Jahre zuvor kennengelernt hatten, war es Alberto darauf angekommen, Picasso merken zu lassen, daß er vor ihm nicht Kotau machte. Picasso hatte das bemerkt und hingenommen, aber seine Sehnsucht, andere Menschen in ehrfürchtiger Haltung zu erleben, hatte sich mit den Jahren nicht gelegt, sondern zu einem immer arroganteren Gehabe geführt; und jetzt wollte er mit aller Macht Giacometti dazu bringen, sich auf diese herablassende Geste einzulassen. Es gelang ihm nicht. Alberto neigte zum Jähzorn, aber er besaß auch ungeheure Reserven an Selbstkontrolle. Er entschuldigte sich, daß er Picassos Einladung nicht annehmen könne, und der Besuch endete unter knapper Wahrung der Form mit der lauen Versicherung, das gegenseitige freundschaftliche Verhältnis bleibe unversehrt in Kraft.

An jenem Tag endete die Freundschaft zwischen den beiden Künstlern. Sie hatten jedoch einmal sehr starke Gefühle füreinander gehegt. Diese verschwanden nicht automatisch mit der Freundschaft aus ihrem Leben. Picasso war ein viel zu vielseitiges Phänomen, als daß er jemandem, der ihn kannte, hätte gleichgültig werden können. Giacometti hörte nicht auf, von ihm zu sprechen, auch wenn das, was er sagte, harsche Kritik enthielt. Ein Jahr vor dem Zerwürfnis in Vallauris zum Beispiel, nach einem Besuch des Pariser Musée des Arts Modernes, hatte er folgendes zu sagen: «Picasso absolut schlecht, völlig auf der falschen Fährte von Anfang an, mit Ausnahme der kubistischen Periode, und auch das nur halb verstanden. Französischer Künstler, journalistischer Illustrator, Dubout usw., nur schlechter. Häßlich. Altmodisch vulgär ohne Empfindung, schrecklich in Farbe oder Schwarz-Weiß. Miserabler Maler ein für allemal.»

Das war sein Urteil. Es war endgültig, und während der folgenden Jahre bestätigte er es mehrfach. So erklärte er einmal: «Picasso ist gewiß sehr begabt, aber seine Werke sind nur tote Dinge. Wenn Picasso die afrikanischen Masken entdeckt hat, dann deshalb, weil seine Quellen in der Welt der Masken liegen, das heißt in Objekten. Manche Masken und Puppen aus Afrika sind wunderschön, aber das ist auch alles. Sie sind sozusagen nicht beseelt. In ihnen spielt sich keine Entwicklung ab. Dasselbe gilt für Picassos Gemälde. Das ist der Grund, warum Picasso nie den einmal in seinem Werk eingeschlagenen Weg weiterentwickelt, sondern immer wieder die Richtung wechselt. In der Welt der toten Dinge gibt es keinen Fortschritt. Es ist eine geschlossene Welt.»

Der Bildhauer und der Maler begegneten sich dennoch gelegentlich, wenn Picasso nach Paris kam. Alberto versuchte den Begegnungen auszuweichen und ging weg, wenn ihm das Gefühl sagte, Picasso könne ihn aufsuchen wollen. Giacometti war verwundbar und hatte nur Diego zu seinem Schutz. Irgend etwas veranlaßte Picasso, den anderen Künstler nicht aus dem Auge zu lassen, so etwas vielleicht wie eine Ahnung, daß das, was er suchte, eine Kraft war, wie sie niemand bei gewöhnlichen Sterblichen erfahren kann.

Wenn das zutrifft, dann war dies der Grund, warum Giacometti bei den seltenen Gesprächen, so gut es ging, eine freundliche Miene aufsetzte. Einige Jahre später, als Picasso neue Arbeiten in Kahnweilers Galerie ausstellte, kam Alberto höflich zur Eröffnung. Es waren auch eine Reihe von Skulpturen ausgestellt, und Picasso fragte Giacometti nach seiner Meinung. Alberto meinte, sie seien schön, sie seien alle schön. Picasso ließ nicht locker, da er in der Antwort eine bloße Höflichkeitsäußerung vermutete. Besonders wollte er eine bemalte Bronze gewürdigt wissen, die einen Ziegenschädel mit einer Flasche darstellte. Damit hatte Picasso den Nerv getroffen. Giacometti gab zu, daß er das Stück nicht schätzte. Picasso erkundigte sich nach seinen Gründen, Alberto versuchte sie zu erklären, während Picasso sein Werk zäh verteidigte. Kreative Ideale so verschiedener Art waren nicht zu versöhnen, besonders jetzt, da nicht mehr Freundschaft die Schärfe der Auseinandersetzung milderte. Aber die beiden Künstler führten fast eine Stunde lang ein wenn auch höfliches Streitgespräch. Danach entschuldigte sich Giacometti mit dringenden Geschäften und ließ Picasso in Gesellschaft seiner Ministranten zurück. Wie denn aber das verlorene Schaf aus der Herde das kostbarste ist, wen mußte Giacometti auf der Schwelle vorfinden, als er nach Hause kam: Picasso. Wie traurig, wenn man bedenkt, was er sich erhofft haben mag, indem er das Streitgespräch bis auf das Heimrevier des Ungläubigen vortrug. Aber er ließ nicht nach. Und es muß schwer gewesen sein, nein zu einem Mann zu sagen, dessen Beharrlichkeit darauf hinzudeuten schien, daß er die eigenen Überzeugungen in Frage stellte.

Nach dieser Episode begegneten sie sich kaum noch.

47

Selbst in ihren kühnsten Mädchenträumen wird sich Annette Arm kaum vorgestellt haben, sie werde eines Tages die Frau eines großen Künstlers und als Modell für seine Meisterwerke unsterblich werden. Jetzt, als Annette Giacometti, gab sie sich neuen Träumen hin. Sie wollte Mutter werden. Das Problem der Unfruchtbarkeit ihres Mannes schien in ihrem ehefraulichen Wunschdenken kein Gewicht zu haben. Auch hatte es nicht die geringste Wirkung, sie an ihr Einverständnis zu erinnern, daß die Formalität der Eheschließung nichts an der Art ihrer Beziehung ändern sollte.

Die Sache war aber noch komplizierter. Alberto mochte keine Kinder und wollte keine. In dieser Hinsicht war er mit der Natur zu einem bequemen Arrangement gekommen. Außerdem war Annette – jung und naiv mädchenhaft – selbst schon fast wie eine Tochter. Das Paar spielte ganz offen die entsprechenden Rollen.

Er nannte sie «Ma Zozotte», womit eine Frau gemeint ist, in deren leichtem Lispeln sich mädchenhafter Reiz und Torheit gleichermaßen ausdrücken. Sie wiederum begegnete ihm mit gehörigem Respekt, zumindest am Anfang. Indem Alberto die väterliche Rolle spielte, konnte er seinen Lebenswandel als Mann und Künstler für sie erträglicher machen. Dabei hielt er Annettes Einverständnis für ganz natürlich, war sie doch gewissermaßen seine Schöpfung, und was künstlerisch dabei herauskam, konnte als ihre gemeinsame Nachkommenschaft betrachtet werden. Er sah das ganz richtig voraus.

Wenn aber Annettes innigster Wunsch in der Erfahrung leiblicher Mutterschaft bestand, dann war die Erfüllung ganz einfach: mochte sie doch ein Kind von einem anderen Mann haben. Es war, wie wenn Alberto sie dazu drängen wollte, und es wurde ausführlich über eine solche Möglichkeit diskutiert. Dies fügt sich gut dazu, daß Alberto Gefallen an der Vorstellung zu haben schien,

Annette könne den Aufmerksamkeiten anderer Gehör schenken, und es war fast so, als ob dieser Gedanke nicht nur Albertos, sondern auch Annettes Lust aneinander zu steigern vermochte. Gleichzeitig muß Alberto, was er Annette zugestand, auch verurteilt haben. Das entsprach seiner Haltung, durch die er sich die Frauen auf sicherer Distanz hielt, während er von allem Weiblichen zutiefst fasziniert war. Für das Eheleben konnte das nicht gut sein, und sie begannen zu streiten.

Auch Diego war von Schwierigkeiten in seinem häuslichen Leben betroffen. Nelly war mürrisch und reizbar geworden. Sie nahm es den Giacomettis übel, daß sie ihr nicht auch einen Platz in dem so eng miteinander verbundenen Kreis in der Familie einräumten, wenngleich sie selbst wenig zu bieten hatte, was nach Familiensinn aussah. Sie verbrachte ihre Nächte am Montparnasse und schlief fast den ganzen Tag. Diego stand früh auf, um zum Atelier zu gehen, wo immer mehr Arbeit auf ihn wartete. Die beiden sahen sich nicht häufig. Und wenn sie zusammen waren, gab es immer schärfere Auseinandersetzungen. So ging es noch einige Jahre weiter. Dann verschwand Nelly eines Tages ebenso beiläufig, wie sie in Diegos Leben getreten war. Der Streit war für immer vorbei. Künftig konnte Diego in Frieden leben mit dem Gefühl, daß Frauen mehr Verdruß als Vergnügen bringen; aber nach einiger Zeit spürte er – wahrscheinlich zu seiner großen Verwunderung –, daß er den Verdruß vermißte und daß er sich ohne ihn ein wenig verloren vorkam. Es legte sich um ihn eine Hülle von Einsamkeit, zunächst fast noch durchlässig, dann aber sich immer mehr verdichtend, bis sie ein Panzer wurde, der sein verschlossenes Herz beschützte und gefangenhielt. Wenn ihm traurig zumute war, suchte er Trost in der Einsamkeit, denn er war wahrhaftig nicht extrovertiert und trug alles, ohne sich zu beklagen. Außerdem hatte er Alberto.

Alberto war der Pol und die Drehscheibe seiner Existenz, die Garantie seines persönlichen Wertgefühls und der Lohn seiner Selbstlosigkeit. Alberto blieb, Alberto trug mit, Alberto war Vernunft verbunden mit Gefühl. Aber an diese Beziehung knüpfte sich ein wachsendes Bündel von Fäden, wie sie in jedem Verhältnis mit solch engen und komplexen Bindungen die Struktur eines Lebensweges kennzeichnen. Diego wurde, wenn sich das überhaupt noch steigern ließ, immer unentbehrlicher für seinen Bruder, da die Jahre immer mehr Nachfrage und Anerkennung für Albertos Arbeiten brachten. Diegos ganze Geschicklichkeit wurde benötigt und auf die Probe gestellt. Er allein war in der Lage, aus Klaviersaiten die zarten Tragegerüste für die Figürchen anzufertigen, die Teil solcher Werke waren wie zum Beispiel *Der Platz*, *Die Waldlichtung* oder *Der Wald*. Er allein vermochte Gipsabgüsse von so feingliedrigen Skulpturen zu machen. Länger als zwanzig Jahre hatte er mit dem Bruder eng zusammengearbeitet. Instinktiv erfaßte er, was der Bildhauer wollte, so instinktiv in der Tat, daß er es war, nicht Alberto, der manche Skulptur «beendete», indem er die Sockel oder Grundplatten anfertigte, auf denen sie stehen sollten, in einigen Fällen auch, indem er half, die Anordnung der Figuren zueinander festzulegen. Jede von Albertos Plastiken ging durch seine Hände. Solche Hilfe setzte ein Vertrauen voraus, das sich in einem lebenslangen gegenseitigen Verstehen herausgebildet hatte; und so, wie es für die Vollendung entscheidend war, wurde es auch für den Beginn notwendig. Etwas, das derart unentbehrlich geworden war, erschien schließlich als unvermeidlich. Das einstige Modell aus der Kindheit, der sorglose Gehilfe aus den Jahren mit Jean-Michel Frank war jetzt ein voll verantwortlicher Mitarbeiter. Keiner der beiden Brüder hatte dies angestrebt; aber so hatte es sich ergeben. Das Faktum stand vor ihnen wie eine selbständige Schöpfung, der sie beide dienten. Aber es konnte auch als etwas empfunden werden, das sich trennend zwischen sie stellte.

Es war kein Geheimnis, daß Alberto auf die Hilfe seines Bruders nicht verzichten konnte. Wiederholt schrieb er der Mutter, wie notwendig er Diego empfand, und Annetta zeigte sich mit der Entwicklung der Dinge sehr zufrieden. Im Juni 1952 schrieb sie an Diego über Alberto: «Er wird immer einer bleiben, der sich in Sorgen verzehrt, aber glücklicherweise hat er einen Bruder, der die Ruhe bewahrt und ihn gut versteht.» Der Mutter mag dabei allerdings entgangen sein, daß das Glück des einen Bruders nicht notwendigerweise das Glück des andern mit sich brachte und daß sich die Dinge gewissermaßen zu gut geordnet hatten. Gewiß brachte Diego seinem Bruder Verständnis entgegen und stand ihm so unbeirrbar in seiner Laufbahn bei, daß es sowohl in materieller Hinsicht wie im geistigen Anspruch seine Spuren hinterließ, sogar auch dann noch, als die Voraussetzungen dieser Karriere gegen das Ende hin unbegreiflich und unvereinbar wurden. Er wankte nie, und nie versagte er. Selbst nach dem Ende noch blieb er dem Geist treu, der seine Verläßlichkeit – und Abhängigkeit – unerläßlich gemacht hatte.

Giacomettis wachsende finanzielle Sicherheit und seine zunehmende Berühmtheit ließen das Seltsame an Diegos Stellung deutlich hervortreten. Denn was war der unentbehrliche Mitarbeiter anderes als der völlig abhängige Bruder? Gewiß diente diese Situation der Zufriedenstellung von Alberto, aber beide Brüder mußten das Beste daraus machen. Die Rettung für sie als Brüder und als Mitmenschen lag in dem Glauben, daß das Beste für den einen zugleich das Beste für sie beide war. Nicht immer gelang es ihnen, diesem Glauben gemäß zu handeln. Einige Enttäuschungen ließen den dauerhaften Erfolg noch bewegender erscheinen.

Immer wieder drängte Alberto seinen Bruder, eigene Arbeiten anzufertigen, und dieses Drängen wurde um so heftiger, je seltener die Gelegenheiten zu solcher Tätigkeit wurden. Diego war mit unaufschiebbaren Aufgaben im Dienste seines Bruders viel zu beschäftigt, er mußte Traggerüste machen, Gipsabgüsse anfertigen, Bronzen patinieren, die immer zahlreicher von der

Gießerei kamen. Alberto war so vertieft in das Modellieren der Plastiken seiner Figuren in Ton oder Gips, daß er keine Zeit fand, den Guß der Bronzen zu überwachen; doch prüfte er die Ergebnisse mit strengem Blick. Besonders die Patina mußte richtig sein. Was er für richtig hielt, wechselte allerdings auf unberechenbare Weise von einem Tag zum andern. Unaufhörlich wurde Diegos Erfahrung eingesetzt. Alberto war nicht leicht zufriedenzustellen, und ein Abguß, der das Original nicht exakt wiedergab, konnte ihn in Wut versetzen. Wenn es seine Arbeit betraf, war er wie besessen, und er sah nicht ein, warum andere sich nicht in gleicher Weise für seine Arbeit einsetzen sollten. Viele, viele Plastiken mußten patiniert, überpatiniert und dann noch einmal patiniert werden, bevor der Künstler zufrieden war. «Ach, er ist unmöglich», seufzte Diego gelegentlich, «es ist nicht zu leugnen, Alberto ist schwierig.»

So blieb nicht viel Zeit für Diego, eigene Arbeiten zu machen. Dennoch bestand Alberto darauf, als wäre Diegos Berufung als selbständiger Schöpfer eine Voraussetzung für die befriedigende Ausführung aller Aufgaben gewesen. Sie war es tatsächlich, aber eben nicht für Diego. Der Beweis für die Wichtigkeit dieser Berufung kam leider vom älteren Bruder. Diego gelang es, ein wenig für sich selbst zu arbeiten, indem er gelegentlich eine Figur für eine Werbeauslage oder ein dekoratives Arrangement gestaltete. Alberto pries die Arbeiten seines Bruders über alle Maßen, nahm Besucher mit in Diegos Werkstatt, um mit ihnen zusammen die neuesten Arbeitsergebnisse zu bewundern. Dabei rief er immer wieder aus: «Diego hat mehr als genug Talent, o ja, mehr als genug!» Das war die Wahrheit. Aber den Beweis dafür konnte er erst erbringen, als es sich schon nicht mehr lohnte, etwas beweisen zu wollen, wenn es auch einigen teilnehmenden Herzen guttat. Vorerst wiederholte Alberto bloß, daß sein Bruder mehr als genug Talent hatte. Manchmal war es peinlich, und dem war es gewiß am peinlichsten, dem er die Peinlichkeit hätte ersparen sollen.

Was seines Bruders Hände an Hilfe zu leisten vermochten, mußte Alberto am besten wissen. Die Anerkennung dieser Leistung durch andere war jedoch keine willkommene Notwendigkeit. Der Bildhauer wußte, daß ihm Diego unentbehrlich war. Diego wußte es, die Mutter wußte es, Annette wußte es. Ein paar andere Leute vermuteten es; aber es waren wenige, und kaum jemand achtete besonders darauf, was der jüngere Bruder tatsächlich schaffte. Alberto konnte dies ganz recht sein; andererseits paßte es ihm auch wieder nicht, weil Diegos Leistung unübersehbar war. Ein Genie wacht eifersüchtig über seine Einzigartigkeit wie über seine Geheimnisse. Darin bildete auch Alberto Giacometti keine Ausnahme. Er legte Wert darauf, daß jedermann klar erkennen sollte, daß Diegos Anteil an seiner Arbeit über den eines bloß technischen Gehilfen nicht hinausging. Er allein und nicht sein Bruder schaffe die Kunstwerke, sagte er. Nichts würde von Diego geleistet, was nicht auch von einem gleich qualifizierten technischen Assistenten getan werden konnte, und auf Fragen von Kritikern erklärte der Künstler manchmal, daß sie bei einem Bericht über die Kunst Alberto Giacomettis die Hilfe nicht zu erwähnen hätten, die er von seinem Bruder erfuhr.

Sofern ein Echo einer solchen kränkenden Äußerung an Diegos Ohr drang, ließ er sich davon nicht anfechten. Jemand, der fähig ist, seine eigene Hand zu verstümmeln, wird kaum vor einer Portion Kummer zurückschrecken. Was Diegos Lebenssinn betraf, so konnte nichts seine tägliche Bestätigung in Zweifel ziehen, die er von dem Menschen erfuhr, dessen Gegenwart diesen Lebenssinn bewies. Diego wußte sehr wohl, wie er mit seinem Bruder stand und mit dessen Werk. Diese Einsicht machte ihm das Leben nicht immer leicht – genausowenig wie Alberto. Mit der Schwierigkeit wuchs seine Kraft.

Anfang der fünfziger Jahre fing Diego an, die Bronze-Möbel herzustellen, die seinen Ruhm begründeten. Zunächst zögerte er noch. Die Gegenstände, die er für Jean-Michel Frank angefertigt hatte, waren nie Tische, Stühle oder ähnlich große Stücke gewesen. Jetzt aber ging es um solche Möbel, die er, seiner selbst noch unsicher, zu entwerfen begann. Wie immer war Alberto mit Bewunderung und Ermutigung rasch bei der Hand. Da er nur wenig Zeit fand, schuf Diego wenig. Anfangs bestand der Anreiz hauptsächlich im finanziellen Gewinn. Die Zeit lag noch in weiter Ferne, da die Nachfrage nach Möbelstücken mit Diegos Signatur so groß war, daß sie nicht mehr befriedigt werden konnte. Alberto bestand darauf, daß Diego seine Arbeiten nur mit dem Vornamen signierte. Gewiß, das diente zur Vermeidung von Irrtümern; man kann darin aber auch einen weiteren Hinweis auf das komplizierte Verhältnis der Brüder sehen. Da Diego nur wenig eigene Arbeiten hatte, gab es für ihn auch nur wenige Kunden. In seinem Bekanntenkreis erzählte man sich von seinen Möbelstücken. Die wenigen Glücklichen, die als erste etwas von ihm besaßen, warben durch ihre Zufriedenheit neue Käufer. Allmählich ergab sich eine Kundschaft. Da konnte es geschehen, daß ein völlig Fremder auf der Suche nach einem echten «Diego» plötzlich unangemeldet in der Rue Hippolyte-Maindron stand, denn ein Telefon gab es dort noch immer nicht. In der Passage traf er auf Diego persönlich, der ihn nach seinem Begehr fragte. Der Fremde erkundigte sich: «Sind Sie Monsieur Giacometti?» Worauf Diego antwortete: «Nein, den treffen Sie im Café an der Ecke zur Rue Didot.»

Es fehlte andererseits auch nicht an Kunden, die gerne Werke von Alberto besitzen wollten. Maeght und Pierre Matisse drängten den Künstler, noch mehr Verkaufsobjekte zu schaffen. Unter den zahlreichen Sammlern beidseits des Atlantiks, die begonnen hatten, Giacomettis Arbeiten zu erwerben, fiel einer besonders auf. Er hieß G. David Thompson und war ein Mann aus Pittsburgh, Pennsylvania, der sich zum Millionär emporgearbeitet hatte. Das Geld war seine Leidenschaft, und von Kunst war er besessen. Von beidem raffte er

Unmengen zusammen. Seine Sammlung von Meistern des 20. Jahrhunderts war hervorragend, und eine Besonderheit seiner Kollektion war, daß die zwei am häufigsten vertretenen Künstler aus der Schweiz stammten, nämlich Paul Klee und Alberto Giacometti. Nachdem er einmal angefangen hatte, Giacomettis Arbeiten bei Matisse zu erwerben, merkte Thompson, daß er um so mehr davon besitzen wollte, je mehr er bereits in seiner Sammlung hatte. Irgendwann dachte er, es sei eine gute Idee, die persönliche Bekanntschaft des Künstlers zu machen. Im Frühjahr 1954 in Paris schickte er jemanden zur Rue Hippolyte-Maindron und ließ ankündigen, er wolle einen Besuch machen und neue Plastiken ankaufen. Einige Tage später kam der Sammler mit einer untersetzten und wohlbeleibten deutschen Begleiterin, die für ihn den Dolmetsch machte; denn Thompson beherrschte keine Fremdsprache. Das Besucherpaar fand die Tür zu Albertos Atelier geschlossen und trat in Diegos Werkstatt ein, die offen war. Thompson, der keinen der beiden Brüder zuvor gesehen hatte, stürzte auf Diego zu, umarmte ihn mit Herzlichkeit, drückte ihm eine Stange Camel-Zigaretten und einen Kaschmirschal in die Arme und sprudelte Ausrufe des Entzückens über die Ehre und das Glück dieses Augenblicks hervor. Es dauerte einen Moment, bis die deutsche Begleiterin ihrem Auftraggeber die Verwechslung erklären konnte. Daraufhin entriß der Millionär Diego wieder den Schal und die Zigaretten und stürzte aus dem Raum. In der Folge sollten die Brüder Giacometti noch viel von Thompson hören. An Diego richtete er nie wieder ein freundliches Wort. Alberto andererseits war das Ziel unaufhörlicher Wünsche und demonstrativer Aufmerksamkeiten, die eher dazu angetan waren, ihn zu befremden. Der Bildhauer machte gute Miene zu diesem Spiel und schickte sich mit einer Art Ergebenheit darein. Der Industrielle seinerseits schwelgte in großen Versprechungen, von denen er keine hielt.

Ein Affront wie der von Thompson konnte noch als lustige Episode abgetan werden. Weniger amüsant waren gelegentliche Kränkungen, die von Diego selbst ausgingen. Um dem Vertrauen seines Bruders gänzlich gerecht zu werden – das heißt gänzlich gerecht vor sich selbst –, war es für ihn wahrscheinlich notwendig, hin und wieder eine Entgleisung zu riskieren, die bewies, daß auch er bloß ein Mensch war, der es nicht verbergen mußte, wenn er Schmerz empfand und auch seinerseits Schmerz zufügen konnte. Es gab Augenblicke, in denen ihm seine Identität als Albertos Bruder fast unerträglich wurde. Um sich gewissermaßen vor sich selbst zu retten, mußte er vielleicht die brüderliche Pflichttreue verleugnen, zu der er sich so mühsam erzogen hatte. «Was ist schon an Albertos Skulpturen dran?» konnte er manchmal unerwartet fragen. «An diesen spindeldürren, skelettartigen Bronzebrocken?» Das geschah vor allem spät nachts, wenn er bereits etwas zuviel getrunken hatte. «Nichts ist dran!» rief er dann. «Nichts! Weniger als nichts! Jeder X-beliebige könnte so etwas machen.» Und als Beweis erklärte er, daß er, wenn er wollte und es darauf anlegte, durchaus fähig wäre, in Albertos Manier zu arbeiten, genauso gut wie dieser, denn er hatte, weiß Gott, über die Jahre hin auswendig gelernt, wie eine Giacometti-Skulptur entstand. Er hatte den besten Einblick und mußte es ja wissen, daß nicht viel daran war, oder etwa nicht?! Und was die Porträts von ihm, Diego, betraf, fügte er hinzu, jene scheußlichen Köpfe, zerdrückt, entstellt, zerlöchert und zerschnitten – jeder Kunststudent hätte bei der ersten Sitzung mehr Ähnlichkeit zuwege gebracht, während er bereits sein halbes Leben Modell gesessen hätte. Peinliches Schweigen war die einzig mögliche Reaktion auf einen dieser Ausbrüche. Sie kamen sehr selten vor, aber ihre Seltenheit machte ihre Schärfe nur um so spürbarer, weil auch Diego auf lange Sicht gesehen die Prüfung seiner großen Vollkommenheit noch abzulegen hatte. Als sie nahte, zeigte Diego, daß er der Aufgabe gewachsen war, und er sagte: «Ein Glück, daß ich Alberto hatte!»

Einmal während dieser Jahre – mehr als vierzig Jahre nach dem Ereignis – hielt Diego den Moment für gekommen, seinem Bruder die Wahrheit über den Unfall im Sommer 1908 zu erzählen. Nie zuvor hatte er irgend jemandem davon berichtet, und es dauerte nach dem Tod des Bruders weitere fünfzehn Jahre, ehe sich Diego einem anderen Menschen in dieser Sache anvertraute. Alberto war wie vor den Kopf geschlagen. Ein Mensch von so ungewöhnlich einfühlsamer Intelligenz wie er muß die Wahrheit durchschaut und deren Bedeutung ermessen haben, nicht nur insofern sein Bruder betroffen war, sondern auch er selbst. Über vierzig Jahre mußte Diego warten, ehe er die wirkliche Ursache des Unfalls zugeben und sein Leid zum Ausdruck bringen konnte. Dem stets so fürsorglichen älteren Bruder muß diese lange Wartezeit unerträglich qualvoll erschienen sein. Die Fassung, die das Kind zur Zeit des Unfalls bewahrt hatte, war gering im Vergleich mit der Selbstkontrolle, die der erwachsene Diego aufzubringen hatte. Das lange Warten ließ jeden nur denkbaren Spielraum für widersprüchliche Motive zu. Diego wählte den richtigen Moment, um die Wahrheit auszusprechen. Alberto konnte sie, dank seiner klaren Einsicht, für sich selber verarbeiten. Diego jedoch konnte er trotz seiner Einsicht nicht helfen. Auf diese Weise gewannen die wechselseitigen Erfahrungen der Brüder eine neue Dimension von Vertrauen und Verständnis.

Wenn man auch nicht immer den Unterschied recht erkennt zwischen der Doppelsinnigkeit der Worte und der Doppelbödigkeit der Empfindungen, und wenn auch nicht klar ist, wo das bloß Nützliche bereits in Ausbeutung umschlug, so waren diese Jahre doch eine glückliche und reiche Zeit. Es wurde viel gelacht in der Rue Hippolyte-Maindron. Alberto hatte Freude an Witzen und frechen Liedern, er konnte lustig sein und war froh, wenn er es zeigen durfte. Alberto, Diego und Annette ging es gut. Die Erinnerung an die mageren Jahre war noch lebendig genug, um den Wandel genießen zu können. Sie brauchten es sich nicht zweimal zu überlegen, wenn sie in ein teures Restaurant gehen wollten, und sie konnten sich ein Taxi leisten, wann immer sie es wünschten. Kunsthändler gingen ein und aus: Matisse, Maeght und besonders Clayeux, der zu einem vertrauten Freund geworden war. Sie alle bemühten sich zunehmend um Giacometti, da die Preise für seine Arbeiten ständig stiegen. Journalisten und Kunstkritiker stellten sich ein. Ihre Artikel erschienen in Zeitungen und Zeitschriften im In- und Ausland. In Paris war Alberto Giacometti seit fünfundzwanzig Jahren eine bekannte Persönlichkeit gewesen, aber jetzt wurde er berühmt. Es wuchs die Befriedigung darüber, daß das, was in den baufälligen Ateliers einmal angefangen hatte, jetzt in der Welt draußen ein Eigenleben zu führen begann. Alberto selbst wurde vielleicht am wenigsten von dieser Befriedigung erfüllt, weil er hauptsächlich an Arbeiten dachte, deren Ausführung noch vor ihm lag. Nichtsdestoweniger freute er sich; vor allem ging es ihm darum, daß auch Diego sich freute. Wenn die Händler oder ihre Boten bündelweise Banknoten ablieferten, erhielt der jüngere Bruder einen großzügigen Anteil. Der gönnte sich wenig und legte alles auf die hohe Kante und investierte sein Geld in Wertschriften. Alberto amüsierte sich über diese Papiere, da er kein Verhältnis zum Geld hatte. In allen Fragen, die Giacomettis Laufbahn betrafen, wurde Diego unweigerlich zur Beratung herangezogen. Wenn es so schien, als sei der Bruder des Künstlers bloß ein unbedeutender Gehilfe im Wirkungskreis des Genies, achtete Alberto sehr darauf, diesen Eindruck zu berichten. Wehe dem Bekannten, der es Diego gegenüber an Respekt fehlen ließ. Der sich daraus ergebende Zornausbruch konnte eine niederschmetternde Erfahrung sein.

Giacomettis sorgfältige Bemühung um die Patina seiner Bronzen war keine selbstgefällige Laune. Bereits als Knabe hatte er versucht, Plastiken zu bemalen. Seither machte er immer wieder ähnliche Experimente. 1927 bemalte er sogar eine grob behauene Steinplastik. Oft brachte er Farbtupfer auf seinen Gipsplastiken an. Aber seine Bronzen hatte er selten bemalt und es statt dessen vorgezogen, verschiedene Patinierungen zu erproben: Gold, Grün, Braun oder Schwarz. Erst als keine davon ganz seiner Vorstellung entsprach, versuchte er es mit Farbe. Sogleich spürte er, daß die farbig bemalten Plastiken ein neuer Ansatz waren, um den flüchtigen visuellen Eindruck wiederzugeben, den er festzuhalten suchte. Er freute sich über die begeisterten Reaktionen der ersten Betrachter, die diese Ergebnisse sahen; die Handwerker in dem Betrieb, wo die Abgüsse seiner Arbeiten hergestellt wurden, sprachen auf das neuartig Erregende der Farbigkeit an. Erste bemalte Plastiken waren die Figürchen in den zusammengesetzten Werken, wie zum Beispiel *Der Käfig, Der Wald, Die Waldlichtung, Vier Frauen auf einem Sockel* und so weiter. Er bemalte auch mindestens eine Version des *Wagens*. Mit ihrer atemberaubenden Lebendigkeit und Feinheit nehmen die bemalten Plastiken in Giacomettis Œuvre einen

Platz für sich ein. Die Farbe verleiht ihnen Kraft und verstärkt eine Tendenz, die sich schon fünfzehn Jahre lang abzeichnete, nämlich eine immer eindrucksvollere Wiedergabe der menschlichen Erscheinung zu erreichen. Die unbemalten Bronzen haben dadurch nicht an Bedeutung verloren, doch haben die bemalten eine zusätzliche Steigerung der Ausdrucksfähigkeit erfahren.

48

Am Abend des 4. Januar 1953 gaben zwei geschwätzige, heruntergekommene Kerle eine seltsame Vorstellung in Paris. Sie redeten drauflos, kamen vom Hundertsten ins Tausendste, klagten über die schweren Zeiten und über ihre wehen Füße, blickten einer ebenso schweren Zukunft entgegen und warteten auf jemanden, um eine Verabredung einzuhalten, von der niemand wußte, ob sie überhaupt jemals getroffen worden war. Ihr Gebaren wirkte rätselhaft, erregte aber weltweit Aufmerksamkeit, denn es handelte sich um die Hauptpersonen bei der Uraufführung von Samuel Becketts *Warten auf Godot*.

Die Kriegszeit war für Beckett eine noch trostlosere und bedrückendere Übergangszeit gewesen als für seinen Freund Giacometti. Zwei Tage vor dem Einmarsch der Deutschen hatte er Paris verlassen, war mehrere Wochen durch Frankreich gewandert, meist zu Fuß, wobei er sich sein Brot erbettelte und die Nächte auf Parkbänken oder in Hausfluren verbrachte. Mehr als anderthalb Jahre arbeitete er als Spion und brachte dadurch nicht nur sich selbst, sondern auch seine Lebensgefährtin und seine Freunde in ernste Gefahr. Mitglieder seiner Gruppe fielen den Nazis in die Hände, wurden gefoltert und deportiert. Beckett tauchte unter. Tagelang versteckte er sich unter dem Fußboden eines Speichers, danach in einem unzugänglichen Raum, von dem sich ein Mitflüchtling, der ob dieses fürchterlichen Erlebnisses den Verstand verlor, aus dem Fenster stürzte. Schließlich gelang Beckett mit seiner Gefährtin die Flucht nach Süden. In dem wilden Gebiet der nördlichen Provence fanden sie Unterschlupf. Unter Entbehrungen verbrachten sie dort zweieinhalb Jahre.

Beckett geriet in die Nähe eines geistigen Zusammenbruchs. Zwar war er nicht allein und sein physisches Überleben nicht mehr gefährdet, aber die Umstände seines Überlebens müssen ihm doch verzweifelt unsicher vorgekommen sein. In erschöpfenden, ziellosen Wanderungen durchstreifte er die Landschaft. Da sie nirgendwohin führen sollten, mögen sie gerade deshalb dazu gedient haben, einen Punkt jenseits der Wahrnehmungsgrenze zu erreichen. Viele Stunden arbeitete er freiwillig auf den Feldern eines Bauern. Er zwang sich zu schreiben. In der Arbeit fand er ein Mittel, sich seine Vernunft inmitten des

Wahnsinns eines Krieges zu erhalten, der ihn in Frieden ließ, so daß er schreiben konnte.

Nach Beendigung der Kampfhandlungen kehrte Beckett so schnell wie möglich nach Paris zurück. Der Roman, den er im Untergrund geschrieben hatte, gefiel niemandem. Verleger gaben dem Autor zu verstehen, daß ihm eine «realistische» Schilderung seiner Kriegserlebnisse ein Vermögen einbringen würde. Dem hielt Beckett entgegen: «Ich interessiere mich nicht für Erfolgsstorys, sondern für den Mißerfolg.» Beckett schrieb mehrere Romane und Schauspiele, in denen jeweils Leute auftreten, die am äußersten Rand der Gesellschaft leben. Aus der Sicht seiner Lebensgefährtin und seiner Freunde hatte sich Beckett selbst in einen solchen Außenseiter verwandelt. Schon früher war er menschenscheu und zurückgezogen gewesen. Jetzt war er es noch viel mehr. Seine finanzielle Lage war verzweifelt. Tagsüber schlief er und arbeitete meist des Nachts, bis er nicht mehr weiterschreiben konnte. Dann ging er aus, durchstreifte die Straßen und machte die Runde durch die Bars, die so spät noch geöffnet waren. Dabei traf er unweigerlich auf Giacometti. Stundenlang saßen die beiden zusammen oder gingen durch die Straßen, wobei sie über die absurden Schwierigkeiten der Künstlerexistenz philosophierten. Diese Unterhaltungen lieferten den beiden reichlich Stoff für die von ihnen geteilte obsessive Beschäftigung mit ihren metaphysischen Ängsten. Sie wurden zur Substanz und zum Symbol ihrer Freundschaft.

Giacometti sowohl wie Beckett personifizierten, jeder auf seine ganz persönliche Art, das absolute Engagement des kreativen Menschen. Über die Grenzen des Bewußtseins hinaus fühlten sie den Drang, etwas auszudrücken, was sich dem Ausdruck entzieht. Die Kraft, diesem Drang zu folgen, fanden sie in der ironischen Autorität, die sie aus der selbstquälerischen Hinnahme des Mißerfolgs ableiteten. Beckett gelangte zu der Einsicht, daß Worte machtlos sind, um eine Idee oder einen Gedanken mitzuteilen, genau wie Giacometti erkannte, daß weder Modellierton noch Farbe das Erlebnis des Schauens zu verkörpern vermögen. Dennoch waren beide Künstler gerade auf die Ausdrucksmittel eingeschworen, die sich ihrer Leidenschaft zum Selbstausdruck widersetzten. Es war die Vergeblichkeit dieses Bemühens, die den Vorgang aufregend machte und vor dem Schicksal der Monotonie bewahrte. Der Zweck war nicht, Kunstwerke zu schaffen, sondern den Wahrnehmungsprozeß bis zu seinen äußersten Möglichkeiten auszuschöpfen. Eine undankbare, fast lächerliche Aufgabe, die beide Künstler in Bescheidenheit als stolze Tat verrichteten. Auch wenn sich dabei schließlich Ruhm und Reichtum einstellten, würde dies kein vernünftiger Mensch als Anzeichen des Erfolgs betrachten.

Auch als Witwe hatte Isabel Lambert ihr Lachen nicht verloren. Sie war lustig, ließ sich nicht unterkriegen, sprach weiter dem Alkohol zu und fand mitunter sogar Zeit, ein Stilleben mit toten Vögeln und vertrocknetem Gemüse zu malen. Bald fand sie einen neuen Musiker zum Heiraten, Alan Rawsthorne, auch er ein trinkfester Zecher. Noch immer kam Isabel gelegentlich nach Paris, um ihre Bekanntschaft mit Künstlern und Cafés aufzufrischen. In London, wo sie seit langem zu einer wichtigen Figur in der Kunstwelt geworden war, gehörte ein damals noch wenig bekannter Künstler zu ihren Freunden – Francis Bacon. Er war ein leidenschaftlicher Spieler, ein unersättlicher Trinker, liebte das Leben in der Unterwelt und die jungen Männer, die in ihr verkehrten. Bacon beeindruckte durch seine energische, morbide und zugleich attraktive Persönlichkeit. Wie Isabel lachte er viel, auch wenn der Ton seines Lachens häßlich zweideutig sein konnte. Er schuf zahlreiche Bildnisse von Mrs. Rawsthorne, viele davon erschreckend in ihrer Ähnlichkeit.

Henri Laurens war der einzige Bildhauer der vorhergehenden Generation, mit dem Giacometti von Anfang bis Ende eine herzliche Freundschaft verband. Nie kam irgendeine Rivalität oder eine Mißstimmung zwischen ihnen auf. 1945 hatte Alberto in *Labyrinthe* einen Aufsatz über Laurens veröffentlicht. 1950 zog er seine Arbeiten aus der Biennale in Venedig zurück, weil er den Eindruck hatte, der ältere Kollege sei zurückgesetzt worden. Ein Vierteljahrhundert hielt sich der gegenseitige Respekt ungetrübt. Die Laufbahn des Bildhauers Laurens war so bescheiden wie er selbst. Er war ein Künstler für Kenner und ist es geblieben. Im Alter von nur neunundfünfzig Jahren starb er am 5. Mai 1954. Giacometti empörte sich darüber, daß sein Tod so wenig beachtet wurde. Der liebenswerteste Bildhauer Frankreichs, sagte er, sei von uns gegangen, und niemand scheine das Maß des Verlustes zu ermessen. Lebenswichtige Quellen der Tradition seien im Begriff zu versiegen. Giacometti sah den Tag voraus, an dem uns nur noch Erinnerungen an diese Tradition bleiben würden.

Es wirkt wie eine Ironie des Schicksals, daß Giacomettis Laufbahn genau in dem Monat, in dem Laurens starb, eine entscheidende Wende zum Positiven nahm. Der Anlaß war seine zweite Einzelausstellung in der Galerie Maeght. Sie enthielt eine nennenswerte Anzahl von Gemälden sowie viele neue Skulpturen und Zeichnungen. Die meisten Arbeiten waren nach der Natur geschaffen, hauptsächlich Bildnisse von Annette und Diego. Selbst für jene, die Giacomettis Werk gut kannten, muß es überraschend gewesen sein, daß er sich als Maler genauso kompetent erwies wie als Bildhauer. In seiner Jugend hatte der Künstler die Bildhauerei der Malerei vorgezogen, weil die Probleme, die durch die zusätzliche Dimension hervorgerufen wurden, ein höheres Maß an Selbstbeherrschung erforderten. Nachdem diese erlangt war, konnte er auf beiden Gebieten sämtliche Fähigkeiten einsetzen, die er durch die Lösung ihrer scheinbaren Unvereinbarkeit in beiden Bereichen gesammelt hatte.

Wie jeder junge Mann mit einem Drang zur Selbsterkenntnis hatte auch Giacometti sich ernstlich nach Beifall und Anerkennung gesehnt. Sein Flirt mit dem Ruhm war gerade hinreichend bestätigt worden, ehe er ihn seiner großen

Leidenschaft für das Nichtgelingen zuliebe abbrach. Nun aber begegneten ihm die Gefahren der Berühmtheit. Mit Schlauheit wußte er ihnen zu entgehen. Was dem widerfährt, der sich auf sie einläßt, hatte Picassos Werdegang gezeigt. Giacomettis alter Freund Derain war ein trauriges Beispiel für die Folgen eines kritiklosen Mitmachens. Giacomettis Schlauheit riet ihm jedoch, auch im Widerstand maßvoll zu bleiben, während sein Respekt vor anderen eine höfliche Duldung ihrer Begeisterung mit sich brachte. Gelegentlich äußerte Alberto, die beste Art, Erfolg zu erringen, bestünde darin, vor ihm zu fliehen. Wie immer dem auch sei, er tat nichts, den Erfolg auf sich zu ziehen; denn er wußte, daß in ihm eine Gefahr für das ethische Handeln liegt.

Die Anerkennung von Giacomettis Bedeutung und die Förderung seiner Karriere wurden nicht durch seine eigene Handlungsweise bestimmt. Viele seiner Bewunderer waren hervorragende Schriftsteller. Sartre, Leiris und andere weckten Verständnis durch ihre Texte. Sartre schrieb einen Essay für den Maeght-Katalog, der ausschließlich den Gemälden seines Freundes galt. Feinsinnig und klug interpretierte er sie als Darstellungen der existentiellen Leere, in der eine menschliche Figur die Illusion des räumlichen Seins mehr erduldet als schafft. Intellektuelle Zeugnisse waren willkommen und bildeten eine glaubhafte Basis, auf der man geschickt Werte ansiedeln konnte, die weniger mit Kultur zu tun hatten. Waren diese erst einmal etabliert, gab es keine Grenzen mehr für die profitablen Höhenflüge der geschäftstüchtigen Unternehmer. Hier kam die Erfahrung der Kunsthändler ins Spiel. Ohne sie ging es nicht, und Giacometti versuchte auch gar nicht, ohne sie auszukommen. Wie zur Beschwichtigung ließ er sie nach Belieben mit ihm und seinem Werk umgehen.

Die Galerie Maeght war ein herrschaftlich funktionierender Konzern. Aimé, Guiguite und Clayeux konnten großartig mit Künstlern, Sammlern, Händlerkollegen, Museumsleuten, Kunstkritikern, Journalisten und Kennern umgehen. Sie rissen jeden mit, und ihre Dynamik trug sie weit. Welche andere Galerie in Europa oder in der Welt konnte sie in ihren Initiativen und Erfolgen überbieten? Sie hatten Werke von Braque, Chagall, Miró, Giacometti, Calder, Kandinsky auf Lager. Durch das Prestige als Vertreter der ganz Großen konnten sie auch geringere Talente auf den Markt bringen und dabei eine Menge Geld verdienen. Man darf sagen, daß die Großartigkeit dieses Unternehmens Maeghts Wesen entsprach. Er war ein Großsprecher und ein Grobian, aber er war kein Geizkragen. Er gab sein Geld genauso großzügig aus, um den Ruhm eines Bazaine zu fördern, wie er das bei Braque tat. Wenn man meint, er sei dabei von dem Wunsch beseelt gewesen, die Rolle eines modernen Medici zu spielen und zugleich viel Geld zu verdienen, so will das Motiv weder auf Bazaine passen, der Anerkennung nötig hatte, noch auf Braque, der gerne Huldigungen genoß. Maeght ging aufs Ganze, und es schien keine Grenze dafür zu geben, wie weit er zu gehen bereit oder fähig war.

Clayeux fühlte sich am richtigen Platz. Wenn Maeght ein wiedererstandener Lorenzo war, so entsprach Clayeux vielleicht die Rolle eines Pico della Mirandola: ein Idealtyp der neuen Renaissance, der durch die weitgreifenden Pläne seines Auftraggebers gefördert wurde und seine eigenen kühnen Vorhaben vorantrieb. Fast hätte es so sein können. Clayeux ließ sich von der überschwenglichen Energie und dem großzügigen Anspruch des Älteren mitreißen, zumal ihm selbst diese Charaktereigenschaften abgingen. Clayeux und Maeght waren ständig zusammen und teilten das aufregende Erlebnis des künstlerischen Erfolgs der Galerie und des finanziellen Erfolgs des Eigentümers. Während Maeght stolz auf das war, was ihm in weniger als zehn Jahren gelungen war, lebte Clayeux in der Überzeugung, daß vor allem sein Gespür für Qualität zum Gelingen beigetragen hatte. Die Beziehung der beiden Männer zueinander wurde zweifellos von der Identifikation des Jüngeren mit dem Älteren getragen.

Clayeux wirkte hinter der Bühne. Gerne überließ er es Maeght, sich im Glanz der Öffentlichkeitsarbeit zu sonnen. Freundschaftliche Beziehungen zu den Künstlern war dagegen Sache des künstlerischen Leiters der Galerie. Er besuchte ihre Ateliers, sprach verständnisvoll über ihre Werke, leistete praktische Hilfe, zollte den Künstlerfrauen Aufmerksamkeit – auch den Brüdern – und indem er sich sowohl beliebt als auch nützlich machte, pflegte er das Image seiner Unentbehrlichkeit. In dieser Rolle eines Impresario konnte Clayeux Giacometti beinahe ganz für sich gewinnen. Pierre Matisse war weit weg in New York und tauchte nur zweimal jährlich in Paris auf.

Der direkte Umgang von Monsieur Maeght mit den Künstlern seiner Galerie war hauptsächlich darauf beschränkt, die Preise für die Werke festzusetzen. Ihm lagen die großzügigen Gesten, besonders, wenn sie der Öffentlichkeit bekannt wurden; wenn es indessen darum ging, neues Material anzukaufen, bildete Maeght als Geschäftsmann keine Ausnahme: er wollte möglichst wenig ausgeben und hoffte auf höchstmöglichen Gewinn. So verfuhr er auch mit Giacometti, und das fiel ihm nicht schwer, weil der Bildhauer Geld fürchtete und verachtete und auch weil er darauf zu warten schien, daß er unfair behandelt würde. Immer wenn es zu spät war, konnte er sich heftig beklagen und tat es auch. Merkwürdigerweise wählte er sich ausgerechnet Clayeux als Zuhörer für seine Tiraden. Der hörte ihm sogar mit Sympathie zu und riet dem entrüsteten Künstler, er müsse entschiedener für sein Recht eintreten, um von Maeght und Matisse angemessene Preise zu erhalten statt irgendwelcher Summen, die in peinlichem Mißverhältnis zum Gewinn der Kunsthändler standen. Gewöhnlich ließ sich der Künstler durch solchen Zuspruch besänftigen. Doch änderte das nichts an seiner merkwürdigen Gewohnheit, es den Händlern zu überlassen, selbst die Preise anzusetzen, die sie ihm bezahlten, obgleich er wohl wußte, wie deren Verkaufspreise aussehen würden. Hinterher konnte er vor Wut heulen, weil man ihn übers Ohr gehauen hatte. Dann bestätigte Clayeux wieder die Abscheulichkeit des Händlergebarens, gab aber zu verstehen, daß Alberto es sich selbst zuzuschreiben habe. Alberto sah ein, daß Clayeux recht hatte. Er vertraute völlig auf Clayeux' Wort und Urteil und war von seiner Ehrlichkeit überzeugt. Der Galerist seinerseits spürte, daß Giacometti die vornehmste Verkörperung des vornehmsten menschlichen Strebens war.

Im Sommer 1954 wurde Henri Matisse vierundachtzig Jahre alt, und sein Gesundheitszustand war bedenklich. Dreizehn Jahre zuvor war seine Krankheit unter heftigen Koliken ausgebrochen. Die Ärzte diagnostizierten einen bösartigen Tumor, und eine schwere Operation wurde durchgeführt. Obwohl der Künstler bereits mit seinem Tod gerechnet hatte, spürte er bald ein Wiedererwachen seiner Kräfte. Noch fünf Jahre wünschte er sich von den Ärzten, fünf Jahre, um das Werk eines halben Jahrhunderts auf seinen Höhepunkt zu führen. Sein Wunsch wurde ihm erfüllt. «Meine schreckliche Operation hat mich gänzlich verjüngt und einen Weisen aus mir gemacht», sagte er. «Ich hatte mich so sehr auf das Ende vorbereitet, daß es mir vorkommt, als wäre ich in ein zweites Leben eingetreten.» Das wurde in gewisser Weise durch seine Lebensweise bestätigt; denn er erholte sich nie mehr völlig und blieb ans Bett gefesselt. Sein Zustand als Halbinvalide trug dazu bei, daß er damit begann, mit der Schere große Formen aus Farbpapieren auszuschneiden. Es entstanden die *papiers découpés* seiner letzten Schaffensjahre. Nur wenige Künstler seit Tizian haben ein so beglückendes Alter genießen können.

Aber das Alter war es nun einmal, und es konnte nicht endlos dauern. Dies dämmerte auch den französischen Kulturbehörden. Sie beschlossen, jemanden mit der Schaffung einer Medaille zu beauftragen, die das Bildnis des gealterten Malers zeigen sollte. Matisse war einverstanden. Aber es war nicht leicht, einen Bildhauer zu finden, der ihm recht gewesen wäre, da er selber von Anfang seiner künstlerischen Laufbahn an eine große Zahl von plastischen Arbeiten geschaffen hatte. Für Giacometti war er bereit, die Anstrengung des Modellsitzens auf sich zu nehmen. Alberto bewunderte Matisse uneingeschränkt. Er verehrte dessen Arbeiten so sehr, daß er, obwohl er Besitz verabscheute, eine Ausnahme machte und von diesem Künstler im Austausch gegen eigene Werke sowohl eine Bronze als auch ein Gemälde erwarb. Giacometti sagte also zu und war bereit, das Porträt auszuführen. Zunächst wollte er eine Reihe vorbereitender Zeichnungen nach dem Leben machen. Am 30. Juni 1954 reiste er von Stampa aus über Genua nach Nizza, das unter erdrückender Hitze lag. Er fand den alten Mann müde und in sich gekehrt, als ob all seine Aufmerksamkeit in sein Inneres hineinhorchte. Doch er empfing den jüngeren Kollegen sehr würdevoll und höflich, und gewissenhaft unterzog er sich den Mühen des Stillhaltens. Jede Sitzung war kurz, da Matisse schnell ermüdete, aber Giacometti kam mehrmals während der Woche wieder. Die Künstler sprachen wenig. Beide konzentrierten sich auf ihre Aufgabe. Einmal aber, als die Unterhaltung auf das Zeichnen kam, wurde Matisse plötzlich sehr munter, und er rief aus: «Niemand kann zeichnen.» Nach einem Schweigen schaute er Giacometti an und fügte hinzu: «Auch du kannst es nicht, du wirst es nie lernen.» Es war ein Urteil, dem der Jüngere mit ganzem Herzen zustimmte. Kurz danach verkündete Matisse, daß er sich unwohl fühle, und die Sitzung mußte unterbrochen werden.

Zwei Monate später empfing der Bildhauer die Mitteilung, Matisse sei wieder in der Lage, Modell zu sitzen, und er wolle es so rasch wie möglich tun. Giacometti fand Matisse stark verändert. Zeigten die Zeichnungen vom Juli noch einen alten Mann, der unverkennbar im Besitz seiner geistigen Kontrolle und intellektuellen Kraft war, so erkennt man in den Zeichnungen vom September einen Greis an der Schwelle zum Tod, einen erschöpften Achtzigjährigen mit ungewiß flackerndem Blick, dessen Züge bereits durch das Verlöschen der Persönlichkeit gezeichnet waren. Diese Zeichnungen sind von majestätischer Feierlichkeit. Es liegt über ihnen ein Hauch von der tragischen Einsicht und Zartheit des späten Rembrandt. Eines Nachmittags, als Matisse wieder Modell saß, wurde er von einer Erregung erfaßt, die auch Giacometti nicht entging. «Ich zeichnete», sagte er später, «und gleichzeitig nahm ich wahr, was man nicht durch Zeichnung festhalten kann.» Der alte Mann rang nach Atem. Er rief um Hilfe. Seine Lebensgefährtin kam eilends aus dem Nachbarraum herbei. Danach schien der Anfall abzuebben. Matisse versuchte wieder, seine Modellhaltung einzunehmen. Er, der sein Leben lang nach der Natur gezeichnet hatte, raffte seine Kräfte zusammen, um sich dem Blick des Porträtisten wieder präsentieren zu können. Aber weder das Modell noch der Künstler vermochten die Arbeit fortzusetzen. Sie verabschiedeten sich voneinander. Zwei Monate später starb der große Maler.

Nach seinen Zeichnungen erarbeitete Giacometti ein Tonmodell für die Medaille. Es sind zwei kleine Studien von Matisse im Profil. In ihnen erfaßte er die Intensität der bedeutsamen Begegnung mit dem Maler. Möglicherweise war der Bildhauer gerade aus diesem Grund mit der Arbeit unzufrieden. Bronzeabgüsse der Studien wurden erst nach Giacomettis Tod gemacht.

André Derain erlebte keine Verjüngung. Im Gegenteil, das Alter brachte bei ihm den Verlust von Vitalität, Talent und Prestige mit sich. Von allen Künstlern, die Derain gekannt hatte – und er hatte sie alle gekannt –, blieben ihm nur zwei bedeutende treu: Giacometti und Balthus. Die Sonntagsmahlzeiten auf dem Gut in Chambourcy wurden immer trister. Derain empfing nicht einmal den bescheidenen Trost, daß sein fehlgeschlagenes Leben einen würdigen Abgang fand. Er wurde das Opfer eines fahrlässigen Menschen im Straßenverkehr. Zunächst schienen die Verletzungen nicht ernst zu sein. Dann verlor er jedoch zusehends den Verstand. Er lebte noch einige Wochen in einem Dämmerzustand dahin. Mehrmals besuchte ihn Giacometti in der Klinik in Saint-Germain-en-Laye. Einmal wurde Derain gefragt, ob er etwas wünsche. Er sagte: «Ein Fahrrad und ein Stück blauen Himmel.» Zwei Stunden später starb er. Das war am 8. September 1954. Nur wenige Leute nahmen an seinem Begräbnis teil; als einziger bedeutender Künstler war Alberto Giacometti zugegen. So traurig endete das stürmische Abenteuer, das ein halbes Jahrhundert zuvor mit so farbenfrohem Ungestüm begonnen hatte.

49

Balthus beteuerte immer wieder, er habe ein Schloß nötiger als ein Arbeiter einen Laib Brot. Gewiß, das war ein Bonmot, aber die meisten, die es hörten, empfanden es als geschmacklos. Dabei war es nicht als Spaß gemeint. Alberto, der seinen spartanischen Lebensstil trotz seines Wohlstands nicht aufgab, war empört. Der das Schloß brauchte, war allerdings nicht Balthus, sondern der «Comte de Rola». Der echte Künstler mußte dem scheinbaren Adeligen gehorchen, waren sie doch ein und dieselbe Person. Schlösser waren im Frankreich der frühen fünfziger Jahre für wenig Geld zu haben. Aber Balthus verfügte nicht einmal über dieses Wenige. Seine Gemälde waren schwer zu verkaufen. Verdrossen und mühevoll fristete er sein Leben mit Hilfe einer Unterstützung, die ihm ein Konsortium von Händlern und Sammlern zahlte. Dennoch, trotz der spöttischen und scheelen Blicke seiner Bekannten hielt er Ausschau nach einem billig zu erwerbenden Anwesen auf dem Lande, das gleichzeitig eindrucksvoll genug war, um seiner Selbstachtung zu entsprechen. Was er fand, war nicht das, wonach der Adelige sich gesehnt hatte; aber auch der Künstler in ihm hegte Wünsche, und der Ort, den er wählte, schien geeignet, sie zu erfüllen. Das Château de Chassy war so etwas wie eine französische Version des Herrschaftshauses aus dem Roman *Sturmhöhe*.

Als Schloß verdiente es kaum diesen Namen. Es stand am unteren Ende eines Hanges und schaute auf ein kleines Tal hinaus, auf eine Landstraße zwischen Paris und Lyon. Eigentlich war es nur ein großes Haus mit je einem massiven Turm zu beiden Seiten, und es war ziemlich reparaturbedürftig. Nach einem Garten oder Park suchte man vergebens; auch hatte die Anlage weder einen Brunnen aufzuweisen noch etwa eine stattliche Front; die Einfahrt wurde durch den Anblick eines gewöhnlichen Bauernhofs beeinträchtigt. Im Innern gab es weder Mobiliar noch Heizung. Unter den schlecht schließenden Türen pfiff der Wind hindurch. Das Dach war undicht. Auch fehlte ein

Telefonanschluß. Das nächste Dorf lag mehrere Kilometer weit weg. Was Chassy allerdings zu bieten hatte, war die räumliche Großzügigkeit, die es erlaubte, Kunstwerke mit einem Blick zu betrachten, der nicht von den Verwirrungen und Voreingenommenheiten des 20. Jahrhunderts beeinträchtigt wurde. Im Schloß des Comte de Rola war Größe ein Bewußtseinszustand, und für einen Künstler, der gerne finsteren Träumen nachhing und abweisende Strenge zur Schau stellte, schien die Szene wie geschaffen. Wenn es dort wie in *Sturmhöhe* aussah, und wenn der Künstler dem Romanhelden Heathcliff glich, brauchte man zur Vervollständigung des Bildes nur noch ein Mädchen, das die unglückliche Rolle der Cathy spielte. Giacometti wäre der letzte gewesen, der die für Balthus passende Person gekannt hätte. Nicht bloß, daß er die Angeberei des Schein-Adeligen kritisierte, er verurteilte auch dessen obsessive Vorliebe für pubertierende Mädchen. Irgendwann rief er aus: «Wir haben ihn satt, diesen Balthus mit seinen kleinen Mädchen!» Und dennoch ergab es sich als Ironie des Schicksals, daß der Comte de Rola seine erste Gespielin für das Château de Chassy ausgerechnet durch Giacometti kennenlernte.

Sie hieß Léna Leclercq. Ihre Eltern waren Bauern gewesen, allerdings ungewöhnliche Leute, hochgebildete militante Kommunisten und Freidenker, die sich jeglicher Konvention verweigerten, was zur Folge hatte, daß alle ihre Kinder unehelich zur Welt kamen. Bedenkt man die französische Provinzgesellschaft der Zeit vor dem Zweiten Weltkrieg, dann muß solch kompromißloser Idealismus höchste Anforderungen an die Seelenkräfte sowohl der Kinder wie auch der Eltern gestellt haben. Sobald sie sich von zu Hause lösen konnte, zog es Léna nach Paris. Sie war damals achtzehn Jahre alt, klug, empfindsam, ehrgeizig, und sie war ein hübsches Mädchen. Alberto lernte sie in einem Café kennen. Es kam zu einer Art Freundschaft, und bald wurde klar, daß sich Léna als Dichterin einen Namen machen wollte. Der Bildhauer stellte sie seinem Bekanntenkreis vor, und sie tat ihr Bestes, um die Leute zu beeindrucken; unglücklicherweise mußte sie jedoch auch für ihren Lebensunterhalt sorgen. Gerade damals war Balthus dabei, nach Chassy umzuziehen, wo seine Rolle als Graf und die Größe seines Hauses nach Personal verlangten. Er besaß aber kaum Geld. Jemand schlug vor, Léna könne als Haushälterin fungieren. Während Balthus malte, würde sie Zeit zum Dichten finden. Das war eine ungewöhnlich schlechte Idee, aber alle Betroffenen fanden sie großartig.

Mit fünfundzwanzig Jahren war Léna für Balthus etwas zu alt; vielleicht stellte man sich vor, daß sie als Haushälterin nie irgendwelchen Versuchungen durch den anspruchsvollen Comte ausgesetzt wäre. Das war ein Beweis dafür, wie naiv Leute auch bei größter Einfühlsamkeit sein können. Zusammen in der Einsamkeit des finsteren Schlosses schienen der hübsche arrogante Künstler und die sensible idealistische Dichterin das Leben ganz ihrem Wesen gemäß zu finden. Der Künstler malte damals einige hervorragende Bilder, darunter eines seiner besten, eine sehr große Leinwand mit dem Titel *Le Passage du Commerce Saint-André*. Die Dichterin, die sich nun in der Rolle einer Küchenmagd fand, schrieb eine Sammlung von Gedichten, die sie traurigerweise – weil ganz unpassend – *Poèmes Insoumis* (Ungezähmte Gedichte) nannte. Balthus fragte sie einmal, welche historische Figur sie gerne hätte sein wollen. «Trotzki», antwortete sie. Darauf Balthus mit beißender Kritik: «Du hättest lieber Lenin wählen sollen. Der hat wenigstens Erfolg gehabt.»

Der Maler, der stets seine Blicke schweifen ließ, bemerkte nach einer Weile, daß die Frau seines älteren Bruders Pierre eine attraktive Tochter aus erster Ehe hatte. Sie hieß Frédérique, war im Backfischalter, und er dachte, sie könne für ihn das rechte Burgfräulein im Château de Chassy abgeben. Aus Gründen, die nur sie selbst begreifen mögen, waren alle Betroffenen mit diesem Plan einverstanden, das heißt alle außer Léna. Es gab Szenen. Der Comte setzte sich über die Vorhaltungen seiner Haushälterin hinweg. Frédériques mädchenhafte Fröhlichkeit ließ das Anwesen weniger düster erscheinen. Vielleicht sehnte sich der alternde Künstler nach diesem Wechsel. Die Haushälterin war außer sich und unternahm einen Versuch, ihr Leben zu beenden. Der Versuch mißlang. Eine Ambulanz kam noch rechtzeitig vom Krankenhaus in Nevers, und das wache Auge des Künstlers bemerkte bei der Abfahrt des Fahrzeugs mit schwarzem Humor, was als Name des Fahrzeughalters auf dem Wagenschlag stand: *Sépulchre* (Grabmal).

In solchen Krisenmomenten wurden Alberto und Annette aus Paris herbeigerufen. Dem Bildhauer mag aufgegangen sein, daß er nicht ganz frei von Verantwortung für die unseligen Verhältnisse gewesen sein mochte. Er tat, was in seiner Kraft stand. Balthus bemerkte es kaum, weil der Künstler nicht begriff, daß überhaupt etwas getan werden mußte, während der Adelige in ihm von der Sache keine Notiz zu nehmen geruhte. Für Léna andererseits war es eine ganze Menge. Sowohl Alberto als auch Annette kümmerten sich um sie und halfen ihr, wobei sie freilich weder persönlich noch beruflich glücklich wurde. Sie zog sich in ein kleines, halbverfallenes Haus in einer weltentlegenen Gebirgsgegend zurück, in der Nähe der schweizerischen Grenze. Dort schrieb sie Gedichte, bepflanzte den Garten und beobachtete das Wetter. Alberto lieh ihr das Geld für ein neues Dach an ihrem Haus, später gab er eine Folge von Lithographien einem Gedichtband von ihr bei, der sonst nie einen Verleger gefunden hätte.

Ein paar Jahre später versuchte die einsame unglückliche Dichterin ein zweites Mal, ihr Ungemach durch Suizid zu beenden. Diesmal gelang es ihr.

Das Château de Chassy erwies sich für Balthus als äußerst förderlich. Während seiner Jahre dort – leider waren es nicht einmal zehn – erreichte er den Höhepunkt seiner Künstlerlaufbahn und schuf viele seiner besten Werke.

Es entstanden zahlreiche Bildnisse von Frédérique, die ihm den Gefallen tat, bis über ihren einundzwanzigsten Geburtstag hinaus backfischhaft zu wirken. Er malte eine bemerkenswerte Serie von heiter strahlenden Ausblicken auf das schlichte Tal, in dem das Schloß stand. Langsam merkte das Publikum, daß ein Künstler von ungewöhnlicher Ausdruckskraft in jenem unauffälligen Ort versteckt lebte. Die Leute fingen an zu kaufen. 1956 veranstaltete das Museum of Modern Art in New York eine Retrospektive. Balthus konnte allerdings nicht dazu gebracht werden, sein Schloß zu verlassen, um an dem Erfolg teilzunehmen. Jetzt kamen Sammler und Kritiker zu Besuch. Sie wurden von einem Butler in weißem Jackett mit Goldstickerei empfangen, der verlauten ließ, der Comte sei in seinem Atelier und könne unter keinen Umständen gestört werden. Die Räume des Schlosses füllten sich mit edlen Möbeln, auf den Fußböden breiteten sich Orientteppiche aus. Alberto und Annette kamen noch zwei, drei Mal, aber für Großtuerei hatte Giacometti wenig übrig. In Paris, wohin Balthus gelegentlich fuhr, empfing er seine Bewunderer und Bekannten im Hause eines Beamten des Kultusministeriums. Dann brachte er seinen alten Kumpel André Malraux dazu, ihn zum Direktor der französischen Kunstakademie in Rom zu ernennen, die in der großartigen Villa Medici untergebracht war, einem der vornehmsten Wahrzeichen der Ewigen Stadt. Chassy ließ Balthus nun hinter sich. In Rom erhielt sein Größenwahn mehr Nahrung, als man sich hätte vorstellen können. Prinzen, Prinzessinnen, Kardinäle und Gesandte dinierten an der Tafel des Grafen. Nicht so erfolgreich war der Künstler, weil der Adelige zuwenig Zeit zum Malen fand. Er machte aus sich eine Schöpfung, die seinem Ehrgeiz entsprach, Traditionen der Vergangenheit zu pflegen. Die Bilder, die er jetzt schuf, wurden zunehmend zu dekorativen, selbstgefälligen Erinnerungen an die Errungenschaften einer schlichteren Zeit. Balthus war der Begabteste unter Albertos Freunden und Zeitgenossen gewesen. Obwohl sie nie in ihrer Sehweise und in ihren Zielen vergleichbar waren, hatten sie doch beide über den Untergang der Pariser Schule hinweg wertvolle und nützliche Aspekte der Tradition aufrechterhalten. Jetzt blieb Giacometti allein mit dieser Aufgabe. Als Balthus nach Rom ging, verließ er auch Albertos Lebenskreis, und mit der Zeit verlor er die Kraft, für die ihn verfolgenden Gestalten seiner Phantasie eine überzeugende Welt zu beschwören.

Giacometti war Jean Genet nie persönlich begegnet. Alberto zog es vor, mit Bekannten und Freunden einzeln umzugehen, wenn möglich unter vier Augen. Man schickte sich in diese Vorliebe und akzeptierte sie. Olivier Larronde war Genets Geliebter gewesen, bevor er Albertos Freund wurde; aber er hatte die beiden nie einander vorgestellt. Sartre, der Hauptförderer von Genets literarischen Arbeiten, hatte 1952 einen Essay von 573 Seiten veröffentlicht mit dem Titel *Saint Genet, Komödiant und Märtyrer*. Aber auch Sartre hatte Genet und Giacometti nicht miteinander bekannt gemacht.

Genet wurde 1910 in Paris geboren und von seiner Mutter der öffentlichen Fürsorge anvertraut. Zwar hatte er von ihr den Namen, bekam sie aber nie zu Gesicht. Sein Vater blieb unbekannt. Als kleines Kind kam Genet zu einer Bauernfamilie im Massif Central. Er war fromm und fleißig und führte ein Leben frei von Kummer – bis auf das peinliche Dunkel seiner Herkunft. Als er zehn Jahre alt war, geschah eine Katastrophe in seinem Leben: er wurde eines Diebstahls bezichtigt. Seine Unschuld beteuernd, wurde er von nun an mehr und mehr zum Rebellen, so daß man ihn als Fünfzehnjährigen in eine Anstalt für schwererziehbare Knaben steckte. In der französischen Provinz der zwanziger Jahre waren Erziehungsanstalten Gefängnisse. Körperliche Züchtigungen waren an der Tagesordnung. Liebe lernten die Jungen nur in Form heimlicher oder brutaler Homosexualität kennen. Nach vier Jahren dieser Behandlung gelangte Genet zu einer teuflischen Einsicht. Ohne Ausweg aus der Schmach seines erniedrigenden Lebens, beschloß er, gerade diese zum Maßstab seiner Freiheit zu machen. Man hatte ihn als Dieb behandelt, mit Dieben zusammengepfercht – jetzt nahm er sich vor, ein Dieb zu sein und Diebstahl als Tugend zu betrachten. Nachdem das Eingesperrtsein mit ausschließlich männlichen Mitgefangenen seine früh empfundene homosexuelle Neigung bestärkt hatte, glorifizierte er von nun an die Liebe zwischen Männern.

Als er aus der Erziehungsanstalt entlassen wurde, schreckte er vor keiner Gemeinheit mehr zurück. Fünfzehn Jahre lang trieb er sich vor dem Krieg in der Unterwelt Europas herum. Immer wieder saß er in Gefängnissen, lebte von kleinen Diebstählen und suchte Liebesabenteuer in den Armen von einsamen Seeleuten und Gaunern, die mit ihm zusammen die Unterwelt durchstreiften. In der Welt des Todes begann Genets Leben als Künstler. 1939 verfolgte Genet, wie ein junger Mann von zwanzig Jahren im Gefängnis von Saint-Brieuc, einer grauen Industriestadt an der Nordküste der Bretagne, wegen Mordes auf die Guillotine geschleppt wurde. Keiner der Millionen Tode, die so bald in der Welt geschehen sollten, war an Schrecken und Mitgefühl, das Genet empfand, vergleichbar mit dieser makabren Zeremonie im Gefängnishof. Drei Jahre später, wieder in einem Gefängnis, schrieb Genet im La-Santé-Gefängnis in Paris sein erstes Werk, das lange Gedicht *Le condamné à mort* (Der zum Tode Verurteilte), in dem er das Gedenken an den enthaupteten Jungen beschwor.

Nichts in der Welt war unwahrscheinlicher als die Verwandlung eines kaum des Schreibens mächtigen Strafgefangenen in einen Meister der Sprache, es sei denn, sie geschah kraft einer entscheidenden Erkenntnis, die vom Gefängnis zur Dichtung führte. Eine tragische Einsicht in die Vergänglichkeit und Gebrechlichkeit des Lebens ist das zentrale Thema in Genets Texten. Seine Figuren sind Bewohner der Unterwelt, Kriminelle und Verräter, Zuhälter, Prostituierte, abartig Veranlagte, die Ausgestoßenen der zeitgenössischen

Gesellschaft. Die Unterwelt bei Genet ist genau so real wie die symbolische Welt darüber. Seine Texte richten sich ebenso an die Toten wie an die Lebenden, und er hat einmal gesagt, er könne sich keine wirkliche Kunst vorstellen, die nicht die Beziehung zum Tode zum Ausdruck bringe.

Eines Tages kam Giacometti höchst angeregt in die Rue Hippolyte-Maindron zurück. In einem Café war er Jean Genet begegnet und von dessen Erscheinung so beeindruckt, daß er unbedingt ein Bildnis von ihm machen wollte. Kein Wunder, denn Genet hatte schon früh seine Haare verloren. Kahlköpfige zogen Alberto besonders an, weil das Fehlen der Haare die Schädelform freilegte. Im Falle Genets war diese wohlgestaltet und gab dem Gesicht eine Kompaktheit, die seinen harten, aber freundlichen Blick sehr wirksam konzentrierte. Alberto bewunderte die Werke des Schriftstellers und verabredete sich mit ihm. Sie verstanden sich sofort, und Genet erklärte seine Bereitschaft, Modell zu sitzen. Eine tiefe Übereinstimmung zwischen dem Bildhauer und dem Schriftsteller trat zutage. Nicht selten entwickelte sich eine Art von romantischer Vertrautheit zwischen Alberto und seinen Modellen, ob es sich nun um Männer oder Frauen handelte. Zwischen Giacometti und Genet bildete sich binnen kurzem eine enge Freundschaft heraus.

Alberto malte zwei Bildnisse von Genet und machte eine Reihe von Zeichnungen. Sie alle waren kraftvolle Darstellungen der Begegnung zwischen zwei außergewöhnlichen Persönlichkeiten. Einige Zeit später schrieb Genet ein Porträt des Porträtisten, das er später unter dem Titel *Dans l'atelier d'Alberto Giacometti* veröffentlichte. Genets Beschreibung ist intuitiv, impressionistisch und von ganz anderem Wesen als die brillanten intellektuellen Thesen des gemeinsamen Freundes Sartre, bei dem alles auf der Ebene des Denkens abgehandelt wird, während bei Genet das Gefühl spricht. Doch dieses Gefühl ist sehr bewußt ausgedrückt, mit einer eindringlichen Suche nach Bedeutung. Genets Text ist einer jener seltenen Fälle in der Kunst, bei denen der Nachvollzug des Schöpfertums eines Menschen auf transzendente Weise zum Material für die Schöpfung eines anderen wurde. Vieles ist während seines Lebens über Giacometti geschrieben worden, aber kein Text hat ihm mehr bedeutet als dieses Büchlein von fünfundvierzig Seiten. Picasso, dessen Intuition ihn nie im Stich ließ, sagte, Genets Buch sei das Beste über einen Künstler, was er je gelesen hätte. Einige Passagen, zufällig herausgegriffen, mögen andeuten, warum:

«Aber ich sehe vielmehr – wenn auch nur als Ahnung –, wie jedes Kunstwerk, das die erhabenste Rangstufe erreichen will, von Beginn seiner Ausführung an mit unendlicher Geduld und Anpassungsfähigkeit in die Jahrtausende zurücktauchen und soweit es geht der geschichtslosen Nacht sich nähern muß, bevölkert mit Toten, die sich in diesem Werk wiedererkennen werden.

...

Seine Statuen machen mir den Eindruck, wie wenn sie sich letztlich in eine unfaßbare geheime Gebrechlichkeit flüchten, in der sie den Schutz der Einsamkeit finden.
...
Noch ein anderes Gefühl vor seinen Statuen: es sind alles sehr schöne Personen, und doch, scheint mir, ist ihre Trauer und Einsamkeit vergleichbar mit der Trauer und Einsamkeit eines häßlichen Menschen, der, plötzlich nackt, seine Häßlichkeit ausgeboten sähe und sie gleichzeitig selbst der Welt darböte, um von seinem Stolz und seiner Einsamkeit zu künden, die ihm nicht genommen werden können.
...
Da im Augenblick die Statuen sehr hoch sind – in braunem Ton –, wandern, wenn er vor ihnen steht, seine Finger auf und ab wie die eines Gärtners, der ein Rosenspalier schneidet und pfropft. Die Finger spielen an der Statue entlang. Und das ganze Atelier vibriert, lebt. Ich habe die sonderbare Empfindung, daß, sobald er da ist, die alten, schon vollendeten Figuren sich verändern, ohne daß er sie berührt, weil er an einer ihrer Schwestern arbeitet. Dieses Atelier im Erdgeschoß wird einmal von einem Moment zum andern in sich zusammenfallen. Es besteht aus wurmstichigem Holz und grauem Staub; die Statuen sind aus Gips, aus dem Schnurenden, Werg und Drahtstücke hervorschauen; die Leinwände, grau bemalt, haben seit langem die Ruhe verloren, die sie beim Farbenhändler hatten, alles ist fleckig und ungepflegt, alles ist ungesichert und fällt gleich um, alles löst sich auf, alles rutscht: und so ist das alles wie in einer absoluten Realität gefaßt. Wenn ich das Atelier verlassen habe und wieder auf der Straße stehe, dann ist alles nicht mehr wahr, was mich da umgibt. Soll ich es aussprechen? In diesem Atelier stirbt langsam ein Mensch, verzehrt sich und verwandelt sich vor unseren Augen in Göttinnen.
...
Giacometti arbeitet nicht für seine Zeitgenossen, noch für die kommende Generation: seine Statuen entzücken die Toten.»

Das gegenseitige Verständnis zwischen Genet und Giacometti war so tief, daß der Schriftsteller das künstlerische Anliegen des Bildhauers erfaßte, ohne dazu intellektueller Begriffsstrukturen zu bedürfen. Die Freundschaft der beiden war so eng, daß sie sich, wenn sie zusammen auf Caféterrassen saßen, gerne mit einem Test amüsierten: der Heterosexuelle mußte unter den vorbeigehenden jungen Männern die herausfinden, die dem Homosexuellen gefallen würden. Die Wahl traf immer den Richtigen.

Nach einiger Zeit hatte der Schriftsteller genug vom Modellsitzen. Es kam ihm so vor, als ob er in ein Ding verwandelt würde. Alberto äußerte, daß er Genets Haltung sehr literarisch empfand; vielleicht hatte er keine

Lust, die Gründe seines Freundes zur Kenntnis zu nehmen. Wenn er sie literarisch nannte, hieß das aber auch, daß sie für Genet lebenswichtig waren.

Es gab keinen offenen Bruch oder irgendwelche Auseinandersetzungen. Nur, die Freundschaft wurde nicht gepflegt. Wahrscheinlich war Genet nach den bitteren Jahren des Vagabundierens und Eingesperrtseins nicht mehr fähig, eine dauerhafte Bindung aufrechtzuerhalten, sofern sie etwas wie ein soziales Gerüst zur Voraussetzung hatte. Giacometti fühlte sich konventionellen Sozialstrukturen mehr verbunden als Genet, obwohl er in ihnen nie zu Hause war. Genet blieb der Welt und den Menschen zutiefst verbunden, die ihn geformt hatten. Es war eine ziemlich verschlossene Welt. Vorerst brauchte Giacometti noch nicht zur Kenntnis zu nehmen, daß Unterwelt und Halbwelt ein und dasselbe sein konnten und daß ihre Bewohner in beiden Ebenen zu Hause waren. Die Einsicht sollte ihm zu gegebener Zeit aufgehen. Möglicherweise war seine Freundschaft mit Genet eine gute Vorbereitung für diesen Moment.

Am frühen Morgen des 1. November 1954, an Allerheiligen, griffen Bewaffnete im wilden Hochland von Zentralalgerien die örtliche Polizeistation und die französischen Siedler an. Es war der Beginn des algerischen Krieges. Niemand, der damals in Frankreich lebte, konnte von der nationalen Gewissenskrise unberührt bleiben, die sich durch den Konflikt anbahnte. Sartre und Simone de Beauvoir gehörten zu den hartnäckigsten Kritikern der französischen Politik. Wie auch sonst hielten sie mit ihrer Meinung nicht zurück. «Der Kolonialismus ist dabei, sich selbst zu zerstören», schrieb Sartre. «Unsere Rolle ist es, ihm Sterbehilfe zu leisten.»

Giacometti äußerte sich nicht öffentlich. Aber seine Ansichten waren nicht weniger bestimmt. Er wußte, daß das Feld seiner verantwortlichen Tätigkeit sein Atelier war und daß sein Beitrag zur Auseinandersetzung mit den Problemen der Gegenwart durch Schauen, nicht durch Reden geleistet werden mußte. Es gab Augenblicke, in denen er der intellektuellen Haarspalterei überdrüssig wurde, der sich seine Freunde Leiris, Sartre und der «Biber» hingaben; deren Verständnis und Sympathie blieben immer theoretisch. «Was mich angeht», sagte Giacometti, «so muß ich meinen Weg weiter vorangehen.»

Auf seinem Weg war er allein. Manchmal wird das Genie in seiner Einsamkeit von Panik überfallen. Alberto brauchte niemanden, um über die metaphysischen Fakten des Lebens zu reden. Im übrigen war er zufrieden, wenn er mit Olivier Larronde und Jean-Pierre Lacloche etwas zu lachen hatte, durch deren Lebensweise Annette übrigens sehr irritiert war, oder wenn er mit dem Kellner im Café an der Ecke Bemerkungen über das Wetter austauschen konnte.

Einmal kam eine alte Frau aus der Nachbarschaft und stand am Tresen. Als sie Alberto bemerkte, fragte sie: «Wer ist denn der arme Schlucker da? Dem sollte man mal eine Tasse Kaffee spendieren.» Der Barmann erklärte ihr, daß er ein berühmter Künstler und durchaus kein armer Schlucker sei, also jemand, der seinen Kaffee sehr wohl selbst bezahlen könne. Die Frau ließ sich nicht überzeugen. «He, du armes Luder», rief sie, «du wärst bestimmt froh, wenn du einen warmen Kaffee bekämst?» Alberto nickte und bedankte sich herzlich bei ihr. Sie wenigstens hatte ihn erkannt, wie er wirklich war.

Die tägliche Arbeit des Künstlers verlief inzwischen nach einer Routine, die er bis zu seinem Ende durchhielt. Um ein Uhr mittags stand er auf, nachdem er sechs bis sieben Stunden geschlafen hatte. Gewöhnlich war er noch von der Arbeit der vorangegangenen Nacht erschöpft. Er wusch und rasierte sich, kleidete sich an, ging zu Fuß die etwa fünf Minuten zum Café an der Ecke der Rue d'Alsace und der Rue Didot zum Frühstück, trank einige Tassen Kaffee und rauchte sechs bis acht Zigaretten. Der Zigarettenkonsum steigerte sich, je älter er wurde, und dementsprechend wurde auch sein Husten schlimmer. Nach dem Frühstück kehrte er ins Atelier zurück und arbeitete bis sechs oder sieben Uhr. Danach suchte er erneut das Café auf, aß einige hartgekochte Eier, eine Scheibe kalten Schinken und Brot, trank dazu einige Gläser Wein; anschließend bestellte er mehrere Tassen Kaffee und rauchte eine Menge Zigaretten. War er bei der Mahlzeit allein, las er in Zeitungen oder Zeitschriften, wobei er Zeichnungen und Notizen auf den Rändern anbrachte. Wenn er in Begleitung von Annette oder Bekannten gekommen war, unterhielt er sich, machte Witze oder jammerte darüber, daß er nicht so zeichnen, malen oder modellieren könne, wie er es eigentlich wollte. Nach dieser Pause begab er sich erneut in sein Atelier und arbeitete bis Mitternacht oder später. Dann versuchte er, sich ein wenig abzubürsten, und bestellte ein Taxi zum Montparnasse. Dort nahm er, oftmals allein in der Coupole, eine richtige Mahlzeit ein, ging danach in eine nahegelegene Bar oder in einen Nachtclub. Am ehesten fiel die Wahl auf Chez Adrien, wo er bekannten Gesichtern begegnete und sich ein oder zwei Stunden unterhalten konnte. Die Mädchen kannten ihn als jemand, der ein paar Drinks spendierte und gerne allerlei anzügliche Späße machte, ohne daß es zu etwas führte. Sie wußten auch, daß man ihn gelegentlich anpumpen durfte, um gegen einen Regentag Vorsorge zu treffen. Zu vorgerückter Stunde nahm er ein Taxi zurück zur Rue Hippolyte-Maindron. Alle Fahrer aus der Nachbarschaft kannten ihn und nannten ihn beim Vornamen. Zu Hause arbeitete er dann bis zum Tagesanbruch weiter.

50

Im Ausland war Giacometti gut bekannt und wurde dort gewürdigt, lange bevor ihm offizielle Ehrung in dem Lande zuteil wurde, wo er sein ganzes Erwachsenenleben verbrachte. Kein einziges französisches Museum hat ihm zu seinen Lebzeiten eine Ausstellung gewidmet, und bei seinem Tode besaß das Musée des Arts Modernes in Paris nur wenige Skulpturen von ihm. Giacometti war nicht auf Ehrungen versessen; er neigte dazu, ihnen aus dem Weg zu gehen. Aber ein Künstler, der es ernst meint, strebt auch nicht danach, unbeachtet zu bleiben.

1955 wurden drei große und wichtige Retrospektiven von Giacomettis Werk in ausländischen Museen veranstaltet, eine im Solomon R. Guggenheim Museum in New York, eine weitere in der Londoner Galerie des Arts Council of Great Britain und eine dritte in drei großen Städten Westdeutschlands. Diese Ausstellungen brachten erneut die Bestätigung, daß Alberto Giacometti einer der führenden lebenden Künstler war. Kunstkritiker und Kommentatoren der kulturellen Ereignisse schrieben ausführlich über den Einfallsreichtum und die Ursprünglichkeit seiner Schöpfungen, obgleich noch immer eine Tendenz zu bemerken war, das Werk als Ausdruck von Ängsten und Existenznöten im 20. Jahrhundert zu interpretieren.

Interessant an den drei ausländischen Ausstellungen war, daß sie gleichzeitig stattfanden, alle im Juni und Juli des Jahres, was bedeutet, daß der Künstler sehr viel produktiver gewesen sein mußte, als er zugeben mochte. Hörte man ihn darüber reden, so war sein Atelier leer und enthielt nichts, das sich anzuschauen gelohnt hätte, obwohl meist so viel darin stand, daß er kaum Platz zum Arbeiten fand. Diese Fülle wäre noch unbequemer geworden, hätte er weniger zerstört. Was er schätzte, war die Erfahrung des Augenblicks, nicht dessen Spur. Alles Leichte fürchtete er. Es war unerhört, wie schnell und leicht er ein lebensgetreues Abbild in Ton, Farbe oder Bleistift schaffen konnte. Vor dieser Fähigkeit hatte er Angst. Da er nach etwas Unmöglichem strebte, konnte er nur hoffen, aus dem Mißlingen zu lernen. Jede Anstrengung wurde von dem Wunsch erfüllt, etwas zu entdecken, nicht voll der Sehnsucht, etwas zu vollenden.

Die offizielle Gleichgültigkeit seines Landes gegenüber seinem Werk kann ihm nicht gefallen haben. Es muß ihm seltsam erschienen sein und zudem typisch französisch, als er im Herbst 1955 eine Einladung der Kulturbehörde erhielt, eine Auswahl seiner Arbeiten nicht in Frankreich, dafür aber im Hauptsaal des französischen Pavillons bei der Biennale in Venedig im darauffolgenden Jahr zu zeigen. In seiner Zusage schrieb er, keine andere Einladung habe ihn in gleicher Weise erfreut; und wir dürfen annehmen, daß diese

Freude der bedeutungsvollen Tatsache entsprach, daß er seine Wahlheimat an einem Ort vertreten durfte, mit dem ihn so außerordentlich komplexe Erinnerungen verbanden. Er hatte es abgelehnt, seine eigentliche Heimat in Venedig zu vertreten, und zu verstehen gegeben, er wolle nur in einem internationalen Rahmen gesehen werden. Sein Vaterland konnte so beengend und besitzergreifend wie seine leibliche Mutter sein. Aber die Schweiz sollte von ihrem berühmten Sohn nicht geschnitten werden. Das bewies er, indem er zustimmte, noch während der Biennale eine große Retrospektive in Bern zu veranstalten. Dadurch sah er sich verpflichtet, zahlreiche Arbeiten zurückzuhalten, die sonst in Venedig gezeigt worden wären. Infolgedessen lehnte er es auch ab, bei der venezianischen Jury für irgendwelche Preise zu kandidieren.

Die berühmten *Frauen von Venedig*, so genannt, weil sie ausdrücklich im Hinblick auf die Biennale geschaffen wurden, zehn an der Zahl, entstanden in einer einzigen durchgehaltenen Arbeitsphase während der ersten fünf Monate des Jahres 1956. Indem er über derselben Armatur mit demselben Ton weitermodellierte, wie das oft geschah, konzentrierte sich Giacometti auf eine einzige, steif aufrecht stehende weibliche Aktfigur mit schlankem, ausgemergeltem Körper; den Kopf trug sie hoch erhoben, die Arme und Hände waren an die Seiten gepreßt, und die übermäßig großen Füße wurzelten im Sockel. Diese Figur war nach einer weiblichen Gestalt modelliert, wie sie vor seinem inneren Auge stand, nicht nach einem lebenden Modell. Im Laufe eines einzigen Nachmittags konnte diese Tonfigur zehn, zwanzig oder gar vierzig Metamorphosen durchmachen, während die Finger des Bildhauers mit zwingender Kraft über den Ton hinfuhren. Keiner der unzähligen Zustände war endgültig, weil Giacometti nicht auf eine vorgefaßte Idee oder Form hinarbeitete. Wenn ihm der Anblick dessen, was seine Finger geschaffen hatten, auf einmal gefiel, beauftragte er Diego, von dem Zustand einen Gipsabguß zu machen, was einige Stunden dauerte. Dabei ging es Giacometti nicht darum, diesen Zustand seiner Plastik unter so und so vielen anderen festzuhalten; er wollte nur deutlicher wahrnehmen, was er erschaut hatte. In Gips trat die Erscheinung klarer hervor als in Ton. Wenn aber einmal die Figur als Gipsabguß existierte, war sie dem ständigen Weiterfließen des Schaffens, aus dem sie hervorgegangen war, entzogen. Sie hatte eine vorläufige Dauer erreicht und forderte das Überdauern. Gestand ihr der Künstler eine bleibende Existenz zu, indem er sie in Bronze gießen ließ, dann geschah es aus Gründen der Neugier und des Vergleichs, nicht als Ausdruck eines Gelingens.

In dieser Weise entstanden die zehn *Frauen von Venedig*. Sie stammten direkt von den großen, schlanken weiblichen Figuren ab, die Giacometti fast zehn Jahre lang geschaffen hatte. Obwohl er in den folgenden Jahren noch viele solcher Figuren schuf und viele von ihnen entschieden größer waren, darf man diese zehn *Frauen von Venedig* als die Summe seiner Erfahrung mit dieser besonderen Form ansehen. Es ist unwahrscheinlich, daß ihre Rolle als Ausstellungsstücke für Venedig irgend etwas mit ihrer Erscheinung zu tun hatte. Obwohl sie nicht direkt nach der Natur modelliert wurden, sind sie doch charakteristisch für Giacomettis Bemühen, Skulpturen lebensecht zu machen. Für ihn war der wichtigste Teil einer Figur der Kopf. «Wenn man an eine Person denkt, denkt man an ihr Gesicht», sagte er. Die Köpfe der weiblichen Figuren sind unverhältnismäßig klein, ihre Körper in die Länge gezogen, und ihre Füße, wie immer, unverhältnismäßig groß. Künstlerisch dienen beide Disproportionen dem einen Effekt aufsteigender Vitalität. Sobald sich der Blick des Beschauers auf einen dieser Frauenköpfe konzentriert, müßte der untere Teil des Körpers an Wahrscheinlichkeit verlieren, wäre er nicht auf diese enormen Füße gestellt; weil man nämlich, auch ohne direkt hinzusehen, ihre Masse wahrnimmt, die der Kleinheit des Kopfes als Gegengewicht dient. Und zwischen diesen beiden Polen erfüllt sich der ferne und doch nahe Körper auf einmal mit Leben. Das Auge wird gezwungen, immer wieder hinaufzuschrauben und hinabzuwandern, wobei die Wahrnehmung des Betrachters gegenüber der Skulptur als Ganzes ein instinktives Handeln wird, eine spontane Reaktion auf die Kraft, die die Finger des Künstlers bewegt hat. Durch diese der Gravitation vergleichbare Kraft sind jene riesigen Füße so gründlich auf ihrem Sockel verankert, daß sie die physische Wirklichkeit der dazugehörigen Figur verbürgen. Sie stellen den Aspekt der Schöpferkraft dar, auf den der Künstler absolut bauen konnte, während alles andere der Unverläßlichkeit der inneren Vorstellung unterworfen bleibt. In Anspielung auf diese übermäßigen Füße wurde Giacometti manchmal gefragt, was der wirkliche Grund für ihre Größe sei. «Ich weiß es nicht», war seine Antwort, und es war eine gute Antwort, weil das Überzeugende seiner künstlerischen Stärke nicht im Wissen lag, sondern im Tun.

Jean Genet, dessen Einfühlung Giacometti anerkannte, hat dies verstanden, und seine Worte gehen in die gleiche Richtung, vielleicht ein wenig weiter: «Merkwürdige Füße oder Sockel! Ich komme wieder darauf zurück. Ebenso (jedenfalls auf den ersten Blick) wie er eine Forderung des Statischen und seiner Gesetze (Kenntnis und Wiederherstellung des Raumes) geachtet, scheint hier Giacometti – er möge mir verzeihen! – ein intimes Ritual zu verfolgen, nach dem er der Statue eine autoritäre, erdhafte, feudale Basis gibt. Diese Basis hat eine magische Wirkung auf uns … (man wird mir sagen, die ganze Figur sei magisch, ja, aber die Beunruhigung, die Behexung, die von diesem Klumpfuß ausgeht, ist nicht von der gleichen Art wie das übrige. Offengestanden glaube ich, daß hier ein Riß durch Giacomettis Handwerk geht: wunderbar auf beide Arten, aber gegensätzlich. Durch Kopf, Schulter, Arme, Becken erleuchtet, durch die Füße verzaubert er uns).»

Die lebensechten, wenn auch nicht in naturalistischer Ähnlichkeit konzipierten *Frauen von Venedig* stellen einen weiteren Schritt in der Entwicklung des Künstlers zu noch direkterer Verarbeitung von Seinserfahrung dar. In seiner Lebensanschauung wurde Giacometti zunehmend konservativer, während er in seinem künstlerischen Anspruch immer mehr zur Kompromißlosigkeit neigte. Werke wie *Der Wagen, Der Käfig, Der Wald, Der Platz,* deren Entstehung erst sechs oder sieben Jahre zurücklag, Werke also, die der inneren Erfahrung eines Menschen entsprachen und die das Innerste des Künstlers ausdrückten, waren jetzt für seine Entwicklung nicht mehr nötig. Indem er sein ganzes stilistisches Können einsetzte, das er dem dauernden Selbstzweifel am Gelingen abgerungen hatte, drängte Giacometti vorwärts zu einer immer größeren Einfachheit der Mittel, das heißt, er erstrebte, wie es stets seine Absicht gewesen war, die Auseinandersetzung mit dem Schwierigsten. Wenn es nicht mehr weiterzugehen schien, suchte er Zuflucht im Zeichnen. Aus diesen Jahren stammen Dutzende wunderbarer Zeichnungen, Studien von Interieurs in Stampa und Paris, Stühle, Tische, Töpfe und Flaschen, Bildnisse von Diego, Annette, der Mutter, sie alle geschaffen mit einer verblüffend zügigen, aber skeptischen Meisterschaft.

Als Mittel, um auf das Sichtbare zu reagieren, wechselte die Malerei jetzt immer mehr mit der Bildhauerei ab. Vor- und Nachteile der einen Tätigkeit wirkten sich als neue Einsichten auf die andere aus, und es wäre sehr subjektiv, wollte man sagen, auf welchem Gebiet Giacomettis Bedeutung sich in ihrer ganzen Größe zeigte. Die Bilder aus der Mitte der fünfziger Jahre drücken deutlich die Tendenz zu genauer Darstellung aus, speziell in den Porträts, wo die Bemühung um die endgültige Form größere Ähnlichkeit bewirkte. Die gleiche Suche bei den Skulpturen fiel zusammen mit der Entstehung einer Serie von Büsten, die Diego darstellen, einige stark verzerrt, dünn, in die Länge gezogen, wobei die hervorstechenden Züge des Modells gesteigert sind, um Ähnlichkeit durch das Auffällige zu erreichen. Sieht man diese Büsten als eine Folge von unbewußten Bildern eines idealen Diego an, so scheinen sie ein immer tiefgründigeres und weiterreichendes Muster zu bilden, besonders wenn man bedenkt, daß schon die erste Büste des Künstlers ein Bildnis seines Bruders gewesen war.

Anfang Juni fuhren Alberto und Annette nach Stampa. Einige Tage danach ließ Alberto seine Frau bei seiner Mutter und reiste weiter nach Venedig, wo bereits einige seiner großen weiblichen Figuren im französischen Pavillon auf ihn warteten. In seinem Koffer brachte er mehrere ihrer kleineren Schwestern mit, und er nutzte seine Anwesenheit, um dafür zu sorgen, daß jede Figur in einem nahezu perfekten Verhältnis zu allen anderen aufgestellt wurde. Anordnung als materielles und metaphysisches Problem hatte nie aufgehört, ihn zu fesseln. Die Suche nach einer vollendeten Aufstellung war zweifellos im Endlichen nicht zu lösen; doch dies war genau die Herausforderung, auf die es Alberto abgesehen hatte. Nach einer Weile allerdings verließ er

Venedig wieder in Eile, noch ehe die Biennale eröffnet wurde. Sein Augenmaß wurde an anderem Ort gebraucht.

Die Retrospektive in Bern zählte 46 Skulpturen aus allen Schaffensperioden, darunter auch fünf Gipsabgüsse der jüngsten weiblichen Figuren für Venedig; dazu kamen 23 Gemälde und 16 Zeichnungen. Die frühesten der ausgestellten Werke waren fast vierzig Jahre zuvor entstanden. So war es ein umfassender Überblick über die Laufbahn des Künstlers, der umfassendste, den er bis dahin hatte sehen dürfen. Beim Betrachten kann ihm nicht entgangen sein, von welch einem radikal andersartigen Ausgangspunkt er hergekommen war.

Annette war von Stampa nach Bern gereist, um zur Eröffnung bei ihrem Mann zu sein. Die Organisation der Ausstellung lag in den Händen von Franz Meyer, einem jungen Kunsthistoriker und Direktor der Berner Kunsthalle. Seine Frau Ida war die Tochter von Marc Chagall. Beide waren seit vielen Jahren mit Giacometti befreundet und benutzten die gute Gelegenheit, um ihm ihre Wertschätzung öffentlich zu zeigen. Obwohl Giacometti öffentliche Ehrungen nicht mochte, sah er doch die Notwendigkeit einer festlichen Ausstellungseröffnung ein. Außerdem muß ihm der Gedanke Befriedigung gewährt haben, daß jegliche Ehrung seiner Person auch seiner Mutter Freude bereiten würde, was wiederum eine wesentliche Voraussetzung für seine eigene Freude war; das heißt, um ihretwillen stand ihm ein gewisses Maß an Bewunderung an. Gern war er bereit, auch an der anschließenden Party teilzunehmen, zu der Franz und Ida Meyer in ihre Wohnung eingeladen hatten.

Annetta Giacometti war an jenem Juniabend nicht dabei, um den Ehrenvorsitz bei der Würdigung ihres genialen Sohnes zu übernehmen. Die Zeit des Reisens war für sie vorbei, und sie sollte das Bergell nie mehr verlassen. Dennoch beherrschte sie die Ausstellung. Zum Beweis hingen vier Bildnisse von ihr in der Kunsthalle.

Bei der Party der Meyers herrschte eine überschwengliche Stimmung. Die Leute waren von der großartig eingerichteten Ausstellung beeindruckt und fühlten sich angesprochen. Eine kleine Nation hatte einen großen Künstler hervorgebracht, und im Jahre 1956 konnte dieses Faktum noch das Versprechen der Vergangenheit auf die Zukunft projizieren. Alberto genoß das Ereignis. Obgleich er nicht dazu neigte, die Aufmerksamkeit auf sich zu ziehen, war ihm doch bewußt, daß er brillant und unterhaltsam sein konnte. Wenn es dazu kam, machte es ihm Spaß, alle durch hochgestimmte Ausgelassenheit zu überbieten. Kurz, es hatte ihm immer vorgeschwebt, Giacometti zu sein, und nachdem er Giacometti geworden war, erlebte er dies mit Freude. So war es ganz natürlich, daß er, als im Laufe des Abends eine attraktive junge Frau neben ihm stand, ihm gratulierte und ihre Bewunderung zum Ausdruck brachte, sie ohne zu zögern auf beide Wangen küßte. Das rief zur Betretenheit aller Anwesenden einen wütenden Aufschrei von Annette hervor, die daraufhin in einen Nebenraum verschwand.

Annettes Eifersuchtsanfall mag eine überempfindliche, wenn auch erklärliche Reaktion gewesen sein. Er hatte sie in sein Leben eingeführt, insbesondere in sein Atelier, wo sie sich gänzlich seinen Wünschen anpaßte und durch diese verwandelt wurde. Aber sie wollte als Frau geliebt werden, nicht als Kunstwerk. Daneben gab es auch materielle Ursachen für ihren Kummer; besonders begreiflich war die Geldfrage. Leonardo hat einmal gesagt: «Was Besitz und Reichtum anlangt, so sollst du dich stets vor ihnen hüten.» Auf Alberto traf das zu; er verabscheute Geld. Er lehnte es ab, sich durch Besitz und Besitzen zu Kompromissen zwingen zu lassen. Sein Leben stand unter dem Zwang so strenger Skrupel, daß er es fast wie ein Heiligendasein führte.

Tatsache war, daß er begann, beachtliche Summen einzunehmen. Clayeux und Maeght brachten manchen gefüllten Umschlag. Noch mehr lieferte der Pariser Vertreter von Pierre Matisse bei ihm ab. Die Anhäufung von Geld wurde Giacometti fast peinlich. Er wußte nicht, was er damit anfangen sollte. Eine ganze Menge gab er Diego, der es wie zuvor auf die hohe Kante legte. Mit vollen Händen verteilte Alberto Geld an die Mädchen in den Bars und Nachtclubs am Montparnasse. Seiner Mutter schickte er mehr als genug, gewissermaßen als liebenswürdige Erinnerung an die Tage, als seine winzigen Figürchen so wenig zu versprechen schienen. Annette dagegen bekam seltsamerweise nur das knappe Minimum zugeteilt. Als ihr Mann nahm er vielleicht an, er wüßte, was gut für sie wäre, und es entsprach offenbar seiner Vorstellung, daß seine Frau so zu leben hätte wie er selbst. Annettes Vorstellungen waren ganz anders. Solange es bei ihnen arm hergegangen war, hatte sie sich darein geschickt. Durfte sie nicht erwarten, daß sich ihr Leben ändern würde, jetzt, da es ihnen gut ging? Sie wollte gar nicht viel, nur einen bescheidenen Wohlstand. Selbst Sartre und der «Biber», diese unbezähmbaren Feinde allen Spießertums, hatten sich in respektabler Bequemlichkeit eingerichtet.

Was sich Annette wünschte, war nichts Besonderes, nur ein anständiger und bequemer Haushalt. Sie wollte eine Küche, ein Bad, eine Toilette im Haus, fließend heißes und kaltes Wasser, Zentralheizung, eben die Art von Wohnung, in der man sich begreiflicherweise geborgen fühlen konnte. Von der Rue Hippolyte-Maindron Nr. 46, wo es nur Kohleöfen, kaltes Wasser und eine Toilette im Freien gab, hätte man das nie behaupten können. Um diese Zeit geschah es, daß ein kleines gelbes Haus jenseits der Straße zum Verkauf stand. Es hatte drei oder vier Zimmer, und ein kleiner Garten gehörte zum Grundstück. Annette bat ihren Mann, es zu kaufen. Er lehnte ab. Sie flehte ihn an und gab keine Ruhe. Er blieb eisern.

Annette hätte auch gerne bessere Kleider gehabt. Zwar war sie nicht länger genötigt, abgelegte Sachen von Patricia Matisse oder von Simone de Beauvoir zu tragen, aber sie kleidete sich billig und bescheiden. Genet brachte Annette einmal einen kostbaren Brokatstoff mit. Er war für ein Abendkleid gedacht; aber Alberto nahm die Rolle mit dem Stoff und nagelte ihn im Schlafzimmer an die Wand. Er war entschlossen, seine Frau bescheiden auftreten zu lassen, obwohl er nicht erwartet haben kann, sie werde sich ihrem Äußeren gegenüber mit ebensoviel Gleichgültigkeit kleiden, wie er es für seine eigene Person hielt.

Albertos Aufzug war so sehr Teil seiner Persönlichkeit, daß er schon einer Geisteshaltung gleichkam. Immer trug er dieselben Sachen: ein Sportjackett aus grauem oder braunem Tweed, ein Paar graue Flanellhosen, gewöhnlich zu lang und ausgebeult. Sie wurden von einem abgenutzten Gürtel gehalten. Nie oder fast nie sah man Giacometti ohne Krawatte. Ob draußen oder im Atelier, eine Krawatte hatte er um den Hals. Wenn es kalt und regnerisch wurde, trug er einen Regenmantel aus Gabardine. Einen Hut besaß er nicht, aber manchmal zog er sich zum Schutz gegen den Regen den Mantel von hinten über den Kopf. Ob Giacometti malte oder modellierte, ob er hartgekochte Eier im Café an der Ecke aß, ob er mit Pierre Matisse oder G. David Thompson in teuren Lokalen dinierte, er trug stets dieselben Kleider. Gewöhnlich sahen sie so aus, als ob er in ihnen die Nacht zuvor auf einer Parkbank geschlafen hätte. Gewiß unternahm er Versuche, sauber zu erscheinen. Bevor er zur Coupole oder zu Laserre aufbrach, bürstete er seine Kleider, säuberte seine Schuhe und wusch sich Gesicht und Hände über dem Spülbecken in der Ecke des Schlafzimmers. Diese Bemühungen fruchteten nicht viel, weil es ihm nicht ernstlich auf das Ergebnis ankam.

Annette beklagte sich darüber. Obwohl sie wenig Geld auf ihre Kleidung verwenden konnte, war sie adrett, sauber und, wenn auch einfach, stets passend gekleidet. Alberto war hoffnungslos unordentlich, und längst hatte das nichts mehr mit seiner Finanzlage zu tun. Annette schimpfte: ein weiterer Grund für Auseinandersetzungen. Wenn Albertos Haare zu lang wurden, so war sie es, die sie ihm schnitt. Ging es um seine Kleidung, war es für sie weniger leicht, etwas zu unternehmen. Dennoch geschah es hin und wieder, gewöhnlich einmal im Jahr, daß Giacometti widerstrebend in ein Taxi stieg und zum Boulevard des Capucines in der Nähe der Oper zu einem Geschäft fuhr, das sich Old England nannte. Eine halbe Stunde später kam er in einer neuen Ausstattung heraus, wobei alles, Jackett, Hose, Regenmantel, Krawatte, Schal, genau den zurückgelassenen Kleidungsstücken entsprach. Einige Wochen danach konnte nur noch der aufmerksamste Beobachter etwas von der Erneuerung wahrnehmen.

Monsieur und Madame Arm hatten trotz der Eheschließung noch eine Weile ihr Mißfallen über Giacometti und die Verbindung ihrer Tochter mit ihm an den Tag gelegt. Sie meinten, es könne nichts Gutes bei dieser Ehe herauskommen, und sie beklagten die Unfähigkeit des Künstlers, Kinder zu zeugen.

Was ihre Ansichten änderte und ihre Mißbilligung schwinden ließ, war Giacomettis Ruhm. Als ihr Schwiegersohn in den Zeitungen erwähnt wurde, als die Nachbarn nach dem berühmten Künstler zu fragen begannen, und als es sich zeigte, daß ihr Töchterchen die Frau eines großen Mannes geworden war, wurde die Haltung der Eltern wie durch Zauberei verwandelt. Der schäbige, staubige Nichtsnutz, der einmal der unerwünschte Geliebte Annettes gewesen war, erschien jetzt durch seinen Ruhm als beneidenswerter und bewunderungswürdiger Schwiegersohn. Die Arms fingen an, auf die Ehe ihrer Tochter richtig stolz zu werden.

Selbst als er in jeder Hinsicht erfolgreich geworden war, behielt Giacometti hartnäckig die Haltung des Erfolglosen bei. Maeght, Skira und andere wollten Bücher über sein Werk veröffentlichen. Er lehnte ab. Wenn ihn Bewunderer bedrängten, suchte er Ausflüchte. Angebote für Ausstellungen blieben unbeantwortet. Diego schickte Leute weg, die seinen Bruder interviewen und fotografieren wollten. Annette konnte nicht begreifen, was am Erfolg verwerflich sein sollte. Andere Künstler stellten sich nicht so an. Picasso lebte im Luxus an der Riviera und ließ sich von seinem Sohn in einem Hispano-Suiza herumfahren, der so groß wie zwei Taxis war. Braque hatte ein großes Haus in Paris, ein Anwesen auf dem Lande und fuhr einen Rolls-Royce. Max Ernst besaß ein großes Landhaus im Loire-Tal; ebenso Calder. André Masson nannte ein schönes Appartement in Paris sein eigen, dazu noch eine ansehnliche Sommerwohnung bei Aix-en-Provence. Balthus war Schloßherr. Warum sollte ausgerechnet Alberto Giacometti – und seine Frau – in scheinbarer Armut und echter Unbequemlichkeit leben? Annette konnte dieses Verhalten nur kritisieren und sich darüber beklagen. Albertos Neigung zum materiellen Verzicht beruhte auf dem Entschluß, nur den größten Luxus des Lebens zu genießen, nämlich geistige Unabhängigkeit.

Der Ton in der Beziehung zwischen Mann und Frau wurde immer gereizter. Albertos Feindseligkeit gegenüber Frauen, die sich lange zuvor in bemerkenswerten Kunstwerken niedergeschlagen hatte, brach hervor in heftigen Vorwürfen gegen Annette. Laute und peinliche Szenen spielten sich ab, oftmals in der Öffentlichkeit. Wenn er vor Ärger außer sich geriet, vergaß Alberto, wo er gerade war, und beachtete nicht die entsetzten Blicke an den Nachbartischen. Dadurch wurde seine herbe Kritik nur noch verletzender und peinlicher. Oft brach Annette in Tränen aus. Aber sie ließ sich nicht unterkriegen.

Doch nicht nur Annette weinte. Trotz seines schonungslosen Klarblicks war Alberto weder ein Schuft noch ein Narr. Wohl sah er Frauen als Wesen, die man fürchten muß, auch wenn man sie – freilich am besten aus der Ferne – anbetet, doch erkannte er in jeder das menschliche Individuum, das in seiner Vollständigkeit unangetastet bleiben sollte. Womöglich haßte er sie – und sich selbst – jetzt um so mehr, weil er den Kompromiß der Ehe nicht vermieden hatte. Aber das war nun einmal geschehen. Er konnte den Blick vor seinem Tun nicht verschließen. Ihm war bewußt, daß er Annette gebraucht hatte, für sich, für sein Werk, für seinen Ehrgeiz. Alberto weinte echte Tränen, und während er weinte, murmelte er immer wieder: «Ich habe sie kaputtgemacht, ich habe sie kaputtgemacht, ich habe sie kaputtgemacht…» Vielleicht hat diese Annahme es ihm noch schwerer gemacht, sich und ihr zu verzeihen. Für das, was geschehen war, nahm er alle Verantwortung auf sich. Manchmal war dieses Aufsichnehmen fast unerträglich – für sie beide.

Eines Tages saßen Alberto und Annette mit Bekannten und Freunden im Café an der Ecke zur Rue Didot. Man unterhielt sich, und das Gespräch kam auf die selbstverständliche Ansicht, daß ein Künstler dazu verdammt ist, allein auf der Welt zu sein.

«Wie ich», bemerkte dazu Alberto.

«Und was ist mit mir?» protestierte Annette.

«Ach, du», antwortete Alberto, «dich habe ich doch bloß geheiratet, weil du so heißt wie meine Mutter.»

Es war schlimm, so etwas zu sagen – und es sich sagen zu lassen. Aber es war noch schlimmer, daß er es wie unter einem Zwang sagte und aussprechen konnte. Das setzte ein Maß an Einsicht voraus, dessen Bürde nur wenige Menschen zu tragen vermögen. Alberto lebte für seine Kunst, er hatte keine Wahl. Annette hatte gewählt. Auch sie lebte für seine Kunst, wenn auch nur, weil dies die Art war, für ihn zu leben.

Annette beklagte auch, für das Werk ihres Mannes unentbehrlich zu sein. Das war durchaus zutreffend. Mehr als zehn Jahre hatte sie unentwegt für ihn Modell gestanden, was fast einer Marter gleichkam. Er bestand auf der Unbeweglichkeit des Modells, das manchmal stundenlang nackt im zugigen Atelier stehen mußte, wobei Annette obendrein noch die Aufgabe hatte, den Ofen zu warten. Sie war tatsächlich unentbehrlich. Sie stellte für ihn nicht bloß ein Modell dar, das jederzeit zur Stelle war, geduldig und gehorsam, sie gewährte ihm auch vollständige, ununterbrochene Vertrautheit mit einem nackten Körper, worin eine entscheidende Voraussetzung für die wahre Ursprünglichkeit seiner Darstellung liegt. Modellstehen war eine erschöpfende Arbeit. Es kam vor, daß das Modell die Empfindungen des Künstlers gegenüber seinem Bild oder seiner Plastik auf sich selbst übertrug, wenn er in Wut oder Verzweiflung geriet, weil er die Figur nicht so darstellen konnte, wie er sie sah. Manchmal schrie er vor Zorn, oder er stöhnte verzweifelt. Aber so entscheidend das Modell für die Arbeit war, es konnte dennoch ersetzt werden. Die Figur und die Gesichtszüge einer anderen Person konnten genausogut dienen; sie riefen die gleichen Empfindungen des Mißlingens und die gleiche Wut angesichts der gleichen Schwierigkeiten hervor. Das Modell war alles und nichts, mehr eine Erscheinung als eine Person. In der einen wie in der anderen Rolle wurde vom Modell verlangt, das Ergebnis der künstlerischen Anstrengung mit Fassung abzuwarten. Es war eine Plage, die die Selbstkontrolle der stärksten Persönlichkeit auf eine harte Probe gestellt hätte, und eine, die Giacometti manchmal noch durch einen besonderen Tick erschwerte.

Er mochte Haare nicht leiden. «Haare sind eine Lüge», pflegte er zu sagen. Sie lenkten die Aufmerksamkeit vom Wesentlichen ab, vom Kopf, vom Ausdruck, vom Blick. Eines Tages erklärte er, er könne es nicht länger ertragen, Annette mit ihren Haaren zu sehen, sie müsse sich den Kopf kahlrasieren. Annette lehnte diese Zumutung ab und rief: «Ach, Alberto!», mit einer Mischung im Ton von mädchenhafter Belustigung und weiblicher Gekränktheit. Genau dieser Reaktion bedurfte es, um Albertos Hartnäckigkeit hervorzurufen. Er begann auf seiner Forderung zu bestehen und führte einen Grund nach dem anderen ins Feld; es sei normal und zwingend, ihm zu willfahren, dagegen falsch und lächerlich, sich zu weigern. Er versprach, ihr die teuersten und üppigsten Perücken zu kaufen, er zählte andere Verlockungen auf. Sie blieb fest. Je mehr sie widerstand, desto drängender wurde er. Es war kein faires Ringen, und indem es sich hinzog, schien der schwächere Teil physisch mehr und mehr zu ermatten. «Also gut, Alberto, gut», sagte sie schließlich müde, «wenn du es unbedingt willst, lasse ich mir die Haare abrasieren.» Annette war völlig erschöpft. Aber Alberto nahm sie nicht beim Wort.

Ihre Ehe war zu einem Meer von Ungewißheiten geworden, mit Tiefen und Untiefen, mit unentdeckten Strömungen, Strudeln und Gezeiten, über denen sich plötzlich Stürme erhoben. Wie aus heiterem Himmel fegten Böen darüber hin und klangen ebensoschnell wieder ab. Es gab auch günstige Winde, Zonen sonnendurchwärmter Stille, und gelegentlich tauchten Inseln auf, die den Vorüberkommenden wie das Paradies erschienen. Kurz, es war wie bei vielen Ehen. Das heißt, es hätte so sein können, wenn Annettes Mann nicht Alberto Giacometti gewesen wäre.

Mit Sorge, wenn auch vorläufig noch mit Gleichmut, beobachtete Diego, was zwischen seinem Bruder und seiner Schwägerin vorging. Wenn die Zeichen auf Sturm standen, ertrug er in sich gekehrt die Rauheit des Klimas. Gelegentlich gingen die drei Giacomettis noch zusammen in das nahe gelegene Restaurant zum Essen, Reden, Witzemachen und Rauchen, während Alberto wundervolle Zeichnungen auf die Papiertischtücher strichelte. In solchen Momenten sah alles noch so aus wie früher.

Veränderungen zeigten sich jedoch an, ließen sich nicht aufhalten und wurden mit zunehmendem Alter der Beteiligten immer deutlicher. Dabei spielte vor allem eine neue Figur eine Rolle, die jetzt in ihr Leben trat. Wie um ihre weitreichende Bedeutung anzukündigen, kam sie von der anderen Seite des Erdballs.

Fünfter Teil

1956–1966

51

Isaku Yanaihara wurde im Mai 1918 auf der japanischen Insel Honshu geboren. Er war der Sohn einer beeindruckenden und später berühmten Persönlichkeit. Nachdem Yanaihara senior mit zwanzig Jahren seine Studien an der Kaiserlichen Universität abgeschlossen hatte, lehrte er dort selbst als hervorragender Professor Volkswirtschaft. Im zunehmenden Imperialismus fiel er jedoch mit seinen liberalen Lehrmeinungen in Ungnade und wurde entlassen. Nur ein Mann von ungewöhnlicher Gradlinigkeit konnte es wagen, die geheiligten Gebote vaterländischer Gesinnung zu verletzen, und seine Kinder mögen sich durchaus als Leute von besonderer Art gefühlt haben.

Isaku wurde eine Eliteausbildung zuteil. 1941 schloß er sein Philosophiestudium ab. Noch ehe das Jahr zu Ende ging, befand sich Japan auf der Seite Deutschlands und Italiens im Krieg. Der dreiundzwanzigjährige Yanaihara wurde zur Marine eingezogen. Nach dem Krieg kehrte er in eine Heimat zurück, in der zur Schmach der Niederlage noch das Entsetzen darüber kam, daß Japan als erstes Versuchsfeld für den Drang der Menschheit gedient hatte, mit der Möglichkeit völliger Selbstauslöschung zu spielen. Yanaihara war ein unabhängiger Denker. Er fühlte sich durch seinen Namen in die Pflicht genommen und entschloß sich, in die Fußstapfen seines Vaters zu treten und als Universitätsprofessor zu lehren. Er heiratete und wurde bald Vater von zwei Töchtern. Inzwischen hatte der ältere Yanaihara den Lohn für seine Integrität und Zivilcourage geerntet. Mit allen Ehren war er in sein Amt an der Universität von Tokio wieder eingesetzt worden. 1951 wurde er zum Rektor der Universität ernannt. Sein Sohn lehrte zunächst an der Gakushuin-Universität, danach an der Universität von Osaka, später in Doshisha und Hosei. Solch ein Rhythmus beruflichen Wechsels ist besonders ungewöhnlich in einer Gesellschaft, in der die Karrieren in strenger Monotonie abzulaufen pflegen. Er deutet auf ein unruhiges, willensstarkes und unangepaßtes Temperament.

Das Lebensgefühl im Nachkriegsjapan förderte radikalen Wandel und lehnte die strenge Haltung früherer Generationen ab. Yanaihara wurde tief von diesem Klima beeinflußt und trug selbst dazu bei. Die Lebensanschauung, die er am überzeugendsten fand und die seinem Denken verwandt schien, war der Existentialismus. Yanaihara war einer von denen, die seinen Landsleuten die Ideen Kierkegaards und Sartres nahebrachten. Er übersetzte *L'Etranger* (Der Fremde) ins Japanische, jenen Roman, der Albert Camus berühmt gemacht hatte. Da Yanaihara von Lebensanschauungen und Denkweisen aus Frankreich beeindruckt war, lag es nahe, daß ihn das Land selbst anzog. Ein Aufenthalt in Frankreich, so schien ihm, würde für ihn eine persönliche und berufliche Bereicherung bedeuten. Wenn ihn das Unternehmen weit von seinem Vaterland und von seiner Familie entfernte, so lag darin eine existentielle Notwendigkeit. Alle Betroffenen, er selbst mit eingeschlossen, mußten sich darein schicken.

Das Leben in Paris war für ihn ein einziges Vergnügen. 1954 ließ es sich dort absolut herrlich leben, wenn man als Ausländer genug Geld hatte und sich um nichts anderes kümmern mußte, als einen angenehmen Zeitvertreib zu finden. Überall konnte man gut und preiswert essen, es gab ausgezeichnete Weine, und seit der Zeit von Giacomettis Ankunft in der Stadt waren auch die Franzosen kontaktfreudiger geworden. Yanaihara hatte ein Stipendium vom Nationalen Zentrum für wissenschaftliche Forschung erhalten, das ihm ein zweijähriges Philosophiestudium an der Sorbonne ermöglichte. Während die Monate ins Land gingen, führte ihn die Lust am Vergnügen immer seltener in die Hörsäle, dafür immer häufiger in die Cafés, Theater, Museen, Restaurants und in die Wohnungen seiner neu gewonnenen Bekannten und Freunde. Insbesondere suchte und genoß er den Umgang mit Künstlern und Schriftstellern. Zu den berühmtesten und für ihn wichtigsten Leuten, die er im ersten Pariser Jahr kennenlernte, gehörten Jean-Paul Sartre und Simone de Beauvoir.

Eines Tages erhielt er einen Brief von einem Freund aus Japan, einem Schriftsteller, der in einer Zeitschrift einen Artikel über die Kunst Giacomettis veröffentlicht hatte. Er bat Yanaihara, den Bildhauer zu interviewen, um mehr über Giacomettis Werk zu erfahren. Yanaihara schickte einen Brief zur Rue Hippolyte-Maindron. Giacometti antwortete.

Am 8. November 1955 trafen sie sich zum erstenmal im Café Aux Deux Magots. Anders als die meisten Menschen, die Giacometti zum erstenmal begegneten, war Yanaihara nicht hingerissen. Aber er war beeindruckt, und bevor sie sich trennten, erbat er die Erlaubnis, einen Besuch im Atelier zu machen. Alberto war einverstanden. Wie die meisten von Giacomettis Freunden und Bewunderern gewöhnte es sich Yanaihara bald an, unangemeldet im Atelier oder im Café an der Ecke zur Rue Didot zu erscheinen. Wenn ihm solche improvisierten Besuche ungelegen kamen, scheute sich Giacometti gewöhnlich nicht, dies, wenn auch möglichst taktvoll, zum Ausdruck zu bringen. Der Umgang zwischen dem japanischen Professor und dem Pariser Bildhauer gewann zunehmend an Vertrautheit. Dazu trugen Albertos lebendige Neugier und Sympathie bei, denn Yanaihara war kein impulsiver Mensch. Jedoch, während er Giacometti bei der Arbeit zusah und ihm beim Reden zuhörte – und wie er reden konnte –, gewann der Philosoph den Eindruck, einem bemerkenswerten Menschen begegnet zu sein. Sie nahmen Mahlzeiten zusammen ein, meist in Begleitung von Annette. Selten war Diego dabei, oft dagegen Olivier Larronde und Jean-Pierre Lacloche. Gelegentlich besuchten sie gemeinsam eine Theateraufführung oder ein Konzert.

Der Winter verging, dann der Frühling, und Yanaihara begann an seine Rückkehr nach Japan zu denken. Unterwegs wollte er in Ägypten Station machen, um die Museen und Denkmäler zu besichtigen. Diesen Augenblick wählte Giacometti für den Vorschlag an seinen neuen Freund, er möchte ihm für ein Porträt, ein Gemälde, Modell sitzen. Nun hatte Yanaihara bereits eine gewisse Vorstellung davon, was die Rolle eines Modells bei Giacometti bedeutete. Er hatte sich mit Jean Genet angefreundet, und er war oft zugegen, wenn Annette für ihren Mann als Modell posierte. Er erkannte, daß es keine leichte Aufgabe sein konnte. Was seine Entscheidung beeinflußte, war jedoch nicht bloß seine Freundschaft, sondern auch die Überzeugung, daß er in Giacometti einem großen Künstler gegenüberstand. Einem großen Künstler als Modell zu dienen, heißt am Kulturprozeß teilhaben. Alberto sagte in diesem Zusammenhang gern, Philipp IV. von Spanien hätte nichts Besseres für die Menschheit tun können, als für Velázquez Modell zu stehen.

Die Reise nach Ägypten wurde aufgeschoben. Im September 1956 fand sich Yanaihara zu den ersten Sitzungen ein. Es ist unschwer zu erkennen, warum Giacometti gerade ihn ausgewählt hatte. Mit dem großen Kopf, dem starken Kinn, der hohen, breiten Stirn und den kleinen, durchdringenden Augen in den klargeformten Augenhöhlen war er nicht hübsch, aber eindrucksvoll, als Modell jedoch nahezu ideal, denn abgesehen von den auffälligen Besonderheiten seiner Züge und der lebhaften Konzentriertheit seines Blickes war er auch fähig, lange Zeit absolut stillzusitzen. Der entscheidende Aspekt seiner Eignung lag in der Freundschaft, weil Giacometti die emotionale Anteilnahme des Modells benötigte. Der Akt des Modellsitzens verlangte bei ihm äußerste Selbstverleugnung, bot aber zugleich ein ungewöhnliches Maß an Vertrautheit. Der Künstler nahm sich vor, zunächst eine rasche Skizze auf der Leinwand zu machen, an dem Ölbild etwa eine Woche zu arbeiten und sein Modell bald wieder für die Heimreise freizugeben. Es wurde ein Plan für die Sitzungen festgelegt. Da Yanaihara aus dem Studentenwohnheim in das Hôtel Raspail in Montparnasse umgezogen war, konnte er gut zu Fuß zur Rue Hippolyte-Maindron gelangen. Die Arbeit begann am frühen Nachmittag. Giacometti machte sich daran, das Bildnis des japanischen Professors zu malen.

Vierzig Jahre Erfahrung mit Menschenbildern lagen hinter ihm. Seit dem Alter von sechzehn Jahren hatte er Dutzende von Porträts modelliert und gemalt, darunter viele Meisterwerke. Die Porträtkunst an sich mit dem in ihr enthaltenen Bemühen um die Individualität des Modells und um überzeugende physische und psychologische Ähnlichkeit war für Giacometti nicht maßgebend bei der Suche nach einem eigenen Stil. Ohnehin war die Porträtkunst als Bildgattung ein halbes Jahrhundert lang vernachlässigt worden. Aber gerade mit dem Malen von Bildnissen begann die letzte Phase von Giacomettis schöpferischem Abenteuer. Dieser Neuansatz traf auf die Erscheinung eines Mannes von anderer Rasse, aus einer anderen Welt. In der Betrachtung dieser Gesichtszüge sah sich der Künstler einer Erfahrung gegenüber, die einer Entdeckungsreise gleichkam. Anfangs ging alles gut. Giacometti hatte nie Schwierigkeiten, ein überzeugendes Abbild zu schaffen. Aber sein künstlerisches Temperament stellte ihn vor Aufgaben, die auch einen meisterhaften Könner überfordern mußten.

Yanaiharas Erscheinung auf der Leinwand kam und ging, blieb unerklärlich unfaßbar. Wenn Albertos Pinsel über den Malgrund hinfuhr, tauchte im Nu ein Gesicht aus dem Nichts auf. Es erschien so schnell, daß es die vibrierende Direktheit des Atems vermittelte. Aber der Pinsel verlor das Gesicht ebenso rasch wieder, als ob die materielle Gegenwart die Anstrengung der Imitation nicht ertragen mochte. Eine Ähnlichkeit zu schaffen war nicht dasselbe, wie ein lebenswahres Bild zu gestalten, das in seiner Ausstrahlung der Gegenwart des Modells entsprach. Die Unmöglichkeit dieses Gelingens verband sich mit der Erscheinung Yanaiharas, weil es sich eben um sein Bild handelte. Die Ähnlichkeit, die sich immer wieder entzog, war sein Bildnis. Yanaihara war ungewöhnlich geduldig. Allmählich merkte man, daß das Unternehmen, auf das sich der Künstler und sein Modell eingelassen hatten, den Bezug zur Zeit verlor. Yanaihara saß nun nicht nur nachmittags, sondern auch abends, und Giacometti benutzte eine zweite Leinwand für die Arbeit bei künstlichem Licht. Von da an mußte er mit zwei Bildnissen ringen.

Es vergingen Wochen. Die Vertrautheit zwischen den beiden Männern wurde intensiver. Das Verhältnis der beiden zueinander nahm die Gestalt einer leidenschaftlichen Zuneigung an. Es breitete sich vom Atelier auf den Nachbarraum aus. Annette wurde mit hineingezogen. Zwischen den Sitzungen nahmen sie zusammen Mahlzeiten in Montparnasse ein, unterhielten sich stundenlang in Cafés oder gingen gemeinsam in einen Nachtclub.

Diego teilte diese Begeisterung für den Neuankömmling nicht. Ihm war Yanaihara zu schweigsam und verschlossen. Aber Diego war auch nie so kontaktfreudig wie sein Bruder, und es wäre ihm – wenigstens vorläufig – nicht eingefallen, danach zu fragen, mit wem sich sein Bruder anfreundete oder wer für ihn Modell saß.

Yanaihara erweckte Annettes Aufmerksamkeit. Sie fand ihn unterhaltsam. Manchmal war sie mit ihm allein, wenn Alberto Verabredungen mit Händlern, Kritikern oder anderen Freunden hatte. Annette gefiel der Klang des Japanischen, und Yanaihara lehrte sie einige Worte, die sie Alberto stolz wiederholte. Der Künstler bemerkte seinem Freund gegenüber: «Ich bin sicher, daß Annette dich anbetet.»

Yanaiharas Heimreise war inzwischen mehrfach verschoben worden, und aus Japan kamen Briefe, die ihn an seine Pflichten mahnten und an Verpflichtungen, die er nicht außer acht lassen durfte. Dennoch hielt es ihn in Paris. Die

Gründe dieser Verzögerung ließen sich nicht leicht den in der Heimat Wartenden erklären. Da er nach Frankreich gekommen war, um Fragen der Freiheit und Verantwortlichkeit des Menschen zu ergründen, bot sich ihm jetzt Gelegenheit zum Nachdenken.

Eines Nachmittags – es war Anfang November – sagte Alberto zu seinem Modell, er könne an diesem Abend nicht arbeiten. Er hätte eine anderweitige Verpflichtung. Yanaihara war froh über die Aussicht auf einen freien Abend. Annette lud ihn zu einem Konzertbesuch ein. Anschließend wollten sie sich mit Alberto in Saint-Germain-des-Prés treffen. Der Künstler erwartete sie im Café de Flore. Zusammen begaben sie sich nach Montparnasse, wo Alberto sich entschuldigte. Er sagte, er hätte Briefe zu schreiben, und ließ die beiden allein. An diesem Abend begleitete Annette Yanaihara zum erstenmal in sein Hotel. Als dieser den Künstler am folgenden Tag im Atelier besorgt fragte, ob er wütend auf ihn sei, antwortete Alberto: «Aber keineswegs. Ich bin sehr zufrieden.»

Am selben Abend, nach den Porträtsitzungen, ließ Giacometti sein Modell wieder mit seiner Frau allein, und das gleiche wiederholte sich an den folgenden Abenden.

Alberto behauptete, keine Empfindung sei ihm fremder als Eifersucht. Ausdrücklich erklärte er, nur falls Annette sich in einen Mann verliebt hätte, der ihrer Zuneigung nicht würdig wäre und sie unglücklich machen würde, nur dann müßte er ihr raten, diesen Mann aufzugeben. Aber bei einem sympathischen und schätzenswerten Menschen könne er sich nur freuen. «Sieh doch nur, wie glücklich sie aussieht», sagte er. «Wenn ich sie liebe, ist es da nicht natürlich, daß ich darüber froh bin?»

Vielleicht. Seine Beteuerungen haben etwas hohl geklungen, wenn man sich an vergangene Reaktionen bei ähnlicher Gelegenheit erinnert. Also muß es diesmal etwas anderes gewesen sein. Vieles in der Beurteilung hängt von den tatsächlichen Gefühlen ab, die Alberto über das Verhältnis zwischen seiner Frau und dem gemeinsamen japanischen Freund gehegt haben mag. Wenn man nach dem Maß ihrer beiderseitigen Verantwortung schaut, so konnte der Ehemann durchaus weitgehende Toleranz zeigen, hatte er doch nie aufgehört, den eigenen Wünschen entsprechend seiner Wege zu gehen. Das darf jedoch nicht so verstanden werden, daß er seine Frau nicht geliebt hätte. Das bewies er sowohl im Leben wie in seiner Kunst. Vielleicht bewies er es am deutlichsten, indem er so tolerant war. Die Vielschichtigkeit von Giacomettis Wesen war viel zu groß, als daß es für irgend jemanden das Leben leicht gemacht hätte, schon gar nicht für ihn selbst. Es war bei ihm vereinbar, echte Freude über die neu erlebte Verliebtheit seiner Frau zu empfinden und sie zugleich als Stimulus für die Erneuerung seiner eigenen Liebe auf sich wirken zu lassen. Enge Vertraute hatten allerdings den Eindruck, daß Alberto trotz seiner

Beteuerungen ein eifersüchtiger Ehemann war. Es geschah zum erstenmal, daß Annette ein ernstzunehmendes Interesse an einem anderen Mann zeigte, und die Situation wurde durch die ungewöhnliche Vertrautheit zwischen dem Künstler und seinem Modell kompliziert, die selbst schon wie eine Leidenschaft aussah.

Die Arbeit des Künstlers ging immer schlechter voran. Nie mehr sollten die Dinge so sein wie zuvor. Der Unterschied war ihm bewußt: «Mir schien», sagte er später, «als hätte ich einige Fortschritte gemacht, bis ich mit Yanaihara zu arbeiten begann. Seither geht es immer schlechter.» Es war wie jene «Schwierigkeit» von 1925, als er versuchte, das Bildnis seiner Mutter zu malen. Jetzt quälte ihn das gleiche Impotenzgefühl. Das Leitmotiv der kommenden Jahre wurde der gepeinigte Ausruf: «Ich stehe genau wieder da, wo ich 1925 war.» Dreißig Jahre harter Arbeit waren jedoch nicht umsonst gewesen. Nur stand für ihn fest: «Es ist nicht genug, was ich zu leisten vermag; ich muß vielmehr das schaffen, was ich nicht kann.»

Aufs neue machte sich Giacometti daran, anscheinende Unsicherheiten auszumerzen und das richtige Sehen zu lernen. Der Erfolg hatte ihn gelehrt, daß man sich nicht auf die Erscheinung einer Person oder einer Sache verlassen darf, wenn man etwas über ihre Realität erfahren will. Die neuerliche Lektion aus dem Fehlschlag sollte noch reichere Frucht tragen. Wenn man die Sinneswahrnehmung streng prüft, wird deutlich, daß das Sehen nicht der Erwartung entspricht, die man vom Gesehenen hat: Wahrnehmung ist ein Erschließen, das immer wieder überprüft wird. Ein Künstler arbeitet mit unzähligen Möglichkeiten, jede für sich anders und dennoch wahr; um ein aus sich heraus wirksames Bild zu schaffen, muß er sich schöpferisch der größten Zahl von möglichen Beziehungen bewußt sein. Giacometti hatte diese Einsicht in ungewöhnlich hohem Maße entwickelt. Es muß für ihn ein schockhaftes Erlebnis gewesen sein, als er sich im Alter von fünfundfünfzig Jahren erneut beweisen mußte, daß er wirklich im vollen Besitz seiner Fähigkeiten war.

Yanaihara hatte von Japan immer dringlichere Mahnungen aus seinem heimatlichen Wirkungskreis erhalten, die ihm die einschneidenden Folgen eines weiteren Zögerns vor Augen hielten. So entschloß er sich zur Rückkehr und legte den Abreisetag auf Mitte Dezember fest.

Alberto war betroffen. Nicht nur, daß er eine wichtige Stütze seines Gefühlslebens verlor, es entschwand auch die Person, die für ihn den gewandelten Bezug zur visuellen Realität darstellte. Wegen Yanaihara hatte er begonnen, die Menschen so zu sehen wie nie zuvor. Er sah sie jetzt frei von jeglicher Ästhetisierung, aber fühlte sich genötigt, auf dieser Basis ihre Erscheinung zu verarbeiten. Yanaiharas Gegenwart war mit dieser Notwendigkeit zusammengetroffen, und nun stand ihm bevor, diese Gegenwart zu verlieren. «Gewiß», gab er zu, «ich werde die Arbeit mit Diego und Annette fortsetzen; aber eigentlich will ich dein Bildnis malen, kein anderes. Nur an ihm können die Fortschritte ganz sichtbar werden, die ich dir verdanke. Andernfalls kann ich dir nicht gerecht werden.» Nichts, um es kurz zu sagen, konnte oder sollte Yanaihara ersetzen.

Yanaihara schien unentbehrlich für den Künstler, den Ehemann und die Frau. Sie drängten ihn, im folgenden Sommer während seiner Ferien wieder nach Paris zu kommen, und man hätte unmöglich sagen können, wessen Gefühle am meisten betroffen waren. Alberto wollte ihm die Flugreise bezahlen, und dem Besucher sollten bei seinem Aufenthalt keine Kosten entstehen. Der Fairneß halber muß gesagt werden, daß Yanaihara durch seine Gegenwart mehr als bloß seinen Unterhalt verdiente. Yanaihara bedurfte keines Drängens. Er war einverstanden. Das Modell und der Freund, sie sollten wiederkehren. Für jeden und jedes sollte es einen Wiederbeginn geben.

52

Im Jahre 1956 hatte die Chase Manhattan Bank, eine der größten Banken der Welt, die Absicht, ein neues Gebäude für ihren Hauptsitz in New York zu errichten. Die Pläne sahen einen Hochhausblock mit sechzig Stockwerken vor, der im Zentrum von Manhattan gebaut werden sollte. Vor der Fassade nach der Pine Street zu war ein weiträumiger freier Platz vorgesehen. Ein diesen Verhältnissen entsprechend eindrucksvolles Kunstwerk sollte auf dieser Fläche aufgestellt werden. Der Architekt, Gordon Bunshaft, war eine Persönlichkeit, die sich in der Kunstwelt auskannte. Er besaß eine beachtliche Sammlung, darunter auch Werke von Giacometti. Man bildete einen Ausschuß, um einen Bildhauer auszuwählen, der etwas schaffen konnte, was großartig genug für den Chase-Manhattan-Platz sein würde. Die ersten, die gebeten wurden, Entwürfe einzureichen, waren Alberto Giacometti und Alexander Calder, dessen dekorative, großgliedrige Stabiles erst jüngst Anerkennung gefunden hatten.

Es ist erstaunlich, daß Giacometti bei einem solchen Projekt in Erwägung gezogen wurde. Weder durch Größe noch durch dekorativen Charakter seiner Arbeiten war er hervorgetreten. Vielleicht stellten sich der leitende Architekt und die Ausschußmitglieder vor, daß jeder Künstler, wenn sie ihn berücksichtigten, bereitwillig seine Vorstellungsskala dem Aufstellplatz anpassen würde. Erstaunlicher ist es, daß Giacometti dieses Projekt ernstlich als eine Aufgabe für seinen Ehrgeiz und seine Phantasie betrachtet hat. Er war nie in New York gewesen und konnte vom Leben in der sich rapide entwickelnden Metropole keine Ahnung haben. Noch nie hatte er an einem Wolkenkratzer emporgeblickt. Zudem reagierte er auf Höhe und leeren Raum mit Angstgefühlen. Giacometti wollte mit seinen Füßen auf festem Grund stehen. Dennoch ging er sofort auf das amerikanische Angebot ein. Gewiß hatte ihn seit langem der Wunsch erfüllt, einmal eine Plastik für einen öffentlichen Platz in einer Großstadt zu schaffen, und das Thema des einzelnen Menschen oder der Menschengruppe in einer städtischen Umgebung war ihm schon seit langem wichtig gewesen. Außerdem war Giacometti es seit jeher gewohnt, menschliche Figuren unterhalb der aufragenden Bergspitzen des Bergells nur so groß wie Stecknadeln wahrzunehmen. Entscheidende Impulse für seine Entwicklung waren durch den Anblick weiblicher Gestalten in nächtlichen Großstadtstraßen hervorgerufen worden, einmal in Padua und einmal in Paris. Alberto schrieb seiner Mutter über das Vorhaben. Es interessiere ihn leidenschaftlich, ließ er sie wissen.

Eine kurzfristige Reise über den Atlantik wurde erwogen, um den Platz in Augenschein zu nehmen. Aber seit Yanaiharas Abreise malte der Künstler an einem Bildnis von Annette, wobei sie täglich vier Stunden, mitunter auch länger, für ihn posierte. Auch eine neue Büste von Diego wollte er in Angriff nehmen. Er fand keine Zeit zu einem Besuch in New York, nicht einmal angesichts eines so eindrucksvollen Kaufinteressenten, wie ihn die Chase Manhattan Bank darstellte. Es wurde ihm ein kleines Modell des Bankgebäudes mit dem Platz davor geschickt, das ihm gestattete, die mögliche Aufstellung von Plastiken auszuprobieren. Da Giacometti mit winzigen Dimensionen vertraut war, schien dieses Verfahren durchaus brauchbar zu sein, und er hatte auch bald eine Idee. Vor seinem inneren Auge bevölkerte sich der Platz mit drei Skulpturen, die jede auf ihre Weise die Verkörperung seiner künstlerischen Hauptbeschäftigung war: ein Kopf, eine stehende weibliche Figur und ein schreitender Mann. Mancherlei Arbeiten sollten im Gedanken an den Chase-Manhattan-Platz entstehen; dabei war ihm die Idee wichtig und natürlich nicht der Platz.

Während Giacometti auszuprobieren begann, was er für die Anforderungen der New Yorker Bank tun konnte, stand wieder ein anderer Drahtzieher aus dem Reich der amerikanischen Hochfinanz vor seiner Tür. G. David Thompson hatte weitere Giacomettis gekauft. Sein Ziel war es, die größte und beste Sammlung zu besitzen, die es gab. Wenn er dieses Interesse verfolgte, konnte er genauso rücksichtslos vorgehen wie bei der Jagd nach Geld; nur möglichst billig mußten die Stücke sein. Er kaufte bei Maeght, er kaufte von Matisse, er kaufte bei Versteigerungen. Er kaufte von jedem, der einen guten Giacometti zu verkaufen hatte. Der, bei dem es begreiflicherweise die meisten und besten Stücke gab, war der Künstler selbst.

Giacometti war ein Mann von Prinzipien. Er hatte nie einen formellen Kontrakt mit Maeght oder mit Matisse geschlossen, aber er fühlte sich ihnen moralisch verpflichtet. Jeden Einsatz, ob persönlicher oder finanzieller Natur, der zur Förderung seiner Karriere unternommen wurde, wollte er mit Zinsen erstatten. Dabei spielte es keine Rolle, daß diese Einsätze den Händlern bereits durch ihre beachtlichen Gewinne zurückerstattet worden waren. Giacometti wollte besser sein als sein Wort. Wenn ihn die Händler übervorteilten, wozu er immer wieder Gelegenheit bot, bemühte er sich darum, ihren Standpunkt zu rechtfertigen. Oft wurde er von Interessenten gedrängt, seine Werke direkt an sie zu verkaufen, um die offiziellen Kanäle und Preise zu umgehen. Das lehnte der Künstler immer ab – fast immer.

Thompson war die große, provozierende Ausnahme. Er war schlau und schamlos. Wenn er die Leute nicht einschüchtern oder bestechen konnte, verlegte er sich aufs Jammern und Schmeicheln. Giacometti war zwar zu klug, als daß er einen Kerl wie Thompson nicht durchschaut hätte, und dennoch fiel er auf ihn herein und ließ sich immer wieder von ihm einwickeln. Es war, wie wenn er auf jemanden gewartet hätte, der aus allem einen schlechten Scherz machte, woran Alberto glaubte und wofür er lebte. In Thompson hatte er dafür den Richtigen gefunden. Selbst die weithin zur Schau gestellte Kunstleidenschaft des Industriellen war nicht ganz ernst zu nehmen, weil der Sammler den Unterschied zwischen der Erschaffung und dem Besitzen der ihm anvertrauten Werke nicht respektierte. Zum Beispiel zögerte er nicht, einen Miró, den er «etwas leer» fand, von einem skrupellosen Restaurator «auffüllen» zu lassen; oder er ließ Gemälde «aufheitern», die er als «zu langweilig» befand. Da er auch eine Gießerei besaß, ließ er unautorisierte Abgüsse von Plastiken aus seiner Sammlung anfertigen, einige davon aus Stahl – natürlich rostfrei. Giacometti bekam einen Wutanfall und bestand darauf, daß Thompson die Abgüsse wieder zerstören müsse. Der große Boß entschuldigte sich des langen und breiten, lud Giacometti und seine Frau in das teuerste Restaurant von Paris ein, wo er sich reumütig gab und versprach, die fraglichen Stücke einschmelzen zu lassen. Der Künstler verzieh ihm und muß die Sache danach vergessen haben; denn Thompson vergaß, sein Versprechen zu halten. Wie wenn er sich entschlossen hätte, die Kränkung zu einem ausgemachten Unrecht zu steigern, ließ sich der Bildhauer von dem Macher dazu breitschlagen, ihm Werke zu verkaufen, von denen er sich vierzig Jahre lang nicht hatte trennen mögen. Er verkaufte Zeichnungen in mehreren Dutzenden zu zehn Dollar das Stück. Er holte Skulpturen aus den surrealistischen Jahren und von noch früher aus dem Lager, Unikate in Gips, die sonst noch niemand gesehen hatte. An Thompson verkaufte er sie für den sprichwörtlichen Apfel und das Ei.

Er porträtierte Thompson sogar. Nicht nur einmal, sondern zweimal. Das war genug, um den Beobachter nachdenklich zu machen und Giacomettis Bereitschaft, mit der er diese Beziehung auf sich nahm, argwöhnisch zu betrachten. Vielleicht sah es so aus, als ob ihm keine andere Wahl geblieben wäre. Er vermochte den Sammler nicht daran zu hindern, seine Werke zu kaufen; auch konnte er nicht über die Tatsache hinwegsehen, daß Thompson inzwischen mehr von ihm besaß als sonst irgendwer auf der Welt. Das brachte die beiden Männer in eine ganz besondere Beziehung zueinander. Für einen Künstler liegt etwas Zwingendes in dem Gedanken, daß eine große, repräsentative Auswahl seiner Werke aus allen Schaffensperioden ständig an einem Ort zusammengehalten wird, sei es auch in einer Stadt wie Pittsburgh, Pennsylvania. Die Idee, daß diese Einheit über die Lebenszeit des Künstlers hinaus erhalten bleibt, ist ein äußerst machtvoller Schöpfungsantrieb. Thompson versprach diese Dauer. Er beteuerte, daß seine Sammlung, insbesondere seine Giacometti-Sammlung, nie zerstreut werde, sondern dereinst den Kern für ein wichtiges Museum bilden solle, in dem dutzendweise Werke von Klee, Picasso, Matisse, Braque und anderen hängen würden.

Giacometti konnte nicht kleinlich sein. Er erklärte sich bereit, das Bildnis des Industriellen zu malen; vielleicht war dies auch eine Erleichterung, weil der Kontakt zwischen ihm und dem Sammler mangels sprachlicher Kommunikation eingeschränkt war. Die Bildnisse entstanden offenbar ohne Schwierigkeit. Dem einen sieht man an, daß es nur halb ausgeführt wurde, das andere aber ist wunderbar gelungen, eine ungeschönte Frontalansicht des Großkapitalisten in Hemdsärmeln, mit strengem Gesichtsausdruck und großen Händen, deren Finger sich über die starken Oberschenkel spreizen. «Schaut euch bloß diese riesigen Hände an», rief Alberto während der Arbeit. «Man kann richtig sehen, wie sie das Geld hereinschaufeln – Hände zum Geldgrapschen.» Demnach machte sich der Künstler keine Illusionen über die wahre Natur seines Modells, und dieses Wissen muß den Einfallsreichtum noch gesteigert haben, mit dem er Thompson so großzügig in die Hände spielte.

Wie er keine Probleme mit dem Porträt eines Mannes hatte, den er weder geschätzt noch als sympathisch empfunden haben kann, so gab es auch keine Schwierigkeiten, als er einen neuen Bekannten malte, den er mochte und bewunderte. Das neue Modell war Igor Strawinsky. Der weltberühmte Komponist hatte im Laufe seines Lebens so manchen Künstler kennengelernt. Picasso hatte 1920 von ihm Porträts gezeichnet und die Ausstattung zu einem seiner Ballette geschaffen. Strawinsky war ein Mann von hohem Anspruch, sowohl in seinem persönlichen Umgang wie auch als Musiker; es brauchte nicht viel, um ihn ungeduldig zu machen oder seine scharfe Zunge zu provozieren, und nach einem an Kämpfen und Berühmtheit reichen Leben gab er sich nicht gerne mit Leuten ab, die voraussichtlich seinen Erwartungen nicht gerecht werden konnten. In amerikanischen Museen und Sammlungen hatte Strawinsky Werke von Giacometti gesehen und ihre Bedeutung erkannt. Er hielt es für lohnend, den Künstler selbst kennenzulernen. Zufällig hatten sie einen gemeinsamen Bekannten, den Musikwissenschaftler Pierre Souvtchinsky, der ein Treffen bei einem Mittagessen im Hotel des Komponisten arrangierte. Es wurde auf Anhieb ein Erfolg. Beide Männer hatten gute Gründe, einander zu respektieren; aber sie hätten nicht ahnen können, welch tiefgehendes Vergnügen sie aus der Gelegenheit ziehen würden, diesen Respekt zum Ausdruck zu bringen. Für Genies muß es in der Tat eine Lust sein, eine spontane Übereinstimmung des Empfindens festzustellen, denn nur sie können diesen Trost angesichts der gemeinsamen Erfahrung von Isolation würdigen.

Strawinsky war fünfundsiebzig Jahre alt, als sie sich begegneten, Alberto einundzwanzig Jahre jünger. Es kann nur richtig und natürlich erschienen sein, daß der jüngere Künstler dem älteren den Tribut entrichtete, der am eindeutigsten seine Sympathie und Wertschätzung bezeugte, wie auch, daß der ältere diesen Tribut entrichtete. Sie kamen überein, daß der Komponist für eine Serie von Zeichnungen Modell sitzen würde. Giacometti nahm seine Bleistifte und seine Zeichenmappe mit zum Hotel. Strawinsky saß geduldig. Dies war der Beginn einer rituellen Huldigung an die Kunst und an gegenseitiges Verstehen, die fortdauerte, bis der Tod ihr ein Ende setzte. Jedesmal wenn Strawinsky in Paris weilte, nahm er sich trotz der Vielzahl seiner Verpflichtungen die Zeit, für Giacometti Modell zu sitzen. Die Besuche des Komponisten waren kurz und unregelmäßig. Aber nach ihrer ersten Begegnung von 1957 versäumte er es nie, mit dem Künstler zusammenzutreffen, wenn er in Paris war. Gewöhnlich entstanden einige Zeichnungen, und es kam zu ausgelassenen Abendeinladungen mit witzig sprudelnder Unterhaltung und vielsagenden Gesten. Eines Abends stand Giacometti im Foyer eines Pariser Konzertsaals. Strawinsky sah ihn aus der Entfernung, bahnte sich einen Weg durch die Menge, in der er von jedermann erkannt wurde, und eilte wie Moses durch die Gewässer auf den Künstler zu, um ihn zu begrüßen und auf beide Wangen zu küssen. Am Ende des Abends, als die Zuhörer aus dem Foyer auf die Straße drängten, kam Strawinsky nochmals durch die Menge, um Alberto gute Nacht zu sagen und ihn zum Abschied abermals auf beide Wangen zu küssen.

Im Juni 1957 fand die dritte Giacometti-Ausstellung in der Galerie Maeght statt. Wie gewöhnlich kam es dem Künstler darauf an, daß die jüngsten Werke gezeigt wurden, an denen er, wie das auch früher schon geschehen war, bis wenige Stunden vor der Eröffnung noch gearbeitet hatte. Bis zum Morgengrauen war er aufgeblieben und hatte Figürchen und Büsten immer wieder umgeformt. Als Diego gegen acht Uhr die Werkstatt betrat, warteten vier oder fünf neue Tonmodelle auf ihn mit einem Zettel von seinem Bruder: «Kannst du die bis zum Nachmittag abgießen? Sonst lohnt sich die Ausstellung nicht.» Natürlich konnte Diego, und er schaffte es auch. Es entsprach Albertos Wunsch nach Aufrichtigkeit, immer die letzten Arbeiten zu zeigen. Er wollte der Beurteilung nichts vorenthalten und fürchtete sich nicht vor der Kritik, da sie nicht strenger als sein eigenes Urteil sein konnte. Aber wenn er auch der erste war, sein Versagen im Hinblick auf das Absolute einzugestehen, so hatte er doch ein flinkes Auge für die relativen Aspekte, in denen Erfolg möglich war. Er wußte, was er wert war.

Mit Befriedigung schrieb er an die Mutter und an Bruno und erklärte, daß dies die erfolgreichste, wichtigste und in sich zusammenhängendste Ausstellung sei, die er je zustande gebracht habe, sie werde von jedermann aufrichtig bewundert, kurz, es sei die beste Ausstellung dieser Saison in Paris – auf dem Gebiet der modernen Kunst, fügte er gewissenhaft hinzu. Der Katalog enthielt einen langen beifälligen Text von Jean Genet. Zahlreiche Besprechungen in der Presse bestätigten die Einschätzung des Künstlers. Alberto schickte seiner Mutter eine Zeitungsfotografie mit einem Artikel, worin er als Pariser Berühmtheit genannt wurde. Er hoffe, schrieb er dazu, sie werde sich darüber freuen. Das tat sie ohne Zweifel. Seine eigene Freude lag so tief in seiner Arbeit verborgen, daß er sie nirgends anders finden konnte.

Neben den Skulpturen, die er noch während der Nacht vor der Eröffnung vollendet hatte, zeigte die Ausstellung alle wichtigen Werke der vorangegangenen Jahre – Plastiken, Gemälde, Zeichnungen: *Die Frauen von Venedig*, Bildnisse von Annette, Diego, Yanaihara, Figürchen und Büsten, die aus der Erinnerung entstanden waren, Stilleben in Öl und Bleistift, sogar einige Landschaften. All dies ließ einen außerordentlich kraftvollen Eindruck entstehen, und diese Kraft erwuchs aus jener überragenden Selbstbeherrschung, aus der heraus seine Zweifel zum Kern seiner Vollendung wurden. Über der Ausstellung lag die gleiche Aura von Autorität, die die Menschen auch in Albertos Gegenwart wahrnahmen. Er und seine Kunst waren eine einzige Realität geworden, deren Zukunft gänzlich in seinen Händen lag. Er konnte es sich leisten, einen Augenblick lang die oberflächliche Geschäftigkeit des Erfolgs zu genießen. Aber, so versicherte er seiner Mutter, dies vermochte nicht, ihn von seiner Arbeit abzulenken, obwohl Annetta sich mitunter solche Ablenkung für ihren Sohn wünschte.

Während in den Räumen der Galerie Maeght in Paris Jubel herrschte, brütete Pierre Matisse finster in seinem Büro in New York vor sich hin. Er fürchtete, der Pariser Emporkömmling könne ihn bei Giacometti ausstechen, und verzehrte sich in Sorge, Maeght könne mehr Plastiken, Gemälde und Zeichnungen als er selbst bekommen. Er wußte, daß Clayeux und Giacometti oft beim Wein zusammensaßen und daß sich dabei Transaktionen anbahnten, von denen er ausgeschlossen war. Die große räumliche Entfernung wirkte sich nicht verklärend aus, und wenn er einmal selbst in Paris war, so stand ihm sein unverbindliches Wesen im Wege. Er erschien in der Rue Hippolyte-Maindron, um die neuesten Werke anzusehen, schaute eine Weile wortlos im Atelier umher, brummte ein gelegentliches «hm» und sagte dann: «Also, gehen wir essen.» Dennoch kaufte er alles, was sich ihm bot. Jetzt, da das Geschäft mit Giacometti gut lief, gab er sich nicht bloß als Händler, sondern auch als

Freund. Auf dieser Ebene war ihm Patricia eine große Hilfe. Manchmal schien sie die Künstler der Galerie ihrem Besitzer vorzuziehen. Bei Pierre Matisse wurde man den Verdacht nie los, daß der einzige Mensch, um nicht zu sagen, der einzige Künstler, der für ihn zählte, sein Vater war.

Aimé Maeght war zweifellos der Gründer, Besitzer und Motor der Galerie, die seinen Namen trug. Nach nur einem Geschäftsjahrzehnt hatte er mit ihr ein großes Vermögen und hohe Anerkennung erworben. In seiner Ehrsucht und Eitelkeit schrieb er ohne große Umstände sich selbst alle Erfolge zu. Leider entstanden dadurch Differenzen mit Clayeux. Es war nicht abzustreiten, daß der künstlerische Leiter der Galerie Maeght eine Menge zu ihrem Aufstieg beigetragen hatte. Jahrelang war er damit zufrieden gewesen, seine Selbstbestätigung hinter der Szene und in den Werkstätten der Künstler zu suchen. Allmählich aber empfand er die Situation als Belastung. Wahrscheinlich war Maeght mit seinen großen Plänen viel zu beschäftigt, als daß er die Gefühlsabkühlung wahrzunehmen vermochte. Was immer man über seine Großtuerei und Renommiersucht sagen mag, und wenn auch vieles davon zutraf, so ist doch auch wahr, daß er nie die Quelle seines Erfolgs vergaß. Er wußte, was er den Künstlern verdankte, die ihm geholfen hatten, diesen Erfolg zu erringen. Und nun hatte er im Sinne, jeden stolz zu machen, natürlich auch sich selbst.

Er trug sich mit einem Projekt, das vor ihm noch kein Kunsthändler angepackt hatte: er wollte ein Museum schaffen, in dem Werke von all den Künstlern aufgenommen würden, die sein Glück gemacht hatten. Ferner sollte es Platz bieten für Ausstellungen zeitgenössischer Kunst, für Konzerte, Vorträge und Theateraufführungen. Auf weitläufigen Terrassen und in Parkanlagen waren geeignete Standorte für die Aufstellung großer Plastiken im Freien vorgesehen. Maeght wollte das Ganze auf einer Anhöhe nahe der Riviera-Stadt Saint-Paul-de-Vence errichten lassen, wo er bereits ein Grundstück besaß. Die Kosten für das Museum – einmal abgesehen von der Stiftung der Bilder – wollte er übernehmen. Wenn das Projekt auch sehr dem eigenen Ruhm diente, so mußte man Maeght zugestehen, daß er Nägel mit Köpfen machte. Trotzdem gab es viele, die seine Idee als Größenwahn abtaten. Zu denen gehörten auch Clayeux und Giacometti.

Anfang Juni kehrte Yanaihara nach Paris zurück. Alles fing für alle Beteiligten wieder an; doch es begann auf einer ganz anderen Basis. Was 1956 noch wie die zufällige Verknüpfung von Umständen erschien, wirkte 1957 wohlüberlegt. Der vertraute Umgang des japanischen Professors mit dem Ehepaar Giacometti war kein Geheimnis mehr, und die allgemeine Billigung dieser Beziehung wurde vorausgesetzt. Natürlich sollte jedermanns Verständnis mit dem Hinweis gewonnen werden, daß es um die Förderung von Albertos Kunst ginge.

Mit der Arbeit des Künstlers aber haperte es. Noch immer hielt die Schwierigkeit an. Yanaihara kam jeden Tag zwischen ein und zwei Uhr zur

Rue Hippolyte-Maindron, und die Arbeit zog sich mit gelegentlichen Pausen bis Mitternacht hin. Es war eine quälende Routine. Alberto wurde von der Überzeugung in Gang gehalten, der nächste Tag werde die Vollendung bringen, die er suchte. Was den Professor durchhalten ließ, war das erfreuliche Bewußtsein, eine Rolle ganz zu erfüllen. Für Annette dagegen zählte nur das Verhältnis, das die beiden Männer zu ihr hatten. Sie lebte ganz dem Gefühl, ihrem Gefühl. Mit Kunst oder Philosophie hatte das nichts zu tun. Für die drei unmittelbar betroffenen Personen gab es wahrscheinlich keine Möglichkeit, ihre vielschichtige Beziehung objektiv zu beurteilen, aber man darf annehmen, daß sie sich am deutlichsten in den Bildnissen Yanaiharas ausdrückte.

Diego gefiel jedenfalls nicht, was er im Haushalt seines Bruders mit ansah. Außerdem mochte er Yanaihara nicht leiden. Er hatte ihn immer als arrogant empfunden, und Yanaihara hatte sich nie zu einer freundlichen Geste gegenüber dem jüngeren Bruder des Künstlers herbeigelassen.

Diego war weder prüde noch ein Pharisäer. Mit fünfundfünfzig Jahren war sein Verstand in einem erfüllten Leben gereift. Nichts, was Erwachsene in ihren vier Wänden zu ihrem Vergnügen tun, hätte ihn überrascht oder schockiert. Doch er war noch immer der Sohn seiner Mutter und wußte sehr wohl, was diese schockiert hätte. Dem Reich der Sinne gegenüber hatte er eine südländische Anschauung, die durch die Sitten des 19. Jahrhunderts geprägt wurde. Er war davon überzeugt, daß sich Männer nicht den gleichen Regeln zu unterwerfen hätten, die für Frauen gelten. Zu schockieren war Diego also nicht, aber gegen moralische Entrüstung war er wehrlos. Zwar ließ Diego von seiner Kritik nichts verlauten, aber er lief mit einem finsteren Gesicht herum, und bei niemandem zeichneten sich Unmut und Bitterkeit in der Miene so deutlich ab wie bei ihm.

Inmitten seiner kreativen Schwierigkeit war Alberto nicht besonders dazu disponiert, Ursachen und Wirkungen zu erwägen. Diegos unausgesprochene Kritik muß ihn betrübt haben; aber Jahrzehnte brüderlicher Übereinstimmung konnten nicht durch eine vorübergehende Mißstimmung zunichte gemacht werden. Yanaihara mußte ohnehin im September nach Japan zurückkehren.

Im übrigen verging der Sommer recht friedlich. Dann kam der Tag der Abreise. Und diesmal gab es keinen Aufschub. Am letzten Morgen saß Yanaihara noch anderthalb Stunden Modell, bevor er sich zum Flughafen begab. Alberto und Annette begleiteten ihn zum Abschied. Wieder versprachen sie einander, daß alles aufs neue beginnen würde. Sie alle setzten große Hoffnungen auf die Zukunft.

Am folgenden Abend saßen der Künstler und seine Frau allein miteinander im Zimmer, sie mit Näharbeiten beschäftigt, er an seinem Tisch bei einem Brief an seine Mutter. Es war, so empfand es Alberto, eine richtig häusliche Szene, wie sie sie seit Jahren nicht mehr erlebt hatten. Die vergangene Woche über habe er wie nie zuvor gearbeitet, berichtete er seiner Mutter, und er sei überzeugt, daß es ihm viel gebracht habe. Innerhalb eines Monats würden sich die Folgen zeigen. Gerade jetzt fühle er sich mehr denn je mit Optimismus erfüllt. Im Monat darauf, so versprach er, wolle er in die Heimat fahren, zur Zeit der langen Schatten. Glücklich werde er im Atelier seines Vaters arbeiten. Die Mutter würde sich wieder um ihn kümmern, ihn zum Essen rufen und zu einem regelmäßigen Tagesablauf anhalten, sie würde versuchen, seine Kleider in Ordnung zu bringen. Sie müsse ihm auch wieder Modell sitzen. Er werde sie zu Spaziergängen mitnehmen, sich mit ihr vergnügt unterhalten und streiten. Die Mutter war inzwischen sechsundachtzig Jahre alt, und er hatte alles Recht, sich auf seinen Besuch zu freuen.

53

Am 4. Oktober 1957 begann eine neue Ära der Menschheitsgeschichte. Sowjetische Techniker starteten den künstlichen Erdsatelliten Sputnik I. Das Zeitalter der Raumfahrt hatte begonnen. Bereits früher war das Konzept von Raum und Zeit als unabhängig voneinander existierenden Einheiten zugunsten eines Beziehungssystems aufgegeben worden, das der Beobachter nach seinem Bedürfnis wählt. Giacometti hatte immer mit besonderer Aufmerksamkeit die Abhängigkeit der Wahrnehmung von der jeweiligen Situation registriert, und wie alle großen Geister war er mit der Relativität der Maßstäbe in dem grenzenlosen Kontinuum beschäftigt, in dem wir existieren: «Das Gefühl, das ich oft vor lebenden Wesen empfunden habe, vor allem angesichts menschlicher Köpfe, das Gefühl einer Raum-Atmosphäre, die diese Wesen unmittelbar umgibt, es ist bereits das Wesen selbst; die genaue Begrenzung, die Ausmaße dieses Wesens werden undefinierbar. Ein Arm ist so riesig wie die Milchstraße, und in dieser Aussage ist nichts Mystisches.»

Neben Bildnissen von Annette und Diego, Kleinfiguren, Büsten und den ersten Studien für den Chase-Manhattan-Platz entstand 1958 eine seltsame Schöpfung in der Rue Hippolyte-Maindron. Sie hieß *Das Bein*, denn nichts anderes war diese Plastik: ein Bronzebein, wie unter der Hüfte abgetrennt. Es ähnelte dem Ast eines Baumes und wäre davon kaum zu unterscheiden gewesen, hätte es nicht auf einem mächtigen, überdimensionalen Fuß gestanden. Der Fuß gab dem Ganzen seine Identität. Der Fuß war nicht nur die Basis, sondern der Grundgedanke, und als Darstellung eines besonderen Teils stand er für das Ganze. Das sei der Sinn dieses Fußes, erklärte der Bildhauer. Er gab auch an, daß er seit 1947 im Sinne gehabt habe, dieses Werk auszuführen. Damals waren *Die Nase, Die Hand* und *Kopf auf einem Stab* entstanden, wobei jedesmal die ganze Existenz eines Individuums auf einen einzigen Körperteil konzentriert wurde. Jedes dieser Stücke stand isoliert im Raum, um diesen Zweck zu erreichen. Metaphorisch bezogen sich diese Werke auf die symbolischen Quellen einer Lebenserfahrung. *Das Bein* war das letzte dieser Werke, das seinen existentiellen Ursprung unverhohlen zeigte, und in dieser Hinsicht mag es sich um einen entscheidenden Schritt gehandelt haben, um in voller Freiheit einer Wirklichkeit begegnen zu können, die mächtiger als die des Künstlers war.

Zwei Jahrzehnte waren seit jener Nacht auf der Place des Pyramides vergangen. Aus dem Bewußtsein des Künstlers war der Vorfall nicht verdrängt worden. Es lag etwas fast Unheimliches in der Art, wie Albertos privateste Erfahrungen und Empfindungen zum Gegenstand anscheinend bellangloser Konversation werden konnten. Die Einzelheiten des Unfalls waren allen Bekannten vertraut; selbst Journalisten erzählte er sie, und sie gehörten zur Giacometti-Legende. Jeder hatte gehört, daß die Fahrerin eine Prostituierte gewesen und daß Alberto buchstäblich vor das herannahende Fahrzeug gesprungen sei. Danach wären schmerzensreiche Monate im Krankenhaus gefolgt, wobei ständig die Gefahr der Amputation des zerquetschten Fußes bestanden hätte. Danach jahrelanges Gehen am Stock mit der glücklichen Einsicht, daß ihm ein notwendiges Ereignis, nicht ein Unfall, widerfahren war. Er habe daraufhin wesentliche Fortschritte in seiner Arbeit gemacht. Dementsprechend hätte er natürlich darauf verzichtet, irgendwelche Schadenersatzforderungen durchzusetzen. Das wäre unredlich erworbenes Geld gewesen, erklärte er. Alberto kam es bei der mehr oder weniger wahrheitsgetreuen Berichterstattung auf Kleinigkeiten nicht an. Die tatsächliche Bedeutung der Vorgänge reichte weiter, als er es sich wünschte. Deshalb machte es ihm auch so wenig aus, offen zu sein.

Im Sommer 1958 kam Yanaihara nicht nach Paris. Er war erwartet worden und hatte auf sich warten lassen. Lange Telefongespräche wurden mit Japan geführt. Finanzielle Probleme gab es nicht. Der Professor schützte häusliche Verpflichtungen vor. Diese Erklärung konnte am allerwenigsten jemanden beruhigen, der den ganzen Winter über umsonst gewartet hatte. Yanaihara in Japan war ein ganz anderes Wesen als Yanaihara in Paris. In der Entfernung erschien er abweisend und teilnahmslos. Die Enttäuschung mischte sich mit Bitterkeit, und diese Stimmung mußte sich auf die Atmosphäre in der Rue Hippolyte-Maindron auswirken.

Zweifellos war der Künstler enttäuscht, weil er gehofft hatte, eine Arbeit wiederaufnehmen zu können, die ihn vorangebracht hatte. Aber ihm fehlte es nicht an Geduld, zu warten. Annette dagegen wurde ungeduldig und nervös.

Nach über einem Jahrzehnt des Modellstehens für einen Künstler, dessen chronische Unzufriedenheit sich auf das Modell übertrug, nach dem Versorgen der Öfen im Schlafzimmer und im Atelier, nach dem ständigen Leben auf Pump schien es nun an der Zeit, daß es mit den Entbehrungen ein Ende haben mußte. Sie war fünfunddreißig Jahre alt, ihr Mann sechsundfünfzig. Wie er oft genug ohne Zurückhaltung zugab, hatte er wenig Geschick für die Kunst der Liebe. Seine Leidenschaft war die Kunst. Diese belohnte hinreichend den Künstler, nicht aber die Frau, mit der er sein Leben zu teilen bereit gewesen war. Sie wünschte sich in ihrem Leben eine Leidenschaft, die ihrer Person galt.

Olivier Larronde und Jean-Pierre Lacloche hatten weiter in dekadenter Extravaganz gelebt. Aber die Folgen waren unübersehbar. Am stärksten zeigten sie sich bei dem Dichter. Der regelmäßige Genuß von Alkohol und Drogen hatte die Blüte seiner Jugend dahinwelken lassen. Mit dreißig Jahren sah Olivier wie ein Vierzigjähriger aus, und es scherte ihn wenig. Er schrieb kaum noch und veröffentlichte fast nichts. Mit dem Schwinden des guten Aussehens verflüchtigten sich auch seine Zukunftschancen.

Giacometti hielt an seiner Freundschaft fest. Das veränderte Äußere änderte nichts daran, daß er mit Larronde Umgang pflegte und ihn schätzte. Es war ihm durchaus bewußt, daß seine Freundschaft für das Leben seiner Freunde bedeutungsvoll sein konnte, auch daß darin eine praktische Hilfe lag. Während ihrer gemeinsam verbrachten Abende hatte er eine Reihe von Bildnissen von Larronde gezeichnet, die er ihm zusammen mit anderen Zeichnungen schenkte. Ein reicher Amateurverleger wurde dafür gewonnen, einen Band mit Gedichten Larrondes unter der Bedingung zu veröffentlichen, daß darin Reproduktionen dieser Zeichnungen, einunddreißig an der Zahl, aufgenommen würden. Dahinter steckte die Vorstellung, daß der Ruhm des Bildhauers dem Dichter zu Bekanntheit verhelfen würde. Das erwies sich als Irrtum. Interessenten, die durch den Namen Giacometti angelockt wurden, waren darüber enttäuscht, daß es sich nur um Reproduktionen seiner Werke handelte, nicht um wertvolle Radierungen oder Lithographien. Die Gedichte, so außerordentlich kostbar sie auch sein mochten, konnten diesen Mangel nicht ausgleichen. Das Buch fand nur wenige Käufer. Im Gegensatz zu seinem großzügigen Freund wußte Olivier Larronde den Mißerfolg nicht zu einer Quelle der Produktivität zu machen. Ihm blieb nur das Opium, das Gedenken an seine tote Schwester und die unerschütterliche Zuneigung seines Geliebten.

Jean-Pierre Lacloche tat sein Bestes. Es war eine wegen ihrer Willkürlichkeit fast schon poetische Ironie des Schicksals, daß dem Geliebten all das gut bekam, was dem bedauernswerten Poeten schadete. Schon als Junge war er hübsch gewesen, und mit zunehmendem Alter wurde er unwiderstehlich, besonders für Frauen. Mit einer seiner Freundinnen hatte er einen Sohn. Seine anhängliche Neigung aber galt Olivier. Zwar schrieb er selbst keine Gedichte, aber er erwies sich schließlich als das Modell der poetischen Inspiration, deren es bedurfte.

Giacometti mied die Verlockungen des Ruhms, und so war zu erwarten, daß er auch die damit verbundenen Fallen umging. Vielen wich er aus, aber selbst sein vorsichtiger Fuß verhedderte sich in besonders geschickt ausgelegten Schlingen. Es war noch kein Buch über Giacometti und sein Werk erschienen, als es dem schweizerischen Verleger und Fotografen Ernst Scheidegger gelang, Albertos Zustimmung zur Veröffentlichung eines kleinen Bandes zu erlangen. Er sollte an die sechzig Aufnahmen von Giacometti und seinen Arbeiten enthalten. Um die Illustrationen mit einem geeigneten Text zu versehen, hatte Scheidegger eine ausgezeichnete Idee. Welche Worte, so argumentierte er, könnte man sich zu den Fotos passender vorstellen, als die des Künstlers selbst? Es schien wie ein Kinderspiel; denn alle notwendigen Worte existierten bereits gedruckt in Gestalt früherer Schriften und Interviews von Giacometti. Auf diese Weise entstand 1958 der Band, der alle wichtigen Texte zusammenfaßte, die bis dahin veröffentlicht worden waren, und der dazu Fotos von Giacometti und seinem Werk enthielt. Damit betonte der Künstler öffentlich erneut die Wichtigkeit seiner Schriften für sein Werk und seine Biographie.

Wir wissen nicht, ob Annetta Giacometti die Schriften ihres Sohnes gelesen hat und was sie davon hielt. Doch wir erinnern uns, daß sie bei all ihren strengen Ansichten über Wohlanständigkeit ein temperamentvolles Leben geführt, vier Kinder auf die Welt gebracht und den irdischen Dingen keineswegs fremd gegenübergestanden hat.

«Ich weiß, daß es bei deiner Arbeit nicht um äußeren Erfolg, sondern um die Leidenschaft für die Sache selbst geht», schrieb sie an Alberto. Wenn sie das wußte, verstand sie sehr viel; und ihr Sohn war nicht der einzige Künstler, den sie aus der Nähe kennengelernt hatte. Sie konnte auch ganz offen sein, wenn sie meinte: «Es tut mir um dich leid, daß du bei all den schönen Ergebnissen und der damit verbundenen Befriedigung nie diese Dinge los wirst, die auf deiner Seele lasten. Versuche doch einmal, das Leben gelassen zu nehmen, alles zu seiner Zeit, und du wirst sehen, daß es dir besser geht.» Ein ausgezeichneter Rat, von dem die Mutter gespürt haben mag, daß sie ihn nicht oft genug wiederholen konnte; denn bei anderer Gelegenheit schrieb sie: «Arbeite tüchtig, suche den Erfolg, aber übertreibe es nicht, und bringe auch etwas Ruhe in dein Leben.» Das war leichter gesagt als getan, und mit der Zeit vermochte er der Schwierigkeiten in seinem Leben nicht mehr Herr zu werden. Freilich, die Mutter erfuhr nie, in welchem Maße diese Schwierigkeiten überhand nahmen.

Sie selbst hatte reichlich Grund zur Dankbarkeit, als sie auf die Neunzig zuging. Sie war sich dessen bewußt und gab dem auch Ausdruck. «Oft habe ich mit Dankbarkeit empfunden», schrieb sie, «wie glücklich alte Leute sind, die ein so langes Leben haben und ein so hohes Alter erreichen wie ich.» Dennoch, sie spürte, wie die Lebenskraft nachließ. Ihre ehemaligen Freunde waren längst gestorben. Sie wurde müde, verwirrt, und sie hörte schlecht. Da sie sich immer mehr an ihre Lebensweise gewöhnt hatte, mochte sie keine Änderungen dulden, nicht die kleinsten. Als Odette ein dringend benötigtes Heißwassergerät installieren ließ, sprach die Mutter vier Tage lang nicht mehr mit ihrer Schwiegertochter. Nachts lag sie im Bett und las in alten Briefen ihres Mannes oder ihrer Söhne. Sie fühlte sich einsam. Zwar wollte sie sich nicht beklagen; aber ihre Söhne wußten, wie es um sie stand, und sie besuchten sie so oft wie möglich. In ihrem langen Leben hatte die Mutter nicht nur die Durchhaltefähigkeit ihrer Konstitution und ihres Charakters bewiesen, sondern auch die Stärke ihrer Liebe und das bleibende Bedürfnis nach ihr.

1959 erlebten die Giacomettis einen Trauerfall. Dr. Francis Berthoud, der Mann von Annettas einziger Tochter und Vater ihres einzigen Enkels, starb. Silvio war inzwischen einundzwanzig Jahre alt. Er war hübsch und von einnehmendem Wesen und hatte von seiner Mutter die Vitalität der Giacomettis mitbekommen. Später ähnelte er auffällig dem berühmtesten seiner Onkel. Er wurde Arzt, heiratete die Tochter eines protestantischen Geistlichen aus Genf und hatte drei Kinder.

1959 geschah es auch, daß Michel Leiris einen Suizidversuch unternahm. Unter den Freunden der frühen Jahre war es Leiris, mit dem Giacometti die engste Freundschaft hielt. Drei Jahrzehnte zuvor hatte Leiris den ersten Artikel veröffentlicht, der sich mit den Skulpturen Alberto Giacomettis befaßte. In der Besprechung sagte er unter anderem, daß einzig das, was wir «Krisen» nennen, die Augenblicke sind, die wirklich zählen. Trotz gelegentlicher Störungen und Meinungsverschiedenheiten hatte sich die Freundschaft ununterbrochen fortgesetzt. Die beiden Männer trafen sich in ihrer Verachtung des gesicherten Erfolgs und in ihrer Neigung für die Gefahr, die in der festen Überzeugung lag, daß es, obgleich alle Versuche, sein Ich durch Selbstausdruck zu behaupten, vergeblich sind, da sie mit dem Tode enden, dennoch keinen anderen als diesen Weg für einen Menschen gibt, wenn er sich rühmlich in das Buch der Geschichte eintragen will. Da Leiris' schriftstellerische Arbeit seine Autobiographie zum Thema hatte, spielte er offener als Alberto mit der Versuchung, seine Existenz dadurch zu beweisen, daß er sie beendete.

Dieses Spiel wurde zweifellos für Leiris noch reizvoller wegen der darin enthaltenen Widersprüche. Wie Sartre, mit dem er ebenfalls eng befreundet war, haßte er den bürgerlichen Hintergrund, aus dem er hervorgegangen war. Öffentlich ergriff er Partei in Fragen der sozialen Gerechtigkeit, unterzeichnete Manifeste gegen die Regierungspolitik und demonstrierte für die Unterdrückten. Dessenungeachtet lebte er luxuriös in einem großen Appartement mit Blick auf die Seine, ließ sich von Personal bedienen und entbehrte keine Bequemlichkeit, die man mit Geld kaufen kann. Seine jeweils der neuesten Herrenmode entsprechende Eleganz war so unübersehbar, daß sie beinahe zur Karikatur wurde. Gleichzeitig aber war er entschlossen, jeder Schwäche bei sich unbarmherzig zu begegnen, ob sie nun den Geist oder das Fleisch anfocht. Hierzu dienten ihm die Exerzitien der Sprache. An einem Frühlingstage jedoch entdeckte der Schriftsteller zu seiner Bestürzung, daß die Kasteiung durch Worte nicht ausreicht.

Eine mißglückte Liebesaffäre machte ihm den Ausdruck seines Ich unerträglich, und er schluckte ein Röhrchen Schlaftabletten. Er starb nicht. Man schaffte ihn eilig in ein Krankenhaus, und er wurde durch einen Schnitt in die Luftröhre gerettet. Die Genesung war schmerzhaft und dauerte lange.

Während seines Klinikaufenthalts und seiner Genesung zu Hause schrieb Leiris eine Anzahl Gedichte, die er gerne bald veröffentlichen wollte: *Vivantes cendres, innommées* (Lebende Asche, namenlos). Er hegte auch den Wunsch, den Gedichten Illustrationen beizugeben. Der geeignete Mann für diese Aufgabe saß an seinem Krankenbett: Alberto war einverstanden. Diesmal unterlief kein Irrtum, und die Illustrationen waren Originalradierungen, keine Reproduktionen. Der Künstler begab sich wiederholt zum Appartement der Leiris'. Seine Taschen waren ausgebeult vom Gewicht der grundierten Kupferplatten, die er mitbrachte. Mit der Radiernadel zeichnete er Bildnisse des genesenden Dichters, Interieurs vom Krankenzimmer und Ausblicke aus dem Fenster.

Leiris' Wahl des Illustrators war zutiefst verknüpft mit der Sache, um die es hier ging. Zwar wurde nicht darüber gesprochen, aber er spürte, daß Giacometti nicht mit dem Geschehen einverstanden war; und darin irrte er sich nicht. Giacometti hatte den Verdacht, daß die Geliebte, die seinen Freund zu einem so engen Flirt mit dem Tode verleitet hatte, in Wirklichkeit die Poesie war. Damit konnte er niemals einverstanden sein. Außerdem waren der Tod und die Kunst in seinem Verständnis viel zu ernste Dinge, als daß man mit ihnen hätte flirten dürfen.

Selbstmord tauchte in Giacomettis Gedanken oft auf, auch in seinen Gesprächen. Es war ihm bewußt, daß das Künstlerleben nur eine Aufschubfrist ist und daß das Weiterleben in gewissem Sinne der Preis für die Kräfte ist, die der Künstler in seiner Arbeit verzehrt. Gerne sprach er über die Möglichkeiten, wie man sein Leben beenden könnte. Das war keine morbide fixe Idee. Alberto schaute mit Freude der Ewigkeit entgegen. Die ganze Zeit diente dieser Übung des Blicks. Die Übung wurde schließlich zu seiner Sehweise. Die Begabung eines Künstlers ist die Kraft, alles dem Nichts anzuvertrauen.

Trotz seiner ungewöhnlich robusten Konstitution war Giacomettis Gesundheitszustand keineswegs gut, als er auf die Sechzig zuging. Jahrelang wurde er von kleineren Schmerzen, Beschwerden und Unpäßlichkeiten geplagt, die kamen und gingen, wobei sie nie so schlimm waren, daß sie Einschränkungen in seinem Lebenswandel notwendig gemacht hätten. Aber alles zusammen bildete ein chronisches Leiden. Seine blutunterlaufenen Augen brauchten eine Brille, die unregelmäßigen Mahlzeiten verdarben seinen Appetit, und er beklagte sich über häufige Magenschmerzen. Er befürchtete, er hätte Krebs; doch wenn er nach viel zu kurzem Schlaf erwachte, war seine einzige Sorge, wieder an die Arbeit zu kommen. Unkontrollierbare Hustenanfälle wurden immer häufiger, und er litt unter neuralgischen Schmerzen in der linken Gesichtshälfte.

Die Behandlung all dieser Beschwerden war stets die gleiche: ein Besuch bei Théodore Fraenkel. Es kam zu einer netten Unterhaltung, dann sagte ihm Fraenkel, es gäbe keinen Anlaß zu Besorgnis, verschrieb einige Tabletten und riet dem Künstler, mit der Arbeit fortzufahren.

Giacomettis Dauerleiden war etwas sehr Gewöhnliches: Müdigkeit. Er war immer erschöpft, nie bekam er genug Schlaf, Ruhe und Entspannung. Oft sprach er davon, wie todmüde er sei. Seine Briefe, von denen er viele spät nachts in einer Bar schrieb, erwähnen wiederholt seine Erschöpfung. Dennoch unternahm er nichts, um diesen Zustand zu ändern. Indem er mit so wenig Ruhe, so wenig Bequemlichkeit und so wenig Nahrung auskam, verringerte Alberto seine Abhängigkeit von den Bedürfnissen und Wünschen, die eine visionäre Beziehung zur Realität beeinträchtigten. Es gibt Zustände erhöhter Aufnahmefähigkeit. Häufig sind sie die Folge von Selbstkasteiung. Der Heilige in seiner Höhle erlebt mystische Erfahrungen und erleuchtende Visionen, die teilweise durch Unterernährung, Unbehagen und Einsamkeit ausgelöst werden. Dabei ist sein einziges Ziel – wie das des Künstlers – der Dienst an einer individuell geprägten Religion, bei der er sowohl den Glauben wie den Gläubigen vertritt. Dadurch setzt er sich von anderen ab. Eine ähnliche Abgehobenheit kann durch chronische Ermüdung entstehen, eine Art von Trunkenheit, die ein fast ekstatisches Gefühl der Wahrnehmung hervorruft. Wie alle Rauschmittel birgt sie jedoch die Gefahr der Sucht. Albertos Müdigkeit war Teil seiner Stärke. Es schien keine Grenze für seine Selbstkasteiung zu geben. Der Lohn war, daß er alle Dinge in ihrer Fülle schaute, wenn er sein Auge mit unermüdlicher Entschiedenheit auf ein einziges Ding richtete.

Es gab allerdings auch Beschwerden, die Giacometti ernstlich beunruhigten, gewissermaßen unnatürliche Leiden. Wenn erforderlich, das heißt, wenn seine Arbeit beeinträchtigt wurde, war der Künstler durchaus fähig, etwas zu unternehmen. Die Neuralgie wurde immer schmerzhafter und so unangenehm, daß Giacometti nicht mehr Fraenkels Tabletten nahm, sondern einen Spezialisten aufsuchte, der dem Leiden alsbald ein Ende machte. Andere Probleme ließen sich nicht so leicht beheben. Alberto wußte es, und er gehörte nicht zu denen, die sich der Unbequemlichkeit dieses Wissens entzogen.

«Heute fühle ich mich schlapp, ohne Appetit», äußerte er 1960 einmal in einem Brief. «Ich fühle mich leer, vielleicht wegen der Krämpfe im Nacken, während der letzten Tage, weil ich all diese Tabletten genommen habe. Ich hoffe, das ist die Ursache, und ich komme wieder zu Kräften. Mein ganzes Leben ist etwas losgelöst ... nein, sehne mich nach Arbeit jetzt gleich, möchte bald ruhig und zufrieden sein, aber es ist alles schwierig ... und andere Leute. Aber ich will mich unbedingt erholen, und wenn auch nur für kurze Zeit.»

Er wußte, daß mit seinem Körper kein Staat mehr zu machen war. Aber er mußte ihn beherrschen und mit ihm auskommen. Das war keine leichte Aufgabe. Um das zu erkennen, bedurfte es keines visionären Blicks. Es genügte, in den Spiegel zu schauen. Spiegel gehörten allerdings in der Rue Hippolyte-Maindron nicht zu den Hauptausstattungsstücken. In Giacomettis Atelier gab es keinen einzigen, während im Schlafzimmer einige kleine Spiegel kaum benutzt wurden.

Bemerkungen über den Verfall seines Äußeren nahm Giacometti übel auf. Er wisse, was er tue, und niemand habe ihm dreinzureden. Ein Bekannter, der meinte, Alberto sähe schlimm aus und sollte einen Arzt aufsuchen, handelte sich eine Zurechtweisung ein. Bruno zog einen Wutanfall auf sich, als er andeutete, die kompromißlose Schäbigkeit des Künstlers wirke etwas affektiert. In Fragen der Gesundheit und in allem, was damit zusammenhing, war Alberto gänzlich aufrichtig und ohne anderweitige Motivation. Er war ein vom Tode Gezeichneter. Deshalb glaubte er, daß es an seinem Aussehen nichts auszusetzen gab. Wenn Fotografen kamen, um eine Aufnahme von ihm zu machen, versuchte er, den Modellierton aus den Haaren zu streichen. Er zog die Krawatte zurecht und bürstete sein Jackett. Seine Mutter beruhigte er und sagte, daß ihm sein Aussehen nicht gleichgültig sei. Was er wirklich von seinem Aussehen erwartete, war, daß es ihn unverfälscht zeigte, und das tat es.

Isaku Yanaihara, lang erwartet, traf im Sommer 1959 in Paris ein. Aber es war nun nicht mehr alles wie zuvor. Mit den neuen Sitzungen verstärkte sich die Bindung zwischen dem Künstler und seinem Modell zusehends. Kein Zweifel, die beiden Männer teilten eine Art hoher Leidenschaft, von der die Frau ausgeschlossen war.

Bisher war Annette es gewöhnt gewesen, auf dieser Bühne der Leidenschaften die Hauptrolle zu spielen. Albertos kleine Ausflüge in die Etablissements von Montmartre waren daneben nie ins Gewicht gefallen. Jetzt aber wurde der männliche Hauptdarsteller weltberühmt, und es bahnten sich Veränderungen an. Der erste Hinweis darauf, daß die Dinge aus dem Lot geraten könnten, kam von der Figur, die ursprünglich Annettes Vertrauten hätte spielen sollen. Nicht, daß Yanaihara das Stück hätte umschreiben wollen; es verlangte ihn bloß danach, eine eigene Rolle zu spielen.

Die komplizierte Situation bedrückte Alberto. Sie steigerte noch die Schwierigkeit, die er bei der Ausübung seiner Kunst zu überwinden hatte. Für beide Probleme schien er selbst verantwortlich. Annette und Yanaihara waren für ihn unentbehrliche Modelle. Die Vertrautheit, die zwischen ihnen herrschte, konnte als etwas betrachtet werden, das Giacomettis Kunst zugute kam und von ihm gefördert worden war. Er hatte diese Vertrautheit gewünscht und gerechtfertigt. Die Möglichkeit, daß die Sache sich zum Schlechten wenden könnte, war nie in Erwägung gezogen worden.

Yanaihara kam wie eh und je zu den Sitzungen nach einem festen Plan. Jeden Nachmittag und die halbe Nacht saß er Modell und richtete seinen Blick auf den unermüdlichen Porträtisten. Wenn das Bildnis gerade zu gelingen schien, zerfiel es wieder; war es so gut wie tot, bekam es mit wenigen Pinselstrichen neues Leben. Die Porträts waren Gemälde. Erst im folgenden Jahr – in dem sich noch größere Schwierigkeiten einstellen sollten – ging Giacometti daran, von seinem Freund eine Bildnisbüste zu modellieren. Ein wichtiger Teil der malerischen Probleme entsprang der Unmöglichkeit, auf einer ebenen Fläche die genaue Wirkung dreidimensionaler Züge wiederzugeben. Seine Entschlossenheit, dies dennoch zu tun, führte dazu, daß er immer wieder an dem Bild arbeitete, wobei es an Intensität gewann, ohne daß er das gewünschte Ergebnis erreichte. Er suchte eine Grundstruktur, ein Gerüst, sagte er, etwas, worauf er bauen könne. Als Bildhauer war ihm dies selbstverständlich; als Maler mußte er um die Lösung des Problems ringen.

Aus Giacomettis Werken begann die Farbe zu schwinden. Sie verblaßte in dem Maße, wie er älter wurde und die schöpferischen Schwierigkeiten zunahmen. Der Drang zur Monochromie – Weiß, Grau, Schwarz – war keine künstlerische Wahl. Er erwuchs aus seinem Werk, nicht umgekehrt. Er hätte etwas darum gegeben, wäre es anders gewesen. Als Jüngling hatte er bunte Gemälde geschaffen. Mit wachsender Erfahrung arbeitete er jedoch auf Sicherheit hin. Farbe bemächtigt sich auf autonome Weise der Sinne und bewirkt eine unmittelbare Reaktion. Sie ist vom bewußt Erfaßbaren unabhängig und öffnet dem Betrachter die Augen für die Mehrdeutigkeit des Ausdrucks. Mit Mehrdeutigkeit wollte Giacometti nichts zu tun haben. Sein Anliegen war es, aus etwas Abstraktem, aus seiner Vision, ein Ding zu machen, das so greifbar wie nur möglich sein sollte. «Ich versuche, mit Farben zu malen», erklärte er, «aber ich kann nicht Farben auftragen, wenn ich nicht zuerst ein Gerüst dazu habe. Und auf der Leinwand dieses Gerüst zu bauen, ist schon eine unendliche Aufgabe. Von hier aus dann zum Kolorit zu kommen, scheint mir so gut wie unmöglich. Ich weiß nicht, wie man das macht, ich sehe es einfach nicht.»

Es war für Giacometti immer schwieriger geworden, zu erkennen, wann eine Arbeit vollendet war. Vollendet hieß, daß er nichts mehr an der Sache machen konnte. Wenn er zugab, daß nichts mehr daran zu tun blieb, bedeutete das für ihn nicht etwa, daß ein einzelnes Gemälde oder eine einzelne Plastik beendet war, sondern daß sie gar nicht erst hätten angefangen werden dürfen. Diese Situation war für einen Menschen ganz natürlich, für den der wichtigste

Teil der Arbeit schon seit langem immer das war, was es am folgenden Tag zu leisten galt. Er nahm diesen Teil der Arbeit vor seinem inneren Auge wahr, weil für ihn Skulpturen und Gemälde nie eine naturalistische Ähnlichkeit zur sichtbaren Realität aufzuweisen hatten. Was andere sahen, war unerheblich. Ob sie sein Werk als unvollendet oder beendet betrachteten, ihm war es gleich, weil er es im Grunde nicht auf Kunstwerke abgesehen hatte. Für ihn war bereits ein Fragment ungeheuer, da doch ein menschlicher Arm bereits der Ausdehnung der Milchstraße gleichkommen konnte.

Der Herbst rückte heran. Wieder war es Zeit für Yanaihara, nach Japan zurückzukehren. Er wollte jedoch wiederkommen. Alle machten sie Versprechungen. Aber es ist unwahrscheinlich, daß irgend jemand erwartete, es würde wieder so wie früher beginnen können. Yanaihara war jemand Außergewöhnliches gewesen, und sein Erscheinen war Giacometti außergewöhnlich gelegen gekommen. Die malerische Herausforderung hatte ihn sehr gefördert. Aber die damit verbundene Veränderung war unwiderruflich. Jeder, der Augen im Kopf hatte, konnte dies erkennen. Während sich Alberto, Annette und Yanaihara verabschiedeten, über das Vergangene nachdachten und über ihre Zukunft redeten, hatte die Vergangenheit bereits ihre eigene Disposition getroffen.

54

An einem Oktoberabend 1959 ging Giacometti nach einer späten Mahlzeit in der Coupole über den Boulevard zu einem Drink im Adrien. Zu dieser Stunde war der Geschäftsgang bereits wieder ruhiger. Die Mädchen, die noch anwesend waren, standen an der Theke herum, unterhielten sich mit Abel, dem geschwätzigen Barmann, und versuchten, die hin und wieder eintretenden Nachtbummler zu einer kleinen Flasche Champagner zu verführen. Als Alberto hereinkam, wurde die Stimmung ein wenig lebendiger. Im Adrien fand er immer Gesellschaft. Alle riefen ihn bei seinem Vornamen, ausgenommen der Barmann, der ihn Monsieur Albert nannte, und niemand wußte oder wollte wissen, womit er tagsüber beschäftigt war. Es hieß, er sei Künstler, aber das konnte in Montparnasse gar manches bedeuten. Die Leute im Adrien waren vorsichtig mit Fragen und Antworten über persönliche Dinge. Je mehr Geld einer ausgab, desto unwahrscheinlicher wurde es, daß jemand wissen wollte, wo es herkam; und Alberto gab eine Menge aus. Nach den üblichen Maßstäben des Etablissements konnte er jedoch nicht als reich gelten; denn selbst für einen Künstler war er viel zu ungepflegt und zu dürftig gekleidet. Seine Schäbigkeit sah nicht nach Verkleidung aus. Die Mädchen hatten einen Blick für solche Nuancen. Sie amüsierten sich mit Alberto um seiner selbst willen, gingen auf seine gutmütigen Neckereien ein, spürten, daß er frei von jeglicher Herablassung war, und ließen sich seine unproblematische Großzügigkeit gefallen. Fast sahen sie ihn wie jemand aus ihren Reihen an. Was er in ihnen wahrnahm, werden sie sich kaum gefragt haben.

Die Mädchen, die sich an jenem Oktoberabend zu Alberto gesellten, hießen Dany und Ginette. Er kannte sie beide gut. Sie fanden rasch Gesprächsstoff. An der Bar standen einige andere junge Frauen. Eine von ihnen schien ihm ungewöhnlich jung für einen solchen Ort. Sie trug einen grauen Prince-of-Wales-Blazer, war klein, aber wohlproportioniert, sehr hübsch, wenn nicht gar schön zu nennen, hatte braune Augen und braunes Haar. Schon bei früherer Gelegenheit war sie Alberto aufgefallen, vor allem wegen ihres Alters; er fühlte sich trotzdem von ihr angezogen, besonders von ihren Augen. Auch das Mädchen hatte Alberto bemerkt und interessierte sich für ihn. Dany, die das gegenseitige Interesse der beiden kannte, meinte, das Mädchen solle sich mit an den Tisch setzen. Gesagt, getan. Sie hieß Caroline. Ohne Scheu ließ sie sich zu einem Getränk einladen, aber es war an ihr eine gewisse Reserviertheit zu spüren, etwas Abweisendes, wie wenn sie ihre Person einsetzen konnte, ohne sich selbst ganz zu geben. An der Unterhaltung nahm sie teil, ohne daß ein Anstoß von ihr gekommen wäre.

Nach einiger Zeit entschloß man sich, ein anderes Restaurant aufzusuchen. Sie gingen zum O.K., wo um diese Zeit noch Speisen serviert wurden. Dort saßen sie lange. Als Dany und Ginette aufbrechen wollten, legte Alberto ihnen eine Handvoll Geld auf den Teller, weil es stillschweigende Voraussetzung war, daß die Mädchen ihre Zeit als Arbeitskapital einsetzten. Danach blieb Alberto mit Caroline allein. Sie unterhielten sich. Alberto konnte die Leute zum Reden bringen, weil er sie so zu sehen trachtete, wie sie waren. Caroline reagierte entsprechend. Um sechs Uhr morgens verließen sie das Lokal. Draußen dämmerte es. Zusammen gingen sie den Boulevard hinunter. Als sie an den Platz vor dem Bahnhof Montparnasse kamen, war das Café an der Ecke geöffnet.

«Komm», sagte Caroline, «ich lade dich zu einer Tasse Kaffee ein.»

Alberto fragte: «Warum willst du einem häßlichen alten Mann wie mir einen Kaffee bezahlen?»

«Ich habe eben Lust dazu», meinte sie.

So betraten sie das Café und blieben dort noch bis um neun Uhr in ihr Gespräch vertieft.

Weder Caroline noch Alberto ahnten, auf was sie zusteuerten, als sie an jenem Morgen aus dem Café Dupontparnasse heraustraten. Zufällige Begegnungen gehörten für sie beide zum normalen Alltag. Aber jeder auf seine

Weise wußte aus Gewohnheit das Auftreten anderer Menschen scharfsichtig einzuschätzen. So mochte ihnen eine erste Einsicht gekommen sein. Nach stundenlangen Gesprächen, bei denen vertrauliche Dinge leichter über die Lippen kamen, weil die Scheu gewichen war, wäre das einleuchtend gewesen. Aber sie konnten die Dinge auf sich beruhen lassen.

Die Gelegenheit einer erneuten Begegnung bedurfte keiner Planung. Sie kam wie nach dem Gesetz der natürlichen Auslese. Und wie nach demselben Gesetz führte sie der Rhythmus und Zweck ihrer Begegnung bald immer enger zueinander. Wann und in welchem Maße sie ein Liebespaar wurden, bleibt erwartungsgemäß im dunkeln. Alberto sprach fast zu bereitwillig von der Unerreichbarkeit sexueller Erfüllung, während Caroline aus begreiflichem Interesse das Gegenteil behauptete. Wie immer dem auch gewesen sein mag, eine Befriedigung ganz wesentlicher Art muß es gegeben haben, und ein Aspekt dabei war fraglos sexueller Natur. Wie wir sehen werden, gab es Teilbereiche der Lust, die Alberto noch aus anderer Sicht erlebte.

Die Cafés, Bars und Nachtclubs von Montparnasse bildeten in gewissem Sinne einen Mikrokosmos, in dessen ständiger Bewegung und Ungreifbarkeit es kaum möglich war, Wirklichkeit und Künstlichkeit zu trennen. Wer eine derartige Unterscheidung vornehmen wollte, fand hier ein Beobachtungsfeld, wie dazu geschaffen, das Erkennungsvermögen eines Menschen auf die Probe zu stellen. Natürlich hatte Alberto seinen Blick fest auf dieses Problem gerichtet, und das galt ebenso für Caroline, mag es angesichts der folgenden Ereignisse auch unglaubhaft klingen. Was sie von ihrem Leben erzählte, wird immer mit Zweifeln behaftet bleiben, aber nie ließ sie in ihrer Bereitschaft nach, die Verantwortung für ihre Lebensweise zu übernehmen. Es läßt sich nicht klären, wieviel Alberto über Carolines Lebensumstände in Erfahrung gebracht hat und wann das geschah. Unlösbar ist auch das Problem, wieviel Wahres es tatsächlich bei Caroline zu entdecken gegeben hätte.

Zunächst einmal war Caroline nicht ihr wirklicher Name, obwohl sie sich gerne so nennen ließ. Den Namen hatte ihr ein Bekannter gegeben, dessen Tochter Caroline hieß. Sein Gefallen an dem Namen und ihre Vorliebe für ihn mögen etwas damit zu tun haben, daß er «eine Frau unter einfachen Leuten» bedeutet. Carolines wirklicher Name war Yvonne, vom Klang her vielleicht nicht so lebendig, aber angenehm und ohne besondere Bedeutung. Wenn Yvonne es jedoch vorzog, als Caroline bekannt zu sein, ist Caroline der Name, den sie verdient. Ihr Nachname war weniger wohlklingend als Yvonne und tut hier nichts zur Sache. Sie wurde im Mai 1938 in einer kleinen Provinzstadt nicht weit von der Atlantikküste geboren. Wenigstens so viel ist sicher. Alles andere ist ohne letzte Überprüfung ungewiß, da es auf ihrer eigenen Darstellung beruht. Wie es scheint, war sie eines von vielen Kindern. Die Familienbande waren locker, und das Mädchen fühlte sich unerwünscht. Schon in früher Jugend wurde sie in ein Internat gesteckt, sie lernte wenig und verließ bald die Schule. Ihre Eltern hatten inzwischen eine Wohnung in einer Industrie-Vorstadt von Paris. Nur kurz blieb sie bei ihnen, ehe sie ihrer eigenen Wege ging und sich anschickte, ein Leben zu führen, von dem sie voraussah, daß nur sie selbst es in der Hand haben würde, es leicht und frei zu machen. Der Wunsch einer so jungen Person, unabhängig und im Wohlstand zu leben, brachte sie bald in Schwierigkeiten. Man steckte sie in eine Erziehungsanstalt, aus der sie erst nach einem ernstzunehmenden Suizidversuch freikam. Ihr Vater war in dieser Hinsicht erfolgreicher: Nachdem er als Zuhälter in der Nähe der Bastille keine Geschäfte mehr machen konnte, hängte er sich im Alter von siebenundvierzig Jahren an einem Ledergürtel auf. Caroline zog es zu einem reputierlicheren Stadtviertel, wenn auch nicht zu den reputierlicheren Leuten, die dort lebten. Daß sie sich in so jugendlichem Alter in den Bars von Montparnasse herumtrieb, hatte bereits die Behörden beschäftigt, bevor sie Alberto auffiel. Aber dies war kein leicht zu lösendes Problem. Zu Zeiten des Sphinx war alles anders gewesen. Jetzt war ein Einschreiten schwierig. Im heiratsfähigen Alter war ein Mädchen nur noch sich selbst gegenüber verantwortlich.

Die Beziehung zwischen dem achtundfünfzigjährigen Künstler und der einundzwanzigjährigen Prostituierten wurde bald eine Affäre, die ihre eigene Dynamik entwickelte. Beide spürten ihre Bedeutung, aber es gab noch keine Auswirkungen auf die Art Leben, wie sie es vor ihrer Begegnung geführt hatten. Alberto setzte seine Arbeit fort wie gewohnt. Er hatte erst kürzlich mehrere überlebensgroße weibliche Figuren für den Chase-Manhattan-Platz begonnen. Die kleinste war fast zwei Meter vierzig hoch. Während er arbeitete, kletterte der Bildhauer ständig eine Stehleiter hinauf und hinunter, wobei er den ganzen Raum und sich selbst mit Gips bekleckerte. Caroline ihrerseits, wenn sie nicht mit Alberto zusammen war, führte ihr gewöhnliches Leben, das sie «so leicht und frei wie möglich» zu machen gedachte. Anscheinend haben sie sich beide nicht als verantwortlich gebunden gefühlt. Sie trafen sich nachts. Alberto hatte schon längst sein Recht auf völlige Unabhängigkeit nach Einbruch der Dunkelheit durchgesetzt, ob dies nun seine Frau, seinen Bruder oder seine Freunde betraf. Die Vertrautheit mit Caroline wuchs. Man fragt sich, worüber sie gesprochen haben können, er so subtil und kultiviert wie ein Doge oder ein Mandarin, während sie mit ihrer Unbildung keine Ahnung von Kunst hatte und sich auch nicht im geringsten dafür interessierte. Albertos Beredsamkeit war bekannt. Caroline ließ sich von ihm hinreißen. Sie erklärte, die Wahrheit hätte etwas Erregendes für sie. Wie das gemeint war, blieb stets zweifelhaft, aber sie hatte persönliche Wertvorstellungen und nahm für sich in Anspruch, eine Frau zu sein, die niemals doppelzüngig war. Eine solche Begegnung muß faszinierend gewesen sein für einen Mann von Albertos ethischem Feingefühl. Angesichts dessen, was er schließlich über Caroline erfuhr, wundert man sich, daß er es mit ihr bis zum Ende durchgehalten hat.

Getreu ihren Maßstäben hielt Caroline nicht mit ihren Erfahrungen hinter dem Berg. Sie ließ Alberto wissen, daß sie ihren Lebensunterhalt nicht ausschließlich aus männlicher Großzügigkeit gewann. Das war bloß die Oberfläche. Darunter gab es dunkle Schleichwege, die direkt in die Unterwelt führten. Sie war Komplizin von Gangstern, Dieben und Hehlern. Raub war für sie nichts Besonderes. Nach ihren Worten hatte sie sich sowohl in Paris wie auch in der Provinz entsprechend betätigt. Schußwaffen vermied sie angeblich und empfahl diskretere Mittel. Sie konnte die genaue Stelle am Hals zeigen, wo ein Messerstich die sicherste Wirkung tut. Nicht daß sie zur Gewalt neigte. Aber im Notfall mußte man auch unglückliche Folgen in Kauf nehmen. Alberto hörte diesen Geschichten begeistert zu. Sollte sie nur ein Garn gesponnen haben, was hätte es geändert? Das Mädchen saß vor ihm und erzählte. Er konnte sie anschauen. Sie war berührbar. Was sie sprach, war die von ihr geprägte Wahrheit. Er fühlte sich hingerissen. Wider alle Erwartung hatten sie etwas Gemeinsames. Auch für ihn war es Ehrensache, nie zu betrügen. Praktische Probleme mögen einen Teil ihrer Unterhaltungszeit in Anspruch genommen haben. Auch Alberto gab persönliche Erfahrungen preis, wobei Caroline begierig zuhörte. Sie war vielen Männern begegnet, und sie vermochte zu erkennen, daß sie einen vor sich hatte, dessen Wesen ganz anders war. Sie nahm das Besondere an ihm wahr und ergriff ungestüm die Gelegenheit, die Voraussetzungen ihrer Wichtigkeit in seinen Augen auf die Probe zu stellen. Sie ging so weit, Alberto vor die Wahl zwischen ihr und einer Göttin zu stellen.

Göttinnen begegnet man nicht alle Tage. Diese eine aber war eine aus Fleisch und Blut: Marlene Dietrich. Als Gottheit war sie doppelt überzeugend, da sie durch und durch als ein Geschöpf der Vorstellung existierte. Es spielte überhaupt keine Rolle, daß Hollywood ihr Firmament war und daß ihre Tempel aus Flitter bestanden. Sie war eine Femme fatale ohne Alter, eine Sirene, eine mythische Männerfresserin. Dieses Bild von ihr war dreißig Jahre lang verbreitet und – wie sie selbst – zum Kultgegenstand erhoben worden. Giacometti, als begeisterter Kinogänger, war sich dessen gewiß bewußt. Und natürlich verstand er, wie es Filme auf ihre Weise vorführen, daß eine Frau gleichzeitig ein Idol, eine Kunstfigur, eine visuelle Schöpfung und eine «wirkliche» Person sein kann.

Marlene Dietrich war eine wirkliche Person. Wenn sie in überhohem Maße Opfer auf dem Altar der Künstlichkeit brachte, dann hat niemand außer dem Publikum etwas davon gehabt. In ihrem Talmi-Himmel lebte die Filmgöttin einsam, enttäuscht und weltmüde. Sie sehnte sich nach den Tröstungen echter Kunst. «Mein Abgott», ließ sie wissen, «ist Cézanne.» Aquarelle von ihm hingen in ihrer Wohnung. Gewissenhaft besuchte sie Galerien und Museen. Im Museum of Modern Art in New York fiel ihr einmal die

Skulptur eines Hundes von Alberto Giacometti auf, in die sie sich verliebte. Dieser Hund ist eine Plastik, in die man sich leicht verlieben kann – ein wenig melancholisch ist es, wie da der beste Freund des Menschen beschworen wird –, und man muß wissen, daß Giacometti den Hund mit seiner eigenen Person gleichsetzte. Er sah sich selbst so durch den Regen laufen. Marlene Dietrichs Begeisterung für den *Hund* war so groß, daß sie sich entschloß, den Schöpfer der Plastik kennenzulernen.

Am 20. November 1959 traf der Weltstar in Paris ein. Vierundvierzig Gepäckstücke hatte die Dame bei sich, und zweihundert Journalisten warteten auf sie. In ihrer hochmütig-gebieterischen Art erschien sie wie gewöhnlich als die Verkörperung des glanzvollen Zaubers, der das schwache Geschlecht unverwundbar macht. Sie war zu einem groß angekündigten Engagement am Théâtre de l'Etoile gekommen. Durch Vermittlung eines gemeinsamen Bekannten wurde eine Begegnung mit Giacometti arrangiert. Die Göttin warb um den Künstler. Sie begab sich in sein Atelier und saß dort im Staub, während er oben auf seiner Stehleiter hockte, Gips auf die hohen Figuren packte oder ihn wieder herunterhackte. Man fragt sich, mit welchen Augen die erfahrene Betörerin jene Frauen anschaute, die da vor ihr Gestalt wurden, aber auch umgekehrt, wie sie sich dem Blick des Bildhauers dargestellt haben mag, als er von der Höhe seiner Leiter auf sie herabsah.

Sie fühlten sich zueinander hingezogen. Im Café an der Ecke der Rue Didot erkannte niemand die berühmte Schauspielerin. Sie konnten ungestört miteinander reden – wenn auch nie lange. Die Dietrich war immer in Eile. Sie traf Verabredungen, hielt sie dann nicht ein, schickte statt dessen riesige Sträuße roter Rosen, Telegramme und hastig hingeworfene Zeilen – «Ich denke an Sie, Marlene.» Was sie dabei wirklich dachte, blieb allerdings wundersam dunkel. Vermutlich waren ihre Empfindungen so echt und einfach wie das grüne Gras, aber sie fand nie die Zeit, von ihrem Sockel herabzusteigen und ihre Gefühle gedeihen zu lassen. Der Lärm der Massenanbetung hielt sie fern und machte sie verlockend unerreichbar. Der Künstler war fasziniert. Er lobte ihre Persönlichkeit, ihre Intelligenz, und mit verhaltener Freude gab er in vertrautem Kreise zu verstehen, daß er ihre Bekanntschaft gemacht hatte. In einem Brief an die Mutter heißt es sogar, daß er mit der Dietrich «eng» befreundet sei.

Caroline wollte das Erscheinen der Zelluloidgöttin überhaupt nicht gefallen, obwohl sie doch hätte wissen müssen, daß die Wahrscheinlichkeit gleich Null war, es könne zwischen dem Künstler und der Schauspielerin «etwas» geben. Auch Carolines Beruf setzte Vertrautheit mit der Fähigkeit voraus, einen Schein zu erwecken. Auf ihre Weise mag sie darin so bewandert gewesen sein wie die Dietrich. Vielleicht fühlte sie sich deshalb beunruhigt. Jedenfalls protestierte sie. Sie ging noch weiter. Sie forderte Alberto auf, ihr zu beweisen, daß sie wichtiger für ihn sei als die Schauspielerin. Das war kühn. Es war auch ingeniös. Sie verlangte, daß Alberto eine Verabredung mit der Dietrich nicht einhalten sollte, und erstaunlicherweise tat er ihr den Gefallen. Sein Zugeständnis entsprach der Forderung. Wer könnte sich vorgestellt haben, daß er, indem er einwilligte, nicht bloß eine Göttin auf ihrem Sockel stehen ließ, sondern dabei war, eine Gestrauchelte emporzuheben.

Giacometti gab seinen Kontakt mit der Dietrich freilich nicht gänzlich auf. Groß kann die Zahl der Begegnungen jedoch nicht gewesen sein, da die Bekanntschaft insgesamt weniger als einen Monat dauerte. Dennoch, seine Bewunderung war echt. Dafür wollte er einen Beweis bringen. Ihr Kommen und Gehen war zu unvorhersehbar, als daß ein Porträt möglich gewesen wäre. So schenkte er ihr eine seiner Skulpturen, eine kleine Figur in Gips. Er trug sie an einem regnerischen Sonntagnachmittag zu ihrem Hotel in der Rue de Berri. Es war ein Abschiedsgeschenk, denn die Künstlerin sollte Paris zwei Tage später verlassen. Zehn Tage danach erhielt Giacometti ein Telegramm aus Las Vegas, in dem sie ihm ein glückliches neues Jahr wünschte. Er sah die Dietrich nie wieder. Falls sie an ihn dachte, war davon nichts zu merken. Rosen und Telegramme schickte sie nicht mehr. Vier Wochen später war sie wieder in Paris. Giacometti erfuhr davon, hörte aber nichts von ihr. «Glücklicherweise», war sein Kommentar.

Wir wissen nicht, was Annette über diese neuen Frauen und Gefühle im Leben ihres Mannes gedacht haben mag und wieviel sie davon überhaupt wußte, obwohl Alberto sich wie immer freimütig äußerte. Annette war zu sehr mit ihren eigenen Sorgen beschäftigt. Seit Yanaiharas Abreise fühlte sie sich so erschöpft, daß sie dringend verreisen wollte, um sich zu erholen. Glücklicherweise hatte sie seit kurzem eine Freundin, zu der sie fahren konnte.

Paola Thorel war die Tochter eines reichen Unternehmers aus Neapel. Alain, ihr Mann, war sogar noch reicher. Sie lebten luxuriös in der Rue de l'Université und besaßen ein Landgut in der Nähe von Paris. Monsieur Thorel wünschte sich ein Porträt seiner Frau und hatte daran gedacht, Balthus als Maler zu wählen. Seiner Frau jedoch gefiel der Gedanke an die Porträtsitzungen bei dem raffinierten Grafen überhaupt nicht. Sie war sowohl intelligent und empfindsam als auch lebhaft und schön. Nachdem sie einen Artikel über Giacometti gelesen hatte, entschied sie, wenn sie schon für ein Porträt Modell sitzen müsse, sollte es von Alberto Giacometti ausgeführt werden. So kam es, daß sie sich im Herbst 1957 in der Rue Hippolyte-Maindron vorstellte. Das war die kritische Zeit, in der Giacometti am meisten darunter litt, daß die Bildnisse von Yanaihara nicht so überzeugend gediehen, wie er das wünschte. Er fühlte sich nicht in der Verfassung, das Bildnis einer Unbekannten in Angriff zu nehmen, wie schön sie auch immer sein mochte. Der Künstler erklärte, er sei unfähig, ein richtiges Porträt anzufertigen. Schlimmer noch, er sei nicht einmal in der Lage, die Dinge richtig zu machen, die er auszuführen versuche, was heißen sollte, er hätte sie gar nicht erst beginnen sollen, und so weiter. Paola war nicht enttäuscht. Das Porträt war die Idee ihres Mannes gewesen, nicht die ihre. Aber sie war von Giacometti fasziniert und besuchte ihn manchmal in seinem Atelier. Nach einigen Besuchen sagte ihr der Künstler – widersprüchlich wie immer –, daß er nichts so gerne beginnen würde wie ihr Porträt. Es sollte eine Plastik werden, kein Gemälde, und sie müsse sich auf zahlreiche Modellsitzungen gefaßt machen.

Acht Monate lang saß sie dreimal wöchentlich Modell. Es entstand eine enge Freundschaft zwischen Madame Thorel und dem Ehepaar Giacometti, wobei die Sympathie zwischen Paola und Annette überwog. Sie trafen sich oft, gingen zusammen ins Kino, in Cafés und Restaurants. Ihr Gesprächsstoff ging nie aus, weil Paola Thorel mit den Irrungen und Wirrungen zwischen Alberto und seiner Frau vertraut war. Mitfühlend konnte Paola von ihren eigenen Erfahrungen berichten, weil sich auch Alain Thorel nicht als idealer Ehemann erwies, ungeachtet seines Wunsches, seine Frau in einem Kunstwerk idealisiert zu sehen. Mit dem Porträt ging es nicht so gut voran wie mit der Freundschaft, und Giacometti stellte die unvollendete Büste schließlich zurück, um sich gänzlich den vier großen Frauen, den zwei großen Schreitenden und dem monumentalen Kopf von Diego zu widmen, die er sich für den Chase-Manhattan-Platz vorstellte. Madame Thorel blieb aber sehr gegenwärtig, und auf ihren Landsitz zog Annette sich zurück auf der Suche nach Erholung und Vergessen.

Es ist möglich, daß die Frau des Künstlers nichts über die Heimsuchung durch die Hollywoodgöttin erfuhr. Wahrscheinlich kümmerte sie sich nicht darum. In dem Maße, wie Alberto berühmt wurde, mußten Begleiterscheinungen in Kauf genommen werden. An demselben Tag, als Giacometti bei der Dietrich seinen Abschiedsbesuch gemacht hatte, nahm er den Zug und fuhr nach Clermont, um mit seiner Frau und deren Gastgebern zu speisen und dort zu übernachten. Er war froh, Annette seelisch und körperlich erholt anzutreffen. Nie verlor er seine zärtliche Besorgtheit um sie und empfand immer eine Verantwortung für ihr Wohlbefinden.

Irgendwann im Winter 1959/60 lud Alberto Caroline zu einem Besuch in sein Atelier ein. Niemand, der diesen Ort betrat, konnte umhin, mit Verwunderung um sich zu blicken. Die Gründe für solche Verwunderung waren so verschieden wie die um sich blickenden Personen. Caroline hielt nicht Ausschau nach Anzeichen geistigen Reichtums. Sie stand mit beiden Füßen auf dem Boden und war sehr irdisch interessiert. Damals wohnte sie bequem im Hôtel de Sèvres, nicht weit von Montparnasse. Obwohl es in dem Hotel nicht luxuriös zuging, bot es doch mehr Bequemlichkeit als die Rue Hippolyte-Maindron. Als Caroline die Wohnung des Künstlers sah, muß sie sich einige ernste Fragen gestellt haben. Wenn Alberto auch noch so viel Geld im Adrien ausgab, so war es durchaus möglich, daß dies alles war, was er besaß. Andererseits scheint sie von Anfang an gespürt zu haben, daß er mehr als Geld zu bieten hatte. Als Frau mit starken Gefühlen, die plötzlichen Impulsen nachgab, war sie zur Spielerin geworden. Sie behauptete, es käme nicht darauf an, ob der Spieler gewinne. Alles, was zählte, sei das Gefühl im kritischen Moment.

Diego brauchte Caroline nur einmal anzuschauen, um zu wissen, daß er von ihr nichts hielt. Nach fünfunddreißig Jahren Montparnasse hatte er Menschenkenntnis genug und erkannte, wen er vor sich hatte. Caroline begann, regelmäßig zum Atelier zu kommen. Dabei fuhr sie ein großes amerikanisches Auto. Für Diego gab es keinen Zweifel, daß es ein gestohlenes Fahrzeug war. Er riet seinem Bruder zur Vorsicht. Der schlug den Rat in den Wind und meinte, die Sache mit dem gestohlenen Wagen sei eine ungerechte Unterstellung. In Wirklichkeit wußte er, daß die Vermutung sehr wahrscheinlich richtig war. Caroline unterhielt ihn mit Geschichten von ihren dubiosen Abenteuern. Hin und wieder verschwand sie für ein, zwei Tage. Nach ihrer Rückkehr erklärte sie, sie sei in irgendeiner Provinzstadt gewesen, um einige Läden auszurauben. Alberto war hingerissen von diesen Offenbarungen aus dem Leben in der Unterwelt. Er konnte gar nicht genug davon hören und drängte die unwiderstehliche Abenteurerin, mit ihren Geschichten fortzufahren. Ihr machte es Vergnügen.

Annette nahm zunächst wenig Notiz von Caroline. Im Unterschied zu Diego scheint sie die neue Erscheinung nicht als Gefahr erkannt zu haben. Vielleicht dachte sie, die junge Frau würde recht gut die Rolle ausfüllen, die ihr beschwerlich geworden war, und statt ihrer Modell stehen. Annette war sechsunddreißig Jahre alt, ihr Mann nahe an die Sechzig. Fast zwanzig Jahre waren sie zusammengewesen. Es war töricht, anzunehmen, ein junges Ding von einundzwanzig Jahren könnte sie trennen, besonders eine Person, wie man sie jede Nacht im Adrien antreffen konnte. Ein Hauptproblem mag also darin bestanden haben, daß Annette Caroline nur in ihrer äußeren Erscheinung wahrnahm. Sie war freundlich und umgänglich, solange alles im normalen Rahmen blieb. Anfänglich machte sie Caroline sogar manchmal kleine Geschenke. Doch allmählich wurde Carolines gelegentliche Anwesenheit im Atelier zu einer Regel.

Ende Februar fuhr Giacometti zu einem Besuch nach Stampa. Annette begleitete ihn nicht. Sie blieb lieber ruhig in Paris, als ihre Zeit in dem Tal ohne Sonne in der Wohnung der peinlich ordentlichen Schwiegermutter zu verbringen. Alberto reiste alleine ab und machte einige Tage Station bei Bruno und Odette in Zürich. Es scheint, als ob er sich dort mit Caroline verabredet hätte; aber sie kam nicht zur festgesetzten Zeit. Für jemanden, der als Treuebeweis den Bruch einer anderen Verabredung verlangt hatte, begann sich Caroline als recht unverläßlich zu erweisen. Sie ließ Alberto oft wegen Nichtigkeiten warten. Aber sie hatte stets das Alibi ihrer Verantwortlichkeit gegenüber irgendwelchen anonymen Individuen, die für ihren Lebensunterhalt aufkamen, oder sie konnte die abenteuerlichen Umstände des Lebens in der Unterwelt vorschützen. Alberto ärgerte sich, aber er wartete weiter. In Zürich saß er im Café Odéon wie ein Jüngling, der zum erstenmal verliebt ist, hielt die Augen in ständiger Erwartung auf die Eingangstür gerichtet und fuhr jedesmal auf, wenn sie sich öffnete.

Es war ganz in ihrem Stil, daß Caroline zu spät kam. Sie fragte in den Hotels nach Giacometti. Vergebens. Sie rief Bruno Giacometti an. Der gab ihr eine Nummer, unter der sein Bruder möglicherweise erreichbar gewesen wäre. Dort meldete er sich aber nicht. Die Enttäuschung lag nun bei ihr. Sie wartete vier Tage. Dann hinterließ sie eine kurze Nachricht bei Bruno und fuhr nach Paris zurück.

Alberto war wohlbehalten in Stampa angekommen. Dort erhielt er Carolines Botschaft. Spät nachts am 1. März 1960 setzte er sich hin, um ihr zu schreiben. Er fand es schwer, heißt es in seinem Brief, ihr von Stampa zu schreiben. Es ist begreiflich, daß von dort aus gesehen Caroline nicht im Licht der Pariser Verzauberung erschien. Aber er konnte sie sich trotzdem vorstellen, sagte er, in ihrem Wagen, auf der Straße, ein wenig überall.

Noch vor Ende des Monats gehörte der Künstler wieder seinem Pariser Leben, seiner Arbeit, seiner Frau, seinem Bruder und Caroline. Nach der kurzen Trennung hielten sich die wiedervereinten Liebenden erst recht verbunden.

Dann verschwand Caroline. Da gelegentliche Zeiten der Abwesenheit durchaus an der Tagesordnung waren, schien das zunächst nichts Ungewöhnliches zu bedeuten. Aber die Tage, besser gesagt, die Nächte vergingen eine nach der anderen, ohne ein Lebenszeichen von ihr. Dieses anhaltende Fernbleiben von den üblichen Gefilden ihrer Existenz war seltsam quälend und beunruhigend. Giacometti begann sich Sorgen zu machen. Nachfragen waren vergebens. Im Hôtel de Sèvres wußte man nichts, weder der Besitzer noch die Angestellten. Carolines Zimmer und ihre wenigen Sachen waren genauso, wie sie sie irgendwann in der ersten Aprilwoche zurückgelassen hatte. Der Barmann im Adrien, sonst eine unerschöpfliche Informationsquelle, wußte nichts. Dany, Ginette und die anderen Mädchen behaupteten, sie hätten keine Ahnung. Es verging eine Woche, noch eine und eine dritte. Kein Zweifel, das Mädchen war tatsächlich verschwunden. Alberto gab sich alle erdenkliche Mühe und suchte überall. Doch es half nichts. Er geriet in Panik. Es schien, wie wenn Caroline in eine andere Welt versetzt worden wäre. Und genau dies war geschehen. Merkwürdig ist, daß Giacometti nicht sofort daran gedacht hatte. Sie saß im Gefängnis.

Giacometti konnte ungewöhnliche Überredungskünste aufbieten. Seine Beharrlichkeit kannte keine Grenzen, wenn für ihn etwas auf dem Spiel stand. Mit dieser Ausdauer bekam er schließlich heraus, wo Caroline steckte. Dany, die sie zusammengeführt hatte, war auch diesmal die Informantin. Über «unterirdische» Beziehungen hatte sie in Erfahrung gebracht, daß Caroline Anfang April verhaftet worden war. Mehr als drei Wochen war sie im städtischen Frauengefängnis La Petite Roquette eingesperrt. Kaum hatte Giacometti erfahren, wo sie sich befand, schrieb er ihr einen Brief. Es war der 2. Mai 1960. Er saß an demselben Tisch, an dem sie sich das letzte Mal gesehen hatten. Sechs Monate seines Lebens passierten Revue in seiner Vorstellung. Er flehte sie an, an ihn und seine Freundschaft zu glauben. Sie könne auf ihn zählen, solange er atme. Sie hätte keine Vorstellung davon, wieviel er ihr verdanke, hieß es am Schluß.

Er unterzeichnete mit seinem vollen Namen und seiner Adresse. Nicht daß sie sie vergessen haben würde; aber als Beweis seiner Einsatzbereitschaft, sowohl vor ihren Augen wie vor denen der Behörde.

Obgleich sie im Gefängnis saß, hatte Caroline nichts von ihrer Selbstsicherheit eingebüßt. Sie antwortete umgehend – und scharf. Es gefiel ihr nicht, daß er ihren Aufenthaltsort herausgefunden hatte, besonders wegen der offensichtlichen Vertrautheit mit der Person, die ihn informiert hatte. In einer Situation, in der sie mehr denn je auf Freundschaft angewiesen war, hatte Caroline die Stirn, diese Freundschaft in Frage zu stellen. Sie war an eine Welt gewöhnt, in der Betrug zum Überleben gehört, und Caroline nahm ihn als selbstverständlich an. Das heißt, sie hatte nicht die geringste Vorstellung von Albertos Freundschaft. Sie mag sich mancher Verbrechen schuldig gemacht haben; aber diesen Mangel ihres Vorstellungsvermögens darf man Caroline nicht vorwerfen. Keine Macht der Welt hätte ihr den Blick dafür öffnen können, was Alberto ihr zu bieten hatte. Was er ihr verdankte, wußte sie gewiß nicht – darin hatte er recht –, aber die Zeit sollte für den Ausgleich sorgen. Vorerst jedenfalls machte sich die reuelose Gefangene weniger Gedanken über ihre Situation als über den Verdacht, Alberto sei ihr nicht treu. Das Eingesperrtsein steigerte diesen Verdacht. Alberto beeilte sich, sie mit Bitten, Erklärungen und Versicherungen zu besänftigen. Er schrieb einen Brief nach dem anderen; einige schickte er ab, andere nicht.

Er nähme die Schuld auf sich, heißt es da. In seiner Entschlossenheit, Carolines Aufenthaltsort herauszufinden, habe er Dany bedrängt. Der Verdacht jeglicher anderer Untreue sei absurd. Nichts sei geschehen, was Eifersucht rechtfertigen würde. Niemand könne in bezug auf ihn eifersüchtig sein. Sie wisse sehr wohl, daß seine Vorstellung von Liebe ganz anders sei, als was man sonst darunter verstünde. Aber er könne ihr das viel besser erklären, sobald er sie wiedersähe.

Das Gefängnis La Petite Roquette ist später abgerissen und seine Geschichte vergessen worden. Aber diese Geschichte hat einen interessanten Aspekt. Selbst für eine so uralte Stadt war dieser Ort auf besondere Weise mit der Nähe zu Sünde und Tod beladen. Der Komplex, in dem damals die Gesetzesübertreterinnen inhaftiert wurden, hatte vormals dazu gedient, Frauen, die einzig dem Gesetz Gottes dienen wollten, vor der Bosheit der Männer zu schützen. Das Gefängnis stand auf dem Gelände eines ehemaligen Nonnenklosters. Direkt dem Haupteingang gegenüber waren bis zur Jahrhundertwende öffentliche Hinrichtungen vollzogen worden. Am Ende der Straße, keine dreihundert Schritt entfernt, befand sich das Portal des Friedhofs Père Lachaise, wo viele berühmte Männer und Frauen begraben liegen. So kam es, daß Caroline hinter Mauern inhaftiert war, die die Vorstellung auf eigentümliche Weise anzuregen vermochten.

Nachts, zu Zeiten, die sie miteinander zu verbringen gewohnt waren, fuhr Alberto zur Rue de la Roquette und ging vor dem Gefängnis auf und ab. Zwischen den Toren und der Straße lag ein Park mit Platanenreihen, durch deren Blätter die Straßenlaternen Schatten auf die hohen Wände warfen, so daß der Künstler sich fast wie in einem dichten Wald vorkommen konnte, in dem er umherlief oder vielmehr umherhinkte.

Die Länge von Carolines Haft ohne Prozeß scheint darauf hinzuweisen, daß sie des ihr zur Last gelegten Vergehens schuldig und auf frischer Tat ertappt worden war. Was die eigentliche Tat betraf, so herrscht, wie in den meisten anderen Dingen bei Caroline, Ungewißheit. Nach offizieller Angabe hatte sie einen Diebstahl begangen, während sie bei verschiedenen Gelegenheiten etwas anderes behauptete. Beim Planen von Verbrechen war sie kühner als bei ihrer Ausführung. Das machte es aber nicht leichter, sie aus dem Gefängnis herauszuholen. Alberto versuchte, in den Besuchsstunden mit ihr zu reden, aber es waren nur Verwandte zugelassen. In seiner Not wandte sich Giacometti an seinen Freund Clayeux. Der Direktor der Galerie Maeght hatte einflußreiche Verbindungen, die aus einer zehnjährigen Dienstzeit an der Préfecture de la Seine stammten. Clayeux brachte ein Treffen Giacomettis mit dem Beamten zustande, der Carolines Fall bearbeitete. Der hatte von dem Künstler gehört, empfing ihn respektvoll, gab aber seine Verwunderung darüber zu verstehen, daß sich eine prominente Persönlichkeit wie Giacometti um eine so unwürdige Person kümmere. Der Künstler ließ sich nicht darauf ein, mit einem Angehörigen der Polizei über sein Verhältnis zu Caroline zu sprechen. Er erklärte höflich, es gäbe in diesem Fall Gründe, darüber hinwegzusehen, was andere davon halten könnten, und er sei entschlossen, alles zu tun, damit Caroline aus dem Gefängnis entlassen werde.

Bedenkt man Giacomettis Ansehen, die Stellung und die Beziehungen seiner Freunde und schließlich noch die Anpassungsfähigkeit der Justiz, so war es durchaus machbar, einen Häftling zu entlassen. Der Beamte war aber ein Mann mit langer Erfahrung. Er wußte, daß bei Häftlingen wie Caroline das Hinwegsehen über die Meinung anderer sehr teuer zu stehen kommen konnte. Er fand Giacometti eindrucksvoll und liebenswürdig, aber auch naiv und weltfremd, und er fühlte sich verpflichtet, darauf hinzuweisen, daß Caroline und ihre Komplizen gefährlich, zerstörerisch und völlig skrupellos seien. Giacometti amüsierte sich im stillen, hörte aber höflich zu. Der Beamte und der Künstler waren nicht dazu geschaffen, sich zu verstehen. Wo der eine nur Schuld sah, suchte der andere nach Vergebung.

Am 20. Mai 1960, sechs Wochen und zwei Tage nach ihrer Verhaftung, wurde Caroline ohne gerichtliches Verfahren aus dem Gefängnis entlassen. Sie fuhr sogleich nach Montparnasse, machte sorgfältig Toilette und erschien zum Abendessen in der Coupole. Sie hatte kaum etwas bestellt, als Alberto mit Pierre Matisse hereinkam. Der Künstler war fassungslos, als er Caroline sah, und sagte dem Kunsthändler sofort gute Nacht. Der beobachtete verwirrt und besorgt, wie der Künstler und die Prostituierte gänzlich alles um sie her vergaßen.

Die enge Vertrautheit zwischen Alberto und Caroline kann demnach als eine Affäre mit einem genauen Anfang betrachtet werden. Vor dieser Nacht im Mai war sie nur möglich, nicht entschieden gewesen. Indem Caroline aus seinem Gesichtsfeld verschwand, bot sie dem Künstler eine Gelegenheit, seine Fähigkeit zu beweisen und sie zurückzuholen. Es war die Chance eines Lebens. Für beide. Wenn er sie aus dem Vergessen zurückzuholen vermochte, dann konnte er sie auch in die Ewigkeit mitnehmen. Was sie betrifft, so hatte sie ihm bewiesen, daß sie eine echte Figur aus der Unterwelt war, da sie ihm erlaubte, sie wieder heraufzuholen. So konnten sie beide über sich hinauswachsen, indem sie einfach das waren, was sie in ihrer Beziehung zueinander darstellten.

Von nun an wurde Caroline Giacomettis wichtigstes Modell.

55

Zu spät erkannte Annette, welche Bedeutung die für unbedeutend gehaltene Sache mit Caroline erlangt hatte. Aber es hätte wohl niemand vorhersehen können, daß es zu einer solchen Situation kommen werde. Giacomettis Umgang mit Prostituierten, all sein Gerede über ihre reine, Ehrfurcht erweckende Göttlichkeit: das alles hatte eher wie eine Spinnerei gewirkt, die irgendwie der schöpferischen Leistung zugute kam, nicht als etwas, das sich im wirklichen Leben auswirken könnte. Aber nun saß diese Hure im Atelier, und Alberto schaute sie an, als ob sie auf einem Thron säße. Es war lächerlich. Schlimmer noch, es war peinlich und führte zu heftigen Szenen und Vorwürfen.

Die Anwesenheit von Yanaihara machte die Sache auch nicht besser. Der japanische Professor war wiedergekommen, um den Sommer – es war 1960 – mit seinen Freunden in Paris zu verbringen. Man stelle sich seine Überraschung vor, als er sah, daß sie nicht zu zweit, sondern zu dritt waren. Er empfand dies eindeutig als eine angenehme Überraschung, was Annette doppelten Kummer bereitete. Yanaiharas freudige Erregtheit kam weniger im Nebenzimmer bei Annette zum Ausdruck, als vielmehr im Studio des Künstlers, wo er jeden und alles bewunderte, auch Caroline. Der Philosoph aus Osaka war von ihr fasziniert. Wie weit diese Faszination dazu führte, daß er Giacomettis neues Abenteuer im vertrauten Gespräch bewunderte, muß offen bleiben.

Obwohl sie eifersüchtig, reizbar und ungeduldig war, wurde Annette keineswegs vernachlässigt. Die Männer, deren Aufmerksamkeit sie begehrte, blieben ihr ständig zugewandt, waren sie doch Tag und Nacht zugegen. Was sie beunruhigte, war, daß sie diese Aufmerksamkeit teilen mußte. Wohl war Yanaihara jetzt mehr als früher mit ihr allein, da er nachts als Modell durch Caroline abgelöst wurde, und über diese Stunden konnten Yanaihara und Annette nach Belieben verfügen. Doch wenig Vergnügen war möglich, solange Annette wußte, daß diese andere Frau vor Alberto posierte. Auch vermutete sie, daß Yanaihara die beiden später in einem Nachtclub treffen würde, was er tatsächlich nicht selten tat.

Annette wurde immer reizbarer. Sie wußte, daß sie sich übermäßig aufregte und daß damit niemandem gedient war; aber sie kam nicht dagegen an. Je mehr sie erkannte, daß ihre Klagen die Dinge nur verschlimmerten, desto mehr machte sie ihrem Kummer Luft. Sie rauchte zu viel, sie trank zu viel, und sie schluckte zu viele Pillen. Sie wußte nicht mehr, was sie tun sollte, und es war zu spät, irgend etwas rückgängig zu machen.

Das wichtigste Porträt von Yanaihara, das Giacometti in diesem Sommer schuf, war eine Skulptur. Auch dieses Werk deutete einen Bruch mit der Vergangenheit an und gab eine Vorahnung von dem, was noch kommen sollte. Der hohe Kopf wurde in seinem vollen dreidimensionalen Volumen gezeigt. Die Person und die Persönlichkeit des Modells waren darin vergegenwärtigt. Zwischen dem, was das Auge wahrnahm und was die Hand formte, kam keine Trennung auf. Das Ergebnis war das Abbild eines wahrhaft menschlichen Kopfes. Fünfundvierzig Jahre seiner Erfahrung, Kunstwerke dem gleichzumachen, was er anschaute, hatte der Künstler in die Gestaltung dieses Kopfes verdichtet. Dennoch machte er sich keine Illusionen über tatsächliche Ergebnisse. «Wenn ich aber jemals einen Kopf so wiedergeben könnte, wie er wirklich ist», sagte er, «so würde das bedeuten, daß man die Wirklichkeit packen kann – das wäre Allwissenheit. Dann würde das Leben aufhören.» Dies war aber die Richtung, in die seine Arbeit zielte. «Es ist seltsam», fügte er hinzu, «daß ich nicht das erschaffen kann, was ich sehe. Um das zu tun, müßte man daran sterben.»

Als Yanaihara Ende des Sommers nach Japan zurückkehrte, ließ er eine Situation zurück, die nicht mehr zu vergleichen war mit jener, die er durch sein erstes Auftreten vier Jahre zuvor herbeigeführt hatte. Niemand konnte sagen, die Wandlung sei durch ihn zustande gekommen oder er hätte an ihr schuld gehabt. Ein merkwürdiger Umstand läßt sich allerdings nicht übersehen. Von den vielen Bildnissen, die Giacometti von dem japanischen Professor ausführte, sowohl von den Gemälden als auch von den acht Bronzegüssen der Skulptur, erhielt der Porträtierte kein einziges Exemplar zur Erinnerung an die geteilten Erfahrungen. Der Künstler schenkte Yanaihara eine Menge von Zeichnungen, darunter einige, die ihn abbildeten, aber er gab ihm keines der Werke, die ihm so viele Schwierigkeiten bereitet und seinen schöpferischen Standpunkt verwandelt hatten. Daran mag man ablesen, daß etwas von diesen Schwierigkeiten mit der Person des Modells zusammenhing, die nicht nur eine Erscheinung vor den Augen des Künstlers war, sondern auch in sein Leben eingriff. Giacometti kann keinen Zweifel gehabt haben, daß Yanaihara glücklich gewesen wäre, ein Porträt von seiner Hand zu besitzen. Das Geschenk wäre nicht nur eine schöne Geste gewesen, sondern auch ein willkommenes Pfand für die Größe ihres gemeinsamen Abenteuers. Als Annette etwas in diesem Sinne äußerte, schob der Künstler die Bemerkung kurz angebunden beiseite.

Im Jahre 1960 vollendete Giacometti die großen Plastiken, die er für den Chase-Manhattan-Platz konzipiert hatte. Ursprünglich waren drei Figuren vorgesehen: eine überlebensgroße weibliche Gestalt, ein monumentaler Kopf und ein lebensgroßer Schreitender. Von der weiblichen Gestalt schuf er vier Versionen. Ferner entstanden ein einzelner Kopf, fraglos ein Bildnis von Diego, und zwei Schreitende. Letztere waren die eindrucksvollsten Teile der Gruppe. Sie sind über einen Meter achtzig groß und besitzen ein wahrlich heroisches Maß. Sie stellen den höchsten Ausdruck männlicher Dynamik dar, dessen der Künstler fähig war. Mit ihren schartigen, spindeldürren, aber knorrigen Formen und mit dem statischen Schreiten vermitteln sie ein Kraftpotential, einen ursprünglichen Drang zum Handeln und die physische Energie der Männlichkeit. Frühere Gestalten schreitender Männer, zum Beispiel die aus *Der Platz,* wecken den Gedanken an Unsicherheit, an ein sorgenvolles Dem-Ziel-Entgegensehen. Nicht so diese zwei. Sie wissen genau, wohin sie gehen, in welcher Absicht und zu welchem Zweck. Zwar sind Gesichtszüge und das Geschlecht nur angedeutet, aber sie sind unverkennbar männlich. Es sind Männer mit einer kühnen, positiven Ausstrahlung: in der Starrheit ihres Schauens scheint die Überzeugung enthalten, daß Sehen soviel bedeutet wie Erreichen.

Der monumentale Kopf ist eben dies: ein Kopf von massigen Proportionen, den man aus der Entfernung, in großem Raumzusammenhang sehen muß, der dabei aber unter dem Vergleich mit kleineren, edleren Kopfskulpturen leidet. Die Ähnlichkeit mit Diego scheint mehr ein Ergebnis der Gewohnheit als Absicht zu sein, während die Plastik als Ganzes etwas von Eile spüren läßt. Das Beste, was man von diesem Kopf sagen kann, ist, daß er von Giacomettis Hand stammt und daß der Künstler nie einen größeren geschaffen hat.

Ähnliches gilt für die vier weiblichen Figuren. Sie sind die größten Skulpturen im Werk des Bildhauers, und sie gehören zu den am wenigsten gelungenen seiner Schöpfungen. Das Problem liegt in ihrer Größe, die nicht aus der Bewältigung eines selbstgesteckten Zieles stammt, sondern aus den Erfordernissen eines Ortes, den der Künstler nie gesehen hatte und der sein Vorstellungsvermögen überstieg. Er wußte einzig, daß seine Figuren ungewöhnliche Ausmaße haben mußten, um vor der riesigen Frontwand des Wolkenkratzers bestehen zu können. Indem er sie so groß machte, gerieten sie außer Kontrolle, weil er seine gewohnte Weise, Figuren in einer festgelegten Entfernung zu sehen, hinter der Sehnsucht zurückstellte, eine große Plastik für einen Standort im Freien zu schaffen.

Um sich zu behaupten, verlangt eine Großplastik idealerweise nach grenzenlosem Raum. In Albertos Atelier war solch ein Raumgefühl ausgeschlossen. Es war kaum groß genug, daß man darin atmen und arbeiten konnte, das heißt, kaum lebensgroß. Wenn sich der Bildhauer auf seiner Stehleiter um die Figuren herum zu schaffen machte, konnte er unmöglich zu ihnen die gleiche physische Beziehung herstellen, wie er sie bei all seinen anderen Werken empfand. Solange er mit beiden Füßen auf dem Boden stand, schien es, als könne er seine Plastik an den Ort bannen, wo er es wollte; aber sie entzog sich ihm, wenn er den festen Boden verlassen mußte, um ihre Gestaltung zu bewältigen. Die vier Frauen besitzen nicht die gleiche Abgeschlossenheit, haben nicht die gleiche starke Wirkung wie die Mehrheit ihrer kleinen Schwestern, bei denen man fast sagen möchte, daß die kleinsten die Größten sind. Die vier großen Figuren drängen sich in ihrer Präsenz zu sehr auf. Der Bildhauer war sich dessen bewußt. Sie litten unter einer völligen Verwirrung der Dimensionen, gestand er und fügte hinzu, daß man nichts für einen bestimmten Raum schaffen darf, ohne zunächst diesen Raum kennengelernt zu haben.

Es war nur konsequent, daß der Künstler, obwohl die Figuren bereits fertig waren und er Bronzeabgüsse hatte machen lassen, um sie definitiv beurteilen zu können, es ablehnte, sie dem Chase-Manhattan-Komitee einzureichen. Giacometti erklärte, er wolle lieber keine einzige Skulptur mehr schaffen, als diese Bronzen nach New York zu schicken. Die Zeit milderte seine Gefühle. Der Künstler sprach zwar nie respektvoll von den vier Frauen, aber er verleugnete sie auch nicht. Er war durchaus bereit, eine oder mehrere von ihnen in allen wichtigen Ausstellungen zu zeigen, wo ihre Qualitäten von Beobachtern erwogen werden konnten, die ihnen mit weniger persönlichen Gefühlen gegenüberstanden als ihr Schöpfer.

Dies war das Ende, oder so gut wie das Ende seiner Beschäftigung mit dem Chase-Manhattan-Platz. Die Sehnsucht nach dem Konzept einer Großplastik im Freien hielt jedoch an. Sie sollte sich einige Jahre später an einem Ort erfüllen, der dafür geeigneter war als Manhattan, nämlich auf einem sonnenüberfluteten Hügel in Südfrankreich, in Saint-Paul-de-Vence.

Während andere ihre eigenen Ziele verfolgten, hatte Aimé Maeght seinen großartigen Plan vorangetrieben, auf seinem Grundstück mit Blick auf das Mittelmeer ein Museum zu errichten. Der Architekt José Luis Sert hatte die Pläne entworfen. Der Bauplatz wurde freigelegt.

Als alt und häßlich hatte sich Alberto bezeichnet. Was konnte ein junges und hübsches Mädchen wie Caroline an ihm finden? Dies waren nicht bloß Worte. Der Spiegel, so gering seine Rolle bei dem Künstler war, bewies, daß er keineswegs mehr dem strahlenden Jüngling glich, in den sich 1927 Flora Mayo verliebt hatte. Weder schweren Zeiten war er ausgewichen noch harter Arbeit, und das hatte seine Spuren hinterlassen. Aber er wußte, wie er äußere Erscheinungen einzuschätzen hatte. Sein Leben lang waren die Leute tief von ihm beeindruckt, und es entging ihm nicht, wie faszinierend er wirken konnte. In dieser Hinsicht war er nie alt geworden. Die eigentliche Schönheit der Jugend besteht in der Überzeugung, über grenzenlose Möglichkeiten zu verfügen. Alberto besaß sie bis an sein Ende.

Carolines Persönlichkeit ließ sich schwer einordnen, sie verbreitete Ungewißheit um sich und täuschte Dinge vor. Das gehörte zu ihrem Wesen, wie noch anderes mehr. Aber für Caroline bestand nie ein Zweifel an ihren Gefühlen für Alberto. Mit seiner Menschenkenntnis konnte er sehen, daß sie es ernst meinte. Was er in ihr sah, mußte allerdings nicht notwendigerweise für andere erkennbar sein. Selbst Caroline durchschaute es nicht. Da sie selbst ein Bündel von Widersprüchen war, konnte sie sich kein persönliches Universum vorstellen, das eigenen Gesetzen gehorcht und sich eine eigene Realität schafft. Noch weniger vermochte sie zu ahnen, daß sie irgend etwas zu solch einem Universum beitragen konnte. Aber es kam nicht auf ihr Verständnis an. Giacometti ging es um ihre Identität. Doch diese Identität war fast nicht dingfest zu machen. Albertos Art, mit Caroline umzugehen, verwirrte sie manchmal und machte sie ärgerlich. «Du bist viel zu zugeknöpft», beklagte sie sich in einem Brief, «ich weiß nicht mehr, was ich davon halten soll. Es macht mich ziemlich unglücklich. Du bist so kompliziert. Ich weiß nicht, was du willst.»

Selbstverständlich versuchte der Künstler, sie zu beruhigen und sich so verständlich und unkompliziert wie möglich zu geben. Es bleibt fraglich, wieviel er erklären konnte. Sie redeten und redeten. Die ungebildete Prostituierte und der überaus kultivierte Künstler hatten sich wichtige Dinge anzuvertrauen, während sie ihm Abend für Abend als Modell diente. Dabei saß sie auf dem billigen Rohrstuhl in Giacomettis Atelier und gab sich seinem prüfenden Blick gänzlich hin. Sie wurde nie müde und beklagte sich nicht, sondern schien das Posieren tatsächlich zu genießen. Wenn er seufzte und über seine Unfähigkeit jammerte, sie nicht so malen zu können, wie er sie sah, sagte sie sich: «Das braucht er zu seinem Vergnügen.»

Vergnügen bereitete es ihm auch, ihr Geld zu schenken. Davon hatten beide etwas, vor allem die Gewißheit, daß jeder dem anderen etwas zuliebe tat. Carolines Wagen war nicht mehr zu gebrauchen, er war zerbeult, war gestohlen worden oder sonst etwas. Er mußte ersetzt werden. Sie wünschte sich einen Ferrari. Es folgten lange Diskussionen, Streitgespräche, Vorschläge und Gegenvorschläge. Schließlich kaufte Alberto zwar keinen Ferrari, aber einen offenen scharlachroten MG-Sportwagen, genau das richtige Fahrzeug für eine atemberaubende Flucht in einer zweifelhaften Gegend. Alberto selbst fuhr nie, aber schnelles Fahren gefiel ihm, und mit Caroline hatte er einen wahren Geschwindigkeitsteufel am Steuer sitzen.

Eines Tages tauchten zwei Männer in der Rue Hippolyte-Maindron auf und verlangten Geld von Giacometti mit der Begründung, Caroline vergeude zuviel Zeit in seinem Atelier. Der Künstler begriff sofort, um was für einen Verlust es ging, da er eigentlich besser als die beiden Besucher den Wert einzuschätzen wußte. Der Künstler lud sie zu dem nahe gelegenen Café ein, wo sie in aller Ruhe reden konnten. Das Geschäft war einfach. Carolines Person stellte ein Kapital dar, und es sollte profitbringend angelegt werden. Stundenlanges Modellsitzen für einen armen Künstler in seinem dürftigen Atelier lohnte sich nicht. Aber jemand, der es sich leisten konnte, seiner Freundin ein Auto zu schenken, verfügte gewiß über das Geld, ihre Zeit zum entsprechenden Tarif zu bezahlen. Als die Zuhälter ihre Einnahmen geschmälert sahen, packten sie die Sache an der Wurzel an. Sie trafen auf den richtigen Mann. Er konnte zahlen und war auch bereit dazu. Glücklicherweise wußte vorerst niemand, wieviel das war. Immerhin mußte Alberto ein bißchen um den Preis handeln, das war er Carolines Geschäftswert schuldig und auch dem hohen Stellenwert, den sie für ihn besaß. Eine Weile stritten sie hin und her. Als die Summe festgelegt war, gingen beide Parteien mit der Überzeugung auseinander, eine profitable Abmachung getroffen zu haben. Giacomettis Eindruck war wohlbegründet, da er Carolines Zeit im Wert mit seiner eigenen gleichsetzte. Es schien ganz richtig, daß er für einen empfangenen Wert etwas geben sollte, was die Menschen am höchsten einschätzten – und davon vielleicht so viel, daß es weh tat.

Während ihres Gefängnisaufenthalts hatte Caroline eine seltsame Sehnsucht befallen. Sie war auf die Idee gekommen, etwas «Künstlerisches» anzufangen, und hatte sich in den Kopf gesetzt, Klavierspielen zu lernen. Nach ihrer Entlassung bat sie Alberto, ihr einen Klavierlehrer zu besorgen. Giacometti wandte sich ausgerechnet an René Leibowitz, den Mann, dessentwegen Isabel ihn verlassen hatte. Leibowitz nahm dies als Zeichen dafür, daß Giacometti ihm vergeben hätte, und er war froh, ihm einen Gefallen tun zu können. Der Komponist hatte einen Schüler namens Lawrence Whiffin, einen strebsamen jungen Australier, den er als fähigen Lehrer empfahl.

So begann Caroline ihre Lektionen bei Whiffin, zweimal in der Woche, und sie war von Anfang an eine außerordentlich schlechte Schülerin. Ihre musikalischen Vorkenntnisse waren gleich Null, von Chopin hatte sie kaum den Namen gehört, und sie verfügte weder über Begabung noch über die Selbstdisziplin, die zur Entwicklung pianistischer Fertigkeit erforderlich gewesen wäre. Ihr Lehrer hielt sie für schlau und gefühlsmäßig ansprechbar, aber als Intellektuelle konnte er sie nicht ansehen; dafür fehlten ihr jegliche Kenntnisse oder auch schon das geringste Bedürfnis nach Bildung. Oft versäumte sie die Stunden, gewöhnlich, ohne daß sie es für nötig hielt, rechtzeitig Bescheid zu sagen. Whiffin geriet in Wut darüber, es mit jemand zu tun zu haben, der so launisch, unverläßlich und gewöhnlich war. Aber er benötigte Geld, und Geld war das einzige, worin seine Schülerin Sorgfalt zeigte. Offensichtlich verfügte sie über Geld wie Heu, und sie ließ es sich nicht nehmen, die Stunden zu bezahlen, ob sie Unterricht erhalten hatte oder nicht. Es machte ihr Vergnügen, mit den großen Summen herumzuprotzen, die sie in ihrer Handtasche bei sich trug, und sie wollte Whiffin dazu verleiten, Geld von ihr zu borgen, worauf er sich jedoch aus Stolz nicht einließ. Auch sprach sie gern über ihre Freundschaft mit dem berühmten Künstler Alberto Giacometti. Zu Zeiten war sie auch wortkarg und abweisend. Ihr angeblicher Wunsch nach musikalischem Können schien das Seltsamste an ihr zu sein. So sehr die Schülerin ihren Lehrer ärgerte und aufbrachte, spürte Whiffin, wie er wider Willen allmählich von ihren Reizen bestrickt wurde.

Obwohl er bereits verheiratet war, wurde ihm zu seinem Verdruß und zu seiner Verwunderung nach einigen Monaten klar, daß er sich in seine unmögliche Schülerin verliebt hatte. Er wußte nichts über sie und suchte Giacometti in der Hoffnung auf, Näheres zu erfahren. Alberto empfing ihn höflich und hörte ihm anteilnehmend zu. Als er gefragt wurde, wo ein Mädchen von so bescheidener Herkunft so große Geldbeträge hernähme, antwortete der Künstler: «Sie bekommt sie von Männern.» Er fügte hinzu, daß er einer von diesen Männern sei und daß die anderen ihrer Bewunderer fest begründete Vorrechte hätten. Diese Erklärungen schienen Whiffin genausowenig beunruhigt zu haben wie Giacometti. Vielleicht war auch der Komponist von dem Anflug unverdorbener Reinheit bezaubert, der Caroline umgab.

Eines Tages erschien sie zu ihrer Klavierstunde, setzte sich hin und schwieg eine Weile nachdenklich. Dann platzte sie unerwartet heraus: «Ich möchte geliebt werden.» Whiffin fühlte sich erkühnt, gestand ihr seine Gefühle und wollte sie ihr auch physisch beweisen. Aber seine Schülerin gab ihm kalt zu verstehen, dies sei keine Einladung, sondern der Ausdruck eines abstrakten Wunschtraumes gewesen. Nur ein einziges Mal ließ es Caroline in zögernder Herablassung zu, daß der ungeschickte junge Mann sich ihr körperlich näherte. Der Liebesversuch mißlang, und die Gunst wurde nicht wieder gewährt.

Da Whiffin Caroline nicht als Geliebte haben konnte, verstieg er sich nur noch mehr in seine Gefühle, wobei die Absurdität und Gewöhnlichkeit seiner Leidenschaft ihre Intensität noch steigerte. Er geriet außer sich und konnte die Versagung nicht verwinden. Caroline kam und ging in königlicher Gelassenheit, die sie durch Verachtung verschärfte, wenn Larry sie gar zu sehr bedrängte. Schließlich hielt es der verzweifelte Whiffin nicht mehr aus. Er schluckte ein Fläschchen Tabletten, legte sich hin und erwartete das Ende, nicht ohne allerdings im letzten Moment seine Frau anzurufen und ade zu sagen. Er erwachte im Krankenhaus. Caroline, die ihren eigenen Flirt mit dem Tode vergessen hatte, nahm den mißlungenen Suizid als einen vielsagenden Beweis für Whiffins Unfähigkeit und ließ sich nicht einmal zu einem Besuch in der Klinik herbei. Ihre Beziehung war damit zu Ende. Giacometti besuchte den jungen Mann sofort an seinem Krankenbett. Einige Worte menschlicher Anteilnahme waren das wenigste, was der Künstler als Entschuldigung dafür aufbringen konnte, daß er den jungen Musiker mit seiner Nemesis bekannt gemacht hatte.

Nachdem Guiguite Maeght von Bonnard und Matisse gemalt worden war, dachte sie, es wäre schön, auch von Giacometti porträtiert zu werden. Alberto wollte ihr den Gefallen tun und malte im Vorfrühling 1961 drei Bildnisse von ihr. Sie tragen die Zeichen von Hast, wenn nicht von Ungeduld. Aber wie gewöhnlich erfaßte der Künstler eine lebensvolle Ähnlichkeit, und wir erkennen die scharfblickende Schlauheit der Frau, die einst als ambulante Händlerin Gemüse verkauft hatte und inzwischen einen Rolls-Royce fuhr. Sie kannte Giacometti seit mehr als einem Jahrzehnt und dachte, sie kenne ihn gut. Doch eines Tages hatte sie ein überraschendes Erlebnis. Plötzlich flog die Ateliertür auf, während der Künstler und sein Modell bei der Arbeit saßen. Beide wandten den Blick zur Tür, wo Caroline im Eingang stand. Guiguite kannte die junge Frau, aber sie spürte, daß es nicht an ihr war zu reden, und schwieg. Auch nahm Caroline nach einem oberflächlichen Blick in ihre Richtung keine Notiz mehr von Madame Maeght. Sie richtete ihre Aufmerksamkeit auf Alberto, der mit Palette und Pinsel in der Hand auf seinem Schemel saß und ihren Blick erwiderte. Caroline trat keinen Schritt weiter in den Raum, sondern blieb bewegungslos im Türrahmen stehen und schaute Alberto an. Er schaute zurück. Keiner von beiden machte eine Bewegung oder gab einen Laut von sich. In der völligen Stille nahm der Blickkontakt zwischen ihnen fast etwas von einer körperlichen Berührung an. Es war eine gegenseitige Durchdringung und Vermischung ihrer Wesen in einer Weise, wie sie intimer nicht sein konnte. Nicht nur die Teilnahme, sondern sogar die Gegenwart jeglicher anderen Person war ausgeschlossen, und zwar in solchem Maße, daß sich Guiguite unbehaglich zu fühlen begann, wie wenn sie in etwas eindränge, das ihre Anwesenheit verneinte. Und dieser Blick setzte sich fort, wortlos und bewegungslos. Er dauerte Minuten. Dann drehte sich Caroline um, schloß die Tür hinter sich und ging. Einen Moment lang schaute ihr Alberto nach, ehe er mit der Arbeit fortfuhr. Kein Wort war gefallen. Nach einer Weile lebte die Unterhaltung zwischen dem Künstler und seinem Modell wieder auf. Über das, was vorgefallen war, sagte er nichts. Guiguite Maeght hatte das Gefühl, durch Zufall Zeugin des innigsten Kontakts geworden zu sein, dessen Menschen fähig sind.

Sehen und Sein waren für Giacometti so sehr ein und dasselbe, daß ihm seit seiner Kindheit eine enge Verwandtschaft zwischen Gesichtssinn und Sexualität natürlich erschien. Diese Tatsache war schon in seinen frühen Arbeiten deutlich geworden, besonders in den Plastiken der surrealistischen Periode. Während diese Übereinstimmung im Verlauf seines weiteren Schaffens eher zurücktrat, machte sie sich vermutlich in seinem Leben stärker geltend, wobei sie an expressiver Kraft gewann. Der Akt des Schauens – und des Zuschauens – war ein Ausdruck für die Einheit von Visuellem und Sexuellem. Für Leute, die Alberto gut kannten, war es kein Geheimnis, daß er manchmal die Anwesenheit einer dritten Person in intimen Augenblicken schätzte, wobei es wenig Bedeutung hatte, ob diese Person ein Mann oder eine Frau war. Es wäre jedoch ein großer Fehler, Giacometti deshalb als Voyeur anzusehen. Dagegen sprach schon, daß er in seiner Sehlust keinerlei Heimlichkeit pflegte.

Im Bereich der Bilder gibt es keine Grenzen zwischen Sehen und Berühren. Das Sehen ist bereits die Berührung. Jede Erfahrung verlangt ihre eigene Art von Bestätigung. Giacometti war nicht im unklaren über Carolines Beziehungen zu anderen Männern. Was er nicht selbst sah, erfuhr er aus Carolines Beschreibungen. Obgleich er Wert darauf legte, frei von Eifersucht zu sein, lagen die Dinge in Wirklichkeit anders – zwar nicht klar, aber anders. Die Art Eifersucht, die er an Annette kritisierte, muß ihn tatsächlich recht wenig berührt haben, aber alte Freunde waren manchmal verwundert, wenn sie sahen, wie sich der Künstler hinter Bäumen oder Autos am Boulevard du Montparnasse herumdrückte, um Caroline in den Cafés zu beobachten. Auch hörte er nie auf, Abel, den Barmann im Adrien, auszufragen, um Einzelheiten über Carolines Kommen und Gehen zu erfahren, als ob gerade das am wichtigsten gewesen wäre, dessen er nicht habhaft werden konnte.

Er wollte einen Teil von ihr besitzen, der nur ihm allein gehörte. Alles andere gehörte dann dem, der die umfassendste Vorstellungskraft besaß. Er wünschte sich ein Stück ihres Körpers zum Eigentum, das in beiderseitigem Einverständnis sein ausschließlicher und unveräußerlicher Besitz sein sollte. Er war bereit, dafür zu zahlen. Er war tatsächlich entschlossen zu zahlen. Nur indem er den Preis dafür entrichtete, konnte er seiner Eigentümerschaft sicher sein. Sie wußten es beide. Das Stück von Caroline, das er zu besitzen wünschte, war eine ganz besondere Stelle: direkt über der Ferse, da, wo sich durch die Achillessehne zwei Vertiefungen bilden. Mythologische Vorstellungen, nach denen diese Stelle die verwundbarste sei, mögen bei dem Käufer den Besitzwunsch verstärkt haben, vielleicht kam hinzu, daß diese Eigentümerschaft Unsterblichkeit beschwor. Wer weiß?

Caroline war zum Verkauf bereit. Aber weder Käufer noch Verkäuferin waren in der Lage, den Wert der Ware angemessen zu taxieren. Alberto empfand sie als unbezahlbar. Falls das zutraf, mochte sich ihm auch der Gedanke aufdrängen, Caroline müsse vor solch einer gefährlichen Idee beschützt werden. Da Caroline nur an Werten interessiert war, die man veräußern konnte, bot sich vielversprechender Stoff zum Feilschen, ergiebiger als mit den beiden Zuhältern. Dem Künstler und dem Modell machte der Handel Vergnügen. Die Summe, die sie schließlich aushandelten, betrug 500 000 Francs, was damals der Kaufkraft von tausend Dollar entsprach. Für eine Schimäre dieser Art war der Betrag weder zu gering noch zu hoch.

Giacometti sagte einmal: «Eines Tages, als ich ein junges Mädchen zeichnete, fiel mir plötzlich auf, daß das einzige, was Leben hatte, der Blick war. Das übrige, der Kopf, der mir als Schädelform wichtig war, bedeutete mir nicht mehr als der Schädel eines Toten. In diesem Moment habe ich mich gefragt – und ich denke seither oft daran –, ob man im Grunde nicht besser einen Totenschädel modellieren sollte. Man will zwar einen lebenden Kopf modellieren, aber was ihn lebendig macht, das ist ohne Zweifel der Blick ... Wenn der Blick, das heißt das Leben, die Hauptsache ist, dann wird ohne Zweifel auch der Kopf zur Hauptsache.» Eines der Kunstwerke, die Giacometti besonders bewunderte, war die Auferstehungstafel am Isenheimer Altar von Grünewald. In jenem großartigen Bild ist es der Blick des Erlösers, der alles beherrscht. Die wunderbare Lebendigkeit Seines Blickes bekräftigt nicht bloß Seine Rückkehr zum Leben, sondern das Versprechen des ewigen Lebens. Giacometti hatte erschaut, wie dieses Versprechen greifbar wird. Eben dies wollte er erreichen, und sein Ehrgeiz heftete sich dabei an Caroline als Verkörperung dieser Möglichkeit.

Während der Bereich des schöpferischen Aktes sich bei Giacometti immer mehr verdichtete, wurde für ihn die Erfüllung immer problematischer. Problematisch war sie stets gewesen; aber inzwischen schien die Schwierigkeit fast zum Kern der künstlerischen Bemühung zu gehören, sie war mehr Stütze als Hemmnis geworden. Und Caroline war Teil dieser Schwierigkeit geworden mit ihrer Gegenwart, ihrem Blick, ihren Geschichten, ihrem Selbst.

«Es fällt mir immer schwerer», erklärte Alberto, «meine Arbeiten fertig zu machen. Je älter ich werde, desto einsamer werde ich. Ich sehe voraus, daß ich zuletzt ganz einsam sein werde. Wenn auch alles, was ich bis jetzt machte, überhaupt nicht zählt (neben dem nicht zählt, was ich schaffen möchte), so habe ich, bei aller Gewißheit, bis jetzt versagt zu haben, und mit der Erfahrung, daß sich alles, was ich unternehme, unter meinen Händen verflüchtigt, mehr als je Lust zur Arbeit. Verstehen Sie das? Ich verstehe es nicht, aber es ist so. Ich sehe meine Skulpturen vor mir: jede, auch die scheinbar vollendete, ein Fragment, jede ein Versagen. Doch: ein Versagen! Aber in jeder ist etwas von dem vorhanden, was ich eines Tages schaffen möchte. In der einen dieses, in der anderen jenes, in der dritten etwas, das den ersten beiden fehlt. Aber die Skulptur, die mir vorschwebt, enthält alles, was in den verschiedenen Skulpturen nur vereinzelt und fragmentarisch in Erscheinung tritt. Das gibt mir Lust, unbändige Lust, mit meiner Arbeit fortzufahren – und eines Tages werde ich mein Ziel vielleicht doch erreichen.»

56

Im Monat Mai des Jahres 1961 traten wieder einmal jene zwei geschwätzigen Vagabunden auf, die mit ihrer Unzufriedenheit und ihren wehen Füßen auf Godot warteten. Zwar hatte sich ihre mißliche Lage nicht geändert, aber sie und ihr Schöpfer waren weltberühmt geworden. Die Szene ihres endlosen Wartens wurde nicht länger auf einer Behelfsbühne vorgeführt, sondern war in das staatlich subventionierte Odéon-Theater verlegt worden. Samuel Beckett plante, seinen langjährigen Freund Alberto Giacometti in diese paradoxe Aufführung einzubeziehen. Er hatte nie an dessen Fähigkeit gezweifelt, sich in eine solche Lage hineinzuversetzen. Auch Giacometti war inzwischen weltberühmt geworden, ebenfalls dadurch, daß er sein Gewicht auf die Waagschale des Absurden warf. Er nahm die Berühmtheit im gleichen Sinn wie Beckett hin und bestand darauf, daß Ruhm ein «Mißverständnis» sei.

Der Bühnendekor zu *Warten auf Godot* ist karg. Er besteht aus einem einzigen Baum. Indem Beckett seinen Freund bat, diesen Baum zu entwerfen, hoffte er, Giacometti in das Treiben seiner Vagabunden einzubeziehen. Alberto glich ihnen tatsächlich so sehr – wie ja auch Beckett selbst –, daß die beiden Künstler auf ihren Streifzügen durch die leeren Straßen nachts um drei sehr wohl selbst Godot hätten begegnen können. Der Autor schrieb Anfang März an den Bildhauer und fügte seiner Bitte hoffnungsvoll hinzu: «Es würde uns allen größte Freude machen.» Mit «allen» mag er nicht nur sich, die Produzenten und Schauspieler gemeint haben, sondern überhaupt alle Charaktere des Stückes, für die Giacomettis Baum Leben und Tod symbolisieren sollte; denn der Ast, an dem sich jemand aufhängen kann, trägt auch Blätter als Embleme der Wiedergeburt.

Becketts Wahl war genial. Obwohl Giacometti nie für das Theater gearbeitet hatte, war er sofort einverstanden. Die Inszenierung wurde zu einer passenden Bestätigung für die Freundschaft des Dichters mit dem Bildhauer.

Alberto schuf – natürlich nicht ohne Diegos Hilfe – eine wunderbar gebogene und verästelte Form in Gips. Dann fingen er und Beckett, die beiden ewig Unzufriedenen, gemeinsam an, die erste Fassung des Baumes zu verbessern. «Eine ganze Nacht lang», so berichtete Alberto, «versuchten wir, den Gipsbaum größer und kleiner oder die Zweige dünner zu machen. Nie erschien es richtig, und der eine sagte zum anderen ‹vielleicht›.» Da es Menschenwerk war, konnte es freilich nie richtig erscheinen. Beckett und Giacometti gehörten zu denen, die das wissen mußten. Ihr «vielleicht» drückte die Ratlosigkeit des Menschen auf seinem Weg durch die Welt aus, während er auf das einzige Ereignis wartet, dessen sich jeder gewiß sein darf. Eines Tages bestellte Diego einen Lastwagen und lieferte den Baum im Odéon ab. Dort stand er für die Dauer der Spielzeit, eine spukhafte Erscheinung in dem Drama menschlicher Isolation und Einsamkeit.

Am 2. Juni wurde Giacomettis vierte und letzte Ausstellung in der Galerie Maeght eröffnet. In jeder Hinsicht war sie ein Triumph. Es gab zahlreiche Pressestimmen; sie waren intelligent und einstimmig. Überall in der Stadt hingen die Plakate, die die Ausstellung ankündigten, in Schaufenstern und an besonders dafür aufgestellten Masten. Die Galerie war täglich voll von Besuchern aus Frankreich und aus aller Welt. Maeght, Clayeux und Guiguite jubelten. Über Nacht war alles verkauft. Künstlerkollegen kamen, um ihm ihre Reverenz zu erweisen und, wenn auch mitunter neidvoll, zuzugestehen, daß sie einen Großen in ihrer Mitte hatten. Der Adressat all dieser Aufmerksamkeit war ihr gegenüber keineswegs unempfindlich, da er von Anfang an auf Vollendung und Sieg gesetzt hatte. Jemand, der mit Entsagung zu leben wußte, war auch dem Triumph gewachsen. Für Alberto bestand kein Zweifel daran, daß der Ruhm zwar seinem Wesen nach gefährlich, dennoch aber das Lebenselement des Genies und seiner Arbeit ist. Werke zu produzieren ist nur gut, wenn sie bekannt und, sofern bekannt, weithin bekannt werden – je weiter, desto besser; denn durch ihre Bekanntheit wird ihre Existenz gerechtfertigt und sinnerfüllt. Dasselbe gilt für den Künstler.

Was den Besuchern der Galerie sofort auffiel, war die Tatsache, daß der große Bildhauer auch ein bedeutender Maler war. Die Ausstellung war sichtlich darauf angelegt, dies zu beweisen. Im selben Jahr erhielt Giacometti eine Ehrung: den Carnegie-Preis, der ihm anläßlich der Internationalen Malerei-

und Plastikausstellung in Pittsburgh, Pennsylvania, zuerkannt wurde. Es war die Heimat von Giacomettis amerikanischem Bewunderer G. David Thompson, der sich bestätigt fühlen durfte. Der Carnegie-Preis wurde allerdings nur für Giacomettis Leistung als Bildhauer vergeben, und Alberto empfand weniger Zufriedenheit als der begierige Sammler. Giacomettis Laufbahn begann sowohl mit malerischen als auch bildhauerischen Arbeiten. Vor dem Krieg hatte er Meisterwerke in Öl gemalt, und nach der Befreiung war er wieder an die Staffelei zurückgekehrt. Die Begegnung mit Yanaihara brachte diese Entwicklung zu einer entscheidenden Wende, und während seines letzten Lebensjahrzehnts widmete sich Giacometti ebensosehr der Malerei wie der Skulptur, wobei die Ergebnisse auf beiden Gebieten gleich großartig waren. Die Bedeutung von Giacomettis Malerei wurde vom großen Publikum nicht zur Kenntnis genommen, weil es beim Betrachten der Werke eine bequeme Schubladeneinordnung anwendet. Aber der Künstler wußte, was er tat, und es ärgerte ihn, daß er von so vielen Menschen mißverstanden wurde. Degas, Matisse und Picasso hatten bedeutsame plastische Werke geschaffen, ohne daß es bei ihnen eine Ungewißheit über den Primat der Malerei gegeben hätte. Kein Bildhauer seit der Renaissance jedoch – und auch damals waren es nur wenige – hatte es unternommen, ein völlig zusammenhängendes Œuvre zu schaffen, in dem beide Ausdrucksmittel mit gleicher Kraft die gesamten schöpferischen Quellen eines Künstlers erschlossen. Und genau dies strebte Giacometti in den letzten Jahren seines Lebens an.

Die Ausstellung bei Maeght enthielt 46 Werke: 24 Gemälde und 22 Skulpturen. Unter den letzteren befanden sich zwei der vier großen Frauen, ursprünglich für den Platz vor der Bank vorgesehen, ferner die beiden Schreitenden und der monumentale Kopf. Mit Ausnahme einiger kleinerer stehender Frauen waren alle übrigen Skulpturen Büsten und Köpfe verschiedener Größe in Gips und Bronze – meist Bildnisse von Diego –, manche mit, andere ohne Sockel. Keine der Arbeiten wich von dem Stil ab, der inzwischen für Giacometti charakteristisch war. Die Gemälde dagegen wirkten wie eine Offenbarung. Unter ihnen befanden sich drei Stilleben mit Äpfeln und eine Landschaft; alle anderen waren Porträts. Mehr als die Hälfte der Gemälde war seit Anfang des Jahres entstanden, während nur acht der Plastiken in dieser Ausstellung aus dem Jahre 1961 stammten. Die Werke auf Leinwand hatten den größten Teil der Aufmerksamkeit des Künstlers beansprucht, und dieser Anspruch hatte neue Ausdruckskräfte freigesetzt. Der Beweis hing an den Wänden der Galerie. Die Serie wurde angeführt von Bildnissen Yanaiharas. Es folgten: ein Porträt von Annette, zwei von Madame Maeght, zwei von Diego, zwei weitere von Annette und sechs außerordentliche, visionäre Bildnisse einer «Sitzenden». Sie waren die stärksten Werke der Ausstellung, und sie offenbarten eine neue Konzentration der Beobachtungsgabe verbunden mit einem intensiven Ausbruch von Empfindungen.

Diese Gemälde kündigten den Aufbruch zu einem neuen künstlerischen Ziel an, einem Ziel von tieferer Ergriffenheit und Würde. Der Künstler verlegte den Fluchtpunkt dieser Perspektive fast ausschließlich in den Blick seines Modells. Die wenigsten Leute erkannten dies; denn die Gemälde sahen unvollendet aus. Es war unübersehbar, wie weit die Arbeit mit Yanaihara den Künstler geführt hatte, und nun setzte eine Vertiefung dieser Wandlung ein.

Annette konnte den Triumph ihres Mannes wenig genießen. Die Bedeutung der «Sitzenden» war zu erkennbar ein Abbild der Wichtigkeit, die sie in Giacomettis Leben hatte. Annette wußte es. Und was noch schlimmer war, jeder, der nur ein wenig Einblick hatte, wußte es ebenfalls, einschließlich der «Sitzenden», deren Identität jeder kannte. Annette war außer sich. Sie verlangte, ihr Mann solle die andere Frau aus seinem Leben entfernen, mit ihr brechen und sein Wort halten. Sie berief sich auf ihr Vorrecht als Ehefrau. Giacometti nahm die Dinge nicht auf die leichte Schulter. Er erwog alle Folgen und ethischen Zusammenhänge, die mit der Forderung seiner Frau verbunden waren. Er sagte, falls sie darauf bestünde, werde er Caroline nie wiedersehen. Aber dann werde er auch sie, Annette, nicht mehr sehen. Das war hart, und zweifellos hätte Alberto sein Wort gehalten. So konnte Annette nur nachgeben.

Was sie so verbittern mußte, war, daß sie nicht früher Einspruch erhoben hatte gegen die Affäre ihres Mannes mit einer anderen Frau. Jetzt hielt er ihr entgegen, Caroline sei unentbehrlich für seine Arbeit. Es kam zu heftigen Szenen und lautstarken Auseinandersetzungen, in denen Alberto immer wiederholte: «Es geht um meine Kunst, es geht um meine Kunst!»

Nicht nur Annette, sondern auch anderen Mitgliedern der Familie gegenüber versuchte er zu erklären, die sexuelle Beziehung habe nichts zu bedeuten, Caroline sei aber «unersetzbar für mein Werk». Dieser Scharfblick wirkt um so bemerkenswerter, als er Alberto für die Wahrheit über die banale Existenz Carolines blind machte, der er indessen treu blieb, um einer höheren Wahrheit gerecht zu werden.

Giacometti war von einem ganz großen Gefühl ergriffen, das so selten eintrifft wie eine große Idee, und es konnte nicht ausbleiben, daß der Weiterblickende mit einem Menschen von gewöhnlichem Erfahrungshorizont in Konflikt geraten mußte. Für den Künstler sind Idee und Gefühl ein und dasselbe, was die Hingabe des Schaffenden an eine sich selbst rechtfertigende Tätigkeit bestätigt. Alberto warf Annette vor, daß sie dies nicht erkennen konnte und sich entsprechend verhielt.

Annettes Zornausbrüche wurden so heftig, daß ihr des Streitens überdrüssiger Ehemann anfing, sie *Le Bruit et la Fureur* (Schall und Wahn: «The Sound and the Fury», Shakespeare-Zitat und von Faulkner als Titel verwendet) zu nennen. Annette nahm den Spitznamen fast als etwas ihr Zustehendes an. Als sie von einem kurzen Landaufenthalt an Alberto schrieb, sprach sie von sich selbst als *l. b. e. l. f.* Sie fügte hinzu, sie wolle in Zukunft vor ihren Reaktionen auf der Hut sein, klug und vorsichtig. Doch es half nichts, sie litt zunehmend.

Alberto machte sich Sorgen, und er zog einen Arzt zu Rate. Aber auch die Gespräche mit diesem nützten nichts. Die Aufregung wurde eher noch größer. Die Schärfe von Annettes Gefühlen richtete sich nicht bloß gegen die Anwesenheit Carolines, sondern aktivierte auch den lange schwelenden Widerwillen gegen Albertos Lebensweise, gegen seine Weigerung, die spartanischen Wohnbedingungen zu verbessern, gegen seine trotzige Unbekümmertheit um seine Gesundheit und gegen seine stolze Mißachtung alles dessen, was seinem Werk entgegenstand.

Seit langer Zeit schon hatte Annette von ihrem Wunsch gesprochen, in einem anständigen Heim zu wohnen. Sie wußte, daß ihr Mann die Rue Hippolyte-Maindron nie aufgeben würde. So wollte sie wenigstens eine eigene Wohnung haben. Carolines allnächtlichen Besuchen aus dem Wege zu gehen und sich etwas Bequemlichkeit zu verschaffen, waren Gründe genug für ihren Umzug. Es gab noch andere. Einer insbesondere war seit fünfzehn Jahren immer schwerer zu ignorieren gewesen, auch er ein nächtliches Problem: das ständig neben dem Bett brennende Licht.

Albertos Mutter zeigte herzliches Verständnis für den Wunsch ihrer Schwiegertochter nach einem anständigen Heim, in dem man einen richtigen Haushalt führen konnte. «Das ist etwas, was sie schon längst hätte verlangen sollen», meinte Annetta Giacometti. Natürlich hatte sie keine Ahnung, worum es überhaupt ging. Sie scheint angenommen zu haben, daß Alberto mit seiner Frau in der neuen Wohnung leben wollte. Selbstverständlich war sie ebenfalls gegen das verrückte Nachtlicht, auch wenn nicht sie selbst dabei schlafen mußte. In ihrem Sommerhaus in Maloja lagen die Zimmer Albertos und der Mutter nebeneinander, und die Trennwand hatte einen Spalt, der weit genug war, um das Licht vom Nachttisch des Sohnes in das Zimmer der Mutter hereinstrahlen zu lassen. Sie beklagte sich darüber. Anders als bei Annette hatte die Beschwerde nichts mit gestörter Nachtruhe zu tun. Sie protestierte gegen die Verschwendung von Elektrizität. Wenn sie allein war, saß sie oft im Dunkel, um zu sparen, und die Extravaganz des Sohnes war für sie unbegreiflich. Sie erhob Einspruch, wie sie Jahre zuvor Kritik daran geübt hatte, daß er die Krücke nicht weglegen wollte. Sie nahm Anstoß an seinem Rauchen, weil mit dem Lichtschein auch der Geruch brennender Zigaretten und das Geräusch verzweifelter Hustenanfälle herüberdrang. Ihre Proteste richteten nicht das geringste aus. Die Wandspalte hatte möglicherweise noch andere Wirkungen. Die alte Frau hörte manchmal mit an, wie die Schwiegertochter ihrem Sohn wütende Vorwürfe machte. Sie wurde dadurch aufgebracht. Alberto zu kritisieren war ihre Sache. Daß jemand anders sich dies herausnahm, ging ihr wider den Strich. Das Verhältnis zwischen der stolzen Mutter und der unfügsamen Ehefrau kühlte sich ab.

Die Gesundheit Annettas fing an, der Familie Sorge zu bereiten. Ihr größter Wunsch war es, so lange zu leben, daß sie die erste Hundertjährige im Bergell würde, doch meinte sie auch, sie sei des Lebens müde. Sie nahm ihren Enkel mit zum Friedhof von San Giorgio, um nachzusehen, wie ihr Name mit auf dem Grabstein ihres Mannes angebracht werden könnte. Die ortsansässigen Ärzte kümmerten sich um sie. Der eine war ein Mann aus dem Tal, dem sie vertraute, der andere ein Doktor aus Chiavenna, der sich selbst zu ihrem Hausarzt gemacht hatte. Er hieß Serafino Corbetta, und was ihn zu der leidenden Signora Giacometti zog, war die Berühmtheit ihres ältesten Sohnes. Durch seinen unermüdlichen Eifer gelang es ihm, sich beliebt zu machen. Er tauchte unangemeldet auf, brachte gewöhnlich irgendein Geschenk mit und gab Mutter und Sohn medizinische Ratschläge, ob sie erbeten waren oder nicht. «Ja, er interessiert sich sogar für Diego», wunderte sich die Mutter. Wenn durch einen willkommenen Zufall auch Alberto zugegen war, blieb Corbetta gerne zu stundenlangen Gesprächen im Atelier des Künstlers. Nicht selten durfte er eine Zeichnung oder eine andere Erinnerung mit nach Hause nehmen. Innerhalb kurzer Zeit hatte Corbetta eine beachtliche Sammlung zusammengetragen und auch eine gewisse Vertrautheit mit den Giacomettis erlangt. Seine Existenz und sein Eindringen müßten nicht erwähnt werden, wäre nicht durch ihn die Beziehung des Künstlers zu Leben und Tod auf eine entscheidende Probe gestellt worden.

Am 5. August 1961 feierte Annetta Giacometti ihren neunzigsten Geburtstag. Die ganze Familie war ihr zu Ehren in Stampa. Alberto und Annette, Diego, Bruno und Odette, Silvio und seine Verlobte, Françoise – alle waren sie da, und alle freuten sich, zeigen zu können, welch glückliche Familie der Jubilarin ihre Existenz verdankte. Die Feier wurde im Piz Duan gehalten. Vom Palace Hotel in Sankt Moritz waren Kaviar, Champagner und andere Delikatessen geliefert worden. Alberto malte seiner Mutter einen Blumenstrauß, und das Versprechen seiner nie verwelkenden Schönheit war das schönste Geschenk, das sie an jenem Tag erhielt.

Annette sah keinen Grund, nach dem Fest noch länger zu verweilen. In Paris wartete Yanaihara, der wieder aus Japan gekommen war, um die Freundschaft Giacomettis zu genießen. Es sollte sein letzter Besuch werden, und er scheint in diesem Sommer wenig Modell gesessen zu haben. Der Künstler war oft abwesend. Das Hauptporträt, das aus diesem Sommer erhalten geblieben ist, zeigte das Bildnis nicht im vorangegangenen Yanaihara-Stil, sondern im gegenwärtigen Caroline-Stil. Dabei war die gesamte Aufmerksamkeit auf den Kopf konzentriert, insbesondere auf den Blick der Augen, während der Rest der Figur rasch skizzierend hingesetzt wurde und der größte Teil der Leinwand unberührt blieb. Es war ein heiter ruhiges Bild, ganz einer Geste des Abschieds entsprechend, sofern es das sein sollte, obwohl der Künstler das Porträt nachher an Pierre Matisse verkaufte. In Albertos Abwesenheit hatte Annette Yanaihara für sich. Außerdem war es ihr gelungen, eine Bleibe zu finden, wohin sie sich zurückziehen konnte, wann und wie immer sie Lust hatte.

Es war eine kleine Wohnung in der Rue Léopold-Robert Nr. 3, nur wenige Minuten zu Fuß von Montparnasse und seinen Cafés entfernt. Alberto kaufte sie ihr Ende 1960. Gleichzeitig hatte er für Diego ein angenehmes Häuschen mit einem kleinen Gartengrundstück unweit des Ateliers erworben. Nicht lange danach schenkte er Caroline das Geld, wenn auch wahrscheinlich heimlich, damit sie sich ein Appartement in Montparnasse kaufen konnte, das merklich größer, bequemer und geräumiger war als die Behausung Diegos oder die Wohnung seiner Frau. Der Künstler aber, der über genügend Geld verfügte, um denen, die er liebte, ansehnliche Wohnungen zu schenken, blieb selbst in der ärmlichen Unbequemlichkeit seines Ateliers zurück.

Das Appartement in der Rue Léopold-Robert erwies sich als ein wahrer Segen für Annette. Endlich hatte sie etwas, womit sie sich selbständig beschäftigen konnte. Die Wohnung bestand aus einem Eingangskorridor, einem Wohnzimmer mit zwei Fenstern, einer kleinen Küche sowie Bad und Schlafzimmer. Das konnte sich sehen lassen, auch wenn man über vier Treppen hinaufsteigen mußte. Annette entschloß sich, die Wohnung gänzlich umzugestalten. Wenn sie ihren Mann um seine Meinung und Ratschläge anging, wußte er wenig zu bieten. Er hatte das Geld für den Kauf aufgebracht, und das war alles, was er investieren wollte. Wohl war er ein Freund und Mitarbeiter des wichtigsten Pariser Innendekorateurs der dreißiger Jahre gewesen, die praktische Anwendung des guten Geschmacks im Zusammenhang mit seinem eigenen Lebensstil erschien ihm jedoch nicht bloß undenkbar, sondern war ihm auch zuwider.

Die Arbeiten in der Rue Léopold-Robert zogen sich immer länger hin. Annette erzählte viel von der Wohnungseinrichtung. Einigen Leuten gegenüber deutete sie an, daß das Appartement nicht für ihren persönlichen Gebrauch gedacht war, sondern Freunde und Verwandte beherbergen sollte, die auf Besuch kamen. Das hieß natürlich im Grunde, daß sie nicht wirklich damit rechnete, irgendwo anders zu wohnen als unter dem baufälligen, aber ruhmreichen Dach ihres Mannes. Diese kleinen Ausreden konnten Alberto in Wut versetzen. Er wußte nur zu gut, was die Wahrheit war, hatte er doch einen entscheidenden Anteil daran. Es kam zu heftigen Auseinandersetzungen, um die Tatsachen klarzustellen. Giacometti verurteilte es unbarmherzig, wenn jemand nur seinen eigenen Standpunkt sah, ohne eine Bereitschaft zur Verständigung zu zeigen. Jedenfalls ging er selten zur Rue Léopold-Robert, und Annette gelang es nie, sich dort zu Hause zu fühlen.

Im Herbst war Yanaihara abgereist. Er nahm einige weitere Zeichnungen und Lithographien mit. An jenem letzten Tag müssen alle drei Beteiligten gespürt haben, daß es ein Abschied für immer war. Yanaihara hatte eine entscheidende Wandlung in das Leben des Künstlers und seiner Frau gebracht, eine so große Veränderung, daß sie ihn von nun an ausschloß. Das Pariser Abenteuer des japanischen Professors, so bedeutsam es auch gewesen sein mochte, es sollte nichts anderes als ein Abenteuer bleiben.

An einem Oktobertag – am zehnten – wachte Alberto auf und war sechzig Jahre alt. Er erlebte dies weder als Schock noch als Überraschung; seltsam berührte ihn diese Erfahrung nur insofern, als er sich nie mit dem Gedanken beschäftigt hatte, daß seine Kräfte sich mit dem Älterwerden aufzehren könnten. Im Gegenteil. Er meinte, er hätte reichlich Zeit zur Verfügung. Er hing stark an seiner Vergangenheit. Aus dieser Vergangenheit blieben ihm die noch immer fortlebende Mutter, die Brüder, der Geburtsort, die unveränderten Orte, die ihm seit seiner Kindheit vertraut waren, und die Freunde und Bekannten eines ganzen Lebens. Sie blieben auch in ihrer Abwesenheit um ihn. Baudelaire hatte einmal gesagt: «*Le génie c'est l'enfance retrouvée à volonté*» (Genie ist die Fähigkeit, sich jederzeit in die Kindheit zurückzuversetzen). Es ist auch die Macht der Kindheit, ihren Willen zu erwirken. «Ich weiß nicht, wer ich bin», sagte Alberto manchmal, «oder wer ich war. Ich weiß es weniger als je. Ich bin ich und auch wieder nicht ich. Alles ist völlig widersprüchlich, aber vielleicht bin ich genauso geblieben, wie ich als Junge von zwölf Jahren war.»

57

Auch Caroline war keineswegs frei von menschlichem Irren und konnte unberechenbar handeln: Im Herbst 1961 verkündete sie, sie hätte geheiratet. Das war natürlich lächerlich und unerhört. Alberto wollte es nicht glauben. Aber es machte ihr ein perverses Vergnügen, ihre Schwächen zur Schau zu stellen, und sie hielt ihrem Verehrer die Beweisdokumente vor. Er wurde wütend. Was den Mann betraf, mit dem sie ihr Eheabenteuer teilte, so war er ein höchst irdischer Taugenichts, jemand aus der Unterwelt, der es nicht einmal dort zu Ansehen gebracht hatte. Es war ihm beschieden, ziemlich lange Haftstrafen abzusitzen, so daß Caroline ihn schließlich im Gefängnis sitzenließ und die Scheidung erwirkte. Daß sie es für nötig gehalten hatte, ihn überhaupt erst zu heiraten, ist nur ein weiteres Detail, das im Dunkel bleiben muß.

Giacometti hatte einen Spitznamen für sie: *La grisaille*. In der Tat waren inzwischen monochrome Gemälde in Grautönen immer charakteristischer für seine Arbeit geworden, besonders seit Caroline sein Hauptmodell geworden war, seit seiner ständig zunehmenden Konzentration auf ihren Blick. Der war farblos. Gewiß, die Augen, die ihn aussandten, hatten eine Färbung, nicht aber das, was ausgestrahlt wurde. Der Versuch des Künstlers, diesen Blick wiederzugeben, hieß für Giacometti oft, die Grenzen der Wirklichkeit zu überschreiten, um nicht zu sagen, die Grenzen des gesunden Menschenverstandes.

«Man sagt, daß ich nur mit Grau male», äußerte sich Alberto dazu. «‹Malen Sie mit Farben!› raten mir meine Kollegen ... Ist Grau nicht auch eine Farbe? Wenn ich alles in Grau sehe, in diesem Grau alle Farben, die ich erlebe und also wiedergeben möchte, warum soll ich dann eine andere Farbe verwenden? Ich habe es auch versucht, denn es war nie meine Absicht, nur mit Grau und Weiß oder überhaupt nur mit einer einzigen Farbe zu malen. Ich habe zu Beginn der Arbeit oft so viele Farben wie meine Kollegen auf die Palette gelegt, ich habe wie sie zu malen versucht. Im Verlauf der Arbeit habe ich eine Farbe nach der anderen ausscheiden müssen; oder nein: eine Farbe nach der anderen hat sich ausgeschaltet, und was zurückgeblieben ist: Grau! Grau! Grau! Meine Erfahrung: daß ich die Farbe, die ich erlebe, die ich sehe, die ich wiedergeben will, ja, die für mich das Leben selber bedeutet, zerstöre, ganz zerstöre, wenn ich absichtlich eine andere Farbe hinsetze. Ein Rot, das ich gewaltsam in ein Bild einfüge, schadet diesem schon darum, weil es ein Grau verdrängt, das an diese, gerade an diese Stelle gehört.»

La Grisaille als Person war jedoch äußerst, ja, übermäßig farbig. Mit dem Überschwang einer «Wilden» goß sie Farbe über sich und ihr Tun. Ob die Farben dem Leben entsprachen oder nicht, machte keinen Unterschied für ihre lebendige Wirkung. Wirkung war alles, und sie erschien Alberto großartig. Weder die Tatsache ihrer Verehelichung noch die Falschheit ihrer Lügengeschichten konnte dies überdecken. Mag auch ihr Abbild grau gewesen sein, sie selbst war es nicht. Im Gegenteil: je grauer das Bild, um so glänzender die Person. In Albertos Augen gehörte es zum Kern von Carolines Wesen, Glanz auszustrahlen, und glänzen wollte sie wahrhaftig. Wenn dies auf seine Kosten ging, so wurde damit seine Erwartung erfüllt. Es entsprach ihrer Gewohnheit, Tribut zu empfangen; ihn zu entrichten, war sein Bedürfnis.

Das als einen überwiegend oder gar rein materiellen Vorgang zu verstehen, wäre falsch gewesen. Das Entzücken des Künstlers trieb ihn dazu, sein Modell zu idealisieren. Er gab ihr zu verstehen, sie schreibe die schönsten Briefe, die er je erhalten hätte. Seine eigenen, und alle anderen, seien platt, platt und leer, verglichen mit den ihren, denn sie schreibe, wie nur ganz große Menschen zu schreiben imstande seien. Obwohl er sie von Anfang an bewundert habe, überträfen ihre Briefe seine Vorstellung. Sie erfüllten ihn mit Zärtlichkeit, und er könne kaum Worte finden, um seine Achtung auszudrücken. Ihre Existenz ruhe in sich, und – für ihn – gäbe es darüber hinaus nichts mehr.

Er identifizierte sich mit ihr, und in seinen Gedanken wie in seinem Werk nahm er sich gänzlich durch sie vermittelt wahr. In der Kunst des alten Ägypten mußten die anthropomorph dargestellten Gottheiten stets möglichst stark ihren Nachkommen gleichen, den Herrschern der Erde. Giacomettis Gedanken gingen so eng auf die Identifikation mit Caroline ein, daß er ihr in einem Brief schrieb, er spüre, daß die bestmögliche Antwort auf ihren Brief gewesen wäre, ihn Wort für Wort abzuschreiben. Der Kreis wechselseitiger Beeinflussung des Schöpfers und seiner Schöpfung scheint sich hier fast zu schließen. Caroline war auf unheimliche Weise schlau und scheint empfunden zu haben, daß sie das Beste aus der Situation herausholen konnte, indem sie sich ganz darauf einließ. Lange danach, als alles vorbei war, sagte sie manchmal: «Ich war sein Wahnsinnstraum.»

Caroline liebte Kröten und Perlen. Auch wenn sie an Alberto hing, war sie doch von Fiktionen beherrscht, und das verstärkte bei ihr noch den Anstrich einer Zauberin. Die Zahl ihrer Kröten, für die sie liebevoll sorgte, war dreizehn. Sie hielt einen Hund, der auf den Namen Merlin hörte. In ihrer Menagerie gab es ferner eine Katze sowie eine zahme Krähe, die Becco genannt wurde. Sie hatte sie in der Normandie gefangen, indem sie auf einen Baum kletterte und den Vogel aus dem Nest schüttelte. Alberto beklagte sich über den unangenehmen Geruch der Tiere, aber er fügte sich Carolines Willen. Auch ihre Leidenschaft für Perlen nahm er hin. Die Leidenschaft dehnte sich auf Diamanten aus. Alberto schenkte ihr Armbänder, Ringe und eine juwelenbesetzte Uhr. Der Haupttribut jedoch bestand in Geld, das der Künstler ihr großzügig zukommen ließ. Es war das unpersönlichste Zeichen ihrer Beziehung. Aber eine wesentliche Bedingung der Übergabe bestand darin, daß sie unter vier Augen geschah, denn vor den abschätzenden Blicken Dritter mußte es seinen Wert als Kommunikationsmittel verlieren. Im übrigen scheint Caroline Geld an sich genauso geringgeschätzt zu haben wie der Künstler. Am Roulette-Tisch bestand für sie der wirkliche Einsatz nicht im Geldwert. «Man ist immer ein Gewinner», meinte sie, «weil man etwas Aufregendes erlebt.» Worin diese Aufregung wirklich lag, war eine weitere dunkle Stelle in ihrem Geheimnis. Sie liebte Perlen, Kröten und Geld. Sie sehnte sich danach, geliebt zu werden. Aber Kunstwerke interessierten sie nicht. Ihr Geheimnis schien sie schützend zu umgeben, wenn es sie zugleich auch gefangen hielt.

Diego war unglücklich. Nachdem er bereits zugesehen hatte, wie die Dinge durch Yanaiharas Auftritt schiefliefen, mußte er nun mit ansehen, wie alles noch schlimmer wurde, seitdem Caroline regelmäßig kam und ging. Annette meinte, er hätte sich über die Gegenwart einer anderen Frau im Leben seines Bruders gefreut. Sie irrte sich. Aus seinem Mißfallen Annette gegenüber folgte nicht, daß er die Rivalin akzeptiert hätte. Er verabscheute Caroline. Sie sah nach einer gewöhnlichen Hure und billigen Betrügerin aus, wie er sie sein Leben lang in Montmartre hatte herumlungern sehen, und es gab für ihn auch keinen Grund, etwas anderes anzunehmen. «Wie sie den Kopf hält», rief er, «es ist abscheulich!» Er versuchte, ihr aus dem Wege zu gehen, und nie betrat er Albertos Atelier, wenn er wußte, daß sie anwesend war. Aber er konnte nicht so tun, als sei er glücklich. Alberto, der sein Leben damit verbracht hatte, Diegos Gesicht zu studieren, wußte nur zu gut darin zu lesen. Diego warnte ihn, vorsichtig zu sein. Aber der Künstler achtete bloß auf das, was er sah, nicht auf das, was er hörte. Für ihn gab es nur das eine: sich von seinem Modell bezaubern zu lassen. Stellte sich am Ende heraus, daß sie eine Femme fatale war, um so besser. Traf das nicht auf alle Frauen zu?

Eine Situation wie ein unentwirrbares Fadenknäuel umschlang das Leben der vier Hauptpersonen, und jeder von ihnen mochte sich einbilden, die Verwirrung der anderen sei verantwortlich dafür. Caroline wußte, daß sie von der Frau ihres Geliebten und von dessen Bruder verachtet wurde, was ihr wahrscheinlich als bequemer Vorwand diente, sich nicht einmal der Form halber um Höflichkeit zu bemühen. Statt dessen gab sie es ihnen auf gleiche Weise zurück. Annette hegte bittere Gefühle gegen die Hörigkeit ihres Mannes und reagierte grollend darauf, daß sie den Respekt ihres Schwagers verloren hatte. Diego mißfiel alles, aber er behielt, auf Gedeih und Verderb, seine Kritik für sich, und das tat seiner Gemütsverfassung gewiß nicht gut. Alberto seinerseits war von dem, was geschehen war, überwältigt worden. Es war geschehen, weil es für seine Kunst nötig war, und daran ließ sich nichts ändern. Die beiden Frauen waren in diese Unvermeidlichkeit verwickelt, aber sie waren nicht so eng darein verstrickt wie Diego. Er war von Anfang an Teil des Geschehens. Er war unersetzlich. Angesichts der jetzt erreichten mißlichen Situation durfte die Loyalität der Brüder, ihr gegenseitiger Respekt und ihre Sorge füreinander nicht wanken, sondern sie mußten noch größer und stärker werden. So wurde die lebenslange enge Bindung zwischen den beiden ironischerweise nur noch enger, und sie mußten das Beste aus der Situation machen, die ihrerseits aus ihnen das Beste machte.

Für Diego war die Belastung zweifellos am größten, weil er zwangsläufig die passivste Rolle spielte. Er konnte nur tun, was er immer getan hatte, seine Kraft in dem Ausmaß und in der Dringlichkeit zu finden, mit denen er benötigt wurde. Er sah sich in ein ähnliches Verhältnis zu seinem Bruder und dessen Werk versetzt, wie es die Erbauer der mittelalterlichen Kathedralen ihrer Aufgabe gegenüber empfunden haben mögen. Guten Grund und auch das Recht zu dieser Annahme hatte er. Deshalb war er so verzweifelt, das Atelier von einer Kreatur entweiht zu sehen, die er selbst in den zweifelhaften Momenten seiner Jugend links liegengelassen hätte. Die Welt war aus den Fugen. Vor Kummer fing er an zu trinken, und auch in dieser Disziplin besaß er ungewöhnliche Fähigkeiten. Es gab Nächte, in denen er kaum den Weg nach Hause fand. Doch am nächsten Morgen war er stets wieder zur festgesetzten Zeit auf den Beinen, um für alle Belange von Giacomettis Werk und Laufbahn zu arbeiten.

Im Oktober 1961, zehn Tage nach seinem Geburtstag, reiste Alberto nach Venedig. Er war von der Leitung der Biennale offiziell eingeladen worden, eine große Gruppe seiner Werke im Hauptpavillon auszustellen, und er hatte angenommen. Eine entsprechende Einladung seines Heimatlandes hatte er jedoch abgelehnt und angegeben, er verfüge nicht über eine genügende Anzahl von Werken. Noch immer nagte ein dunkler Groll an ihm, denn er schrieb seiner Mutter, irgendwer habe offensichtlich gemeint, dieses Angebot sei das Beste, was die Schweiz bieten könne, und er hätte nicht gewagt, es rundweg abzulehnen. Die Schweiz hatte in Wirklichkeit viel mehr zu bieten. Pläne dazu bestanden bereits für das Ende des Jahres. Sein Vaterland sollte schließlich das Beste dadurch für ihn tun, daß es eine dauerhafte Anerkennung Alberto Giacomettis – als des größten schweizerischen Künstlers seiner Zeit (und seines Namens) – gewährleistete. Bereits parallel mit den Vorbereitungen für die venezianische Schau wurde eine wichtige Retrospektive in Zürich vorbereitet. Das war alles ganz erfreulich; aber in Venedig wollte er noch als internationaler Teilnehmer angesehen werden. Der große Raum, der seinen Werken vorbehalten war, deutete an, daß er als ernsthafter Anwärter für den Großen Skulpturpreis angesehen wurde – immer noch der ehrenvollste, den ein Bildhauer oder Maler empfangen konnte. Nachdem Giacometti die Räume inspiziert hatte, in denen seine Ausstellung im folgenden Sommer aufgebaut werden sollte, reiste er nach Paris zurück.

Die Zeitspanne eines halben Jahres war keine Minute zu lang, um zwei Ausstellungen vorzubereiten, in denen das gesamte Schaffen eines großen Künstlers darzubieten war. Wie viele Meisterwerke auch noch folgen mochten, als Sechzigjähriger hat ein Künstler die Grundlagen geschaffen, mit denen sein Fortleben steht und fällt. Giacometti durfte sich dieser Prüfung unterziehen. Maeght, Clayeux und Matisse wurden zur Hilfe gedrängt. Allein schon die Anzahl der Werke, die in Venedig gezeigt wurden, war eindrucksvoll; es waren zweihundertvierzig Plastiken, vierzig Gemälde und mehr als ein Dutzend Zeichnungen. Fast alle stammten aus jüngster Zeit.

So viele Arbeiten in den zugewiesenen Galerieräumen aufzubauen, wenn auch reichlich Platz zur Verfügung stand, wäre für jeden eine knifflige und anspruchsvolle Aufgabe gewesen. Wie üblich fiel sie hauptsächlich Diego zu. Die Brüder fuhren Anfang Juni nach Venedig, lange vor der Eröffnung der Biennale. Während Alberto schon immer übertrieben empfindlich auf Proportionen und Stellungen reagiert hatte, wurde dieser Zug mit zunehmendem Alter zu einer Besessenheit. Diego mußte für Vermittlung sorgen. Skulpturen, die im nördlichen Pariser Licht eine bestimmte Wirkung gehabt hatten, wirkten anders im südlichen Widerschein der Lagune. Alberto empfand sie als zu dunkel. Diego änderte die Patinierung an einigen Bronzen, während der Künstler mit Farbe und Pinsel an anderen Skulpturen arbeitete, obwohl viele gar nicht mehr sein Eigentum waren. Pierre Matisse, der mit Patricia und einem Gefolge von Freunden erschienen war, bemerkte, es könnte den Sammlern mißfallen, ihre Werke umgestaltet zu sehen. Der Künstler wies die unliebsame Bemerkung von sich. Da er die halbe Nacht in Harry's Bar oder im Grotto saß, kam er jeden Morgen erschöpft zu den Ausstellungsräumen und änderte Entscheidungen, die er tags zuvor getroffen hatte. Zum Glück für ihn, und natürlich auch für Diego, liebten ihn die Biennale-Arbeiter als Italiener und betrachteten ihn als zu ihnen gehörig. Sie nahmen seine Anweisungen von der heiteren Seite und bauten Sockel von einem Tag zum anderen neu auf. Diego machte sich Sorgen. Selten, so empfand er, war sein Bruder so nervös und überarbeitet gewesen.

Giacometti hatte jetzt den Rang einer internationalen Berühmtheit. Daraus folgten Belästigungen, in Italien vor allem in Gestalt der überall auftauchenden Fotografen. Doch der Künstler war viel zu beschäftigt, als daß er sie bemerkt hätte. Was ihn besonders – und ganz gegen sein sonst übliches Verhalten – belastete, war das Problem der Preisverleihung. Es wurde als sicher vorausgesetzt, daß er den Preis für die beste Leistung als Bildhauer erhalten würde. Das war nicht der Grund seiner Aufregung. Was ihn aber so sehr bewegte, war, daß er darauf bestand, er müsse den Preis nicht nur für Skulptur, sondern auch für Malerei bekommen. Andernfalls wünsche er überhaupt keinen Preis. Er versteifte sich auf diesen Gedanken. Er redete sich in Zorn. Er, der sich nie um Ruhm und Öffentlichkeitswirkung gekümmert hatte, beharrte gegen alle Gewohnheit auf seinem Standpunkt, so daß erst recht deutlich wurde, wo er wirklich stand. Es lag in der Logik seines Lebens, daß er darauf drang, die Anerkennung müsse der Gesamtheit seines Schaffens gelten. Wenn er nicht ganz er selbst sein konnte, wollte er niemand sein. Er war Bildhauer *und* Maler. Das sollten sich die venezianischen Jury-Mitglieder gesagt sein lassen. Er schlug mit der Faust auf den Tisch in Harry's Bar und schwor, nicht von seinem Vorsatz abzugehen.

Sowohl Pierre und Patricia Matisse wie Clayeux und andere versuchten, Öl auf die Wogen zu gießen. Das war bei Alberto nie ein leichtes Geschäft gewesen und in diesem Fall gänzlich vergebens, als ob der Künstler gefürchtet hätte, eine falsche Einschätzung seines Werks durch die Öffentlichkeit würde seine Lebensarbeit verfolgen, auch dann noch, wenn er sich nicht mehr selbst schützend davorstellen konnte. Seine Bescheidenheit ging so weit, daß er sich nicht einmal für die Rolle des stolzen Künstlers zu gut war.

Diego hatte genug davon gehört. So dringend er im Atelier benötigt wurde, so überflüssig fühlte er sich im Rampenlicht der Öffentlichkeit. Zwei Tage vor Eröffnung der Ausstellung reiste er von Venedig nach Stampa ab. Der Gesundheitszustand der Mutter erlaubte es nicht mehr, daß sie den Sommer in Maloja verbrachte. Annetta blieb das ganze Jahr über in der Wohnung, in der sie länger als ein halbes Jahrhundert verbracht und ihre Kinder großgezogen hatte. Dort bestand auch ihr größtes Glück darin, daß ihr die Söhne immer wieder ihre Verehrung für die lange durchgehaltene hingebungsvolle Sorge bezeugten.

Während Giacomettis künstlerischer Triumph in Venedig bevorstand, in jener Stadt, die vierzig Jahre lang eine so bedeutsame Wirkung auf seine persönliche Mythologie gehabt hatte, war eine Figur, die ihn auf seinen dunkleren Wegen begleitete, unterwegs zu einem Ziel von vergleichbarer Bedeutsamkeit, mag ihr selbst das auch nicht aufgegangen sein. Caroline reiste durch Italien. Zwar traf sie nicht mit Alberto zusammen, aber sie waren in Gedanken beieinander. Allein fuhr sie in dem scharlachroten Wagen, den sie von ihrem Verehrer als Geschenk erhalten hatte, nach Sizilien. Was sie in Wirklichkeit bewogen haben mag, in der höllischen Sonnenhitze nach jener gesetzlosen Insel zu fahren, lassen wir besser auf sich beruhen. Ihre Fahrtroute war jedoch teilweise vorbedacht. Alberto hatte darauf bestanden, sie müsse Paestum und Pompeji besuchen. Seit jenem April im Jahre 1921 war er nicht mehr dorthin gekommen, und er sollte auch keine Gelegenheit zu einem Besuch mehr haben. Er wollte jedoch unbedingt, daß Caroline die Orte kennenlernen sollte. Dabei kann er nicht erwartet haben, daß sie Aufgeschlossenheit für die Mysterien dieser Stätten gezeigt hätte, da doch ihr eigenes Geheimnis so völlig selbstbezogen und flüchtig war. Getreu ihrem Stil blieb sie unberührt von den Kunstwerken, die sie dort sah. Das einzige, was ihr auffiel – und man durfte erwarten, daß sie für derlei Darstellungen ein offenes Auge hatte –, war ein Gemälde im Vestibül des Hauses der Vettier, das einen Priapus mit einem enormen Penis zeigte, ein Bildwerk, dem magische Kräfte zugeschrieben wurden. Das war alles in Pompeji. In Paestum blickte sie auf die dorischen Tempel, die dort seit zweitausend Jahren gestanden hatten und Göttern geweiht waren, von denen sie nie etwas gehört hatte. An diesen Dingen konnte sie nichts finden. Man hätte es von ihr auch nicht erwarten können. Daß sie sich überhaupt zu dem Besuch entschlossen hatte, war merkwürdig genug. Sie kaufte eine Ansichtskarte und schrieb rasch ein paar Zeilen: «Wie Du siehst, bin ich Deinem Rat gefolgt. Das ist vielleicht ein altes Gerümpel!?!»

Venedig, das Giacometti in hohen Momenten und an Tiefpunkten seines Lebens gesehen und das so viel zu seiner Vorstellungswelt beigetragen hatte, erwies dem Künstler alle Ehre, und es war recht getan, denn er stattete der Stadt seinen letzten Besuch ab. Die Giacometti-Ausstellung im Hauptpavillon sah herrlich aus. Die Besucher wurden von zwei der großen Frauen begrüßt, danach folgten die zwei schreitenden Männer und der monumentale Kopf, *Das Bein*, Porträtbüsten von Diego, gemalte Bildnisse von Annette, Yanaihara, Caroline: ein geraffter Überblick über die Welt des Künstlers. Giacometti wurde der Preis für sein bildhauerisches Werk zuerkannt. Nach all dem Protestieren und Toben nahm er die Auszeichnung ohne Einwände an. Der Preis für Malerei ging an den konventionellen Abstrakten Alfred Manessier. Giacometti wußte, wie wenig sich die Nachwelt um Preise schert. Ihm war nur daran gelegen, daß die Öffentlichkeit das Ausmaß seiner schöpferischen Tätigkeit erkennen sollte. Natürlich nicht das volle Ausmaß. Das mußte noch abgewartet werden, und er war geduldig. Nach der Preisverleihung verließ Alberto mit seiner Familie und seinen Freunden den Saal, wobei das Ehrendokument auf seinem Stuhl liegen blieb. Er hatte es vergessen. «Zwanzig Jahre früher hätte es mir noch etwas bedeutet», meinte er, «jetzt macht es mir nur Freude.»

Erneute Ehrung wurde ihm am Ende des Jahres zuteil durch die Gesamtretrospektive im Zürcher Kunsthaus. Wenn Giacometti das Beste erwartete, was die Schweiz einem Künstler zu bieten hatte, kam diese Veranstaltung dem Ideal nahe. Die Ausstellung umfaßte 294 Werke: 106 Plastiken, 85 Gemälde und 103 Zeichnungen aus allen Schaffensperioden. Außer einigen wenigen Holzskulpturen aus den surrealistischen Jahren, die bei einem Transport möglicherweise Schaden genommen hätten, war alles Wichtige versammelt. In Zürich wurde die venezianische Schau weit überboten. Hier konnte man die jüngsten Schöpfungen vor dem herausfordernden Hintergrund von Werken ansehen, die vier Jahrzehnte zuvor entstanden waren. Giacometti beschaute die Übersicht mit Dankbarkeit, nicht nur wegen der Wichtigkeit, die diese Ausstellung für ihn als Sohn des Landes hatte, sondern auch, weil sie für ihn als Künstler von praktischem Interesse war. Die Wichtigkeit für den einen und das Interesse des anderen mischten sich zu einem Erfolg, der nirgendwo auf vergleichbare Weise hätte zustande kommen können. Der Künstler war aus seiner Heimat ausgezogen, um sein Werk zu vollbringen, doch in der größten Stadt seiner Heimat sollte er die umfassendste Ausstellung dieses Werkes erleben. Die Umarmung war großzügig, und er ließ sich mitreißen. Zum erstenmal fand eine solche Ausstellung in den Räumen eines bedeutenden Museums statt, wo er das, was er geschaffen hatte, im unerbittlich streng prüfenden Zusammenhang mit Meisterwerken der Vergangenheit sehen konnte.

Was er dabei vor allem erkannte und was er bereits seit langem mit melancholischer Klarsicht wahrgenommen hatte, war seine Einsamkeit. Seine Vorfahren waren um ihn, oder auch: er gehörte zu ihnen; und er versuchte, sich einen Platz zu schaffen, an dem er sich ihres Erbes als würdig erwies. Dieses Bemühen hatte ihn sein ganzes Leben hindurch bewegt, wenn er Kopien nach den Werken der Vorgänger anfertigte: er wollte sie besser erfassen, gründlicher erkennen, um was es ihnen ging, klarer durchschauen, in welchem Verhältnis er zu ihnen stand. Er gab sich keinen Illusionen hin und mußte zu seinem Bedauern einsehen, daß er allein war. Giacometti glaubte, sein Platz sei am Ende einer Tradition, die von Cézanne zu Rembrandt und über Velázquez, Tintoretto, Michelangelo, Giotto, Cimabue zurückreichte bis zu den Byzantinern, den Griechen und schließlich zu den alten Ägyptern. Gemessen an einer solchen Tradition, deren letzter heroischer Vertreter Cézanne gewesen war, konnte Giacometti niemanden ringsum erkennen, der ihm im Juli 1962 als Weggefährte dienen oder seinen Spuren hätte folgen können.

«Niemand arbeitet in meiner Weise», erklärte er, «aber meiner Meinung nach müßte jeder so arbeiten wie ich, das heißt, jeder müßte versuchen, einen Gegenstand so wahrzunehmen, wie er wirklich ist. Die heutigen Künstler wollen nur ihre subjektiven Gefühle ausdrücken, anstatt die Natur getreu darzustellen. Sie streben nach Originalität und verlieren sie dadurch. Indem sie das Neue suchen, wiederholen sie nur das bereits Dagewesene. Das gilt vor allem für die abstrakte Kunst. Cézanne hat nicht so gehandelt. Er hat nicht originell sein wollen. Und dennoch ist kein Maler origineller als Cézanne.»

Das Originelle bei Cézanne war nicht die Wahl seiner Bildthemen – die waren so alt wie die Berge –, sondern sein Charakter, nicht sein Stil, der bloß als Vehikel diente, sondern sein Geist. Mit Giacomettis Originalität verhielt es sich ebenso, und er hielt Schritt mit den großen Vorbildern. In einem Zeitalter, in dem sich traditionelle Ideologien als unfähig erwiesen, das Verlangen des Menschen nach Heroismus zu entfachen und zu stillen, führte er ein heroisches Leben. Giacometti machte davon kein Aufhebens, weil er nie in den Irrtum verfiel, den Künstler als einen Halbgott zu betrachten, dessen menschliche Schwächen man gegenüber der Herrlichkeit seiner Schöpfungen als nebensächlich ansehen könne.

Wie Cézanne hatte Giacometti alle schöpferischen und künstlerischen Erneuerungen seiner Zeit studiert, hatte aufgegriffen, was gut für ihn war, und seinen Weg fortgesetzt. Cézanne jedoch, so einsam er sich fühlen mußte, sah eine Zukunft für seine Kunst voraus. Nicht so Giacometti. Seine Anschauung der eigenen Situation war tragisch für ihn, doch vermochte er sie auf sich zu nehmen. Ob seine Zeitgenossen über eine vergleichbare Stärke verfügten, war eine andere Frage. Alberto sagte, lieber betrachte er Zinnsoldaten im Schaufenster eines Spielzeugladens als die meisten modernen Plastiken. Die Anstrengungen der zeitgenössischen Künstler beurteilte er mit derselben Strenge, die er auf seine eigenen Arbeiten anwendete. Diesem unbarmherzigen Maßstab wurden nur wenige gerecht. Im Hinblick auf die abstrakte Skulptur äußerte sich Giacometti wie folgt: «Sie kann einen fertigen Gegenstand erschaffen, und sie tut es auch, der wie eine Maschine sich selbst genügt und für sich vollendet sein will oder ist. Wie aber soll man diese neue Art der Schöpfung definieren? Was wird aus einer Skulptur von Brancusi oder aus einer anderen sogenannten abstrakten Plastik, die verrostet, verbeult, zerbrochen ist? Was aus einem Mondrian-Gemälde, wenn es fleckig, vom Alter verdunkelt oder eingerissen wäre? Gehören sie noch der gleichen Welt an wie die chaldäischen Skulpturen, wie Rembrandt und Rodin oder zu einer anderen Welt, die der

Welt der Maschinen, der Dinge näher ist? Wie weit sind sie überhaupt noch Skulpturen und Gemälde, und wieviel vom Sinn dieser Wörter ist verlorengegangen?» Giacometti fühlte sich diesem Sinn verbunden, wenn auch eher auf die Art, wie Prometheus mit seinem Felsen verbunden war. In Gedanken hieran führte Alberto weiter aus: «Malerei, wie wir sie kennen? Ich glaube, sie hat in unserer Zivilisation keine Zukunft. Auch die Bildhauerei nicht. Was wir ‹schlechte Malerei› nennen – das hat Zukunft ... Es wird immer Leute geben, die eine pittoreske Landschaft, einen Akt oder einen Blumenstrauß an der Wand hängen haben wollen ... aber das, was wir große Malerei nennen, ist vorbei.»

58

G. David Thompson, der robuste Millionär aus Pittsburgh, Pennsylvania, Besitzer der größten Giacometti-Sammlung der Welt, hatte durch einen Autounfall seinen Sohn verloren und war völlig gebrochen. Er nahm nicht an der Trauerfeier teil, und er gab die Unsterblichkeitsvorstellungen auf, die ihn veranlaßt hatten, großmächtig die Schaffung eines Museums anzukündigen, das seine riesige Kunstsammlung beherbergen sollte. Er entschied sich für einen Verkauf. Gewiß war er etwas aus dem Lot, aber seine Mentalität hatte sich nicht geändert. Nicht nur finanziell wollte er das Letzte aus der Sammlung holen, sondern auch alles, was sie für sein Prestige und für seine Selbstbestätigung hergeben mochte. Manch begierigem Auge hielt er seinen Schatz verlockend hin, änderte dann aber seine Bedingungen und traf andere Dispositionen, ehe ein Geschäftsabschluß zustande kam. Und ums Geschäft ging es ihm, nicht um die Sache. Thompson verkaufte seine Klee-Sammlung an Ernst Beyeler, den Basler Kunsthändler, der sich schon seit langem für Giacometti interessierte. Die Nachricht vom Verkauf verbreitete sich blitzartig durch die Kunstwelt. Als Thompson das nächste Mal in Paris war und in die Rue Hippolyte-Maindron kam, mutmaßte Giacometti: «Wahrscheinlich sind nächstens meine Arbeiten an der Reihe.»

Thompson wiederholte alte Versprechungen, schwor, er werde sich nie von seinen Giacomettis trennen, und als wolle er seine Verläßlichkeit beweisen, drängte er den Künstler, ihm weitere Werke zu verkaufen. Alberto zögerte, Thompson ließ nicht nach. Es vergingen einige Tage. Der Millionär kam wieder ins Atelier. Diesmal wurde er von Diego empfangen, der ihm nie vergessen hatte, wie er dem «falschen» Bruder die Mitbringsel entrissen hatte. Diesmal übernahm es Diego, für den «richtigen» Bruder zu sprechen. Er erklärte Thompson rund heraus, daß Alberto ihn nicht empfangen wolle.

Eine Woche später war der Sammler im Hotel Baur au Lac in Zürich, wohin er Beyeler gebeten hatte. Er fragte ihn: «Wieviel zahlen Sie mir für die Giacometti-Sammlung?»

Die Antwort erforderte sorgfältige Berechnung, da die Kollektion ungefähr sechzig Skulpturen enthielt, die in der Zeit zwischen 1925 und 1960 entstanden waren, darunter fast alle wichtigen Bronzen und viele Werke, die nur als Unikate existierten. Dazu kamen noch etwa acht Gemälde und an die zwanzig Zeichnungen, alles in allem um die hundert Werke. Außer Beyeler wurden mehrere potentielle Käufer angesprochen. Einer davon war Hans Bechtler, ein Zürcher Geschäftsmann, der schließlich das Angebot als zu teuer ablehnte; aber er sah die Sammlung als eine einmalige Gelegenheit an, etwas Bedeutendes zu tun, sowohl für die Schweiz wie auch für den größten lebenden schweizerischen Künstler. Bechtlers Konzept spielte im weiteren Verlauf eine wichtige Rolle. Nach raffinierten Verhandlungen verkaufte Thompson seine Giacometti-Sammlung an Beyeler. Auch dieser sah die Gelegenheit als einzigartig an, und seinem selbstlosen Einsatz war es am Ende zu verdanken, daß das Vaterland tatsächlich sein Bestes für den verdienstvollen Sohn tat.

David Thompson starb zwei Jahre später an Herzversagen; in der Kunstwelt weinte ihm niemand eine Träne nach.

Annette ließ sich nicht besänftigen. Solange Caroline im Atelier ihres Mannes saß, konnte nichts sie beschwichtigen. Die Vorwürfe wurden nur noch heftiger. Es kam zu Szenen, bei denen vor Zeugen Dinge gesagt wurden, die eigentlich absolute Privatsache sein sollten. Annette provozierte Alberto, der oftmals aufbrausend reagierte. Doch nie ließ er es zu, daß irgend jemand ein kritisches oder unfreundliches Urteil über seine Frau fällte. Wenn er ertrug, was er ertragen mußte, dann hatte er sich dies in hohem Maße selbst zuzuschreiben. Allerdings wäre er froh gewesen, sie hätte jemanden gefunden, der ihr hätte geben können, was sie sich wünschte. So waren sie in einer grausamen Situation gefangen und verschlimmerten sie weiter. Zum Beispiel überschüttete Alberto Caroline mit Tausenden von Francs, mit Perlen und Diamantarmbändern, hielt aber Annette weiter kurz. Sie muß es geahnt haben, konnte sie sich doch ausrechnen, wieviel Geld ins Haus kam. Sie merkte, daß sie nur wenig davon erhielt, und das quälte sie. Es nagte schrecklich an ihr. Dabei ging es ihr nicht so sehr um das Geld an sich. In diesem Punkt waren sich Annette und Caroline womöglich ein wenig ähnlich. Für beide war Geld ein Symbol. Die Bedeutung dieses Symbols allerdings war bei beiden fast diametral verschieden. Annette wünschte sich Sicherheit, Caroline gesteigerten Nervenkitzel. Alberto anerkannte die Wichtigkeit von Geld, mochte aber nichts damit zu schaffen haben. Er war sich dessen bewußt, daß er sein Leben lang das Privileg genossen hatte, so zu leben und zu handeln, wie es ihm beliebte; damit verglichen, war alles andere überflüssig. Er schenkte

Caroline Geld, weil das Bezahltwerden zu ihr gehörte. Annette war dazu da, mit dem Notwendigsten versehen zu werden; jedenfalls kam es ihr so vor. Ihr Mann stellte sich in diesem Sinne auf die Situation ein. Aber sie sah die Unausgewogenheit, und das erbitterte sie.

Sie suchte Sympathie, und gerade nach dem endgültigen Abschied ihres japanischen Freundes war ihr Bedürfnis nach Zuwendung besonders groß. Sie fand sie in der Person von Jean-Pierre Lacloche. Sein ganzes Wesen war ihr angenehm, und er ging auf sie ein. Er war jung, ein hübscher, empfindsamer Bewunderer Albertos, zugleich aber voll Verständnis für die Leiden der Künstlerfrau. Auch Olivier Larronde machte keine Einwände.

Annette wollte aus der Rue Hippolyte-Maindron ausziehen, überlegte es sich dann aber wieder und tat es nicht. Sie haßte das Nachtlicht; doch es hielt sie fest. Sie fuhr hierhin und dorthin und kam zurück. Sie reiste in die Schweiz. Sie verbrachte einige Zeit auf dem Lande bei ihrer Freundin Paola oder bei einer anderen Vertrauten, einer ebenfalls von einem Künstler malträtierten Frau: die frühere «Haushälterin» des Comte de Rola. Zwischendurch versuchte sie, sich in der Rue Léopold-Robert einzurichten; aber irgend etwas hinderte sie. Obgleich die Wohnung fertig war, wohnte sie nie dort. Sie behauptete, das hohe Treppenhaus sei ihr zu anstrengend. Sie wünschte sich eine Wohnung, in die man nicht so mühsam hinaufsteigen mußte.

Wieder begab sie sich auf die Suche, und bald hatte sie etwas gefunden. Es war weiter weg vom Atelier, in der Nähe von Saint-Germain, in der Rue Mazarine; die Wohnung lag, eine Treppe hoch, über einem kleinen Restaurant. Hier endlich richtete sie sich einigermaßen häuslich ein. Sie schaffte einiges von ihren Sachen, wenn auch nicht alles, in die neue Wohnung: Bücher, Schallplatten und Bilder. Bequem war es nicht und auch nicht geschmackvoll, es herrschte Unordnung, aber es gehörte ihr. Zunehmend wurde dieses Appartement ihre Zuflucht, zugleich wohnte sie weiterhin in der Rue Hippolyte-Maindron, das heißt, sie ging fast täglich oder zumindest sehr oft dorthin, und ihr Platz wurde auch nie in Frage gestellt.

Jean-Pierre Lacloche nahm sich der Kümmernisse der sympathiebedürftigen Frau an. Er war ein Gentleman, jemand, der Mut gezeigt hatte. Und Mut brauchte es, um Alberto Vorhaltungen über sein Verhalten zu machen. Jean-Pierre hatte ihn. Er kannte das Ehepaar seit mehr als einem Jahrzehnt, hatte die Dinge von drinnen und draußen gesehen und scheute sich nicht, die Probleme beim Namen zu nennen. Er hielt Alberto vor, daß Caroline, wie edel sie ihm im Augenblick auch erscheinen mochte, niemals so zu ihm gehalten hätte, wie Annette das in all den schwierigen Jahren getan hatte, wobei die jüngsten Jahre keineswegs leichter geworden waren. Der Künstler gab das zu. Aber die wirkliche Ausdauer eines Menschen mißt sich in einer ganzen Lebenszeit, nicht in Abschnitten, die zeitlich begrenzten Bedürfnissen gemäß gewählt werden. Mit dieser unerbittlichen Tatsache war Alberto vertraut und bereit, die Konsequenzen zu tragen. Jean-Pierre stand entsprechende Erfahrung noch bevor. Als er mit seiner Lektion an die Reihe kam, nachdem sein gutes Aussehen und sein Glück dahin waren, nahm er sie – das muß man ihm zugestehen – mit unerschrockener Würde auf.

Mittlerweile ließen Annettes ständige Bitten um Anteilnahme ihre Ausdauer in einem etwas anderen Licht erscheinen. In erster Linie fühlte Jean-Pierre sich an Olivier gebunden. Auch die Beschäftigung mit dem «Nirwana» verschlang Zeit. Jean-Pierres fachmännischer Umgang damit wurde den Behörden etwas zu professionell. Es gab sogar Gerüchte, er sei wegen einer Opiumsendung in Schwierigkeiten. Alberto gefiel das gar nicht. Es wäre ihm nicht recht gewesen, mit Opiumhandel in Verbindung gebracht zu werden. Aber er machte Geld locker, um die Sache aus der Welt zu schaffen. Dies und andere Dinge hatten zur Folge, daß das Annette wohlwollend geliehene Ohr ihr nicht mehr auf dieselbe Weise zuhörte.

Noch immer war Isabel nicht ihr Lachen vergangen. Auch die dritte Ehe hatte ihre Überschwenglichkeit nicht beeinträchtigt, und in London wie in Paris konnte man ihre Heiterkeit überall heraushören, wo es etwas zu trinken gab. Für Giacometti war es ganz selbstverständlich geworden, daß sie bei ihm im Atelier hereinschneite, um zu erzählen und zu lachen, wie sie das seit fünfundzwanzig Jahren getan hatte. Es kam dem Künstler nicht in den Sinn, einen Teil seiner Erfahrungen auszuklammern, nur weil er inzwischen der berühmte Alberto Giacometti geworden war. Wenn sich die Vergangenheit zu Wort meldete, wurde sie nie zu einer Störung der Gegenwart.

Die gelegentlichen Besuche von Mrs. Rawsthorne brachten nicht nur Heiterkeit, sondern auch die Fortsetzung einer oberflächlichen Bekanntschaft, die Albertos letzte Freundschaft mit einer schöpferischen Persönlichkeit von Rang wurde. Es hatte damit begonnen, daß eines Tages ein Unbekannter an seinen Tisch im Café trat und sich vorstellte. Er wollte seine Bewunderung ausdrücken und bat darum, dies persönlich tun zu dürfen. Der Mann hieß Francis Bacon. Solch spontaner Sympathieausdruck war für Giacometti unwiderstehlich. Die Zeit sollte es an den Tag bringen, daß es eine Menge anderer Dinge gab, die zur gegenseitigen Anziehung der beiden Männer beitrugen.

Bacon wurde 1909 in Dublin als Sohn eines englischen Rennpferdezüchters geboren. Zur Malerei kam er, wie bei den meisten Dingen in seinem Leben, auf indirektem und unkonventionellem Weg. An Schulbildung war er wenig interessiert. Entsprechend dürftig fiel sie aus. Mit sechzehn Jahren begann er das Leben eines Vaganten zu führen, das er, auf die eine oder andere Weise, auch in seinen späteren Jahren fortsetzen sollte. Er sah gut aus, war schlau und mit einer spitzen Zunge begabt. Er faßte den Entschluß, seinen Weg zu machen, wenn er auch keine Ahnung hatte, in welche Richtung. Zu einer Zeit, als es in Paris und Berlin noch leicht war, sich gleichzeitig brillant und unmoralisch zu geben, ließ sich der junge Francis durch die Halbwelt, wenn nicht gar durch die Unterwelt treiben, trank, spielte und suchte homosexuelle Abenteuer. Allenthalben gab es Neues in der Entwicklung der Kunst, aber Bacon war nicht besonders daran interessiert. Möbeldesign und Inneneinrichtung waren die Felder, in denen er seine Begabung einsetzte. Erst während der Kriegsjahre, als er wegen seiner Asthmaanfälle für kriegsuntauglich erklärt wurde, fing er ernsthaft mit der Malerei an. Er bewies seine Fähigkeit mit erstaunlichem Können. In den späten vierziger Jahren war er zu einem Meister seiner Generation geworden und zu einer vieldiskutierten Figur im Kulturleben. Sein Stil, seine Bildthemen, sein Geschick bei der Inszenierung seiner Laufbahn wurden von den einen mit Applaus bedacht, von anderen mit Verachtung.

Über Bacons technisches Können gab es nie eine Frage. Was die Kontroverse hervorrief, war die Anwendung der Technik. Bacon konzentrierte sich auf die menschliche Gestalt, die er Verzerrungen und Zerstückelungen von erschreckender Intensität unterwarf. Aus dem Lager der Abstrakten wurde er als gegenständlicher Maler angegriffen; gleichzeitig warf man ihm Morbidität, Lust am Makabren und einen Mangel an Disziplin vor. Er reagierte auf diese Kritik mit Witz, spottete über die Kritiker, trank, spielte und suchte Liebesabenteuer mit Burschen aus der Arbeiterklasse. Seine Lieblingsbilder zeigen schreiende Männer, nackte männliche Körper in krampfhafter Umschlingung, die mehr nach einem Todeskampf als nach lustvoller Umarmung aussehen, Gestalten, die auf Toilettenschüsseln hocken oder sich in Waschbecken übergeben, Kreuzigungsbilder aus Abfällen von Schlachthäusern, daneben zahlreiche Porträts, viele davon Selbstbildnisse, in denen die Glieder und Gesichtszüge grauenvollen Metamorphosen unterzogen wurden. Aus diesen erschreckenden Bildnissen schaute dennoch einprägsame Ähnlichkeit mit den Porträtierten hervor.

Gewöhnlich arbeitete Bacon nach Fotografien, selten, wenn überhaupt, nach lebenden Personen. Er war einer der ersten, die erkannten, wie die Fotografie gerade durch die Ungenauigkeit ihres visuellen Effekts die malerischen Möglichkeiten mehr erweiterte als beschränkte. Auch nutzte er in hohem Maße den Zufall als Instrument. Die Grenze zwischen der bewußten und der zufälligen Gestaltung verwischt sich bei ihm wie die Züge seiner Freunde. Diese unkomplizierte Art störte manchen mehr als die schrecklichen Bildgegenstände. Man warf ihm vor, der gemalte Schrei gliche weniger einem schmerzlichen Aufheulen als einer wohlkomponierten Arie. Die Macht und Virtuosität dieser Bilder war jedoch unbestreitbar, und Bacons Ruhm nahm weiter zu.

Viele seiner Porträts waren Bildnisse von Isabel. Die Zahl der Flaschen, die sie zusammen geleert haben, war noch größer. Auch Bacon war jemand, der sein Lachen nicht unterdrückte, obwohl in seiner Heiterkeit ein Unterton von Todesklappern unüberhörbar mitschepperte. Er war besessen vom Tod. Er sagte einmal: «Jetzt erkennt der Mensch, daß er ein Zufall, daß er ein völlig überflüssiges Wesen ist, daß er das Spiel unbegriffen zu Ende spielen muß. Das Leben kommt mir sinnlos vor; wir schaffen gewisse Haltungen, die uns während unserer Existenz als Bedeutungen dienen, obwohl sie, für sich genommen, sinnlos sind.» Eine solche Überzeugung war gewiß nicht als Basis für tiefe Freundschaften geeignet, und Bacon bezeichnete sich ohne Scheu als hinterhältig. Er war auch außerordentlich bizarr, schlau, charmant und witzig, zum Beispiel, wenn er in einem Wortspiel sagte: «*I serve champagne to my real friends and real pain to my sham friends*» (also etwa: Die wirklichen Freunde sollen Schaumwein haben, die Schaumschläger aber sollen wirklich weinen). Von beiden Sorten gab es genug. Isabel bekam nur Champagner zu trinken, aber die Bildnisse scheinen wie gemacht, um die verheerenden Folgen des Alkoholkonsums zu zeigen. Die Trunksucht hatte ihren Blick getrübt, ihre Erscheinung wirkte ungepflegt, und die Ausstrahlung der Jugend war dahin. Bacons Charme vertrug sich durchaus mit einer Lust an der Zerstörung, der Auflösung und Ausrottung. Isabel, die manchen Mann – und manche Frau – hatte kommen und gehen sehen, konnte auch an der Verzweiflung Geschmack finden. Sie schluckte ihren Wein und lachte weiterhin. Francis Bacon liebte diese Haltung.

Alberto mochte Bacon und seinen Freund George Dyer. Er besuchte sie öfters, wenn er in London war, wohin er in seinen letzten Lebensjahren mehrmals reiste, um die große Ausstellung seiner Werke in der Tate Gallery im Sommer 1965 vorzubereiten. Einmal fragte ihn Bacon: «Meinst du, daß man als Homosexueller ein großer Künstler sein kann?» Für diesen Zweifel schuf Bacon fabelhafte Antworten.

An einem Abend des Jahres 1962 hatte Isabel zu einem großen Essen in einem Londoner Restaurant eingeladen. Bacon kam zu spät, war nervös und hatte getrunken. Er geriet mit Giacometti in eine Diskussion über Malerei. Erst ging es gut, dann, als Bacon immer betrunkener wurde, entwickelte sich das Gespräch zu einem jener sprunghaften Monologe über Leben und Tod und über die allgemeine Misere, in denen Bacon sich erging, wenn er vom Alkohol umnebelt war. Alberto, der nie exzessiv trank, hörte geduldig zu. Schließlich antwortete er mit einem Achselzucken und murmelte: «Wer weiß?» Bacon fühlte sich durch diese Reaktion so provoziert, daß er ohne ein weiteres Wort die Tischkante packte und so lange anhob, bis alles, Geschirr, Gläser und Silberbestecke, auf den Boden stürzte. Giacometti jubelte und fand diese Antwort auf die Rätsel der Welt großartig.

Die persönliche Übereinstimmung war eine Sache, Einverständnis in beruflichen Fragen eine andere. Ihre ästhetischen Zielsetzungen wichen voneinander ab. In privatem Kreis gab Giacometti sein Mißfallen über die Zufallseffekte und technischen Tricks zu verstehen, die Bacon liebte. Bacon seinerseits, der bekanntlich keine einzige Zeichnung gemacht hat, hielt Giacometti als Zeichner für unvergleichlich, ließ damit aber natürlich auf verräterische Weise offen, was er von seiner Meisterschaft auf anderen Gebieten hielt. Dadurch wurde die Freundschaft jedoch nicht beeinträchtigt. Nach dem Tode des Älteren sagte der Jüngere: «Er war für mich der wunderbarste Mensch.»

Während dies alles vor sich ging, während er Auszeichnungen in Venedig und Zürich erfuhr, setzte Giacometti seine Arbeit und sein Leben in demselben unerbittlichen Tempo fort, schlief und aß immer weniger, rauchte immer mehr und arbeitete Tag und Nacht in seinem Atelier. Das blieb nicht ohne Folgen für seine Gesundheit. Die robusteste Natur der Welt hätte solche Strapazen nicht endlos ausgehalten. Alberto sah sehr angegriffen aus. Seine Haut war aschfahl, die Augen eingefallen und blutunterlaufen. Die immer häufigeren Hustenanfälle schienen nur knapp vor dem Ersticken einzuhalten. Er spie Galle. Jahrelang hatte er an Magenschmerzen und Appetitlosigkeit gelitten. Die Leibschmerzen wurden stechend. Er suchte seinen alten Spezi, Dr. Fraenkel, auf, der ihm etwas verschrieb und sagte, er solle sich keine Sorgen machen. Alberto ging wieder an die Arbeit, machte sich aber doch Sorgen. Die Schmerzen hörten nicht auf. Immer öfter hatte er, wenn er sich zu Bett legte, den Eindruck, er werde am nächsten Morgen nicht mehr erwachen. Er stellte sich vor, er hätte Krebs. Wenn es schon eine Krankheit sein mußte, so wünschte er sich diese. Da sie so ernst ist, hatte sie für ihn den Charakter des Absoluten, und das ließ sie besonders interessant erscheinen. Unterdessen fuhr er in seiner Arbeit fort. Die Porträtsitzungen mit Caroline fanden weiter statt, zugleich begann er wieder, Annettes Bildnis in einer außerordentlichen Reihe von Büsten zu modellieren.

Am Broussais-Hospital in der Rue Didot arbeitete damals ein junger Mann aus Maloja als Assistenzarzt. Er hieß Reto Ratti. Da er die Giacomettis sein ganzes Leben lang gekannt hatte, war für ihn diese Verbindung zum heimischen Bergell ebenso angenehm wie nützlich, und er schaute öfters in der Rue Hippolyte-Maindron herein. Beide Brüder schätzten den aufgeweckten und lebenslustigen Reto. Alberto schenkte ihm mehrere Zeichnungen, und Diego gestattete ihm bei Gelegenheit, im Atelier zu schlafen. Der angehende Mediziner brauchte nicht lange, um zu sehen, daß Giacometti ernsthafte Behandlung nötig hatte, und er drängte ihn, einen kompetenten Arzt aufzusuchen. Giacometti hörte auf den Rat und auf die zunehmenden Schmerzen. Wieder begab er sich zu Dr. Théodore Fraenkel. Diesmal verschrieb dieser seinem Patienten nicht ein x-beliebiges Mittel, sondern schickte ihn zu einem Chirurgen.

Der war niemand anders als Dr. Raymond Leibovici, der noch immer an der Klinik in der Rue Rémy-de-Gourmont praktizierte, wo er vierundzwanzig Jahre zuvor Giacomettis gebrochenen Fuß behandelt hatte. Soweit sich hier Lebenswege auf bedeutsame Weise trafen, so handelte es sich um glückliche Umstände, denn der Patient hatte Zutrauen zu dem Arzt und war bereit, auf seine Empfehlungen zu hören. Leibovici ließ Magen und Verdauungswege seines Patienten röntgen. Die Aufnahmen ließen zweifelsfrei einen großen, bösartigen Tumor am Magen erkennen, der wahrscheinlich zehn Jahre zuvor als Geschwür begonnen hatte. Der Arzt wunderte sich, wieviel Schmerz der Künstler ertragen haben mußte. Es kam nur eine sofortige Operation in Frage. Da der Chirurg wußte, daß ein so radikaler Eingriff nie ohne Risiko ist, entschloß er sich, dem Patienten nicht die Wahrheit zu sagen. Das war Teil seiner Behandlungsmethode. Angesichts der Tatsache, daß die meisten Menschen Angst vor Krebs haben, wollte er seine Patienten nicht beunruhigen und glaubte, daß bei einigen die brutale Wahrheit die Wirkung einer sich selbst erfüllenden Prophezeiung haben mußte: Sah der Patient die Gefahr vor Augen, konnte er den Willen verlieren, ihr zu widerstehen.

Dr. Leibovici bat den Bildhauer zu sich in die Klinik. Mit den Röntgenbildern in der Hand erläuterte er seine Diagnose. Während er die Aufnahmen hochhielt, um den Fall zu erklären und die notwendigen chirurgischen Maßnahmen zu beschreiben, sah er, wie Giacometti sein Gesicht mit suchender Aufmerksamkeit betrachtete. Der Arzt sagte, es habe sich ein Magengeschwür entwickelt und eine Operation sei unvermeidlich. Alberto nahm die Diagnose anscheinend ganz ruhig auf. Er fragte Dr. Leibovici nicht, ob es sich bei der Krankheit um Krebs handle. Aber er begab sich alsbald zu Fraenkel, um sich bei ihm Gewißheit zu verschaffen. Fraenkel, den Leibovici zur Verschwiegenheit verpflichtet hatte, sagte ebenfalls, es sei nur ein Magengeschwür. Giacometti gab keine Ruhe. Er verlangte von Fraenkel, er solle bei der Liebe seiner Frau und seiner Mutter schwören, daß er die Wahrheit spreche. Fraenkel schwor. Jetzt war Alberto beruhigt – mehr oder weniger, denn er fragte auch Reto Ratti, der sich ausweichend äußerte. Aber Alberto nahm die Diagnose hin. Es war fast, als ob er enttäuscht gewesen wäre, denn er sagte in seinem Bekanntenkreis: «Wenn ich Krebs hätte, wäre mir die Operation recht, weil das eine Erfahrung ist, um die es sich lohnt. Aber so ist es eine Kleinigkeit, nichts als eine Störung.»

Da der allgemeine Zustand des Patienten kaum mittelmäßig war, empfahl Leibovici, daß er mehrere Tage vor der Operation in die Klinik käme, um den Körper auf den Eingriff vorzubereiten. So wurde Alberto wieder dort aufgenommen, wo er ein Vierteljahrhundert zuvor Erholung fand, nachdem ihn der Tod zum erstenmal gestreift hatte. Diese Fügung muß bei ihm Überlegungen ausgelöst haben, inwieweit das Mögliche auf das Unvermeidliche Einfluß nehmen kann; und diese Fügung ist tatsächlich bemerkenswert, da jene erste Begegnung mit der Todesgefahr im Interesse der Wahrheit so entscheidend umgewertet worden war, daß die neuerliche Begegnung ebenfalls als ein Arrangement der schöpferischen Notwendigkeit erscheinen mochte. Gewiß, der Künstler hatte diesmal keine Ahnung, wie hoch das Risiko war.

Fraenkel hatte es nicht fertiggebracht, Giacometti die Wahrheit zu sagen, aber es gelang ihm auch nicht, sie für sich zu behalten. Er informierte Diego, der sofort Annette, Bruno, Matisse und Maeght sowie einige weitere Freunde verständigte. Er bestritt aber nicht das Recht des Chirurgen, seinen Patienten in Unwissenheit zu lassen. Annette konnte und wollte das nicht hinnehmen. Wie weit sich auch Gefühle von Bitterkeit, Eifersucht und Entfremdung entwickelt hatten, so war sie doch fast zwanzig Jahre mit Alberto zusammengewesen. Sie kannte ihn gut und fühlte sich dieser Kenntnis verpflichtet. Ihr Gefühl sagte ihr, daß er nach seiner lebenslangen Vertrautheit mit dem Tode Anspruch darauf hatte, zu erfahren, wie nahe er ihm sei, und daß Alberto es hassen mußte, getäuscht zu werden. Er verdiente die Wahrheit, weil er für sie lebte. Das trug Annette Dr. Leibovici vor, der ihren Protest jedoch verwarf und ihr jegliche Enthüllung untersagte. Nur widerstrebend ließ sie sich darauf ein; aber es ehrt sie, daß sie sich für Albertos Anrecht auf Wahrheit stark gemacht hatte.

Der Eingriff, der am Morgen des 6. Februar 1963 vorgenommen wurde, bestand aus einer fast totalen Resektion des Magens. Vier Fünftel mußten herausgeschnitten werden, um soviel krebsbefallenes Gewebe wie möglich zu entfernen. Es war fast die gleiche Operation, die zwanzig Jahre zuvor an Henri Matisse vorgenommen worden war. Giacometti lag drei Stunden im Operationssaal, und während Dr. Leibovici den Eingriff vornahm, war ihm bewußt, daß in solchen Fällen einer von vier Patienten sterben konnte. Bei Alberto ging es gut. Seine robuste Natur half ihm auch über diesen Tag. Diego und Annette, die nervös unten gewartet hatten, durften sich wieder beruhigen. Am Abend wußte man, daß die Gefahr fürs erste abgewandt war. Schon am nächsten Tag konnte Alberto einige Minuten aufstehen. Nach der Beseitigung des bösartigen Gewebes zeigte sich alsbaldige Besserung. Giacometti nahm Farbe an, das Weiß seiner Augen begann sich aufzuhellen. Zum erstenmal seit Jahren verspürte er wieder Appetit. In einer Holzschachtel hatte er sich ein Figürchen mitgebracht, das in feuchte Lappen gehüllt war. Während seiner Genesung nahm er es manchmal heraus und knetete an dem Ton. Die Schmiegsamkeit des Materials muß ihm unter diesen Umständen wie der Beweis seiner Fähigkeit erschienen sein, mit allen Widrigkeiten fertig zu werden. Er befand sich bei ausgezeichneter Stimmung. Besuchern zeigte er seinen feinen wollenen Morgenrock und betonte, daß dies der erste sei, den er besaß. Viele kamen an sein Krankenbett, auch Caroline. Alle waren beeindruckt von der sichtlichen Besserung. Vierzehn Tage nach der Operation konnte Alberto die Klinik verlassen.

Er kehrte jedoch nicht in die Rue Hippolyte-Maindron zurück, sondern quartierte sich im Hotel L'Aiglon ein, wo die Rekonvaleszenz bequemer vor sich gehen konnte. Außerdem hatte er sich vorgenommen, sobald wie möglich nach Stampa zu reisen, wo die Mutter helfen würde, seine Gesundheit wiederherzustellen. Er wollte Porträts von ihr zeichnen. Aber Dr. Leibovici schärfte ihm ein, die Bedingungen für seine Genesung müßten gewissenhaft beachtet werden. In Fällen wie bei Giacometti gäbe es ein Rückfallrisiko, wobei er freilich die tatsächliche Gefahr nicht beim Namen nannte. Der Arzt bestand darauf, der Künstler müsse hinfort ein Leben führen, das von den Regeln der praktischen Vernunft geleitet würde, was heißen sollte: regelmäßige Zeiteinteilung, ausgewogene Diät, keine übertriebene Arbeitsanstrengung, Vermeidung von Angst und Erschöpfung, Rauchverbot. Falls der Patient sich nicht an diese Vorschriften hielte, könne er, Dr. Leibovici, für nichts garantieren. Alberto hörte höflich zu. Dann fragte er seinen Freund Fraenkel um Rat, der über seinen Fall auf dem laufenden war. Der sagte: «Du kannst ruhig weiterrauchen.» Mehr wollte Alberto nicht hören, und er hätte ohnehin das Rauchverbot nicht eingehalten. Fraenkel rechtfertigte sich gegenüber Leibovici, indem er darauf hinwies, daß es zwecklos sei, mit Giacometti zu streiten und ihn zu vernünftiger Lebensweise anzuhalten, da er doch so leben würde, wie er es für richtig hielt. Dieses Argument hatte etwas für sich. Es ließ sich jedoch kaum mit dem hippokratischen Eid vereinbaren, daß er eine so fatalistische Haltung zum Überleben seines Freundes einnahm.

Nach drei langweiligen Genesungswochen im Hotel L'Aiglon konnte Giacometti wieder reisen. Dr. Leibovici war zufrieden und beeindruckt von der Fähigkeit des Künstlers, nach einer so schweren Operation wieder Kraft und Selbstvertrauen zu gewinnen. Alberto entschloß sich, auf der Südstrecke nach Hause zu reisen. Mit Annette wollte er den Nachtschnellzug nach Mailand nehmen und von dort per Taxi über Lecco, Chiavenna nach Stampa fahren. Und da sie um die Mittagszeit in Chiavenna sein würden, warum nicht zum Essen bei Dr. Corbetta Station machen? Dem wäre es gewiß ein Vergnügen, sie zu empfangen. Am frühen Nachmittag würden sie nach Stampa weiterfahren.

Diego wollte von diesem Reiseweg nichts wissen. Er empfahl die Nordroute über Zürich, Sankt Moritz, Maloja. Aber Albertos Plan war gefaßt. Er fuhr gegen Ende März mit Annette los.

Dr. Corbetta war überglücklich, den berühmten Künstler und seine Frau als Gäste empfangen zu können, und begrüßte sie überschwenglich. Während des Essens sprach er von dem Vergnügen, seinen Freund in Chiavenna wiederzusehen. «Nach all den Sorgen, die wir uns gemacht hatten», rief er, «können Sie sich gar nicht vorstellen, wie glücklich ich bin, Sie hier zu haben.»

«Was für Sorgen?» fragte Alberto. «Es gab doch überhaupt keinen Grund.»
«Ach, Sie ahnen ja nicht, wie besorgt wir waren», wiederholte Corbetta.
«Worüber denn?» fragte Alberto.

«Ach, nichts, nichts», druckste nun der Arzt herum, «wir haben uns eben Sorgen gemacht.»

Aber es war bereits zu spät. «Worüber haben Sie sich Sorgen gemacht?» wollte Alberto wissen. «Ihre Besorgnisse müssen einen Grund gehabt haben, etwas, worüber es sich lohnte, besorgt zu sein. Wenn Sie nach so vielen Sorgen froh sind, mich wiederzusehen», führte er seine Gedanken fort, «dann muß die Möglichkeit bestanden haben, daß Sie mich *nicht* mehr wiedergesehen hätten. War es so?»

Der Arzt, ein stattlicher Mann, begann sich in der von ihm selbst verschuldeten peinlichen Situation zu winden. Es half nichts. Er hatte sich in der eigenen Wichtigtuerei verfangen. Falls der Doktor besorgt gewesen sei, er könne seinen Patienten nicht mehr wiedersehen, müsse Todesgefahr bestanden haben, nicht wahr? Corbetta versuchte, um die Sache herumzureden, worauf sein Gast ausrief: «Falls Sie mir nicht die Wahrheit sagen, verlasse ich auf der Stelle Ihr Haus, und Sie werden mich nicht mehr sehen.»

Dem Arzt blieb nichts anderes übrig, als zuzugeben, daß in der Tat eine Gefahr bestanden hatte. Nun begann Alberto klarzusehen. Die Gefahr hatte bestanden und mußte noch immer bestehen, weil es sich um nichts anderes handeln konnte als das, wovon er geträumt hatte. Corbetta konnte es nicht leugnen: Jawohl, die Schmerzen waren von Krebs hervorgerufen worden. Nachdem er weder das ärztliche Geheimnis noch seine Würde zu wahren gewußt hatte, hielt der Doktor mit nichts mehr zurück. Er zeigte einen Brief von Dr. Leibovici vor. Der Pariser Chirurg hatte an seinen Provinzkollegen einen Bericht geschickt, in dem er die Operation und ihr Ergebnis beschrieb. Er erwähnte darin die kräftige Natur des Patienten und schloß mit dem Hinweis, der Künstler könne zwar einige Jahre eine normale Existenz führen, mit einem Rückfall müsse aber stets gerechnet werden.

Als sie nach dem Essen von Chiavenna aus weiterfuhren, war Alberto froh und wütend zugleich. Vorerst überwog die Wut. Sie richtete sich gegen eine einzige Person, gegen Dr. Fraenkel. Als Freund hatte er ihn unter Eid um die Wahrheit gebeten. Alberto hatte Vertrauen in ihn gesetzt, und einer der großen Augenblicke seines Lebens wurde durch eine Lüge herabgewürdigt. Längst hätte man sehen können, daß für Alberto die Bedeutung des Lebens nicht von den Gesetzen des Physischen abhing, aber ein Freund, den er drei Jahrzehnte gekannt hatte, mußte die Wahrheit verraten. Das war unverzeihlich, und er hat Fraenkel nicht vergeben.

Als sie in Stampa ankamen, nahm er sich zusammen, um seine Mutter nicht aufzuregen. Sie war die einzige Person, deren Bedürfnis, sich um ihn zu sorgen, er respektierte. Er behielt die Wahrheit für sich. Sie wußte, daß er eine schwere Operation hinter sich hatte, und freute sich, ihn wieder heil und munter bei sich zu haben. Er war fast zu munter. Annetta war irritiert über seine Lebhaftigkeit. Kaum waren die ersten geruhsamen Tage des Daheimseins vorüber, da begann Alberto, lange Telefongespräche mit dem Ausland zu führen. Dabei mußte er seine Worte geschickt wählen, weil seine Mutter zuhörte. Doch er konnte nicht warten, anderen mitzuteilen, daß er wußte, was er wußte. Es ging ihm nicht darum, zu zeigen, wie unbeugsam sein Geist war. Vielmehr wollte er seinen Anspruch auf eine legitime Beziehung zur Wahrheit erfüllt sehen. Wenn Gefahr bestand, so würde sie nicht sein Leben beeinträchtigen, sondern bereichern, indem nun jeder Augenblick wertvoll und denkwürdig werde. Hierin lag seine Freude. Sie sollte noch wachsen und ein Eigenleben führen.

Vorerst mußte er mit Dr. Fraenkel abrechnen. Um sich nicht von seinem Ärger hinreißen zu lassen, wartete Alberto vierundzwanzig Stunden, ehe er anrief. Der Doktor geriet ins Stottern und suchte Ausflüchte, als er Giacomettis Vorwürfe hörte. Es war vergebens. Giacomettis Verurteilung war total. Er ließ sich durch keinerlei Entschuldigung erweichen. Vertrauensbruch konnte und wollte er nicht vergeben. Wenn jemand für die Wahrheit lebt, muß ihm die leichtfertige Lüge eines Freundes, in den er Vertrauen setzt, wie dessen Selbstaufgabe erscheinen. Der Dr. Fraenkel, den Giacometti gemocht und dem er dreißig Jahre lang Sympathie und Verständnis entgegengebracht hatte, existierte nicht mehr. Schlimmer noch, es war, wie wenn er von Anfang an nicht existiert hätte. Die beiden Männer haben sich nicht mehr versöhnt. Fast schien es, als ob der Verlust von Giacomettis Freundschaft Fraenkel um seine Lebenskraft gebracht hätte; denn er lebte nicht mehr lange. Es war noch kein Jahr vergangen, als er von einer Gehirnblutung nicht mehr aufstand. Unversöhnlich bis zum Letzten sagte Alberto, als er davon hörte: «Ich bin froh, daß er noch vor mir gestorben ist.»

An seiner eigenen Lebenskraft zweifelte Alberto nicht. Er wollte leben. In dem Bewußtsein, daß ihn der Tod gestreift hatte, genoß er das Leben mit neuer Spannung. Da er die Gefahr überstanden hatte, konnte er sich ihr gegenüber gleichgültig verhalten, und sein hochgestimmter Zustand ließ ihn alle Vorsicht in den Wind schlagen.

«Vielleicht lebe ich in zwei Monaten nicht mehr», sagte er, «aber ebensogut kann ich durchkommen. Ich wäre froh, wenn ich noch drei Jahre leben könnte; oder jedenfalls ein Jahr. Und dennoch, wenn er mir heute sagen würde, daß mir noch zwei Monate verblieben, so würde mich das interessieren: zwei Monate mit dem Wissen leben, daß man danach sterben muß, wiegen gewiß zwanzig Jahre auf, die man ahnungslos dahinlebt.»

«Und was würdest du mit den zwei Monaten anfangen?» wurde er gefragt.

«Ich würde wahrscheinlich genau das tun, was ich jetzt tue. Von hier bis zu der Gastwirtschaft auf der anderen Straßenseite stehen drei Bäume. Nun, das ist mehr als genug, um mich bis zuletzt zu beschäftigen.»

Ein vielsagendes Zusammentreffen, daß der Künstler ausgerechnet die drei Bäume hervorhob, um den fortdauernden Schöpfungsdrang zu bekräftigen. Man wird an einen anderen Künstler erinnert, dessen *Drei Bäume* zu seinen wundervollsten Schöpfungen gehören: Rembrandt. Während des Sommers, als er wieder zu Kräften kam, zeichnete Giacometti mehrere Bildnisse der Mutter. In der Tiefe ihres Gefühls und in der heitergelassenen Darstellung des hohen Alters erinnern die Blätter an Rembrandt, ohne daß sie durch diesen Vergleich etwas verlieren würden. Die Lebhaftigkeit des Blickes der Mutter wird mit bewundernswerter Direktheit vermittelt: derselbe Blick, der einst Mutter und Kind in so ungewöhnlicher Intensität vereint hatte – auf jenem Foto während des Familienausflugs im Jahre 1909. Alberto arbeitete wieder in dem Atelier, wo dreißig Jahre zuvor die Werke des Vaters entstanden waren. Er malte einige Fensterausblicke auf die Landschaft, und aus der Vorstellung modellierte er mehrere Büsten von Diego; es waren Bildnisse, in denen die Verzerrung sehr weit getrieben wurde, um hervorstechende Züge im Gesicht des Bruders zu betonen.

Annette, die gesehen hatte, daß ihr Mann auf dem Wege der Besserung war, brauchte nicht im Bergell zu bleiben. Stampa hatte sie nie mit voller Herzlichkeit empfangen, und ihre Vorwürfe an ihren Mann hatten nicht dazu beigetragen, sie dort beliebter zu machen. Alberto andererseits wurde zwar als Exzentriker angesehen, war aber in seinem heimatlichen Tal eine ebenso legendäre Figur geworden wie draußen in der Welt. Er war verschwenderisch großzügig, verschenkte große Summen an Leute, deren Notlage er kannte; aber er rühmte sich nie und war nicht hochmütig. Die Leute im Piz Duan waren stolz, wenn sie an seinen Tisch gebeten wurden, wo er mit allen bis lange nach der Polizeistunde im Gespräch vertieft sitzen blieb. So konnte Annette ihn ohne Gewissensbisse der Fürsorge durch die Mutter und der Verwöhnung in seinem Geburtsort überlassen. Sie fuhr nach Paris zurück, wo ihr das Bedürfnis nach Anteilnahme wieder die Zuwendung eines Freundes und Bewunderers ihres Mannes einbrachte: es war der junge Dichter André du Bouchet.

Währenddessen verbrachte Caroline ihre Zeit in der Gewißheit, daß, was immer geschehen mochte, sie ihr aufregendes Erlebnis gehabt hatte, ihren großen Geliebten, und daß sie ihn auch weiter haben würde, wenn es das Schicksal wollte. Sie und Alberto telefonierten und schrieben sich ohne Unterbrechung. Auch wenn Krankheit und Trennung den Dialog erschwerten, so wurde er nie unterbrochen. Für beide war es eine ausgemachte Sache, daß der Blickkontakt zwischen dem Künstler und dem Modell wieder aufgenommen würde, sobald es die Umstände erlaubten. Als dem Modell das Warten zu lange dauerte, setzte sich Caroline spontan hinter das Steuerrad ihres Sportwagens und fuhr ins Bergell. Natürlich nicht unmittelbar nach Stampa. Alberto hätte ihre Gegenwart dort nicht geduldet. Aber sie durfte in die Nähe kommen. Im Schutze der Dunkelheit. Mehr als einmal tauchte Caroline abends im Nachbardorf Promontogno auf, wo Alberto mit ihr zusammentraf. Stundenlang saßen sie auf einer Brücke und hatten sich viel zu erzählen. Dann stieg sie wieder in ihren roten Flitzer und fuhr nach Paris zurück. Alberto hielt ihre Besuche für großartige Zeichen ihrer Selbstlosigkeit, für den Beweis, daß seine Anbetung nicht fehlgeleitet war.

Im Bewußtsein, daß der Tod ohne Unterlaß zuschlägt, jeden Tag und überall, wild, blindlings und endgültig, vergaß Giacometti nie, daß ein Rückfall möglich war. Als Ort, wo man hoffen durfte, eine ehrliche Diagnose gestellt zu bekommen, kam Paris nicht mehr in Frage. Alberto erinnerte sich des angehenden Mediziners aus Maloja, Reto Ratti, und an sein Schweigen, als die entscheidende Frage gestellt wurde. Giacometti erfuhr, daß er seine Studien am Kantonsspital in Chur fortsetzte, das bequem erreichbar an der Strecke von Sankt Moritz nach Zürich lag. Er erkundigte sich und hörte, daß er sich in dem Krankenhaus untersuchen lassen könne, ohne befürchten zu müssen, er werde über den Befund getäuscht. Deshalb stellte er sich dort im Oktober des Jahres zu einer zweitägigen Untersuchung ein. Die Ergebnisse zeigten keine Spur von Krebs. Die Aussichten waren ebenso beruhigend wie das Gefühl der wiedererwachenden Lebenskraft, die der Künstler sowohl in seinem Körper als auch in seinem Werk verspürte.

Giacometti fühlte sich ermutigt, sein Leben wie früher fortzusetzen. Von seinen Gewohnheiten war er ohnehin nur wenig abgewichen. Er nahm den Zug nach Paris. Sein Atelier fand er von Diego wohlbehütet vor. Sein Bruder hatte sich nicht verändert. Im Guten wie im Schlechten waren Annette und Caroline dieselben geblieben. Seine Arbeit, seine Gewohnheiten, seine nächtlichen Streifzüge, seine Freunde, alles war unverändert. Nur auf Fraenkel traf das nicht zu. Und auf einen anderen. Ein weiterer Vertrauensbruch hatte stattgefunden. Es handelte sich um etwas ganz anderes. Die Sache war schwer zu verstehen, aber darum nicht weniger wichtig.

59

Jean-Paul Sartre und Simone de Beauvoir fuhren im Juni 1962 zu einem kurzen Aufenthalt in die Sowjetunion, wo sie sich von Genossen feiern ließen, die den kürzlich verstorbenen Boris Pasternak gequält und zu einem gebrochenen Mann gemacht hatten. Nachdem auf diese Weise ihr Haß gegen die Bourgeoisie für eine Weile besänftigt war, zogen sie sich in eine Hotelsuite in Rom zurück, wo Sartre überlegte, was er als nächstes anfangen könnte. Er hatte sein Leben mit Schreiben verbracht, hatte aus dem Beruf des Schriftstellers eine Sache gemacht, die ihre Berechtigung aus sich selbst gewann. Er bewältigte die innere und die äußere Realität, indem er sie als Rechtfertigung für sein Schreiben begriff. Über andere Schriftsteller und über die Schriftstellerei hatte er sich des längeren ausgelassen. Jetzt meinte er, es gäbe für ihn nichts Besseres, als über sich selbst und über seine lebenslange Wortbesessenheit zu berichten. So schrieb er ein autobiographisches Werk, in dem er seine Kindheit schilderte, wie er lesen lernte, indem er zu lesen vorgab, was er nicht lesen konnte, oder wie er später Geschichten schrieb, indem er andere Schriftsteller plagiierte. Die Entwicklung führte ihn dahin, daß er sich aus dem Leben zurückzog und in der unverletzlichen Welt der Wörter Zuflucht suchte. Wörter wurden für ihn zur Quintessenz der Dinge, sie wurden für ihn realer als die Dinge selbst, die sie bezeichneten. Wenn seine Autobiographie auch aus Wörtern bestand, sagte er, so sei sie dennoch ebensosehr an das Herz wie an den Verstand gerichtet. Es ging ihm darum, die Bedeutung zu ergründen und zu bewerten, die die Sprache für die menschliche Erfahrung hat. Das Werk hieß *Les Mots* (Die Wörter). Wenngleich das Buch im Prinzip den Kindheitsjahren gewidmet ist, so stellt es doch eine Zergliederung des Kindes durch den reifen Mann dar, eine Analyse dessen, wie sich die blinde Bewunderung des Kindes für Bücher auf den Erwachsenen auswirkte. Das Ergebnis war für Sartre zweifelhaft, weil Kultur nichts und niemanden «retten» könne, doch er mußte einsehen, daß das hingebungsvolle Bemühen um den rechten und zweckmäßigen Gebrauch der Wörter die Kraft bewahrt hatte, ihn durchs Leben zu tragen. Als Autobiograph, der sich auf die Umstände seiner Kindheit besann, legte Sartre seine Anschauung dar, daß sich nichts in unserer Existenz auf den bloßen Zufall zurückführen ließe und daß das, was als Geschehen erscheine, in Wirklichkeit eine Handlung sei.

Les Mots wurde sofort zu einem großen Erfolg und trug erheblich zum Ruhm und Reichtum des Autors bei. Das Buch wurde als Meisterwerk begrüßt und sogar als Argument für die Zuerkennung des Nobel-Preises in Erwägung gezogen. Das Werk ist zweifellos ein imposantes literarisches Gebäude, das von einem Meister aus Materialien errichtet wurde, die, wie er gerne als erster bestätigte, die Grundlage seiner Existenz waren. Der glanzvolle Bau enthielt jedoch auch eine eingebaute Schwachstelle, insofern das geschriebene Wort in zweideutiger Beziehung zum Handeln steht: es setzt eine Trennung von unmittelbarer Erfahrung und verantwortlichem Wirken voraus; dabei wird unterstellt, daß die Leidenschaft eines Autors, Wörter zusammenzufügen, aus dem Bedürfnis erwüchse, eine Barriere zwischen seinem verletzlichen Ich und einer Welt zu errichten, die den Quellen seines Vokabulars gleichgültig und somit feindselig gegenüberstünde.

Als Anne-Marie Sartre die Autobiographie ihres Sohnes zu Ende gelesen hatte, meinte sie, von seiner Kindheit hätte er nichts begriffen. Die Bemerkung schien mit der Überzeugung des Philosophen im Einklang zu stehen, daß Wörter ebenso irreführend sein können wie Menschen, vielleicht noch mehr.

Als Giacometti sich daran machte, die Analyse seines alten Freundes zu lesen, wie Kunst sich des Lebens eines Künstlers bemächtigt und es nach ihren Erfordernissen lenkt, wobei sie diese Erfordernisse selbst schafft, muß er beeindruckt gewesen sein von der Spontaneität und Einfühlungskraft, mit der der Schriftsteller bereit war, die Bedeutung seiner Worte zu belegen. Aber auf Seite 193 traf Alberto ein harter Schock. Er sah sich selbst vom Autor als Teil der Wortarchitektur herangezogen. Er las dort folgendes:

«Vor mehr als zwanzig Jahren wurde Giacometti eines Abends beim Überqueren der Place d'Italie von einem Auto angefahren. Er wurde verletzt, das Bein war ausgerenkt, aber in dem wachen Dämmerzustand, der ihn befallen hatte, spürte er zunächst so etwas wie Freude: ‹Endlich einmal erlebe ich etwas!› Ich kenne seinen Radikalismus: er war auf das Schlimmste gefaßt. Sein Leben, das er so sehr liebte, daß er sich kein anderes zu wünschen vermochte, war in Verwirrung geraten, vielleicht sogar durch die stupide Heftigkeit des Zufalls zerbrochen. Nun sagte er sich: ‹Also war ich nicht dazu bestimmt, Bildhauer zu werden, vielleicht war ich nicht einmal für das Leben bestimmt; ich war zu nichts bestimmt.› Was ihn dabei so aufregte, war die bedrohliche Ordnung der Kausalitäten, die plötzlich ohne Maske dastand und die Lichter der Stadt, die Menschen und seinen eigenen in den Schmutz geworfenen Leib mit dem versteinernden Blick einer Katastrophe anstarrte: für einen Bildhauer gibt es stets die Nähe zum Mineralreich. Ich bewundere diese Bereitschaft, alles anzunehmen. Liebt man nun einmal die Überraschungen, so muß man sie auch bis zu diesem Punkt lieben: bis zu den seltenen Blitzeinschlägen, die den Amateuren offenbaren, daß für sie die Erde nicht gemacht ist.»

«Mit zehn Jahren gab ich vor», heißt es bei Sartre weiter, «nur solche Blitzeinschläge zu lieben. Jede Masche meines Lebens sollte unerwartet sein und nach frischem Anstrich riechen ...» Und so ging es über Seiten fort.

Giacometti war wie vom Donner gerührt, als ob eine plötzliche Katastrophe die Erscheinung der Dinge demaskiert hätte. Es erfüllte ihn nicht etwa Begeisterung, sondern Entsetzen. Er geriet in Wut. Die Worte des Schriftstellers waren ihm unerhört zuwider, verletzten seine Persönlichkeit und trafen ihn in einem Bereich seines Lebens, den er am allerwenigsten der Öffentlichkeit preisgegeben und verfälscht gesehen hätte. Zwar sprach er selbst häufig von dem Unfall. Keinem seiner Freunde war die Geschichte unbekannt. Dagegen war nichts einzuwenden, denn es war seine eigene Lebenserfahrung. Aber jetzt kam Sartre, ein Mann, dessen Freundschaft auf die Zeit des Unfalls selbst zurückging, übernahm diese Geschichte, ohne im mindesten um Einverständnis zu bitten, und verfälschte sie zu seinen eigenen Zwecken. Jeder wußte, daß der Unfall an der Place des Pyramides und nicht an der Place d'Italie geschehen war, und niemand, der Alberto kannte, wäre auf den Gedanken gekommen, er hätte als Reaktion auf den Unfall gesagt: «Ich bin nicht dazu bestimmt, Bildhauer zu werden, vielleicht bin ich nicht einmal für das Leben bestimmt; ich bin zu nichts bestimmt.» In Wirklichkeit war seine Reaktion genau das Gegenteil, und der Unfall hatte wie ein Stromstoß auf sein schöpferisches und persönliches Leben gewirkt. Sartre meinte, Licht auf das Geschehen zu werfen, ohne daß er darum gebeten worden war. Seine Aussage schien Giacometti empörend, ein Vertrauensbruch. Und hatte nicht gerade der Prophet der existentialistischen Verantwortlichkeit seinen Glauben auf der Basis des Vertrauens gegründet? Wie konnte einer, der etwas auf Treue hielt, die entscheidenden Fakten aus dem Leben eines anderen absichtlich verzerrt wiedergeben? Wie konnte er die Wahrheit eines anderen als eine lebende Lüge ausbieten? Wie konnte er Worte finden, um vom Bewußtsein eines anderen zu sprechen, und Gedanken äußern, die Welten von den Gedanken des anderen entfernt sind? Dies waren die Fragen, die Giacometti sich stellte, als er über den provozierenden Abschnitt des Autobiographen nachsann.

Alberto hatte nicht Sartres bedurft, um die Fakten jenes Erlebens neu zu werten. Längst schon hatte der Bildhauer sie so geformt, wie es die Zeit in ihrem eigenen Interesse von ihm verlangte. Leben ist Bedeutung, nicht Faktum, und Alberto wußte besser als die meisten, daß die Fakten von gestern nicht zwingend die Wahrheit von morgen sein müssen. Giacometti suchte die Wahrheit. Seine Lügen gehörten ihm, wenn er sie erzählte, und Sartre hatte nicht mit ihnen herumzuspielen. Je länger er darüber nachdachte – und er dachte ständig darüber nach –, um so wütender wurde er, bis er schließlich glaubte, keine andere Wahl zu haben, als die Freundschaft aufzukündigen. Sartre erfuhr bald von Giacomettis Empörung. Er war überrascht. Als er in der Rue Hippolyte-Maindron anrufen wollte, lehnte Alberto ab, mit ihm zu sprechen. Auch das Einschalten gemeinsamer Freunde half nichts. «Es ist, als hätte er mich nie gekannt!» rief der Bildhauer. «Was läßt sich Gutes darüber sagen, wenn man einen Menschen fünfundzwanzig Jahre kennt und nicht einmal die einfachsten Dinge von ihm weiß?» Er blieb eisern. Bereits die Ungenauigkeiten in der Autobiographie des Bibers hatten ihn geärgert, auch die indolente Zurückweisung seiner Einwände. Jetzt hatte Sartre in gleicher Weise versagt. Er mochte nichts mehr mit ihm zu tun haben. Es gab keine Versöhnung. Zwar trafen sie sich ein- oder zweimal durch Zufall, aber mit den Freundschaft war es vorbei.

Sartre konnte das nicht begreifen. Aus welchem Grund? Ein unbedeutender Irrtum, ein einziger Abschnitt. Gewiß bedauerlich. Aber irreparabel? Der Fürsprecher der Vernunft war ratlos. Er hatte versucht, den ersten Schritt zur Versöhnung zu tun, aber Giacometti wies ihn beharrlich zurück. Wie anders konnte sich also der reuige Philosoph die ganze Angelegenheit zurechtlegen denn als Unverständnis auf seiten des Bildhauers? Sich geirrt zu haben, war schließlich nicht gleichbedeutend damit, im Unrecht zu sein, nicht wahr? Und dabei kannte er sich mit den trügerischen Absichten aus, die sich hinter Unfällen verbergen. Trotzdem schob er Giacometti die Schuld an dem Bruch zu. Er äußerte, der Künstler hätte sich gegen ihn gewandt. Das war die Schwachstelle im Bau des Intellekts. Indem er alle Fakten falsch verstanden hatte, zeigte er, wie wertlos sie sind, wenn sie nicht von einer umfassenden Wahrheit beleuchtet werden. Als Sartre nach Albertos Tod gefragt wurde, wie es möglich war, ein Ereignis auf die Place d'Italie zu verlegen, von dem doch jeder wußte, daß es anderswo geschehen war, zuckte er die Achseln und meinte: «Vielleicht, weil ich schon immer eine Vorliebe für die Place d'Italie gehabt habe.»

1964 wurde allgemein angenommen, die schwedische Akademie habe sich bei der Preisentscheidung stark von *Les Mots* beeindrucken lassen. Aber Sartre wollte von dem Preis nichts wissen. Als Gerüchte der bevorstehenden Ehrung umgingen, ließ er verlauten, er werde den Preis nicht annehmen. Er hat Wort gehalten.

Einst hatte Alberto die Gesellschaft berühmter schöpferischer Menschen gesucht und genossen. Jetzt schien er sich eher im Umgang mit obskuren und gewöhnlichen Leuten wohl zu fühlen, mit Prostituierten, Herumtreibern, anonymen Gestalten in Nachtbars. Bedeutende Leute kamen und gingen; aber der Bildhauer machte nie den Eindruck, als ob sie für ihn nötig wären. Es war noch kein Jahr seit der Operation vergangen, als er seine frühere Lebensweise völlig wieder aufgenommen hatte: die unregelmäßige Zeiteinteilung bis spät in die Nacht, zuwenig Schlaf, vier Päckchen Zigaretten pro Tag; er aß, wie es der Zufall wollte, trank zahllose Tassen Kaffee und – auf Carolines Geheiß – mehr Alkohol als früher. Er war erschöpft und überarbeitet. «Ich bin so nervös», sagte er öfters, «daß ich auf und ab springen könnte.» Das tat er auch manchmal. Wenn Müdigkeit einen Zugang zu visionärer Wahrnehmung öffnete, dann hatte er ihn überreichlich. Annette klagte, daß er sich nicht schonte, womit sie recht hatte. Trotz der ständigen Streiterei wollte sie, daß er zu ihr kommen und in anständigem Komfort in der Rue Mazarine wohnen sollte. Wütend lehnte er das ab. Annette flehte Diego um Hilfe an, um den uneinsichtigen Bruder umzustimmen, aber er wies das mit der Bemerkung von sich: «Wo Alberto wohnt, ist seine Sache.» Mehr denn je fühlte sich Annette zurückgewiesen. Zum Glück hatte sie die persönliche Sympathie des jungen Dichters.

André du Bouchet war ein Jahr jünger als Annette. Er war aus der Ehe zwischen einem Franzosen und einer russischen Ärztin hervorgegangen. Sein Vater verlor früh den Verstand und starb in einer Heilanstalt. André war ein schweigsamer, arroganter Junge und setzte sich in den Kopf, Dichter zu werden. Sein Idol unter den zeitgenössischen Poeten der älteren Generation war René Char, den er andachtsvoll verehrte. Da muß es ihn tief getroffen haben, als sich sein Idol mit der jungen Frau des Anbeters davonmachte. André suchte Trost in der Dichtkunst, fand aber nur wenig, da er die Verwirklichung der poetischen Vorstellung für unmöglich hielt, auch wenn er noch immer spärliche Fragmente zu sammeln suchte, «bis daß in mir der stumme Atem sich einstellt». Eine düstere Ansicht von der schöpferischen Erlösung. Sie hatte viel Ähnlichkeit mit Giacomettis Anschauung. Da er noch immer Menschen suchte, die er als Idol betrachten konnte, freundete sich du Bouchet mit dem Bildhauer an, der seiner Gewohnheit folgte, Menschen die Freundlichkeit zu erweisen, die sie erwarteten. Alberto illustrierte einige schmale Bändchen mit du Bouchets Versen und ermutigte den Dichter, nach besten Kräften mitzuwirken, Annette zu besänftigen. Er tat es mit Einfühlsamkeit; manchem kam es aber so vor, als ob für den jungen Mann die Verehrung seines Idols den Vorrang hatte, wobei die Aufmerksamkeit für die Frau des Künstlers nur eine weitere Form der Huldigung an diesen war.

Die Matriarchin im Bergell begann müde zu werden. Es gab im Tal niemanden, der sich an eine Zeit ohne sie hätte erinnern können. Sie war ein lebendes Verbindungsglied zu einer Vergangenheit, die näher beim Mittelalter lag als bei der Gegenwart. Jedermann im Bergell kannte und respektierte sie. Sie schien die glückliche Fortdauer der Dinge zu garantieren. Doch nun ließen ihre Kräfte nach. Sie legte sich in ihr einfaches, enges Bett. Über ihr hing das Blumenstück, das Alberto ihr drei Jahre zuvor zum neunzigsten Geburtstag geschenkt hatte. Die Familie versammelte sich um sie. Es gab Augenblicke der geistigen Verwirrung, etwa, wenn sie behauptete: «Während der Nacht ist mein Bett umgestellt worden», oder wenn sie fragte: «Die Tür war doch gestern gar nicht da. Wo geht es denn da hin?» Sie bat um den Besuch des Pfarrers. Er kam und las aus dem Johannesevangelium. Dies geschah in der ersten Januarwoche 1964, und alle dachten, sie werde jetzt sterben. Auch sie selbst erhoffte den Tod. Er trat aber nicht ein. Sein Kommen zog sich hin, und die Familie wartete gefaßt.

Für die bettlägerige alte Frau zu sorgen war nicht leicht in einem Hause, in dem es keinerlei moderne sanitäre Anlagen gab. Auch konnte sie quengeln und bockig sein. Fast alles bei dieser anstrengenden Arbeit mußte Brunos herzensgute Frau Odette übernehmen, da es im Bergell keine berufliche Krankenpflege gab. In dieser Hinsicht herrschten noch die Gewohnheiten aus Annettas eigener Zeit. Die Sterbenden zu versorgen war Sache der Familien. Annette war zwar zugegen, aber sie konnte wenig bei der Pflege ihrer sterbenden Schwiegermutter helfen. Die drei Söhne saßen im Wohnzimmer und warteten dort, wo sie als Kinder gesessen hatten. Alberto verbrachte die Zeit mit Zeichnen.

Ganz früh eines Morgens kam Annetta für einen Augenblick zu sich. Sie sah die Familie um sich versammelt und rief: «Was macht ihr denn alle hier?» Als sie keine Antwort erhielt, sagte sie vor sich hin: «Skeptiker!» Danach fiel sie wieder in den Dämmerzustand, und die Wache an ihrem Bett ging weiter. Sie bekam eine Darmgrippe, eine tödliche Krankheit im Alter von dreiundneunzig Jahren. Es war Januar, die Zeit des Jahres, als das Tal im tiefsten Schatten lag. Das Ende trat friedlich ein, abends um sechs Uhr am 25. Januar 1964.

Als alles vorüber war, ging Alberto ins Atelier. Das ganze Leben lang war dies sein Heiligtum und Refugium. Solange seine Mutter lebte, war er dort nie ganz allein gewesen. Er konnte ihren Verlust nicht fassen, konnte sich nicht damit abfinden. Er rief sie, und er nahm dabei die Stimme an, mit der sie ihn gerufen hatte: «Alberto, komm essen!» rief er. «Alberto, komm essen! Alberto, komm essen!»

Annette hörte sein Rufen und horchte an der Ateliertür, trat aber nicht ein. Sie lief zu den anderen Familienmitgliedern zurück und äußerte ihre Befürchtung, ihr Mann könne über den Tod seiner Mutter den Verstand verlieren. Sie hätte sich keine Sorgen zu machen brauchen. Nie war er klarer bei Verstand. Indem er sich mit der Stimme seiner Mutter zum Essen rief, forderte er bloß die Realität auf, ihm die Nahrung zu verschaffen, die die Mutter ihm von Geburt an geboten hatte.

Mitten im Winter wurde die Verstorbene zu Grab getragen, wo Giovanni dreißig Jahre auf sie gewartet hatte – unter dem Stein, der von ihrem Lieblingssohn entworfen worden war.

Alberto war innerlich und äußerlich gealtert. Die Entfremdung von zwei langjährigen Freunden, der Schock der Operation, der Verlust der Person, die ihm am meisten im Leben bedeutet hatte, all dies setzte ihm zu und hinterließ seine Spuren. Mit zweiundsechzig Jahren war er alt. Er trug es mit Würde. Seine Charakterstärke wirkte felsenfest wie der Granit des Bergell. Er war in die Gemeinschaft der Genies eingegangen, die früh altern und zum Ende hin neue Ausdruckskräfte in sich finden.

Die Werke aus den letzten Lebensjahren eines Künstlers sind nicht immer seine gefälligsten. Die auf grobe Hauptmerkmale reduzierte menschliche Erscheinung ist nichts für den leichtfertig genießenden Blick. Die Bronzen von Annette und Diego sehen ebenso «unvollendet» aus wie die Bildnisse von

Caroline. Diese gewollt unvollendete Erscheinung ist sowohl eine Bestätigung der Künstlichkeit wie auch eine Weigerung, sich der oberflächlichen Befriedigung der Kunstregeln zu unterwerfen. Die Rolle, die die nackte Leinwand in den Gemälden spielt, wird bei den Plastiken von Metallmassen übernommen, aus denen sich die Köpfe emporrecken. Der Kopf ist alles, er ist der Blick und das Schauen. Der Künstler ist darin zugegen, seine explosive Energie, die auch das Nichtsichtbare mit Leben erfüllt. Die anscheinend beliebigen Pinselstriche wie auch die Bronzeklumpen, sie pulsieren mit Giacomettis Entschlossenheit, das zu erfassen, was er sah. Er gab vor, die Persönlichkeit nicht als das Entscheidende zu sehen, aber gerade in ihrer Eigenständigkeit sind seine Modelle unerhört gegenwärtig. Auch sie wirken gealtert und scheinen die Banalität ihrer organischen Existenz von sich abgetan zu haben.

Aus jenen Jahren stammt eine außerordentliche Reihe von Büsten von Annette, die alle mit derselben Tonmasse geformt sind, etwa zehn an der Zahl. Sie sind düstere Beschwörungen weiblicher Zerrissenheit und lassen die Phasen der Entfremdung zwischen dem Künstler und seinem Modell, seiner Frau, erahnen. Wie lange und wie oft Annette hierfür Modell saß, wissen wir nicht. Es kommt darauf nicht an. Ihr Gesicht wie auch das Diegos war ein Aspekt des Stils ihres Mannes geworden, und er benötigte keine materiellen Anhaltspunkte für seine Form. «Ein Kopf mit unnatürlichen Proportionen scheint lebendiger zu sein, als wenn die Proportionen nur natürlich *aussehen*», erklärte Alberto. Annette wirkt in den Darstellungen wie aufgewühlt, während Diego, von dem zur gleichen Zeit zahlreiche Büsten entstanden, Toleranz und Resignation zur Schau trägt.

Unter den wichtigsten Projekten der letzten Jahre war eines, das dem Künstler besonders am Herzen lag. Es unterstrich die Verbindung mit einem alten Freund und mit der Stadt, die ihm geholfen hatte, Alberto Giacometti zu werden. Paris war der ruhende Pol seiner Existenz, und dieser Stadt wollte er ein Denkmal setzen. Es war ein Album mit 150 Originallithographien, die sein Freund Tériade, Verleger der Zeitschrift *Verve*, herausgeben sollte. Der Titel: *Paris sans fin* (Paris ohne Ende). Auch für Tériade sollte dies ein Markstein werden, seine letzte große Veröffentlichung. Beide Männer hatten seit der Zeit des Surrealismus ihre Freundschaft gepflegt. Alberto malte im Lauf der Zeit zwei Bildnisse des griechischen Verlegers und besuchte ihn mehrmals in seiner Villa am Mittelmeer. Tériade gab Bände mit Lithographien und Radierungen von fast allen großen Künstlern seiner Zeit heraus. Giacometti hatte bis jetzt nicht dazu gehört, weil ihn stets andere, dringendere Arbeiten davon abhielten, sich auf ein Vorhaben einzulassen, das seine eigenen Anforderungen stellte. Er wurde jedoch von Tériade wie auch von der knapp werdenden Zeit gedrängt und fand sich schließlich bereit, das Mappenwerk in Angriff zu nehmen, vorausgesetzt, Inhalt und Titel blieben ihm überlassen.

Paris sans fin erschien erst nach Giacomettis Tod. Es wurde eine Art Vermächtnis, in dem sich der Mann, der Künstler und die Stadt in einem Akt der Liebe zusammenfanden.

Die 150 Lithographien geben einen tiefen Einblick in Giacomettis Erlebnis von Paris. Er wählte die Zeichnungen auf Lithopapier aus, von denen Drucke hergestellt werden sollten, legte die Reihenfolge der Blätter fest und numerierte sie. Das Frontispiz zeigt die nackte Gestalt einer Frau, die sich nach vorn wirft, als wolle sie in den Raum eintauchen. Als erste Gruppe reihen sich Straßenansichten aneinander, es folgen Interieurs, die dem Künstler vertraut waren. Wir begegnen Ansichten von seinem Atelier, von Cafés, die er oft besuchte, von Annettes Appartement in der Rue Mazarine und von der Wohnung Carolines in der Avenue du Maine. Wir sehen Diego, Caroline, Annette, die Mädchen im Adrien, Unbekannte an Cafétischen, Vorübergehende, geparkte Autos, die Türme von Saint-Sulpice, Seinebrücken, den Eiffelturm. Am Ende der Bilderfolge lassen vier rasche Skizzen offen die Lust des Künstlers erkennen, dem intimsten Ausdruck menschlichen Gefühls zuzuschauen. Den 150 Darstellungen sollte ein Text von zwanzig Seiten beigegeben werden; aber über die Notierung von Entwürfen kam der Künstler nicht hinaus. Gewiß, Worte bedeuteten ihm viel, aber *Paris sans fin* sprach so eindringlich zum Auge, daß es keiner anderen Symbole bedurfte.

Jetzt, da Giacometti berühmt war, wurde er oft interviewt. Gerne sprach er mit Kritikern und Journalisten, obwohl was er sagte dem Wesen nach immer dasselbe blieb; denn Leben und Werk bildeten bei ihm eine große Einheit.

«Für mich», sagte er, «bleibt die Wirklichkeit genauso jungfräulich und unergründet, wie sie es war, als einer zum erstenmal versuchte, sie darzustellen. Das heißt, alle Darstellungen, die bislang entstanden sind, haben bloß Teile erfaßt. Die äußere Welt, sei es ein Kopf oder ein Baum, kann ich nicht genauso sehen, wie sie bisher dargestellt wurde. Teilweise gewiß; aber ich sehe noch etwas, das in den Gemälden und Skulpturen der Vergangenheit fehlt. Das geht auf die Zeit zurück, als ich zu sehen lernte, denn vorher hatte ich wie durch einen Schleier geschaut, das heißt, durch die Kunst der Vergangenheit, und dann, ganz allmählich, drang mein Blick hinter diesen Schleier; das Bekannte wurde das Unbekannte, das absolut Unbekannte. Jetzt konnte ich es bewundern, war aber zugleich unfähig, es abzubilden.

Die Kunst interessierte mich sehr, aber unendlich viel mehr interessierte mich die Wahrheit. Je länger ich arbeitete, desto mehr veränderte sich meine Sehweise, das heißt, alles wird von Tag zu Tag größer, wird im Grunde immer unbekannter, immer schöner. Je näher ich den Dingen komme, desto großartiger werden sie und desto weiter entfernen sie sich. Für mich würde es sich auch lohnen zu arbeiten, selbst wenn für andere nichts dabei herauskäme, nur für meine eigene Vorstellung, das heißt die Vorstellung, die ich von der

Welt und den Menschen habe. Aber dies abbilden zu können, einen Kopf zu porträtieren ... Wenn ich das Gesicht sehe, dann sehe ich den Nacken nicht mehr, weil man aus dieser Blickrichtung fast keine Vorstellung von der Tiefe hat, und wenn ich den Nacken sehe, vergesse ich das Gesicht. Manchmal meine ich, ich könnte eine Erscheinung fassen; dann verliere ich sie wieder, und ich muß ganz von vorne anfangen. Deshalb arbeite ich ruhelos weiter.

Ich glaube, daß ich jeden Tag Fortschritte mache. Ich glaube das, selbst wenn es kaum wahrnehmbar ist. Und immer stärker habe ich das Empfinden, daß es nicht nur täglich, sondern sogar stündlich vorangeht. So gerate ich in immer größere Eile, und darum arbeite ich mehr denn je. Ich bin sicher, daß ich jetzt das machen werde, was ich bisher nie machen konnte und wodurch alle Skulpturen, die ich bis gestern abend oder bis heute morgen gemacht habe, überholt sind. Ich habe an dieser Skulptur bis um acht Uhr heute früh gearbeitet, und ich arbeite jetzt wieder an ihr. Selbst wenn sie noch gar nichts ist, für mich ist sie trotzdem ein Fortschritt gegenüber dem, wie sie vorher war, das steht fest. Es gibt kein Zurück. Nie mehr werde ich das machen, was ich gestern abend gemacht habe. Es ist ein langer Weg. Auf diese Weise wird für mich alles zu einer Art von freudigem Rausch; genau wie ein ungewöhnliches Abenteuer, als ob ich mit einem Schiff zu unentdeckten Ländern aufbräche und dabei auf lauter unerwartete Inseln und Bewohner stieße, das würde genauso auf mich wirken.

So erlebe ich wirklich mein eigenes Abenteuer. Was macht es da für einen Unterschied, ob etwas dabei herauskommt oder nicht? Ob Dinge bei einer Ausstellung auf Beifall oder Ablehnung stoßen, mir ist es gleich. Da für mich alles in jedem Fall mißlingen muß, würde ich es ganz natürlich finden, wenn sich niemand darum kümmern würde. Ich wünsche mir nichts anderes, als unaufhaltsam weitermachen zu können.»

60

In ihrer eigenen Wohnung konnte Annette ein unabhängiges Leben führen, aber sie merkte, daß sie auch das nicht wollte. Was sie sich wünschte, war Alberto, ihr allein zugewandt, so, wie sie ihn zwanzig Jahre zuvor gekannt hatte, vor Yanaihara, vor Caroline. Und das konnte sie nie mehr haben.

Fast jeden Tag ging sie zum Atelier. Sie kehrte, staubte ab, wusch, machte das Bett, brachte Sachen zur Reinigung und besorgte solche häuslichen Tätigkeiten, die den Glauben rechtfertigten, es gäbe einen Haushalt. Hin und wieder saß sie sogar Modell. Außenstehende empfanden es als seltsam, daß das

Ehepaar zusammenblieb, da doch der gesunde Menschenverstand schon längst die Trennung nahegelegt hätte. Alberto sagte dazu: «Ein Mann, der nur ein bißchen Gefühl hat, wird eine Frau nicht aus seinem Leben verbannen, aber die Frau sollte wissen, wann es Zeit ist zu gehen.» Annette ihrerseits empfand offenbar immer geringere Neigung, das aufzugeben, was sie besaß, während die Zeit immer deutlicher machte, wie wenig ihr eigentlich gehörte. Die Scheidung wurde erwogen; aber nichts geschah.

Die verteufelten Geldangelegenheiten trugen ständig neu zu dem Konflikt bei. Trotz der wachsenden Beträge, die als Steuern abzuführen waren, schien es keinen Damm gegen die Geldflut zu geben, und es ließ sich nicht verhindern, daß der Wert der Kunstwerke, die im staubigen Atelier herumstanden, immer weiter stieg. Sein Leben lang hatte Alberto versucht, der Verantwortung auszuweichen, die jedem Mitglied einer organisierten Gesellschaft durch die materiellen Voraussetzungen auferlegt sind, auf denen seine Lebenserhaltung beruht. Das war etwas, vor dem er davonlief. Mit der Geldfrage versuchte er fertig zu werden, indem er dem Bedürfnis nachgab, seine Lebenshaltung auf ein Minimum zu beschränken und die notwendigen Energien aus der Tatsache zu ziehen, daß er sich fast ständig auf Mißerfolg einstellte. Er wollte das Midasschicksal nicht teilen, aber er vermochte es nicht abzuwenden. Banken waren ihm lästig; also versteckte er sein Geld im Atelier oder im Schlafzimmer. Banknotenbündel und Goldbarren wurden an Stellen verborgen, wo erfahrene Einbrecher zuerst nachgeschaut hätten. Die Geldanhäufung ließ sich ebensowenig verbergen wie die Tatsache, daß immer größere Beträge zu jemandes Vergnügen ausgegeben wurden, der weder der Künstler selbst noch dessen Frau oder sein Bruder war. Hieran entfachte Annettes Zorn sich immer wieder von neuem. Allerdings machte sie sich auch Gedanken darüber, wie andere die Sache ansahen. Manchmal fragte sie: «Ob die Leute wohl denken, ich bliebe bloß wegen des Geldes bei Alberto?»

Ruhm und Geld kamen zusammen. Der Ruhm schien ihr ihren Mann wegzunehmen, nicht anders als seine Leidenschaft für Caroline. Wenn Annette ins Atelier kam, traf sie mit höchster Wahrscheinlichkeit Bewunderer, Kritiker, Kunsthändler, Museumsleute oder Sammler an, zu denen der Künstler, wie gewöhnlich, gleichbleibend höflich war. Seine Frau wartete im Schlafzimmer nebenan und mußte oft wieder fortgehen, ohne einen Augenblick mit ihrem Mann allein gewesen zu sein. Was hatte sie davon, daß große Retrospektiven von Giacomettis Werk für das Jahr 1965 gleichzeitig in der Tate Gallery in London und im Museum of Modern Art in New York geplant waren? Sie wünschte sich, daß er zu ihr in die Wohnung kommen und ihr bei der Einrichtung helfen würde. Aber er hatte keine Zeit. Sie beschwerte sich und warf ihm vor, er denke bloß an seine Arbeit und kümmere sich um nichts anderes. Alberto zuckte die Achseln. Der beste Beweis für seinen wahnsinnigen und rücksichtslosen Eigensinn, fuhr sie in ihren Vorwürfen fort, zeige sich in der Art, wie er seine Gesundheit vernachlässige. Seit seiner Operation lebe er noch leichtsinniger als zuvor, es sei sträflich.

«Es gibt viele Leute, die krank gewesen sind und weit mehr leisten als ich», behauptete er.

«Wer denn?» fragte Annette.

«General de Gaulle», gab er zur Antwort.

Annette schlief schlecht. Abends nahm sie Schlafmittel, was aber nicht gegen schwere Träume half, von denen sie heimgesucht wurde. Eines Nachts wachte sie mit dem dumpfen Gefühl auf, es sei jemand in ihr Zimmer eingedrungen. In ihrem vom Schlaf benommenen Zustand meinte sie, eine Gestalt zu erkennen, die vor ihr in der Dunkelheit herumfuchtelte. Zu ihrem Entsetzen schien der schattenhafte Eindringling niemand anders zu sein als Caroline. Eilig knipste sie das Licht an und erkannte, daß es tatsächlich Caroline war.

Sie zog sich das Wachs aus den Ohren und verlangte eine Erklärung für diesen unbegreiflichen Besuch. Daraufhin fing Caroline an, ihr Vorhaltungen zu machen. Sie käme wegen Alberto, um seiner Frau klarzumachen, wie falsch sie handle. Annette war fassungslos über die verrückte Kühnheit und wollte wissen, wie zum Teufel Caroline in ihr Schlafzimmer gekommen sei. Die ungebetene Besucherin antwortete vage, sie sei durch das Fenster über das bequem heranreichende Dach eines Schuppens im Hof hereingestiegen. Es folgte ein gehässiges Schimpfduell, und schließlich gelang es Annette, die Rivalin zur Tür hinauszudrängen, ins Bett zurückzukehren und wieder auf den Schlaf zu warten.

Am folgenden Nachmittag machte sie ihrem Mann heftige Vorwürfe. Nachdem sie vergeblich ihre Entrüstung über diesen Einbruch in ihr Privatleben vorgebracht hatte, sagte sie, der nächtliche Besuch sei nicht nur bösartig gewesen, sondern hätte auch gefährlich werden können. Caroline hätte bei ihrer Kletterei auf dem Dach im schwachen Licht, das aus dem angrenzenden Treppenhaus herausleuchtete, stürzen und sich etwas brechen können. Dazu meinte Alberto leicht ironisch: «Es bestand keine Gefahr. Wenn sie gefallen wäre, hätte ich sie aufgefangen.»

Also war er Zeuge der beschämenden Szene gewesen. Die nächtliche Erscheinung hatte sich auf des Künstlers Geheiß eingestellt als zusätzliches Schreckgespenst im Alptraum einer Ehe, der durch diese Verhöhnung nur noch bedrückender wurde.

Annette hatte weder die Kraft noch die Phantasie, um die Heiterkeit der Götter teilen zu können. Der Spaß schien allein auf ihre Kosten zu gehen, und das konnte sie nicht ertragen. Sie konnte nur ihren Mann anklagen, der die Schuld ohnedies auf sich nahm. Die fraulichen Entbehrungen gaben neuen Ausbrüchen Nahrung, und da diese Ausbrüche nichts änderten, führten sie zu verzweifelten Handlungen. Eines Tages, als Annette im Atelier über Albertos ungerührtes Anhören ihrer Vorwürfe vor Wut außer sich geriet, riß sie sich den Goldring vom Finger, der die Verbundenheit symbolisierte, die sie so beharrlich gefordert hatte, und zerstampfte ihn mit einem stumpfen Werkzeug zu einem formlosen Gebilde.

Dank Albertos Hilfe fühlte sich Caroline freier als die Luft. Das war zweifellos ein Grund für den kommenden Ärger. Erst hatte Alberto sie aus dem Gefängnis befreit, dann hatte er ihr so viel geschenkt, daß sie sorgenfrei leben konnte. Frei zu sein, hatte sie sich immer gewünscht; aber es war zu einfach. Sie und ihre Komplizen brauchten lange, bis sie merkten, wie in der Kunst gerechnet wird: ihr Reichtum ist unerschöpflich und bringt unendlichen Gewinn bei kaum nennenswertem Einsatz. Als sie aber einmal die Gelegenheit erspäht hatten, ging es mit dem Rechnen um so schneller. Alberto hatte Caroline wiederholt gesagt, wie göttinnenhaft sie sei. Stets hatte er geleugnet, daß sie eine einfache Prostituierte war.

Daß Göttinnen teuer zu stehen kommen, wußte er, und er hatte selbst den Preis so hoch angesetzt, wie er es nun konnte. Er bezahlte, wann immer sie Geld verlangte, und sie verlangte immer mehr. Das Geld war nicht mehr freiwilliger Tribut. Es wurde eingetrieben, und die Dinge nahmen eine häßliche Wendung, weil die Beträge so hoch wurden, daß das Geheimnis nicht mehr gewahrt bleiben konnte. Alberto war unglücklich darüber, daß er sich jetzt den schmutzigen Anspielungen Dritter ausgesetzt sah. Caroline, der es nur auf die «Aufregung» ankam, scherte das wenig.

Sie tat so, als sei sie die unschuldige Schachfigur, die auf Gedeih und Verderb von unkontrollierbaren Mächten abhing. Die Situation wurde jedenfalls nicht von ihr arrangiert. Giacometti selbst hatte sie da hingesetzt, wo sie sich nun befand. Aber die Art, wie er sie sah, sollte nie durch die banalen Einwirkungen des Zufalls beeinträchtigt werden.

Eines Tages, als ein junger Künstler Alberto besuchte, flog plötzlich die Tür des Ateliers auf, und Caroline kam herein. Hinter ihr erschienen zwei widerliche Kerle, die mit finsterer Miene in der Türöffnung stehen blieben. «Ich brauche Geld», sagte sie, «gib mir alles, was du hast.»

Um die Banknotenbündel hervorzuholen, die im Haus waren, mußte Giacometti in seinen Verstecken herumkramen. Während die beiden Karikaturen an der Tür begierig glotzten und der junge Künstler, der sich nicht davonstehlen konnte, ungewollt Zeuge wurde, überwachte Caroline die Szene unbewegt und zeigte durch nichts, daß ihr die Situation peinlich gewesen wäre. Alberto dagegen war sichtlich aus der Fassung geraten. Als er ihr das Geld in die Hand drückte, drehte sie sich auf dem Absatz herum und verließ mit ihren beiden Gorillas das Atelier, ohne auch nur danke zu sagen. Giacomettis Fassungslosigkeit hielt an. Peinlich war die Sache wegen des

Zeugen, der sich die Dinge falsch zusammenreimen konnte, weil er von ihrer wahren Natur nichts verstand. Jeder durfte wissen, daß der Künstler Caroline zu einer wichtigen Voraussetzung seiner Kunst machte, auch wenn nur wenige begreifen mochten, warum. Niemand allerdings sollte sehen, wie sich die Verwandlung vollzog.

Sofern Caroline eine willenlose Figur war, so wurde sie von ebenso willenlosen Figuren dirigiert. Wie weit diese zu gehen wagten, sagt alles darüber, wie wenig Respekt sie für das Spiel hatten, geschweige denn für faire Regeln. Eines Nachmittags kam Alberto in sein Atelier zurück und fand es zu seinem Schrecken ganz verwüstet vor. Statuen, Sockel, Ständer waren umgestürzt, Schubladen herausgerissen und ihr Inhalt ausgeleert, Gemälde, Zeichnungen, Bücher, Papiere, Palette, Pinsel, alles lag kreuz und quer übereinander. Während er anfing, aufzuräumen, stellte er jedoch fest, daß nichts zu fehlen schien. Auch fanden sich keine Spuren von einem gewaltsamen Eindringen. Kurz, der Vandalismus war um seiner selbst willen geschehen. Alberto wußte, daß Caroline einen Schlüssel besaß, weil er ihr einen gegeben hatte. Auch wußte jeder, daß das Atelier nicht gesichert war. Jeder Schuljunge hätte mit einem Dosenöffner einbrechen können. Die Schlußfolgerung war so erniedrigend, daß Alberto es nicht über sich brachte, seinen Bruder einzuweihen. Diego bekam es natürlich heraus, und seine Verzweiflung bestätigte bloß die unselige Lage der Dinge, die bereits so sehr im argen lagen, daß man keinen Weg sah, wie sie jemals wieder ins Lot kommen sollten.

Alberto vertraute sich Clayeux an, auf dessen Urteil er sehr viel gab. Der Künstler fühlte sich gedemütigt, war aber unbeugsam: «Sollen sie doch alles kaputtmachen!» rief er. «Das spart mir nur Mühe, weil sowieso nichts da ist, was man retten müßte.» Für sich selbst befürchtete er nichts, aber er hatte Angst um seinen Bruder, da er wußte, daß Caroline Diego genauso verabscheute wie er sie. Clayeux empfahl eine diskrete Überwachung. Eine Polizeistreife konnte in unregelmäßigen Abständen hereinschauen, ob alles in Ordnung wäre. Alberto wollte davon nichts wissen. Dafür war er zu stolz. Außerdem war ihm klar, daß sein Bruder über die Unterstellung aufgebracht gewesen wäre, er müsse sich vor Leuten wie Caroline in acht nehmen.

Alberto mochte sie nicht verurteilen. Er hätte es kaum tun können, ohne sich selbst zu verurteilen. Er fuhr fort, sie zu loben und Annette Vorwürfe zu machen. Er sann über die schwierige Lage nach, in die ihn sein Schicksal hatte hineinschlittern lassen. Daß Caroline gefährlich war, daran bestand kein Zweifel. Zugleich war aber diese Gefahr auch wieder nur eine Einbildung. Sie beide wußten, daß Caroline zwei Gesichter hatte, und dieses Wissen muß zu dem Kunststück beigetragen haben, ihre gegenseitige Achtung aufrechtzuerhalten.

Caroline war nicht das einzige Mädchen in Albertos Leben, obwohl sie den ersten Platz einnahm. Andere liefen ihm nach. Im allgemeinen brachten ihre Bemühungen sie nicht weit, vor allem nicht zu einem guten Ende; aber Alberto hielt sie nicht von ihren Bemühungen ab.

Eine junge Schweizerin, die Bildhauerin werden wollte, erschien uneingeladen in Giacomettis Atelier. Sie forderte so eindringlich Albertos Aufmerksamkeit, daß sie sogar Nacht für Nacht auf dem Boden vor seiner Tür schlief. Sie fuhr ihm nach Stampa nach und nahm sich ein Zimmer im Piz Duan. Als der Künstler auf ihre Gegenwart mit deutlicher Abweisung reagierte, machte sie die unwahrscheinlichsten Szenen. Sie kulminierten darin, daß sie den Wäscheschrank des Gasthofs aufbrach und den gesamten Inhalt auf die Straße warf. Sie mußte nach Genf zurückgebracht und in eine Heilanstalt eingewiesen werden, worauf ihre Mutter vorwurfsvolle Briefe an Giacometti schrieb, in denen sie die Ansicht vertrat, er sei eine moralische Verpflichtung eingegangen, er müsse dem Mädchen gestatten, zu ihm nach Paris zu kommen und bei ihm zu arbeiten.

Eine hübsche Tänzerin aus Berlin traf Alberto bei einer Party in Zürich. Sie erklärte, sie habe eine Fotografie von ihm neben ihrem Bett stehen. Sie hätte sie aus einer Illustrierten ausgeschnitten. Alberto fragte sie: «Entspricht die Wirklichkeit Ihrer Erwartung?» Vierundzwanzig Stunden dauerte die Romanze. Einen halben Tag lang wanderten sie im Regen Hand in Hand durch die Altstadt von Zürich. Aber der Nachttisch-Talisman brachte kein dauerndes Licht in ihr Leben, denn es verging kaum ein Jahr, bevor sie in einem Depressionsanfall vom Schnürboden der Hamburger Oper zu Tode stürzte.

Andere waren nicht so unglücklich, und Alberto war froh, ihnen ihr Interesse zu lohnen. Sein Entgegenkommen wurde vielleicht durch die Tatsache gesteigert, daß die Aufmerksamkeit, die seinem Erfolg galt – und er wußte sehr wohl zwischen sich selbst und seinem Erfolg zu unterscheiden –, die angenehme Nebenwirkung hatte, Caroline auf die Probe zu stellen. Alberto, der sich bis zum Übermaß hatte prüfen lassen, wollte auch sie einer Prüfung unterzogen sehen. Am Ende machte sie auf ihre schwer faßliche Weise ihren Besitzanspruch deutlich geltend. Sie gestattete dem Künstler, sie festzuhalten, weil dieses Festhalten eine wesentliche Voraussetzung für ihren Glauben an sich selbst bedeutete. Sie wollte es so, und am liebsten hätte sie das Verhältnis noch enger geknüpft. Sie wollte ihn besitzen und – mehr als jede andere Frau – von ihm besessen werden. Dafür war sie weiblich genug in ihrer Mentalität.

Sie wünschte sich ein Kind von ihm. Er erklärte ihr, daß ihm die Natur die Vaterschaft unmöglich gemacht hatte. Wie sie sich selbst nicht an Gesetze hielt, meinte sie auch, zwingende natürliche Gegebenheiten umgehen zu können. Ein Arzt wurde zu Rate gezogen, der einen Eingriff für möglich hielt. Das war natürlich reine Quacksalberei, und es kam nichts dabei heraus außer Albertos größerer Sicherheit, daß Caroline durch weit Höheres an ihn gebunden war als bloß durch eine körperliche Beziehung.

Zu den Gestalten, die sich in den zweifelhaften Ecken des Nachtlebens von Montparnasse herumtrieben, gehörte auch der Fotograf Elie Lotar. Die Jahrzehnte waren ihm nicht gut bekommen, und er hatte nicht viel getan, um die verrinnende Zeit zu nutzen. Da er gesellig und begabt war, versuchte man ihm zu helfen. Tériade bot ihm Arbeit an, und Cartier-Bresson schenkte ihm eine Kamera; er stellte ihm sogar eine Dunkelkammer zur Verfügung. Es half alles nichts. Er wollte nicht arbeiten. Die Kamera versetzte er und gab das Geld für Alkohol und Mädchen aus. Es genügte ihm vollkommen, sein Leben in den Bars von Le Dôme und Chez Adrien zu vergeuden. Dort stieß er auf seinen alten Kumpan Alberto. Lotar sah sogleich den Vorteil des Zusammentreffens und ließ sich von Giacometti Geld schenken. Die Gelegenheit kam wie gerufen, weil der Künstler nicht wußte, wie er das Geld loswerden sollte. Lotar gewöhnte sich daraufhin an, im Atelier hereinzuschauen und sich den Anschein eines brauchbaren Gehilfen zu geben. Hin und wieder erledigte er Besorgungen, kaufte Zeitungen und Zigaretten oder brachte Material zum Malen mit. Vor allem wußte er Klatschgeschichten zu erzählen. Wo immer Alberto und Caroline in der vergangenen Nacht gewesen waren, Lotar konnte sagen, was sich dort vor ihrem Kommen oder nach ihrem Gehen abgespielt hatte. Lotar kannte Caroline gut. Auch wenn ihre Welt nicht die seine war, stand er ihr nicht fern und konnte Alberto berichten, was sie tat, wohin sie ging, mit wem, wann und, vielleicht, für wieviel. Er spielte den Vermittler, war fast immer zugegen, ein vertrauter Geist, der die nächtlichen Zeremonien ihres Verhältnisses behütete. Lotar war oft im Atelier dabei, wenn Caroline dem Künstler Modell saß. Anschließend begleitete er sie gewöhnlich auf ihren Streifzügen.

Nachdem Lotars Gegenwart allmählich unvermeidlich geworden war, erkannte Giacometti, daß sie unschätzbaren Wert gewinnen würde, wenn er den Herumlungerer ebenfalls zu seinem Modell machte. In eben dem Maße, wie Lotar das Leben im Atelier teilte, verkörperte das Bild seiner Erscheinung die letzten und bedeutendsten Stunden dieser Wirkungsstätte. Der arme Fotograf und alkoholsüchtige Flaneur, der mißratene Sohn eines großen Dichters aus einem fremden Land, er lieh Giacomettis letzten Meisterwerken seinen traurigen Blick und bewahrte sich auf diese Weise vor Nichtigkeit und Vergessenwerden.

Alberto fühlte sich Freunden von früher verbunden. Jetzt, da er berühmt war, ließen sich hin und wieder ehemalige Mitstudenten aus der Grande-Chaumière blicken. Meist kamen sie auf der Suche nach einem freundlichen Wort und mit dem Wunsch, Giacomettis Berühmtheit möchte ein wenig auf sie abfärben. Niemand wurde von ihm enttäuscht. Niemand – außer vielleicht Flora Mayo. In ihrer töricht tschechowschen Weise war sie nach Paris zurückgekehrt. Die dreißig Jahre in Amerika waren für sie nur Mühsal und Enttäuschung gewesen. Jetzt hoffte sie wieder, ein «neues» Leben zu beginnen. In

Paris fiel ihr vor allem auf, daß alles teurer war, als sie es sich leisten konnte. Das einzig Neue, dessen sie sicher sein konnte, war die Aussicht auf ein Alter in Armut und Einsamkeit. Sie schrieb an Alberto; er rief sie an. Sie besuchte ihn in seinem Atelier. Das war noch so wie früher; aber sie beide hatten sich verändert. Er schenkte ihr ein Buch, das die Galerie Maeght soeben herausgegeben hatte. Es enthielt viele Reproduktionen seiner Werke und einen langen anerkennenden Text. Alberto schrieb ihr eine Widmung hinein. Dann lud er sie zum Essen ein. Das Erinnerungsfest erwies sich als unnütz. Alberto gab sich charmant und machte das Schicksal dadurch nur noch grausamer. Vor langer Zeit hatte er um sie gelitten, und jetzt war sie eine arme alte Frau, der er nur den Beweis bieten konnte, daß sein eigenes Leben nicht vergeblich gewesen war. Nach dieser Begegnung sahen sie sich nie mehr. Flora Mayo fuhr nach Kalifornien zurück, wo sie ihre Tage in Wahn und Einsamkeit beendete.

61

Aimé Maeght hatte sein Museumsprojekt vorangetrieben. Das Gebäude erhob sich zwischen romantischen Terrassen, Rasenflächen und Pinienhainen; es war geräumig und eindrucksvoll. Der Kunsthändler entschied, daß der Haupthof der Fondation Maeght einer Gruppe von Giacometti-Skulpturen vorbehalten bleiben sollte. Der Künstler sollte sie selbst auswählen und aufstellen. Eine große Halle war vorgesehen, um Zeichnungen, Gemälde und Plastiken aus allen Schaffensperioden Giacomettis aufzunehmen. Was immer Alberto von Maeghts Motiven gehalten haben mag, die Gelegenheit, eine gewichtige Gruppe seiner Arbeiten unter nahezu idealen Bedingungen zur Schau stellen zu können, ließ ihn nicht gleichgültig. Froh fuhr er nach Saint-Paul und legte die Standorte für mehrere der großen Figuren aus der Chase-Manhattan-Gruppe fest, ebenso für eine kleine Gruppe der *Frauen von Venedig*. Allenthalben auf dem Gelände standen Plastiken von Calder, Miró und Arp. Braque und Chagall hatten Entwürfe zu Mosaiken für Teiche und Wände geliefert. Die Säle des Museums waren mit Werken von Matisse, Bonnard, Kandinsky und anderen gefüllt.

Sofern Aimé Maeght ein moderner Medici sein wollte, hatte er in diesem Sinne einen beachtlichen Schritt getan, als der Eröffnungstag herannahte. Besucher reisten aus dem In- und Ausland an, um den Kunsthändler und sein philanthropisches Werk zu ehren.

Alberto war von Stampa gekommen, um die endgültige Aufstellung seiner «Sachen» – natürlich mit Diegos Hilfe – zu überwachen. Auch Annette war dabei. Caroline hielt sich fern. Und während sie alle auf den großen Moment warteten, erhielt Giacometti Nachricht von einem ehemaligen Freund, jenem alten, aber keineswegs vergessenen, der an den bevorstehenden Festlichkeiten keinen Anteil hatte und auch nicht haben wollte, weil er sich von allen Veranstaltungen, die ihn nicht selbst glorifizierten, hochmütig fernhielt.

Picasso lud Alberto zu einem Besuch ein, und sein Ruf klang fast wie eine flehentliche Bitte, ganz anders als jene höhnische Einladung zwölf Jahre zuvor. Der eingebildete Potentat war – inzwischen alt und einsam – zum Gefangenen seiner eigenen Macht geworden. Die Schlange an der «Einlaßkasse» war mittlerweile endlos, aber wenige der Wartenden interessierten den berühmten Magier. Auf seltsamen Umwegen hatte sich sein Lebenskreis geschlossen. Zu Beginn seiner Laufbahn hatte er Vergnügen an Zirkusleuten gefunden, an der Darstellung von Harlekinen und Akrobaten; nun füllten sich seine Werke wieder mit Bildern aus der Zirkuswelt, während die Weltpresse Fotos brachte, die den Achtzigjährigen in extravaganten Verkleidungen und Masken zeigten, wie er den Clown spielte. Sein Privatleben war in der Tat ein öffentlicher Zirkus geworden. Dieser Zirkus wurde in allen Einzelheiten in einem damals gerade erschienenen Erinnerungsband von einer früheren Geliebten beschrieben, die zwei Kinder von ihm hatte. Picasso versuchte, gegen diese Veröffentlichung durch Gerichtsbeschluß vorzugehen. Ein Künstler, der zu solchen Mitteln greift, um angeblich seinen guten Ruf zu wahren, muß ziemlich tief in seiner Selbsteinschätzung gesunken sein.

Während seines gesamten Schaffens hatte Picasso immer wieder das Thema *Der Künstler und sein Modell* aufgegriffen; während einst der Schaffende als eine machtvoll heitere olympische Gestalt erschienen war, zeigte er sich jetzt nur noch als grotesk mißgebildete, lächerliche und verächtliche Figur. Picassos überaus scharfe Intelligenz wirkte sich als Rache des Schicksals aus. Sie ließ ihn erkennen, daß es ihm nicht gelungen war, die Errettung durch sein Schaffen zu erlangen. Dieses Bewußtsein gab den Bocksprüngen und Grimassen des ruhelosen alten Akrobaten die geringe Würde, die sie hatten. Er kann sein eigenes Gehabe nur mit Bitterkeit betrachtet haben; denn schon lange zuvor hatte er gesagt: «Es kommt nicht darauf an, was der Künstler tut, sondern, was er ist.»

Von Giacometti wußte Picasso, was er war. Er hatte nie aufgehört, mit Respekt und vielleicht mit geheimem Neid zu beobachten, wie Giacometti zeigte, was er war. Giacometti seinerseits schaute nie gleichgültig auf Picasso. «Ich bestaune ihn», sagte Alberto. «Ich bestaune ihn wie ein Ungeheuer, und ich meine, er weiß so gut wie wir, daß er ein Ungeheuer ist.» Jetzt jedenfalls war der Nachmittag bereits zu weit fortgeschritten, als daß der Ausdruck aufrichtiger Anerkennung etwas hätte nützen können. Alberto zögerte mit der Antwort, da er nicht unfreundlich sein wollte. Obwohl er die grausame Ironie von Picassos Einsamkeit verstanden haben muß, war sein Gerechtigkeitssinn nicht durch Mitleid zu erweichen. Er lehnte die Einladung ab und sah Picasso nie wieder.

Der festliche Einweihungsabend fiel auf Dienstag, den 28. Juli 1964. Der Himmel war klar und sternenübersät. 150 Gäste hatten sich zu einem fürstlichen Bankett versammelt. Als wichtigster Würdenträger war Kultusminister André Malraux zugegen. Nachdem man reichlich den edlen Weinen und erlesenen Speisen zugesprochen hatte, erhob sich der Gastgeber zu einer Rede, in der er seine Großzügigkeit öffentlich hervorhob. Dann dankte er allen Künstlern, Freunden, Mitarbeitern und Angestellten, deren Kraft und Talent, Zeiteinsatz und Hilfsbereitschaft zum Erfolg des ungewöhnlichen Unternehmens beigetragen hatten. Er nannte sie alle der Reihe nach, und in der Menge der geladenen Gäste verbreitete sich das Gefühl, daß die Leistungen eines jeden anerkannt und belohnt würden. Einen Namen allerdings hatte der Philanthrop vergessen zu erwähnen. Und das wirkte seltsam, weil der Mann, dessen Name ungenannt blieb, fast so wichtig wie Maeght selbst für den Triumph des Kunsthändlers gewesen war: Louis Clayeux. Die Nichterwähnung blieb nicht unbemerkt. Einige Zuhörer hielten sie für eine Unhöflichkeit. Niemand empfand den Affront aber stechender als Clayeux selbst.

Maeght hatte seine Ansprache beendet, als Malraux aufstand und zu einer seiner großen kulturellen Verkündigungen ausholte, die seine Stärke waren. Er dankte dem Stifter für die Wohltat, die er als etwas in neuerer Zeit Einmaliges darstellte; dann fügte er das Ereignis in einen Rahmen, der die prähistorische Kunst, die Pharaonen, Byzanz und den Hof des Sonnenkönigs mit einbezog. Er hielt seinen Zuhörern eindringlich vor Augen, daß sich das, was wir Kunst nennen, aus dem Reich des Übernatürlichen herleitet und herleiten muß. Solch ein Konzept fand Giacomettis Beifall, und er murmelte vor sich hin: «Der redet wie ein Stier.»

Clayeux litt darunter, daß ihm eine vorsätzliche und unverdiente Kränkung von dem Manne widerfahren war, dessen Aufstieg zum Ruhm er durch harte Arbeit erleichtert hatte. Als er sich zornig beklagte, zuckte Maeght die Achseln und sagte, es sei ein bedauerliches Versehen gewesen, nichts anderes, und er habe keinerlei beleidigende Absicht gehegt. Durch diese kühle Antwort wurde Clayeux noch mehr aufgebracht. Er äußerte Empörung im Kreise seiner Freunde. Da er die Stiftung gefördert hatte, durfte auch er bei der Vollendung Dank erwarten. Und wenn die angemessene Anerkennung im Augenblick des Triumphs ausblieb, warum sollte dann einer, der zum Triumph beigetragen hatte, weiter bei der Stange bleiben?

Am folgenden Tag fuhren Alberto und Annette nach Cap-Ferrat zur luxuriösen Villa von Pierre und Patricia Matisse. Es wurde viel über den vorausgegangenen Abend gesprochen. Alberto äußerte sich kategorisch: «Wenn Clayeux geht, gehe ich auch.» Pierres Verachtung für den Parvenu aus Saint-

Paul war kein Geheimnis. Annette drängte ihren Mann, sich von Maeght loszusagen. Sie hatte gehört, wie der Händler sich Besuchern gegenüber damit gebrüstet hatte, Giacometti sei durch ihn «herausgebracht» worden. Die Gespräche setzten sich noch bis zu vorgerückter Stunde fort.

Inzwischen reiste Clayeux nach Griechenland. Alberto entschloß sich, nach Stampa zu fahren. Das Ehepaar Matisse begab sich auf eine Reise mit ihrer Motorjacht. Annette wünschte sich, einfach in der Villa zur Ruhe zu kommen. Sie meinte, wenn sie ganz für sich allein bliebe, würde der Aufenthalt in der Sonne ihre Nerven wieder beruhigen. Pierre machte ein höfliches Gesicht, weil die Dinge ohnehin nicht zu ändern waren. Er lichtete den Anker und fuhr mit seiner nicht minder reizbaren Frau davon. Alberto bestieg den Zug und trat die Fahrt nach Stampa an.

Annette sah sich umfangen vom Luxus der Villa La Punta. Außerdem war sie dort nur so lange allein, als sie dies wünschte. In unmittelbarer Nachbarschaft wohnte jemand, mit dessen Gesellschaft sie notfalls rechnen konnte. Es handelte sich um Frank Perls, einen Kunsthändler aus Hollywood, der seinen Urlaub in einem der Matisse-Villa benachbarten Hotel verbrachte. Er war ein langjähriger Freund und Vertrauter von Patricia und Pierre Matisse, und er hatte sich bereit erklärt, hin und wieder hereinzuschauen, ob Madame Giacomettis Nerven und die Villa wohlauf seien. Perls war ein massiger Typ, ein Lebemann von unkompliziertem Charakter. Drei gescheiterte Ehen hatte er hinter sich gebracht und war bestens geeignet, sich der unbefriedigten Ehefrau des berühmten Künstlers anzunehmen. Tagsüber konnte er Annette in der Bucht in Patricias Motorboot dahingleiten sehen. Als ihm bewußt wurde, daß er selbst ein wenig einsam war, suchte er häufiger den nachbarlichen Umgang. Je öfter er in der Matisse-Villa erschien, desto mehr fühlte er sich angezogen und ermutigt, Annette den Hof zu machen. Das war alles, was sie benötigte: jemand, der ihr zuhörte und die Sympathie zeigte, für die Künstler weder Zeit noch Begabung aufbrachten. Hier war Frank Perls am rechten Platz, mit der Freundlichkeit eines guten Onkels, weltklug und gerne bereit, ihr sein Ohr zu leihen.

Es war wie im Kino: Ein einsamer Mann und eine einsame Frau begegnen sich und finden aneinander ein wenig Trost vor der gefühllosen Welt. Gewiß, Perls Leben spielte sich weit weg von Montparnasse ab, aber seine Geschäftsreisen führten ihn regelmäßig nach Europa, und er unterhielt ein kleines Appartement in Paris. Im übrigen erwies es sich wieder einmal, daß eine kleine Trennung segensreich wirken kann. Als Annette von der Riviera zurückkehrte, waren ihre Nerven so beruhigt wie schon lange nicht mehr.

In Griechenland traf Clayeux seine Entscheidung: er mochte mit Maeght und «seiner» Galerie nichts mehr zu schaffen haben. Aber Maeght beherrschte den Kunstmarkt, die Künstler der Galerie hatten sich Maeght anvertraut, und sie blieben bei ihm. Nur einer nicht. Alberto hatte angekündigt, er werde sich aus der Galerie zurückziehen, falls Clayeux ausstieg. Das tat Clayeux, und Alberto folgte ihm.

Er schrieb Maeght einen langen Brief und kündigte ihm seine Entscheidung an. Zu dieser Zeit war Diego gerade in Zürich, wo er an dem Auftrag arbeitete, die Bar des bekanntesten Restaurants der Stadt auszustatten. Alberto zog ihn telefonisch über den Brief zu Rate. Der jüngere Bruder war stets vorsichtig und mit einem Sinn für das Praktische begabt. Er sagte: «Ich bin morgen wieder in Paris. Warte mit dem Abschicken, bis ich zurück bin und wir die Sache noch einmal durchgesprochen haben.» Als er am nächsten Tag in Paris eintraf, begab er sich sofort zu seinem Bruder. Alberto lächelte verlegen und sagte: «Ich habe den Brief eingeworfen. Es war mir klar, daß ich ihn nie abschicken würde, wenn ich erst mit dir geredet hätte.»

Aimé und Guiguite waren wie vom Donner gerührt. Guiguite weinte. Aimé versuchte es mit vernünftigem Zureden. Untergebene wurden losgeschickt und sollten Alberto erweichen. Es half alles nichts. Er blieb hart und ging nicht von seinem Wort ab. Alles andere wies er als unnötiges Gerede und Störung von sich.

Der Punkt, um den es Giacometti bei einer so prinzipiellen Entscheidung ging, verdient Aufmerksamkeit. Es drängt sich die Möglichkeit auf, daß etwas Wichtigeres als die Gefolgstreue zu Clayeux dahintersteckt. Maeght war nie in gleichem Sinne mit Giacometti befreundet gewesen wie Fraenkel und Sartre. Das Wesentliche an dem Bruch zielte auf die Galerie, nicht auf ihren Inhaber, der hier mehr in seiner Funktion denn als Person eine Rolle spielte. Die Galerie stellte ein Verbindungsglied mit der übrigen Welt dar und hatte Giacomettis Laufbahn entscheidend geprägt. Indem er mit der Galerie brach, stritt er nicht nur die fernere Notwendigkeit dieser Abhängigkeit ab, sondern gab auch zu verstehen, daß sie bei aller früheren Wichtigkeit für ihn ihren Sinn verloren hatte.

Pierre Matisse hätte sich nie Sorgen darüber machen müssen, daß ihn der Emporkömmling aus der Rue de Téhéran überrunden könnte. Alberto war bei ihm zuerst gewesen und sollte bis zum Schluß bei ihm bleiben. Allerdings hatte der Bildhauer nie seine Galerie betreten und kannte Matisse nur aus großer Distanz als Macher von Geld und Karrieren. Maeght dagegen hatte er von Anfang an als gefühllosen Drahtzieher auf dem Kunstmarkt kennengelernt, und damit wollte er nichts mehr zu tun haben. Zu verlieren gab es für Giacometti dabei nichts. Er besaß Geld im Überfluß und mußte sich der mit dem Ruhm verbundenen Zudringlichkeiten erwehren, um ungestört weiterarbeiten zu können.

Die Entschlossenheit, mit seiner Arbeit voranzukommen, läßt eine neue Dringlichkeit ahnen, eine Ungewißheit vielleicht, wieviel Zeit ihm noch für sein Werk blieb. In diesem Zusammenhang sollte der Bruch mit Maeght gesehen werden. Selbst die brüderliche Mahnung zur Klugheit war unbeachtet geblieben, und Alberto setzte sich nicht leicht über Diegos Rat hinweg. Was Clayeux betraf, so schien er glücklich in seiner Zurückgezogenheit. Er widmete sich wissenschaftlicher Forschung und dem Sammeln seltener Manuskripte.

Im Herbst und zu Beginn des Winters 1964 unternahm Giacometti einige Reisen. Zunächst führte sein Weg nach London, um die Räume der Tate Gallery zu inspizieren, wo im darauffolgenden Sommer eine große Retrospektive seines Werkes stattfinden sollte – gleichzeitig mit einer entsprechenden Veranstaltung im Museum of Modern Art in New York. In London besuchte er Isabel und Francis Bacon. Er wurde von reichen Sammlern eingeladen. Anfang November fuhr er nach Stampa, wo er eintraf, als sich der Schatten über das Tal legte. Die Frau, die für ihn die Heimat bedeutet hatte, war als Person nicht mehr zugegen; aber die Erinnerung an sie lebte fort. Mitte Dezember begab er sich wieder ins Kantonsspital in Chur zu seiner jährlichen Untersuchung. Es wurden keine Anzeichen für Krebs festgestellt. Der Befund war jedoch keineswegs einwandfrei. Dr. Reto Ratti war noch in Chur. Er fand, daß Giacometti sehr bedenklich aussähe, und sagte es ihm auch. Eine solche Bemerkung mochte sich der Künstler nie gefallen lassen. Er brauchte niemand, der ihm sagte, daß es mit seiner Gesundheit nicht zum besten stand. Jahrelang hatte er den Niedergang bemerkt. Er war sich seiner ständigen Übermüdung bewußt. Er rauchte täglich achtzig Zigaretten, trank unzählige Tassen Kaffee und nahm mehr Alkohol zu sich, als er vertrug. Er prophezeite gerne, fast kann man sagen, eifrig, wie das alles einmal enden würde.

Es ist nicht unnatürlich, wenn ein Mann in Erwartung des Unvermeidlichen sein Testament macht, besonders wenn er viel besitzt und wenn er all das, was er besitzt, selbst geschaffen hat. Es fehlte nicht an Leuten, die Alberto sagten, daß es an der Zeit sei, seine Angelegenheiten zu regeln. Es muß ihm auch klar gewesen sein, welche Ansprüche, ob berechtigt oder nicht, er aufgrund des Vergangenen für die Zukunft zu erfüllen verpflichtet war. Aber er mochte kein Testament machen. Jeden Hinweis auf die Sache wies er von sich und verwarf alle guten Ratschläge. Gewiß, auch seine Eltern waren ohne Testament gestorben, und bei der Aufteilung ihres Eigentums war es ohne Zank abgegangen. Seine eigene Situation war aber ganz anders. Er hatte eine Frau, einen Bruder, noch einen Bruder, einen Neffen und eine Geliebte, die alle gerechterweise Erwartungen hegen durften.

Beim Nachdenken über diese Probleme mag Alberto aus der jeweiligen Situation heraus die Gewissensbisse und die Verantwortung gegeneinander abgewogen haben, die er den beiden Hauptbetroffenen gegenüber fühlte; denn er erkannte, wieviel Zerstörung er bei ihnen durch seinen nicht zu unterdrückenden Schaffensdrang angerichtet hatte. Er konnte sich sagen, daß Diego nicht bloß dem Namen nach ein Giacometti war und daß sein Lebensgeist sich als ebenso dauerhaft und edel erweisen würde wie die Bronze, in der sein Bildnis so oft gegossen worden war. Diego würde keiner Autorität, keines Prestiges und Besitzes über das hinaus bedürfen, worüber er verfügte, um aus seinem weiteren Leben einen Erfolg zu machen. Bei Annette war das anders. Durch die Umstände war sie gezwungen gewesen, mehr von sich aufzugeben, als sie besaß. Deshalb mußte sie so viel zurückbekommen wie nur möglich, damit sie überhaupt weiterleben konnte. Madame Giacometti zu Albertos Lebzeiten zu sein, war hart. Das Leben als Madame Giacometti nach seinem Tode würde sich als noch schwieriger erweisen, verfügte sie als Witwe nicht über die entsprechenden materiellen und rechtlichen Voraussetzungen. Angesichts all dessen, was Alberto ihr abverlangt hatte, konnte er ihr dies nicht verweigern.

Was immer den Künstler für den späteren Umgang mit seinen «Sachen» vorgesehen haben mag, eines war gewiß: «sie» würden weiterleben. Die Zurücksetzung des Bruders würde vergehen wie auch die Rechte der Witwe. Das indiskrete Interesse der Welt würde sich verlieren, und nur sein Werk würde übrigbleiben und seine Aufgabe erfüllen.

Was Caroline und ihre Zukunft betraf, vorausgesetzt, daß der Künstler sie erwogen hat, so bestand die Zukunft gänzlich in der Gegenwart. Mit dem Gedanken an Alberto als den verstorbenen Künstler zu leben, würde für sie nicht schwieriger sein als mit ihm zu sprechen, während sie Abend für Abend auf dem wackeligen Rohrstuhl saß. Ihr aufregendes Erlebnis hatte sie gehabt. Es spielte für sie keine Rolle, ob sie materielles Erbe ergattern würde oder nicht.

Elie Lotar hegte keine Erwartungen. Er hatte kein Ziel, auf das hin er lebte, und wenig, auf das er hätte zurückblicken können. Er sah nur den nüchternen Beweis seines Versagens vor sich. Das machte ihn nicht mutlos. Ohne mit der Wimper zu zucken, blickte er den Tatsachen standhaft, wenn auch alkoholisiert, ins Auge. Zum Frühstück nahm er Whisky mit Coca-Cola, dann richtete er sich darauf ein, den Abend zu erwarten. Sein Vater in Rumänien lebte noch immer, war fünfundachtzig Jahre alt und machte durch seinen fortdauernden Ruhm die jämmerliche Erfolglosigkeit des Sohnes nur noch spürbarer. Aber Lotar beklagte sich nicht. Nachdem der Mißerfolg nun einmal sein Schicksal geworden war, sollte er zur Grundbedingung seines Wesens werden. Darin sah Giacometti eine Haltung, die er bewundern konnte. Er nahm sie als einen Aspekt menschlicher Erfahrung wahr, den er sein ganzes Leben lang beobachtet hatte. Lotar kam als Modell für Giacomettis letzte Plastiken dem Ideal so nahe wie nur irgendein Mensch. Noch mehr näherte Alberto sich einem Ideal, indem er als Künstler Lotars Bildnis schuf. Es gab gar keinen geeigneteren Künstler, um Lotars Bildnis zu schaffen. Ihrer beider Eignung erhob die Aufgabe und ihre Ergebnisse beinahe über den Bereich des Machbaren hinaus; einmal mehr wurde dadurch bewiesen, daß der Kunst das zur Verfügung steht, was sie benötigt, und daß sie nichts dem groben Zufall überläßt.

Giacometti schuf drei Büsten von Lotar. Die ersten beiden wurden gegen Ende 1963 oder während der ersten Monate von 1964 begonnen. Der Künstler arbeitete an ihnen gleichzeitig täglich fast ein Jahr lang; bei Unterbrechung der Arbeit wurde der Modellierton mit Hilfe feuchter Lappen geschmeidig gehalten. Die erste Büste zeigt Kopf und Torso des Modells mit einer Andeutung von Armen, während die zweite nur aus dem Kopf mit angedeuteten Schultern besteht. In Erscheinung und Ausdruck sind die beiden Büsten ähnlich. Der Betrachter kann spüren, daß an ihnen gleichzeitig gearbeitet wurde, denn es handelt sich um dasselbe Gesicht und denselben Blick, die in beiden Arbeiten zum Leben erweckt werden. Der Ausdruck ist ernst, streng und aufmerksam; er ist zugleich heiter-gelassen und unerschrocken. Diese Bildnisse werden mit einer betonten Reinheit des Empfindens und mit großem Gefühl vor uns hingestellt. Sie haben eine heroische Ausstrahlung, auch wenn es der Heroismus ist, den man benötigt, um der eigenen unnützen Existenz ins Auge blicken und dennoch Hoffnung in den Sternen lesen zu können. Die Büsten haben die Fülle, Abrundung und Erfülltheit eines glaubhaften Charakters: ein wenig Leporello, ein wenig Sancho Pansa und ein wenig Lotar. Als Skulpturen verkörpern sie einen weiteren Schritt des Künstlers, dessen Bemühen eindeutig in die Richtung weist, nicht nur zu zeigen, was man vor Augen sieht, sondern auch das, was im Bewußtsein gespeichert ist. Der stilistische Effekt ist der Wiedergabe eines menschlichen Kopfes als Verkörperung wirklicher Existenz untergeordnet. Nachdem Giacometti den schwierigsten Weg zurückgelegt hatte, den man sich vorstellen kann, setzte er sich jetzt mit einem ähnlichen darstellerischen Gebot auseinander wie einst, als er im Alter von dreizehn Jahren seinen Bruder Diego modellierte, jetzt freilich insofern anders, als er auf der anderen Seite des Lebens stand und erfüllt war von allem, was diesem Leben an geheimnisvollem Wirken innewohnt.

Die dritte und letzte Büste von Lotar gehört einem anderen Reich an. Das Modell wird annähernd in der gleichen Stellung wie im ersten Porträt gezeigt. Diesmal sind jedoch die Andeutungen von Armen, sogar von Händen, ferner das Becken und die Oberschenkel, auf denen die Hände ruhen, deutlicher ausgeformt. Der Ausdruck der Plastik ist völlig anders. Dies ist eine endgültige Aussage, und diese Endgültigkeit wirkt allein aus dem Werk, nicht aus unserem Wissen heraus, daß es sich hierbei um das letzte Werk des Bildhauers gehandelt hat. Es ist eine letzte Botschaft, vor der jedes Wort wie hilfloses Gestammel wirkt. Während die beiden ersten Bildnisse heiter und verheißungsvoll waren, wirkt dieses finster und in sich gekehrt. Alles Schauen, alles Bewußtsein scheint nach innen gewendet. Augen, Wangen und Mund sind eingefallen. Es ist das Gesicht eines Menschen, der am Rande seines hohen Alters aus der Zeit tritt.

Mit diesem Bezug zu den Dingen vereinen sich in dem Bildnis unermeßliche Toleranz und Resignation; auch eine unendliche Bereitschaft zum Dulden; denn da steht die Büste vor uns: endgültig, ohne je beendet zu werden, weder als Bildnis noch als Symbol. Ihre Fortdauer verkündet in herrlich giacomettischer Weise, daß sie als Kunstwerk unvollendet ist und das unvollendbare Wesen darstellt, nach dem die Menschen streben, als Erlösung aus der Zeitlichkeit und als Sühne für die Kühnheit ihres Unterfangens.

Giacometti hatte sein Leben lang darum gerungen, die Skulptur der lebendigen Erfahrung anzugleichen, obwohl er wußte, daß dies nicht möglich ist. Bei seinem letzten Anlauf schuf er, wie um zu zeigen, daß sich alles Zurückliegende gelohnt hatte, einen neuen Anfang, einen Anfang, dessen ganze Bedeutung in seiner Endgültigkeit lag. Wenn man die letzte Lotar-Büste anschaut, wird vor dem inneren Auge unweigerlich das Bild eines anderen letzten Werks der Bildhauerei wachgerufen: die *Pietà Rondanini*, an der Michelangelo noch wenige Tage vor seinem Tode als Neunundachtzigjähriger gearbeitet hat. Weder nach ihrer Erscheinung noch nach ihrem Zweck sind die beiden Werke vergleichbar, aber beide bewirken ähnliche Gefühle von Endgültigkeit, beide führen die Vergeblichkeit, ein Kunstwerk zu bewältigen, als Zeugnis menschlichen Ringens vor Augen. Beide Werke sind nach innen gewendet. In der *Pietà* wird die Umarmung durch den Tod anschaulich dargestellt; die Lotar-Büste ist eine Parabel zum gleichen Gedanken. Beide Werke öffnen sich ganz dem rein visuellen Erleben. Giacometti sagte einmal von der *Pietà*: «Als Michelangelo seine letzte Statue, die *Pietà Rondanini*, schuf, war dies ein Neubeginn. Und hätte er noch tausend Jahre weitergearbeitet und eine *Pietà* nach der anderen geschaffen, er hätte sich nie wiederholt, wäre nie auf Vergangenes zurückverfallen, sondern immer weiter vorwärts geeilt.» Gleiches darf vom Sprecher dieser Worte gesagt werden. Die beiden Männer, durch vier Jahrhunderte getrennt, scheinen zu bekräftigen, daß es nach so langem Schaffen einen Punkt gibt, an dem einem Künstler nichts mehr zu tun bleibt als zu sterben und der Menschheitsgeschichte seine endgültige Vision zu hinterlassen.

62

Das Beste, was die Schweiz einem Künstler bieten konnte, widerfuhr Giacometti im Sommer 1963, als Ernst Beyeler in seiner Basler Galerie die ehemalige Sammlung Thompson ausstellte. Es war die beste Gelegenheit, das zu leisten, was die Schweiz am besten kann, nämlich Geld aufzubringen, um die einzigartige Sammlung geschlossen und für immer im Vaterland des Künstlers zu behalten. Paul Klee, der andere große schweizerische Künstler des Jahrhunderts, war bereits durch die Berner Kleestiftung in seiner Heimat würdig vertreten. Die Schaffung einer Giacomettistiftung in Zürich aus öffentlichen und privaten Mitteln bot sich als logischer und dankenswerter Schritt an. Die Sammlung enthielt 59 Skulpturen, sieben Gemälde und 21 Zeichnungen. Der Preis betrug drei Millionen Schweizer Franken. 1963 war dies eine angemessene Summe, von heute aus betrachtet ein unglaublich günstiges Geschäft.

Giacometti hielt sich natürlich aus dem ganzen Geschehen heraus. Daran tat er klug, weil es Protest und Aufregung über den Geldbetrag der Stadt Zürich gab. Das war ziemlich lächerlich und eines Landes unwürdig, das nur ein so kleines kulturelles Erbe zu pflegen hat. Die Alberto Giacometti-Stiftung wurde schließlich mit rein privaten Mitteln ins Leben gerufen. Thompsons Dreistigkeiten waren also doch nicht umsonst gewesen. Die Werke wurden auf Zürich, Basel und Winterthur verteilt. Vor seinem Tode hat Giacometti noch zwei Bronzen, neun Gemälde und sieben Zeichnungen gestiftet.

Die Retrospektive in London wurde, wie die Londoner Ausstellung ein Jahrzehnt zuvor, unter der Schirmherrschaft des Arts Council of Great Britain durchgeführt. Sie war nicht so umfassend wie die jüngste Veranstaltung in Zürich, aber auch sie fand in einem der großen Museen der Welt statt, in der Tate Gallery. So konnte Giacometti abermals das, was er erreicht hatte, im Vergleich zu den großen Vorläufern und Zeitgenossen betrachten. Die Reihe der ausgestellten Werke begann mit der ersten Büste von Diego und schloß als jüngste Arbeit eine der Lotar-Plastiken ein. Alles in allem waren es 95 Skulpturen, 60 Gemälde und 45 Zeichnungen. Die Wirkung war überzeugend. Jedem, der nur das geringste Verständnis für die zeitgenössische Kultur entwickelt hatte, war ersichtlich, wie tief und umfassend Giacomettis Werk zum Ausdruck seiner Zeit geworden war. Mochten die Kunstwerke auch streng, schwierig und manchmal abschreckend wirken, so konnte doch niemand weder ihre Ausstrahlung noch die oft zarte und lyrische Schönheit ihrer Erfindung bestreiten.

Lange vor der Eröffnung reiste Alberto nach London, um die Aufstellung persönlich mit Hilfe von Diego und Clayeux zu überwachen. Im Souterrain des Museums richtete er notdürftig ein Atelier ein, wo er Gipsfiguren überarbeitete und Bronzen noch in letzter Minute bemalen konnte. Patricia und Pierre Matisse kamen, um ihm behilflich zu sein und das Ereignis zu feiern. Natürlich stellten sich auch Isabel, Bacon und andere in London lebende Bewunderer ein. Es ging sehr lustig und trinkfreudig zu, und es gab manche übermütig heitere Unterhaltung im Hinterzimmer von Wheeler's Restaurant in der Old Compton Street. Die Brüder Giacometti wohnten in dem nahe der Victoria Station gelegenen St. Ermin's Hotel.

In diesem Hotel tauchte Caroline eines Tages unangemeldet, uneingeladen und unerwartet im Korridor vor Albertos Zimmer auf. Niemand wußte, wie sie dort hingekommen war und warum. Leider begegnete sie nicht nur Alberto. Für Diego war es klar ersichtlich, daß sein Bruder aus der Fassung geriet und über ihr plötzliches Erscheinen fast bestürzt wirkte. Sie gingen in sein Zimmer und blieben dort eine Weile. Danach verschwand Caroline wieder und kehrte dahin zurück, woher sie gekommen war, ohne einen Blick in die Tate Gallery zu werfen, wo acht großartige Bildnisse von der Bewunderung des Künstlers für sie zeugten. Der Grund dieses Besuches blieb unerforschlich, aber Albertos Betroffenheit ließ ahnen, daß eine Verletzung ihrer Abmachungen stattgefunden hatte und daß dies ihm zuzusetzen begann, zumindest aber die Grundlage erschütterte, auf der ihr gegenseitiges Verhältnis beruht hatte. Doch nahm er hin, was er ertragen mußte, weil das Hinnehmen das Normale in seiner Beziehung zu Caroline war.

Die Eröffnung in London wurde ein Triumph. Zweifellos empfand der Künstler darüber eine große Befriedigung. Aber kaum war die Eröffnung vorüber, fuhr Giacometti wieder nach Paris und reiste von da aus weiter nach Stampa. Vor Ende August kehrte er nochmals nach London zurück, um die Ausstellung ein letztes Mal zu sehen. Albertos Reisen wurden merkwürdig häufig und weiträumig für jemanden, der außer den Fahrten zwischen Paris und seinem Geburtsort nie Zeit zum Reisen gefunden hatte.

In New York war die Retrospektive am Museum of Modern Art ganz mit der Zwillingsveranstaltung in Großbritannien vergleichbar. 140 Skulpturen, Gemälde und Zeichnungen aus allen Schaffensperioden des Künstlers waren vereinigt worden. Niemand hatte erwartet, Giacometti werde den Atlantik überqueren, nur um die Ausstellung anzusehen; deshalb herrschte großes Erstaunen, als er Mitte des Sommers ankündigte, er werde irgendwann Anfang Oktober eintreffen. Da er es strikt ablehnte, mit dem Flugzeug zu reisen, wollte er die Überfahrt per Schiff machen. Annette sollte ihn begleiten; optimistisch betrachtete er die Seereise als eine Gelegenheit, Differenzen mit ihr auszugleichen und einen erträglichen Modus vivendi zu finden. Pierre Matisse traf alle Vorbereitungen. Er und Patricia wollten den Giacomettis bei ihrer Hinreise auf der *Queen Elizabeth* Gesellschaft leisten und am 6. Oktober in New York eintreffen. Die Rückreise des Künstlers mit seiner Frau war für die darauffolgende Woche auf der *France* gebucht.

Annette dachte, Alberto nähme sie bloß mit, weil er spürte, daß Caroline nicht gesellschaftsfähig war. Darin irrte sie sich; denn für Alberto ging es nie darum, daß Caroline präsentabel sein sollte. Sie war ja alles, was sie sein sollte, schon dadurch, daß sie war, so wie sie war. Es ist aber möglich, daß sie nach ihrem Besuch im St. Ermin's Hotel das, was sie war, etwas zu sehr herauskehrte. Es kam jetzt ohnehin nicht mehr darauf an. Da das gefürchtete

Modell während der Reise in gehöriger Distanz blieb, gewann Annette recht erfreuliche Selbstsicherheit. Außerdem konnte sie damit rechnen, den netten Frank Perl wiederzusehen. Während des Aufenthalts war sie im großen und ganzen wieder die gut gelaunte Annette aus glücklicheren Tagen. Alberto dagegen, kaum daß er den Fuß auf die fernste Küste gesetzt hatte, die er jemals aufsuchte, erschien völlig verwandelt. In New York war er zwar als Person zugegen, doch erschien er zugleich fremd und abwesend. Niemand ahnte, daß er drei Monate später sterben würde.

New York war die Stadt, in der Giacomettis Genius zum erstenmal Anerkennung gefunden hatte. Amerikanische Kritiker, Museumsdirektoren und Sammler waren den Europäern im Erkennen seiner Originalität weit voraus. Dies muß ihm bewußt gewesen sein, als er in Manhattan von Bord ging; aber er schien sich von dem Gedanken nicht besonders beeindrucken zu lassen. Im Museum of Modern Art begrüßten ihn die Direktoren und Konservatoren mit respektvoller Bewunderung. Ihm zu Ehren wurde im Museum ein Empfang gegeben, wobei die meisten geladenen Gäste bedeutende Künstler waren – Rothko, de Kooning, Motherwell und Rauschenberg waren anwesend – und sich Giacometti mit achtungsvoller Zurückhaltung näherten. Keiner von ihnen schien zu spüren, daß in ihm die letzte Spur einer Tradition fortlebte, die sie ablösen wollten, daß aber seine Gegenwart in einem Museum, das ihren Errungenschaften gewidmet war, bereits eine Negation ihrer eigenen Grundlagen bedeutete, auf denen sie zu fußen meinten.

Seine Ausstellung schaute Alberto zweimal gründlich an. Sie war ein großer Erfolg, wurde von Besucherströmen durchwandert und von der Kritik gelobt. Dennoch schien ihn das Erlebnis der Ausstellung nicht aus der Ruhe zu bringen. Nur seine Neugier wurde geweckt, wie wenn er Dinge betrachtete, die aus einem Traum ins Dasein getreten wären. In der Tat erlebte er den Besuch in New York fast nur wie einen Wachtraum. Er ging in die großen Museen, nahm sich aber keine Zeit und schaute kaum hin, als er an den versammelten Meisterwerken vorüberreite. «Mit Rembrandt stehe ich zur Zeit nicht gut», murmelte er. «Mit den Museen bin ich fertig.» Jetzt verhielt er sich wie ein Mensch im panischen Wettlauf mit der Zeit.

Das einzige, was ihn in Erregung versetzte, war der Chase-Manhattan-Platz, wo vor der Steilwand des Wolkenkratzers noch keine Plastik aufgestellt worden war. Noch immer wurde Giacometti von der Möglichkeit gefesselt, daß er etwas zu schaffen vermöchte, was sich vor der überwältigenden Fassade halten würde. Mehrmals besuchte er den Platz, sowohl bei Tageslicht wie auch bei einbrechender Dunkelheit. Mit großen Schritten ging er hin und her, wobei er auf- und abblickend die Wirkung der Raumverhältnisse mit den Augen maß. Er nahm sich vor, sofort wenn er wieder in Paris wäre, eine große Figur zu beginnen, größer als alle, die er je zuvor gemacht hatte; vielleicht würde sie den Erfordernissen entsprechen. Tatsächlich bat er Diego gleich nach der Rückkehr, ein ungewöhnlich großes Traggerüst zusammenzuschweißen. Aber die Plastik, die um diese Armatur herum hätte entstehen sollen, blieb unverwirklicht. Sie war zuviel für ihn.

Nach einer Woche hatten die Gastgeberinnen, Künstler und Intellektuellen von New York soviel von Giacometti gehabt, wie er geben konnte. Er sah vielleicht noch etwas grauer und abgezehrter aus als eine Woche zuvor. Jetzt packte er seinen Koffer und ging mit Annette zur Heimreise an Bord der *France*. Große Gewässer hatten ihn stets geängstigt; er hatte nie Schwimmen gelernt und war nicht einmal scharf darauf, in eine Badewanne zu steigen. Während der Hinfahrt hatte ihn eine unterhaltsame Gesellschaft des Ehepaares Matisse abgelenkt; aber auf der Heimreise, allein mit Annette, nahm er den Ozean als das wahr, was er ist, und es befiel ihn Angst. Erst in moderner Zeit hat der Mensch aufgehört, das Meer als einen Feind zu betrachten und zu fürchten. Aber Alberto verfügte über Quellen des Gefühls, die sich unberührt aus der Frühzeit erhalten hatten. Vor seiner Abreise von Paris war er gebeten worden, einen Text für den Band mit Reproduktionen seiner Skizzen nach anderen Kunstwerken zu schreiben, von denen als erste jene Zeichnung nach Dürers *Ritter, Tod und Teufel* abgebildet worden war. Jetzt, mitten auf dem Meer, setzte er sich hin zum Schreiben. Die gewünschten Worte wollten sich nicht einstellen. Wie gewöhnlich konnte er nur darstellen, was er vor sich sah.

«Aufs Meer habe ich noch kaum geblickt, seit ich vor zwei Tagen die äußerste Spitze New Yorks sich auflösen und verschwinden sah, zart, zerbrechlich und vergänglich am Horizont. Mir ist, als erlebte ich Anfang und Ende der Welt, ich bin beklommen und spüre nur ringsum das Meer; doch da ist auch die Kuppel, das mächtige Gewölbe eines menschlichen Hauptes.
...
Unmöglich, sich auf irgend etwas zu konzentrieren, das Meer überflutet alles, für mich ist es namenlos, obwohl man es heute den Atlantik nennt. Während Jahrmillionen hatte es keinen Namen, und eines Tages wird es wieder namenlos sein, endlos, blind, wüst wie es mir heute vorkommt. Wie soll da von Kopien und Kunstwerken die Rede sein, von vergänglichen und zerbrechlichen Werken, die da und dort über die Kontinente verstreut existieren, von Kunstwerken, die vergehen, verblassen, zerfallen Tag für Tag, ja deren viele, und mit von meinen liebsten, schon einmal verschollen waren, im Sand, unter Erde und Steinen begraben, und alle gehen denselben Weg.»

Kaum war Giacometti von der längsten Reise seines Lebens nach Paris zurückgekehrt, trat er die Fahrt zu einem anderen fernen Ziel an. Diesmal war es Kopenhagen. Ein beachtlicher Teil der Ausstellung aus der Tate Gallery war in einem schönen Museum etwa dreißig Kilometer nördlich der Stadt zusammengefaßt worden. Innerhalb von drei Monaten unternahm Giacometti drei ausgedehnte Reisen, um sein Werk in großen Retrospektiven anzusehen. Früher war er solchen Veranstaltungen lieber ferngeblieben und hatte sich nicht darum gekümmert, diese für ihn unbedeutenden Erfolge zur Kenntnis zu nehmen. Jetzt unterließ er keine Anstrengung, um seine gesammelten Schöpfungen anzuschauen, sie mit Augen zu betrachten, deren Blick durch das Ungewöhnliche der Umgebung und durch die Reisen geschärft war – wie auch durch das Bewußtsein, was alles zur Schöpfung hatte dienen müssen. Er richtete seinen Blick auf das Lebenswerk in voller Kenntnis, daß es einer ganzen Lebenszeit – und welch einer Lebenszeit! – bedurft hatte. Zum letzten Mal schaute er es an, und man kann kaum die Unterstellung vermeiden, daß sein Blick alles aufnahm, was nötig war, und daß er sah, daß es gut war.

Annette machte sich prompt wieder Luft, als sich Albertos Leben in Paris wie zuvor fortsetzte. Wieder saß Caroline im Atelier auf dem Rohrstuhl, um porträtiert und bezahlt zu werden. Die Geldfrage war wie ein Wundbrand. Sie vergiftete immer mehr die Atmosphäre. Doch Caroline war nicht die einzige Ursache für Wutanfälle. Da war auch noch Lotar. Bündelweise wanderten die Banknoten in seine Taschen. Alberto bezahlte ihm seine Wohnung, seine Kleider, sein Essen und sogar, was weiß Gott zu weit ging, seinen Alkoholkonsum. Annette fand es empörend. Alberto hielt ihr entgegen: «Wie viele Plastiken habe ich von Lotar gemacht? Wie viele Zeichnungen? Was bringt eine Plastik? Wieviel bekomme ich für eine Zeichnung?»

Er notierte einige Zahlen auf einem Zettel und summierte sie zu einem Gesamtergebnis. «Da siehst du, wieviel das bringt. Was ich dank Lotar geschaffen habe, ist hundertmal mehr wert, als was ich ihm je gegeben habe. Am Ende bin ich es, der ihn ausnutzt, nicht umgekehrt. Ich beute ihn mitleidlos aus.»

Die Arbeit der letzten Monate, auch der letzten Wochen, war der dritten Büste von Lotar gewidmet. Zur gleichen Zeit entstanden noch ein oder zwei gemalte Bildnisse von Caroline. Diese Gemälde sind nicht mit dem gleichen Gefühl der Endgültigkeit aufgeladen wie die Büste. Auch erheben sie nicht in gleichem Maße Anspruch auf einen bedeutenden Platz in der Geschichte des menschlichen Empfindens. Doch ist ihre Kraft unvergleichlich. Sie zeugen ebenfalls vom unerschrockenen Ringen mit der Erfahrung des Sehens. Wagt man, dem Blick dieser Augen zu begegnen, so erweist er sich als unauslotbar. Dies läßt freilich erkennen, daß nicht Caroline, sondern Giacometti derjenige war, der hier profitierte. Irgendwann im Oktober oder Anfang November kritzelte er auf das Deckblatt einer Zeitschrift eine seiner unzähligen Notizen zu seiner eigenen Erinnerung. Bis zum Morgen, so notierte er, müsse er eine endgültige Bestätigung haben: Skulptur Malerei Zeichnung alles ... Aber alles war bereits getan. Die Bestätigung lag natürlich in der Zukunft, wie es nicht anders sein konnte, endgültig war nur das Vergangene.

So war es auch mit Albertos Freund, dem Dichter Olivier Larronde. Er hatte sich zu einer traurigen Parodie seiner selbst entwickelt. Mit gedunsenem Gesicht und ungepflegtem Haar sah er wie ein betrunkener Clochard aus. Um zwei Uhr nachmittags sah man ihn den Boulevard Saint-Germain entlangschlurfen, wobei er halblaut Unverständliches vor sich hin murmelte. Es wirkte wie ein Segen, als er an Allerheiligen 1965 im Appartement in der Rue de Lille tot aufgefunden wurde. Achtunddreißig Jahre war er alt geworden.

Für Jean-Pierre Lacloche war es eine Gelegenheit, zu zeigen, daß auch er poetische Eingebung hatte. Er wußte, daß Stéphane Mallarmé das Idol seines verstorbenen Freundes gewesen war, und er erinnerte sich, daß das Grab des symbolistischen Dichters auf dem Friedhof eines kleinen Dorfes bei Fontainebleau lag. Jean-Pierre glaubte gehört zu haben, die angrenzende Grabstätte sei noch frei. Sie war es tatsächlich, und Lacloche kaufte sie für seinen Freund. «Das beste Geschäft meines Lebens» nannte er den Kauf.

Nur wenige Trauernde waren auf dem stillen Friedhof am Seineufer zugegen, als Larronde zu Grabe getragen wurde. Alberto und Annette waren dabei. Die Zeremonie am Grab war kurz. Danach wurde der Sarg hinabgesenkt, und die Anwesenden gingen den Weg hinunter zur Friedhofspforte. Als sie dort angekommen waren, wendete sich Alberto plötzlich um und schritt nochmals über den Kies hinauf an den Rand des Grabes. Er hielt eine kleine Weile inne, schaute in die Grube und nickte mehrmals gedankenversunken, während die Totengräber die Erde auf den Sarg schaufelten. Dies dauerte nur wenige Minuten. Dann wandte er sich wieder ab, um den anderen Trauergästen zu folgen. Er sprach nichts, als man in die wartenden Fahrzeuge stieg und die Fahrt zurück nach Paris antrat.

Der Herbst wurde ungewöhnlich anstrengend für Alberto und brachte nach der Erschöpfung durch die langen Reisen eine Menge unbequemer Verpflichtungen mit sich, die durch den Ruhm bedingt waren. Zum Beispiel hatten zwei gewissenhafte schweizerische Filmleute begonnen, einen Dokumentarfilm in Farbe zu drehen, der den Künstler bei seiner Arbeit zeigen sollte, wie er lebte und sprach. Giacometti fühlte sich zur Mitarbeit verpflichtet. Dies war eine glückliche Entscheidung, weil der Film Aussehen, Bewegung und Sprache einer legendären Figur zum Leben bringt. Mitte November wurde der Bildhauer mit dem Grand Prix d'Art durch die französische Regierung ausgezeichnet. Endlich hatten sich die staatlichen Museen Frankreichs entschlossen, einige seiner Werke für ihre Sammlungen zu erwerben. Zu allen Ehrungen und Aufmerksamkeiten in Frankreich kam noch eine besondere Anerkennung aus der Schweiz. Im vorausgegangenen Sommer hatte Eberhard Kornfeld, ein mit Giacometti befreundeter Kunsthändler aus Bern, den Bildhauer gefragt, ob er die Ehrendoktorwürde der Berner Universität annehmen würde. Alberto sagte zögernd zu.

Zehn Jahre zuvor hatte er bemerkt: «Es ist seltsam, daß man mir jetzt so viel Aufmerksamkeit schenkt, wo ich doch nur ein Anfänger bin. Denn wenn ich jemals etwas leisten werde, so beginne ich erst jetzt zu ahnen, was es sein könnte. Immerhin, vielleicht ist es besser, mit den Ehrungen gleich am Anfang bedient zu werden, damit man nachher in Ruhe arbeiten kann.»

Die Zeremonie in Bern sollte an einem Samstagmorgen, am 27. November 1965, stattfinden. Giacometti hatte vor, am Freitagabend den Nachtschnellzug zu nehmen. Aber er fühlte sich nicht wohl. Er mochte nicht allein reisen. Annette kam spät und mißgelaunt ins Atelier. Sie hatte mit jemand zusammen den Friedhof Père Lachaise besucht und als sie den Friedhof verlassen wollte, das Tor verschlossen gefunden. Es war schwirig gewesen, noch herauszukommen. Sie war nicht in der Stimmung, um ihren Mann zu verwöhnen. Mochte er ruhig allein nach Bern reisen. Alberto rief Bruno in Zürich an, der riet ihm, zu Hause zu bleiben. Seinem zum Widerspruch neigenden Wesen gemäß beharrte der Künstler darauf, daß er denen gegenüber verpflichtet sei, die ihm die Ehrung zuteil werden lassen wollten, und daß er sich dem nicht entziehen könne. Bruno konnte der Zeremonie aus dringenden beruflichen Gründen nicht beiwohnen, aber Odette wollte kommen. Daraufhin packte Alberto ein paar Sachen in einen Koffer und fuhr zum Bahnhof.

In Bern rechnete er damit, von Eberhard Kornfeld abgeholt zu werden. Als er am frühen Morgen aus dem Zug stieg, konnte er seinen Freund nicht auf dem Bahnsteig entdecken. Es regnete in Strömen. Alberto nahm seinen Koffer und wollte mit den anderen Fahrgästen zur Bahnhofshalle gehen. Plötzlich fühlte er einen Schmerz wie einen Hammerschlag mitten in der Brust, und er rang nach Atem. Er ließ den Koffer fallen, setzte sich keuchend darauf, weil ihm schwindelig wurde. Niemand kam ihm zu Hilfe. Es verging eine Minute; dann schien der Anfall vorüber zu sein. Er konnte wieder atmen und richtete sich auf.

Kornfeld war die ganze Zeit über im Bahnhof gewesen. Der Zug war jedoch nicht auf dem vorgesehenen Gleis eingelaufen, und als Kornfeld zum anderen Bahnsteig eilte, war Alberto bereits in die Halle gegangen. Dort fand ihn der Kunsthändler, wie er mühsam atmend an einem Geländer stand. Kornfeld fuhr mit ihm nach Hause. Dort aß Giacometti etwas zum Frühstück und konnte sich noch einige Stunden ausruhen, bevor die Zeremonie stattfinden sollte.

Odette Giacometti saß in der Aula der Universität, als der feierliche Zug der Würdenträger und Ehrendoktoranden hereinkam und durch den Mittelgang nach vorne schritt. Kaum daß sie ihres Schwagers ansichtig wurde, erkannte sie, daß sein Zustand ernstlich besorgniserregend war. Sie machte ihm ein Zeichen. Alberto erblickte sie, trat aus dem Zug heraus, lief zu ihr hin und küßte sie. Er freute sich, daß jemand von der Familie anwesend war, und fügte hinzu: «Mir geht es nicht gut. Mir geht es nicht gut.» Trotzdem trat er wieder in die Reihe der Ehrendoktoranden und begab sich mit ihnen zu dem vorgesehenen Platz. Es dauerte lange. Als Giacometti an die Reihe kam, nahm er die Lobrede und die Ehrenurkunde gefaßt entgegen. Odette war keineswegs beruhigt. Sie kannte einen bedeutenden Arzt, der ebenfalls geehrt wurde, und sprach mit ihm am Ende der Feier. Er empfahl Alberto sofortige Bettruhe. Aber es sollte ein feierliches Bankett stattfinden, und Giacometti hielt es für unhöflich, dem Bankett fernzubleiben, nachdem man die Ehrung entgegengenommen hatte. Anschließend kehrte er in Kornfelds Wohnung zurück, wo er sich ausruhen konnte. Er fühlte sich sogar frisch genug, einige Zeichnungen zu machen. Die letzte zeigte eine Gruppe von Diegos Möbelstücken. «Schau nur», rief Alberto, «ich kopiere Diego!»

Zurück in Paris machte sich Alberto Gedanken wegen des Anfalls, den er während der Reise gehabt hatte. Da er einen Rückfall von Krebs befürchtete, entschied er sich, so schnell wie möglich zu seinem jährlichen Aufenthalt im Kantonsspital in Chur aufzubrechen, wo er gründlich untersucht werden konnte. Diego, Annette und seine engsten Freunde drängten ihn, sofort einen Arzt in Paris zu Rate zu ziehen. Davon wollte er nichts wissen; er nahm die Sache nicht ernst und ließ sich erst darauf ein, als er an der Schwelle zur Praxis eines Arztes in der Rue du Bac abgesetzt wurde. Am nächsten Tag saß er auf der Kante seines ungemachten Bettes, rauchte eine Zigarette und sagte, der Arzt habe nichts Besorgniserregendes entdecken können. Es sei eine chronische Bronchitis. Das war niemandem neu. Anscheinend habe er eine abnorme Herzvergrößerung. Nichts Beunruhigendes, betonte er. Dann, nachdem er eine Weile still gesessen hatte, fügte er hinzu: «Es wäre ziemlich ärgerlich, wenn ich ausgerechnet jetzt sterben müßte.»

«Was redest du da für einen Unsinn?» protestierte der Freund, der ihn tags zuvor zum Arzt gebracht hatte.

«Wieso?» meinte Alberto. «Es ist überhaupt kein Unsinn. Es wäre sehr ärgerlich. Ich habe noch alles vor mir, was ich tun muß.»

Wochenlang hatte er versucht, einen Text zu *Paris sans fin* zu verfassen. Zu verschiedenen Zeiten notierte er mancherlei, ohne daß die Zeilen eine endgültige Form erhielten. Als aber die Zeit voranschritt, erwies sich sein Text doch als definitiv; denn es war das letzte, was er schrieb.

«Jetzt ist es drei Uhr nachts vorbei. Vorher in der Coupole, als ich mit dem Essen fertig war und lesen wollte, schlief ich schon ein; die Traumgedanken entstellten und verwandelten, was ich zu lesen versuchte, eine Zeile und noch eine Zeile in der Zeitung, und die Augen fielen mir zu. Die Kälte draußen, die Kälte und die Müdigkeit trieben mich nach Hause: schlafen gehen und trotz der Angst in den Schlaf sinken ...

Die Stille, ich bin hier allein, draußen ist Nacht, nichts rührt sich, und der Schlaf holt mich ein. Ich weiß weder, wer ich bin, noch was ich tue, noch was ich will, ich weiß nicht, bin ich alt oder jung, vielleicht habe ich noch einige hunderttausend Jahre zu leben bis zu meinem Tod, mein bisheriges Leben versinkt in einen grauen Abgrund ... und da liegen Streichhölzer am Boden in weiter Distanz voneinander, wie Kriegsschiffe auf dem grauen Meer.»

Nach dem Besuch bei dem Arzt in der Rue du Bac blieben nur noch drei Tage bis zu Albertos Abreise nach Chur. Er verbrachte sie mit Arbeit, besuchte Freunde, ließ Caroline ein- oder zweimal Modell sitzen und blieb nachts sehr lange auf in Montparnasse. Am letzten Samstag begab er sich nachmittags wieder zu dem Laden, wo er sich sein Arbeitsmaterial besorgte, kaufte einige Dinge ein und kehrte mit dem Taxi zum Atelier zurück. Unterwegs fuhr er die Straße entlang, die den Montparnasse-Friedhof durchquert. Er schlug sich mit der Handfläche aufs Knie und rief: «Es scheint unmöglich zu sein!»

«Was denn?» fragte ein Freund, der ihn begleitete.

«Einen Kopf so zu machen, wie ich ihn sehe. Es scheint nicht zu gehen. Aber bis morgen muß ich es schaffen.»

In jener Nacht verbrachte Alberto seine Zeit wie gewöhnlich mit Caroline, Lotar und zwei anderen Freunden. Es wurde nicht so viel gesprochen wie sonst; offenbar hatte niemand Wichtiges zu sagen. Die bevorstehende Abreise lag als Schatten über der Unterhaltung, und die Stimmung schien seltsam traurig in der späten Nacht. Gegen vier Uhr ging man auseinander.

Der letzte Tag in Paris war Sonntag, der 5. Dezember 1965. Am Nachmittag arbeitete er ein wenig an der Büste von Lotar. Diego empfahl, die Büste so zu gießen, wie sie war. Falls sie im Winter im ungeheizten Atelier stehenbliebe, könne der Ton Risse bekommen, der Kopf aufplatzen, und die Arbeit wäre dann ruiniert. Alberto aber meinte: «Nein, ich bin damit noch nicht fertig.»

Um zehn Uhr abends stieg er an der Gare de l'Est in den Zug, um den Weg zurück anzutreten, dorthin, woher er, fast vierundvierzig Jahre zuvor, gekommen war. Seine Zeit in Paris hatte sich erfüllt, mochte Paris auch ohne Ende sein – ihm stand das Ende bevor.

63

Renato Stampa war erstaunt, als er an jenem Montag zum Mittagessen nach Hause kam und Alberto Giacometti in seinem Wohnzimmer sitzen sah. Er freute sich, weil die Vettern immer gute Freunde gewesen waren. Der Künstler hatte vom Bahnhof aus angerufen und Alice Stampa gebeten, ihn zum Mittagessen einzuladen. Man verstand: er wollte vertraute und freundliche Gesichter sehen.

Durch den bevorstehenden Klinikaufenthalt schien er jedoch nicht beunruhigt. «Endlich bekomme ich ein paar Tage Ruhe», meinte er.

Das Kantonsspital in Chur ist ein großes Betongebäude, das auf einer Anhöhe außerhalb der Stadt liegt. Giacometti bekam ein Einzelzimmer im obersten Stockwerk. Eine Fenstertür öffnete sich zu einem schmalen Balkon. Von dort geht der Blick über die Kronen entlaubter Bäume und über niedrige Dächer hin zu Bergen, die sich jenseits der Stadt im Hintergrund erheben. Der Raum war streng sachlich eingerichtet, enthielt nur das Bett des Patienten, ein Waschbecken, einen weißen Polstersessel, ein in der Höhe verstellbares Tischchen auf einem Rädergestell, einen Nachttisch und zwei Schränke. An der Wand, dem Bett gegenüber, hing die Reproduktion eines Ölgemäldes, eine triviale Hochgebirgsansicht. Es war genau die Art akademischer Arbeit, über die Giacometti sich so gerne lobend ausließ: «Wenn ich doch bloß so etwas machen könnte!»

Der Chefarzt des Kantonsspitals, Dr. N. G. Markoff, hatte sich als Mediziner in der Schweiz einen Namen gemacht. Da sein Bruder mit Bruno Giacometti in die Schule gegangen war, hatte er von der Familie des Künstlers gehört und wußte, welch berühmter Patient ihm anvertraut war. Dr. Markoff kannte die Befunde früherer Untersuchungen und hatte daher die Möglichkeit des Vergleichs, als er am Nachmittag des ersten Tages bei dem Patienten Visite machte. Er erschrak, als er einen völlig erschöpften und abgemagerten Menschen vor sich sah, der nur mühsam atmete und deutliche Zeichen von Herzschwäche und Kreislaufstörungen zeigte. Dr. Markoff verordnete Sauerstoff, sodann eine Behandlung mit Digitalis sowie mit anderen anregenden und aufbauenden Medikamenten. Umgehend trat Besserung ein.

«Ist es Krebs?» fragte Alberto.

Die Untersuchung zeigte, daß es keinen Rückfall gegeben hatte. Nach wenigen Tagen im Spital schienen die Genesungsaussichten günstig. Der Patient war beruhigt und telefonierte heiter mit den Brüdern, mit seiner Frau und mit Freunden; es gebe keinen Grund zur Beunruhigung, verkündete er. Er durfte aufstehen und in den Korridoren auf und ab gehen. Giacomettis Freund, Dr. Reto Ratti, gehörte nicht nur zum Ärzteteam des Spitals, sondern war damals ein Mitpatient, der sich ausgerechnet einer Operation am großen Zeh unterziehen mußte. Er war in einem Zimmer auf demselben Korridor wie Alberto untergebracht, und sie konnten sich gegenseitig besuchen.

Die Gegenwart des weltberühmten Künstlers brachte eine Stimmung von ungewöhnlicher Wichtigkeit in das Kantonsspital. Vom Tag seiner Aufnahme an wurde Giacometti mit besonderem Respekt behandelt als jemand, der zwar körperlich unter den anderen Patienten keine Sonderrolle spielte, sich aber durch etwas in seinem Wesen heraushob, das nicht physisch erfaßbar war. Die Ärzte und Schwestern wie auch die Mitpatienten waren davon beeindruckt. Es kamen zahlreiche Besucher, darunter Bruno und Odette aus Zürich und Diego, der aus Paris anreiste und einen Tag bei seinem Bruder verbrachte. Er fühlte sich beruhigt und fuhr wieder zurück in seine Werkstatt in der Rue Hippolyte-Maindron. Renato Stampa war ohnehin in Chur. Auch Caroline erschien für ein paar Tage. Annette blieb fern, um nicht ihrer Rivalin zu begegnen. Als aber nach einer Woche Dr. Markoff seinen Patienten noch immer nicht entlassen zu können glaubte, packte auch Annette die Koffer und nahm einen Zug nach Chur. Sie hatte nicht vor, länger als nötig in der langweiligen Stadt zu bleiben, und erwog eine Reise nach Wien, wo ihr freundliche Ablenkung durch André du Bouchet gewinkt hätte. Vorerst aber besuchte sie gewissenhaft ihren Mann im Krankenhaus.

Während seines Spitalaufenthalts kam der Künstler fast nicht zum Arbeiten. Er machte einige Skizzen und Kopien, auch betastete er gelegentlich eine Gruppe von vier winzigen, beieinanderstehenden Figürchen, die er in einem Karton mitgebracht hatte, und knetete ein wenig an ihnen. Es war eine symbolische Tätigkeit.

Dann verschlechterte sich sein Zustand einige Tage vor Weihnachten plötzlich. Die Kreislaufstörungen machten sich deutlicher bemerkbar. Der Herzmuskel funktionierte mit zunehmender Mühe, wodurch es zu Stauungen in Lunge und Leber kam. Doch schien es vorerst keinen Grund zur Beunruhigung zu geben. Alberto telefonierte weiter mit Bruno, Diego, Caroline, Pierre und Patricia Matisse, auch mit anderen Freunden, die sich alle durch die vertraute rauhe Stimme beruhigen ließen, die ihnen mitteilte, es gäbe keinen Anlaß zur Sorge.

Während der Künstler so in seinem Krankenzimmer lag, mit dem Bewußtsein, daß sein Zustand ernst, wenn nicht gar bedrohlich war, mußte er auch an eine Zukunft gedacht haben, in der es einen Menschen namens Alberto Giacometti nicht mehr geben würde. Wenige Jahre zuvor hatte er erklärt: «Ich bin überzeugt, daß kein Mensch daran denkt, sterben zu müssen. Noch eine Sekunde vor dem Tod glaubt er nicht daran. Wie? Er lebt doch, und alles an ihm lebt, und noch im Bruchteil einer Sekunde vor dem Tod lebt er, und der Tod wird ihm unmöglich bewußt.» Die Möglichkeit des Sterbens erhebt jedoch stets einen Anspruch an das Bewußtsein, mit dem es nie fertig wird. Alberto hatte das Äußerste getan, um den Tod bewußt anzunehmen. Jetzt war er nahe am Ziel. An Reto Ratti stellte er kurz vor Weihnachten die Frage: «Kann man aus Mangel an Lebenswillen sterben?»

Annette wurde in Chur nervös. In der Zeit zwischen den Besuchen bei Alberto gab es nichts für sie zu tun. Des Lesens wurde sie bald müde. In den beiden Kinos der Stadt liefen Filme, zu denen sie keine Lust hatte. Draußen war es eiskalt. Ihr Hotelzimmer war klein und spärlich möbliert. Stundenlang saß sie in Cafés und Bars. Alberto hörte davon und mahnte sie zur Diskretion:

«Dies ist hier eine schweizerische Stadt und nicht Montparnasse», hielt er ihr vor, «die Leute können das nicht verstehen.» Die Bemerkung führte zu einer bittern Auseinandersetzung. Es fielen harte Worte, Türen wurden zugeschlagen, das Personal des Krankenhauses und andere Patienten waren entrüstet. Mit Mißbilligung beobachtete Dr. Markoff die Vorgänge. Annette erinnerte sich, wie tüchtig ihre Schwägerin sich in den letzten Tagen vor dem Tode der Schwiegermutter bewährt hatte, und sie bat Bruno, Odette möchte nach Chur kommen und eine Weile Dienst am Krankenbett leisten. Aber Odette hatte keine Lust, in Auseinandersetzungen zwischen Alberto und seiner Frau gezogen zu werden. So mußte Annette dableiben, und sie wurde reizbarer denn je.

Diego kam wieder mit dem Nachtschnellzug und verbrachte einen Tag bei seinem Bruder. Als er ihn diesmal sah, war er entsetzt und fürchtete das Schlimmste. Dennoch fuhr er nach Paris zurück. Seine Besorgnis teilte er anderen mit, und man begann sich zu fragen, ob die lebhaften Gespräche am Telefon der wirklichen Situation entsprachen. So erging es auch Patricia Matisse, die in Paris allein auf Urlaub war. Sie rief ihren Mann in Amerika an, der erst am 7. Januar in Frankreich eintreffen wollte, und mahnte zur Eile.

Am 31. Dezember verließ Dr. Markoff Chur, um sechs Tage Urlaub zu machen. Weder er noch seine Assistenten glaubten, daß eine Gefahr für Giacometti bestand. Kaum war der Arzt jedoch abgereist, verschlechterte sich der Zustand des Patienten abermals. Das war kein normaler Krankheitsverlauf, wie ihn die klassische Medizin hätte erwarten lassen; denn nichts an Albertos physischem Zustand erklärte, warum er sich gerade jetzt verschlechterte. Die Ärzte waren ratlos. Sie zögerten, den Chefarzt zurückzurufen, aber auch, ohne seine Einwilligung einen Spezialisten aus Zürich zu Rate zu ziehen. Reto Ratti war zwar zugegen, durfte aber nicht eingreifen. Doch er machte sich Sorgen. Nach den Gesprächen mit dem Künstler kam ihm der Verdacht, daß etwas anderes als bloß körperliche Faktoren für die Veränderung verantwortlich sein mochte. Der junge Mediziner redete Alberto zu. Die Ärzte, sagte er, könnten seine Gesundheit nur wiederherstellen, wenn der Patient daran mitarbeitete. Der Künstler antwortete: «Ich kann nicht mehr mitarbeiten.»

In den ersten Tagen des neuen Jahres kam Caroline wieder nach Chur. Auch sie war beunruhigt. Ihr Freund sah schrecklich erschöpft und entkräftet aus. Er war ungewöhnlich blaß, die Haut hing ihm schlaff an den Knochen, und er hatte zwanzig Pfund abgenommen, seit er, nur einen Monat zuvor, ins Krankenhaus gekommen war. «Du siehst sehr müde aus», meinte Caroline.

«Nein», protestierte Alberto, «ich bin nicht müde, überhaupt nicht.»

«Also, wenn du nicht müde bist, dann steh auf», sagte sie.

Er stand auf. Aber er war zu schwach. Nach wenigen Minuten mußte er sich wieder hinlegen. Caroline blieb fast den ganzen Tag bei ihm. Sie unterhielten sich und fanden sogar etwas zu lachen. Gegen Ende ihres Besuches schien Alberto weniger erschöpft. Sie fuhr im Glauben nach Paris zurück, er könne wieder genesen. Auch wenn er verbraucht aussah und dies sogar der Wirklichkeit entsprach, so war er schließlich erst vierundsechzig Jahre alt.

Annette war wütend über Carolines Besuch. So quälend der Aufenthalt in Chur für sie auch war, die andere Frau wollte sie nicht am Krankenbett ihres Mannes haben.

Giacometti begann, Erwägungen über sein Werk und den Nachlaß anzustellen. Es wurde ihm bewußt, daß er keine Verfügung getroffen hatte, wie die Dinge geregelt werden sollten, wenn er keine Entscheidungen mehr würde treffen können. Zwar hatte man ihn zu entsprechenden Schritten gedrängt, als es noch Zeit war. Jetzt ergriff die Zeit die Initiative. Giacometti rief seinen Bruder Bruno an und bat ihn um Hilfe, die Dinge in Ordnung zu bringen. Er sagte allerdings nicht, in welche Ordnung er die Dinge gebracht haben wollte. Er wünschte vor allem, möglichst bald die geschäftlichen Fragen mit Pierre Matisse zu klären. Am liebsten wäre er nach Paris gereist, «wenn auch nur für eine Woche», sagte er wiederholt, «bloß um alles in Ordnung zu bringen».

Als Dr. Markoff am 6. Januar aus den Ferien zurückkehrte, erkannte er sofort, wie ernst der Zustand seines Patienten war. Giacomettis Atem ging immer mühsamer. Der Herzmuskel arbeitete noch schwächer als zuvor. Das war die Folge einer lebenslangen chronischen Bronchitis, jenes jahrzehntelangen Hustens. Ein chirurgischer Eingriff wurde erforderlich. Der Patient wurde punktiert, und zwei Liter Flüssigkeit, die sich im linken Brustkorb angesammelt hatten, wurden entfernt. Sogleich fragte Alberto wieder, ob es Anzeichen für Krebs gäbe. Als dies verneint wurde, schien er beruhigt. Das Wiederauftreten von Krebs war seine ständige Sorge; aber es gab dafür keinerlei Symptome. Noch am Freitag, dem 7. Januar, bestand Hoffnung, daß der Patient sich erholen würde.

Bruno und Odette waren eingetroffen und wohnten im Hotel in Chur. Diego beabsichtigte, am Montag mit dem Zug zu seinem wöchentlichen Besuch zu kommen. Alberto dämmerte währenddessen die meiste Zeit vor sich hin. Manchmal murmelte er: «Was habe ich mir mein Lebtag für unnötige Schwierigkeiten gemacht. Was habe ich mir mein Lebtag für unnötige Schwierigkeiten gemacht!»

Er hatte sich wahrhaftig reichlich Schwierigkeiten aufgebürdet. Sein ganzes Leben war von ihnen durchzogen, und in dem Maße, wie Giacometti nichts getan hatte, sie zu suchen oder zu verdienen, waren sie gewiß umsonst gewesen. Darin lag natürlich sein Sieg.

«Nun ja, ich habe sicher alles Erdenkliche getan, daß es so weit mit mir gekommen ist», sagte er zu einem Freund am Telefon.

Einer Krankenschwester gegenüber äußerte er: «Ich werde verrückt, ich kenne mich selbst nicht mehr, ich habe keine Lust mehr zu arbeiten.»

Am Samstag rief er Caroline in Paris an. Seine Stimme schien von ganz weit her zu kommen. Sie klang schwach, angestrengt und fremd. Caroline war beunruhigt. Als sie am nächsten Tag wieder anzurufen versuchte, sagte man ihr, das Telefon des Patienten sei aus dem Raum entfernt worden. Sie entschloß sich, noch am Montag mit dem Nachtschnellzug nach Chur zu fahren.

Giacometti machte sich weiter Sorgen über seine Angelegenheiten, fragte nach Matisse, der inzwischen in seiner Villa in Südfrankreich eingetroffen war. Als er Pierre am Telefon hatte, sagte er ihm: «Ich will nicht, daß Annette meine Sachen anrührt. Sie soll damit nichts zu tun haben.» Der Künstler drängte seinen Arzt, er müsse ihn unbedingt so weit wiederherstellen, daß er eine Woche nach Paris reisen könne – oder wenigstens für einige Tage. Dr. Markoff, der schon vorhersah, wie es kommen würde, versuchte, dem Patienten klarzumachen, daß die Situation zu ernst sei, um ans Reisen zu denken. Giacometti nahm den Spruch des Arztes gelassen hin. Sein Atem ging immer mühsamer. Er hatte Erstickungsanfälle. Noch zweimal, am Sonntag und Montag, wurde Flüssigkeit aus seinem Brustkorb entfernt. Jedesmal erkundigte sich Alberto, ob Anzeichen für Krebs zu finden seien. Es fanden sich keine, und wieder schien er durch die Antwort beruhigt.

Spät am Montagnachmittag – es war der 10. Januar 1966 – war Dr. Markoff allein bei dem Patienten, als Alberto murmelte: «Bald werde ich meine Mutter wiedersehen.»

Gerade zwei Jahre war es her, daß die Mutter in Stampa auf ihrem Sterbebett gelegen hatte. Jetzt stand sein eigener Tod bevor. Seine Mutter wiederzusehen – für ihn, dem Sehen stets gleichbedeutend mit Sein gewesen war, sollte es die Bestätigung und Erfüllung all dessen werden, was er vollbracht hatte und gewesen war. Das erste, was seine Augen erblickt hatten, war die Mutter. Sein Leben lang war die Art, wie er sie wahrnahm, für ihn die Bestätigung der Wirklichkeit gewesen. Angesichts der Ewigkeit mit ihr vereint zu sein war sein letzter Wunsch.

Bruno saß die ganze Nacht im Sessel neben dem Bett seines Bruders. Manchmal nickten sie ein, dann wieder unterhielten sie sich im heimischen Dialekt ihrer Kindheit. Alberto schien nicht in Gefahr zu sein. Er konnte ohne Hilfe aufstehen und zur Toilette gehen. Als der Morgen herannahte, war er gefaßt und fröhlich. Diego kam, wie erwartet, vom Bahnhof. Er fand allerdings nicht, daß Alberto gut aussähe. Dieser behauptete aber entschieden, daß es ihm gutgehe, und er drängte seine beiden Brüder, nach Maloja zu fahren, wo Odette ein oder zwei Nächte allein verbracht hatte und nun darauf wartete, nach Chur geholt zu werden. Angesichts solch lebhafter Beharrlichkeit willigte Diego ein, seinem jüngeren Bruder bei der Fahrt hinüber ins Engadin Gesellschaft zu leisten. In Brunos Wagen fuhren sie zusammen los.

Inzwischen war Pierre Matisse endlich durch die besorgniserregenden Nachrichten alarmiert worden. Auf Drängen seiner beunruhigten Frau flog er nach Zürich, wo er sich mit einem Geschäftskollegen zum Essen treffen und dann am Mittwochmorgen nach Chur weiterreisen wollte.

Bruno und Diego waren noch nicht lange abgefahren, als Annette ihren Krankenbesuch machte. Aus unersichtlichen Gründen ging es ihrem Mann sehr viel schlechter. Dem Patienten wurden rasch Schläuche in die Nasenöffnungen gesteckt, um ihm Sauerstoff zuzuführen; zugleich wurde er an einen Glucose-Tropf gehängt. Das Krankenzimmer, das während des verflossenen Monats mit einem Durcheinander von Büchern, Zeitschriften und Briefen allmählich eine Giacometti entsprechende Atmosphäre angenommen hatte, wurde durch die Geräte plötzlich in eine Notfallstation verwandelt, und die hagere Figur auf dem Bett war nichts anderes mehr als ein Mensch, der an der Schwelle des Todes stand.

Im Laufe des Morgens verließ Annette das Krankenzimmer und ging den Flur entlang. Am Treppenabsatz stand sie zu ihrer Erbitterung plötzlich Caroline gegenüber, die im selben Zug wie Diego von Paris gekommen war, aber erst ein Hotelzimmer genommen hatte, bevor sie sich zum Besuch ins Spital begab. Die beiden Frauen schauten sich schweigend an. Es muß ein Augenblick gewesen sein, der sie tatsächlich sprachlos machte, sowohl angesichts ihres Verhältnisses zueinander als auch wegen des Anlasses, der sie beide an diesem Morgen hierher geführt hatte. Schließlich sagte Annette: «Alberto liegt im Sterben. Sie müssen es wissen; aber machen Sie keine Szene, und lassen Sie es ihn nicht merken, daß Sie es wissen.»

Caroline schrie sie an: «Sie haben ihn umgebracht. Sie sind es, die ihn umbringt!»

Annette war über diesen Ausbruch so fassungslos, daß sie Caroline ins Gesicht schlug, sie an den Armen packte und schüttelte. Es fand ein kurzer, heftiger Kampf im Korridor statt. Dann nahmen sich die beiden Frauen zusammen, weil ihnen nichts anderes übrigblieb. Es dauerte einige Minuten. Danach gingen sie gemeinsam zu Albertos Zimmer.

Caroline war entsetzt über das Bild, das sich ihr bot: all diese an den Tod gemahnenden Utensilien, die Nasenschläuche, der Tropf und alles andere.

«Caroline», murmelte Alberto, als er sie sah, «Caroline.» Er nahm ihre Hand. Dann sagte er zu Annette, sie möge sie beide allein lassen. Er wolle mit Caroline allein sein, sagte er. Annette zögerte, doch da Alberto auf seinem Wunsch bestand, ließ sie die beiden allein und begab sich in die Stadt hinunter. Es war bitter kalt, und es lag Schnee in der Luft.

Caroline blieb bei Alberto. Sie saß an seinem Bett. Gesprochen wurde wenig. Er konnte sie anschauen. Wie so oft in der Vergangenheit überließ sie ihre Erscheinung seinem Blick. Von Zeit zu Zeit schlummerte er ein, beim Erwachen erblickte er sie wieder. Er hielt ihre Hand. Nichts ist für einen Sterbenden beruhigender als die Berührung eines geliebten Menschen, die ihn bis zum Ende das Leben spüren läßt.

Diego und Bruno kamen in Maloja an, wo Odette auf sie wartete. Sie aßen eine Kleinigkeit zu Mittag. Als sie die Rückfahrt über die Berge antraten, begann es zu schneien, zunächst nur sachte, in großen Flocken, die sanft im trüben Licht fielen. Während sie weiterfuhren, wurde der Schneefall immer dichter und heftiger, und sie hofften, Chur noch vor Einbruch der Dunkelheit zu erreichen.

In der Dämmerung begab sich Annette wieder ins Spital. Sie setzte sich mit Caroline in das Krankenzimmer. Draußen vor dem Fenster wurde es dunkel, während die Schneemassen herabwirbelten. Bruno, Diego und Odette, die wohlbehalten wieder in Chur waren, kamen ebenfalls an Albertos Bett. Sie erkannten sofort, daß es seit dem Morgen mit dem Patienten eine schlimme Wendung genommen hatte. Alberto schaute die fünf Menschen an, die um ihn versammelt waren, und sagte: «Ihr seid alle da. Das bedeutet, daß ich sterben muß.» Niemand antwortete.

Dr. Markoff bat die Familie zu sich und eröffnete ihnen, daß es nur noch wenige Stunden dauern könne.

Als Diego wieder im Krankenzimmer war, meinte Alberto zu seinem Bruder: «Sieh nur, in was für eine Lage ich mich gebracht habe.»

Diego lief hinaus auf den Korridor, ging auf und ab und murmelte vor sich hin: «Es ist doch nicht möglich. Es ist doch nicht möglich, daß er da drin einfach stirbt wie ein Hund.» Da er aber wußte, daß es möglich war, rief er Patricia Matisse in Südfrankreich an, um ihr Bescheid zu sagen.

Bruno war von einer langen schlaflosen Nacht und von der langen Fahrt während des Tages erschöpft. Er begab sich mit Odette zum Hotel, um sich etwas auszuruhen.

Diego erklärte, diesmal wolle er die Nachtwache am Bett seines Bruders halten. Das schien ganz natürlich, hatte er doch sein ganzes Leben an der Seite seines Bruders gewacht.

Aber Alberto sagte, er benötige niemanden als Wache an seinem Bett. Seine Stimme war gebrochen, schwach und kam wie aus weiter Ferne, und doch machte sich sein noch immer starker Wille bemerkbar. Es gab einen Streit, nicht bitter oder heftig; aber Alberto blieb fest. Diego gab nach und verließ das Zimmer. Gegenüber auf dem Gang war ein kleiner Aufenthaltsraum für die Familien und Freunde der Patienten. Dorthin begab sich Diego, um zu warten. Caroline hielt sich im Korridor auf.

Annette war noch allein bei Alberto. Er war müde, wünschte zu schlafen und wollte in Ruhe gelassen werden. So entschloß sie sich zu gehen. «Bis morgen», sagte Alberto. Dies waren seine letzten Worte. Er hatte immer empfunden, daß das Morgen ein unendliches Versprechen für ihn barg.

Gegen sieben Uhr fiel der Patient ins Koma. Bruno und Odette eilten aus dem Hotel herbei. Mit Diego, Annette und Caroline standen sie um das Bett, auf dem die schwach atmende Gestalt lag; noch immer war sie – während sie auf sie niederschauten – der Bruder, der Ehemann, der Geliebte und einer der großen Künstler seiner Zeit.

In Zürich, im Hotel Baur au Lac, wollte Pierre Matisse sich gerade zum Essen mit dem New Yorker Kunsthändler Eugene Thaw hinsetzen, als er zum Telefon gerufen wurde. Patricia war am Apparat. Sie teilte ihm mit, daß er zu spät kommen würde, falls er sich nicht beeilte. Sofort bestellte Matisse eine Limousine mit Chauffeur und trat trotz des Schneesturms die etwa hundert Kilometer weite Fahrt nach Chur an.

Im Krankenzimmer warteten Diego, Bruno, Odette, Annette und Caroline. Von Zeit zu Zeit begaben sie sich auch in den Aufenthaltsraum gegenüber oder gingen hin und her.

Gegen zehn Uhr ging Caroline in die Eingangshalle des Spitals hinunter, um zu telefonieren. Die Familienangehörigen blieben währenddessen in Albertos Raum. Zehn Minuten nach zehn Uhr wurde der Körper des Künstlers von einem Krampf erfaßt. Einen Augenblick lang richtete er sich gerade auf und fiel dann zurück, und das Kinn klappte herunter. Der Atem hatte aufgehört. Alberto Giacometti, der Mensch, die Person, die andere gekannt und geliebt hatten, der bewunderte und verehrte Künstler, lebte nicht mehr. Wo er gewesen war, blieb nur noch ein Körper, ein Ding, etwas an sich Wertloses. Im ersten Augenblick, nachdem er dahingegangen war, bewegte sich niemand. Sie schienen alle durch eine Tatsache gelähmt, die ihre eigene Gegenwart auf einmal unwichtig werden ließ. Dann machte Annette eine Bewegung, als ob sie sich dem Toten nähern und ihn berühren wollte, Diego hielt sie fest und wollte es nicht zulassen. Als sie sich nicht gegen ihn durchsetzen konnte, verließ sie den Raum.

Gerade in diesem Augenblick kam Caroline den Korridor entlang vom Telefon zurück. Als sie hörte, daß Alberto nicht mehr lebte, eilte sie zu seinem Zimmer, riß die Tür auf und ging, wie vorher Annette, auf das Bett zu, um die Hand des Künstlers zu erfassen. Diesmal war es Annette, die die symbolische Berührung zu verhindern suchte. Wieder gab es ein Zerren. Caroline machte sich los, und es gelang ihr, die Finger des Toten zu ergreifen. Kurz danach gingen alle anderen hinaus und ließen sie mit Alberto allein. Sie fand auf einmal, daß er einer seiner Skulpturen sehr ähnlich sah, dem Kopf eines Mannes mit geöffnetem Mund auf einem Stab, den Giacometti 1947 in Erinnerung an den Tod Pototschings geschaffen hatte. Eine Krankenschwester kam herein, um eine Mullbinde um Kopf und Kinn zu winden, damit der Mund in der Totenstarre geschlossen bliebe.

Pierre Matisse, der zwar heil und sicher, aber langsam durch den Schneesturm gekommen war, traf nach elf Uhr nachts ein. Er begegnete zuerst

Caroline, die im Korridor auf und ab ging, während die Familienangehörigen schweigend um das Bett des Toten standen. Von Zeit zu Zeit näherte sich der eine oder andere, beugte sich vor, als ob er erwartete, Alberto könne ihm noch etwas sagen wollen, oder um sich zu vergewissern, daß kein Irrtum vorliege. Es war kein Zweifel mehr möglich, und es gab nichts mehr, was irgend jemand hätte sagen oder tun können. Sie zogen ihre Mäntel und Handschuhe an und verließen das Krankenhaus.

Noch immer fiel Schnee, wie es während der Nacht allenthalben in diesem Teil der Schweiz geschneit hatte. Auf ihrem Rückweg in die Stadt fuhren Bruno, Odette und Pierre Matisse in Brunos Auto. Diego, Annette und Caroline folgten in ihrem Taxi und setzten Caroline unterwegs bei ihrem Hotel ab. Während Caroline in das Schneetreiben hinausstieg, sagte ihr Annette, es wäre das beste, wenn sie sofort nach Paris zurückführe. Die Beerdigung könne erst einige Tage später stattfinden und Caroline sei bei der Zeremonie unerwünscht.

Am folgenden Tag wurde die Nachricht von Giacomettis Tod über die Rundfunksender in alle Welt verbreitet. Sie löste überall Trauer aus. Es gab lange Nachrufe; eingehend wurden die Leistungen und Schaffensphasen in Giacomettis Laufbahn gewürdigt, die Einzigartigkeit seines Stils hervorgehoben und die Beharrlichkeit und Bescheidenheit betont, mit der er seine Ziele verfolgt hatte. Bereits zu Lebzeiten war Giacometti eine legendäre Figur gewesen; die Echtheit der Legende erwies sich durch seinen Tod. Im Sterben bewies er auch, daß des Künstlers größte Schöpfung die ist, in der er selbst wie ein Wassertropfen im unendlichen Meer vergeht. Er bewies, daß der Genius eine Abstraktion ist, die gerade dann zum Leben erweckt wird, wenn der Träger dieses Lebens stirbt.

Mit dem Tod ihres Schöpfers beginnen seine Schöpfungen zu leben, vorausgesetzt, daß sie lebensfähig sind, denn sie nehmen den Platz ein, an dem er stand, als er in die Welt blickte, und bieten denen, die zu sehen wissen, ein Abbild dessen, was er sah, wofür er einstand und was er für die Augen anderer schuf.

Die Huldigung der Überlebenden ging tief. Während der Wochen und Monate nach dem Tod des Künstlers wurden Hunderte von Seiten voll anerkennender Texte gedruckt, die den Respekt und die Trauer vieler Menschen bekundeten, berühmter wie unbekannter. Albertos Leben war in das Leben seiner Bewunderer übergegangen. Ihr Weiterleben und ihre Verehrung wurden zu der Vergebung, deren er bedurfte. Aber sie erstreckte sich auch auf diejenigen, denen er im Leben Unrecht zugefügt hatte, wie auf die, unter denen er gelitten hatte. Giacometti war davon überzeugt gewesen, daß Kunstwerke ihre Wahrheit durch ihren Stil gewinnen. Wohl sei Kunst interessant, aber nur die Wahrheit von dauerhafter Bedeutung. Mit äußerster Kraftanstrengung und harter Arbeit hatte Giacometti einen unverkennbaren, einzig und allein ihm gehörenden Stil errungen. In diesem Stil war er niemandem verpflichtet. Durch ihn hat er zu seiner eigenen Wahrheit gefunden, die er uns als Vermächtnis hinterließ. Und dieses Vermächtnis besteht allein in dieser Hinterlassenschaft, weil Giacometti weder einen «Einfluß» ausübte noch Nachfolger hatte, höchstens einige Nachahmer.

Es wurde eine Autopsie vorgenommen. Das Ergebnis war vorhersehbar. Alberto selbst hatte damit gerechnet, als er all die Ermahnungen für sich auf einen Zettel kritzelte: mehr Schlaf, weniger rauchen, mehr auf die Gesundheit achten! Die Todesursache bestand in Herzversagen. Es war kein klassischer und gewöhnlicher Fall, keine Embolie oder Thrombose, sondern eine entzündliche Fibrose des Herzmuskels, die durch chronische Bronchitis hervorgerufen wurde.

Am Tage nach Albertos Tod bestieg Diego den Nachtzug zurück nach Paris. Er hatte dort etwas Wichtiges zu erledigen. Als er an jenem Donnerstagmorgen aus dem Bahnhof trat, in ein Taxi stieg und die Adresse angab, zu der er gefahren werden wollte, fragte der Chauffeur: «Ist das nicht die Wohnung von Giacometti?» Der Fahrer hatte Alberto oft spät nachts nach Hause gebracht und erinnerte sich an ihn. Und es ist wahr: Alberto war nicht leicht zu vergessen.

Als Diego das Atelier betrat, fand er es eiskalt, da es seit dem vorausgegangenen Sonntag unbeheizt gewesen war. Die Lappen um die letzte Büste von Lotar waren gefroren. Diego machte Feuer im Ofen, erst schwach, um den Raum nur langsam und vorsichtig aufzuheizen. Mit größter Geduld und Geschicklichkeit mußte er bei seiner Arbeit vorgehen. Für ihn war es das letzte Mal, daß er eine solche Arbeit leistete. Nachdem die Lappen genügend aufgetaut waren, um sie abnehmen zu können, sah er, daß die Tonform keine Risse aufwies. Albertos Werk war heil geblieben.

Diegos Hände hatten seinem Bruder und dessen Werk ein Leben lang gedient. Jetzt am Ende ließen sie ihn nicht im Stich. Als das traurige Geschäft, Albertos Nachlaß zu regeln, beendet war, erbte Diego einen Bronzeguß dieser letzten Arbeit, die er für die Nachwelt gerettet hatte. Er stellte sie auf das Grab seines Bruders, wo sie heute neben einem kleinen, von Diego gefertigten Bronzevogel steht.

Die Beerdigung fand am folgenden Samstag, dem 15. Januar, im Geburtsort des Künstlers statt. Der Tag brach in ungewöhnlich schöner Klarheit an, aber es herrschte bittere Kälte. Es war die Jahreszeit, in der das Tal tief im Schatten lag, die Jahreszeit, die dem Künstler immer die liebste gewesen war. Wenn das Tal, wie Diego manchmal sagte, eine Art Vorhölle war, dann schien das an diesem Tag besonders zuzutreffen: Während die sonnenlose Tiefe in Düsternis lag, schimmerten die schneebedeckten Bergspitzen im Licht vor dem eisigen Blau des Himmels.

Der Sarg des Künstlers stand im Atelier in Stampa. Hier hatte der kleine Alberto seine ersten Begriffe von dem gewonnen, was Kunst war. Hier war ihm aufgegangen, was sich mit Kunst ausrichten läßt, wie sie die Welt zu erobern vermag und mit Träumen füllen kann, wie sie die meisten Menschen niemals träumen.

Es war das Atelier seines Vaters Giovanni Giacometti gewesen. Jetzt waren die sterblichen Überreste von Giovanni Alberto Giacometti – denn wir wollen nicht vergessen, daß beide Künstler den gleichen Namen trugen – hier zum letzten Abschied aufgebahrt, ehe sie zu Grabe getragen wurden. Der Sarg war ein kostbares Stück. Er war aus Eichenholz gefertigt mit geschnitzten Palmenblättern an den Seitenwänden, und er stand auf Bronzefüßen: das vornehmste Ruhebett, auf dem Alberto je gelegen hatte. Im Sargdeckel ließ sich eine kleine Klappe öffnen, unter der man hinter einer Glasscheibe das Gesicht des Verstorbenen betrachten konnte.

«Seht nur», sagte Diego, «hier ist er viel besser aufgehoben als im Krankenhaus.»

Aber die Leute, deren Aufgabe es war, den Künstler für seine letzte Begegnung mit dem Publikum vorzubereiten, hatten vergessen, wie gewissenhaft er bei aller Schäbigkeit gewesen war, die korrekte Form zu bewahren. Ohne Krawatte mußte er zu seinen Ahnen eingehen. Rita Stoppani, die alte Hausgehilfin, deren Porträt der Künstler wiederholt gezeichnet und gemalt hatte, sagte immer wieder: «Aber ich habe Alberto nie ohne Krawatte gesehen.»

Das kleine Dorf Stampa war von «Fremden» überfüllt. Aus ganz Europa waren die Leute gekommen, um ihm die letzte Ehre zu erweisen. Die Familie war vollständig zugegen, auch Silvio und zahlreiche Vettern. Aus Genf waren die Arms angereist. Michel Leiris, André du Bouchet, Jean-Pierre Laclôche waren gekommen, natürlich auch Pierre Matisse ebenso wie Maeght, Clayeux, Kornfeld, Beyeler; dagegen nahm kein Künstler von Rang an der Beerdigung teil. Caroline, ganz in Schwarz, war da, obwohl Annette es ihr untersagt hatte. Die französische und die schweizerische Regierung hatten Vertreter entsandt. Anwesend waren auch Museumsleute aus Italien, Frankreich und der Schweiz. Es gab eine Überfülle von Kränzen und Sträußen, viele mit breiten Schleifen, die die Namen der Spender nannten.

Um zwei Uhr nachmittags wurde der Sarg von sechs Männern aus dem Atelier getragen und auf einem Pferdefuhrwerk im Leichenzug zur Kirche San Giorgio gefahren. Die Familie und die Trauergäste folgten zu Fuß. Mit dabei waren die Reporter und Fotografen, deren zahlreiche Gegenwart von manchen als störend empfunden wurde. Der Zug folgte seinem Weg durch die schneebedeckte Landschaft bis zur Kirche in Borgonovo. Man vernahm den Gesang eines Männerchors, während sich die Trauergemeinde langsam die Anhöhe hinauf bewegte.

Das Innere von San Giorgio wirkt karg mit seinen nackten, weiß getünchten Wänden und den einfachen Bänken aus Fichtenholz. Der Sarg wurde hineingetragen und auf dem Steinboden abgesetzt. Dann traten die Trauergäste herein, und viele fanden kaum noch einen Platz zum Stehen. Obwohl Alberto keinem religiösen Glauben angehangen hatte, wurde es als natürlich empfunden, daß eine kirchliche Trauerfeier stattfand. Die Leute im Tal wären empört gewesen, hätte man es anders gehalten. Im Bergell gehören Beerdigungen zu den wichtigsten Ereignissen, und Alberto war sehr beliebt gewesen. Allerdings hatten Diego und Bruno dem örtlichen Pfarrer im voraus angedeutet, daß eine lange Predigt unpassend sei. Der Pfarrer war höflich und wollte diesen Wunsch berücksichtigen.

Der erste Redner, ein Vertreter der schweizerischen Museen, sprach die Menge auf deutsch an. Danach kam ein Vertreter der schweizerischen Regierung, der italienisch sprach. Es folgte ein Repräsentant der Kulturgemeinschaft des Bergell, ein junger Mann von achtundzwanzig Jahren, der sich ebenfalls des Italienischen bediente. Nach ihm sprach ein Abgesandter von André Malraux französisch. Er lobte die großen Dinge, die der dahingegangene Genius in Frankreich geschaffen hatte. Rodolfo Giacometti, ein Cousin des Verstorbenen, sprach sodann gefühlvoll im Namen und in der Sprache des Tales.

Nachdem der Pfarrer von San Giorgio fünf Männern zugehört hatte, die alle die Tugenden und den Charakter dessen priesen, der dort im Sarg lag, stand er auf, um die kirchliche Trauerrede zu halten. Allerdings besann er sich nun gänzlich eines anderen, als er die schönen Sätze hörte, die dem toten Künstler nachgerufen wurden. Er sah keinen Grund mehr, seine eigene Ansicht zurückzuhalten, was immer er auch der Familie zugesagt haben mochte. Er war ein Mensch, für den die *vanitas vanitatum* ganz persönliche Bedeutung besaß. Das gab ihm einen zusätzlichen Ansporn, die Leere und Eitelkeit allen menschlichen Tuns zu beschwören.

Alberto wäre der erste gewesen, der ihm zugestimmt hätte. Der Pfarrer konnte nicht ahnen, um wie vieles angemessener seine lang ausgedehnte Bußpredigt war als die vorausgegangenen Lobreden. Auch konnte er sich nicht vorstellen, wie passend der Künstler es empfunden haben müßte, hätte er erfahren können, welch ein Mann da predigte. Der Pfarrer, so hieß es, stammte aus Sizilien und war ursprünglich Katholik. Nach mehreren Auseinandersetzungen mit den Kirchenbehörden hatte er in der Schweiz nicht nur Zuflucht, sondern nach seiner Konversion auch einen weniger strikt geregelten, darum aber nicht minder gottesfürchtigen Glauben gefunden. Wie amüsiert wäre Alberto gewesen, hätte er gewußt, daß der Mann, der ihn ins Jenseits geleiten sollte, für diese Aufgabe recht ungewöhnliche Referenzen mitbrachte. Auf seine eigenen war Alberto nie besonders stolz gewesen.

Nach Beendigung der Predigt wurde der Sarg aus der Kirche in den benachbarten Friedhof gebracht. Trotz der bitteren Kälte und des Neuschnees war eine tiefe Grube ausgehoben worden. Die Familie, die Freunde, Bewunderer, Würdenträger und der Pfarrer, sie alle standen um das Grab, als der Sarg hinabgesenkt wurde. Nicht weit davon lagen Vater und Mutter des Künstlers.

Als Kind hatte Alberto davon geträumt, im Schnee eine Höhle zu graben, die groß genug sein sollte, daß er sich darin verbergen und in glücklicher Sicherheit den ganzen Winter hindurch im Dunkeln hätte bleiben können – in einem Versteck, das niemand kannte. Obwohl er dieses Spiel – sofern es nur ein Spiel war – wiederholt begann, konnte er es nie zu dem gewünschten Ende bringen, «wahrscheinlich», erklärte er später, «lag es an den ungünstigen äußeren Bedingungen». Jetzt aber waren sie günstig, und jetzt brauchte er sich auch nicht mehr darüber zu grämen, daß er zum Essen nach Hause gehen müßte.

Als die Totengräber begannen, die Erde auf den Sarg hinunterzuschaufeln, traten einige der Anwesenden an den Rand des Grabes zu einem letzten Blick hinab, darunter Annette, Odette und einige andere, aber nicht Diego.

Auf dem Friedhof gab es nichts mehr zu tun, und die Menge begann sich zu verlaufen. Die Familie, die engsten Freunde und wichtigsten Bewunderer begaben sich nach Stampa zurück, wo im Piz Duan Speise und Trank für die Trauergäste vorbereitet waren. Es gab einen peinlichen Moment, weil Caroline sich der Gruppe anschloß, aber von allen geschnitten wurde. Der einzige, der sie am Ende in seinen Geburtsort hätte einführen können, lag jetzt zwei Meter tief unter der Erde. Jean-Pierre Lacloche rettete die Situation, indem er die unerwünschte Frau in seinem Taxi nach Sankt Moritz mitnahm. Alle anderen, die wegen des Begräbnisses von Giacometti ins Bergell gereist waren, verließen ebenfalls den Ort.

Und da war die Zeit gekommen, darüber nachzudenken, welche Dimension menschlicher Größe der Dahingegangene der natürlichen Großartigkeit der Erde hinzugefügt hatte.

Dank

Den ersten Platz auf der langen Liste derer, denen diese Biographie alles verdankt, nimmt selbstverständlich Alberto Giacometti ein. Er veränderte mein Leben, indem er mich zeitweilig Einblick in seines nehmen ließ, und dafür gibt es keine angemessene Art des Dankes.

Nach Alberto, obgleich unmittelbar neben ihm stehend, ist es sein wunderbarer Bruder Diego, der ebenfalls durch keinerlei theoretische Dankbarkeit erreicht werden kann. Ohne sein Wohlwollen und seinen vollen Beistand hätte meinem Unternehmen eine wesentliche Stütze gefehlt.

Auch der dritte begabte Bruder, Bruno Giacometti, und seine liebenswerte Frau Odette gewährten mir großzügige Hilfe, freundschaftlichen Rat und ihre Gastfreundschaft. *Merci!*

Durch all die langen Jahre haben mich das Vertrauen und das Verständnis meiner Mutter Louise B. Lord ermutigt, und ich bin glücklich, hier anerkennen zu können, wie unendlich viel ich ihr verdanke. Meinen Freunden Hilton Kramer, Erich Eichman und Gilles Roy, die mir ebensosehr mit Rat und Zuspruch halfen wie meine großzügigen Kollegen Michael Brenson, Reinhold Hohl, Ernst Scheidegger und David Sylvester – ihnen allen kann ich meinen, wie ich weiß, nur unzulänglichen Dank abstatten. Der John Simon Guggenheim Foundation bin ich zu großem Dank verpflichtet für das Stipendium, das mir für meine Arbeit gewährt wurde.

Leider ist es mir kaum möglich, so gerne ich es auch täte, im einzelnen auf alle Arten der Hilfe einzugehen, die mir von so vielen Leuten zuteil wurde, denen allen ich dafür Dank schulde. Einige von ihnen sind nicht mehr am Leben; einige waren bereits tot, ehe ich mit meinem Buch begann, oder starben, wie Braque, noch vor Alberto. Dennoch hielt ich es für angemessen, auch ihre Namen nachstehend einzubeziehen, denn ihre Ansichten und Auffassungen von Giacometti trugen bei zu meiner eigenen Sicht des Künstlers. Außerdem ist dieses Buch für mich auf eine ganz grundlegende Art die Frucht einer fortdauernden, lebenswichtigen Zusammenarbeit. Daher sage ich den folgenden Menschen, Institutionen und Organisationen Dank für ihre außerordentlich vielfältige und absolut unerläßliche Teilnahme:

Lady Iya Aody, Sir Harold Acton, Pierre Alechinsky, Paul Alexandre, Georges Altschuler, Annie Anargyros, Michel Anthonioz, Louis Aragon, Alexander Ardacheff, Avigdor Arikha, Henri und Germaine Arm, Dominique Arnhulf-Duhot, Dr. Dana Atchley, André Aulagnier, Georges und Nora Auric, Ivan von Auw, Jr., Cecilia Ayala;

Francis Bacon, Marc und Olga Barbezat, François und Carmen Baron, Alfred H. Barr, Jr., Many Barthod, Laurence Bataille, Olivier Béard du Dézert, Patricia de Beauvais, Simone de Beauvoir, Hans Bechtler, Samuel Beckett, Maurice Béjart, Denise Bellon, Loleh Bellon, Simon Bérard, Gaston und Bettina Bergery, Heinz Berggruen, Jeffery Bernard, Georges Bernier, Christoph und Alice Bernoulli, Dr. Silvio Berthoud, Jacques Bestock, Ernst Beyeler, Paul Bianchini, Carmelo Binelli, Emmanuel Blanc, Olivier Blanc, Ronald Blunden, Dominique Boischot, Yolé Bolognesi, Yves Bonnefoy, Georges Borgeaud, Pierre Boudreau, Bo Boustedt, Georges Braque, Elisa Breton, P. Brochet, Frederick Brown, Corinne Browne, Pierre Bruguière, Camille Bryen, Bernard Buffet, Gordon Bunshaft, Dr. Robert und Ruth Conne Buol, Jean Burguburu, Constantin Byzantios, Bibliothèque Doucet (Paris), Bibliothèque Nationale (Paris), Gabrielle Cabrini, Paule Cailac, Alexander Calder, Mary Callery, Bixio Candolfi, Paola Caròla, Henri und Martine Cartier-Bresson, Nicole Cartier-Bresson, Leo Castelli, Roger Cazes, Marko und Vreni Celebonovitch, William Chattaway, André Civet, Max Clarac, Barbara Clark, Lord Clark, Jean Clay, Louis Clayeux, Jean Cocteau, Estelle Cohn, Louis Conne, Jean Constantin, Dr. Serafino Corbetta, Thomas Cordell, Dominique Cornwell, Marguerite Cossaceanu, Gilberte Cournand, Robert Craft, John Craxton, Dr. Jacques Cresciucci, Elisabeth Cunnick;

Michel David-Weill, Edmonde Charles-Roux Defferre, Lise Deharme, Jean Denoel, Jean-

Loup Despras, Christiane Desroches-Noblecourt, Jane Diel, Marlene Dietrich, Nelly van Doesberg, Sina Giacometti Dolfi, Charles Dormoy, Vera Drascek, Walter Dräyer, Jean-Marie Drôt, Jacques Dubourg, Alexina Duchamp, A. Duchenne, Charles und Clara Ducloz, Guy Dumur, Jacques Dupin, Georgette Dupont, Marguerite Duthuit;

Christoph Egli, Hedwig Egli, Efstratios und Alice Eleftheriades (Tériade), Abdelkader Elifilali, Robert Elkon, Nina Engel, Edwin Engelberts, Max und Dorothea Ernst, Jo Excoffier;

Louis Fernández, Jacques Fieschi, Leonor Fini, Wynne Fooshee, Jean Fournier, Dr. Michel Fraenkel, Leon Friedman;

Bianca Giacometti Galante, F. Gantenbein, Paul Gardner, Maurice Garnier, Arnold und Elisabeth Geissbühler, Jean Genet, Annette Giacometti, Guido Giacometti, Tullio Giacometti, Thomas Gibson, Diego Giovanoli, E. H. Gombrich, André und Henriette Gomès, Carmen Gomezplata, J. Wilder Green, Randall Green, Georges Gruber, Philippe Grunchec, Peggy Guggenheim, Baron de Gunzburg, Dr. Paul Gut, Goethe-Institut (Paris);

Larry Hager, Ulrich Hagmann, Claude Bernard Haim, Nadine Haim, Gyula Halász (Brassai), Gisèle Halimi, Janine Hao, Jacques Hartmann, Jean Hélion, John Hewett, H. P. Horst, Georges Hugnet, Jean Hugues, Huguette, Bruce Hunter, Jacqueline Hyde;

Dr. Gabriel Illouz, Institut Suisse de Météorologie; Pierre Jacob (Tal Coat), André und Léni Jaecklin, H. P. Jaeger, T. G. H. James, Sidney Janis, Dorris Janowitz, Maurice Jardot, K. A. Jelenski, Pierre Josse, Pierre-Jean Jouve, Dr. Albert Jung;

Ellsworth Kelly, Wilhelm Kirchner, Michel Balthasar Klossowski (Balthus), Pierre und Denise Klossowski, Marie-Thérèse Kobayashi-Moreau, Rainer Köchermann, Harold Kollmeier, E. W. Kornfeld, Catharine Kroger, David Kronig, Koninklijke Bibliotheek (Den Haag);

Dr. Jacques und Sylvia Bataille Lacan, Mariette Lachaud, Jean-Pierre Laclochc, Jean Lagrolet, Jacqueline Lamba, Dr. Robert Lander, Marguerite Lang, Monique Lange, Claude Laurens, Jean Laurent, Léna Leclercq, Maurice Lefebvre-Foinet, Dr. Raymond Leibovici, René Leibowitz, Michel Leiris, Daniel Lelong, Julien Levy, Jean Leymarie, Pierre und Elizabeth Leyris, Alexander Liberman, William S. Lieberman, Aline Lignières, Richard Lindner, Jacques Lipchitz, Mary Littauer, Antoine Livio, Albert Loeb, Edouard Loeb, Pierre Loeb, Bennett Lord, Elie und Elisabeth Lotar, Jeanne Louis-Dreyfus, William und Phyllis Louis-Dreyfus, Herbert Lust;

Lillian McClintock, Robert McCrum, Hedli MacNeice, Malcolm MacPherson, Aimé und Marguerite Maeght, Olivier de Magny, Andrée Mallet-Stevens, Joyce Mansour, Jean Marais, Jean-Patrice Marandel, Dr. N. G. Markoff, Theodora Markovic (Dora Maar), Charles Marks, Raymond Mason, Sylvaine Massart-Weit, André und Rose Masson, Gregory und Shirley Masurovsky, Peter Matisse, Pierre und Patricia Matisse, Hans von Matt, Serge Matta, Herbert und Mercedes Matter, Hélène Maurice-Bokanowski, William Maxwell, Flora L. Mayo, Bruni Mayor, G. Mazeau, H. Mélandri, James R. Mellow, Dr. Franz Meyer, Gerda Michaelis, Peggy Miller, Bernard Minoret, Joan Mitchell, Roger Montandon, Henry Moore, David Morton, Dr. Werner Muensterberger, Ministerie van Buitenlandse Zaken (Den Haag);

Claude Nabokoff, Maurice Nadeau, Nelda Negrini, Yannis Nicolettos, Viscount und Viscountess de Noailles, The New York Public Library; Dorothy Olding, Meret Oppenheim, Sonia Orwell, Arthur Ott;

Giuliano Pedretti, Sir Roland und Lady Penrose, Emmanuel Péreire, Jacques Perez y Jorba, John Perkins, Frank Perls, Alessandro Perrone, Cesare Peverelli, Claude Picasso, Pablo Picasso, Paul und Christine Picasso, Gaëtan und Geneviève Picon, Georges Pierre, Henry Pillsbury, Georges Plénel, Jacques Pligot, Jacques Prévert, André Puig;

Mercedes Quesada-Brujas;

Pierini und Erica Ratti, Dr. Reto Ratti, Charles Ratton, Alan und Isabel Rawsthorne, Man Ray, Gérard Régnier, Madeleine Repond, John und Alice Rewald, A. E. M. Ribberink, Michel Richard, David Rieff, Jean-Paul Riopelle, Georges-Henri Rivière, H. K. Roethel, Gilles Roignant, Henri Rol-Tanguy, Alexander Rosenberg, Béatrice Rosenberg, Stephen und Grazia Rosenberg, Jean-Régis Roustan, Gaston-Louis und Pauline Roux, Claude Roy, Angelica Rudenstine, Georges Rudier, Véra Russell, Georg Rutishauser, Philip Rylands;

Ruta Sadoul, Sir Robert und Lady Sainsbury, Dr. Jonas und Françoise Gilot Salk, Gualtieri di San Lazzaro, Jean-Paul Sartre, Henri Sauguet, Hal Scharlatt, Elsa Schiaparelli, Pierre Schneider,

Jacqueline Schuman, Schweizerische Verkehrszentrale, Henry und Akiko Scott Stokes, Sherban Sidéry, Jonathan Silver, Barbara Simpson, Barbara Skelton, Albert Skira, Giorgio Soavi, P. C. Soeters, Maté Souverbie, Pierre Souvtchinsky, Ginette Spanier, Sir Stephen Spender, Darthea Speyer, Simon Spierer, Francis Steegmuller, Christian Stiébel, Rita Stoppani, Marianne Strauss, Samuel Szafran; Sekretariat der Evangelischen Mittelschule (Schiers), der Galerie Maeght (Paris), der Fondation Marguerite et Aimé Maeght (Saint-Paul-de-Vence);
Francis Tailleux, Yvonne Tamagno, Craig Tenney, Eugene Victor Thaw, André Thirion, G. David und Helene Thompson, Frédérique Tison, Jean-Max Toubeau, Yvon und Monique Toussaint, Antonio Trincali, Televisione della Svizzera Italiana (Lugano);
Alfred Urfer;
Sinbad Vail, Claude Venard, Michèle Vian, G. Vimard, Countess Madina Visconti, Ruth Vollmer, Jean Vuilleumier;
Patrick Waldberg, Philippe Walther, Rudi Walther, Silvio Walther, Michael Ward, Lynn Warshow, Ruth Washburn, Peter Watson, Antoinette de Watteville, William Weaver, Charlotte Weidler, Sabine Weiss, Michael Werner, Robert und Marion Wernick, Herta Wescher, Lawrence und Margot Whiffin, S. John Woods;
Panayotis und Helen Xenos;
Isaku Yanaihara, Jacqueline Yudelowitz;
Ilya Zdanevitch (Iliazd), Christian Zervos, François de Ziegler, Gustav Zumsteg.

Quellenangaben

Vorbemerkungen
Die in dieser Biographie verarbeiteten Informationen und Sachkenntnisse stammen aus vielerlei Quellen. Die Herkunft der meisten wird im Verzeichnis offengelegt. Einige Quellen bleiben ungenannt. Ich gehe in diesen Fällen davon aus, daß Mitteilungen, die mir vertraulich gemacht wurden, nicht veröffentlicht werden sollten oder gar müßten. Nun gibt es die eine oder andere Beobachtung oder Enthüllung, die jetzt noch lebenden Personen unangenehm sein könnte, die aber zu einer gültigen Lebensbeschreibung Giacomettis Wesentliches beiträgt. In solchen Fällen wird die Herkunft des Beitrags nur mit der laufenden Nummer festgehalten, die sich auf die Reihenfolge meiner Gespräche mit den Informanten bezieht. Es gibt auch einige Dokumente, die nur mit ihrer Belegnummer zugeordnet werden können. Diese Anonymität wird jedoch eines Tages aufgehoben; denn jede Person und jede Sachmitteilung ist klar und erschöpfend in der Sammlung des gesamten Materials verzeichnet, das zu gegebener Zeit für jeden Interessenten zugänglich gemacht werden soll.

Die wichtigsten, bereitwilligsten und fähigsten Informanten waren natürlich der Künstler selbst und sein Bruder Diego. Für sie stehen im folgenden die Initialen AG und DG. Auf Bruno und Odette Giacometti beziehen sich die Initialen BG und OG. Aus Platzgründen werden alle weiteren Gewährsleute möglichst kurz benannt. Publizierte Texte sind unter ihrer Bibliographienummer zu finden (Bibl. 1 Bibl. 2, usf.). In diesem Zusammenhang möchte ich nicht unerwähnt lassen, daß ich knapp ein Dutzend mal Ausdrücke anderer Autoren, ja sogar einen oder zwei vollständige Sätze, wörtlich zitiert habe, ohne dies im Text ausdrücklich anzuzeigen. Solche gelegentliche Versündigung gegen das Plagiattabu geschah aus dem Bedürfnis, den Lesern einen überzeugenden Text zu bieten und ihnen bestimmte Gedanken nicht vorzuenthalten, die origineller und klarsichtiger formuliert waren, als es mir hätte einfallen können. Auch wenn mich diese Anleihen keineswegs belasten, so habe ich mich doch gewissenhaft bemüht, ihre Herkunft im Quellenverzeichnis anzugeben.

Fast durchweg beziehen sich die Quellenangaben auf ganze Abschnitte bzw. auf längere Zitate. Sie sind mittels ihrer Anfangsbuchstaben im Verzeichnis aufzufinden. Wo es nötig erschien, habe ich auch die Herkunft einzelner Sätze ausgewiesen. Bei Abschnitten, zu denen keine Angaben vorliegen, dürfen die Leser davon ausgehen, daß ich meine eigenen Beobachtungen und Aufzeichnungen herangezogen habe.

1

Es ist eine Art… S. 15. DG, 14. Januar und 27. Juni 1970; 21. September 1979.
Das Leben im Bergell… S. 15. DG, 15. Oktober 1971.
Abgesehen von seinen… S. 16. DG, 21. Januar 1970. Archiv der Gemeinde Stampa.
Giovanni Giacometti war… S. 16. DG, 14. Januar 1970. BG und OG, 25. Juni 1970. Bibl. 46.
Anfangs war seine… S. 16. DG, 14. Januar 1970. B. Galante, 9. August 1970. BG, 5. November 1979. Bibl. 46.
Die Stampas… S. 16. DG, 22. Mai 1970. BG, 23. Oktober 1970. Giovanoli, 12. September 1971. Guido Giacometti, 12. September 1971.
So sanft… S. 17. DG, 29. Oktober 1970. Brief von R. Hohl an den Autor, 10. Mai 1972.

2

Am 15. November… S. 18. DG, 25. Oktober 1971.
Die früheste Erinnerung… S. 18. Bibl. 8.
Als sich ihm… S. 18. Bibl. 130.
Im Kleinkindalter… S. 18. BG, 7. Dezember 1985.
Am Umzugstag… S. 19. DG, 21. Juni 1970. S. Berthoud, 24. Juni 1971.
Alberto war… S. 19. DG, 30. April 1970. BG, 7. Dezember 1985. Bibl. 5.

3

Streit… S. 22. DG, 6. Februar 1970. C. Bernoulli 2. Juli 1970. S. Dolfi, 13. September 1971. Bibl. 43; 297.

Die Kinder... S. 22. DG, 6. Februar 1970. Bibl. 58.
Am 24. August... S. 22. DG, 4. Mai 1970.
Auch den Kindern... S. 23. DG, 3. Oktober 1970; 30. Januar 1972. Bibl. 84.
Eine merkwürdige... S. 23. Bibl. 5.
Während jener frühen Jahre... S. 24. BG, 24. Juni 1970. DG, 26. September 1971; 25. Januar 1972.
Giovanni Giacometti... S. 25. R. Stoppani, September 1971. Bibl. 28.
Als Diego das hörte... S. 25. DG, 6. Juli 1981.
An einem Sommertag... S. 25. DG, 6. Juli 1981. Brief von GG an Cuno Amiet, 24. Juni 1907.
Ein Jahr später... S. 26. DG, 16. März 1972. Brief von BG an den Autor, 31. März 1972.
Annetta Giacometti... S. 27. Bibl. 297.

4
Wann Alberto... S. 28. Bibl. 167.
Alberto zeichnete... S. 28. Bibl. 11; 43.
Neben Illustrationen... S. 29. Bibl. 46; 84.
1914 S. 30. Bibl. 27.
Etwa um die gleiche... S. 30. AG, 6. August 1964. Bibl. 25; 193.
Alberto zeichnete... S. 31. AG, 6. August 1964.

5
Am 30. August 1915... S. 31. Brief von H. S. Jaeger an den Autor, 26. Juni 1970. Bibl. 172.
Alberto war keineswegs... S. 31. Brief von Pierini und Erica Ratti an den Autor, 2. Juli 1971. Bibl. 240.
Alberto gefiel das Leben... S. 32. C. Bernoulli, 2. Juli 1970.
Giovanni und Annetta... S. 32. Brief von Arthur Ott an den Autor, 3. Juni 1971. Brief von AG an die Familie, 18. Mai 1919.
So sehr... S. 33. DG, 16. Februar 1970.

6
Alberto war ein hervorragender Schüler... S. 35. Bibl. 43; 46.
Alberto erkrankte... S. 36. AG, 20. September 1961. Annette Giacometti, 24. März 1970. BG, 30. Juni 1970. C. Bernoulli, 2. Juli 1970.
Alberto fühlte sich in Schiers... S. 37. Brief AG an die Familie, 31. Mai 1919.
Am 27. April 1917... S. 37. S. Bérard, 20. Oktober 1970. C. Bernoulli, 10. April 1972.

Das Leben in Schiers... S. 38. AG, 5. September 1964.

7
Als es Frühling... S. 39. AG, 18. September 1964.
Eines Tages... S. 39. Bibl. 81.
Das Vierteljahr... S. 40. Bibl. 240.
Annetta kam es sehr darauf an... S. 40. E. Kornfeld, 21. Juni 1970. OG, 26. September 1974.
Er bezog ein Zimmer... S. 41. DG, 16. Februar 1970. S. Berthoud, 3. Juli 1971.
Alberto wechselte zur... S. 41. Bibl. 14.
Solange er... S. 41. Brief von Giovanni Giacometti an Cuno Amiet, 14. März 1920. Brief von AG an H. von Matt, 25. Januar 1921, Bibl. 46.
Alberto fühlte sich in Genf... S. 41. J. Vuilleumier, 23. März 1970. Bibl. 46.
Eines Tages... S. 42. Bibl. 199.
In der Kunstgewerbeschule... S. 42. J. Vuilleumier, 23. März 1970.

8
Alberto war tief... S. 43. Bibl. 20.
Im Spätsommer... S. 45. Brief AG an H. von Matt, 25. Januar 1921. Brief AG aus Rom an seine Eltern, 22. Dezember 1920.
Am Bahnhof... S. 46. B. Galante, 12. August 1970.
Den römischen Giacomettis... S. 47. B. Galante, 7. August 1970.
Mochte er auch zunächst... S. 47. Brief von AG an seine Eltern, 4. Februar 1921.

9
Bianca war... S. 48. Brief B. Galante an Autor, 28. Juli 1970.
Evelina Giacometti... S. 48. B. Galante, 8. und 9. August 1970.
Während der beiden ersten... S. 49. Brief von AG an seine Eltern, 18. Februar 1921.
Biancas Eifersucht... S. 49. B. Galante, 8. und 9. August 1970.
Gleichzeitig... S. 49. Bibl. 13.
«Ich nahm eines Tages eine Prostituierte zu mir...» S. 50. S. Schneider, 30. Juli 1970. Bibl. 28.
«Während seines Aufenthalts in Rom...» S. 51. Zeichnung abgedruckt in Bibl. 83.
Da er nun schon in Italien war... S. 51. Brief von AG an seine Eltern, 1. April 1921.

Am 3. April ... S. 51. Brief von AG an seine Eltern, 8. April 1971. Bibl. 194.

10

Bianca saß weiterhin Modell ... S. 52. B. Galante, 8. und 15. August 1970. Bibl. 27.
Bianca war damals in einem Schweizer Internat ... S. 53. Brief von B. Galante an Autor, 6. Juni 1971.
Auf der Reise gab es eine Verspätung ... S. 53. B. Galante, 8. August 1970.

11

Im Sommer 1921 ... S. 54. Bibl. 45; 193.
Die Antwort kam postwendend ... S. 54. Brief von S. Soeters an Autor, 27. November 1970. Bibl. 143.
Der Idee einer solchen gemeinsamen Tour ... S. 55. DG, 26. Januar 1970; Bibl. 193.
Alberto protestierte ... S. 55. Idem. J.-P. Lacloche, 30. Juli 1970. J. Clay, 6. Oktober 1971. Bibl. 193.
Die Reise begann am 3. September 1921 ... S. 56. Brief von C. Binelli an Autor, 25. September 1970.
Der darauffolgende Sonntagmorgen ... S. 56. Bibl. 12.
Albert saß unterdessen am Bett ... S. 56. Bibl. 149.
Draußen vor dem Fenster ... S. 56. Bibl. 193.
In jener Nacht hat sich etwas grundlegend ... S. 57. Bibl. 30; 193.
Bei diesem zweiten Aufenthalt ... S. 58. Idem und Postkarte von AG an seine Eltern, 7. September 1921.
Aber dem war nicht so ... S. 58. Bibl. 12.

12

«Diese Reise ...» S. 59. Bibl. 12.
Als Alberto von Venedig ... S. 59. BG, 1. Juli 1970.
«Ich fing mit der Bildhauerei ...» S. 60. Bibl. 30.
Giovanni empfahl ... S. 60. Bibl. 46.
Am 28. Dezember ... S. 60. DG, 20. Mai 1971. Brief von AG an seine Eltern, 1. Januar 1922.
Formalitäten ... S. 61. Brief von AG an seine Eltern, 7. Januar 1922.
Endlich, am Abend des 8. Januars ... S. 61. Dokument 575.

13

«Es gibt nichts Schwierigeres ...» S. 68. Bibl. 30.
Unter diesen wenigen ... S. 68. Patricia Matisse, 30. September 1971; 7. Februar und 4. Oktober 1972.

Albertos erste Freunde ... S. 68. M. Cossaceanu, 19. Februar 1970. M. Celebonovitch, 13. April 1970. A. und E. Geissbühler, 30. März 1971. L. Conne, 11. Februar 1972. Bibl. 30; 46.
«Man muß dort geboren sein ...» S. 69. Undatierter Brief von AG an seine Mutter.
Auch Bianca ... S. 69. Brief von B. Galante an Autor, 28. Juli 1970.
Unter den anderen Mädchen ... S. 69. AG, 20. September 1964. BG und OG, 26. Juni 1970. B. Galante, 8. August 1970.
Giacoemtti hat nie tanzen ... S. 70. BG, 25. Juni 1970 und 17. November 1975.
Vom August bis Oktober ... S. 70. DG, 24. Februar und 1. Juni 1970. Brief von R. Hohl an Autor, 1. Juni 1972. Bibl. 46; 59.

14

«Entweder bringt er es noch weit ...» S. 71. M. Cossaceanu, 19. Februar 1970. M. Celebonovitch, 5. April 1970. A. und E. Geissbühler, 1. April 1971.
«Es dauert lange ...» S. 72. Brief von AG an GG, Dezember 1922.
Viele der jungen Leute ... S. 72. A. und E. Geissbühler, 31. März 1971.
«Von Anfang an ...» S. 72. Bibl. 30.
Alberto war nicht homosexuell ... S. 72, 262. Bibl. 43; 194.
«Prostituierte sind ...» S. 73. Brief von S. Brignoni an M. Brenson, 26. Juli 1971.
«Für mich ...» S. 73 Bibl. 12.
«Du würdest nie ...» S. 74. AG. Interview des Fernsehens der italienischen Schweiz. Bibl. 33.

15

Von den drei Ateliers ... S. 75. M. Celebonovitch, 8. und 13. April 1970.
Von seinen Eltern ... S. 75. BG, 20. Oktober 1978. Dokument 575.
An den eintrittsfreien ... S. 76. Brief von AG an seine Eltern, 6. Dezember 1922. Bibl. 49.
Gewiß hatte ... S. 77. W. Fooshee, 21. April 1971.
Während Albertos Lebensplan ... S. 77. DG, 1. Juni 1970; 17. Oktober 1971; 8. Februar 1973. BG, 26. Juni 1970; 2. April 1974.
Im Sommer ... S. 78. AG, 26. und 27. September 1964. Bibl. 27; 36; 58.
«Wenn man so hoch ...» S. 79. Bibl. 58.
Während der Sommerferien ... S. 79. BG und

OG, 24. und 25. Juni 1970. B. Galante, 8. und 9. August 1970.

16
Am 16. April 1925 ... S. 80. F. Mayo, 2. und 3. März 1971.
Während Alberto ... S. 82. BG und OG, 24. Juni 1970; 27. September 1974.
An einem kalten ... S. 83. DG, 15. April 1970; 31. Januar und 8. Februar 1973.
Diego wurde in Bourdelles ... S. 83. AG, 6. August 1964. DG, 26. Januar 1970; 31. Januar 1973.
Unter den neuen Kumpanen ... S. 84. BG, 26. Juni 1970. DG, 30. Januar; 5. und 25. März; 22. Juni 1972. L. Conne, Februar 1972.
Während Alberto ... S. 85. A. und E. Geissbühler, 31. März 1971.

17
Große Frau ... S. 86. Bibl. 89.
Während der ersten Monate ... S. 87. F. Mayo, 2. März 1971.
Außerdem kam im Sommer ... S. 88. BG, 24. Juni 1970. B. Galante, 7., 8., 9. August 1971.

18
Lipschitz war ... S. 90. AG, 6. August 1964. DG, 4. und 18. Mai 1970.
Ganz anders Laurens ... S. 90. Bibl. 10.
Giacomettis Atelier ... S. 91. L. Conne, 11. Februar 1972.
Auf einem ziemlich ... S. 91. DG, 15. April 1970. Brief von M. Brenson an Autor, 30. Januar 1972.
«Ich hatte vor ...» S. 92. Bibl. 36.
Das Leben ... S. 92. DG, 16. und 18. Februar 1970.
«Ich arbeitete in dem Bemühen ...» S. 94. Bibl. 58.
An diesem Punkt ... S. 94. Bibl. 194.
«Ich empfand es immer ...» S. 95. Bibl. 15.
Mehrfach hatte er ... S. 95, Brief von C. von Noailles an Autor, Juni 1970.
Innerhalb einer Woche ... S. 95. DG, 13. Oktober 1972. Bibl. 194.

19
Flora Mayo reagiert ... S. 96. F. Mayo, 2. März 1971. Auszüge aus einem unpublizierten Tagebuch von E. Geissbühler.
1929 ... S. 97. Bibl. 58.

20
Jeanne Bucher durfte ... S. 99. A. Masson, 16. Januar 1970.
Die Surrealisten ... S. 100. M. Leiris, 15. November 1978. Bibl. 151.
Der selbsternannte Führer ... S. 100. A. Masson, 2. März 1970.
Er begann ein Vokabular ... S. 103. Bibl. 40.
Unter den neugewonnen Freunden ... S. 104. Bibl. 254.
Anfang 1930 ... S. 105. DG, 6. Februar 1970; 23. Januar 1973. L. Clayeux, 23. Juni 1971.
Im Frühjahr 1930 ... S. 105. Bibl. 46.
Der Bildhauer erklärte ... S. 106. Notizbuch AG «Aube». Bibl. 229.
Wenige Wochen ... S. 106. DG, 6. Februar 1970; 7. Januar 1975. R. Masson, 19. Mai 1970.

21
In den mode- und kunstbewußten ... S. 107. DG, 14. Januar, 30. März, 4. Mai 1970.
Da er die Arbeiten ... S. 108. Idem. Man Ray, 14. Januar 1970.
Für Frank ... S. 108. Idem. Bibl. 27.
Die Entfaltung ... S. 108. BG, 24. September 1974.
Solange er nur ... S. 109. DG, 30. März 1970; 26. Oktober 1975.
Da die Welt der Kunst ... S. 110. Brief von C. von Noailles an AG, 24. Februar 1930.
Homosexualität ... S. 110. L. Aragon, 18. November 1970.
Die enge Freundschaft ... S. 111. AG, 18. September 1964. G.-L. Roux, 28. Februar 1970. J. Genet, 14. Mai 1970. A. Geissbühler, 31. März 1971.
Unter den Frauen ... S. 111. DG, 20. Januar 1975. BG, 10. November 1975.
Dédé le Raisin ... S. 111. Caroline, 30. Juni 1971.
Bezugnehmend ... S. 112. Bibl. 8.
«Es gab zweifellos ...» S. 113. Bibl. 58.
Giovanni Giacometti ... S. 113. A. Geissbühler, 3. März 1971. DG, 9. Dezember 1975.

22
... weder kubistisch ... S. 114. Brief von C. von Noailles an M. Brenson, 14. Februar 1972.
Ein Modell ... S. 114. Brief von AG an C. von Noailles, 31. Dezember 1930.
Alsbald würde Diego ... S. 114. DG, 14. Januar und 27. März 1970; 15. Dezember 1975.

Die Figur... S. 115. Brief von AG an C. von Noailles, 1. Juni 1932; an seine Eltern, 19. Juni 1932.
Die geschäftliche Beziehung... S. 115. DG, 21. Januar, 6. Februar, 6. Oktober 1970; 22. Oktober 1971; 4. Mai 1973. Brief von AG an C. von Noailles, 31. Dezember 1930.
Kein einziges Mal... S. 116. DG, 15. November 1978.
«Ich glaube, die beste Art...» S. 116. Brief von AG an seine Mutter, 23. Februar 1936.

23
Diego hat die Jahre... S. 117. DG, 15. Mai 1976.
Es kam vor... S. 117. DG, 17. Juni 1970.
An einem Abend... S. 117. AG, 18. September 1964. DG 21. Januar 1970. G. Bernier, 22. Mai, 5. und 7. Juni, 4. November 1970; 7. Oktober 1971. D. Bellon, 27. Juni 1971. C. Ducloz, 4. Juli 1970; 25. Juni 1971. L. Penrose, 22. Januar 1976. Todesurkunde von R. E. Jourdan.

24
Bianca hatte längst... S. 124. BG, 10. November 1975. Undatierter Brief von B. Galante an AG.
1932 hatte sich der Ruf... S. 124. S. Berthoud, 24. Juni 1971, DG, 24. März 1972.
So erfahren wir... S. 125. DG, 31. Mai 1975. Bibl. 8.
«unverläßlich sei...» S. 126. J. Lamba, 2. Juni 1970.
«Zwei schreitende Füße.» S. 126. Bibl. 7.
«In der Leere tastend...» S. 127. Bibl. 2.
Giovanni Giacometti... S. 127. BG, 9. und 17. November 1975.
Es regnete in den Bergen... S. 128. Brief der Metereologischen Zentralanstalt an Autor, 17. November 1975.
Alberto fühlte sich unwohl... S. 128. Brief von AG an C. von Noailles, 3. Juli 1933.
Bruno holte die beiden... S. 128. BG, 9. November 1975; 22. Januar 1986.

25
Der gleichförmige Fortgang... S. 130. Brief von AG an C. von Noailles, 3. Juli 1933.
Ein Jahr nach dem Tod... S. 130. DG, 17. Oktober 1971; 10. und 22. Mai 1974.
Giacometti durchlebte... S. 131. DG, 26. Januar 1970. Bibl. 59.
«In meinem Zimmer...» S. 132. Bibl. 192.

Alberto hatte keine Geduld mehr... S. 132. AG, 27. September 1964.
Im Herbst 1934... S. 132. J. Lévy, 27. Januar 1971.
«Fünf Minuten...» S. 133. Bibl. 242.
«Ich wußte...» S. 133. Bibl. 25.
«Er muß verrückt geworden sein...» S. 133. Bibl. 40.
Max Ernst kam traurig... S. 133. M. Ernst, 31. Januar 1970.
«Jeder weiß...» S. 134. Bibl. 122.
Irgendwann im Dezember... S. 134. M. Jean, 22. Oktober 1971. Y. Bonnefoy, 24. Dezember 1972. G. Hugnet, 18. Juni 1973.
«Alles andere, was...» S. 135. M. Jean, 22. Oktober 1971.
Von einem Tag auf den andern... S. 135. AG, 27. September 1964.
Wenn Giacometti von seinen... S. 135. Bibl. 40.

26
Am 10. Juli 1912... S. 139. I. Rawsthorne, 12. und 13. März 1970; 30. Juni 1972; 9. Februar 1975; 15. Juni 1979. Geburtsurkunde I. Rawsthorne.
Mrs. Jacob Epstein... S. 140. V. Russell, 10. Februar 1975; 25. April 1977. S. Orwell, 24. April 1977.
Zusammen mit zwei anderen... S. 140. Bibl. 134.
Alberto beobachtete, S. 141. I. Rawsthorne, 13. März 1970.
«Ich kann sie nicht verleugnen...» S. 141. Bibl. 58.
«Je mehr ich das Modell...» S. 142. Bibl. 27
«Ich wollte ganz...» S. 142. AG, Interview des Fernsehens der italienischen Schweiz. Bibl. 33.
«Je wahrer ein Kunstwerk...» S. 143. Bibl. 27.
Eine Anzahl von Männern... S. 143. AG, 27. August 1964. R. Montendon, 5. Mai 1970. R. Leibowitz, 2. Juni 1970. Balthus, 23. Juli 1970.
Nicht alles erschöpfte sich... S. 144. E. Defferre, 5. Februar 1972.
«Ich möchte in solcher Weise...» S. 146. Gespräch mit dem Autor.
«Alberto könnte...» S. 148. Balthus, 22. Juli 1970.
«Wenn sie einen...» S. 148. AG, Brief an seine Mutter, 1936.
Die Kunst, so schien es... S. 148. Bibl. 249.

27
Diego begegnete sie... S. 149. DG, 4. Oktober 1970; 16. März 1972; 4. Mai 1973; 14. Juni 1976. G. Gruber, 26. Mai 1970. BG, 25. Juni und 22. Oktober 1970.
Ein solcher Schritt... S. 150. Annette Giacometti, 29. Januar und 24. Mai 1970 über Isabel Delmer, DG, 22. Juni 1972. Bibl. 134.
Alberto seinerseits, S. 150. Brief von AG an I. Rawsthorne, um 1937.
Irgendwann im Jahre 1937... S. 151. Bibl. 46.
Da Giacometti allmählich... S. 152. Bibl. 13; 29.
«Mir ist...» S. 152. Bibl. 30.

28
«Damit er sieht...» S. 155. AG, Brief an BG, 1937.
Seiner Mutter erklärte er... S. 156. Mitteilung AG in einem Brief an seine Mutter.
«schon mit einem genug...» S. 157. DG, 17. Juni 1977.
Aber niemand kann die Welt... S. 158. Bibl. 137.
Der Sommer 1937... S. 159. BG und OG, 27. Juni 1970.

29
«Ich habe wenig Talent...» S. 161. Bibl. 119.
Als er einmal... S. 162. Idem. Brief von S. Beckett an Autor, 7. November 1977, 28. Oktober 1978.
Becketts Kunst... S. 162. Bibl. 248.
Giacometti und Beckett... S. 163. S. Beckett, 21. April 1970.
«Was sind Sie doch...» S. 163. Huguette, 18. Februar 1970.
Efstratios Eleftheriades... S. 163. E. Tériade, 11. Februar 1970, 3. September 1971. A. Skira, 6. Juli 1970. DG, 24. Mai 1971.
Es gab in jenen Jahren... S. 164. DG, 14. Januar 1970. H. Cartier-Bresson, 18. Mai 1970, 18. September 1976, 28. November 1977. S. Sidéry, 17. September 1979.
Während die Ereignisse... S. 165. Bibl. 134.

30
Es war wolkig... S. 166. Service météo, Brief an Autor, 3. März 1976. Bibl. 46.
Alberto und Isabel... S. 166. Idem. AG, Brief an BG, Oktober 1938.
Plötzlich kam ein Auto... S. 167. DG, 27. März 1970.
Leute kamen herbeigelaufen... S. 167. Idem. B. Galante, 8. August 1970.
Sie wurden im Polizeiwagen... S. 167. Idem. BG, 26. Juni 1970. Caroline, 3. Juli 1971.
Am frühen Nachmittag... S. 168. DG, 3. Februar 1970.
Albertos rechter Mittelfuß... S. 168. Dr. Leibovici, 14. Mai und 22. September 1970.
Isabel besuchte ihn... S. 168. l. Rawsthorne, 13. März 1970.
Wenn er nicht las... S. 169. DG, 22. Mai 1970.
Als die Schwellung... S. 169. Dr. Leibovici, 14. Mai 1970.
Indessen hatte... S. 169. DG, 27. März 1970, 24. Februar 1972.

31
Mit Krücken zu gehen... S. 170. DG, 21. Januar 1978. Dr. Leibovici, 14. Mai 1970.
Der Herbst verging... S. 170. DG, 10. Oktober 1971.
Es scheint... S. 170. J. Genet, 14. Mai 1970. Bibl. 46.
... weil für einen Künstler das Entscheidende ... S. 171. Bibl. 137.
Eines Abends weilte... S. 171. H. Wescher, 18. Februar 1970.
Von denen, die mit Sartre... S. 172. J.-P. Sartre, 12. Januar 1979.
So bahnte sich... S. 199. Idem. Bibl. 46.
Zur Zeit der Begegnung... S. 173. DG, 10. Oktober 1971.
Bruno schlug vor... S. 174. BG, 25. Juni 1970, 3. März 1978. DG, 1. Mai 1974.
Picasso dagegen war sowohl... S. 175. F. Gilot, 28. Januar 1970. Dora Maar, 5. März 1970.
Mehr noch, er bat... S. 175. Pablo Picasso, 22. April 1954. AG, 21. September 1964.
Falls Giacometti solche... S. 175. A. de Watteville, 25. Oktober 1971. F. Gilot, 20. Juni 1973.
Wahrscheinlich hat Picasso... S. 176. Idem. DG, 4. November 1971.
Alberto und Isabel... S. 176. I. Rawsthorne, 15. November 1972.
«Frauen fressen dich auf...» S. 177. Bibl. 145.

32
Im August 1939... S. 177. Brief von AG an I. Rawsthorne, August 1939.
Nach einer Woche... S. 178. Idem und Brief an die Mutter, 2. September und 19. Oktober 1939.

Als Schweizer mit langjährigem Wohnsitz... S. 179. DG, 8. Mai 1978.
Diego, der sich nie... S. 179. DG, 12. April 1970; 19. Januar 1972; 25. Juli 1972; 25. März 1974. E. Schiaparelli, 13. April 1970.
Als das Geschäft Jean-Michel Franks... S. 179. DG, 27. August 1972.
Eine einzige Vorsorgemaßnahme... S. 181. DG, 20. März 1970.
Noch war Isabel in Paris... S. 181. I. Rawsthorne, 27. Oktober 1971.
Wie immer das Zusammensein verlaufen... S. 181. D. Sylvester, 9. Januar 1970.
Alberto und Diego... S. 181. AG, 31. August 1964. DG, 14. und 26. Januar 1970; 24. und 30. Mai, 28. Juni, 17. Oktober 1971; 30. Mai und 27. August 1972.
Diese zehn Tage... S. 183. Brief von AG an seine Mutter, 13. September 1940.

33
Der Krieg hatte in Diegos... S. 184. DG, 16. Februar 1970; 1. März 1972.
... nicht mehr «so lächerlich» S. 185. Bibl. 58.

34
Es war ein freudiges Wiedersehen... S. 185. Brief von AG an BG, Januar 1942.
Wenn Annetta... S. 185. S. Berthoud, 4. Juli 1970.
Von den billigen Hotels... S. 186. Annette Giacometti, 12. April 1970. Y. Bolognesi, 3. und 5. Juli 1970.
Giacomettis Ankunft... S. 187. C. Ducloz, 4. und 5. Juli 1970. R. Montandon, 18. Oktober 1970. D. Kronig, 20. Februar 1972.
Er ließ keine Zeit... S. 187. BG, 25. Juni 1970. A. Skira, 6. Juli 1970.
Tagsüber arbeitete Giacometti... S. 188. S. Berthoud, 11. Dezember 1974. BG, 20. Oktober 1978.
Zwischen der Place du Molard... S. 188. C. Ducloz, 4. Juli 1970.
«Den da nicht!» S. 189. DG, 14. September 1973.
Sogar Annetta... S. 190. BG und OG, 26. September 1974.
Es war eine schlimme Zeit... S. 190. Idem. OG, 23. Oktober 1970. D. Kronig, 20. Februar 1972. R. Montandon, 6. März 1972.

35
Isabel hatte einst... S. 192. Bibl. 46.
Der Akt ist der ernsteste... S. 193. Bibl. 132.
«Wenn ich auf der Straße gehe...» S. 193. Bibl. 44.
Später sagte er... S. 195. Masson, 16. Januar 1970.

36
An einem Herbstabend... S. 195. Annette Giacometti, 12. April 1970. C. Ducloz, 25. Juni 1971.
Isabel ließ es sich inzwischen... S. 196. Bibl. 134.
In Genf geschah... S. 198. C. Ducloz, 19. Oktober 1970. R. Montandon, 6. März 1970. Annette Giacometti, 24. März 1970.
Annette war die einzige Tochter... S. 198. Idem. H. und G. Arm, 25. Juni 1971. Bibl. 60. S. Carola, 17. Februar 1979.
Angesichts solcher Hoffnungen... S. 199. Idem. F. de Ziegler, 11. Oktober 1984.
Das Treffen sollte... S. 200. Idem. BG, 25. Juni 1970.
Sie betete Giacometti an... S. 200. C. Ducloz, 25. Juni 1971.
Giacometti nannte sie... S. 201. Idem. Y. Bolognesi, 5. Juli 1970. Annette Giacometti, 24. März 1970.
Nachdem Annette... S. 201. A. de Watteville, 25. Oktober 1971. C. Laurens, 4. Januar 1972. F. Gilot, 20. Juni 1973.
Annette war keine Karrierefrau... S. 201. Idem. R. Hohl, 15. September 1970.

37
Tonio Pototsching, der ewig... S. 201. DG, 26. Januar 1970; 4. März 1976; 6. Februar, 2. Mai, 1. Juni 1979.
«Der Narr wird sein Leben...» S. 202. R. Montandon, 6. März 1970.
Isabel hatte ihm die Nachricht... S. 203. Brief von AG an I. Rawsthorne, 14. Mai 1945.
Mögen andere Beziehungen... S. 203. C. Ducloz, 2. November 1979.
Ein Nachbar Diegos... S. 204. DG, 28. März 1970; 12. Juni und 19. November 1972; 21. September 1979. R. Wernick, 29. April 1970.
Mehrfach ließ Alberto... S. 205. DG, 24. September und 10. Oktober 1979.
Er verbrannte die meisten... S. 205. Y. Bolognesi, 25. Juni 1971.

Und am 17. September 1945... S. 205. Dokument 575.

38
Es war ein gewöhnlicher Tag... S. 209. DG, 27. Januar 1977; 24. September und 10. Oktober 1979.
Über den Zustand... S. 209. Idem. AG, 24. September 1964.
Er war unglücklich und verärgert... S. 209. Idem. R. Wernick, 29. April 1970.
Isabel war inzwischen in Paris... S. 210. I. Rawsthorne, 15. November 1972.
Die Unentschlossenheit... S. 210. Idem. DG, 6. Januar 1975.
Isabel war nicht die einzige Person... S. 211. H. Cartier-Bresson, 13. Januar 1979.
So kam es... S. 212. DG, 11. Oktober 1979. G. Plénel, 18. November 1979. Bibl. 123.
«Alles, was ich bin...» S. 212. C. Ducloz, 25. Juni 1971.
Diego machte sich Sorgen... S. 213. E. Tériade, 11. Februar 1970.
Jetzt gab es keinen... S. 214. N. von Gunzburg, 15. März 1971. H. S. Horst, 3. Januar 1980.
Die Zeiten waren hart... S. 214. AG, 24. September 1964.
Inzwischen trat... S. 215. Idem. R. Leibowitz, 2. Juni 1970.
Am Weihnachtstag 1945... S. 215. G. Gruber, 9. April 1970. F. Tailleux, 11. Mai 1970. R. Montandon, 3. Februar 1972.

39
Es kam der Tag... S. 216. M. Leiris, 13. Mai 1970. Bibl. 105.
In Genf dachte... S. 216. I. Rawsthorne, 9. Februar 1975. Bibl. 60.
Er bat sie, ihm einen Gefallen... S. 216. R. Montandon, 3. Februar und 25. März 1972.
«Die wahre Offenbarung...» S. 217. Auswahl und Zusammenstellung von AG zuhanden des Autors. Bibl. 15; 25; 46; 193.
Wie gewöhnlich... S. 219. E. Tériade, 11. Februar 1970. F. Gilot, 8. Juli 1971. DG, 17. Oktober 1971. Undatierter Eintrag in Notizheft AG. Bibl. 50; 56; 193.

40
Ostern 1946... S. 219. Annette Giacometti, 24. März und 8. Mai 1970. Dokument 575.
Nach Paris zurückgekehrt... S. 221. Patricia Matisse, 24. April 1970.
An einem Frühlingstag... S. 221. DG, 26. Januar 1970; 2. Mai und 28. Juni 1971; 19. Juni 1979.
Die Frage nach... S. 222. DG, 21. Januar 1970; 17. Oktober 1971; 11. März 1974.
Andere mögliche Händler... S. 223. L. Clayeux, 23. Juni 1971.
Als er im Frühjahr 1946... S. 223. Pierre Matisse, 21. April 1971. DG, 17. Oktober 1971; 25. Mai 1980.
Giacometti hatte sich schon selbst... S. 223. Bibl. 13.
«Vielleicht bin ich doch mehr...» S. 224. Bibl. 46.

41
Am 5. Juli 1946... S. 224. Annette Giacometti, 25. Februar 1971. Dokument 575.
Giacometti war nicht... S. 224. Bibl. 308
Sie fand, daß er gut aussah... S. 225. Annette Giacometti, 24. Mai 1970.
... und auf ihn wirkte sie hübsch... S. 225. DG, 26. September 1971.
Alberto nahm sie später... S. 225. Balthus, 23. Juli 1970.
Tonio Pototsching... S. 225. DG, 26. Januar 1970; 28. und 29. Juni 1971. Bibl. 12.
«Keine Leiche...» S. 225. Bibl. 12.
... wie die Toten die Wahrheit über das Leben... S. 226. Bibl. 125.ßß
Die Zeiten blieben... S. 226. E. Tériade, 11. Februar 1970. H. Wescher, 18. Februar 1970. Patricia Matisse, 24. April 1970. R. Sadoul, 26. Mai 1980.
«Also, ich esse...» S. 227. B. Galante, 8. August 1970.
... und jeder, der ihn kannte... S. 227. D. Sylvester, 8. Juni 1971. I. Rawsthorne, 9. Juni 1971.
In Giacomettis Bekanntenkreis... S. 227. G. Gruber, 9. April 1970. B. Galante, 8. August 1970. L. Bataille, 25. September 1970.
An einem Samstag im Oktober... S. 227. Bibl. 12.
Man ist sich darüber einig... S. 232. W. Muensterberger, 30. April 1971. Bibl. 130.
Giacomettis Plastiken... S. 233. Bibl. 47.
«Das Wichtigste»..., S. 234. Bibl. 27.

42
Der Winter 1946/47... S. 235. AG, Brief an I. Rawsthorne, 2. Februar 1947.

Patricia Matta... S. 235. Pierre Matisse, 4. Februar 1971.
Da sie Giacometti bewunderte... S. 235. DG, 24. September 1980.
Jedenfalls zeigte er sich... S. 236. DG, 17. Oktober 1971.
Bildhauer hieß im alten Ägypten... S. 237. Bibl. 137.
Es hieß, ursprünglich... S. 238. Bibl. 46.
Die erste dieser drei... S. 239. DG, 29. Oktober 1971.
Pierre Matisse war... S. 240. AG, Brief an Pierre Matisse, November oder Dezember 1947.
... gewöhnlich blieb der Händler... S. 240. DG, 29. Juni 1977.
Er verglich Paris... S. 241. Notes von R. Vollmer, Juli 1951.
Die praktischen Vorbereitungen... S. 241. DG, 15. April 1977. Brief von AG an Pierre Matisse, November oder Dezember 1947.

43
Annette hatte keine Freude... S. 243. AG, Brief an I. Rawsthorne, 1948.
Alberto empfand für sie... S. 243. G. Gruber, 9. April 1970.
Nichtsdestoweniger... S. 243. G.-L. Roux, 5. April 1970. H. Cartier-Bresson, 18. Mai 1970. A. Maeght, 29. Mai 1970. R. Montandon, 6. März 1972. S. Carola, 2. Mai 1980.
Annette hatte auch keine... S. 244. Gespräch BG und OG, 5. Juni 1980.
Annette schlug vor... S. 244. Annette Giacometti, 29. Januar 1970.
Die lichtlosen Monate... S. 244. Brief an AG von seiner Mutter, 18. Oktober 1960; 9. September 1961. Brief von seiner Mutter an H. und G. Arm, 24. August 1960. R. Walther, September 1970.
Im Bekanntenkreis war man... S. 244. E. Kornfeld, 21. Juni 1970; 31. Oktober 1980.
Diego machte sich... S. 245. undatierter Brief von DG an seine Mutter; Brief von DG an seine Mutter, 29. Dezember 1950.
Im Frühjahr 1948... S. 245. Bibl. 308.
In der Rue d'Alésia... S. 246. DG, 1. Februar 1970; 10. Oktober 1971.
Inzwischen lag... S. 246. G. Gruber, 9. April 1970.
Der Verlust eines Freundes... S. 246. Y. Bonnefoy, 21. Mai 1970. J.-P. Lacloche, 28. Juli, 7. und 16. Oktober 1970. L. Bataille, 25. September 1970. J. Lagrolet, 29. Juli 1972. F. Gilot, 19. Februar 1973. S. Massart-Weit, 25. Februar 1981.
Ob Isabel, wie sie... S. 248. R. Leibowitz, 2. Juni 1970.

44
«In einem brennenden Gebäude...» S. 249. Bibl. 46.
«Ich sehne mich nicht...» S. 249. Bibl. 30.
Annette Arm wollte geheiratet... S. 250. DG, 5. Juli 1971.
«Zu einer Frau zu kommen...» S. 250. BG und OG, 25. Juni 1970.
Annetta Giacometti beurteilte... S. 250. B. Galante, 8. August 1970. BG und OG, 2. April 1974.
Dennoch mocht er keinen Zweifel... S. 251. H. Wescher, 18. Februar 1970; L. Clayeux 23. Juni 1971.
Er bestand darauf... S. 251. DG, 9. November 1971.
Selbstverständlich war nicht... S. 251. R. Hohl, 23. Juni 1970.
«In jedem Kunstwerk»... S. 252. Bibl. 11.
Teils auf Betreiben... S. 253. A. Thirion, 29. Juni 1971.
Er begann mit einer weiblichen... S. 253. DG, 17. Mai 1971; 11. Januar 1978; 15. März 1981.
Die Leute vom XIX. Arrondissement... S. 254. A. Thirion, 29. Juni 1971.
«Man könnte den Wagen auch...» S. 254. Bibl. 90.
«Die Kunst interessiert...» S. 255. Bibl. 25.
«Der Antrieb, der ein Werk...» S. 255. Bibl. 30.
Er soll allerdings gegen Ende... S. 255. Bibl. 241.
... die schmerzvollen Monate in der Klinik... S. 256. D. Sylvester, 2. Juni 1971. I. Rawsthorne, 9. Juni 1971. Caroline, 3. Juli 1971. R. Hohl, 28. Mai 1972. Bibl. 97; 262.
«Von mir aus besteht...» S. 257. Bibl. 46.

45
Monsieur und Madame Maeght... S. 257. Patricia Matisse, 22. November 1969.
Während seiner Schulzeit... S. 257. A. Maeght, 28. Oktober 1969. Y. Bonnefoy, 18. Juni 1970. G. Picon, 10. Oktober 1970. DG, 19. Mai 1972. L. Clayeux, 7. Februar 1980.
Wie viele Kunsthändler... S. 259. J. Dupin, 3. April 1970. L. Clayeux, 22. Oktober 1970; 4. Juni 1978.

Der junge Direktor ... S. 259. Idem. A. Maeght, 29. Mai 1970.
Es war auch die Gegenwart seines Mitarbeiters ... S. 260. AG, 23. September 1964.
Die Bekanntheit ... S. 261. BG, 20. Oktober 1978.
Was Giacometti der Schweiz vorenthielt ... S. 262. Bibl. 218.
Immerhin, die zweite ... S. 263. Pierre Matisse, 8. Dezember 1980.

46
Manchmal kam Diego ... S. 266. DG, 30. Januar 1972.
«Picasso war einmal ...» S. 267. G. Braque, Gespräch mit dem Autor, 1960.
Giacomettis Besuche ... S. 267. F. Gilot, 8. Juli 1971. DG, 28. Juni, 17. Dezember 1973; 17. Juni 1977; 11. Oktober 1979; 25. Mai 1980.
Einmal waren die beiden ... S. 268. L. Clayeux, 4. Juni 1978. DG, 11. Oktober 1979.
Im November 1951 ... S. 268. F. Gilot, 8. Juli 1971. E. Tériade, 3. September 1971. Brief von AG an seine Mutter, 26. November 1951.
Dann vollzog Picasso ... S. 269. AG, 20. September 1964.
«Picasso absolut schlecht ...» S. 270. Bibl. 265.
Der Bildhauer und der Maler ... S. 270. Y. Bonnefoy, 21. Mai 1970. M. Leiris, 16. November 1979.

47
Selbst in ihren kühnsten ... S. 271. OG, 25. Juni 1970. S. Carola, 2. Mai 1980.
Die Sache war ... S. 271. AG, 6. August 1964.
Wenn aber Annettes innigster Wunsch ... S. 271. S. Carola, 2. Mai 1980.
... daß Alberto Gefallen ... S. 271. D. Sylvester, 9. Januar 1970. J. Leymarie, 2. Februar 1970. M. Lefebvre-Foinet, 6. Februar 1970. A. Maeght, 29. Mai 1970. J.-P. Lacloche, 11. September 1974. BG und OG, 10. November 1975. H. Cartier-Bresson, 28. November 1977 und 20. Juni 1931. L. Clayeux, 4. Juni 1978. S. Carola, 2. Mai 1980.
Auch Diego ... S. 272. DG, 31. Januar 1973; 21. Februar 1975; 13. Dezember 1978.
«Ach, er ist unmöglich ...» S. 274. DG, 21. Oktober 1970.
Er legte Wert darauf ... S. 274. H. Wescher, 18. Februar 1970. D. Sylvester, 8. März 1970.
Alberto bestand darauf ... S. 275. M. Maeght, 7. Februar 1972.

Er hieß G. David Thompson ... S. 275. DG, 26. Januar 1970; 17. Oktober 1971. C. Weidler, 24. Februar 1971. R. Washburn, 13. Mai 1971.
Es gab Augenblicke ... S. 276. BG und OG, 1. Juli 1970.
«Ein Glück ...» S. 277. DG, 15. Mai 1980.
Einmal während dieser ... S. 277. DG, 6. Juli 1981.
Giacomettis sorgfältige ... S. 278. Brief von AG an Pierre Matisse, 1951.

48
Die Kriegszeit ... S. 279. Bibl. 119.
Henri Laurens ... S. 281. C. Laurens, 10. Juli 1981.
Die Galerie Maeght ... S. 282. Pierre Matisse, 21. April 1971.
Clayeux fühlte sich ... S. 283. L. Clayeux, 23. Juni 1971.
Im Sommer 1954 ... S. 284. M. Duthuit, 27. April 1978.
Aber das Alter ... S. 284. M. Duthuit, 6. Oktober 1976. Brief von AG an seine Mutter, 28. Juni 1958. Bibl. 46.
André Derain ... S. 285. E. Defferre, 5. Februar 1972.

49
Sie hieß Léna Leclerq ... S. 287. Balthus, 21. Oktober 1970. A. de Watteville, 25. Oktober 1971.
Der Maler ... S. 288. L. Bataille, 2. Februar 1982.
Eines Tages ... S. 291. R. Wernick, 29. April 1970. J. Genet, 14. Mai 1970.
«Aber ich sehe ...» S. 291. Bibl. 44.
Nach einiger Zeit ... S. 292. Bibl. 49.
Giacometti äußerte sich ... S. 293. Y. Bonnefoy, 21. Mai 1970. Undatierter Eintrag in Notizheft AG.
Einmal kam eine alte ... S. 293. G. Plénel, 3. Juli 1973.

50
In seiner Zusage ... S. 295. Brief von AG an R. Cogniat, 5. Dezember 1955.
«Wenn man an eine Person ...» S. 297. Bibl. 49.
Sobald sich der Blick des Beschauers ... S. 297. Bibl. 47.
Durch diese der Gravitation vergleichbare ... S. 297. Bibl. 252.
«Ich weiß es nicht.» S. 297. D. Kronig, 20. Februar 1972.

«Merkwürdige Füße...» S. 297. Bibl. 44.
Anfang Juni... S. 298. Brief von AG an Pierre Matisse, 1956.
Bei der Party... S. 299. E. W. Kornfeld, 27. Februar 1975.
... aber Alberto nahm die Rolle... S. 301. Bibl. 308.
Monsieur et Madame Arm... S. 301. Annette Giacometti, 27. August 1964.
Doch nicht nur Annette... S. 302. S. Bruguiére, 23. Februar 1970. Patricia Matisse, 24. April 1970.
Eines Tages saßen... S. 303. A. Geissbühler, 30. März 1971.
«Haare sind...» S. 304. S. Schneider, 29. Juli 1970.
Eines Tages erklärte er... S. 304. J. Hartmann, 20. Juni 1971.
Mit Sorge... S. 304. DG, 31. Januar 1973.

51

Isaku Yanaihara... S. 307. Brief von H. Scott Stokes an Autor, 16. Dezember 1981.
Das Leben in Paris... S. 308. Idem. Bibl. 59.
Eines Tages... S. 308. I. Yanaihara, 7. Februar 1982.
Die Reise nach Ägypten... S. 309. Bibl. 60.
Diego teilte diese... S. 310. DG, 2. Oktober 1973; 21. Februar 1984.
Yanaihara entdeckte... S. 310. Bibl. 60.
Yanaiharas Heimreise... S. 310. I. Yanaihara, 7. Februar 1982.
Eines Nachmittags... S. 311. Bibl. 60.
«Mir schien...» S. 312. Bibl. 49.

52

Im Jahre 1956... S. 313. G. Bunshaft, 18. März 1971.
Thompson war die große... S. 315. C. Weidler, 24. Februar 1971.
«Schaut euch bloß...» S. 316. H. Roethel, 25. Mai 1977.
Wie er keine Probleme... S. 316. S. Souvtchinski, 4. November 1971. Brief von AG an seine Mutter, 11. Oktober 1957. Brief von R. Craft an Autor, 26. Oktober 1971.
Im Juni 1957... S. 317. DG, 28. Juni 1973; 26. November 1978.
Mit Befriedigung schrieb... S. 318. Brief von AG an seine Mutter, 2. Juni 1957.
Während in den Räumen... S. 318. DG, 17. Dezember und 9. März 1972; 5. Januar 1975. Brief von AG an Pierre Matisse, 16. Mai 1958.
Diego gefiel jedenfalls... S. 320. DG, 11. Mai 1970.
Am folgenden Abend,... S. 320. Brief von AG an seine Mutter, 29. September 1957.

53

«Das Gefühl, das ich...» S. 321. Bibl 10.
Das sei der Sinn... S. 321. AG, Brief an Pierre Matisse, 24. April 1958. AG, Brief an einen unbekannten Empfänger, 13. Februar 1960.
Dementsprechend hätte er natürlich... S. 322. Bibl. 262.
Im Sommer 1958... S. 322. Brief von H. Scott Strokes an Autor, 16. Dezember 1981.
«Ich weiß, daß...» S. 324. Brief von seiner Mutter an AG, 10. Februar 1962.
«Es tut mir leid...» S. 324. Brief von seiner Mutter an AG, 28. März 1961.
«Arbeite tüchtig...» S. 324. Brief von seiner Mutter an AG, 7. Oktober 1961.
Während seines Klinikaufenthalts... S. 326. M. Leiris, 10. November 1971.
Selbstmord tauchte... S. 326. Bibl. 49.
«Heute fühle ich mich...» S. 327. AG, Gespräch, März 1960.
Bermerkungen über... S. 328. Bibl. 84.
Er suchte eine Grundstruktur... S. 329. Bibl. 36.
Aus Giacomettis Werk... S. 329. Bibl. 46.

54

An einem Oktoberabend... S. 330. Caroline, 30. Juni; 3. Juli; 5. Oktober 1971.
Zunächst einmal... S. 332. AG, 25. September 1964. Caroline, 3. Juli und 24. September 1971.
Marlene Dietrich... S. 334. M. Dietrich, Brief an Autor, 29. Januar 1982.
Am 20. November 1959... S. 335. DG, 4. Oktober 1970.
Sie fühlten sich zueinander... S. 335. AG, 12. September 1964. BG, 27. September 1974.
Caroline wollte... S. 335. Caroline, 24. September 1971.
«Glücklicherweise...» S. 336. Brief von AG an Pierre Matisse, 2. Februar 1960.
Wir wissen nicht... S. 336. Annette, Brief an die Mutter von AG, 20. Dezember 1959. S. Carola, 17. Februar 1979.
Irgendwann im Winter... S. 337. Caroline,

29. September 1971. AG, Brief an Caroline, 1. März 1960.
Diego brauchte… S. 338. DG, 6. September 1973.
Der schlug den Rat… S. 338. AG, 13. September 1964.
Annette nahm zunächst… S. 338. Caroline, 5. Oktober 1971.
Ende Februar… S. 338. AG, undatierter Brief an Caroline aus Zürich.
Es war ganz in… S. 339. AG, Brief an Caroline, 1. März 1960. Caroline, Brief an AG, 1960.
Dann verschwand Caroline… S. 339. AG, Brief an Caroline, 2. Mai 1960.
Giacometti konnte ungewöhnliche… S. 340. Briefe AG an Caroline, 2., 5. und 6. Mai 1960.
Am 20. Mai 1960… S. 342. Dokument 472.

55
Zu spät erkannte… S. 342. Caroline, 29. September 1971.
Obwohl sie eifersüchtig… S. 343. AG, 6. August 1964.
«Wenn ich aber jemals…» S. 343. Bibl. 46.
Giacometti erklärte… S. 345. AG, Brief an Pierre Matisse, 29. April 1960.
Carolines Persönlichkeit… S. 346. Caroline, 3. Juli und 24. September 1971. Caroline, Brief an AG, Juni 1960.
«Das braucht er…» S. 347. Bibl. 57.
Eines Tages… S. 347. A. Maeght, 28. Oktober 1969.
Während ihres Gefängnisaufenthaltes… S. 347. R. Leibowitz, 2. Juni 1970. L. Whiffin, 9. August 1970.
Nachdem Guiguite… S. 349. A. Maeght, 29. Mai 1970.
Für Leute, die Alberto… S. 350. Patricia Matisse, 9. Februar 1970. G.-L. Roux, 28. Februar 1970. DG, 20. Mai 1970. A. Maeght, 29. Mai 1970. S. Carola, 2. Mai 1980.
… aber alte Freunde waren manchmal… S. 350. L. Fernandez, 9. Juni 1973.
Er wollte einen Teil… S. 350. Caroline, 3. Juli 1971. Bibl. 46.

56
«Es würde uns allen…» S. 352. S. Beckett, Brief an AG, 3. März 1961.
«Eine ganze Nacht lang…» S. 353. Bibl. 57.

Die Begegnung mit Yanaihara… S. 354. DG, 28. Juni 1982.
Sie verlangte… S. 355. Caroline, 30. Juni 1971.
Es kam zu heftigen Szenen… S. 355. G. Masurovsky, 8. Januar 1972.
Nicht nur Annette… S. 355. OG, 21. Oktober 1978.
Giacometti war von… S. 355. Bibl. 121.
Annettes Zornausbrüche… S. 355. Annette, undatierter Brief an AG.
Alberto machte sich Sorgen… S. 356. J.-P. Lacloche, 24. Januar 1972.
… brennende Licht… S. 356. Annette, undatierter Brief an AG.
Albertos Mutter… S. 356. Brief von seiner Mutter an AG, 23. April 1961.
In ihrem Sommerhaus… S. 356. OG, 2. Juli 1982.
Die Gesundheit Annettas… S. 357. DG, 11. September 1979.
Am 5. August 1961… S. 357. BG, 30. Juni 1970. S. Berthoud, 2. Mai 1982.
Einigen Leuten gegenüber… S. 358. J. Hartmann, 20. Juni 1971.
«Ich weiß nicht…» S. 359. Undatierter Brief AG an Christoph Bernoulli, um 1960.

57
Auch Caroline… S. 359. Caroline, 29. September 1971.
«Man sagt, dass…» S. 360. Bibl. 46.
Das als einen… S. 360. AG, Brief an Caroline, 10. Juli 1961.
«Ich war sein Wahnsinnstraum.» S. 361. Caroline, 3. Juli 1971.
Caroline liebte… S. 361. Caroline, 30. Juni 1971.
Diego war unglücklich… S. 361. DG, 14. Januar 1970.
Annette meinte… S. 361. Annette Giacometti, 24. Mai 1970.
… denn er schrieb seiner Mutter… S. 363. AG, Brief an seine Mutter, 31. Januar 1960.
So viele Arbeiten… S. 363. DG, 10. Oktober 1971; 22. Juni 1972; 8. Juni 1973; 28. Juni 1982.
Während Giacomettis… S. 365. Caroline, 24. September 1971. Undatierter Brief Caroline an AG, 1962; Brief Caroline an AG, 4. Juli 1962; undatierter Brief Caroline an AG, 1962.
«Zwanzig Jahre früher…» S. 366. C. Weidler, 24. Februar 1971.

«Niemand arbeitet in meiner ...» S. 367. Bibl. 60.
Alberto sagte... S. 367. Bibl. 58.
«Sie kann einen fertigen...» S. 367. Bibl. 23.
«Malerei, wie wir...» S. 368. Bibl. 36.

58
G. David Thompson... S. 368. C. Weidler, 24. Februar 1971. R. Washburn, 13. Mai 1971.
Thompson wiederholte... S. 368. DG, 8. August 1972.
Eine Woche später... S. 369. E. Beyeler, 22. Juni 1970.
Annette ließ sich nicht... S. 369. L. Clayeux, 27. Mai 1970. BG und OG, 25. Juni 1972. A. und E. Geissbühler, 30. März 1971. Caroline, 3. Juli 1971. L. Clayeux, 4. Juni 1978.
Sie suchte Sympathie... S. 370. Annette Giacometti, 24. März 1970. J.-P. Lacloche, 28. Juli 1970 und 16. Oktober 1970.
Jean-Pierre Lacloche... S. 370. J.-P. Lacloche, 28. Juli 1970.
Die gelegentlichen Besuche... S. 371. I. Rawsthorne, 13. März 1971.
... weniger einem schmerzlichen Aufheulen... S. 372. Bibl. 142.
Die wirklichen Freunde... S. 373. J. Bernard, 7. Juni 1973.
Alberto mochte Bacon... S. 373. F. Bacon, 18. April 1970.
«Meinst du, daß...» S. 373. AG, 18. September 1964.
An einem Abend... S. 373. I. Rawsthorne, 7. Juni 1973.
In privatem Kreis... S. 374. R. Mason, 22. Januar 1970.
Jahrelang hatte er... S. 374. AG, 30. September 1964. R. Ratti, 30. Juni 1970.
Der war niemand anders... S. 375. R. Leibovici, 14. Mai und 22. September 1970.
Dr. Leibovici... S. 375. Idem. R. Ratti 30. Juni 1970.
«Wenn ich Krebs hätte...» S. 375. S. Lacan, 25. Mai 1970.
Fraenkel hatte es nicht... S. 376. Annette Giacometti, 24. März 1970.
Das trug Annette... S. 376. R. Leibovici, 14. Mai 1970.
Er kehrte jedoch... S. 377. Idem. E. Kornfeld 27. Februar 1975
... fragte er seinen Freund Fraenkel... S. 377. Annette Giacometti, 24. März 1970.

Diego wollte von... S. 377. DG, 9. Mai 1973.
Dr. Corbetta... S. 377. AG, 28. September 1964.
Annette Giacometti, 24. März 1970. DG, 9. Mai 1973.
Fast schien es... S. 379. R. Montandon, 6. März 1970. M. Fraenkel, 13. Januar 1975.
An seiner eigenen Lebenskraft... S. 379. AG, 30. September 1964.
Im Bewußtsein... S. 381. R. Ratti, 30. Juni 1970.

59
«Vor mehr als zwanzig...» S. 383. Bibl. 156.
Giacometti war wie vom... S. 383. AG, 24. September 1964.
Es gab keine Versöhnung. S. 385. J. Leymarie, 27. April 1970. DG, 1. März 1972.
Mehr denn je... S. 386. Annette Giacometti, 24. Mai 1970.
Die Matriarchin... S. 386. AG, 30. September 1964. DG, 15. Februar 1973; 7. Februar und 15. Mai 1980. BG und OG, 1. Juli 1970; 27. September 1974; 9. Juli 1978. Annette Giacometti, 24. Mai 1970. S. Berthoud, 11. Dezember 1974.
«Ein Kopf mit unnatürlichen...» S. 458. Bibl. 46.
«Für mich...» S. 389. Bibl. 25.

60
In ihrer eigenen Wohnung... S. 390. Caroline, 30. Juni 1971. J.-P. Lacloche, 28. Juli 1970; 12. November 1970.
«Ein Mann, der...» S. 391. BG und OG, 24. Juni 1970.
Die Scheidung wurde... S. 391. J.-P. Lacloche, 30. Juli 1970. L. Clayeux, 23. Junu 1971. S. Carola, 2. Mai 1980.
Sie wünschte sich... S. 391. AG, 6. August 1964.
«Es gibt viele Leute...» S. 392. AG, 29. August 1964.
Annette schlief schlecht... S. 392. I. Rawsthorne, 13. März 1970. Caroline, 24. September 1971.
Annette hatte weder die Kraft... S. 392. Annette Giacometti, 24. März 1970.
Dank Albertos Hilfe... S. 393. AG, 13. September 1964. Caroline, 29. September 1971.
Eines Tages, als ein... S. 393. J. Hartmann, 20. Juni 1971.
Sofern Caroline eine... S. 394. AG, 13. September 1964. L. Clayeux, 27. Mai 1970. DG, 21. Dezember 1972.
Alberto mochte sie nicht... S. 394. Y. Bonnefoy, 21. Mai 1970.

Caroline war nicht das einzige ... S. 394. AG, 15. September 1964.
Eine hübsche Tänzerin ... S. 395. BG, 26. Juni 1970. M. Béjart, 8. Februar 1971.
Sie wünschte sich ein Kind ... S. 395. Caroline, 5. Oktober 1971.
Alberto fühlte sich Freunden ... S. 396. F. Mayo, 2. März 1971. Briefe von F. Mayo an Autor, 20. Dezember 1971; 26. März 1972.

61
Aimé Maeght ... S. 397. AG, 23. und 28. September 1964. DG, 6. Februar 1970; 11. Januar 1972; 9. Mai 1977; 24. September 1981; 10. August 1982. J. Leymarie, 2. Februar 1970. Patricia Matisse, 14. Februar 1970. Pierre Matisse, 8. und 9. Juli 1970; 8. März 1977. D. Lelong, 8. und 25. Mai 1970; 23. Juni und 13. Oktober 1971. L. Clayeux, 27. Mai 1970. G. Picon, 10. Oktober 1970. BG, 17. November 1975. J. Dupin, 24. Februar 1978. Y. Bonnefoy, 18. Oktober 1978.
«Ich bestaune ihn» ... S. 398. Idem. Bibl. 133.
Es ist nicht unnatürlich ... S. 402. J.-P. Lacloche, 28. und 30. Juli 1970. L. Clayeux, 23. Juni 1971. DG, 5. Januar 1972. BG und OG, 9. Juli 1978.
Élie Lotar ... S. 403. M. Quesada-Brujas, 15. Januar 1979.
«Als Michelangelo ...» S. 405. Bibl. 23.

62
In diesem Hotel ... S. 407. D. Sylvester, 15. Juni 1970. DG, 21. September 1979.
Der Grund dieses ... S. 407. L. Clayeux, 27. Mai 1970.
In New York war ... S. 407. AG, Brief an Autor, September 1965.
Annette dachte ... S. 407. BG und OG, 26. Juni 1970.
«Aufs Meer habe ich ...» S. 409. Bibl. 45.
Annette machte sich ... S. 410. Annette Giacometti, 29. Januar 1970.
Alberto hielt ihr entgegen ... S. 410. H. Cartier-Bresson, 18. Mai 1970.
So war es auch ... S. 411. J.-P. Lacloche, 28. Juli 1970.
«Es ist seltsam ...» S. 412. Bibl. 46.
Die Zeremonie in Bern ... S. 412. OG, 25. Juni 1970. BG, 26. September 1974; 10. November 1975; 22. Oktober 1978. E. Kornfeld, 21. Juni 1970; 9. Juli 1978.
Zurück in Paris ... S. 413. Bibl. 263.
«Jetzt ist es drei Uhr ...» S. 413. Bibl. 38.
«Es scheint unmöglich ...» S. 414. Bibl. 263.
In jener Nacht ... S. 414. Bibl. 46.

63
Renato Stampa ... S. 414. Bibl. 46
Der Chefarzt ... S. 415. N. Markoff, 30. Juni 1970. R. Ratti, 24. September 1970. Bibl. 46.
«Ich bin überzeugt ...» S. 416. Bibl. 46.
Annette wurde in Chur ... S. 416. Annette Giacometti, 24. Mai 1970.
Diego kam wieder ... S. 417. BG, 1. Juli 1970.
Am 31. Dezember ... S. 417. R. Ratti, 30. Juni 1970.
In den ersten Tagen ... S. 417. Caroline, 30. Juni 1971.
Er stand auf ... S. 417. Idem. BG, 10. Juli 1982.
Annette war wütend ... S. 418. BG und OG, 24, 25, 26. Juni 1970.
Als Dr. Markoff ... S. 418. N. Markoff, 30. Juni 1970.
«Was habe ich mir ...» S. 418. BG und OG, 30. Juni und 1. Juli 1970
«Nun ja ...» S. 418. Bibl. 57.
«Ich werde verrückt ...» S. 418. N. Markoff, 30. Juni 1970.
Am Samstag ... S. 419. Caroline, 30. Juni 1971.
Giacometti macht sich ... S. 419. N. Markoff, 30. Juni 1971.
«Ich will nicht ...» S. 419. Pierre Matisse, 21. April 1971.
«Bald werde ich ...» S. 419. N. Markoff, 30. Juni 1971.
Bruno saß die ganze ... S. 419. BG. 1. Juli 1970.
Inzwischen war ... S. 420. Patricia Matisse, Brief an Autor, 16. Januar 1966.
Bruno und Diego ... S. 420. Annette Giacometti, 24. Mai 1970.
Im Laufe des Morgens ... S. 420. Caroline, 30. Juni und 29. September 1971.
Diego und Bruno ... S. 421. BG und OG, 1. Juli 1970.
In der Dämmerung ... S. 421. Idem. Caroline, 29. September 1971.
Annette war noch ... S. 421. Annette Giacometti, 24. Mai 1970.
Gegen sieben Uhr ... S. 422. N. Markoff, 30. Juni 1970.
In Zürich ... S. 422. Patricia Matisse, Brief an Autor, 16. Januar 1966.

Im Krankenzimmer... S. 422. BG und OG, 1. Juli 1970.
Gegen zehn Uhr... S. 422. Idem. Annette, 24. Mai 1970. Caroline, 29. September 1971.
Pierre Matisse... S. 422. S. Matisse, Brief an Autor, 14. Februar 1966.
Noch immer fiel... S. 423. Caroline, 29. September 1971.
Es wurde eine... S. 424. N. Markoff, 30. Juni 1970.
Am Tage nach... S. 424. DG, 18. Januar, 3. Februar, 21. September 1979; 13. April 1980; 10. August 1982.
Die Beerdigung... S. 424. DG, 26. Januar 1970; 8. Februar 1978; 21. September 1979; 13. Januar 1981. G. Picon, 10. Oktober 1970. D. Giovanoli, 12. September 1971.
«Seht nur...» S. 425. Pierre Matisse, Brief an Autor, 14. Februar 1966.
Aber die Leute... S. 425. BG, 1. Juli 1970.
Das kleine Dorf Stampa... S. 425. DG, 21. September 1979; 13. Januar 1981.
Der Pfarrer war... S. 426. D. Giovanoli, 12. September 1971.
Als Kind hatte... S. 427. Bibl. 5.
Die Familie, die engsten Freunde... S. 427. BG und OG, 1. Juli 1970.

Bibliographie

Dieses Buch über das Leben Alberto Giacomettis wendet sich an allgemein interessierte Leser; beim Schreiben blieben jedoch auch die Ansprüche der Wissenschaftler nicht unberücksichtigt, und ich hoffe, daß die Lektüre beiden Gruppen zusagen wird. Da ich selbst kein Wissenschaftler bin, habe ich weder erstrebt noch ernstlich versucht, ein Werk zu schaffen, das den strengen Kriterien einer wissenschaftlichen Arbeit genügen könnte. Es erschien mir deshalb unangebracht, dem Anhang eine umfassende Bibliographie beizufügen. Sie hätte dieses an sich schon sehr lange Buch um nicht wenige Seiten verlängert. Die folgende Liste enthält daher, soweit es mir wesentlich und notwendig erschien, alle veröffentlichten Materialien nebst einer Menge anderer Hinweise. Jedenfalls ist alles aufgenommen, was mir bei der Entstehung meines Werkes von Nutzen war. Wer die Liste unzureichend findet, wird leicht Wege finden, diesen Mißstand seinen Bedürfnissen gemäß zu beheben.

Texte von Alberto Giacometti
1. «Objets mobiles et muets». *Le Surréalisme au service de la révolution*, Paris, No. 3 (Dezember 1931), pp. 18–19; ill. von Giacometti.
2. «Charbon d'herbe». *Le Surréalisme au service de la révolution*, Paris, No. 5 (Mai 1933), p. 15; ill. von Giacometti.
3. «Poème en sept espaces». *Ibid.*
4. «Le rideau brun». *Ibid.*
5. «Hier, sables mouvants». *Ibid.*, pp. 44–45.
6. (Antworten auf eine Umfrage) «Recherches expérimentales: A. Sur la connaissance irrationnelle de l'objet: Boule de cristal des voyantes. B. Sur la connaissance irrationnelle de l'objet: Un morceau de velours rose. C. Sur les possibilités irrationnelles de pénétration et d'orientation dans un tableau: Georgio (sic) De Chirico: L'énigme d'une journée. D. Sur les possibilités irrationnelles de vie à une date quelconque. E. Sur certaines possibilités d'embellissement irrationnel d'une vie.» *Le Surréalisme au service de la révolution*, Paris, No. 6 (Mai 1933), pp. 10–19.
7. (Antworten auf die von André Breton und Paul Eluard veranstaltete Umfrage) «Enquête: Pouvez-vous dire quelle a été la rencontre capitale de votre vie? Jusqu'à quel point cette rencontre vous a-t-elle donné, vous donne-t-elle l'impression du fortuit? du nécessaire?» *Minotaure*, Paris, No. 3–4 (1933), pp. 101–116.
8. (*Le Palais de 4 heures.*) *Ibid*, pp. 46–47.
9. «Le dialogue en 1934» (André Breton und Alberto Giacometti). *Documents* Bruxelles, nouvelle série, No. 1 (Juni 1934), p. 25.
10. «Un sculpteur vu par un sculpteur: Henri Laurens». *Labyrinthe*, Genf, No. 4 (15. Januar 1945), p. 3.
11. «À propos de Jacques Callot». *Labyrinthe*, Genf, No. 7 (15. April 1945), p. 3.
12. «Le rêve, le Sphynx et la mort de T». *Labyrinthe*, Genf, No. 22–23 (15. Dezember 1946), pp. 12–13; ill. von Giacometti.
13. «Lettre à Pierre Matisse» abgedruckt und übersetzt in *Alberto Giacometti* (Ausstellungskatalog). New York: Pierre Matisse Gallery, 1948. Siehe Bibl. 89.
14. Auszug aus einem Brief an Pierre Matisse und Bemerkungen zur Bedeutung der Werktitel *Alberto Giacometti* (Ausstellungskatalog). New York: Pierre Matisse Gallery, 1950. Siehe Bibl. 90.
15. Charbonnier, Georges: «Entretien avec Alberto Giacometti». Paris, ORTF, 3. März 1951. Veröffentlicht unter dem Titel «Entretien avec Alberto Giacometti» in *Le Monologue du peintre*, Paris, René Julliard, 1959, pp. 159–170.
16. «1 + 1 = 3». *Transformation*, New York, No. 3, 1952, pp. 165–167; ill. von Giacometti. Neuausgabe der Bibl. 6 und Bibl. 11.
17. Taillandier, Y(von): «Samtal med Giacometti». Interview in *Konstrevy*, Stockholm, 28 (No 6, 1952), pp. 262–267; ill.
18. «Témoignages». XXe siècle, Paris, nouvelle série No. 2 (Januar 1952), pp. 71–72. «Poème en prose», ill. von Giacometti.
19. «Gris, brun, noir» (Über Georges Braque). *Derrière le miroir*, Paris, No. 48–49 (Juni 1952), pp. 1–2, 5–6.

20. «Mai 1920». *Verve*, Paris, 7 (15. Januar 1953), pp. 33–34. Ill. von Giacometti mit Zeichnungen nach Cimabue und Cézanne.
21. «Derain». Derrière le miroir, Paris, No. 94–95 (Februar/März 1957), pp. 7–8.
22. (Antworten auf eine Umfrage) «À chacun sa réalité: Enquête de Pierre Volboudt». XXe siècle, Paris, nouvelle série No. 9 (Juni 1957), p. 35.
23. «La voiture démystifiée». *Arts*, Paris, No. 639 (9.–15. Oktober 1957), pp. 1–4.
24. Watt, Alexander: «Paris Letter: Conversation with Alberto Giacometti». Interview in *Art in America*, 48 (No. 4, 1960), pp. 100–102; ill.
25. Schneider, Pierre: «Ma longue marche, de Alberto Giacometti». Interview in *L'Express*, Paris, No. 521 (8. Juni 1961), pp. 48–50 und Umschlag; ill.
26. Einladungstext zur Ausstellung «Gaston-Louis Roux». Paris, galerie des *Cahiers d'Art*, 1962.
27. Parinaud, André: «Entretien avec Alberto Giacometti: Pourquoi je suis sculpteur». Interview in *Arts*, Paris, No. 873 (13.–19. Juni 1962), pp. 1, 5; ill.
28. Schneider, Pierre: «Au Louvre avec Giacometti». Interview in *Preuves*, Paris, No. 139 (September 1962), pp. 23–30; ill.
29. Dumayet, Pierre: «La difficulté de faire une tête; Giacometti». Interview in *Le Nouveau Candide*, Paris, 6. Juni 1963.
30. Drot, Jean-Marie: «Alberto Giacometti». Fernsehinterview, Paris, ORTF, 19. November 1963.
31. «31 août 1963» (Hommage à Georges Braque). *Derrière le miroir*, Paris, No. 144-146 (Mai 1964), pp. 8–9; ill. von Giacometti.
32. Maugis, Marie-Thérèse: «Entretien sur l'art actuel: Marie-Thérèse Maugis avec ... Alberto Giacometti: ‹Moi je suis à contre-courant›». Interview in *Les Lettres françaises*, Paris, 6.–19. August 1964, pp. 1, 14; ill.
33. Kessler, Ludy: «Alberto Giacometti». Fernsehinterview, Televisione della Svizzera Italiana, Sommer 1964.
34. Sylvester, David: Fernsehinterview. London: BBC Third Programme, September 1964.
35. Dupin, Jacques: Interview, 1965, für den Film *Alberto Giacometti* von Ernst Scheidegger. Zürich: 1966.
36. Lake, Carlton: «The Wisdom of Giacometti». Interview in *The Atlantic Monthly*, Boston, 216 (September 1965), pp. 117–126; ill.
37. «Tout cela n'est pas grand-chose». *L'Éphémère*, Paris, No. 1(1967), p. 102.
38. *Paris sans fin*. Texte zusammengestellt aus Notizen Giacomettis aus den Jahren 1963 bis 1965 und 150 Lithographien des Künstlers. Paris, Tériade, 1969.

Monographien

39. *Alberto Giacometti, dessins 1914-1965*. Avec des poèmes d'André du Bouchet. Paris: Maeght Éditeur, 1969.
40. Brenson, Michael: «The Early Work of Alberto Giacometti, 1925–1935». Unpublizierte Dissertation. Baltimore, Md.: Johns Hopkins University, 1974. Bibliographie.
41. Bucarelli, Palma: *Giacometti*. Rom Editalia, 1962. Bibliographie.
42. Coulonges, Henri et Martini, Alberto. *Giacometti peintures*. No. 55 in der Reihe «Chefs-d'œuvre de l'art: grands peintres», Mailand: Fabbri; Paris: Hachette, 1967.
43. Dupin, Jacques: *Alberto Giacometti*. Paris: Maeght Éditeur, 1962. Bibliographie.
44. Genet, Jean: *Alberto Giacometti* (L'Atelier d'Alberto Giacometti), mit 16 Zeichnungen von Alberto Giacometti und 12 Atelieraufnahmen von Ernst Scheidegger, Zürich: Scheidegger, 1962.
45. Carluccio, Luigi: [Einführung zu] *Begegnung mit der Vergangenheit. Kopien nach alter Kunst*. Zürich: Scheidegger, 1968.
46. Hohl, Reinhold, *Alberto Giacometti*. Stuttgart. Hatje, 1971. Unveränderter Neudruck 1987. (Ausführliche Bibliographie. Die bis zum heutigen Tag ausführlichste Monographie.)
47. Huber, Carlo: *Alberto Giacometti*. Zürich: Ex Libris, 1970. Bibliographie.
48. Jedlicka, Gotthard: *Alberto Giacometti als Zeichner*. Olten: Bücherfreunde, 1960.
49. Lord, James: *A Giacometti portrait*. New York: The Museum of Modern Art, 1965.
50. Id.: *Alberto Giacometti: Drawings*. Greenwich, Conn., New York Graphic Society.
51. Meyer, Franz: *Alberto Giacometti: Eine Kunst existentieller Wirklichkeit*. Frauenfeld: Verlag Huber, 1968.
52. Moulin, Raoul-Jean: *Giacometti: sculptu-*

res. No. 62 in der Reihe «Petite Encyclopédie de l'art». Paris: Fernand Hazan, 1964.
53. Negri, Mario et Terrasse, Antoine: *Giacometti sculptures*. No. 51 in der Sammlung «Chefs-d'œuvre de l'art: grands peintres». Mailand: Fabbri; Paris: Hachette, 1969.
54. *Quarantacinque Disegni di Alberto Giacometti*. Préface de Jean Leymarie. Turin, Einaudi, 1963.
55. Rotzler, Willy und Adelmann, Marianne: *Alberto Giacometti*. Bern: Hallwag, 1970.
56. Scheidegger, Ernst, Hrsg.: *Schriften, Fotos, Zeichnungen*. Zürich: Verlag der Arche, 1958.
57. Soavi, Giorgio. *Il mio Giacometti*. Mailand: All'Insegna del Pesce d'Oro, 1966.
58. Sylvester, David: «Looking at Giacometti». London, Chatto and Windus, 1994.
59. Yanaihara, Isaku: *Alberto Giacometti*. Tokyo: Misusu, 1958. ill.
60. Id.: *L'Amitié avec Giacometti*. Tokyo: Chiku ma Shobo, 1969.

Ausstellungskataloge
Amsterdam
61. Stedelijk Museum (5. November – 19. Dezember 1965): *Alberto Giacometti*: Tekeningen. Bibliographie.

Basel
62. Galerie Beyeler (Juli – September 1963): *Alberto Giacometti: Zeichnungen, Gemälde, Skulpturen*. Abdruck des Briefes an Pierre Matisse (Bibl. 13). Auszüge aus dem Interview von André Parinaud (Bibl. 27). Neuausgabe des Kataloges als Monographie mit einem Vorwort von Michel Leiris.
63. Kunsthalle (6. Mai – 11. Juni 1950): *André Masson, Alberto Giacometti*, Text von Giacometti, Neuausgabe von Bibl. 13.
64. Id.: (30. August – 10. Oktober 1952): *Phantastische Kunst des XX. Jahrhunderts*: Essays de H. P., W. J. M. et St. Bibliographie.
65. Id.: (25. Juni – 28. August 1966): *Giacometti*. Einführung von Franz Meyer; Essay «Giacometti als Nachbar», von Herta Wescher.

Berlin
66. Kunstkabinett (1965): *Giacometti-Zeichnungen*. Katalog von Lothar Lange.

Bern
67. Kornfeld und Klipstein (18. Juli – 22. August 1959): *Alberto Giacometti*.
68. Kunsthalle (14. Februar – 29. März 1948): *Sculpteurs contemporains de l'École de Paris*. Einführung von Jean Cassou und Arnold Rüdlinger.
69. Kunsthalle (16. Juni – 22. Juli 1956): *Alberto Giacometti*. Einführung von Franz Meyer.

Brüssel
70. Palais international des Beaux-Arts (17. April – 19. Oktober 1958): *Exposition universelle et internationale de Bruxelles 1958: 50 ans d'art moderne*. Text von Ém(ile) Langui.

Chicago
71. The Arts Club of Chicago (4. November – 1. Dezember 1953). Ausstellungskarte und Liste der Plastiken und Bilder Giacomettis.

Genf
72. Galerie Krugier et Cie (30. Mai – 15. Juli 1963): *Alberto Giacometti*.

Hannover
73. Kestner-Gesellschaft (6. Oktober – 6. November 1966): *Alberto Giacometti*: Zeichnungen. Einführung von Wieland Schmied; Essays von Wieland Schmied, Christoph Bernoulli und Jean Genet. Bibliographie.

Humlebaek
74. Louisiana Museum (18. September – 24. Oktober 1965): *Alberto Giacometti*.

Irvine
75. Art Gallery, University of California (17. Mai – 12. Juni 1966): *Five Europeans: Bacon, Balthus, Dubuffet, Giacometti, Morandi. Paintings and drawings*. Einführung von John Coplans.

Kassel
76. Orangerie (11. Juli – 11. Oktober 1959): *Documenta 1959: Kunst nach 1945: Internationale Ausstellung*. Essays verschiedener Autoren zu Giacometti. «Skulptur nach 1945» von Eduard Trier. Köln: Verlag DuMont, 1959.

77. Alte Galerie (27. Juni – 5. Oktober 1964): *Documenta III: Internationale Ausstellung*. Köln: DuMont, 1964.

Krefeld

78. Kaiser Wilhelm Museum (Mai – Oktober 1955): *Alberto Giacometti*. Essay von Paul Wember. Bibliographie. Ausstellung wurde an weiteren Orten gezeigt: Städtische Kunsthalle, Düsseldorf. Staatsgalerie, Stuttgart. Bibliographie.

London

79. The Arts Council Gallery, Arts Council of Great Britain (4. Juni – 9. Juli 1955): Einführung «Perpetuating the Transient», von David Sylvester; zwei Gedichte des Künstlers.
80. New Burlington Galleries (11. Juni – 4. Juli 1936): *The International Surrealist Exhibition*. Einführung von André Breton und Herbert Read.
81. The Tate Gallery (17. Juli – 30. August 1965): *Alberto Giacometti: Sculpture, Paintings, Drawings, 1913–1965*. Einführung und Essay «The residue of a vision», von David Sylvester. London: The Arts Council of Great Britain, 1965.

Luzern

82. Kunstmuseum (24. Februar – 31. März 1935): *Thèse, antithèse, synthèse*. Vorwort von Paul Hilber; kurze Essays verschiedener Autoren. Bibliographie.

Lugano

83. Museo Civico di Belle Arti (7. April – 17. Juni 1973): La *Svizzera Italiana onora Alberto Giacometti*. Einführung von Aurelio Longoni; Essays von Giorgio Soavi, Giancarlo Vigorelli, Franco Russoli, Piero Bianconi und Giuseppe Curonici. Bibliographie.

Milwaukee

84. The Milwaukee Art Center (1970): *Giacometti: The Complete Graphics and 15 Drawings*. Text und Werkkatalog des graphischen Werks von Herbert C. Lust. Weitere Ausstellungsorte: Albright-Knox Art Gallery, Buffalo; The High Museum of Art, Atlanta; The Finch College Museum of Art, New York; The Joslyn Art Museum, Omaha; The Museum of Fine Art, Houston; The San Francisco Museum of Art.
Der Katalog wurde 1970 als Monographie neu herausgegeben, erweitert mit einer Einführung von John Lloyd Taylor.

New York

85. Albert Loeb & Krugier Gallery (Dezember 1966): *Alberto Giacometti & Balthus: drawings*. Einführung von James Lord.
86. Arts of This Century Gallery (10. Februar – 10. März 1945): *Alberto Giacometti*. Texte aus verschiedenen Quellen von André Breton, Georges Hugnet, Julien Lévy und des Künstlers.
87. Julien Lévy Gallery (Dezember 1934): Ankündigung der Ausstellung mit einer Liste der Werke: *Abstract Sculpture by Alberto Giacometti*.
88. Knoedler Gallery (Dezember 1967): *Space and Dream*. Text von Robert Goldwater. New York, Walker and Company, in Zusammenarbeit mit M. Knoedler & Co., 1968.
89. Pierre Matisse Gallery (19. Januar – 14. Februar 1948): *Alberto Giacometti*. Einführung, «The Search for the Absolute», von Jean-Paul Sartre (Bibl. 285); «Brief an Pierre Matisse» (Bibl. 13).
90. Id.: (November 1950): *Alberto Giacometti*. Auszug aus einem Brief an Pierre Matisse und Bemerkungen zur Bedeutung der Werktitel (Bibl. 14).
91. Id.: (6.–31. Mai 1958): Illustrierte Einladung zur Ausstellung: *Giacometti Sculpture-paintings-drawings from 1956 to 1958*.
92. Id.: (12.–30. Dezember 1961): Broschüre zur Ausstellung und Liste der Werke: *Giacometti*. Text des Künstlers aus XXe siècle (Bibl. 22).
93. Id.: (17. November – 12. Dezember 1964): *Alberto Giacometti: Drawings*. Texte von James Lord.
94. The Museum of Modern Art (Dezember 1936 – Januar 1937): *Fantastic Art, Dada, Surrealism*. Katalog herausgegeben von Alfred H. Barr Jr. Essays von Georges Hugnet.
95. Id.: (29. April – 7. September 1953): *Sculpture of the Twentieth Century*. Katalog von Andrew Carnduff Ritchie. Abdruck von verschiedenen Texten des Künstlers. Bibliographie. Ausstellung im Philadelphia Museum of Art und im Art Institute of Chicago.
96. Id.: (30. September – 29. November 1959):

New Images of Man. Katalog von Peter Selz. Texte des Künstlers. New York. The Museum of Modern Art, in Zusammenarbeit mit The Baltimore Museum of Art, 1959. Bibliographie.

97. Id.: (9. Juni – 10. Oktober 1965): *Alberto Giacometti.* Einführung von Peter Selz. Abdruck des Briefs an Pierre Matisse (Bibl. 13): Ergänzungen des Künstlers. New York: The Museum of Modern Art, in Zusammenarbeit mit The Art Institute of Chicago, Los Angeles County Museum of Art und The San Francisco Museum of Art, 1965. Bibliographie.
98. Id.: (27. März – 9. Juni 1968): *Dada, Surrealism, and their Heritage.* Katalog von William S. Rubin. Bibliographie. Weitere Ausstellungsorte: Los Angeles County Museum of Art; Art Institute of Chicago.
99. Sidney Janis Gallery (6.–30. November 1968): *Giacometti & Dubuffet.*
100. The Solomon R. Guggenheim Museum (7. Juni–17. Juli 1955): Broschüre zur Ausstellung und Liste der Werke: *Alberto Giacometti.*
101. Id.: (3. Oktober 1962 – 6. Januar 1963): *Modern Sculpture from the Joseph H. Hirsborn Collection.* Bibliographie.
102. Id.: (Januar – März 1964): *Guggenheim International Award 1964.* Essay von Lawrence Alloway.
103. World House Galleries (12. Januar – 6. Februar 1960): *Giacometti.*

Paris
104. Galerie Claude Bernard (Mai 1968): *Alberto Giacometti: dessins.* Text von André du Bouchet.
105. Galerie Maeght (8.–30. Juni 1951): *Alberto Giacometti.* Text, «Pierres pour un Alberto Giacometti», von Michel Leiris. Paris: Editions Pierre à Feu, 1951.
106. Id.: (Mai 1954): *Giacometti.* Text, «Les peintures de Giacometti», von Jean-Paul Sartre. Paris: Editions Pierre à Feu, 1954.
107. Id.: (Juni 1957): *Alberto Giacometti.* Einführung, *L'Atelier d'Alberto Giacometti*, von Jean Genet. Paris: Editions Pierre à Feu, 1957.
108. Id.: (Mai 1961): *Giacometti.* Essays, «Alberto Giacometti dégaine», von Olivier Larronde; «Jamais d'espaces imaginaires», von Léna Leclercq; «Pages de journal», von Isaku Yanaihara.
109. Musée de l'Orangerie des Tuileries (24. Oktober 1969 – 12. Januar 1970): *Alberto Giacometti.* Einführung von Jean Leymarie. Texte aus verschiedenen Quellen von André Breton, Jean Genet, J.-P. Sartre und des Künstlers. Paris: ministère d'État, Affaires culturelles, Réunion des musées nationaux, 1969.

Pittsburgh
110. Department of Fine Arts, Carnegie Institute (27. Oktober 1961 – 7. Januar 1962): *The 1961 Pittsburgh International Exhibition of Contemporary Painting and Sculpture.* Einführung von Gordon Bailey Washburn.

Providence
111. Museum of Art, Rhode Island School of Design (Sommer 1970): *Giacometti: Dubuffet.* Vorwort von Daniel Robbins; Einleitung und bibliographische Hinweise von James Lord. Katalog veröffentlicht in *Bulletin de Rhode Island School of Design*, 56 (März 1970).

Rom
112. Accademia di Francia, Villa Medici (24. Oktober – 14. Dezember 1970): *Alberto Giacometti.* Einführung von Jean Leymarie (Bibl. 109); Texte von André Breton, Jean Genet, Jean-Paul Sartre und des Künstlers aus verschiedenen Quellen; Essay von Palma Bucarelli (Bibl. 179).

Tübingen
113. Kunsthalle (11. April – 31. Mai 1981): *Alberto Giacometti: Zeichnungen und Druckgraphik.* Essays von Reinhold Hohl und Dieter Koepplin. Stuttgart: Hatje, 1981. Weitere Ausstellungsorte: Kunstverein Hamburg; Kunstmuseum Basel; Kaiser Wilhelm Museum Krefeld; Museum Commanderie van Sint Jan, Nijmegen.

Turin
114. Galleria Galatea (29. September – 25. Oktober 1961): *Alberto Giacometti.* Text von Luigi Carluccio.

Venedig
115. (16. Juni – 21. Oktober 1956): *XXVIII Esposizione Biennale Internazionale d'Arte.* Essays verschiedener Autoren, über die fran-

zösische Plastik von Raymond Cogniat. Venedig: Alfieri Editore, 1956.

116 (16. Juni – 7. Oktober 1962): *Catalogo della XXXI Esposizione Biennale Internazionale d'Arte Venezia*. Essays verschiedener Autoren; über Giacometti von Palma Bucarelli.

Washington D. C.

117. The Phillips Collection (2. Februar – 4. März 1963): *Alberto Giacometti: A Loan Exhibition*. Einführung von Duncan Phillips.

Zürich

118. Kunsthaus (2. Dezember 1962 – 20. Januar 1963): *Alberto Giacometti*. Essays: «Zum Werk Alberto Giacometti», von Eduard Hüttinger; «Les peintures de Giacometti», von Jean-Paul Sartre (Bibl. 106); Interview des Künstlers mit André Parinaud, Ausschnitt aus Bibl. 27. Bibliographie.

Allgemeine Arbeiten

119. Bair, Deirdre: *Samuel Beckett: A Biography*. New York: Harcourt Brace Jovanovich, 1978.
120. Barr, Alfred H. Jr., Hrsg.: *Masters of Modern Art*. New York: The Museum of Modern Art, 1954.
121. Barzun, Jacques: *Berlioz and the Romantic Century*. Boston: Little, Brown, 1950.
122. Beauvoir, Simone de: *La Force de l'âge*. Paris: Gallimard, 1960, pp. 499–503.
123. Id.: *La Force des choses*. Paris: Gallimard, 1963, pp. 83, 85, 95, 99–100, 106, 108, 143 passim.
124. Id.: *Tout compte fait*. Paris: Gallimard, 1972.
125. Becker, Ernst: *The Denial of Death*. New York: Free Press, 1973.
126. Beckett, Samuel: *Proust and the Three Dialogues with Georges Duthuit*. London: John Calder, 1965.
127. Berger, John: *The Moments of Cubism and Other Essays*. New York: Pantheon, 1969.
128. Breton, André: *L'Amour fou*. Paris: Gallimard, 1937, pp. 41–57.
129. Id.: *Le Surréalisme et la Peinture, Genèse und Perspectives artistiques du surréalisme und Fragments inédits*. New York und Paris: Brentano's, 1945.
130. Brill, A. A., Hrsg.: *The Basic Writings of Sigmund Freud*. New York: The Modern Library, 1938.
131. Char, René: *Recherche de la base et du sommet, Pauvreté et Privilège*. Paris: Gallimard, 1955, p. 142. Übersetzung in Bibl. 95.
132. Clark, Kenneth: *The Nude: A Study of Ideal Art*. London: John Murray, 1956.
133. Craft, Robert: *Stravinsky: Chronicle of a Friendship, 1948–1971*. New York: Alfred A. Knopf, 1972.
134. Delmer, Sefton: *Trail Sinister, Black Boomerang*. London: Secker and Warburg, 1961.
135. Giedion-Welcker, Carola: *Contemporary Sculpture: An Evolution in Volume and Space*. New York: George Wittenborn, 1955. Bibliographie, pp. 96–107.
136. Gilot, Françoise und Lake, Carlton: *Life with Picasso*. New York, Toronto, London: McGraw-Hill Book Company, 1964.
137. Gombrich, E. H.: *Art and Illusion: A Study in the Psychology of Pictural Representation*. Princeton, N. J.: Princeton University Press, 1960.
138. Id.: *The Story of Art*. Oxford: Phaedon Press, 1950.
139. Guggenheim, Peggy: *Confessions of an Art Addict*. London: André Deutsch, 1960, pp. 73–74, 105, 141.
140. Huxley, Aldous: *The Doors of Perception and Heaven and Hell*. New York: Harper & Row, 1956.
141. Kohler, Elisabeth Esther: *Leben und Werk von Giovanni Giacometti, 1868–1933*. Zürich: Fischer-Druck und Verlag, 1968.
142. Kramer, Hilton: *The Age of the Avant-Garde: An Art Chronicle of 1956–1972*. New York: Farrar, Straus and Giroux, 1973.
143. Lasonder, L: *Levenbericht van Mr. P. A. N. S. Van Meurs*. Leiden: E. J. Brill, 1922.
144. Leiris, Michel: *Fibrilles*. Paris: Gallimard, 1966.
145. Liberman, Alexander: *The Artist in His Studio*. New York: Viking, 1960.
146. Mack, John E: *Nightmares and Human Conflicts*. Boston: Little, Brown, 1970.
147. Madsen, Axel: *Hearts and Minds: The Common Journey of Simone de Beauvoir and Jean-Paul Sartre*. New York: William Morrow, 1977.
148. Man Ray: *Self Portrait*. Boston und Toronto: Little, Brown, 1963.

149. Maupassant, Guy de: «Études sur Gustave Flaubert». Einführung zu Band VII *(Bouvard und Pécuchet)* der Œuvres complètes von Gustave Flaubert. Paris: A. Quantin, 1885.
150. Merleau-Ponty, Maurice: *L'Œil et l'Esprit.* Paris: Gallimard, 1964, pp. 24, 64.
151. Nadeau, Maurice: *Histoire du surréalisme* Paris: Seuil, 1945.
152. Panofsky, Erwin: *The Life and Art of Albrecht Dürer.* Princeton, N. J.: Princeton University Press, 1943.
153. Read, Herbert: *The Art of Sculpture.* New York: Pantheon, 1956, pp. 102–103.
154. Id.: *A Concise History of Modern Sculpture.* New York: Praeger, 1964, pp. 158–160.
155. Sanchez, Leopold Diego: *Jean-Michel Frank.* Paris: Éditions du Regard, 1980.
156. Sartre, Jean-Paul: *Les Mots.* Paris: Gallimard, 1964.
157. Selz, Jean: *Modern Sculpture: Origins and Evolution.* New York: George Braziller, 1963.
158. Seuphor, Michel: *La Sculpture de ce siècle.* Neuchâtel: Éditions du Griffon, 1959, pp. 116–118, 169, 270–271.
159. Soavi, Giorgio: *Protagonisti: Giacometti, Sutherland, De Chirico.* Mailand: Longanesi, 1969.
160. Soby, James Thrall: *After Picasso.* Hartford: Edwin Valentine Mitchell; New York: Dodd, Mead, 1935, p. 105.
161. Id.: *Balthus* (Ausstellungskatalog): New York: The Museum of Modern Art, 1956.
162. Id.: *Modern Art and the New Past.* Norman, Okla.: University of Oklahoma Press, 1957, pp. 123–126.
163. Waddington, C. H: *Behind Appearance: A Study of the relations between painting and the natural sciences in this century.* Cambridge, Mass.: MIT Press, 1969, pp. 228–234.
164. Waldberg, Patrick: *Mains und Merveilles: peintres et sculpteurs de notre temps.* Paris: Mercure de France, 1961, pp. 52–69.
165. Zervos, Christian: *L'Art des Cyclades.* Paris: Éditions Cahiers d'Art, 1935.

Ausgewählte Artikel

166. «Alberto Giacometti: Sculptures et dessins récents». *Cahiers d'Art,* Paris, 20–21 (1945–1946), pp. 253–268; Fotoessessay
167. Althaus, P(eter) F.: «Zwei Generationen Giacometti». *Du,* Zürich, 18 (März 1958), pp. 32–39, ill.
168. A(lvard), J(ulien): «Les Expositions: Giacometti». *Cimaise,* Paris, 4 (Juli – August 1957), p. 32.
169. Ashton, Dore: «Art». *Arts & Architecture,* Los Angeles, 75 (Juli 1958), pp. 10, 31.
170. Id.: «Art: New Images of Man». *Arts & Architecture,* Los Angeles, 76 (November 1959), pp. 14–15, 40; ill.
171. Berger, John: «The death of Alberto Giacometti». *New Society,* London, 7 (3. Februar 1966), p. 23.
172. Bernoulli, Christoph: «Alberto Giacometti Ansprache, gehalten aus Anlass der Ausstellung im Kunsthaus Zürich». *Neue Zürcher Zeitung,* 9. Dezember 1962
173. Boissonras, Édith: «Connaissance: Apropos d'Alberto Giacometti». *La Nouvelle Revue française,* Paris, 13 (Juni 1965), pp. 1127–1129.
174. Boudaille, Georges: «L'interview impossible». *Les Lettres françaises,* Paris, (20.–26. Januar 1966), pp. 14–15; ill. Siehe Bibl. 256.
175. Id.: «Alberto Giacometti à l'Orangerie: La réalité des apparences». *Les Lettres françaises,* Paris, (29. Oktober – 4. November 1969), p. 23 und Umschlagg; ill.
176. Bouret, Jean: «Alberto Giacometti». *Arts,* Paris, No. 315 (15. Juni 1951), p. 5.
177. Boustedt, Bo: «Quand Giacometti plaçait lui-même ses sculptures». *XXe siècle,* Paris, No. 33 (Dezember 1969), pp. 21–36; ill.
178. Brassai: «Ma dernière visite à Giacometti». *Le Figaro littéraire,* Paris (20. Januar 1966), pp. 12, 16; ill.
179. Bucarelli, Palma: «The Sculpture of Alberto Giacometti». *Cimaise,* Paris, 9 (September – Oktober 1962), pp. 60–77; ill.
180. Buhrer, Jean-Claude: «A la Kunsthalle de Bâle: Rétrospective Alberto Giacometti». *Le Monde,* Paris (12. August 1966), p. 7.
181. Cabanne, Pierre: «La vraie sculpture n'est plus dans la rue». *Arts,* Paris, No. 825 (7.–13. Juni 1961), p. 1; ill.
182. Caglio, Luigi: «Alberto Giacometti a Venezia». *Quaderni Grigioni italiani,* Poschiavo, 37 (April 1968).
183. C(ampbell), L(awrence): «Giacometti by Giacometti and Giacometti by Herbert

Matter». *Artnews* New York, 60 (Januar 1962), pp. 41–57; ill.

184. Carluccio, Luigi: «L'Amico di Giacometti: La collezione di Serafino Corbetta a Chiavenna». *Bolaffiarte,* Turin, 1 (Oktober 1970), pp. 42–46; ill.

185. Cartier-Bresson, Henri: «Giacometti: A touch of Greatness». *The Queen,* London, 220 (1. Mai 1962), pp. 26–31; ill.

186. Cassou, Jean: «Variations du dessin». *Quadrum,* Bruxelles, No. 10 (1961), pp. 27–42; ill.

187. Id.: «Giacometti chez Gulliver». *Les Nouvelles littéraires,* Paris, (20. Januar 1966), p. 11; ill.

188. Causey, Andrew: «Giacometti: Sculptor with a Tormented Soul». *The Illustrated London News,* 248 (22. Januar 1966), pp. 26–29; ill.

189. Chabrun, J.-F: «Paris découvre Giacometti». *L'Express,* Paris, 311 (7. Juni 1957), pp. 22–23; ill.

190. Chastel, André: «Alberto Giacometti est mort». *Le Monde,* Paris (13. Januar 1966), pp. 1, 9.

191. Chevalier, Denys: «Nouvelles conceptions de la sculpture». *Connaissance des Arts,* Paris, No. 63 (Mai 1957), pp. 58–65; ill.

192. Id.: «Giacometti». *Équilibre,* Paris, (Juli 1966).

193. Clay, Jean: «Giacometti's dialogue with death». *Réalités,* Paris, No. 161 (April 1964), pp. 54–59, 76; ill.

194. «Giacometti: un sculpteur à la recherche de la vie». *Lectures pour tous,* Paris (März 1966).

195. Id.: «Giacometti à l'Orangerie». *Réalités,* Paris, No. 285 (Oktober 1969), pp. 124–129; ill.

196. Coates, Robert M: «The Art Galleries: Candy and Cupids», *The New Yorker,* 23 (31. Januar 1948), pp. 42–43.

197. C(ogniat), R(aymond): «Mort d'Alberto Giacometti». *Le Figaro,* Paris, (13. Januar 1966), p. 21.

198. Cooper, Douglas: «Portrait of a Genius But». *The New York Review of Books,* 5 (16. September 1965), pp. 10, 12, 14; ill.

199. Courthion, Pierre: «Alberto Giacometti». *Art-Documents,* Genève, No. 10–11 (Juli – August 1951), p. 7; ill.

200. Courtois, Michel: «La figuration magique de Giacometti». *Art International,* Lugano, 6 (Sommer 1962), pp. 38–45; ill.

201. C(uriel), H(ans): «Ausstellung: Zürich: Alberto Giacometti». *Werk,* Winterthur, 50 (Januar 1963), pp. 14–15.

202. Id.: «Öffentliche Kunstpflege: Eine Alberto Giacometti-Stiftung». *Werk,* Winterthur, 51 (April 1964), p. 80.

203. Devay, Jean-François: «À l'ombre de Giacometti ce Diego qu'on ignore». *Paris-Presse* (9. Juni 1961).

204. *Dojidai,* Tokyo, No. 19 (1965): Sondernummer über Giacometti. Texte verschiedener Autoren sowie ein Interview von Jiro Koyamada und Noritsugu Horiuchi.

205. D(rexler), A(rthur): «Giacometti: a change of space». *Interiors,* New York, 109 (Oktober 1949), pp. 102–107; ill.

206. *Du,* Zürich, 22 (Februar 1962): Hrsg. von Manuel Gasser. Texte von Christoph Bernoulli, Manuel Gasser, C. Giedion-Welcker, Albert Skira und anderen.

207. Dumayet, Pierre und Beauvais, Patricia de: «Les Giacometti». *Paris-Match,* No. 1 079 (10. Januar 1970), pp. 39–45; ill.

208. Dupin, Jacques: «Giacometti: sculpteur et peintre». *Cahiers d'Art,* Paris, 29 (Oktober 1954), pp. 41–54; ill.

209. Duthuit, Georges: «Skulpturer i Paris 1951 och tidigare». *Konstrevy,* Stockholm, 27, No. 1 (1951), pp. 38–43; ill.

210. Eager, Gerald: «The Missing and the Mutilated Eye in Contemporary Art». *Journal of Aesthetics and Art Criticism,* Cleveland, 20 (Herbst 1961), pp. 49–59; ill.

211. *L'Éphémère,* Paris, 1 (Winter 1967): Sonderheft über Giacometti nach seinem Tod, herausgegeben von Yves Bonnefoy, André du Bouchet, Louis-René des Forêts und Gaëtan Picon. Texte von Yves Bonnefoy, André du Bouchet, Michel Leiris, Gaëtan Picon und des Künstlers.

212. Esteban, Claude: «L'espace et la fièvre». *La Nouvelle Revue française,* Paris, 15 (Januar 1967), pp. 119–127.

213. Estienne, Charles: «Giacometti et ses frères». *France Observateur,* Paris, No. 580 (15. Juni 1981), p. 19; ill.

214. Freund, Andreas: «Giacometti Exhibition Opens in Paris». *The New York Times* (24. Oktober 1969), p. 44; ill.

215. *La Gazette de Lausanne,* No. 12 (15.–16. Januar 1966): Sondernummer zum Tod Gia-

comettis, herausgegeben von Frank Jotterand und André Kuenzi. Texte von César, Jean Leymarie, Franz Meyer, Jean Paulhan, Gaëtan Picon und anderen.
216. Genauer, Emily: «The ‹Involuntary› Giacometti». New York: *The Sunday Herald Tribune Magazine* (13. Juni 1965), pp. 31–32; ill.
217. Giacometti, Guido: «Introduzione ad Alberto Giacometti». *Quaderni Grigioni italiani*, Poschiavo, 37 (April 1968), pp. 143–149.
218. Giedion-Welcker, Carola: «Alberto Giacomettis Vision der Realität». *Werk*, Winterthur, 46 (Juni 1959), pp. 205–212; ill.
219. Id.: «New Roads in Modern Sculpture». *Transition*, Le Haye. No. 23 (Juli 1935), pp. 198–201.
220. Graffly, Dorothy: «Contemporary Sculpture: «Form Unlimited»: *American Artist*, New York, 18 (März 1954), pp. 30–35; ill.
221. Grand, Paule-Marie: «Today's Artists: Giacometti». *Portofolio and Artnews Annal*, New York, No. 3 (1960), pp. 64–79, 138, 140; ill.
222. Id.: «Les certitudes imprévues de Giacometti». *Le Monde*, Paris (30. Oktober 1969), p. 17.
223. Greenberg, Clement: «Art». *The Nation*, New York, 166 (7. Februar 1948), pp. 163–165.
224. Grenier, Jean: «Sculpture d'aujourd'hui». *Preuves*, Paris, 10 (Juli 1961), pp. 66–68.
225. Guéguen, Pierre: «Sculpture d'aujourd'hui». *Aujourd'hui*, Boulogne, No. 19 (September 1958), pp. 12–31; ill.
226. Gurewitsch, Eleanor. «A Bit of a Ruckus in Zürich». *The New York Times* (21. Februar 1965), p. B21.
227. Habasque, Guy: «Le XXXIᵉ Biennale de Venise». *L'Œil*, Paris, No. 93 (September 1962), pp. 32–41, 72–73; ill.
228. H(ess), T(homas) B: «Spotlight on: Giacometti». *Artnews*, New York, 57 (Mai 1958), pp. 34–35, 67 und Umschlag; ill.
229. Id.: «Giacometti: the uses of adversity». *Artnews*, New York, 57 (Mai 1958), pp. 34–35, 67 und Umschlag; ill.
230. Id.: «Alberto Giacometti, 1901–1966», *Artnews*, New York, 65 (März 1966), p. 35.
231. Hohl, Reinhold: «Zeichnungen von Alberto Giacometti». *National -Zeitung*, Basel (August 1959).
232. Id.: «Alberto Giacometti im *Du*: Werkaufnahmen mit Tiefenunschärfe». *Neue Zürcher Zeitung*, (28. Februar 1962), p. 1.
233. Id.: «Alberto Giacomettis Wirklichkeit». *National-Zeitung*, Basel (1. März 1963).
234. Id.: «Alberto Giacometti: Kunst als die Wissenschaft des Sehens». *Die Ernte 1963*, Basel.
235. Id.: «Auge in Auge: Giacometti-Ausstellung in der Kunsthalle Basel». *Neue Zürcher Zeitung* (5. August 1966).
236. Id.: «Was jede Erniedrigung des Menschen überlebt: Zur Giacometti-Ausstellung in der Pariser Orangerie». *Frankfurter Allgemeine Zeitung* (22. November 1969).
237. Hunter, Sam: «Modern Extremists». *The New York Times* (25. Januar 1948), p. B8.
238. «An Interview with Jean-Paul Sartre». *The New York Review of Books*, 15 (26. März 1970), pp. 22–31.
239. Jedlicka, Gotthard: «Alberto Giacometti: Zum sechzigsten Geburtstag: 10. Oktober». *Neue Zürcher Zeitung (10. Oktober 1961)*.
240. Id.: «Alberto Giacometti: Fragmente aus Tagebüchern». *Neue Zürcher Zeitung* (5. April 1964).
241. Id.: «Begegnung mit Alberto Giacometti». *Neue Zürcher Zeitung* (16. Januar 1966).
242. Jewell, Edward Alden: «The Realm of Art: Current Events and Retrospects: One-Man Shows. *The New York Times* (9. Dezember 1934).
243. Jouffroy, Alain: «Portrait d'un artiste (VII): Giacometti». *Arts*, Paris, No. 545 (7.-13. Dezember 1955), p. 9.
244. Keller, Heinz: «Über des Betrachten der Plastiken Alberto Giacomettis». *Werk*, Winterthur, 50 (April 1963), pp. 161–164; ill.
245. Kohler, Arnold: «Alberto Giacometti ou l'obsession de l'image». *Coopération*, Basel (29. Januar 1966).
246. Id.: «Alberto Giacometti à Bâle». *Tribune de Genève* (18. Juli 1966).
247. Kramer, Hilton: «Giacometti». *Arts Magazine*, New York, 38 (November 1963), pp. 52–59; ill.
248. Id.: «The Anguish and the Comedy of Samuel Beckett». *Saturday Review*, New York, 53 (3. Oktober 1970), pp. 27–28, 30, 43.
249. Id.: «Bourdelle. The Age of Innocence». *The New York Times* (29. November 1970), p. B25.
250. Id.: «The Sculpture of Henri Laurens: The

Ripening of Forms». *The New York Times* (24. Januar 1971), p. 21.

251. Id.: «Pablo Picasso's Audacious ‹Guitar›». *The New York Times* (21. März 1971), p. B21.

252. Id.: «Alberto Giacometti's Moral Heroism». *The New York Times* (18. Januar 1976), p. B29; ill.

253. Lanes, Jerrold: «Alberto Giacometti». *Arts Yearbook,* New York, 3 (1959), pp. 152–155; ill.

254. Leiris, Michel: «Alberto Giacometti». *Documents,* Paris, No. 4 (September 1929), pp. 209–214; ill.

255. Id.: «Alberto Giacometti en timbre-poste ou en médaillon». *L'Arc,* Marseille, 5 (Herbst 1962), pp. 10–13 und Umschlag; ill.

256. *Les Lettres françaises,* Paris (20.–26. Januar 1966): Sondernummer zum Tod von Giacometti, herausgegeben von Aragon. Texte von Aragon, Georges Boudaille, César, Michel Leiris, Jean Leymarie, Pierre Matisse, Henry Moore, Jacques Prévert und anderen.

257. Liberman, Alexander: «Giacometti». *Vogue,* New York, 125 (Januar 1955), pp. 146–151, 178–179; ill.

258. Limbour, Georges: «Giacometti». *Magazine of Art,* Washington, D. C., 41 (November 1948), pp. 253–255; ill.

259. Id.: «La guerre de Giacometti». *Le Nouvel Observateur,* Paris (26. Januar 1966).

260. Lord, James: «Giacometti». *La Parisienne,* No. 18 (Juni 1954), pp. 713–714.

261. Id.: «Alberto Giacometti, sculpteur et peintre». *L'Œil,* Paris, No. 1 (15. Januar 1955), pp. 14–20; ill.

262. Id.: «Le Solitaire Giacometti». *Arts,* Paris, No. 824 (31. Mai – 6. Juni 1961), p. 2.

263. Id.: «In Memoriam Alberto Giacometti». *L'Œil,* Paris, No. 135 (März 1966), pp. 42–46, 67; ill.

264. Id.: «Diego, sculpteur». *Connaissance des Arts,* Paris, No. 364 (Juni 1982), pp. 68–75; ill.

265. Id.: «Giacometti and Picasso: Chronicle of a Friendship». *The New Criterion,* New York, 1 (Juni 1983), pp. 16–24.

266. Markoff, Nicola G.: «Alberto Giacometti und seine Krankheit». *Bündner Jahrbuch,* Chur, No. 9 (1967), pp. 65–68.

267. Mellow, James R: «Extraordinarily Good, Extraordinarily Limited». *The New York Times* (2. November 1969), p. B29; ill.

268. Moholy, Lucia: «Current and Forthcoming Exhibitions: Switzerland». *The Burlington Magazine,* London, 105 (Januar 1963), p. 38.

269. Monnier, Jacques: «Giacometti: À propos d'une sculpture». *Groupe de trois hommes, 1948–1949.* Pour l'Art, Lausanne & Paris, No. 50–51 (September – Dezember 1956), pp. 12–14; ill.

270. Negri, Mario: «Frammenti per Alberto Giacometti». *Domus,* Mailand, No. 320 (Juli 1956), pp. 40–48; ill.

271. Palme, Per: «Nutida Skulptur». *Paletten,* Göteborg, 20 (No. 3, 1959), pp. 68–81; ill.

272. Ponge, Francis: «Joca seria Notes sur les sculptures d'Alberto Giacometti». *Méditations,* Paris, No. 7 (Frühjahr 1964), pp. 5–47; ill.

273. Id.: «Réflexions sur les statuettes, figures & peintures d'Alberto Giacometti». *Cahiers d'Art,* Paris, 26 (1951), pp. 74–90 und ganzseitige Illustration, nicht paginiert; ill.

274. Id.: «Die Szeptermenschen Giacomettis». *Augenblick,* Stuttgart, No. 1 (1955), pp. 1–5 und ganzseitige Illustration, nicht paginiert; ill.

275. «Portrait of the Artist, No. 167: Giacometti». *Artnews and Review* London, 7 (25. Juni 1955), p. 1.

276. Preston, Stuart: «Giacometti and Others: Recently Opened Shows in Diverses Mediums». *The New York Times,* 17. Dezember 1950, p. B8; ill.

277. Id.: «Giacometti Surveyed». *The New York Times* (13. Juni 1965), p. B25; ill.

278. Prossor, John: «Paris Notes: Giacometti at the Galerie Maeght». *Apollo,* London, 65 (Juli 1957), pp. 301–302; ill.

279. Raynal, Maurice: «Dieu-table-cuvette: Les ateliers de Brancusi, Despiau, Giacometti». *Minotaure,* Paris, No. 3-4 (Dezember 1933), p. 47; ill.

280. Régnier, Gérard: «Giacometti à l'Orangerie». *La Revue du Louvre,* Paris, No. 4–5 (Oktober 1969), pp. 287–294.

281. Id.: «A l'Orangerie: Une vision infernale». *Les Nouvelles littéraires,* Paris (23. Oktober 1969), p. 9.

282. Roger-Marx, Claude: «Giacometti et ses fantômes». *Le Figaro littéraire,* Paris, (20.–26. Oktober 1969), p. 33–34; ill.

283. Rosenberg, Harold: «The Art World: Reality at Cockcrow.» *The New Yorker,* 10 (10. Juni 1974), pp. 70–84.

284. San Lazzaro, (Gualtieri di): «Giacometti». *XXe siècle*, Paris, Sonderheft zu No. 26 (Mai 1966), nicht paginiert.
285. Sartre, Jean-Paul: «La recherche de l'absolu». *Les Temps modernes*, Paris, 3 (Januar 1948), pp. 1153–1163; ill.
286. Schneider, P(ierre): «His Men Look Like Survivors of a Shipwreck». *The New York Times Magazine* (6. Juni 1965), pp. 34–35, 37, 39, 42, 44, 46; ill.
287. Id.: «Giacometti est parti sans répondre». *L'Express*, Paris, No. 761 (17.–23. Januar 1966), pp. 43–44; ill.
288. Scott Stokes, Henry: «A Japanese Model Recalls Giacometti and Paris». *The New York Times* (15. März 1982), p. C13.
289. Seuphor, Michel: «Giacometti à la galerie Maeght». *Preuves*, Paris, 4 (Juli 1954), pp. 79–80; ill.
290. Id.: «Paris: Giacometti and Sartre». *Arts Digest*, New York, 29 (1. Oktober 1954), p. 14.
291. Sibert, Claude-Hélène: «Giacometti». *Cimaise*, Paris, 1 (Juli – August 1954), p. 16.
292. «Skeletal Sculpture: Artist Whittles Men to Bone». *Life*, Chicago, 31 (5. November 1951), pp. 151–153; ill.
293. S(kira), A(lbert): «Alberto Giacometti: Copies d'après un bas-relief égyptien, Conrad Witz, André Derain, une figure grecque». *Labyrinthe*, Genf, No. 10 (15. Juli 1945), p. 2; ill.
294. Soby, James Thrall. «The Fine Arts: Alberto Giacometti»: *The Saturday Review*, New York, 38 (6. August 1955), pp. 36–37; ill.
295. Staber, Margit: «Schweizer Kunstbrief: Giacometti in Basel und Genf». *Art International*, Lugano, 7 (25. September 1963), pp. 102–103; ill.
296. Stahly, François: «Der Bildhauer Alberto Giacometti». *Werk*, Winterthur, 37 (Juni 1950), pp. 181–185; ill.
297. Stampa, Renato: «Per il Centenario della nascita di Giovanni Giacometti». *Quaderni Grigioni italiani*, Poschiavo, 37 (April 1968), pp. 4–47.
298. Strambin: «Alberto Giacometti». *Labyrinthe*, Genf, No. 1 (15. Oktober 1944), p. 3; ill.
299. Tardieu, Jean: «Giacometti et la solitude». *XXe siècle*, Paris, No. 18 (Februar 1962), pp. 13–19; ill.
300. Trier, Eduard: «Französische Plastik des 20. Jahrhunderts». *Das Kunstwerk*, Baden-Baden, 9, No. 1 (1955–1956), pp. 34–40, ill.
301. Tummers, Nico: «Alberto Giacometti». *Kroniek van kunst en kultuur*, Amsterdam, No. 2 (1959), pp. 16–25; ill.
302. Vad, Poul: «Giacometti». *Signum*, Copenhage, 2, No. 2 (1962), pp. 28–36; ill.
303. Veronesi, Guilia: «Cronache: Parigi: Alberto Giacometti». *Emporium*, Bergamo, 114 (Juli 1951), pp. 36–37; ill.
304. Watt, Alexander und Adelmann, Marianne: «Alberto Giacometti: Pursuit of the Unapproachable». *The Studio*, London, 167 (Januar 1964), pp. 20–27; ill.
305. Wehrli, René: «Rede über Alberto Giacometti». *Werk*, Winterthur, 50 (Februar 1963), pp. 80–81; ill. Ansprache gehalten am 1. Dezember 1962 zur Eröffnung der Ausstellung «Alberto Giacometti» im Kunsthaus Zürich.
306. Wescher, Herta: «Giacometti: A Profile». *Art Digest*, Genf, 28 (1. Dezember 1953), pp. 17, 28–29; ill.
307. Zervos, Christian: «Quelques notes sur les sculptures de Giacometti». *Cahiers d'Art*, Paris, 7 (No. 8–10, 1932), pp. 337–342; ill.

Konferenzen

308. Palmer, Mary Lisa: Hirshborn Museum and Sculpture Garden, Washington, D. C., 29. Oktober 1988.

Bildnachweis

Nach Seite 160:
Die Familie Giacometti, 1909: Andrea Garbald. Stiftung für die Photographie, Zürich
Isabel: Photograph unbekannt. Wurde der englischen Originalausgabe entnommen.
Alberto und Flora: Photograph unbekannt. Stiftung für die Photographie, Zürich
Alberto mit Schwester Ottilia: Photograph unbekannt. Stiftung für die Photographie, Zürich
Der Palast um vier Uhr früh: Photograph unbekannt. Wurde der englischen Originalausgabe entnommen.
Apfel auf einer Kommode: Photograph unbekannt. Wurde der englischen Originalausgabe entnommen.

Nach Seite 304:
Bildnis der Mutter des Künstlers: Photograph unbekannt. Wurde der englischen Originalausgabe entnommen.
Portrait Isaku Yanaihara: Photograph unbekannt. Wurde der englischen Originalausgabe entnommen.
Alberto und seine Mutter in Stampa, 1961: Henri Cartier-Bresson. © Magnum, Paris
Alberto und Caroline mit ihrem Hund Merlin: Photograph unbekannt. Wurde der englischen Originalausgabe entnommen.
Alberto und Samuel Beckett mit dem Baum für das Bühnenbild von «Warten auf Godot»: Georges Pierre, Paris. Stiftung für die Photographie, Zürich.

Alle übrigen Aufnahmen stammen von Ernst Scheidegger, Zürich

Für die Werke von Alberto Giacometti:
© 1998 by Pro Litteris, 8033 Zürich

Namensregister

Alexis, Renée 197, 210, 222, 225, 251
Amiet, Cuno 22
Aragon, Louis 65, 101, 219, 253, 267
Arghezi, Tudor 164
Arm, Annette *siehe* Giacometti, Annette
Arm, Henri und Germaine 198, 301
Arp, Hans 65, 245, 397

Bacon, Francis 281, 371 ff., 402
Baldini, Rodolfo 27
Balthus 145 ff., 154, 166, 168, 178, 211, 213, 221, 225, 248, 285 ff., 302, 336
Bataille, Georges 104, 221
Bazaine, Jean 282
Beauvoir, Simone de («Biber») 172, 211, 219, 221, 293, 300, 308, 382
Bechtler, Hans 369
Beckett, Samuel 161 ff., 179, 257, 279 f., 352 f.
Bellon, Denise 118
Bérard, Christian 110, 118
Bérard, Simon 37, 52, 261
Bergery, Gaston 169
Bernoulli, Christoph 261
Berthoud, Francis 124, 160, 186, 325
Berthoud, Silvio 160, 185, 188, 325, 357, 425
Beyeler, Ernst 262, 368 f., 405, 425
Bonnard, Pierre 164, 258 f., 349, 397
Bouchet, André de 380, 386, 425
Bourdelle, Antoine 66, 71, 77, 81, 83, 89
Bouvier, Professor 42
Brancusi, Constantin 66, 77, 123, 367
Braque, Georges 65 f., 102, 144, 211, 259, 267, 282, 302, 316, 397
Brassaï 164
Breton, André 65, 100 ff., 105 f., 110, 113, 126, 131 f., 134 ff., 144, 211
Breton, Madame 141
Bucher, Jeanne 95, 98 f., 102 f., 223
Bunshaft, Gordon 313
Buñuel, Luis 164

Calder, Alexander 259, 282, 313, 397
Campigli Massimo 95
Camus, Albert 307
Caroline 331 ff., 337 ff., 346 ff., 355 ff., 365, 369 f., 374, 376, 380 f., 385, 388 ff., 403, 407, 410, 414, 416 ff., 423, 425, 427
Carré, Louis 223, 259
Cartier-Bresson, Henri 164, 396
Cézanne, Paul 43, 76, 89, 94, 98, 157 ff., 195, 249, 334, 366 f.
Chagall, Marc 164, 259, 282, 299, 397
Chanaux, Adolphe 168
Char, René 386
Chirico, Giorgio de 102
Cimabue, Giovanni 366
Clayeux, Louis 223, 259 f., 278, 282 ff., 300, 318 f., 341, 353, 363 f., 394, 399 ff., 425
Cocteau, Jean 99, 110 f., 118
Colette 117
Colle, Pierre 115, 122, 154, 223
Corbetta, Dr. Serafino 357, 377 f.
Cottance, Jacques 117 f.
Courbet, Gustave 146
Crevel, René 110 f., 132, 136
Cuevas, Georges de 247

Dalí, Salvador 105
Dany 331, 339 f.
Degas, Edgar 354
Delmer, Isabel 139 ff., 143 f., 147 ff., 150 ff., 165 f., 168 f., 176 ff., 181, 192 f., 196, 203, 210 f., 214 ff., 225, 243, 248, 280 f., 348, 371 ff., 402
Delmer, Sefton 140, 165, 196
Denise 111 f., 116, 125 f., 150
Derain, André 65, 143 ff., 212 f., 282, 285 f.
Dietrich, Marlene 334 ff.
Dior, Christian 110
Dubout, Albert 270
Duchamp, Marcel 65
Duperret, Odette *siehe* Giacometti, Odette
Dürer, Albrecht 29 f., 42, 409
Dyer, George 373

Ehrenburg, Ilja 136
Eleftheriades, Efstratios, *siehe* Tériade
Eluard, Paul 101, 132, 176, 211, 269
Epstein, Jacob 140, 144
Epstein, Margaret 140

Ernst, Max 100, 102, 132 f.
Flaubert, Gustave 56
Fraenkel, Dr. Théodore 106, 230 f., 266, 327, 374 ff., 381, 401
Francesca, Piero della 146
Frank, Jean-Michel 107 ff., 117, 123, 134, 142, 168, 179 f., 182, 190, 214, 273, 275
Freud, Sigmund 100, 110
Frua de Angeli, Carlo 268

Galante, Mario 124
Gauguin, Paul 51
Genet, Jean 246, 289 ff., 297, 309, 318
Giacometti, Alberto (Großvater) 15
Giacometti, Annetta 16 ff., 22 f., 26 f., 32, 34, 40 f., 59, 69 f., 75 f., 78, 80, 82, 88, 113, 127 f., 150, 156, 158 ff., 168, 179, 184 f., 190 ff., 244 f., 250, 252, 273, 299, 318, 324 f., 356 f., 364, 379, 387
Giacometti, Annette 9 f., 195 f., 198 ff., 203, 216, 219 ff., 224 ff., 232, 235, 243 ff., 248 ff., 261, 265, 268 f., 271, 274, 277, 281, 288 f., 293 f., 298 ff., 308 ff., 314, 318, 320 ff., 328, 330, 336 ff., 342, 344, 350, 354 ff., 361 f., 365, 369 ff., 374, 376 f., 380 f., 385 ff., 397, 399 f., 403, 407 ff., 416 ff., 420 ff., 425, 427
Giacometti, Antonio 46, 48, 54
Giacometti, Bianca 48 ff., 52 f., 69 f., 78 ff., 88, 124, 227
Giacometti, Bruno 22, 27, 59, 70, 82, 84, 124, 128 f., 173 f., 244, 261, 318, 328, 338 f., 357, 376, 387, 412, 415 ff., 426
Giacometti, Diego 9 f., 15, 18 f., 22 f., 25 f., 30, 34, 37 f., 40, 55, 60, 70, 77, 82 f., 91 ff., 107 ff., 114 f., 117, 120, 124, 128, 130, 141 f., 149 f., 152, 168 f., 177 ff., 190, 196 ff., 202, 204 f., 209 f., 213 f., 219, 225, 227, 237, 244 ff., 249, 251, 260 f., 266, 270, 272 ff., 281, 296, 298, 300, 302, 304, 308, 310, 312, 314, 317 f., 320 f., 337 f., 344 f., 353 f., 357 f., 361 ff., 368, 374, 376 f., 380 f., 385, 387 ff., 394, 397, 401 ff., 406 f., 409, 413 f., 416 ff.
Giacometti, Evelina 46, 48 f.
Giacometti, Giovanni 16 ff., 22, 25, 27 ff., 34 f., 39 ff., 43, 60, 80, 93 f., 113 f.,124, 127 f., 159, 191, 200, 251, 387, 425
Giacometti, Odette 124, 244, 325, 338, 357, 387, 412 f., 416 ff., 421 ff., 427
Giacometti, Ottilia 19, 27, 70, 82, 124, 128, 159 f.
Giacometti, Rodolfo 426

Gilot, Françoise 212
Ginette 331, 339
Giotto 42 ff., 366
Gruber, Francis 147, 168, 185, 213, 246
Grünewald, Matthias 351

Hélion, Jean 147 f.
Hirschfeld, Alice 69
Hodler, Ferdinand 22
Hugnet, George 134

Jourdan, Robert 117 ff.

Kahnweiler, D.-H. 223, 270
Kandinsky, Wassily 282, 397
Klee, Paul 276, 316, 368, 406
Klossowski, Michel Balthasar, *siehe* Balthus
Kooning, Willem de 408
Kornfeld, Eberhard 412 f., 425

Lacan, Jacques 221
Lacloche, François 247
Lacloche, Jean-Pierre 247, 293, 308, 323, 370, 411, 425, 427
La Greca, Murillo 48
Lambert, Constant 196, 210, 248
Lambert, Isabel *siehe* Delmer, Isabel
Larronde, Myriam 246 f., 323, 411
Larronde, Olivier 246 f., 289, 293, 308, 323, 370, 411
Laurens, Henri 66, 90 f., 114, 122 f., 164, 211, 245, 262, 281
Leclercq, Léna 287 f.
Le Corbusier 164
Léger, Fernand 164
Leibovici, Dr. Raymond 168 ff., 375 ff.
Leibowitz, René 215 f., 248, 348
Leiris, Michel 100, 104, 211, 282, 293, 325 f., 42
Levy, Julien 132
Lichtenhan, Lucas 261
Lipschitz, Jacques 66 f., 77, 90, 114, 122 f.
Loeb, Pierre 102, 105, 110, 115, 145, 154, 164, 222
Lotar, Elie 164, 396, 403 f., 410, 414, 424

Maar, Dora 155, 176, 212
Macé, Jean 252 f.
Maeght, Aimé 257 ff., 262 f., 275, 278, 281 ff., 300, 302, 314, 317 ff., 341, 346, 353 f., 363, 376, 397, 399 ff., 425

Maeght, Marguerite (Guiguite) 257 ff., 282, 349 f., 353 f., 401
Maillol, Aristide 66 f.
Mallarmé, Stéphane 247, 411
Mallet-Stevens, Robert 114
Malraux, André 289, 399, 426
Manessier, Alfred 366
Markoff, Dr. N. G. 415 ff., 421
Masson, André 99 ff., 211, 262, 302
Matisse, Henri 65, 67 f., 102, 144, 164, 175, 211, 259, 263, 268, 284 f., 316, 376, 397
Matisse, Patricia 235, 242, 300, 364, 399, 416 f., 421
Matisse, Pierre 68, 153 f., 223, 235 f., 240 ff., 254, 260, 262 f., 275, 283, 300 f., 318 f., 342, 358, 364, 400 f., 406 f., 418, 420, 422 f., 425
Matt, Hans von 48
Matta, Patricia *siehe* Matisse, Patricia
Matta, Roberto 221, 235
Maupassant, Guy de 56
Mayo, Flora Lewis 80 f., 96, 116, 346, 396 f.
Meurs, Peter van 54 ff., 232
Meyer, Franz 299
Meyer, Ida Chagall 299
Michelangelo, Buonarotti 33, 38, 46, 366, 405
Miró, Joan 100, 102, 105, 132, 154, 164, 179, 211, 259, 263, 282, 315, 397
Mondrian, Piet 367
Montandon, Robert 216, 230
Motherwell, Robert 408
Müller, Joseph 93

Nelly 148 ff., 179, 181, 183 f., 197, 209, 244 f., 272
Nelson, Ms. 167
Newman, Barnett 264
Nicholas, Isabel *siehe* Delmer, Isabel
Nicholas, Warwick 139
Noailles, Charles und Marie-Laure de 98 f., 107, 110, 114, 123, 130, 219

O'Connell, Patricia, *siehe* Matisse, Patricia
Péret, Benjamin 134
Perls, Frank 400
Pevsner, Antoine 245
Picabia, Francis 65
Picasso, Pablo 65 ff., 102, 122, 154 ff., 164, 174 ff., 179, 197, 201, 211 f., 219, 221, 223, 225, 241 f., 264, 266 ff., 282, 291, 302, 316, 354, 398 f.
Picasso, Paulo 176, 201

Pototsching, Tonio 197, 201 f., 210, 221 f., 225, 228, 231, 239, 251, 422
Prévert, Jacques 100
Ratti, Dr. Reto 374 f., 381, 402, 415 ff.
Rauschenberg, Robert 408
Rawsthorne, Alan 281
Rawsthorne, Isabel *siehe* Delmer, Isabel
Ray, Man 108, 164
Rembrandt van Rijn 29, 249, 285, 366 f., 380, 408
Rita 142, 152
Rodin, Auguste 33 f., 66 f., 94, 367
Rola, Comte Balthasar Klossowski de, *siehe* Balthus
Rothko, Mark 408
Rouault, Georges 65

Sadoul, Georges 226
Santi, Ottilia 15
Sartre, Anne-Marie 383
Sartre, Jean-Paul 171 ff. 178, 211, 219, 221, 241, 257, 282, 289, 291, 293, 300, 307 f., 325, 382 ff., 401
Scheidegger, Ernst 324
Sert, José Lluis 346
Seurat, Georges 146
Severini, Gino 95
Skira, Albert 163, 187 f., 190, 202, 216, 227 f., 231, 302
Souvtchinsky, Pierre 316
Stampa, Alice 414
Stampa, Annetta, *siehe* Giacometti, Annetta
Stampa, Renato 414, 416
Stoppani, Rita 425
Strawinsky, Igor 316 f.

Tailleux, Francis 147 f., 213, 215
Tal Coat, Pierre 147 f., 213
Tanguy, Yves 132 ff., 154, 211
Tériade, E. 163 f., 219, 268 f., 388, 396
Thaw, Eugene 422
Thirion, André 253
Thompson, G. David 275 f., 301, 314 ff., 354, 368 f., 405 f.
Thorel, Alain 336 f.
Thorel, Paola 336 f.
Tintoretto, Jacopo 43 ff., 58, 76, 366
Tolotti, Gustavo 84
Tzara, Tristan 65, 117 f., 168

Utrillo, Maurice 65

Velázquez, Diego 146, 309, 366
Verrocchio, Andrea del 58
Vlaminck, Maurice de 65, 144

Walter, Marie-Thérèse 155
Weinstein, Georges 117 f.
Welti, Arthur 48

Whiffin, Lawrence 348 f.
Yanaihara, Isaku 307 ff., 318 ff., 322, 328 ff., 336, 343 f., 354 f., 357 f., 361, 365, 390

Zadkine, Ossip 114, 262
Zervos, Christian 123, 163, 268
Zimmerli, Jacob 32, 38

Werkregister

Ägypterin, Die 151
Apfel auf einer Kommode 157, 159, 242

Bein, Das 321 f., 365
Bildnis der Mutter des Künstlers 158, 242
Blickender Kopf 99, 133
Braune Vorhang, Der 126

Figur 95, 115
Figuren 89
Frau 89
Frau in Gestalt einer Spinne 121 f., 232
Frau mit durchschnittener Kehle 121 f., 135
Frauen von Venedig 296 f., 318, 397

Gedicht in sieben Räumen 126
Gefährdete Hand 122
Große Frau 86
Gepeinigte Frau nachts in ihrem Zimmer 122, 232
Gestern, Flugsand 20, 23 f., 127, 231

Hand, Die 239, 322
Hände, die Leere haltend 131, 133
Hund, Der 335

Käfig, Der 112, 135, 278, 298
Kopf 95
Kopf auf einem Stab 239, 322

Liegende 103
Löffelfrau 86

Mann 89
Mann mit zeigend ausgestreckter Hand 238 f., 242, 260
Mann und Frau 97, 103

Nacht 219
Nase, Die 322

Paar, Das 86
Palast um vier Uhr früh, Der 125
Paris sans fin 164, 388 f., 413
Platz, Der 260, 272, 298, 344

Ritter, Tod und Teufel, Kopie von 29, 409

Schreitende Frau 126, 154
Schwebende Kugel 105, 112, 135
Spiel ist aus, Das 120
Stachel gegen das Auge 120 f., 135

Torso 240
Traum, das Sphinx und der Tod von T., Der 231
Träumende 103

Unsichtbare Gegenstand, Der 131, 133

Verbranntes Gras 127
Vier Frauen auf einem Sockel 278
Vivantes cendres, innommées 236

Wagen, Der 194, 254 ff., 260, 298
Wald, Der 260, 272, 278, 298
Waldlichtung, Die 256, 260, 272, 278

Alberto Giacometti im Verlag Scheidegger & Spiess

Jean Genet
Alberto Giacometti

Mit 16 Zeichnungen Alberto Giacomettis und 19 Aufnahmen von
Ernst Scheidegger
Übersetzt von Marlis Pörtner

«Genet ist seit Jahren ständiger Gast im Atelier an der Rue Hippolyte Maindron; er gehört auch zu den ganz wenigen, die Giacometti portraitiert hat. Sein Text ist ein kunstvolles Geflecht aus eigenen Beobachtungen, Überlegungen, Urteilen und Aussprüchen des Künstlers. Kein anderer Text enthält so viel von Giacomettis Denkart und Lebensweisheit. Und selten wurde so direkt, so bestimmend über einen Bildhauer, über Plastik geschrieben.»
Manuel Gasser in *Die Weltwoche*

«Außer den sechzehn Zeichnungen, die von Giacometti eigens für diese Veröffentlichung gemacht wurden, enthält das Buch zahlreiche Photos von Giacometti in seinem Pariser Arbeitsmilieu. Der Text von Jean Genet bringt neue und konzentrierte Aspekte zu Werk und Wesen des Künstlers, gleichzeitig aus freundschaftlicher Nähe und universaler poetischer Sicht gewachsen.»
Carola Giedion-Welker in *National-Zeitung*

Alberto Giacometti
Begegnung mit der Vergangenheit

Kopien nach alter Kunst
Mit einer Einführung von Luigi Carluccio
Drei Briefe von Alberto Giacometti
Übersetzung der Briefe und der Einleitung von
Anna Katharina Ulrich-Debrunner

«Manchmal glaubt man, von einem großen Künstler durch die Säle eines imaginären Museums geführt und auf Schönheiten und Feinheiten hingewiesen zu werden, für die unser Auge bis dahin blind war.»
Manuel Gasser in *DU*

«Giacometti betrachtete diese Werke, die er im Laufe seines Lebens kopiert hat, sozusagen als natürlichen geistigen Besitz. Alle diese Arbeiten waren ihm gleichermaßen präsent ... Wir müssen künftig die Kenntnis von diesen Blättern der Interpretation zugrunde legen, denn hier hat Giacometti sein Weltbild mit Hilfe des imaginären Museums verraten. Er läßt sich durch die Meister vertreten.»
Werner Spies in *Frankfurter Allgemeine Zeitung*

ALBERTO GIACOMETTI IM VERLAG SCHEIDEGGER & SPIESS

Ernst Scheidegger
Spuren einer Freundschaft
Alberto Giacometti

«Aus erster Hand und persönlicher Sicht erfährt man viel über den Künstler und das Werk, über sein Zuhause in Paris und die Heimat, das Bergell. Ob Ernst Scheidegger fotografiert oder schreibt – er meidet Anekdoten. Er ist dabei, schaut zu und durch und hält die Geschichte einer ungewöhnlichen Beziehung unter Männern fest, die 1943 im Engadin begann, viele Abschiede überlebte und 1966 im Friedhof von Stampa nicht abgeschlossen wurde.»
Ludmila Vachtova in *Die Weltwoche*

«Wenn man Ernst Scheideggers Bildband über Alberto Giacometti betrachtet, macht man Bekanntschaft mit dem Künstler, beginnt ihn mit den Augen des Freundes zu sehen, mit den Augen eines Bildschaffenden, eines Künstlers der Kommunikation.»
Schweizerische Photorundschau

Das Bergell – Heimat der Giacometti

Herausgegeben von Ernst Scheidegger
Mit Beiträgen von Bruno Giacometti, Odette Giacometti-Duperret,
Dolf Kaiser, Hugo Loetscher, Giacomo Maurizio, Jean-Rudolf von Salis,
Beat Stutzer, Max Wermelinger
Die Geschichte des Bergells und der mit dem Tal verbundenen Künstler:
Giovanni Segantini, Ferdinand Hodler, die Giacometti, Cuno Amiet,
Max Ernst, Varlin

«In Textbeiträgen von Schriftstellern, Kunsthistorikern, Mitgliedern der Familie Giacometti und deren Freunden und umrahmt von meisterhaften Photographien des Herausgebers entstand diese Hommage an das kleine, enge und so reizvolle Tal.»
Bündner Zeitung

«Hervorragend sind die Texte, die sozusagen facettenartig ‹die Voraussetzung für das Verständnis einer Talschaft› bilden. Und dann sind da die beinahe 300 Fotografien Ernst Scheideggers. Sensible Notate einer geliebten Landschaft.»
Kurt Wanner in *Bündner Monatsblätter*